国家社科基金项目"太仓库与明代财政制度的演变研究"(12XZS010)

太仓库与
明代财政制度演变研究

苏新红 著

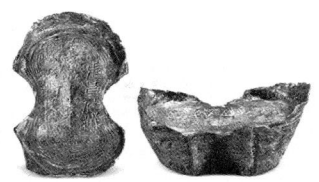

中国社会科学出版社

图书在版编目（CIP）数据

太仓库与明代财政制度演变研究/苏新红著.—北京：中国社会科学出版社，2021.1
ISBN 978-7-5203-7849-9

Ⅰ.①太… Ⅱ.①苏… Ⅲ.①财政制度—经济史—研究—中国—明代 Ⅳ.①F812.948

中国版本图书馆 CIP 数据核字（2021）第 021980 号

出 版 人	赵剑英	
责任编辑	刘晓红	
责任校对	周晓东	
责任印制	戴　宽	

出　　版	中国社会科学出版社
社　　址	北京鼓楼西大街甲 158 号
邮　　编	100720
网　　址	http://www.csspw.cn
发 行 部	010-84083685
门 市 部	010-84029450
经　　销	新华书店及其他书店
印刷装订	北京君升印刷有限公司
版　　次	2021 年 1 月第 1 版
印　　次	2021 年 1 月第 1 次印刷
开　　本	710×1000　1/16
印　　张	32
插　　页	2
字　　数	518 千字
定　　价	188.00 元

凡购买中国社会科学出版社图书，如有质量问题请与本社营销中心联系调换
电话：010-84083683
版权所有　侵权必究

自　　序

　　前几天，眼看此书即将出版，丈夫好奇地问我，最早研究太仓库的人是谁。给他解答后，我头脑中涌现出此书的选题和成书过程，想起这么多年来帮助我的师友，随撰成此文，权作书序。

　　有关太仓库的研究成果中，至今影响较大的首推20世纪70年代香港学者全汉昇、李龙华《明代中叶后太仓岁出银两的研究》与《明中叶后太仓岁入银两的研究》两篇文章。大约同一时间，黄仁宇在美国出版英文专著《十六世纪明代中国之财政与税收》，对太仓库进行了非常简短的初步考察。80年代，我的导师赵轶峰教授在其硕士论文的附录《明后期太仓收支数字考》中，对全氏二文进行专门考察，指出它们存在未区分太仓库实际收支与预算收支等根本问题。90年代，我的博士后导师南炳文先生在其《明史》中对包括太仓库在内的明代晚期中央库藏体系进行过简要但重要的考察。他们，是太仓库研究的核心开拓者。

　　2007年，已经跟随赵老师读博三年的我，突然萌发了对明代经济史的浓厚兴趣，各种问题如排山倒海一般，一波又一波地在我头脑中不断涌现。但是，这么多问题，哪些是核心问题？又有哪一个能够成为我的博士论文选题呢？困苦之际，赵老师抛出他长期珍藏的太仓问题，推荐我关注"明代万历时期的太仓收支"。自从他的硕士论文以来，赵老师一直想对这个问题进行深入的专门研究，但分身乏术，久久未能如愿。

　　我如释重负，立即着手搜集明代太仓的相关史料，但很快发现，不从其成立源头上考察，根本就无法理解万历时期的"太仓"。听了我的反馈，赵老师为之一动，接着一字一顿地郑重说道："《明代太仓研究》是个很好的博士论文题目。"我当场傻眼，要研究整个明代的太仓吗？太难了吧？可是，不这样做，又怎能理解"太仓"到底是什么呢？

于是，我从早到晚，从周一到周日，从寒假到暑假，整整用了一年时间，在《明实录》、文渊阁四库全书等史籍中苦搜"太仓"的史料。可是，一二百万字史料到手后，我仍然一头雾水。时间所限，我只能硬着头皮开始按照时间顺序，分类整理和排比这些史料，撰写大纲由此而成。渐渐地，我明白了，明代的"太仓"有两重基本含义：一是指专门存储户部漕粮的粮仓，即京仓、通州仓及临清等地的各水次仓，二是指专门存储户部白银的银库，全称"太仓库"或者"太仓银库"。就此，我博士论文的选题确定为《明代太仓库研究》。

赵老师说过："博士论文不仅是一个多年学习、研究的成果，而且是一个学者一生学术成长、建树的关键环节。"一路走来，我越来越信服导师此语。本书最核心的基础，当然首推我的博士论文。除此之外，紧紧围绕太仓库研究，其他层面的学习，要么其成果被逐一纳入此书，要么在思想上对此书产生了无形影响或熏陶。

第一个层面是我的博士后研究。2010年，我来到南开大学，在南炳文先生指导下开展博士后研究。进站后，我摘取博士论文中的核心创新点，修改完善成小论文予以发表。记得我把《明代太仓库称谓考》的论文初稿送交南先生审阅后，南先生说："此文功力甚厚。"哈哈，不管是否纯属客套，这句话还是让我很受鼓舞，记忆至今。不久，我的另一篇小文《明代双轨盐法体制研究》在《中国经济史研究》发表。这让我非常意外和感动，对《中国经济史研究》的编辑和匿名审稿者顿生敬佩之情，毕竟我只是一名尚未出站的无名博士后而已啊。2012年，我完成《明代财政史料与<明史>校勘》，顺利出站。

第二个层面是我的国家社科基金项目研究。2012年，在博士和博士后研究的基础上，我以《太仓库与明代财政制度演变研究》为题，申请到国家社科基金西部项目。

记得博士论文答辩会上，刘晓东老师问我一个问题："你的研究显示，明代中后期的大部分年份，户部太仓库一直收不抵支，处于赤字状态。那么，明朝为何还能继续生存上百年的时间呢？"此后多年，这个问题时时萦绕脑际。同时，我也好奇，明朝建立74年后，即正统七年，太仓库才告成立。那么，在它之前，明中央政府的核心库藏是怎样的呢？

为了回答这两个问题，我的目光越过太仓库，继续向前搜索，聚焦到明朝开国皇帝朱元璋时期的内库制度上，相继发表《明代洪武时期的内库制度》《明代洪武时期内库财政收支特点及历史影响》。之后，又顺着明初内库，一路追踪内库和太仓库的互动演变，直至明末最后一个皇帝崇祯时期，并相继发表《明万历时期内库财政运行中的公与私》《明代的内府十库》。2013年的一次学术会议上，台湾邱澎生老师读了我的参会论文《明代内库的皇室财政专属化演变》，对我说，他的一位学生早就在研究明代内库，但这篇论文才让他有真正理解之感。会后，他将此文推荐给了台湾《明代研究》。台湾《明代研究》的投稿经历，甚为愉悦。该刊把三篇审稿意见全文匿名转发给我，其实等于给了我一次直接接受三位老师一对一指点的机会；从文字和排版方面，该刊编辑的细心和耐心，让我印象深刻，深为感动。

2017年，我的《太仓库与明代财政制度演变研究》国家基金项目申请结项，并因此收到专家们的匿名评审意见。这又是一次很好的学习和提升机会。针对专家们的意见，我进行了修改和完善，尤其是对明代军饷供应制度演变脉络的梳理，用力更多。因为自博士毕业后，我一直想搞清楚，为什么明后期北边军镇的军饷供应对太仓库的白银依赖程度如此之深？这个问题的深入考察，让我对明代屯田制度、盐法制度、民运税粮、京运年例银，以及边镇军饷供应由粮布等实物演变为白银的重大影响，有了更系统和全面的认识。

第三个层面是对国外学术界的观察和学习。2013-2014年，受工作单位贵州财经大学的资助，我到加拿大拉瓦尔大学进行为期一年的访学。其间，我在该校李晟文教授的帮助下与该国从事中国史研究的学者进行交流，并能直接到老师们的课堂上现场学习。该校图书馆便捷的国际借阅系统，更是直接把遥远欧洲的相关藏书借来免费给我阅读。

大约在此前后，我通过网络集中观看了一批欧美国际著名大学的公开课。解读2008年金融危机的纪录片《监守自盗》，让我对资本主义国家的权力运作和财税制度的本质特征，有了初步印象。

2017年，因参加欧洲经济思想史年会的需要，我专门撰写了《张居正的财政思想研究》作为小组会议的宣读论文。此次经历，让我对财税制度背后的人及其思想予以关注。

所有这些，不但开阔了我的视野，还拓展了我对国际相关学术现状的了解，让我能够对明代和同时期的西方财政制度演变道路略做横向比较。

第四个层面是我在贵州财经大学期间的教学工作。自2011年起，每次我教《中国财政史》和《中国税收史》课程时，我都有意选择不同作者的教材。十年下来，国内中国财税史的现行通史教材，大部分我都认真学习了一遍。这种通贯的纵向学习，让我有一种更宏大的观察视角来思考明代财税制度的基本特色。同时，教课过程中延展学习的当代经济学者吴敬琏、温铁军、吴晓波等人的著作及中央政府经济文件，让我在明代财政和当代经济之间略有体悟。

第五个层面是我在贵州省县级单位的挂职经历。2017年9月到2018年9月，贵州省统战部选派我到黔西南州义龙新区挂职学习。这真的是一次奇妙的经历。长期以来，我只是一名学生、学者，工作范围仅限于学校、图书馆、书本和学生。此次挂职，让我得以亲自参与到县级行政体系的具体工作中，亲身经历贵州省的基层扶贫工作。直到今天，我还清楚地记得第一次参加义龙新区管委会领导班子会议时，我的那份新鲜感和好奇感。作为一名研究明代财税制度的学者，能有这样一次机会现场学习国家制度和政治权力在县－镇－村层面的落实及运作，真的非常难得和宝贵。这次经历，让我在历史和现实、制度和施行之间略有链接。

第六个层面是我人生与学术的二元对立观。听说，好的作品源自生活又高于生活，但我的研究和我的生活似乎存在巨大鸿沟。我的人生困惑是通过业余学习来寻求答案，专业学术研究则是我在世上谋生立命的路径。自从1990年读本科以来，我长期持续地利用业余时间关注各类专业以外的书籍和信息，试图就此理解人生。一些困惑和问题解开了，新的问题又不断产生。进入高校工作后，随着生命困惑的增加，我对太仓库和明代财税制度的研究热情渐渐冷却，对整个科学研究方法和体系日感失望。我试图躲避、逃离甚至放弃，并努力探寻其他路径和出口，但专业的力量像是风筝线，一次次又把我拽回。本书的缺陷和纰漏，乃至19年的定稿拖延至今年出版，都与此二元对立观不无关系。如何消融二者间的鸿沟，我至今没有答案。

自2007年从导师赵轶峰教授手中接过明代太仓库这一研究问题，到今年此书的出版，已经有15个年头。其间，我接受过太多师友的帮助。硕士、博士求学期间，赵老师除了在学术上孜孜教诲，还经常和师母许老师款待我们。与赵现海、王雪萍、陈超、谢进东、李媛、李佳、黄艳、陈玉芳等同门的探讨和交流经常会碰撞出火花、爆发出欢笑。梁曼容、刘喜涛、刘波、王延栋、王敏、曾斌、魏鹏扬等挤出很多时间帮我校对论文。从那时直至今日，师弟王伟经常帮我寻找重要史籍；胡克诚与我研究方向相近，我常常请他对我的论文提出修改意见，而每次我都不会失望。博士论文答辩会及其前后，赵毅、罗冬阳、赵克生、刁书仁、赵中男、胡凡等老师先后对我的博士论文提出若干完善建议。博士后期间，南先生对学术的异乎寻常的坚韧追求，让我常常叹服。师母刘老师的开朗性格，让我每每怡然。何孝荣、庞乃明、张献忠、李小林、张丽敏等老师在生活上照顾我、在学术上激励我，让我在南开的时光愉悦而充实。加拿大访学期间，李晟文老师和张丽英老师，从学术、饮食、居住、交游等方方面面细致入微地予以关照，让我迅速适应并享受异国他乡的学习生活。贵州财经大学黄静院长、西南交通大学付志宇教授、河北省地税局李胜良研究员等，帮助我在中国财税通史的学习和交流方面逐步深入。《东北师大学报》《贵州社会科学》《古代文明》《财政监督》《故宫学刊》等刊物在论文发表方面给我的鼓励和支持，让我渐有学术自信。中国社会科学出版社刘晓红编辑负责本书出版工作，也给我很多帮助。

该书的出版费用，除了国家社科基金项目的经费支持外，贵州财经大学学科建设经费的资助也非常重要，在此一并致谢。

苏新红

2021年1月23日

摘　　要

　　明代太仓库成立于正统七年。要想厘清和理解它的演变脉络，必须首先理解明朝初年的内库。洪武时期，内库负责存储皇室及户部、工部、兵部、刑部、礼部、都察院、五军都督府等中央财政收入，国家公共财政职责占据非常突出和重要的地位。从收入看，商税和纸钞收入在内库中占有重要份额。到明代中后期，随着纸钞的巨幅贬值，内库这两部分收入的实际价值大幅缩水。其中商税缩减90%左右，制造的纸钞则以礼仪性赏赐功能为主。从支出看，赏赐是洪武时期内库极为重要的一项财政支出。洪武时期的内库对国家行政及军事的常规财政开支并无多大支援。至弘治末年，户部、刑部、都察院等纷纷创设独立于内库之外的存储银钱的机构，它们各司其职，互不相压。演变至万历末年，除内库外，明代中央财政收入的重要存银机构还包括北京的户部太仓库、兵部太仆寺常盈库、工部节慎库、礼部光禄寺银库及南京的户部、工部、兵部银库等。可见，从明初到明末，中央财政收入分配、支出及存储机构都发生了巨大变化。

　　内库中的"内府十库"是明成化以后才日益常见的一种称谓，包括北京内府承运库、甲字库、乙字库、丙字库、丁字库、戊字库、广盈库、广惠库、广积库和赃罚库共10个库。这10个库与其他3个负责皇室财政的内承运库、司钥、供用库，合称内库。明初，内府十库全部归户部管辖，负责国家公共财政开支。其后，内官逐步介入其管理。嘉靖十一年后，内府十库的实物收入归皇室，折银收入归户部。天启时期，熹宗正式将"十库"钱粮改归"上供"之用，各库实物收入在制度上彻底改归皇室。其后至明亡，内府十库的实物收入一直主供皇室专用。

有明一代，内库财政呈现出明显的向皇室财政专属化演变的趋势。洪武十七年改革后，内库中的内承运库等3库由内官管理，主供御用；内库中的承运、甲字等库则由文官管理，负责户部、工部等中央各部门的财政收支。因此，内库集皇室财政与国家公共财政为一体，且国家公共财政在内库财政中占据重要的核心地位。正统以后，原来主供御用的内承运库陡增百万余两意在用于武俸和边镇紧急军情的金花银，原来由文官管理的承运库、甲字等库则改为文官、宦官共同管理，内库中皇室财政与国家公共财政界限再次模糊化，为其财政向皇室财政专属化的演变大开方便之门。至嘉靖时期，不但内承运库岁入白银主供御用正式成为国家法规，而且其岁入银额也从正德时的50万两增至100余万两。此外，甲字等"内府十库"的实物收入也依据本色归内库、折色银归户部的原则进行了分配。内库财政向皇室财政专属化方向迈出了一大步。万历末期，内库中内承运库白银及内府十库的实物收入都变为主供御用。其后，历经明末几位皇帝的重申，内库财政主供皇室的制度一直维持到明亡。促成内库向皇室财政专属化演变的核心原因，是明代中央财政收入的大幅缩减。

内库从国家公共财政职能中的逐步退出是户部太仓库财政制度不断演变的重要原因之一。太仓库于正统七年设立后，仅存储少量马草折银，财政地位低微。弘治末、正德初的时候，太仓库开始接纳中央财政体系中的收支盈余银。随着这类白银数额的逐步积攒，太仓库成为国家公共财政体系中的"财政储备"机构，其财政收入主要用于应对紧急军情和地方重大灾情的救济之需。嘉靖、隆庆时期，太仓库岁入类项迅速增长，财政地位也随之上升，岁入预算银额200多万两。万历中前期，太仓库收入款项基本固定下来，除了"财政储备"的功能外，还担当起负责北京和北边军镇京运年例银等常规开支的财政职责。太仓库的实际财政地位至此达到顶峰。万历中期以后，尤其是万历四十六年辽东战事升级后，太仓库预算岁入额不断攀升。到崇祯时期，其新饷和旧饷预算岁额已经达到2000余万两。然而，太仓库岁入逋欠问题的日益严重使其新旧饷的征收面临极大的问题。因此，一方面，太仓库的预算收入款项和数额在不断增多；另一方面，太仓库的实际财政地位却因其实际岁入额逋欠率的攀升而日渐降低。至崇祯末年，户部将太仓库财政收入的征收和管理权力全部下放给地方政府和各军镇，太仓库成为一个虚设的空壳，户部完全丧失了对其财政收入的管理和征收能力。

太仓库岁入款项中，最重要的有：余盐银、部分改解太仓转发边镇的民运银、田赋折银（如派剩麦米折银、马草折银及丝、绵、绢、绵布、苎布等折银），这三项到万历初年占太仓库总岁入的82%。其他如钞关商税、地方财政盈余、开纳事例银等地位次之。虽然明代国家整体财政收入以田赋为主，但直到万历初年，太仓库田赋收入也仅占全国田赋总数的3%左右。太仓库岁入类项的制度构成天然地决定了它的财政能力极限。由于民运改解银与盐政收入的存在，太仓库对于边镇军饷供应有不可推卸的制度责任，但太仓库其他岁入类项，尤其是各类田赋折银岁入的分量决定了太仓库没有能力对边镇军饷提供大规模的财政支持。太仓库岁入款项及种类的不断增多是中央与地方财政制度和财政关系不断调整的结果与实际例证。

从明初到明末，太仓库由负责存储部分中央收支盈余，渐变为负责应对国家紧急军情或灾情，进而又增加了担负京支和北边军政的部分常规军事开支的职责。其中，在京开支款项经历了一个由少到多的发展过程，到万历初期，太仓库的在京开支被制度化。太仓库对地方的财政赈济具有明显的阶段性特征。嘉靖朝是太仓库对地方赈济频率最高的时期，这显现出太仓库在国家财政体系中财政地位的突然增高。隆庆、万历以后，太仓库对边内地方的赈济骤然减少，其直接原因在于太仓库财政的收不抵支。太仓库发银到北边军镇的主要原因有四点：一为紧急军情的出现；二为防秋；三为对边镇的补贴性接济；四为年例银的发放。除北边军镇的开支外，太仓库还要对平定国内各地方叛乱、周边国家的战争等军事行动提供财政支持。正德与万历中后期，太仓库在这方面开支较大。

从万历四十六年起通过加增田赋而征收的"新饷"是太仓库财政收入制度中的一项重大变革。新饷原本应当专门用于辽东地区的军事开支，但很大一部分逐步被挪作他用或者被地方政府题留。这与太仓库原有收入的严重逋欠一起解构了太仓库作为国家中央财政核心机构的地位。虽然新饷预算岁额一涨再涨，但其实际放支数额从未达到过其额定岁支数额，而其额定岁支数额又从未真正达到过辽东地区的实际需求额。新饷的财政从一开始就收不抵支。

太仓库年例银起源于京运年例银,但不等同于京运年例银。嘉靖末、隆庆初,太仓库才代替内库从主体上承担起发放京运年例银的职责。其后直至崇祯,太仓库年例银与京运年例银逐步演变成内涵等同的概念。万历十五年以后,太仓库年例银岁额上升较快,但严重的税收逋欠使得户部频繁借用其老库库存以及兵、工、南京各部存银。万历后期到崇祯,太仓库发往北边军镇的实际年例银岁额下降幅度巨大,与其预算年例银岁额形成了越来越大的差距。

明朝初年的边镇军饷供应,一开始就包括民运、盐法、屯田及京师赏赐（京运）等方式,但各自在军饷供应总额中的占比存在巨大差异。永乐时期,每年1100余万石的屯田平均岁入即足以保证北边军饷的主体供应。正统时期,屯田岁入较之永乐减少3/4。由此,至成化时,民运以800万石岁粮额取代屯田,而变为北边军饷的首要供应来源。其后,屯田、盐法开中和民运持续萎缩。到嘉靖中期,北边军饷实物供给率大幅下降,白银供给量占其军饷总岁额的比重升到82%以上,隆庆、万历初期略有下降后又迅速回升。屯田、民运、盐法的逐步衰落和北边军饷供应的白银化是太仓库京运年例银不断攀升的核心原因,而前二者背后的根本原因又是明中央政府征税能力和地方民众纳税能力的逐步萎缩。弘治、正德朝,京运银占北边军饷总额的10%左右。到万历初年,升至30%以上,与民运地位持平。到万历二十九年,北边十四镇年例岁费京运、民运银共720万两,其中太仓库京运银约400万,首次超过民运而成为北边军饷的核心供应渠道。到崇祯十六年,户部兵饷岁入预算额总计达1584万两白银。这些白银基本都由中央财政直接拨款至北边军镇。至此,京运成为北边军镇军饷供应的基本财政来源,且以白银为基本物质形态。这说明,屯田、民运、盐法开中已经完全失效。崇祯十六年,户部赋税逋欠率达85%。明政府已经基本丧失了为边镇军饷提供中央资助的能力。虽然明中央政府从增加太仓库白银供给量出发解决北边军饷的长期努力犯了方向性错误,但也是他们在无力整体解决税收萎缩问题的情况下,为便于征税和压缩运输成本而采取的无奈之举。

虽然太仓库的额定岁入银数呈现出不断增长的主流发展趋势,从嘉靖朝的200万两增至明末的2000余万两,但大多数年份里,额定岁入银数都是少于额定岁支银数的。嘉靖、隆庆之际，太仓库实际岁支远超岁入，但因赋税征收率基本正常，所以包括太仓库在内的各财政体系的再生能力都很强。万历前期，太仓库的实际岁支银额往往能够超出其额定岁支银额，有能力满足京边财政所需。万历十一年到崇祯末年，太仓库的实际岁入征收能力从整体上呈逐步下降的趋势，而其实际岁支银额也越来越不能满足京边的实际财政需求。在万历中期的时候，太仓库岁入不敷岁支的部分还可以通过借窖房或太仆寺等其他财政体系的白银来满足。从万历三十五年开始，太仓库欠发边镇的年例银只能任其逋欠，户部再也开发不出财源对其进行补充，这显示出明政府从中央到地方的整体财政系统的匮竭。明代国家财政在太仓库长期财政亏损的情况下维持了100余年的根本原因在于太仓库对于明代国家财政体系，尤其是对于明代北边军饷而言，其根本财政作用是补贴性的，而不是基础性的。另外一个重要原因则是太仓库长期不断地从其他中央和地方财政体系中借用或者提取白银。

明代财政强调"量入为出"的基本原则。然而，在嘉靖以后的大部分年份里，由于边镇巨额军费开支的压力，在岁入无法满足岁支需求的情形下，"量出以制入"的情况逐步增多。户部不得不采取各种措施增加岁入，扩大太仓库的岁入类项，其中许多类项由临时、应急性措施最终得到正式认可而成为太仓库的制度化收入。明代后期的大部分时间内，太仓库的岁支越来越超出岁入所能承受的范围，不但"量出"以制定增加的"岁入"不能实现，原有的岁入也面临日益严重的逋欠问题。太仓库的财政由此走向崩溃。

总之，以太仓库为视角可以看出，从明初到明末，明代中央财政收入的分配和支出方式及存储机构都发生了巨大变化：洪武时期，内库负责存储皇室及户部、工部、兵部、刑部、礼部、都察院、五军都督府等中央财政收支，到明朝后期，内库成为主供皇室开支的财政机构，户部太仓银库、兵部太仆寺常盈库、礼部光禄寺银库、工部节慎库、南京户部银库等纷纷成立，建立起各自相对独立的财政收支体系，明代皇室财政与国家公共财政以及户、兵部、工部等中央公共部门之间的财政界限和财政关系发生巨大变化。此外，明代的盐法、屯田、民运、商税、赋税、徭役等征收方式及其财政收入的归属、中央财政与地方财政的关系、明代的货币制度等也在不断变革中。明代的财政制度是有生命的，它随着时间的推移、随着相应而来的不同历史因素力量对比的变化而不断变化，且从来没有停止过。

明代财政制度的演变，从中央层面看，是以皇室为代表的私人利益团体和以公天下为追求的士大夫群体，在或主动或被动适应社会变动的过程中，相互博弈的结果；从税收角度看，则是明政府为适应不断减少的赋税征收岁额和不断下滑的赋税征收能力而被迫采取的各种应对措施。造成赋税征收能力不断降低的深层次原因非常复杂，有待将来深入研究。明代财政史让我们看到道德的重要，信仰的光辉，私人利益集团的贪婪，资本的力量与局限，以血缘而决定最高政治权力持有者的缺陷，中央的软弱所带来的国家灾难，中央政府对世界商业大潮的无知与措处的无力。由国际贸易所带来的巨大商业利润对国家财政和政治体系运作的不同影响，是明代中国与大约同一时期的英国和法国今后历史走向产生差异的核心因素之一。

关键词：太仓库；内库；户部；明代财政；北边军镇；年例银；白银；屯田；民运；盐法；京运

目　录

绪　论 …………………………………………………………… 1

第一章　明代内库制度演变 …………………………………… 17
第一节　明代中央财政存储机构的发展 ……………………… 18
第二节　明代的内府十库 ……………………………………… 32
第三节　明代内库的皇室财政专属化演变 …………………… 44

第二章　明代太仓库库藏制度与管理制度演变 ……………… 63
第一节　从太仓库称谓关系看其库藏制度的演变 …………… 63
第二节　太仓库管理制度的演变 ……………………………… 73

第三章　明代太仓库收入制度演变 …………………………… 104
第一节　内库与太仓库的收入 ………………………………… 104
第二节　盐法和太仓库的收入 ………………………………… 135
第三节　地方财政与太仓库的收入 …………………………… 147
第四节　事例与太仓库的收入 ………………………………… 185
第五节　新饷岁入类项的变化 ………………………………… 189
第六节　逋欠、蠲免与太仓库的岁入 ………………………… 194
第七节　太仓库收银种类的纵向演变与横向扩展 …………… 204

第四章　明代太仓库支出制度演变……………………217

第一节　京支、内库、地方赈济与太仓库的支出…………217
第二节　军需与太仓库……………………………………231

第五章　明代太仓库岁入、岁出及财政平衡的演变………326

第一节　研究现状与《明代太仓库岁入、岁出及库存银额表》统计说明……………………………………326
第二节　《明代太仓库岁入、岁出及库存银额表》………333
第三节　明代太仓库库存银额分析………………………357
第四节　明代太仓库实际岁入、岁出银额分析…………370
第五节　明代太仓库额定岁出入银数发展趋势…………394

第六章　明代太仓库与其他中央机构的财政关系演变……400

第一节　南京户、兵、工等部与太仓库…………………400
第二节　京、通等漕粮仓与太仓库………………………404
第三节　太仓库与兵部太仆寺之常盈库…………………415
第四节　太仓库与工部节慎库……………………………422

第七章　皇帝、官员与明代财政制度演变之间的互动关系……425

第一节　张居正当国时代的中央财政制度改革
　　　　——以太仓库为核心……………………………425
第二节　明朝万历时期内库与太仓库财政运行中的
　　　　"公"与"私"…………………………………438

第八章　结语………………………………………………452

参考文献……………………………………………………484

绪　　论

一　研究现状

明代太仓库成立于正统年间，在明代中后期，随着内库的财政职能和收入日益远离国家公共财政职责、向皇室财政专属化方向演变，太仓库成为明代中央财政体系中白银储备的核心库藏，在整个国家财政体系中的地位日渐隆重。太仓库财政收支的日益扩大及财政地位的逐步提升与田赋、徭役、商业税收、盐法、民运、货币、边镇军饷供应以及中央、地方、皇室三大财政系统的关系等多方面的复杂变革紧密相关，是解读明代国家体制和社会结构特征的重大线索之一。本书即旨在研究明代太仓库财政制度演变的基本脉络，并以此为基础和视角，从整体上勾勒明代国家财政制度的深刻变迁，分析其含义，总结明代财政运行中的历史经验和教训。

（一）研究现状述评

首先，关于明代户部太仓库，国内外学术界已有成果如下：一为对太仓库的专门考察，这类研究成果稀少，主要包括香港全汉昇等《明中叶后太仓岁入银两的研究》和《明代中叶后太仓岁出银两的研究》及赵轶峰《明后期太仓收支数字考》。全汉昇两文的最大贡献是首次开拓性研究太仓库岁入、岁出的具体银额；赵轶峰一文对全氏二文进行专门考察，指出它们存在未区分太仓库实际收支与预算收支等根本问题。二为在其他专题研究中对太仓库的附带考察，美国黄仁宇《十六世纪明代中国之财政与税收》、日本寺田隆信《山西商人研究》、中国大陆南炳文《明史》、赵轶峰《论明末财政危机》、万明《白银货币化与中外变革》、樊树志《晚明史》及中国台湾徐泓《明代的私盐》等，都对它进行过初步研究。

其次，关于明代财政制度，国内外学术界已有成果可分为两类。

一是历史学者的研究，主要对一项或两项明代财政制度进行专门考察。比如，美国黄仁宇《明代的漕运》、日本森正夫《明代江南土地制度研究》、中国梁方仲《明代赋役制度》（文集）、王毓铨《明代的军屯》、唐文基《明代赋役制度史》、刘淼《明代盐业经济研究》、陈支平《民间文书与明清赋役史研究》、伍丹戈《明代土地制度和赋役制度的发展》、赖建诚《边镇粮饷：明代中后期的边防经费与国家财政危机》等大量专著，余清良《明代钞关制度研究》、刘利平《明代户部与中央财政管理体系研究》、黄阿明《明代货币白银化与国家制度变革研究》等博士论文，及万明《白银货币化视角下的明代赋役改革》、高寿仙《明代京通二仓述略》等一系列文章。其中，黄仁宇《十六世纪明代中国之财政与税收》对16世纪明代财政收入、支出及管理进行综合考察，长期以来在国内外学术界影响广泛而深入。但该书以静态眼光观察明代财政制度的一个横截面——16世纪，因而对明代财政制度所发生的长期演变完全不予承认，认为"大而不变的结构是明代财政制度最主要的特点之一"，甚至明朝的财政制度"在明清两代接近500年的时间没有大的变化"。① 他撰写的《剑桥中国明代史·明代的财政管理》仍旧保持这一基本观点。

二是财政学学者从中国财政通史角度进行的明代财政断代史研究。比如，项怀诚主编、陈光焱著《中国财政通史·明代卷》，叶振鹏主编、张建民、周荣著《中国财政通史·明代财政史》，周伯棣《中国财政史》，黄天华《中国财政史纲》及孙文学《中国财政史》等。前两本明代财政史的财政专著，从明代财政收入、支出、财政管理及财政思想等多个方面进行考察，但对从明初到明末国家财政制度的重要长期演变关注甚少，对中央财政收支、地方财政收支未做明确划分，对相关财政收支的数据统计，也略显单薄；此外，这两本书在有关明代财政的史料

---

① 黄仁宇：《十六世纪明代中国之财政与税收》，阿风等译，生活·读书·新知三联书店2001年版，第428页。

搜集方面，还有很大拓伸空间。

鉴于此，本书以明代中央财政存储的核心机构太仓库的制度演变为切入点和观察视角，对明代中央财政制度、地方财政制度、边镇军饷供应体系的演变等进行研究。

(二) 研究意义和创新点

本书的学术价值有：第一，对明代太仓库的财政收入和支出类项，京运年例银和太仓库年例银的关系演变进行创新性研究；对明代太仓库的预算岁入和岁出、实际岁入和岁出及库存银额等数据进行系统统计和分析。通过系统梳理明代太仓库财政制度的演变，深化迄今较为薄弱的明代中央财政制度研究。第二，通过系统梳理明代内库的制度演变，对明代内库财政收支特点及历史影响，明代内库中皇室财政和国家公共财政的关系演变以及内府十库与内库、户部的关系等进行了创新性研究，深化了对明代内库的系统认知。第三，以太仓库为独特视角，动态呈现了明代财政制度从明初到明末的整体演变脉络，深化对明代财政制度之动态特性的认识，纠正以往认为明代财政制度静止不变的误解。第四，对户部、工部、兵部等之间的财政往来进行研究，深化对明代中央财政收支机构内部关系的研究。第五，以太仓库为视角，对屯田、民运、盐法、京运等北边军镇的军饷供应体系演变脉络和构成比例、岁额进行了创新研究。第六，从中央财政收入的视角，深化了对中央与地方的税收分配关系的理解。第七，在纸钞、白银等货币制度演变对太仓库、北边军饷供应和国家财政体制的巨大影响等方面进行了创新研究。第八，从对财政制度演变的研究，深入到对制度背后的人及其财政思想、信仰体系的考察，对明代财政制度与儒家士大夫思想信仰之间的依存关系进行了研究，对明代皇帝、官员和财政制度演变之间的互动关系进行了较为深入的研究。第九，深化对明代国家财政制度与其实际运行之间差距和矛盾的认识。第十，为中国财政通史中的明代断代财政史研究提供深入考察的基础。

本书在作者博士论文基础上，增添史料，深化分析，调整结构，并在以下若干方面进行了更为深入的研究：

第一，学术现状的总结、学术对话的深入开展。作者博士论文主要以其对太仓库的开创性研究为核心内容，对自己研究与此前学术界已有成果之间的关系未及深入梳理。此次版本，广泛关注各大章节研究主题与现当代学术研究成果之间的关系，形成比较深入的学术对话，充分论证了本项研究的创新性。

第二，从内库与太仓库财政职能演变的角度研究明代内库、内府十库，进而对明代皇室财政与国家公共财政之间的关系进行了厘清。明代太仓库成立之前，内库在皇室财政及中央公共财政收支方面扮演核心角色，因此，要想真正理解明代太仓库的财政制度，必须对明代内库制度进行细致深入的研究。同时，明代内库与太仓库财政地位的转换，恰是明代财政制度发生巨大变革的重要内容。鉴于此，本书在博士论文基础上，首先，对明代洪武时期的内库制度进行了较为全面的研究，论证了它在皇室财政、中央户部、兵部、工部、刑部等部门的财政收支方面的作用和地位，说明了它在明初兼有皇室财政与国家公共财政职能的特点。其次，本书对内府下辖十三个子库中的一部分，即内府十库，进行了开创性研究，证明了它最初是户部的财政收支机构。其后，内府十库收入逐渐形成实物收入归皇室、折银收入归户部的财政制度。以此为基础，本书进一步研究了明代内库的皇室财政专属化演变过程，史料更全面，分析更深入。最后，本书以明万历时期内库财政运行中的国家公共财政与皇室财政之间的冲突和纠纷为切入点，详细分析了内库兼有皇室财政和国家公共财政职能但明显向以负责皇室财政为主的职能转变的过程。这些对于深入了解明代太仓库财政制度意义重大，同时清晰展现了明代中央财政制度的巨大变化。

第三，太仓库与北边京运年例银方面的研究取得一定突破。在博士论文基础上，本书对北边军饷的结构组成进行研究，不但利用大量数据有力地证明了屯田、民运、盐法、京运年例银在北边军饷供应中所占比例变化，同时也有力证明了实物供应与白银供应在北边军饷中的占比变化，从而对太仓库京运年例银在北边军饷中的地位和作用进行了更深入的研究，更加清晰地梳理出明代屯田、民运、盐法、京运年例银的制度演变轨迹。

第四，明代太仓库长期处于入不敷出的境地，即便如此，明政府的北边军队还是抵御住了游牧民族一次又一次的有力侵略，继续生存了上百年的时间。那么，明政府及户部官员是如何在太仓库长期赤字情况下做到这一点的呢？本书对户部太仓库与其他财政收支机构，比如南京户部、工部、兵部，北京兵部常盈库、户部京通仓、工部节慎库的财政往来进行了创新性研究，从一个侧面对这一问题进行了解答。

第五，突破博士论文仅仅关注制度演变的局限，以张居正的财政改革、财政思想研究为突破口，研究接受儒家教育的官僚士大夫与明代财政制度有效运行之间的有机关联，从而对财政制度的运行、变革财政制度的官员以及官员的思想信仰之间的互动依存关系进行了较为深入的研究。

二　研究的概念、方法与框架

（一）基本思路和研究方法

20 世纪以来，中国的明代经济史研究主要是从生产力、生产关系角度研究中国古代社会的变迁趋势，对明代中央财政的研究长期以来一直都较为薄弱。由于太仓库在明代中后期国家财政体系中的重要地位，因此，对它的研究有助于深化对明代中央财政的理解；此外，从中央财政的角度来审视明代财政制度无疑会提出许多不同以往的问题，并得出若干不同的结论，这有助于进一步深化对明代财政制度的研究。

明代太仓库的相关财政制度是不断发展演变的，而真正实现这种演变的是观点、利益各不相同的处于政治权力体系最高阶层的"个人"。太仓库的财政制度演变又是在现实财政压力下，统治阶层各种不同利益和观点相互斗争、妥协的结果。以往用阶级斗争理论来研究明代历史的学术成果，对统治阶层内部的矛盾、冲突、分裂及妥协关注较少。对太仓库的研究可以使我们以更加直观的方式看到统治阶层内部的冲突和矛盾的复杂性。

今天的人们喜欢称自己所处的时代是个"全球化"的时代，但这绝不意味着这个世界的各个组成部分之间的经济理念或者财政思想是相同的。在这样一个中国对世界经济的影响正在逐步扩大的时代，对明代太仓库及国家财政制度演变的研究对于更好地理解当今中国的财政思想乃至经济理念无疑是有帮助的。

长期以来，黄仁宇《十六世纪明代中国之财政与税收》是国内外明代财政史研究方面最重要和最有代表性的学术成果之一。不过，该书暗含有一种将西方现代资本主义社会当作中国历史发展高级目标的理论预设。因此，它以西方现代财政体制为对照标准，对 16 世纪的明代财政进行研究。在这样的参照体系下，明代的财政体制充满了错误、不合理、落后与混乱。比如，该书认为："明代的统治者……更希望各地都保持统一发展水平，至于经济部门是否落后并不重要。明代的财政政策在很大程度上受到这种态度的左右""这种为了短期的政治目标而牺牲长期的经济发展在现代历史学家看来是荒谬可笑的。然而，明代的统治者缺乏远见，他们不能预见到工业和商业在现代国家形成中的重要作用。在西欧小国，政府对工商业的鼓励迅速地推动了经济的资本主义化，而在中国这样的大国，却无法实现如此迅速而深远的变化……明代中国从来没有把自己的周邻视为竞争对手，所以就要付出落后的代价……这个悲剧在于尽管他们提倡简明与划一，但是他们的政策是以国家经济活动保持最低水平为基础的，所以明代统治者从来也没有完全实现他们的目标""明代统治的独特之处在于其农村经济观念，这是 16 世纪、17 世纪中国经济发展的情况所决定的，我们可以称之为保守型的，这是一个时代错误。"①"明朝力图在一个广大的帝国内强制推行其野心勃勃的中央集权的财政制度，这种做法超出达到这种程度的技术水平。这种技术水平包括实际的技术手段和专门的经济知识。表现为交通运输、信息交流以及其他服务性事业，货币和银行规则，会计统计和数据保存的技巧，甚至官员的心态""在明代财政管理中，思想偏见，责任感僵化，行动范围分割，官吏俸给过低，政府工作人员不足，对于实际情况缺乏了解，中层后勤保障能力不力，公共投入不足（这些情况都是导因于低税政策）""明代财政管理具有消极性。在传统中国，最主要关心的问题是政府的稳定。明代的财政制度就很好地贯彻了这一点。"②

事实上，20 世纪的大部分时间里，中国史学界的主流也一直将西方资本主义国家的发展道路与状况当作历史发展的目标与比较衡量的标准。这种研究理论在中国长期落后于西方现代资本主义国家的情况下是

---

① 黄仁宇：《十六世纪明代中国之财政与税收》，阿风等译，第 1、2 页。
② 黄仁宇：《十六世纪明代中国之财政与税收》，阿风等译，第 416、420、426 页。

可以理解的，在一定程度上讲也是合理的，因为它促进了对于西方资本主义国家的学习，加深了对中国历史发展道路的批判性内省。"值得注意的是，西方学术界一直存在着一股对现代资本主义社会进行批判性反思的思想潮流；相反地，中国学术界对于现代资本主义社会的批判性反思则要薄弱得多。早在19世纪末和20世纪初的时候，马克思、涂尔干和韦伯等一大批思想家就已经以人作为自然人和自由人的本质为标尺对现代资本主义社会进行了深入批判，虽然国内史学界对他们的著作早就有了相当广泛的了解，然而人作为自由人和自然人的本质并非中国学术界看待现代资本主义社会的基础性的价值标尺。虽然保罗·柯恩对'西方中心论'的批判已被国内史学界广泛认可，然而以西方为中心和标准的思维模式仍然在国内史学界占据主流位置。对现代资本主义社会作为中国传统社会发展目标的追问除了需要在史学理论层面探讨外，还需要在中国思想文化层面进行剖析和反思。同时，对中国自身文化价值的自信心的重新建立也是解决这一问题的关键。"①

同一个人尚不可能连续两次踏入同一条河流，不同的社会共同体更无法按照相同的历史轨迹重复运行。"资本主义"是一个特定时期、特定地域内发生的特定社会运行模式，明代中国的历史发展道路既是与其大致处于同一时期的西方"资本主义社会"的一个因，也是它的一个果，它们同处于一个世界共同体内，因为各自的内在"基因"与彼此之间的相互影响而形成了不同的发展模式。我们没有理由在研究中国古代史时预设它会走一条"资本主义"道路，因此也就没有必要以现代资本主义社会的财政现实作为判断分析明代财政史的准绳。本书所要做的，就是抛却上述理论预设，根据现有史料，通过尽可能中性的观察，去发现它们之间的内在联系，以此勾勒明代太仓库的发展脉络与大致情状。

此外，《十六世纪明代中国之财政与税收》在方法与视角上，是通过截取明代财政的一个特定时期——16世纪，来考察它的基本状况与特点。这种视角所带来的必然局限是很难说清楚被研究对象之所以如此

---

① 苏新红：《黄宗智"过密化"理论中的事实判定、逻辑分析与模式建构问题》，《古代文明》2009年第1期。

的根源及其最终的发展结果，也很难看到明代财政制度在长久时间过程中的变迁。因此，黄仁宇才会认为："大而不变的结构是明代财政制度最主要的特点之一。在上层，皇帝拥有不可分割的财政权力，而留给下层的只是财政责任。税收定额制度，交错补给，又没有中央国库，所有这些一直残存到本世纪""尽管由明朝确立的财政制度有其独特性，但是在明清两代接近500年的时间没有大的变化。它的许多特征已经视为当然，其社会经济影响已经被接受，可以认为这就是传统中国的典型特点。很难认为明代制度在财政史中具有很大的突破性。从那时开始，政府财政的主要目标是维持政治的现状，再没有任何活力可言……这一制度的延续是依靠不断地强化文化上、政治上的统治来实现的。"[1]

黄仁宇在撰写《十六世纪明代中国之财政与税收》时，极力避免史料堆砌的问题，其方法就是尽量采用专题的形式，大量运用描述性的语言而非用确切的数据。[2] 这种方法对于描述固定静止的"制度"可能是合适的。可是，太仓库从其成立直至明亡，最根本的特色却是不停地演变。因此，黄仁宇在该书中的方法对于本书而言是不适用的。

本书以明代中后期逐步成为中央财政核心机构的太仓库为视角和切入点，对明代内库财政收支、太仓库财政收支、太仓库与内库、兵部太仆寺常盈库、工部节慎库以及南京户部、兵部、工部之间的财政关系进行梳理，从而对明代中央财政制度、中央财政与地方财政的关系、北边军饷供应系统的内部构成关系（屯田、民运、盐法）以及明代以纸钞和白银为核心的货币制度的长期演变脉络及历史影响进行了比较宏观的研究。其根本撰写方法是严格按照时间发展顺序将史料梳理成型，同时辅以能够更加充分地说明不同时期详细情况的横向断面的资料，比如明初《诸司职掌》、正德《明会典》、万历《太仓考》等，对与太仓库制度发展密切相关的其他各种财政制度的发展，比如商税、纸钞制造、田赋、徭役、屯田、民运、盐法、京运年例银、开纳事例、中央财政与地方财政的关系、赋役折银、皇室财政与国家公共财政之间的关系、中央各部的财政关系等进行勾勒，其目的在于展现太仓库以及明代财政制度

---

[1] 黄仁宇：《十六世纪明代中国之财政与税收》，阿风等译，第428页。
[2] 黄仁宇：《十六世纪明代中国之财政与税收》，阿风等译，第3页。

从明初到明末的动态变化过程。

　　本书的研究表明，明代太仓库从几十万两马草折银的存储机构到额定岁入2000余万两田赋加派银的演变过程，首先是因为北边军镇军饷供应体系中的屯田、民运的逐步衰退，以及北边军饷供应由实物供应为主转为以白银供应为主；其次是因为明代历朝皇帝逐步将内库变为以负责皇室财政为主的机构。这些演变都是太仓库岁入攀升并在北边军镇军饷供应中逐步扮演越来越重要角色的重要原因。而所有这些原因从国内角度讲，都与明代国家赋税征收能力和地方民众纳税能力的衰退有着直接而密切的关联。从国际角度讲，则与明代中国在国际贸易中的白银输入国地位以及由此带来的国内白银供给量的变动有直接关系。明代中央政府对国内商业、国际贸易的发展以及它们的发展对国家税收的财政意义缺乏清楚的认知和有效的应对，对赋役折银的整体影响缺乏深入的理解和有针对性的制度改革。虽然朱元璋确立的财政制度被视为祖制而予以尊崇，但实际上，明代财政制度一直或主动或被动地处于不断变革之中。从明初到明末，明代财政制度发生了极其巨大的变化。明代的财政制度是有生命的，它随着时间的推移、随着相应而来的不同历史因素力量对比的变化而不断变化，且从来没有停止过。明代财政史乃至中国古代制度史的研究应当关照实行该制度的共同体的整个生命历程，这样才能厘清它的来龙去脉，了解它的基本形态。关于皇帝在明代国家财政体系中的权力问题，以往研究有夸大的倾向。有明一代，国家公共财政收支与皇帝个人收支呈明显的逐步分离的趋势，在这样的发展过程中，户部对其管辖的太仓库握有相当程度的财政权力。虽然有关太仓库的财政决定基本都要上奏皇帝，但不能因此就认为皇帝的财政权力不可分割或者皇帝以下的机构只有财政责任而无财政权力。以往用阶级斗争理论来进行的明代经济史研究，大多关注统治阶级与被统治阶级的矛盾。本书的研究表明，在统治阶层内部，更加注重国家整体利益的官僚士大夫和过分强调私人利益的皇室利益团体之间存在长久而又深刻的矛盾与冲突。随着财政收入的不断萎缩，各中央财政收支机构之间的关系也由原来的互为补充变为各自力图自保，并由此引发彼此之间的财政冲突，中央财政收入与地方财政收入之间的矛盾也日渐显露。明代国家财政的目标是通过最小限度地征收民众财富以满足维持国家正常运行的基本需求，其背后隐含的思想理念是要最大限度地保障最大多数人的基本物质生存条件。个人利益与国家公共利益之间的冲突是明代财政制度中不可忽视和避免的重要矛盾。在保持帝制体制不变的情况下，官僚士大夫的道德养成是解决个人利益与国家公共利益冲突的一种较实际和有效的方式。这是明代国家相对于制度的精密构建而言更加偏重于有德人才的选拔与任用的重要原因。明代税收方面的根本问题并不在于税率的高或低，而在于递减的国家赋税征收能力与递增的实际国家财政岁需之间矛盾的逐步升级。明代财政制度的衡量标准应当看它是否落实了明代财政理念，是否与明代的价值观念相符。与强调个人利益之天然合法性的现代资本主义社会相比，生产能力有限的明代中国更注重当下的多数民众的生存状况。以这样的思想观念来衡量，明代追求稳定与最低经济活动水平的税收政策至少是可以理解的而非荒谬可笑的。

（二）研究框架

除绪论之外，本书共分 8 章：

第一章为"明代内库制度演变"。明代的太仓库成立于正统七年，且成立之后长期在明代中央财政体制中承担财政盈余存储机构的职能。由此引发的问题有二：一是太仓库成立之前，哪一机构负责中央财政尤其是户部的常规及非常规收支？二是明代中后期，太仓库逐步成为户部核心财政收入的存储机构，并承担起常规及非常规财政收支。从明代前期到明代后期，中央财政体系发生了哪些变革才导致户部太仓库财政地位和职能的这种巨大转变？

为解答这些问题，本章第一节先从明王朝的创建者朱元璋统治时期的内库财政制度着手，对其财政收支和财政职责进行研究，之后对明代前期、中期和后期的中央财政机构的概貌进行考察，从而呈现太仓库财政制度演变的总体背景。

本章第二节考察明代的内府十库。明初，内库包括了户部的内府十库（南京则为内府九库）和皇室的三个子库。其后，内府十库渐渐脱离了户部的实际管辖，其实物收入变为皇室专用。此前学术界对内库与内府十库的关系从未予以关注，并由此导致对明代内库的若干误解。本节通过对内府十库的深入考察，厘清了内府十库与内库的隶属关系，奠定了下一节研究的坚实基础。

本章第三节在上节对内府十库研究的基础上，对明代内库的皇室财政专属化演变进行专门研究。此前学术界很多学者误以为内库就是皇帝的财政收支机构，对内库曾经承担的国家公共财政职能认识不足。本节的研究则清晰展现内库由主要负责中央公共财政收支到主要负责皇室财政的复杂演变过程。只有理解了这一演变过程，才能真正理解随之而来的太仓库财政地位的上升和财政职能的巨大转变。

第二章为"明代太仓库库藏制度与管理制度演变"。其重点在展现太仓库自身制度的巨大变化。本章第一节重在梳理太仓库众多称谓的概念内涵及其关系。太仓库财政地位和职能的重大变化首先反映在它名称的多样性和多变性方面，厘清这些不同称谓之间的关系是研究太仓库的入门工夫，也是理解太仓库财政制度的基石。此外，随着太仓库财政地位和职能的不断提升，太仓库的库藏管理制度也日益复杂，因此这方面的内容成为本章第二节的研究重点。

第三章为"明代太仓库收入制度演变"。明代中后期，太仓库的岁入款项及其银额不断增加。本章第一节到第五节主要从内库、盐法、地方财政、事例及新饷5个方面探讨太仓库的岁入来源和银额，从而以太仓库岁入为视角，细致展示这5大财政制度的变革和发展。比如，从第二节的研究可以知道，明初盐法制度的本意，是利用国家对盐的垄断而促使商人将粮食运送至北方边镇，从而既减少国家和农民的运输成本，又满足北边军队粮食需求。这套制度与中央乃至户部的财政收入没有任何直接的关系。但随着盐法开中制的日渐失效，为增强管理的有效性，明政府不得不把盐法收入中的大部分通过折银的方式改为解送户部太仓库，从而最终形成正盐开中于边镇和余盐折银解送户部太仓库的双轨并行的财政制度。第六节则讨论太仓库实际岁入因税收逋欠和蠲免而受到的影响。第七节在前几节分项研究基础上，对太仓库收银种类的整体演变结果分阶段从纵向和横向两个方面进行比较，并对太仓库财政预算收入达到顶峰后因实际税收征收能力骤减而不得不下放征税权力的过程进行梳理。

第四章为"明代太仓库支出制度演变"。太仓库的支出主要有四个方面：北京官吏、军队等的支出，迫于皇权而不得不送往内库的支出，对地方的赈济以及北边军镇的军饷支出。其中"军需与太仓库"是本章的重点和难点。太仓库的军事支出主要包括北边军镇开支、国内地方突发军情开支以及万历四十六年以后支付辽东军饷的新饷开支。而军事支出中，又以北边军镇的军饷开支最重要、压力最大。太仓库岁入银额的不断增加，直接导因就是为了应付北边军镇的军饷需求。本节对太仓库岁支年例银总额、老库窖房银与太仓库年例银发放以及万历中期以后边镇年例额饷之拖欠分别进行研究，展现了太仓库年例银从少到多的增长过程，以及从东挪西借到拖欠边饷的减少过程。而"从北边军饷供应制度的演变看太仓库年例银的发展"部分，则通过对屯田、民运、盐法与京运在北边军镇军饷供应中所占比例的变化，揭示出太仓库年例银岁支银额演变过程背后的具体财政原因。

第五章为"太仓库岁入、岁出及财政平衡的演变"。有关太仓库的岁入和岁出银额，此前最重要的研究成果为全汉昇、李龙华发表于20世纪70年代《明代中叶后太仓岁出银两的研究》和《明中叶后太仓岁入银两的研究》两篇文章。虽然这两篇文章在学术界长期有重要影响，但它们在统计方面有若干重要失误。其中最重要的问题就是"没有区分额收支与实收支数字，这是'入表''出表'中大量出现的主要缺点，以致据此所作的财政趋势分析与实际情况相去甚远。"[①] 因此，本章对太仓库额定岁出入和实际岁出入银数分别进行了统计。其中第一节主要对《明代太仓库岁入、岁出及库存银额表》中的史料判定过程和制表内容的思考进行说明。《明代太仓库岁入、岁出及库存银额表》本身单独构成第二节的内容。第三节到第五节则依据该表的内容分别从太仓库库存银额、太仓库实际岁出入银额与太仓库额定岁出入银额三个方面进行深入分析。

第六章为"明代太仓库与其他中央机构的财政关系演变"。太仓库财政制度的发展，与内库财政职能的变革紧密相关。除此之外，户部太仓库与户部京仓、通仓、兵部、工部以及南京户部、南京兵部、南京工部等也有长期的财政往来。这几个方面分别构成了本章第一节到第四节的内容。通过对太仓库与这些部门之间财政往来的梳理，本章从另外一

[①] 赵轶峰：《明代的变迁·明后期太仓收支数字考》，生活·读书·新知三联书店2008年版，第278页。

个角度解答如下问题：即明政府为何能够在太仓库长期入不敷出的情况下维持生存达一个多世纪之久？

第七章为"皇帝、官员与明代财政制度演变之间的互动关系"。明代财政制度的长期演变，与这套制度背后的制定者和维护者密不可分。因此，本章重点关注的是皇帝、官员在明代财政制度演变中所起的作用。第一节研究时限为万历初年，即神宗因年幼而未能切实行使其皇权的时候，以张居正为首的官员们对中央财政制度，尤其是对太仓库岁入和岁支制度，进行的改革。太仓库成立伊始，不过是存储户部财政收支盈余银的一个小仓库而已。随着它财政收入的增加、财政地位的提升，太仓库逐步负担起北边军镇京运年例银发放的财政职责。鉴于它是在内库逐步向皇室财政专属化演变过程中、在国家赋税征收能力日渐衰退而导致的北边军饷供应体系的实际供给能力逐步萎缩的背景下，为补充北边军饷之不足而发展起来的，因此具有先天的制度缺陷，财政收不抵支是一种长期的常态。但是，万历初期张居正当国十年间，太仓库财政状况一反常态，不但时有盈余，且太仓老库库存银额达到历史最高值。张居正死后，太仓库又迅速重新陷入收不抵支的财政困境。张居正当国时期，以太仓库为核心的中央财政制度到底发生了哪些变革从而导致了这种财政的反常丰裕？这是本章第一节要回答的问题。在此基础上，本章第二节为"明朝万历时期内库与太仓库财政运行中的'公'与'私'"，重点研究的是张居正死后的神宗与官员们就内库、太仓库的收入归属而进行的博弈，从而细致展现他们在明代中央财政制度演变中的地位和作用。

第八章为"结语"。本书内容庞大，需要总结分析的结论点繁多。为了让读者能够比较集中有效地了解核心研究成果，本章将按照本书各章既成的前后编排顺序，一一对应地对其实证内容进行分析和总结。在此基础上，本章再对明代财政制度的基本特点和发展方向进行综合分析。

三 文献资料说明

明代的太仓库设置于正统年间，为了尽量完整地勾勒出太仓库的制度及其财政地位的发展演变脉络，本书的核心史料为明正统、景泰、天顺、成化、弘治、正德、嘉靖、隆庆、万历、泰昌、天启、崇祯共十二朝的《实录》，洪武、永乐、洪熙、宣德四朝《实录》也多有倚重；此外，《皇明宝训》是与明代各朝《实录》（以下总称《明实录》）同时进呈的前代皇帝谕旨汇编，虽同样采集于各种档案，但详略稍有不同，可以看作是对《明实录》中有关太仓库问题的补充校对史料；再者，本书还依据《明熹宗七年都察院实录》《崇祯长编》等对前述史籍进行补充。

之所以如此，首先是因为明代太仓库不是一项一成不变的制度，而是随着各种其他国家制度以及社会上各种经济状况的变化而不断调整的一项设置，所以任何一个皇帝单一执政期间的史书都无法反映太仓库在整个明代的演变脉络。《明实录》记事通贯明代始终，是涵盖太仓库运作全过程的一套最成体系的史料，本书将之作为研究太仓库演变的核心文献。

但是，以《明实录》为核心、以《皇明宝训》《崇祯长编》等为补充的这一整套史料也有其不可避免的缺点。其中最主要的缺点就是《明实录》所涵盖的范围太广，政治、经济、军事等都在其编撰范围之内。即使是对历朝制度的记载而言，财政制度也仅是其中的一个方面而已。因此，本书虽然可以依据这一大套史料勾勒出太仓库财政制度发展脉络，但就其每一阶段的具体情形而言，这一套史料所提供的信息就不够充分了。

为了弥补上述史籍的不足，尽可能详细地了解太仓库在各个阶段的实际财政情形，本书首先利用的就是各朝的制度汇编，比如洪武时期《诸司职掌》、正德《明会典》、万历《明会典》、万历《太仓考》以及《万历会计录》等。明太祖朱元璋开创基业后创立了一系列的国家制度，这些制度基本载于《诸司职掌》，从中可以发现一些关于明初财政体制的相关史料。《明会典》有两个不同版本，一为正德年间修订，一为万历年间修订。由于时间不同，正好可以通过对比发现太仓库在这两个时期的发展变化。《太仓考》由万历初年户部左侍郎刘斯洁偕同京粮厅郎中、监督京仓主事及监督银库主事等同僚共同编撰而成，刊刻成书时间为万历八年。《万历会计录》成书于万历初年。当时，为了更加系统和详细地了解户部的财政收支情况，户部尚书王国光任职期间与同属奉命编撰会计录，他们"遍阅案牍，编辑愈年""先考本部册籍；未的者移查边腹及求耆旧诸臣家藏参互考订，旧额新增备述端委，类分款列，悉明数目。虽未尽得，亦庶几七八"。① 万历四年，这部会计录编撰完成，但还未等刊刻，王国光就因病离职。继任户部尚书张学颜在这部会计录的基础上，与同僚继续订正、增添，至万历十年才最终刊刻成书。所以，这部书对于从整体上把握太仓库在户部财政体制中的地位、太仓库的各种收入和支出情况以及这一时期户部官员对于太仓库的认识和理解都有极其重要的史料价值。

为了尽可能丰富关于太仓库的横向研究，本书所借助的另一套史料系统为明人文集及档案汇编。这类史书中对明代太仓库研究最重要的当然首推明代各位户部尚书的奏疏专集，其中包含针对太仓库某一具体问题的详细讨论，可以使得太仓库研究更加立体化、深入和丰富，如万历户部尚书赵世卿《司农奏议》、崇祯初年户部尚书毕自严《度支奏议》《石隐园藏稿》及崇祯末年户部尚书倪元璐《倪文贞集》等皆有大量关于太仓库的疏牍文献。其次，明人黄训所编《名臣经济录》、陈子龙等编辑《明经世文编》中也有大量关于太仓库的相关信息，明人章潢所编《图书编》自然也不能缺少。其他明人文集中也零星记载了关于太仓库的一些信息，兹不一一赘述。

清代《续文献通考》"博征旧籍，综述斯编……合宋、辽、金、元、明五朝事迹议论，汇为是书。大抵事迹先征正史，而参以说部杂编，议论博取文集而佐以史评语录"。② 该书对明代太仓库有不少记载，从而也对太仓库研究有较重要的史料价值。《山西通志》《陕西通志》《江南通志》《浙江通志》等地方志对当地名宦或者当地重大财政事件记载较详细，其中会涉及他处不载的少许关于明代太仓库的记载，可以对明代太仓库的研究起到补充作用，因此具有一定价值。清代孙承泽《春明梦余录》，《四库全书》对它评介如下："首以京师建置、形胜、城池、畿甸，次以城防、宫殿、坛庙，次以官署，终以名迹、寺庙、石

---

① （明）张学颜等：《万历会计录》（上）卷1，北京图书馆古籍珍本丛刊本，书目文献出版社2000年版，第6页。

② （清）嵇璜等：《续文献通考·通考总目》，《文渊阁四库全书》，第626册，台湾商务印书馆有限公司1986年版，第3页。

刻、岩麓、川渠、陵园，似乎地志，而叙沿革者甚略；分列官署，似乎职志，每门多录明代章疏；连篇累牍，又似乎故事，体例颇为庞杂。"①很显然，《四库全书》编辑者对此书很不满意。然而，该书恰恰由于其庞杂而对明代太仓库研究具有独特价值。《明史》虽然大部分取材于《明实录》，但由于它分门别类进行叙述，因而可以对与太仓库有关的各种事件、人物或者制度沿革的研究起到很好的索引作用。尤其是它的人物传记，对于迅速掌握某个历史人物的生平和作为有很大帮助。《明史纪事本末》则侧重于对某个具体事件的整体叙述，对明代太仓库研究可以起到很好的背景知识的支撑作用。此外，本书对《明书》《明史稿》《明通鉴》《罪惟录》也略有参考。

---

① （清）孙承泽：《春明梦余录·提要》，《文渊阁四库全书》，第868册，台湾商务印书馆有限公司1986年版，第1页。

第一章　明代内库制度演变

明代太仓库设立于正统初年。在此之前，明朝中央财政收入的核心存储机构是内库。太仓库成立后，内库与太仓库的财政职能此消彼长，二者之间复杂而又密切的财政关系贯穿至明朝灭亡。因此，理解明代太仓库制度的首要关键环节是厘清明代内库的制度演变脉络。其次，明代内库自始至终兼具有负责皇室收支与国家公共财政收支的职能，厘清二者的关系，是理解明代中央财政制度的重要基石。有鉴于此，本章将对明朝洪武时期的内库制度、明代的内府十库、明代内库的皇室财政专属化演变进行梳理和研究，第七章将以公、私冲突最剧烈的万历时期为个案，细致剖析万历时期内库在财政运行过程中展现出的公、私矛盾。

关于皇帝个人收支与国家财政收支的关系，黄仁宇曾指出："明朝的财政制度并没有明确区分国家的收入和支出与皇帝的个人收入和支出的关系，所以君主个人的开销与公共财政密切相关。"① 这一情况在明初大致成立，但是随着时间的推移，皇帝个人收支与国家公共财政呈现出明显的分离趋势。本章将从太仓库与内库这一角度来看国家公共财政收支与皇帝个人收支之间复杂关系的演变。

再者，对于明代中央财政机构的研究，明初《诸司职掌》、正德《明会典》及万历《明会典》都是重要史籍。依据它们，明代中央财政机构的变化似乎不是很巨大，然而，《明实录》对明代财政机构的实际记载却展现出与之迥异的发展面貌。为此，本章将主要从太仓库与内库财政地位演变的角度对明代中央财政机构的实际演变进行研

---

① 黄仁宇：《十六世纪明代中国之财政与税收》，阿风等译，第7页。

究，从而展现明人对其财政制度的记载与这套制度在实际运行中的演变的差异。

第一节 明代中央财政存储机构的发展[①]

一 明代洪武时期内库与中央财政收支机构的重叠

明代洪武时期，内库集户部、工部、兵部、刑部等国家公共财政与皇室财政为一体，而且它所担负的国家公共财政职责在内库的财政职责中占据非常突出和重要的地位。这与明代中后期内库的财政职能具有巨大差异。迄今为止，国内外学术界对明代洪武时期的内库制度一直未有较深入的研究。然而，这是明代中央财政制度研究的基础性内容，并且对于深入理解明代中后期的若干财政问题具有重要意义。为此，本节特对这一问题进行探讨。

（一）朱元璋的财政思想与洪武时期国家财政收支的总特点

明朝初年的财政制度与其开国皇帝朱元璋的财政思想密切相关。在国家财政储蓄方面，他认为："为君者当以养民为务""节浮费，薄税敛""人君为天下之主，当贮财于天下。"[②] 在皇室财政与国家公共财政的关系问题上，他认为："人君以四海为家，因天下之财供天下之用"，[③] 因此对他个人而言，皇室财政与国家公共财政是浑然一体的，并不存在公与私的明确区别。

洪武时期的财政收支从总体上看具有如下特点：第一，田赋收支以粮食、棉等实物为基本统计对象，分存留及起运两部分。存留部分主要用于地方财政支出，起运中的大部分不是运往京师各"仓"或"库"进行存储和再分配，而是通过对拨等方式直接支付给相关各部门。比

[①] 按，该节洪武时期主体内容以《明代洪武时期的内库制度》为题，发表于《古代文明》2012 年 1 期。

[②] 《明太祖实录》卷 135，洪武十四年春正月丁未，台湾"中央研究院"历史语言研究所校印，1962 年版。按，以下明代各朝《实录》版本同，不再一一注明。

[③] 《明太祖实录》卷 179，洪武十九年八月乙酉。

如，公侯禄米"皆于浙西苏、松等府官田内拨赐";① 在京文武官员的俸给由户部每年"于秋粮内会定数目，起运拨赴各衙门仓内收储"，"在外各布政司、府、州、县官吏俸给……按月于系官钱钞内支给";② 军队开支虽然是国家财政开支的重点，但其正伍旗军岁用粮米都是"行各该有司编置勘合对拨，着令人户自行依期送纳"，各卫"首领官吏俸给，该卫造册到部，定仓放支"。③ 此外，再加上屯田及盐法开中，洪武时期国家军队的常规财政供应对京师库藏机构的额外支援并没有太大需求。第二，商税，即"课程"，是洪武时期非常重要的常规财政收入，这项收入虽然包括金、银、钞、铜钱、布匹等种类，但其定额标准却用纸钞计算。第三，国家重要工程及建筑费用方面，以劳役及实物支出为主，且其中的大部分都是随征随用，内府各库直接支付的部分所占份额不大。这与嘉靖中后期皇室宫殿、陵寝动辄花费中央财政机构数百万两白银且需额外加赋的情况很不相同。

总之，朱元璋的财政思想与明初国家财政收支的上述总特点决定了洪武时期的"内府各库"，即"内库"，具有如下特点。第一，绝大多数位于皇城内部且由宦官管理（洪武中后期，部分子库改归为流官管理，但地理位置不变）。第二，集皇室与国家公共财政职责为一体，却并不在国家行政及军事的常规财政开支中扮演重要角色。第三，作为中央税收主体的起运赋税基本是直接对拨给相应的开支和消费机构，因此中央财政部门比如户部并不需要对这部分税收进行实际的存储。第四，相对于明代中后期而言，洪武时期的内库集聚了大量财富，但这主要来自国家商税、纸钞的制造，为满足京师各部门、机构直接财政开支需求而解送入京的常规赋税收入，以及各地大量财政盈余而折征的金银等改折赋税。所有这些特点，都对其后的财政制度演变产生重要的深远影响。

（二）内库下辖子库的成立及其管理

"仓"与"库"是明代国家财政收入的基本存储设施，洪武朝的中

---

① 《诸司职掌》，《续修四库全书》，第 748 册，上海古籍出版社 2006 年版，第 618 页。
② 《诸司职掌》，第 626 页。
③ 《诸司职掌》，第 625、626 页。

央财政收入主要存储于"内府仓"与"内府各库"。前者存储粮食，后者则主要存储金、银、布、帛等其他通过征收赋税而得到的各类物资及国家制造的宝钞、铜钱。洪武初年，内库规制相对简陋。洪武二年八月，朱元璋"命吏部定内侍诸司官制"，其中"内府库设大使一人、副使二人，内仓监设令一人、丞二人"。① 此二者即为当时中央财政收入的核心存储之所。洪武六年六月，内仓监更名为内府仓，内府库则改称"承运库"，与此前相同的是，其管理人员仍然"皆以内官为之"。② 洪武八年三月，"以内府钞库③为宝钞库，秩正七品，设大使、副使各一人，以内官为之"。④ 洪武十二年四月，"置内府尚衣、尚冠、尚履三监，针工、皮作、巾帽三局，甲、乙、丙、丁四库"。⑤ 据洪武前期的《祖训录》，内府宝钞库、承运库、内府库、广积库以及甲、乙、丙、丁、戊字库的大使、副使都由内官担当。⑥ 洪武十六年五月，内府宝钞广源库、内府宝钞广惠库成立，"俱以流官、内官兼之，职掌出纳楮币，入则广源库掌之，出则广惠库掌之"。⑦ 另外，户部对内府各库也有很大的管理权力。比如，《祖训录》规定："凡自后妃以下，一应大小妇女，及各位下使数人等，凡衣、食、金、银、钱、帛，并诸项物件"，都需"赴户部关领"。⑧ 这些都说明，在内库内部，皇室财政与国家公共财政界限不明，这充分体现了朱元璋家国一体的思想。

不过，这种皇室财政与国家公共财政收支的混而不分在实践中一定存在大量弊端与不便。为此，洪武十七年，朱元璋"更定宫官六尚局品秩，内官诸监、库、局及外承运等库、局品职"，对皇室财政与国家公共财政进行了一定分割：首先，"掌供御金、银、缎匹等物"的内承

---

① 《明太祖实录》卷44，洪武二年八月己巳。
② 《明太祖实录》卷83，洪武六年六月己酉。
③ 按，内府钞库的设置时间因资料缺乏，尚不明确。
④ 《明太祖实录》卷98，洪武八年三月壬申。
⑤ 《明太祖实录》卷124，洪武十二年四月丁巳。
⑥ 张德信、毛佩琦主编：《洪武御制全书·祖训录》，黄山书社1995年版，第377、379页。按，如前所述，首先洪武六年时，"内府库"即已改为"承运库"，此处仍沿袭旧语，可能是习惯使然。其次，广积库始置时间不详。黄璋健认为该《祖训录》编撰时间为洪武十四年，见该书第386页。
⑦ 《明太祖实录》卷154，洪武十六年五月乙卯。
⑧ 张德信、毛佩琦主编：《洪武御制全书·祖训录》，第375页。

运库、"掌皇城各门管钥"的司钥库以及巾帽局、针工局、织染局、颜料局、司苑局、司牧局等的管理人员"皆于内官内选用"。其次，户部与工部的管辖范围被进行了划分："外承运库①掌收金、银、缎匹等物，甲字库掌收铜钱、布匹、颜料，乙字库掌收衣服、衾帐、纸札等物，丙字库掌收丝、绵、纱线，丁字库掌收铜、铁、锡、香、茶、蜡诸物，戊字库掌收毡衫、胡椒并支收军器，广源库掌收储宝钞，广惠库掌收支宝钞"，其各库大使、副使"皆于流官内选用，隶户部"；"皮作局掌硝熟皮张、成造靴鞋、鞍辔，兵仗局掌造各项军器，宝源局掌鼓铸铜器"，各局大使、副使"皆于流官内选用，隶工部"。②

此后，这种将皇室财政机构与国家公共财政机构进行一定分隔的做法在洪武朝一直持续下来。比如，洪武二十八年九月"重定宫官六尚品职及内官监司、库、局与诸门官并东宫六局、王府承奉等官职秩"时，相关之"库有三：曰内承运，曰司钥，曰内府供用"，不过其财政职能稍有发展，"内承运库掌收支缎匹、金、银、珠玉、象牙诸宝货之物，及同司钥库掌钞锭之数；司钥库掌各门锁钥及收支钱钞之事；内府供用库掌御用香米及内用香烛、油、米并内官诸人饮食、果实之类"。③洪武后期《皇明祖训》的记载与之大致相符：内官所管各库缩减为内承运、司钥、供用三库。④ 此外，后妃以下人等所用物品改为"赴库关领"，⑤ 而不再像以前那样"赴户部关领"。

洪武后期，户部所属衙门包括：外承运库、宝钞提举司、抄纸局、印钞局、宝钞广惠库、⑥ 广积库、赃罚库以及甲、乙、丙、丁、戊字库、军储仓、龙江盐仓检校批验所；工部所属衙门则包括文思院、营缮所、皮作所、宝源局、鞍辔局、军器局、龙江提举司、龙江抽分竹木局，此

---

① 按，因资料所限，外承运库的始置时间尚不明确。
② 《明太祖实录》卷161，洪武十七年四月癸未。
③ 《明太祖实录》卷241，洪武二十八年九月辛酉。
④ 张德信、毛佩琦主编：《洪武御制全书·皇明祖训》，第404页。
⑤ 张德信、毛佩琦主编：《洪武御制全书·皇明祖训》，第402页。按，《皇明祖训·祖训首章》中有"朕自起兵至今四十余年"之语，故当纂于洪武后期，见该书第389页。
⑥ 按，因史料所限，此处未见广源库的原因不详。

外，原属皇室内官管理的巾帽局、针工局、颜料局也被改隶工部。①

然而，朱元璋对皇室财政与国家公共财政的分割很不彻底：第一，皇室财政并没有岁出入额数的限制。第二，对于内府钞物的出入岁额，户部官员有权力和责任进行统计和监管：洪武二十二年正月"命户部官运钞物贮于殿庑下，以备内府赏赐，每月户科、礼科给事中更直掌之，岁终户部稽其所出之数，著为例"。② 第三，如后文所述，京师制造的纸钞、铜钱分别归内承运库及司钥库收储，而这两种货币在当时的国家公共财政收支中具有很重要的地位和作用。第四，外承运、甲字等库虽已改由流官进行管理并隶属于户部，但与此同时它们仍位于内府内部，比如洪武后期的《诸司职掌》仍规定，各地起解的金、银、绢、布等项课程应于"内府各门照进，且如铜钱、布匹赴甲【字】库交纳，钞锭广惠库交纳，金、银、绢匹承运库交纳"。③

总之，到洪武后期，内库共包括内承运库，司钥库，供用库，外承运库，宝钞广惠库，广积库，赃罚库，甲、乙、丙、丁与戊字库，共12个库。其中，前3者由内官管理，后9者则由官僚士大夫进行管理并隶属于户部。在内库内部，皇室财政与国家公共财政形成一定界线，同时这条界线很不彻底，二者之间仍存有若干财政关联。

（三）内库的收入与支出

1. 内库的收入

内库的财政收入来源主要有三种。

第一种为常规化的制度收入。田赋方面，桑株、树株的折色税是其常规性的制度化收入。《诸司职掌户部·民科·农桑》规定："凡民间一应桑株，各照彼处官司原定则例起科丝绵等物，其丝绵每岁照例折绢，俱以十八两为则折绢一匹。所司差人类解到部，札付承运库收纳，

---

① 《诸司职掌》，第582页。按，据万历《明会典》、清代官修《明史》，乙字库属兵部衙门，戊字库、广积库、广盈库属工部衙门，见（明）申时行等修：《明会典》（万历朝重修本）卷30《户部17》，中华书局1989年版，第220页；（清）张廷玉等：《明史》卷79《志第55》，中华书局1974年版，第1926页。然而，笔者认为，万历《明会典》所说的仅是万历时期的情况，与洪武时期情况不同；《明史》在未注明时间断限的情况下，对明代内库作前述总论，有失准确。

② 《明太祖实录》卷195，洪武二十二年春正月甲申。

③ 《诸司职掌》，第632页。

以备赏赐支用；其树株、果价等项，并皆照例征收钱钞，除彼处存留支用外，其余钱钞一体类解本部，行移该库交收。"① 此外，"各处土产、茶、盐、硝矾、朱砂、水银等物"也各有岁入内库的定额，但因数目琐碎，故《诸司职掌》不予详细记载。②

商税是内库非常重要的常规收入。洪武时期，"凡府、州、县税课司、局、河泊所，岁办商税、鱼课并引由、契本等项课程，已有定额"，各省直地方"通类委官起解，于次年三月以里到京""于内府各门照进，且如铜钱、布匹赴甲【字】库交纳，钞锭广惠库交纳，金、银、绢匹承运库交纳"。③ 各布政司及直隶府州所收商税全部折合成宝钞的话，每年"总计三百六十三万七百七十八锭有零"。④ 由于明初宝钞贬值迅速，这一数额的实际价值也随之变化巨大。若以洪武八年、洪武九年每一贯钞准银一两、⑤ 折米一石⑥的计算标准，则每年商税收入可相当于1815万余两白银或者1815万余石粮食。这是一笔巨大的收入，因为洪武时期全国田赋岁入粮较高额也不过3200余万石而已。⑦ 若以洪武三十年户部所定"每钞一锭折米一石""银一两折二石"⑧ 的计算标准，则每年商税收入为181.5万两白银或者363万余石粮食。由此可见，商税在洪武时期是内库一项非常重要的收入。

再者，工部每岁解纳内库的皮张、翎毛、军器、军装及铁等也各有定额：各省直地方每岁差人起解皮张到工部"札赴丁字库交收""计各处岁办杂皮二十一万二千张"；⑨ 凡造箭所用翎毛，各省直地方"差人起解到部，札赴丁字库交收""计各处岁办一千三百五十五万六千根"；⑩ "军器专设军器局，军装设针工局，鞍辔设鞍辔局掌管，时常整点，若有缺少件数，随即行下本局，算计物料，委官监督，定立工程，

---

① 《诸司职掌》，第620页。
② 《诸司职掌》，第632页。
③ 《诸司职掌》，第631—632页。
④ 《诸司职掌》，第632页。
⑤ 《明太祖实录》卷98，洪武八年三月辛酉。
⑥ 《明太祖实录》卷105，洪武九年四月己丑。
⑦ 《明太祖实录》卷214，洪武二十四年十二月壬午。
⑧ 《明太祖实录》卷255，洪武三十年十月癸未。
⑨ 《诸司职掌》，第750页。
⑩ 《诸司职掌》，第751页。

如法造完，差人进赴内府该库收储"；① 洪武时，"计各处炉冶该铁一千八百四十七万五千二十六斤"，不过，各处冶铁时行时罢，"如果缺用，即须奏闻复设炉冶，采取生矿煅炼，着令有司差人陆续起解，照例送库收储。如系临边用铁去处，就存听用"。② 比如洪武二十八年，"各处续开炉冶，今已三年，而内库见贮铁凡三千七百四十三万余斤"，于是朱元璋"诏罢各处铁冶"。③

第二种为非常规、没有具体岁额限制的收入。这方面的收入首先是税粮改折等田赋收入。洪武时期，大部分省直地方田赋岁入超过岁支，因此国家财政盈余丰厚。为便于运输和保存，朱元璋时常将全国税粮折成银、钞、钱、绢等征收。洪武九年四月，"命户部，天下郡县税粮，除诏免外，余处令民以银、钞、钱、绢代输今年租税"。④ 尤其是洪武十九年，朱元璋明确命令"以今年秋粮及往岁仓储通会其数，凡有军马之处，存给二年，并儒学廪膳、养济孤老、驿传廪给外，余悉折收金、银、布、绢、钞锭输京师"。⑤ 就在改折之后的第二年，洪武二十年，"河南、浙江、江西、湖广、福建、广东、广西及直隶府、州、县"仍然"可皆存粮二年"，故"余并折收钞、布、绢匹"。⑥ 洪武三十年，"敕户部：凡天下积年逋赋，皆许随土地所便，折收绢、布、金、银等物"。⑦ 据《诸司职掌》，十二布政司并直隶府州"起解税粮折收金、银、钱、钞"者，有些应是内库的收入。⑧ 因此，可以推断，洪武时期内库有大量田赋改折收入。

其次为朝贡收入。《诸司职掌》规定："凡诸蕃国及四夷土官人等或三年一朝，或每年朝贡者，所贡之物……通进内府陈设交收。"⑨ 比如"凡进苏木、胡椒、香蜡、药材等物万数以上者，船至福建、广东

---

① 《诸司职掌》，第 751—752 页。
② 《诸司职掌》，第 753—754 页。
③ 《明太祖实录》卷 242，洪武二十八年闰九月庚寅。
④ 《明太祖实录》卷 105，洪武九年四月己丑。
⑤ 《明太祖实录》卷 178，洪武十九年五月己未。
⑥ 《明太祖实录》卷 182，洪武二十年五月甲子。
⑦ 《明太祖实录》卷 255，洪武三十年十月癸未。
⑧ 《诸司职掌》，第 632 页。
⑨ 《诸司职掌》，第 708 页。

等处……除国王进贡外，番使、人伴附搭买卖物货，官给价钞收买，然后布政司仍同各衙门官将货称盘见数，分豁原报、附余数目，差人起解前来……运进承运等库，称盘入库"。① 其他所贡金银器皿、珍宝、缎匹、马、骡、象、驼、虎、豹、禽鸟之类也都归内库收储。② 洪武时期，内库这类收入数额也较大。比如洪武二十年，真腊国王"遣使贡象五十九只、香六万斤，暹罗国贡胡椒一万斤、苏木十万斤"。③ 洪武二十三年，暹罗斛国"贡苏木、胡椒、降真等物一十七万一千八百八十斤"。④

最后，为各地方类解到户部、刑部、都察院与五军都督府的赃罚物：户部规定，"凡各处官民犯法律合籍没家财及有不才官吏接受赃私，追没到金、银、钱、钞、衣服等项，俱各札付赃罚库交收"；⑤ 刑部规定，"凡各布政司并直隶府州应有追到赃物，彼处官司用印钤封，批差长解人管解到部……进赴内府某库纳讫"；⑥ 都察院规定，所收犯人"赃伏，候季终通类具呈本院，出给长单，差委御史解赴内府该库交纳足备"；⑦ 五军都督府规定，"凡各司问过犯人所受赃物，或金或银或钱、钞、缎匹等件"，各相关官员"具呈本厅，备呈该府，出给长单，责令原管官员并经手库子，进赴内府赃罚库交纳足备"。⑧

第三种内库收入为国家制造的纸钞、铸造的铜钱。洪武八年，朱元璋"诏造大明宝钞……每钞一贯准铜钱一千、银一两"。⑨ 宝钞提举司"每岁于三月内兴工印造"，所造钞锭俱"送赴内府库收储以备赏赐支用"。⑩ 洪武二十三年、洪武二十四年，每年国家岁入宝钞都达400余

---

① 《诸司职掌》，第709页。
② 《诸司职掌》，第708—709页。
③ 《明太祖实录》卷183，洪武二十年七月乙巳。
④ 《明太祖实录》卷201，洪武二十三年四月甲辰。
⑤ 《诸司职掌》，第632页。
⑥ 《诸司职掌》，第736—737页。
⑦ 《诸司职掌》，第769页。
⑧ 《诸司职掌》，第783页。
⑨ 《明太祖实录》卷98，洪武八年三月辛酉。
⑩ 《诸司职掌》，第632页。

万锭。① 若按洪武二十年"米一石止折钞一贯"②的标准，则这笔收入相当于 2000 余万石粮食；若以洪武三十年户部所定"钞一锭折米一石"、"银一两折二石"③的计算标准，则这笔收入仍相当于 400 余万石粮食或者 200 余万两白银。因此，每岁国家所造宝钞在洪武时期内库的财政收入中也占有重要地位。

至于铜钱，"凡在京鼓铸铜钱，行移宝源局委官于内府置局……如遇铸完收储奏闻，差官类进内府司钥库交纳"。④ 洪武五年、洪武七年和洪武八年⑤三个年份，京师及各省直地方共铸铜钱 6.2 万万余文。若以上述洪武八年"钞一贯准钱千文、银一两"的折算标准，则这三年，全国所铸铜钱相当于 62 万锭宝钞或者 62 万两白银。虽然洪武时期，只有在京师鼓铸的铜钱才归内库收储，但至少就此可以估计，洪武时期，铸钱也在内库收入中占有相当份额。

2. 内库的支出

洪武时期，除皇室开支外，赏赐是内库最重要的开支，其他还包括赈济、军饷及杂支等项。

第一，皇室开支是内库不可避免的一部分。不过，其收支数额及规模却没有相关记载。可以确定的是，洪武时期，内库中的皇室财政开支相对于后朝而言是非常简约的。比如，洪武初年，后妃等支用金银钱帛等物都须遵循严格的程序，"尚宫先行奏知，然后发遣内使监官监管覆奏，方许赴户部关领"。⑥ 直至洪武后期，皇室成员所需冠服、器用、缎匹、仪仗等仍多系内府相应各局制造。⑦ 洪武时期，"内府所贮钱粮，内官、内使纤毫不敢动，虽东宫、亲王不得取用；欲用者必奏请。"⑧

第二，赏赐是内库最重要的一类开支。朱元璋对赏赐一事极其重

---

① 《明太祖实录》卷 206，洪武二十三年十二月戊子；《明太祖实录》卷 214，洪武二十四年十二月壬午。
② 《明太祖实录》卷 182，洪武二十年五月甲子。
③ 《明太祖实录》卷 255，洪武三十年十月癸未。
④ 《诸司职掌》，第 754 页。
⑤ 《明太祖实录》卷 77，洪武五年十二月壬寅；《明太祖实录》卷 95，洪武七年十二月庚申；《明太祖实录》卷 102，洪武八年十二月乙卯。
⑥ 张德信、毛佩琦主编：《洪武御制全书》，第 375 页。
⑦ 《诸司职掌》，第 759—761 页。
⑧ 《明宣宗实录》卷 66，宣德五年五月壬子。

视。洪武十六年，朱元璋对皇太子及诸王说："赏与罚二事，治天下之大权也。"① 洪武十七年，朱元璋"诏礼部曰：赏赐，国之重事，所以报贤劳而厉士气，权度毫发，一失轻重，则上为失礼，而下无所劝"。② 洪武十九年，朱元璋在东阁与侍臣"论俭"时指出，国家有两件事不可俭，即祭祀与赏赉。③ 不过，朱元璋曾在一封敕书中强调：因为"国之大权，惟赏与罚"，所以"赏无私赏，必因民之所共好而赏之"。④ 因此，洪武一朝，虽《明太祖实录》所记赏赐众多，但这些赏赐大多都是从有利于国家统治的角度来进行的，并非是皇帝出于私恩对贵戚、寺、宦等个人的滥赏。

洪武二年，朱元璋赏赐征南将校时说："府库之积，皆民所供，是为天财。君特主之，以待有功者耳。"⑤ 洪武三年，朱元璋"阅内藏"后，说："此皆民力所供，蓄积为天下之用"，因此"封赏之外，正宜俭约以省浮费"。⑥ 据《诸司职掌》，户部所负责的财政开支项目有：赏赐、内外卫所旗军岁用粮米、内外大军关支月盐、在京五军都督府首领官、吏并六部、通政司、大理寺等衙门官吏俸给、公差人员廪给、行军马匹日支粮草及杂支。这些项目中只有赏赐和杂支需从内库关支（杂支下文简述）。《诸司职掌》规定："凡民间一应桑株，各照彼处官司原定则例起科丝绵等物……札付承运库收纳，以备赏赐支用"；⑦ 凡在京赏赐该用钞锭、胡椒、苏木、铜钱等，"本（户）部量数具奏，于内府关支"。⑧ 由此可见，赏赐在内库开支中的重要性。至于赏赐对象，首先有诸番国、四夷朝贡人员及公、侯、官员等人，"凡赏赐金、银、钞锭、匹帛之类，金、银诣长随内官关领，匹帛系内承运库收储，冠带、衣靴系工科工部官收掌，钞锭系户部官收掌，主客部官分投关领"。⑨

---

① 《明太祖实录》卷152，洪武十六年二月庚辰。
② 《明太祖实录》卷161，洪武十七年四月癸未。
③ 《明太祖实录》卷177，洪武十九年二月己丑。
④ 《明太祖实录》卷174，洪武十八年七月乙丑。
⑤ 《明太祖实录》卷46，洪武二年冬十月甲子。
⑥ 《明太祖实录》卷54，洪武三年秋七月丙辰。
⑦ 《诸司职掌》，第620页。
⑧ 《诸司职掌》，第624—625页。
⑨ 《诸司职掌》，第712页。

其次,"在外如有钦依赏赐官军"等项,亦由户部"约量会计钞锭,具奏委官,赴内府照数关领"。①

第三,赈济灾情也是内库的一项重要开支。"其在外如有钦依……赈济饥民等项,本部约量会计钞锭,具奏委官,赴内府照数关领。"② 此外,朱元璋还"捐内帑之资,付天下耆民籴粟以储之",从而达到"备荒歉以济饥民"的目的。③

第四,在出现紧急军情时,洪武朝偶有支出内库财物予以财政支援的情况。这种情况的发生频率虽然极低,但由于具有"祖例"的重要意义,因此也当予以注意。洪武十九年,因纳哈出数次侵扰辽东,为"分兵置卫以控制之",朱元璋"诏户部出内库钞一百八十五万七千五百锭,散给北平、山东、山西、河南及迤北府州县,令发民夫二十余万,运米一百二十三万余石,预送松亭关及大宁、会州、富峪四处,以备军饷"。④

第五,户部所负责的"杂支"项目中,有一部分需从内库关支。《诸司职掌》规定:"凡仓库一应关支钱粮及工部成造军装等项,必须计其所用物料,转行本(户)部札付各该仓、库照数支给。"⑤ 比如铸器"合用铜、铁、木炭等项",需"明白具数,呈部行下丁字库、抽分竹木局放支";⑥ 铸钱"合用铜、炭、油、麻等项物料""大小车辆若有成造及修理者……合用木植、鱼胶、铁箍等项物料"也是下丁字等库放支。⑦

二 明代洪武以后中央财政存储机构的发展

(一)永乐到正德时期中央财政存储机构的发展

这一时期,明代国家首先添设了太仓库与常盈库这两个新的中央财政储银机构,而且这两个机构都与内库有着明确的财政界限。正统七

---

① 《诸司职掌》,第625页。
② 《诸司职掌》,第625页。
③ 《明太祖实录》卷227,洪武二十六年夏四月乙亥。
④ 《明太祖实录》卷179,洪武十九年十二月辛亥。
⑤ 《诸司职掌》,第626页。
⑥ 《诸司职掌》,第753页。
⑦ 《诸司职掌》,第754、759页。

年，太仓库成立，并由户部主事进行管理："正统七年，置太仓库，添设本部主事一员，专管凡南直隶、苏、常等府解纳草价银赴部转送管库官处交收。"① 在户部广西清吏司所带管的衙门中，太仓库是作为一个独立于内府十库之外的机构而存在的："广西清吏司（在京）：光禄寺、太常寺、牺牲所、内府十库、太仓银库……东安门仓。"②

常盈库设立于成化四年，隶属于太仆寺："太仆寺之常盈库自成化四年建，成化八年太仆寺卿牟奏，本寺官库收储江南备用马价银，见在三万七百四十余两，比照太仓官库折收粮价事例，欲设官攒、库役。兵部议不行，止许库役四名，于保定、河间金点送寺。"③

据正德《明会典》记载，内库在弘治、正德时期主要的财政职能仍与国家公共财政开支紧密相关："天下起解税课及赃罚等项悉贮内库以资国用。"④ 不但如此，到这一时期，内府各库所应收的物品也有了更加具体的规定：

> 内库·事例：凡各处解到缎匹、金银、缨玉、象牙等物送内承运库收，凡各处解到钱钞等物并各衙门锁钥俱系内府天财库收掌，凡各处解到白熟粳糯米等物送内府供用库收，凡各处解到纻丝、绫罗、硫黄、焰硝等物送广积库收，凡各处解到布匹并各色颜料送甲字库收，凡各处解到纻丝、绵布、胖袄、裤鞋、毛袄、狐帽等物送乙字库收，凡各处解到绵花、丝绵等物送丙字库收，凡各处解到铜铁、皮张、苏木等物送丁字库收，凡各处解到军器、胡椒等物送戊字库收，凡各处解到阔生绢并翠毛皮送承运库收，凡各处解到钱钞并纻丝、绫罗、绸绢、氆氇铁力、绵布、衣服、花绒等物送赃罚库收，凡各处解到钞钱送广惠库收，凡各处解到纻丝、纱罗、绫锦、绸绢、布匹等物送广盈库。⑤

---

① （明）徐溥等：《明会典》卷33《户部18》，文渊阁四库全书，第617册，台湾商务印书馆有限公司1986年版，第369页。
② （明）徐溥等：《明会典》卷16《户部1》，第174页。
③ （明）杨时乔：《马政纪》卷8《库藏8》，文渊阁四库全书，第663册，台湾商务印书馆有限公司1986年版，第591页。
④ （明）徐溥等：《明会典》卷32《户部17》，第337页。
⑤ （明）徐溥等：《明会典》卷33《户部18》，第365—366页。

此外，户部与工部所拥有的衙门并没有太大的变化：户部"所属衙门：宝钞提举司……抄纸局……印钞局……广盈库……宝钞广惠库……广积库……赃罚库……外承运库……甲、乙、丙、丁、戊字库……行用库……御马仓……军储仓……张家湾检校批验所（南京）……龙江盐仓检校批验所（南京）"，①此外还有"御马仓……东安门仓……西安门仓……北安门仓……长安门仓……籓竿寺……蜡烛寺。"②工部则包括"文思院……巾帽局（今设于内府）……针工局（今设于内府）……营缮所……皮作局……颜料局……宝源局……鞍辔局……军器局……广积抽分竹木局……通积抽分竹木局……织染所杂造局……卢沟桥、通州、白河三处抽分竹木局……大通关提举司……龙江提举司……龙江抽分竹木局……大胜港抽分竹木局。"③

弘治年间，南京户部银库成立。弘治八年，南京户部题准"修盖库藏一所，收储银两，每年委主事一员监督收放"。④

至弘治末年，户部、刑部、都察院、内府内库都各自储有银钱，尤其是太仓库银虽归户部管辖，但户部除了太仓库银外，还管理有相当数量的独立于太仓库之外的户部银：

> 初，署承运库太监龙绥等奏，大行皇帝丧葬用度繁浩……库中所积不多，宜预行区处。下户部集议言，户、刑二部、都察院收储赃罚等银、赎罪铜钱并太仓银总计不过银一百五万余两……其银以户部十五万两、太仓二十万两及内库见收者兼用……（上）如所议。⑤

（二）明代嘉靖以后中央财政存储机构的发展

这一时期，除前述中央财政机构外，嘉靖八年工部又添设节慎库官员。此前，工部财物都是存储在后堂大库内的，因管理不善，其财物常

---

① （明）徐溥等修：《明会典》卷3《吏部2》，第23—24页。
② （明）徐溥等修：《明会典》卷6《吏部5》，第51—53页。
③ （明）徐溥等修：《明会典》卷3《吏部2》，第28—29页。
④ （明）申时行等：《明会典》（万历朝重修本）卷42《南京户部》，第304页。
⑤ 《明武宗实录》卷2，弘治十八年六月癸亥。

有损失。为此，嘉靖八年，工部尚书刘麟"请特除一郎官主之，帝称善，因赐名'节慎库'"。①

太仆寺常盈库的岁入在这一时期增长迅速，为此，嘉靖十三年，太仆寺修建新库："太仆寺之常盈库……嘉靖十三年建新库。自建新库，老库不开。"② 自嘉靖至隆庆，太仆寺常盈库存银近1000万两，后来对"万历三大征"的军费用银颇有助益。③

此外，随着各类赋税的折银，光禄寺也开始拥有自己的银库。光禄寺始建于明初，"国初置宣徽院，尚食、尚醴二局……继改光禄寺……职专膳羞、享宴等事。"④ 光禄寺各类实物的折银征收主要从嘉靖初年开始，到嘉靖末年，光禄寺岁入白银就已达10万余两："户部言光禄寺自顷岁以来……所收各司府厨料、果品、杂粮、牲口银又十万两有奇，今甫数月，复称不敷。请再以太仓银二万两给发供应。"⑤ 至隆庆、万历初年，光禄寺大部分实物都改为征收白银，因此也逐渐设置了银库，并于"万历二年添设银库大使一员"。⑥

万历四年，南京户部也有了自己的老库，并题准铸造"监督银库关防一颗。该部将在库银两……先尽大锭，足一百万两，每二千两装盛一匣，收入库中，作为老库封贮"。⑦

这样，到万历前期，除了内府的内承运库外，明代中央财政机构中重要的储银库有户部太仓库、兵部太仆寺常盈库、工部节慎库、光禄寺银库及南京户部银库等。万历十六年户科给事中田畴对其中最重要的四个库总结如下：

> 国家之财赋谨积贮、严出纳，而以台省官巡视者有四：光禄膳羞之储也，太仆马价之储也，节慎库工部料价之储也，太仓银库百官之廪禄、九边之军需所取给也。然衡其数之多寡，太仓岁入约三

---

① （清）张廷玉等：《明史》卷194《列传第82》，第5151—5152页。
② （明）杨时乔：《马政纪》卷8《库藏8》，文渊阁四库全书，第663册，第591页。
③ 《明神宗实录》卷437，万历三十五年八月癸酉。
④ （明）申时行等：《明会典》（万历朝重修本）卷217《光禄寺》，第1080页。
⑤ 《明世宗实录》卷402，嘉靖三十二年九月乙未。
⑥ （明）申时行等：《明会典》（万历朝重修本）卷217《光禄寺》，第1082—1085页。
⑦ （明）申时行等：《明会典》（万历朝重修本）卷42《南京户部》，第304页。

百七十万有奇，出称之；节慎四之一，太仆十之一，光禄则十之毫厘耳。①

据万历初年《明会典》，这时户部所属衙门基本与正德时期相同，比较大的变化就是太仓银库被添加到户部所属衙门的项下："（户部）所属衙门：宝钞提举司……抄纸局……印钞局……广盈库……宝钞广惠库……广积库……赃罚库……外承运库……承运库……行用库……甲字库……乙字库……丙字库……丁字库……戊字库……御马仓……太仓银库……军储仓……长安、西安、北安门仓……东安门仓……张家湾盐仓检校批验所"，工部所属衙门的较大变化是添加了"节慎库"。②

万历末期，南京兵部、工部、户部都有了各自的银库。万历四十四年十月，"边饷告急"，于是户部"借兵部银三十万两、工部银二十万两、南京户部银二十万两、南兵、工二部银各五万两"。③ 至此，明代中央重要白银财政收入存储机构包括户部太仓库、兵部太仆寺常盈库、工部节慎库、礼部光禄寺银库以及南京户部、兵部、工部银库。

第二节　明代的内府十库④

一　问题源起

明代"内库"与"内府十库"是关系非常密切的一对概念。若想

---

① 《明神宗实录》卷194，万历十六年正月丙午。
② （明）申时行等：《明会典》（万历朝重修本）卷2，第5、8页。按，《图书编》认为节慎库属户部，"所属衙门：宝钞提举司、抄纸局、广积库、承运库、广盈库、大库【仓】银库、节慎库……提举仓"，见（明）章潢编《图书编》卷84，文渊阁四库全书，第971册，第477页。误。《明书》亦载节慎库为户部衙门："（户部）所属衙门有宝钞提举司……抄纸局……广积库……承运库……太仓银库……节慎库……"，见（清）傅维麟撰《明书》卷65，四库全书存目丛书本，史部38，第638页。误。《明史稿》亦将"节慎库"列于户部所属衙门之下，见（清）王鸿绪《明史稿》（二），台北文海出版社1962年版，第212页。亦误。
③ 《明神宗实录》卷550，万历四十四年十月丙辰。
④ 按，本节主体内容以《明代的内府十库》为题，发表于《第十五届明史国际学术研讨会暨第五届戚继光国际学术研讨会论文集》，烟台黄海数字出版社2015年版。

充分理解明代内库制度，乃至户部财政收支和太仓库的制度，必须要研究清楚"内府十库"的制度。关于明代内府"十库"与"内库"，清代文献中有两种较有影响但又相互矛盾的说法。

第一种说法认为，内府"十库"等同于"内库"。比如，清代官修《明史·食货志》记载如下：

> 内府凡十库，承运库贮缎匹、金、银、宝玉、齿、角、羽毛，而金花银最大，岁进百万两有奇；广积库贮硫黄、硝石，甲字库贮布匹、颜料，乙字库贮胖袄、战鞋、军士裘帽，丙字库贮棉花、丝纩，丁字库贮铜、铁、兽皮、苏木，戊字库贮甲仗，赃罚库贮没官物，广惠库贮钱钞，广盈库贮纻丝、纱罗、绫锦、䌷绢。六库皆属户部，惟乙字库属兵部，戊字、广积、广盈库属工部，又有天财库，亦名司钥库，贮各衙门管钥，亦贮钱钞，供用库贮粳稻、熟米及上供物。以上通谓之内库。①

这段文字，一开始就说内府共有十个库，但细数上文各库，可知有12个库。据清代龙文彬《明会要》，承运库，广积库，甲、乙、丙、丁、戊字库，赃罚库，广惠库，广盈库，天财库，供用库这12个库被总称为"内库"；不过，与《明史·食货志》不同的是，该书未提及"内库"与"十库"的关系。②清代《钦定续文献通考》转引《明史》如下："臣等谨按《食货志》，明内府凡十库，一曰承运……二曰广租③……三曰甲字……四曰乙字……五曰丙字……六曰丁字……七曰戊字……八曰赃罚……九曰广惠……十曰广盈……又有天财库……供用库……皆谓之内库"，亦共12个库。④清代《钦定历代职官表》基本采纳上述《明史》引文，但文字略有出入，且总计只有10个子库："《明

---

① （清）张廷玉等：《明史》卷79《志第55》，第1926—1927页。
② （清）龙文彬：《明会要》卷56《库藏》，中华书局1956年版，第1080—1081页。
③ 按，当为"广积"之误笔。——笔者
④ （清）嵇璜等：《钦定续文献通考》卷29《国用考》，文渊阁四库全书，第626册，台湾商务印书馆有限公司1986年版，第730页。按，明人王圻著有《续文献通考》一书，清代《钦定续文献通考》虽以之为蓝本之一，但做了巨大改动，比如上述引文即不见于王圻之书。——笔者

史·食货志》：……内府凡十库：承运库……广积库……甲字库……乙字库……丙字库……丁字库……戊字库……赃罚库……广贮库……广盈库……通谓之内库"①。

上述文献特点如下：一是都认为明代内库只有一个承运库；二是虽然这些文献宣称明代内府"凡十库"，但细数其列举的具体子库名称，却有 12 个与 10 个的不同说法。

第二种说法认为，"十库"是个专有名词，十库之外，内府另有其他子库。清修《明史》在其《职官志》中载："其外有内府供用库……司钥库……内承运库……十库：甲字……乙字……丙字……丁字……戊字……承运……广盈……广惠……赃罚。"② 相对前述《食货志》引文而言，《明史·职官志》观点与其存在明显冲突。对此，清代《钦定历代职官表》照录如下："《明史·职官志》：……其外有内府供用库、司钥库、内承运库，'十库'：甲字、乙字、丙字、丁字、戊字、承运、广盈、广惠、赃罚。"③ 令人困惑的是，此文虽称"十库"，其后却仅仅列举了 9 个库。清代《钦定续通典》记载与《明史·食货志》相同，也认为"十库"在内府供用库、司钥库和内承运库之外，且包含上述 9 个库。④ 然而，清代朱彝尊却不完全同意这一观点，他指出："考《明史·职官志》所记十库，止详九库，职事独阙广积一库，今依《明会典》增入。"⑤ 这些记载特点如下：一是都认为承运库有两个，即内承运库和承运库；二是内承运库不在"十库"之内；三是"十库"下属的实际子库数额，文献存有不同观点，有认为是 10 个者，有认为是 9 个者。

由此引出如下问题：一是内府"十库"与"内库"是什么关系？

---

① （清）永瑢等：《钦定历代职官表》卷 7《户部 3》，文渊阁四库全书，第 601 册，台湾商务印书馆有限公司 1986 年版，第 154—155 页。
② （清）张廷玉等：《明史》卷 74《志第 50》，第 1820—1821 页。
③ （清）永瑢等：《钦定历代职官表》卷 38《内务府下》，文渊阁四库全书，第 601 册，第 743 页。
④ （清）纪昀等：《钦定续通典》卷 31，文渊阁四库全书，第 639 册，台湾商务印书馆有限公司 1986 年版，第 466—467 页。
⑤ （清）朱彝尊：《钦定日下旧闻考》卷 42《皇城 4》，文渊阁四库全书，第 497 册，台湾商务印书馆有限公司 1986 年版，第 593 页。

二是"十库"到底包含哪些子库?"十"是否是对内府各库数量的一种准确描述?三是承运库到底有几个?与"内库""十库"是什么关系?鉴于学术界目前成果尚未涉及这些问题,① 下文特对明代"内府十库"进行考证。②

二 明代"内库"的下辖子库情况

明初洪武定都南京时期,内府各库由简入繁,逐步增添,至洪武十七年,内府已有10个库,其中归户部管辖的为8个,即外承运库、甲字库、乙字库、丙字库、丁字库、戊字库、广源库及广惠库,"外承运库掌收金、银、缎匹等物,甲字库掌收铜钱、布匹、颜料,乙字库掌收衣服、衾帐、纸札等物,丙字库掌收丝、绵、纱线,丁字库掌收铜、铁、锡、香、茶、蜡诸物,戊字库掌收毡衫、胡椒并支收军器,广源库掌收储宝钞,广惠库掌收支宝钞",每库大使、副使皆"于流官内选用,隶户部";剩余2个,即内承运库、司钥库,"内承运库掌供御金、银、缎匹等物……司钥库掌皇城各门管钥",其管理人员则"皆于内官内选用"。③

洪武后期,据《诸司职掌》,内府有12个库,其中户部所辖内府

---

① 按,明代内府各库一直是学术界关注的课题,其专门研究成果有台湾赖建诚《万历初年的内库供应》(《中国社会经济史研究》1997年第1期)与刘颖《明代内承运库试探》(硕士学位论文,山东大学,2009年),赵中男《明前期减免宫廷财政初探——以目前所见相关诏书为中心》(《明史研究论丛》,2010年),赵克生《明代宫廷礼仪与财政》(《东北师大学报》2012年第4期),苏新红《明代洪武时期的内库制度》(《古代文明》2012年第1期)与苏新红《明代洪武时期内库财政收支特点及历史影响》(《贵州社会科学》2012年第2期)等。此外,还有部分学者从皇室、宫廷财政角度对明代内府库藏进行过研究,具体研究成果详见赵中男《明代物料征收研究》(博士学位论文,北京大学,2005年)"绪论"部分。还有一些学者出于各自研究目标的不同需要对明代内府各库也进行过一定考证,国内比如南炳文、汤纲《明史》(上海人民出版社2003年版,第738—744页),樊树志《晚明史:1573—1644》(复旦大学出版社2003年版,第558页),唐文基《明代赋役制度史》(中国社会科学出版社1991年版,第139—140页),王天有《明国家机构研究》(北京大学出版社1992年版,第93—94页),(英)崔瑞德、(美)牟复礼编《剑桥中国明代史·1368—1644·明代的财政管理》(下卷)(杨品泉等译,第101—102页),(美)黄仁宇《十六世纪明代中国之财政与税收》(阿风等译,第10、11、12页)。

② 按,永乐迁都北京后,南京内府各库仍旧存在。本书所研究的内府各库,如非特别注明,均指位于北京者而言。

③ 《明太祖实录》卷161,洪武十七年四月癸未。

之库为 9 个，即外承运库、宝钞广惠、广积、赃罚、甲、乙、丙、丁、戊字库；① 由内官负责的库增为 3 个，"曰内承运，曰司钥，曰内府供用"。② 洪武二十五年，朱元璋命儒臣重定"中外文武百司"品阶，其中外承运库不再出现，仅见承运库，他规定"承运库、宝钞广惠、广积、赃罚、甲、乙、丙、丁、戊字库"大使为从九品。③ 由此可知，外承运库的裁撤应该是在洪武后期。永乐迁都后，南京户部所属的内府 9 库这一数额一直保持到明朝后期。比如，万历初年《大明会典》载，南京户部所属衙门包括：广积库，承运库，赃罚库，甲、乙、丙、丁、戊字库，宝钞广惠库；④ 万历四十一年刊出的《大明一统文武诸司衙门官制》所载南京户部所属衙门亦是这 9 个库。⑤ 天启三年，"差南京礼科给事中杨栋朝巡视南京甲字等九库并光禄寺钱粮"；⑥ 管理这些库的官员则被称作"巡视九库科道"，如天启三年，巡视南京京营吏科等衙门给事中姜习孔等疏请"合敕兵仗局及巡视九库科道，每营查发数千件（器械），遇操，给军操演"。⑦

明成祖迁都北京后，在北京城内的内府各库又经历了一个逐步建置的过程。永乐四年，"改前燕府广有库为北京承运库……隶北京行部"。⑧ 永乐七年，"置皇城四门仓及长安门供用库、东安门厨房"。⑨ 至少到永乐十九年，内府已有 12 个子库，分别为内承运库，内府天财库，甲、乙、丙、丁、戊字库，赃罚库，广盈、广惠库，承运库，

---

① 《诸司职掌》，第 580—581 页；按，广积库、赃罚库始置时间待考，此处未见宝钞广源库，具体原因待考；此外，甲字库等虽隶户部，但仍位于内府，见《诸司职掌》，第 632 页。
② 张德信、毛佩琦主编：《洪武御制全书·皇明祖训》，黄山书社 1995 年版，第 404 页。
③ 《明太祖实录》卷 222，洪武二十五年冬十月丙午。
④ （明）申时行等：《明会典》（万历朝重修本）卷 3《吏部 2》，第 14 页。
⑤ （明）陶承庆校正，叶用增补：《大明一统文武诸司衙门官制》卷 1，续修四库全书，第 748 册，万历四十一年宝善堂刻本影印本，第 437 页。
⑥ 《明熹宗实录》卷 34，天启三年五月甲寅。
⑦ 《明熹宗实录》卷 37，天启三年八月戊辰。
⑧ 《明太宗实录》卷 50，永乐四年春正月壬子。
⑨ 《明太宗实录》卷 98，永乐七年十一月丁亥。

广积库。① 弘治、正德时期，内府共有 13 个库，即内承运库、天财库、供用库、甲字库、乙字库、丙字库、丁字库、戊字库、承运库、赃罚库、广惠库、广盈库及广积库，它们一起被统称为"内库"；不过，此时内承运库、承运库所贮货物已明显不同，"凡各处解到缎匹、金、银、缨玉、象牙等物送内承运库收……凡各处解到阔生绢并翠毛皮送承运库收"。② 万历时期，内府 13 个子库名称仍与弘治、正德时期相同，其统称虽被万历《大明会典》改作"内府库"，③ 但在当时人眼中，这一称谓仍等同于"内库"。比如，万历四十年，户科给事中官应震疏言："职考《会典》，如内府库，所掌最大者金花银……正统元年始自南京改解内库，嗣后多为御用。味'各边缓急'二语，知内库不专为内，兼以济边，是内库之可散而外甚明也。"④ 王圻在其《续文献通考》中载："国初于皇城内设内承运库……内府天财库……内府供用库……广积库……甲字库……乙字库……丙字库……丁字库……戊字库……承运库……赃罚库……广惠库……广盈库……皆谓之内库"，⑤ 共 13 个子库。此后，北京内库的这一规模一直保持到明末。

三　内府"十库"下辖子库及其地理位置

由前文对内库简述可知，明洪武时期南京户部所辖内府各库并未达到 10 个，因而也就没有"十库"的称谓。永乐时期，除了内府内承运库、供用库、天财库而外，内府甲字等库在永乐初年"止有五库，库设内官一员"，"后增库为十，官亦如之"。⑥ 直至成化七年，"十库"一词在《明实录》中才开始见到，"甲字等十库，夫多者一百二十名，

---

① （明）申时行等：《明会典》（万历朝重修本）卷 30《户部 17》，第 222 页。按，此处没有提及供用库，原因不明，待查。如前所述，供用库在永乐七年即已建成，且从未见裁撤记载，特作说明。

② （明）徐溥等：《明会典》卷 33《户部 18》，文渊阁四库全书，第 617 册，第 365—366 页。

③ （明）申时行等：《明会典》（万历朝重修本）卷 30《户部 17》，第 222 页。

④ 《明神宗实录》卷 502，万历四十年闰十一月丁亥。

⑤ （明）王圻：《续文献通考》卷 36《国用考》，续修四库全书本，第 762 册，上海古籍出版社 2006 年版，第 393 页。

⑥ 《明孝宗实录》卷 212，弘治十七年五月甲午。

少亦三十余名"。① 直到弘治朝，"内府十库"这一专有名词才偶然可见："内府十库，例遣科道官监收"。②

具体而言，"十库"包括甲字库、乙字库、丙字库、丁字库、戊字库、承运库、广盈库、广惠库、广积库、赃罚库，共 10 个库，"以上总谓之曰'十库'"，而各库所存物品则有：

> 甲字库职掌银朱、乌梅、靛花、黄丹、绿矾、紫草、明矾、光粉、黑铅、水胶、槐花、蓝靛、五倍子、阔白三梭布、苎布、棉木、红花、水银、硼砂、藤黄、茜草、姜黄、蜜陀、僧磟砂、白芨、栀子、百药煎之类，皆浙江等省岁供纳之，以备上用等监奉准讨取；
>
> 乙字库职掌奏本、纸札、榜纸、中夹等纸、各省解到胖袄，以备各项奏准取讨；
>
> 丙字库每岁浙江办纳本色丝绵、合罗丝串、五色荒丝，以备各项奏讨，而山东、河南、顺天等府岁纳棉花绒，则内官之冬衣、军士之布花，咸取给于此；
>
> 丁字库每岁浙江等处办纳生漆、桐油、红黄熟铜、白麻、麻、麻黄、蜡锡、牛筋、黄牛皮、麂皮、铁、线、鱼胶、白员藤、生熟建铁，以备御用监内官监等处奏准支给；
>
> 戊字库职掌河南等处解到盔甲、弓箭、刀及废铁，以备奏准支给；
>
> 承运库职掌浙江、四川、湖广等省黄、白生绢，以备奏讨、钦掌夷人并内官冬衣、乐舞生净衣等项用；
>
> 广盈库职掌黄、红等色平罗、熟绢、元色等色杭纱及青细棉布，以便奏讨；
>
> 广惠库职掌彩织帕、梳栊、剅刷、钱、钞锭之类，以备取讨；
>
> 广积库职掌盆净、焰硝、熟硫黄，听盔甲厂等处成造火药，凡京营春秋操演，咸取给于此；

---

① 《明宪宗实录》卷 95，成化七年九月壬辰。
② 《明孝宗实录》卷 108，弘治九年正月庚子。

赃罚库职掌没官衣物等件，或作价抵俸给官。①

从地理位置上看，内府十库虽在皇城之内，但与内承运库、供用库、司钥库明显分列不同处所。崇祯元年腊月二十四日，大臣蒋德璟因皇帝生日而去皇城朝贺，"贺毕，从会极门过文华殿……出西安里门，为十库"。②《钦定日下旧闻考》记言："原经厂又西，曰洗白厂，曰果园厂，曰西安里门，曰甲、乙、丙、丁、戊及承运、广盈、广惠、广积、赃罚十库。"③

崇祯时期《明宫史》详细记载了内库各库的具体地理位置："由玉河桥玉熙宫迤西曰棂星门，迤北曰羊房……棂星门迤西……又西曰洗帛厂，曰果园厂，曰西安里门，曰甲字等十库，曰司钥库"，④ "至于宝善门、思善门、乾清门、仁德门、平台之西室及皇城各门，皆供关圣之像，佑国殿之东则内承运库，银两、表里等钱粮贮藏之所也。两库之间，有槐一株……再东过一小石桥曰香库，乃内府供用库答应钱粮之所。"⑤ 由此可以看出，内承运库、司钥库、供用库并不在"内府十库"之列。

崇祯时期，司钥库负责存储"宝源局等处铸出制钱"，以"备御前取讨赏赐之用"，并"积有历代古钱、洪武以来大钱"；此外，"凡乾清等门及午门、东华门等门钥匙，皆本库监工于五更三点时自宫中发出，分启各门，其钥即便缴回，其印文曰司钥库印，俗名曰天财库"。⑥ 由此可见，司钥库与天财库实质是同一个库。

至于内承运库，"其署在东下马门，其职掌库藏在宫内者曰内东裕

---

① （明）吕毖：《明宫史》卷2《内府职掌》，文渊阁四库全书，史部，第651册，台湾商务印书馆有限公司1986年版，第634—635页。按，清初，此十库被称作"西十库"，并长期空置，后清帝命内务府对其清查立档，共有甲、乙、丙、丁、戊字库、承运库、广盈库、广惠库、广积库及赃罚库10个库，与《明宫史》所言同，见（清）高士奇《金鳌退食笔记》卷下，文渊阁四库全书，史部，第588册，第431页。

② （明）黄宗羲：《明文海》卷359《游宫市小记·蒋德璟》，文渊阁四库全书，第1457册，台湾商务印书馆有限公司1986年版，第179—180页。

③ （清）朱彝尊：《钦定日下旧闻考》卷42《皇城4》，文渊阁四库全书，第497册，台湾商务印书馆有限公司1986年版，第591页。

④ （明）吕毖：《明宫史》卷1，文渊阁四库全书，史部，第651册，第611页。

⑤ 同上书，第617页。

⑥ （明）吕毖：《明宫史》卷2，文渊阁四库全书，史部，第651册，第631页。

库，曰宝藏库，皆谓之里库；其会极门、宝善门迤东一带，及南城磁器等库者，皆谓之外库也。凡金、银……珍珠、珊瑚之类，总隶之。又浙江等处每岁夏秋麦米共折银一百一万有奇，即国初所谓折粮银，今所谓金花银是也。"① 据此可知，所谓"里库"仅包括内东裕库和宝藏库，而里库、外库则是内承运库内部各下辖子库的一种分类称呼。

综上所述，明代内库分为北京内库与南京内库，其中南京内库共有九库，北京内库则逐步增扩为内府十库（承运库，甲、乙、丙、丁、戊字库，广盈库，广惠库，广积库，赃罚库）、内承运库（分为里库和外库，里库则包括内东裕库和宝藏库）、司钥库（又称天财库）及供用库，共13个子库。《明史》所谓"内府凡十库"及里库、外库的有关说法有失准确。

为简明起见，现将北京内库与内府各库的隶属关系列表1-1。

表1-1 明代北京"内库"与内府"十库"隶属关系

内库（共13个子库）	
（1）内承运库 里库（分为：内东裕库、宝藏库） 外库 （2）天财库（又名司钥库） （3）供用库	内府十库： （1）承运库，（2）赃罚库，（3）广盈库， （4）广惠库，（5）广积库，（6）甲字库， （7）乙字库，（8）丙字库，（9）丁字库， （10）戊字库

四 内府"十库"管理权及其财政收入的归属演变

虽然永乐时期，就已经不断有内官介入内府十库的管理，但承运库、广盈库仍"俱隶户部"。② 弘治末、正德初，内府十库仍属户部。弘治十二年，"户部请令内府宝钞、广惠等十库官吏给由者，从户部委官核报其勤怠，吏部据以署考。"③ 据正德《明会典》，户部广西清吏司

---

① （明）吕毖：《明宫史》卷2，文渊阁四库全书，史部，第651册，第631—632页。
② 《明太宗实录》卷231，永乐十八年十一月壬午。
③ 《明孝宗实录》卷152，弘治十二年七月己卯。

负责带管"光禄寺、太常寺、牺牲所、内府十库、太仓银库"等衙门。①

弘治以后,内府十库中内官数量仍不断增长,每库"添设内官多者八九员,势家贵戚,亦来分用",为此,户部奏请"宜照旧每库量留一二员,同科道官验收",孝宗仅命"司礼监查奏定夺",敷衍而过。②这些增入内府十库的内官,"凡遇纳官钱物百计需索""为害不少",虽然朝中官员反复请求孝宗"仍将添设之数悉从裁省""乞一切取回",但孝宗态度纵容,并不认真处理。③

嘉靖时期,"科道官监收内府钱粮如甲子等库乃祖宗之旧规",除了继续沿用这一规矩外,嘉靖十年三月又特别"遵明诏推而及于各监局",除了"内承运库缎匹及惜薪司等柴炭、军器局等物料俱奉明旨免行监收"外,其余各监、局及"供用库、甲子等十库、广盈库,则原差科道监收"。④不过,这一新规定很快又于嘉靖十七年被世宗皇帝自己否决撤销:"上曰,十库监局部官原有者仍旧,系九年增设者俱革之。"⑤

嘉靖十一年,内府十库各类实物收入在皇室和户部之间的分配原则正式确立,户部奏准"内府本色、折色物料……各本色送内府各库,折色及扣剩、扛解(银)送(户部)太仓完纳";⑥同年,户部奏准其太仓库"添委员外郎一员","十库折色银两"即是该员外郎专门负责的太仓库的收入之一。⑦由此,户部正式将原属其管辖的内府十库的部分收入通过改折征银的方式转入太仓库,而内府十库的本色物料收入则成为皇室专用。

嘉靖十七年七月,户部因"比年十库内臣增设太冗……(而)请

---

① (明)徐溥等:《明会典》卷16,文渊阁四库全书,第617册,第174页。
② 《明孝宗实录》卷212,弘治十七年五月。
③ 《明孝宗实录》卷161,弘治十三年四月癸丑;《明孝宗实录》卷190,弘治十五年八月己酉。
④ 《明世宗实录》卷123,嘉靖十年三月辛丑。按,广盈库被列于十库之外,仅见于这一条史料,原因待考,暂录于此。——笔者
⑤ 《明世宗实录》卷213,嘉靖十七年六月辛酉。
⑥ 《明世宗实录》卷142,嘉靖十一年九月辛未。
⑦ (明)申时行等:《明会典》(万历朝重修本)卷30《户部17》,第222页。

敕司礼监查议量数员署为令额",世宗批复："其见在库者仍旧。"① 这就使得内府十库悄然潜增的内臣数额取得了合法地位。内臣在内府十库中的地位和权限由此进一步提升。

另外,文官在内府十库中的管理权力被大幅度削减。现特据万历《明会典》,将户部所属十库的管理官员在嘉靖三十六年及以前裁撤情况如表 1-2 所示。

表 1-2　　　嘉靖时期户部所属内府十库官员裁撤情况②

户部所属衙门名称	万历初年官员设置情况	嘉靖三十六年及以前裁撤情况
广盈库	大使一员	旧有副使2员,嘉靖三十六年革
宝钞广惠库	大使一员	旧有副使一员,嘉靖三十六年革
广积库	大使一员	旧有副使、典吏各一员,嘉靖三十六年革
赃罚库	大使一员	旧有副使2员,嘉靖三十六年革
外承运库（后革）	无	旧有大使、副使各2员,俱革
承运库	大使一员	旧有副使一员,嘉靖三十六年革
行用库（后革）	无	旧有大使、副使各一员,俱革
甲字库	大使一员,副使一员	
乙字库	大使一员	旧有副使一员,嘉靖三十六年革
丙字库	大使一员,副使一员	
丁字库	大使一员,副使一员	旧有副使2员,嘉靖三十六年革一员
戊字库	大使一员	旧有副使一员,嘉靖三十六年革
总计：10个库（外承运库与行用库后被裁撤,裁撤时间待考）		

隆庆到万历初年,内府十库各类实物收入改征白银解纳户部太仓库

---

① 《明世宗实录》卷214,嘉靖十七年七月庚子。
② （明）申时行等：《明会典》（万历朝重修本）卷2,第4—5页。

济边的情况还时有发生。① 万历六年，因为内府丙字库棉花"计之尚足六年支用"，户部奏准将其棉花"改折二年"解纳太仓。② 万历八年（1580年），内府甲字库部分棉布、苎布"共折银三万八千五百八十三两，俱解太仓银库"。③ 万历十三年，因上一年年终"岁出浮于岁入一百一十八万，国用不足"，户科给事中萧彦采议准"改折各省直万历十三年分起运……甲字库绵布一十万二千四百一十匹、承运库绢四万三千五百二十有二匹"，以济公用。④ 万历后期的户部官员曾说："皇上御极初年，一切利权尽归于计臣，故臣部老库所藏几二千万。"⑤ 由此可以推断，万历初期，内府十库对国家公共财政做出了巨大贡献。到万历后期，虽朝中大臣频频奏请改折内府十库物料以接济太仓库，但神宗基本不予理睬。⑥

至于内府十库的各库具体归属问题，史料说法较多，且多有冲突。据万历《大明会典》，户部所属衙门中有如下 10 个内府子库：广盈库，宝钞广惠库，广积库，赃罚库，承运库，甲、乙、丙、丁、戊字库。⑦ 然而，据该书第 30 卷，则乙字库此时已为兵部所属，戊字库、广积库、广盈库则属工部；⑧ 而据万历时期巡视厂库科道官姚德重等的奏疏，那么"甲子等九库则系户部，而巡视之者库藏科道也；戊字库专贮工部军器，而巡视之者厂库科道也"。⑨ 泰昌朝，户部尚书宣称，十库钱粮除乙、戊、广积等库属工部外，其他如"甲、丙、丁字及承

---

① 《明穆宗实录》卷 11，隆庆元年八月辛亥；《明穆宗实录》卷 19，隆庆二年四月丁酉；（明）刘斯洁等：《太仓考》卷 10 之 3《供应·供用库》，北京图书馆古籍珍本丛刊本，书目文献出版社 2000 年版，第 852 页；《太仓考》卷 10 之 5《供应·丙字库》，第 859 页；《太仓考》卷 10 之 4《供应·甲字库》，第 858 页；《明神宗实录》卷 11，万历元年三月癸未；《明神宗实录》卷 159，万历十三年三月己卯。

② （明）刘斯洁等：《太仓考》卷 10 之 5《供应·丙字库》，第 859 页。

③ （明）刘斯洁等：《太仓考》卷 10 之 4《供应·甲字库》，第 858 页。

④ 《明神宗实录》卷 159，万历十三年三月己卯。

⑤ 《明神宗实录》卷 543，万历四十四年三月戊子。

⑥ 《明神宗实录》卷 555，万历四十五年三月丁卯；《明神宗实录》卷 571，万历四十六年六月戊寅；《明神宗实录》卷 571，万历四十六年六月癸未。

⑦ （明）申时行等：《明会典》（万历朝重修本）卷 2，第 5 页。按，此外还有外承运库、行用库、太仓银库隶属户部，但前二库已革除，太仓银库不在此处的讨论范围。

⑧ （明）申时行等：《明会典》（万历朝重修本）卷 30《户部 17》，第 220 页。

⑨ 《明神宗实录》卷 140，万历十一年八月癸丑。

运、广惠等库"钱粮为户部所有。① 天启元年（1621年）九月，熹宗下旨："金花及十库、供用库、宝和店钱粮俱系上供。"② 由于皇帝在明代统治体系中的巨大权力，由此内府"十库"钱粮就全部改归"上供"之用。③

第三节　明代内库的皇室财政专属化演变④

关于明代"内库"⑤ 财政职能及隶属关系，各种历史文献记载存有诸多矛盾。比如，永乐帝曾宣称，"内库所贮皆天财，待赏有功，虽朕不敢妄费"，⑥ 表明内库财物主要用于赏功；而明末崇祯帝则认为，"内库岁额，原系上供"。⑦ 成化时期监察御史阮玘认为内库财物当"备兵荒不虞之需"，⑧ 而万历时期的户部官员则认为，"凡天下财赋贮之内库

---

① 《明光宗实录》卷6，壬午。按，光宗在位仅一个月，故其实录不注年月。
② 《明熹宗实录》卷14，天启元年九月丁卯。
③ 按，在熹宗正式下旨明确"十库"钱粮专供御用之前，朝中官员和皇帝已经就内府"十库"钱粮的归属问题进行了长期的争执。对此，下节将进行专门探讨和论证。
④ 按，该节主体内容是作者国家社科基金项目"太仓库与明代财政制度演变研究"（12XZS010）阶段性成果，以《明代内库的皇室财政专属化演变》为题，发表于《明代研究》（台湾）2015年6月第24期。
⑤ 按，明代"内库"，即"内府各库"的简称，用于存储金、银等金属，国家制造的宝钞、铜钱，以及布、绢等各类实物收入，一般位于皇城内部。正统以后，部分江南租税折银解纳内承运库，其额定白银岁入大增；各类实物则仍分别存储于甲字等各库。弘治、正德时期，内库包括内承运库、天财库、供用库、甲字库、乙字库、丙字库、丁字库、戊字库、承运库、赃罚库、广惠库、广盈库及广积库，共13个库，见（明）徐溥等《明会典》卷33《户部18》，第365—366页。此外，明代史籍中常见的"内府十库"（或"十库"），是甲、乙、丙、丁、戊字库、承运库、广盈库、广惠库、广积库及赃罚库10个库的总称，在内库中占据重要地位的存储金花银的"内承运库"并不在"内府十库"之列，见（明）吕毖《明宫史》，收入《景印文渊阁四库全书》，册651，台湾商务印书馆有限公司，1986年版，第634—635页。清初，此十库被称作"西十库"，并长期空置，后清帝命内务府对其清查立档，与《明宫史》所言同，见（清）高士奇《金鳌退食笔记》卷下，收入《景印文渊阁四库全书》，册588，台湾商务印书馆1986年版，第431页。再者，"内府十库"仅指北京情况而言，南京户部所辖内府各库，则只有承运、广惠、广积、赃罚、甲、乙、丙、丁、戊字9库，见（明）申时行等《明会典》卷7《吏员》，第43页。
⑥ 《明太宗实录》卷66，永乐五年夏四月乙未。
⑦ （明）毕自严：《度支奏议·堂稿》卷4《冒罪直陈内库改折疏》，《续修四库全书》，史部诏令奏议类，册483，上海古籍出版社2006年版，第166—167页。
⑧ 《明宪宗实录》卷119，成化九年八月己卯。

者，专备制作、赏赉之需，而宫中之用咸给之"。① 又比如，光宗时期户部尚书李汝华称，内库中的"十库钱粮……如甲、丙、丁字及承运、广惠等库，臣部所入也"，② 而其后的熹宗却称"金花及十库、供用库、宝和店钱粮俱系上供"。③ 再者，据《诸司职掌》，内库中的外承运库及甲、乙、丙、丁、戊字等库均为户部衙门，④ 正德《明会典》记载"内府十库"由户部广西清吏司带管，⑤ 然而，据万历《明会典》，"十库"中的乙字库隶属兵部，戊字、广积、广盈库则属工部。⑥ 此外，有关内库中金花银的归属问题，史料记载也相互矛盾。巡视太仓兵科给事中万象春等认为，金花银"贮之内库，专供御前之用"。⑦ 然而，户科给事中官应震、山东道御史金汝谐等认为内库金花银原属户部太仓库，当"以太仓故物还之太仓"，从而为北边军镇提供军饷。⑧ 清代官修《明史》则认为："正统元年改折漕粮，岁以百万为额，尽解内承运库，不复送南京。自武臣禄十余万两外，皆为御用。所谓金花银也。"⑨

综上所述可以看出，关于"内库"功能的各种矛盾记载，纵贯有明一代。从人员看，既有出于皇帝说法者，也有出于官僚士大夫言路者；从史料来源看，则都是明代重要史籍。迄今，学术界尚未对这种矛盾现象进行过解释。虽然学术界对明代内库中的内承运库和金花银及某

---

① 《明神宗实录》卷73，万历六年三月甲子。
② 《明光宗实录》卷6，壬戌。
③ 《明熹宗实录》卷14，天启元年九月丁卯。
④ 《诸司职掌》，第582页。
⑤ （明）徐溥等：《明会典》卷16《户部1》，第174页。
⑥ （明）申时行等：《明会典》（万历朝重修本）卷30《户部17》，第220页。
⑦ 《明神宗实录》卷119，万历九年十二月丁酉。
⑧ 《明神宗实录》卷516，万历四十二年正月丁卯；《明神宗实录》卷530，万历四十三年三月庚申。
⑨ （清）张廷玉等：《明史》卷79《食货3》，第1927页。

一特定时期的内库进行了一定研究,① 还有一些学者在研究其他问题时对明代内库给予一定关注,② 在明代皇室财政、宫廷财政方面,学界成果也颇丰,③ 但是尚未有人从内库角度对明代皇室财政与国家公共财政之间的制度关系演变进行梳理。

鉴于此,本节特对明代内库中皇室财政与国家公共财政问题进行长时段考察,对上述史料中的矛盾现象进行解释,并指出,有明一代,内库财政制度呈现出明显的向皇室财政专属化演变的趋势。

一　明初内库中皇室财政与国家公共财政的混合

明初的内库是皇室财政与国家公共财政的混合体,且国家公共财政收支在内库财政中占据重要地位。

---

①　按,主要有刘涛:《明朝万历中矿税监进奉内库考》,《云南师范大学学报》(哲学社会科学版) 1986 年第 6 期;赖建诚:《万历初年的内库供应》,《中国社会经济史研究》1997 年第 1 期;李义琼:《亦存亦废的明代承运库》,《史原》(台湾) 2013 年第 25 卷,第 235—236 页;刘颖:《明代内承运库试探》,山东大学,硕士学位论文,2009 年,第 1—75 页;足立启二:《初期银财政的岁出入构造》,收入明代史研究会编《山根幸夫教授退休纪念·明代史论丛》(下),东京汲古书院 1990 年版,第 681—698 页;堀井一雄:《金花银の展开》,《东洋史研究》1940 年 5(2),第 128—140 页;唐文基:《明代"金花银"和田赋货币化趋势》,《福建师范大学学报》1987 年第 2 期;王昌:《明代金花银研究》,东北师范大学,硕士学位论文,2011 年,第 1—27 页。

②　按,比如南炳文、汤纲:《明史》,上海人民出版社 2003 年版,第 738—744 页;唐文基:《明代赋役制度史》,中国社会科学出版社 1991 年版,第 139—140 页;王天有:《明代国家机构研究》,北京大学出版社 1992 年版,第 93—94 页;肖立军:《从财政角度看明朝的腐败与灭亡》,《历史教学》1994 年第 8 期;樊树志:《晚明史:1573—1644》,复旦大学出版社 2003 年版,第 558 页;刘利平:《明代户部与中央财政管理体系研究》,中国人民大学,博士学位论文,2008 年,第 46—48,88—114 页;李义琼:《明王朝的国库——以京师银库为中心》,中山大学,博士学位论文,2014 年,第 65—67 页;曾美芳:《晚明户部的战时财政运作——以己巳之变为中心》,台湾暨南国际大学,博士学位论文,2013 年,第 244 页。(美)牟复礼(Frederick W. Mote)、(英)崔瑞德(Denis Twitchett)编,张书生等译:《剑桥中国明代史·1368—1644·明代的财政管理》(下),中国社会科学出版社 2006 年版,第 101—102 页;(美)黄仁宇:《十六世纪明代中国之财政与税收》,阿风等译,第 10、11、12 页;(美)黄仁宇:《明代的漕运》,张皓、张升译,新星出版社 2005 年版,第 142 页。

③　按,具体研究成果,详见赵中男《明代物料征收研究》,北京大学,博士学位论文,2005 年,第 1—7 页。其他如赵中男《明前期减免宫廷财政初探——以目前所见相关诏书为中心》,《明史研究论丛》,紫禁城出版社 2010 年版,第 106—129 页;赵克生《明代宫廷礼仪与财政》,《东北师大学报》2012 年第 4 期。

第一，从内库管理看，它在洪武时期经历了一个从皇室财政与国家公共财政混合不分到二者具有比较明晰界限的发展过程。

洪武前期，朱元璋渐次增设内府各库，且基本交由宦官管理。洪武二年，朱元璋规定担任"内府库"大使、副使的宦官人数；洪武六年，改"内府库为承运库，仍设大使、副使，皆以内官为之"；洪武八年，"以内府钞库为宝钞库……设大使、副使各一人，以内官为之"；洪武十一年，甲、乙、丙、丁、戊字库设大使、副使；洪武十六年，内府宝钞库被分为广源库、广惠库，其大使、副使"俱以流官、内官兼之"。① 在当时，除粮食之外，各地运往都城的赋税基本存储于这些库中，因此内库同时负责皇室开支与国家公共开支，且皇室财政与国家公共财政的界限非常模糊。

不过，洪武十七年，朱元璋对内库的管理进行了重大改革，在内库内部对皇室财政与国家公共财政进行了一定分隔，扩大并明晰户部官员对内库下辖子库的管理权。首先，他规定"内承运库掌供御金、银、缎匹等物……司钥库掌皇城各门管钥"，其大使、副使"皆于内官内选用"。其次，"外承运库掌收金、银、缎匹等物，② 甲字库掌收铜钱、布匹、颜料，乙字库掌收衣服、衾帐、纸札等物，丙字库掌收丝、绵、纱线，丁字库掌收铜、铁、锡、香、茶、蜡诸物，戊字库掌收毡衫、胡椒并支收军器，广源库掌收储宝钞，广惠库掌收支宝钞"，最重要的是，这些子库的大使、副使都改"于流官内选用，隶户部"。③ 此后，这种在内库内部较为明确分割皇室财政与国家公共财政的做法在洪武朝一直持续下来。比如，洪武二十六年规定，吏部、户部等各部合用紫粉于内府外承运库关领，合用纸扎于内府赃罚库、乙字库关领。④ 洪武二十八年九月，朱元璋对皇室各机构管理人员的官职进行重新规定时，只提到

---

① （明）王圻：《续文献通考》，《续修四库全书》，史部政书类，册763，第554—556页。

② 按，此处是《明太祖实录》中内、外承运库出现的最早记载，此二库名称始定时间尚不明确，待考。黄仁宇认为，"在皇城内，'内承运库'是唯一接受白银的机构"，见其《十六世纪明代中国之财政与税收》，第10页。此观点与上述外承运库的白银收入矛盾。

③ 《明太祖实录》卷161，洪武十七年夏四月癸未。

④ （明）申时行等：《明会典》卷11《吏部10》，第69页。

"库有三,曰内承运,曰司钥,曰内府供用",①而洪武后期的《诸司职掌》则记载户部有外承运库、宝钞广惠库,广积库,赃罚库,甲、乙、丙、丁及戊字库等衙门。②

第二,如前所述,从收入来源看,除了存储粮食的米"仓",洪武时期的内库是皇室及中央各公共部门财政收入的核心存储设置;其间,内库收入既有国家制造的铜钱、纸钞等货币,也有专供御用的收入,还有来自户部、礼部、工部、刑部、都察院等其他中央公共部门的收入。从支出项目看,洪武时期,内库既负责皇室财政支出,也负责国家公共财政支出,且后者在内库财政中占据重要地位。洪武一朝,虽《明太祖实录》所记赏赐众多,但这些赏赐大多都是从利于国家统治的角度针对军队或功臣而进行的,因此,可看作国家公共财政开支,与成化及其后的皇帝出于私恩对贵戚、寺、宦等个人的滥赏有本质区别。

第三,永乐迁都北京以后,内库仍与国家公共财政关系极其密切。永乐时期,明成祖曾说过:"内库所贮皆天财,待赏有功,虽朕不敢妄费。"③宣宗在追述永乐时期内府财物的使用状况时,对其公共开支的庄严性印象深刻:"洪武、永乐间,内府所贮钱粮,内官、内使纤毫不敢动,虽东宫、亲王不得取用;欲用者必奏请。"④宣宗即位之初,就曾以"内库所贮颜色布"给发开平"军官俸钞未支者"。⑤宣德六年,宣宗命用承运库生绢"准给公、侯、伯禄米一半"以及在京文、武官员十一、十二两月的本色俸。⑥宣德七年,宣宗命"两京文武官月支本色俸一石,以两京赃罚库布、绢、衣服等物折支"。⑦

二 明中期内库皇室财政专属性的增强

(一)正统至成化时期

这一时期,内库财政制度及财政地位的变化主要表现在以下3个

---

① 《明太祖实录》卷241,洪武二十八年九月辛酉。
② 《诸司职掌》,第580—581页。
③ 《明太宗实录》卷66,永乐五年夏四月乙未。
④ 《明宣宗实录》卷66,宣德五年五月壬子。
⑤ 《明宣宗实录》卷22,宣德元年冬十月戊寅。
⑥ (明)刘斯洁等:《太仓考》卷4《岁支》,第755、760页。
⑦ (明)刘斯洁等:《太仓考》卷4《岁支》,第760页。

方面：

第一，正统至成化时期，内库中皇室财政与国家公共财政的界限较之洪武后期明显被模糊化，这为皇帝利用其特权提升内库中皇室财政开支的份额大开便利之门。

正统初年，内库增加了一项重要的白银收入，即后来所谓的金花银。正统元年八月，"浙江、江西、湖广、南直隶不通舟楫之处"的租税经奏准，按照"白金四两折一石""布一匹折一石"等标准改征银、绢、布等解纳北京，"以准官员俸禄"；① 当年，即"令在京军官折俸银，户部按季取数类奏，赴该库关出，于午门里会同司礼监官及给事中、御史，唱名给散"。② 正统二年，各处解到的秋粮折银明确被命"送内承运库收储"，③ 内库收入因此得以扩增。由于这一改变，其后，内库时常有供应在京文、武官折色俸粮的国家公共财政开支。④ 但是，鉴于洪武十七年后，内承运库仅存储供皇帝使用的金、银，这笔本意用于国家公共财政开支却存于内承运库的百万余两金花银，极大地模糊了皇室财政与国家公共财政的界限。

这种皇室财政与国家公共财政间界限的模糊化，还表现在：内官逐步跻身原先由文官负责的甲字等库的物料收纳过程，户部对甲字等库的财政管理权逐步减少。正统三年五月，英宗为便于收支，"迁甲、乙、丙、丁等库于内府"。⑤ 表面看，这仅是坐落位置的变动而已，但这种变动为宦官介入各库管理提供了方便。甲字等库在洪武后期已全部由文官管理，到正统五年时，又变为由内官与文官共同管理，"行在户科给事中王弼言：各处布、绢、丝、绵等物应进内府甲字等库交纳者，已有经收内官及监收御史、给事中、主事辨验收受。"⑥ 洪武时期，内府赏

---

① 《明英宗实录》卷21，正统元年八月庚辰。
② （明）申时行等：《明会典》（万历朝重修本）卷39《户部26》，第279页。
③ （明）徐溥等：《明会典》卷37，第423页。
④ 《明英宗实录》卷102，正统八年三月丙子；《明英宗实录》卷243，废帝郕戾王附录第61，景泰五年秋七月戊辰；《明宪宗实录》卷104，成化八年五月辛亥；《明宪宗实录》卷205，成化十六年秋七月丙申。
⑤ 《明英宗实录》卷42，正统三年五月癸巳。按，洪武时期，甲字等库即在内府，英宗再次将其迁入，是否意味着永乐迁都后把甲字等户部所属之库置于内府之外，待考。
⑥ 《明英宗实录》卷66，正统五年夏四月丙子。

赐的钞物岁终要由"户部稽其所出之数",① 但到成化时期,户部对"内府支用"已"莫能具悉"。②

由此,内库收入中用于皇室开支的份额显著提升,同时,用于国家公共财政的开支却在减少。比如成化年间,"内府造作及修斋、醮写经咒并不时赏赍,费耗【内帑】甚多",以致五府六部官员不得不集体上疏,请求皇帝节俭用度。③ 永乐朝规定,在京文武官员俸禄以米、钞、胡椒、苏木等若干形式支放。④ 由于纸钞、胡椒等均存于内库,故而内库承担了在京文武官员除米之外的其他形式的俸禄支出。然而,景泰三年,因纸钞价值过低,故"本年在京文、武官员折色俸粮于太仓银库收储折草银内,照行使价值,每钞五百贯,折银一两放支"。⑤ 更多时候,文武官员这部分本应在内库关支的俸钞根本无法领取。比如,成化四年,在京文武官员俸粮折钞因库存钞少而数年未予放支,尚书马昂特奏准以铜钱相兼支放;成化十一年才以铜钱支放成化七年的在京文武官员俸钞。⑥

第二,成化时期,内库财政职能发生显著变化。洪武时期,"待赏有功"是内库的重要职能,而到成化时,内库主要职能演变为"备兵、荒不虞之需"⑦"资国用,备缓急"。⑧ 到成化二十一年,国家财政已不再有"岁征过于岁用几倍"的盛况,内库在皇室与国家公共财政开支中起到了重要的补充作用:"供奉上用不足,京军布花不足,外夷赏赐表里不足,馆待厨料不足,此皆仰给于内库。"⑨ 这暗示出,当时中央

---

① 《明太祖实录》卷195,洪武二十二年春正月甲申。
② 《明宪宗实录》卷119,成化九年八月己卯。
③ 《明宪宗实录》卷150,成化十二年二月己亥。
④ (明)张学颜等:《万历会计录》(下)卷34《文武官俸禄》,第1066页。
⑤ (明)张学颜等:《万历会计录》(下)卷34《文武官俸禄》,第1067页。
⑥ 同上。
⑦ 《明宪宗实录》卷119,成化九年八月己卯。
⑧ 《明宪宗实录》卷150,成化十二年二月己亥。
⑨ 《明宪宗实录》卷260,成化二十一年春正月己丑。按,黄仁宇曾指出:"北京的皇宫建筑群占地很广,内设几十个仓库以及加工和制造工厂……京城的这些设施主要关心的事务是供应皇宫",这些"库房被指定'属于'各部,其隶属取决于库内所储存的物品。但实际上部的官员只管账,而宫中宦官管钥匙,存货的处理则是皇帝的特权",因此,黄仁宇将内库特性总结为"皇帝在皇宫中的私人的内库"。(英)崔瑞德、(美)牟复礼编:《剑桥中国明代史:1368—1644 (下)》,杨品泉等译,第101、102页。类似观点亦见于黄仁宇《十六世纪明代中国之财政与税收》,第9、10、11页。本节研究表明,黄仁宇这些观点没有充分考虑到明前期内库的实际运行及制度状况。

常规财政收入已经时常出现略显紧张、入不抵支的局面。

第三，户部与兵部分别建立起独立于内库之外、由其自身官员进行有效管理的白银存储库，内库在中央公共财政体系中的重要性开始降低。正统七年，户部奏准"置太仓库"。① 兵部银库则设于成化四年，主要用于存储马价银。②

（二）弘治到正德时期

弘治、正德时期，内库财政皇室专属化趋势进一步加强，其主要表现如下：

第一，户部等文官对内库的管理权进一步减少。弘治末、正德初，内库下辖子库增长为内承运、天财、供用、甲、乙、丙、丁、戊字库、承运、赃罚、广惠、广盈及广积等 13 个库，③ 其中从甲字直至广积这 10 个库为北京户部所属衙门，④ 简称"内府十库"，⑤ 并"例遣科道官监收"。⑥ 正德元年，户部曾奏请"敕下司礼监会同内阁查究"非具本传取的内库金银，被正德皇帝否决。⑦ 不但如此，弘治、正德时期，管理内库的内官人数较之明初增长数倍，这表明了以皇帝为核心的皇室团体对内库财政管理权的扩大："甲字十库收受各省布、绢诸物，永乐时止有五库，库设内官一员，后增库为十，官亦如之……添设内官多者八、九员，势家、贵戚亦来分用。"⑧ 武宗即位后，虽曾下诏，"裁减添设内臣"，但"有司请如诏而不行"，并未取得实际效果；"清理内库钱粮，已议会官，而终委之司礼监。"⑨ 此外，如前所述，洪武十七年后，内承运库所藏金、银主供御用，外承运库所藏金、银则归户部管辖，但

---

① （明）徐溥等：《明会典》卷 33《户部 18》，第 369 页。
② （明）杨时乔：《马政纪》卷 8《库藏 8》，收入《景印文渊阁四库全书》，册 663，第 591 页。
③ （明）徐溥等：《明会典》卷 33《户部 18》，第 365—366 页。按，根据各库所藏物品，此处承运库即外承运库，但该书又言"外承运库，后革"，见（明）徐溥等《明会典》卷 3《吏部 2》，第 24 页。具体原因待考。
④ （明）徐溥等：《明会典》卷 3《吏部 2》，第 23—24 页。
⑤ （明）吕毖：《明宫史》卷 2《内府职掌》，第 634—635 页。
⑥ 《明孝宗实录》卷 108，弘治九年正月庚子。
⑦ 《明武宗实录》卷 11，正德元年三月戊戌。
⑧ 《明孝宗实录》卷 212，弘治十七年五月甲午。
⑨ 《明武宗实录》卷 4，弘治十八年八月辛巳。

是，到弘治、正德时期，内库中已经只有内承运库存储金、银。① 而且，虽然百余万两金花银早已改存内承运库，并本当主要用于国家公共财政开支，但到弘治时期，承运库"出入之数，外臣不得与闻；传取之用，典守莫能裁遏"。② 弘治十三年，户部奏请孝宗敕命"承运库岁以支用之数移文本部知之"，遭到断然拒绝。③

第二，内库中皇室财政开支进一步增多，而其承担的国家公共财政开支却在此前缩减基础上进一步减少。弘治十五年以前，"内承运库先年进金，止备成造金册支用，银止备军官折俸及兵、荒支给"。④ 其后，内库中皇室私人性质的财政支出日益增多，比如弘治十六年，户部上疏指出：内承运库"【近】年费出无经，如妆造武当山等处神像，费金不止千数，各寺观修斋、赏赐等项，岁费银不止万数，以故户部陆续进库金通计一万七千余两、银一百余万两，又数太仓银百九十五万两，而该库犹每告乏"。⑤ 正德元年，户部尚书韩文上疏，对内库所承担国家公共财政职责的减少及私人妄费的增多表示不满，"往者孝庙登极赏赐，悉出内帑，户部止凑银三十余万两，今则银一百四十余万皆自户部出矣；往者内府成造金册，皆取诸内库，今则户部节进过一万四千八百余两矣；往者户部进送内库银，止备军官折俸，今则无名赏赐、无益斋醮皆取而用之矣"。⑥ 正德时期，"内府甲字库收储阔白三梭布"成为赏赐"内官内使"的专用品。⑦ 早在成化时，光禄寺收买物品所需铜钱、钞锭还由内库支付，⑧ 到正德时，内库这一支出虽于制度层面仍旧存在，但光禄寺实际上往往领不到所需钱钞，"天财库应支（光禄寺）钱钞，又七季不得关支"。⑨

第三，内库在国家公共财政体系中的地位进一步被边缘化。到正德

---

① （明）徐溥等：《明会典》卷33《户部18》，第366页。
② 《明武宗实录》卷4，弘治十八年八月戊午。
③ 《明孝宗实录》卷164，弘治十三年七月丁巳。
④ 《明孝宗实录》卷192，弘治十五年十月辛酉。
⑤ 《明孝宗实录》卷198，弘治十六年四月丁未。
⑥ 《明武宗实录》卷15，正德元年秋七月癸未。
⑦ 《明武宗实录》卷41，正德三年八月戊辰。
⑧ 《明宪宗实录》卷201，成化十六年三月己酉。
⑨ 《明武宗实录》卷100，正德八年五月癸未。

时期，除了前述户部太仓库、兵部太仆寺常盈库外，其他各中央公共部门为保证自己的财政收支，也都分别建立起自己的银库。南京户部于弘治八年题准"修盖库藏一所，收储银两，每年委主事一员监督收放"。① 至弘治末年，户部、刑部、都察院及内库都各自储有银钱，"户、刑二部、都察院收储赃罚等银、赎罪铜钱并太仓银总计不过银一百五万余两"。② 因此，内库在国家公共财政体系中的地位已显著降低。

第四，内承运库的额定岁入银数被限制在每年 50 万两白银之内。弘治时期，户部每年解送内承运库的"各处折粮及矿课等项银两"均有定额。③ 由于皇室消费大增，孝宗时常在该岁额之外另挪取户部太仓库银入内承运库，且每次都达几十万两之多。④ 仅弘治十三年，孝宗在内承运库额定收入基础上，"额外三次取入太仓官银应用，共一百三十万两"。⑤ 面对孝宗对太仓库银的不断挪用，官僚士大夫强烈反对，要求皇室节俭用度的呼声不断。⑥ 对此，孝宗皇帝偶尔也会做出让步，然而大部分时候，士大夫的反对是无效的。为此，从国家制度层面对皇室消费进行一定限制成为必要之事。正德元年，因"仓、库空虚""国用不给"，户部尚书韩文、英国公张懋等奉命"会多官议处"，并成功奏准"每年输银于承运库不得过五十万两之数，凡庄严佛像及斋醮、赏赍之类，俱不得妄求浪费"。⑦ 虽然这是官僚士大夫试图对没有节制的皇室开支进行限制的举措，不过从另一角度看，这一举措无疑在国家制度层面加速了内承运库岁入白银向专供御用方面的演变。

第五，内库中部分收入改归户部太仓库，同时，内库所承担的国家公共财政开支亦相应减少。如前所述，明初钞关的纸钞、铜钱是内库一项重要收入来源，但弘治十六年出现用钞关折银补还礼部、工部所借户

---

① （明）申时行等：《明会典》（万历朝重修本）卷 42《南京户部》，第 304 页。
② 《明武宗实录》卷 2，弘治十八年六月癸亥。
③ 《明孝宗实录》卷 162，弘治十三年五月丁卯。
④ 《明孝宗实录》卷 99，弘治八年四月丁丑；《明孝宗实录》卷 153，弘治十二年八月丙辰；《明孝宗实录》卷 171，弘治十四年二月丙午；《明孝宗实录》卷 173，弘治十四年四月庚子。
⑤ 《明孝宗实录》卷 162，弘治十三年五月丁卯。
⑥ 《明孝宗实录》卷 99，弘治八年四月丁丑；《明孝宗实录》卷 153，弘治十二年八月丙辰；《明孝宗实录》卷 162，弘治十三年五月丁卯。
⑦ 《明武宗实录》卷 13，正德元年五月甲辰。

部太仓库白银的情况。① 正德十二年，"各关税银贮之太仓以备边饷"②。正德二年，户部尚书题准"苏、松、常三府征解府、部等衙门折银俸粮，以后俱送太仓银库另项收储，各衙门官员该支俸粮径赴银库，于前收银内照数支给"。③

（三）嘉靖时期

嘉靖朝是内库财政制度变化最剧烈的时期。其间，内库财政的皇室专属化进程进一步发展，主要表现在以下几个方面。

首先，嘉靖时期，内承运库岁入白银主供御用的原则在嘉靖初期正式确立。嘉靖十六年，因"修饬七陵、预建寿宫"，为筹措这些既有皇室私用属性又有国家公共特质的工程款项，工部奏请借用"内帑银百万"，世宗断然拒绝，答复"内帑银乃备宫中用者，不准发"。④ 对比明初永乐"内库所贮皆天财，待赏有功"及成化时期内库"资国用、备缓急"的职能，此时内库的财政地位显然再次发生巨大变化。由于皇帝在国家权力体系中的特殊地位及先例在明代国家制度演变中的重要作用，世宗这种将内库白银从国家公共财政开支中割裂出来的做法实际上就具有了法律和制度规定的意义。嘉靖二十二年二月，北边军镇军情危急，为筹措边饷，户部及廷臣奏准将"抄【没】财产及三宫子粒、金花折银未解内府者，悉借边用"。⑤ 其中，"金花折银"即解送内承运库的"金花银"，既然这部分内库收入是"借"给户部的，从理论上讲，将来国家财政状况好转时就当归还内库。因此，这一事件具有再次明确将内库金花银看作皇室私属的意义。⑥

其次，嘉靖末期，内库额定岁入白银扩大，由正德时期的50万两增至100余万两。虽然内库白银主供皇室开支的规矩早在嘉靖初年就已

---

① （明）黄训编：《名臣经济录》卷31《会计钱粮以足国裕民事》，收入《景印文渊阁四库全书》，册443，台湾商务印书馆1986年版，第693页。
② 《明武宗实录》卷148，正德十二年夏四月辛酉。
③ （明）张学颜等：《万历会计录》（下）卷34《文武官俸禄》，第1068页。
④ 《明世宗实录》卷200，嘉靖十六年五月戊申。
⑤ 《明世宗实录》卷271，嘉靖二十二年二月壬辰。
⑥ 按，该年内库"金花银"借用作边镇军饷开支这一事实本身又具有了祖例的性质，万历时期官应震等朝中官员要求将内库"金花银"还给户部太仓或者用作边镇军饷的依据之一即为该事件。

确立，但直至嘉靖中后期为止，户部每年解进内承运库的银额相对来讲并不太多，大约只有 40 万两，较之正德初年 50 万两的额定岁入还少 10 万；嘉靖三十七年，世宗命令"此后准连折俸每年进（内库）银一百万两，外加预备钦取银，不许亏欠"。① 由此，内承运库岁入银额迅速扩大，内库中皇室财政所占份额进一步提升。

最后，内库原有收入在皇室与国家公共财政部门之间进行了重新分配，主要表现如下：一是内库各类物料收入在皇室和户部之间的分配原则初步确立。嘉靖十一年，户部奏准"内府本色、折色物料……各本色送内府各库，折色及扣剩、扛解（银）送（户部）太仓完纳"。② 该年，内府十库物料的折色银即成为户部太仓库的收入。③ 此后，是否折银征纳成为皇室与国家公共部门划分内库物料收入的基本原则。④ 二是内库钞关收入经过频繁变更，最终确定了在皇室与户部间的分配原则与比例。嘉靖初年，为增加内库收入，世宗命"（嘉靖）七年以后，各钞关银两皆输（内府）承运库，钱钞输广惠库"。⑤ 嘉靖十八年以后，"各钞关及崇文门宣课分司仍照旧例征银解部，不必送内府承运库，改于太仓银库收储，以备招商之用"。⑥ 不仅如此，到嘉靖后期，"九江、浒墅钞关应纳本色之年"有 1/6 要归户部太仓库；嘉靖三十九年，户部这部分收入又增为 2/7，"临清、淮扬、河西务三关亦酌量扣解"以给户部。⑦ 三是中央铸造的铜钱也不再由内库专储：嘉靖六年，世宗命

---

① 《明世宗实录》卷 467，嘉靖三十七年十二月庚午。
② 《明世宗实录》卷 142，嘉靖十一年九月辛未。
③ （明）申时行等：《明会典》（万历朝重修本）卷 30《户部 17》，第 222 页。
④ （明）刘斯洁等：《太仓考》卷 10 之 3《供应》，第 849、852、854、857、858、859、863 页。
⑤ 《明世宗实录》卷 60，嘉靖五年正月辛丑。
⑥ （明）陈子龙等：《明经世文编》卷 102《议勘光禄寺钱粮疏》，收入《续修四库全书》，集部总集类，册 1656，上海古籍出版社 2006 年版，第 304 页。
⑦ 《明世宗实录》卷 481，嘉靖三十九年二月己未。按，《明史》认为："凡诸课程，始收钞，间折收米，已而收钱、钞半，乃折收银，而折色、本色递年轮收，本色归内库，折色归太仓"，见（清）张廷玉等撰《明史》卷 81《志第 37》，第 1980 页；《续通典》和《钦定续通志》的说法与此完全相同，见（清）嵇璜、曹仁虎等《续通典》，收入《景印文渊阁四库全书》，册 639，台湾商务印书馆 1986 年版，第 199 页；（清）嵇璜等：《续通志》，收入《景印文渊阁四库全书》，册 394，台湾商务印书馆 1986 年版，第 450 页。这种说法太过简省，完全没有时间和年代的限定，且"本色归内库"的说法也不够准确。

补铸铜钱1.4万余文,"俱送太仓银库交收,以备给商等项支用"。① 四是内库户口食盐钞收入折银后,一部分改归户部太仓库。户口食盐钞作为纸钞收入,解京部分自然归属内库。弘治初年,户口食盐钞折银征收者送内府承运库,收钱钞者归内府司钥库,②"计解京之数,大约一岁可得银二十二万三千余两"。③ 其后,户口钞银在内府和户部之间的归属几经变动,④ 到嘉靖二十八年时,大约4.5万两户口食盐钞银成为户部太仓库的收入,⑤ 且这一数额至少保持到万历初年。⑥ 五是如前所述,早在洪武时期,解京的田赋改折布、绢就应存于内库。嘉靖八年,户部奏准将在京文、武官员折俸布、绢改为征银,"倾锭解部,转送太仓银库,依时支给"。⑦

三 明后期内库财政皇室专属化演变的完成

（一）隆庆、万历时期

这一时期,内库财政向皇室财政专属化演变的过程最终完成。无论内承运库金花银等白银收入还是甲字等内府十库的物料收入,其财政用途都变为以专供皇室为主。这主要表现在如以下方面:

第一,万历时期,神宗大量挪用户、工等部白银以增加内库收入,供其私人所用。隆庆时期,内承运库"额银百万两,系上供之需"。⑧ 这一数额一直保持到万历初年,据《万历会计录》,内承运库岁入"金花银共壹百壹万贰千"余两。⑨ 万历六年,神宗在内承运库岁入旧额之外,"着户部每季加银五万两"以供买办。⑩ 由此,自万历六年至万历

---

① （清）嵇璜等:《续通典》卷13《食货》,第166页。
② 《明孝宗实录》卷85,弘治七年二月庚午。
③ 《明孝宗实录》卷74,弘治六年四月庚戌。
④ （明）汪砢玉:《古今鹾略》,四库全书存目丛书,齐鲁书社1996年版,史部册275,第601—602页。
⑤ （明）陈子龙:《明经世文编》,收入《续修四库全书》,集部总集类,册1658,上海古籍出版社2006年版,第29页。
⑥ （明）刘斯洁:《太仓考》卷9之2《岁入》,第834页。
⑦ （明）申时行等:《明会典》卷39《户部26》,第280页。
⑧ 《明穆宗实录》卷42,隆庆四年二月辛丑。
⑨ （明）张学颜等:《万历会计录》（上）卷1《天下各项钱粮岁入岁出总数》,第16页。
⑩ 《明神宗实录》卷74,万历六年四月丙午。

三十三年，户部共解进内承运库买办银"五百余万"。① 虽然士大夫极力反对，但这每年 20 万两的买办银至少持续到万历三十七年。② 万历四十六年，户部开列一份皇室挪用国家公共财政收入的清单，总计近 700 万两白银，从中可以看出皇室财政对于国家公共财政的侵夺。③

第二，万历初年，内库中的内承运库金花银以及内府十库各项实物物料收入已经从制度上变为主要供应皇帝所需。《万历会计录》称："内库所掌金、银、粟、帛、茶、蜡、颜料，皆为上供之需。而最大者为金花银……惟折放武俸之外，皆为御用矣。"④ 不过，事实上，隆庆到万历初年，内库各类实物收入改征白银解纳户部太仓库济边的情况还常有发生。⑤ 到万历后期，虽朝中大臣频频奏请改折内府十库物料以接济太仓库，但神宗对此基本不予理睬。⑥ 万历四十七年，面对户部"以应解内府本色改折一年发之外库"的奏请，神宗宣布内府"丝、绢、蜡、茶、织造等项钱粮，系上供赏赉之需，俱属紧要，时不可缺"。⑦

第三，内库收入在皇室与国家公共部门之间的分配方式进一步制度化。万历时期，部分内库中的工部收入通过折银形式改送至节慎库。万历三年，湖广布政司应解送内府丁字库的物料题准改征折色银 1.3631

---

① 《明神宗实录》卷 571，万历四十六年六月戊寅。

② 按，该年 12 月，辅臣在票拟中指出，买办银非额定岁入，当予停止："买【办】起万历六年，原无额派，皆系该部设处那借军饷等项以进，今部帑尽空，镇军无粮，应暂停缓以救该部之急。附奏上"，《明神宗实录》卷 465，第 8773 页。《东林列传》则称买办银就此正式停止：辅臣叶向高"封还原旨力争，自是岁省支二十万"，（清）陈鼎：《东林列传》卷 17《叶向高传》，收入《景印文渊阁四库全书》，册 458，台湾商务印书馆 1986 年版，第 385 页。

③ 《明神宗实录》卷 571，万历四十六年六月戊寅。

④ （明）张学颜等：《万历会计录》（上）卷 30《内库供应》，第 1016 页。

⑤ 《明穆宗实录》卷 11，隆庆元年八月辛亥；《明穆宗实录》卷 19，隆庆二年四月丁酉；（明）刘斯洁：《太仓考》卷 10 之 3，北京图书馆古籍珍本丛刊本，第 852 页；《太仓考》卷 10 之 5，第 859 页；《太仓考》卷 10 之 4，第 858 页；《明神宗实录》卷 11，万历元年三月癸未；《明神宗实录》卷 159，万历十三年三月己卯。

⑥ 《明神宗实录》卷 555，第 10476；《明神宗实录》卷 571，第 10777；《明神宗实录》卷 571，第 10784。

⑦ （明）佚名：《海运摘钞》卷 2，收入《丛书集成三编》，册 22，台北新文丰出版公司 1997 年版，第 43—44 页。

万两，并解送工部节慎库；① 万历后期，河泊额征收入中"本色解（内府）十库，折色解（工部）厂库"，杂派额征中"本色径解监、局，第经（内府）十库挂号……折色由（工部）厂库挂号，送节慎库收"。② 至于国家营造所需物料，原本由各地方外解本色至京，"因外解有远涉之难，积猾有揽纳之弊，始令各输折色，本（工）部召商陆续买办，以应上供。"③ 其中，"折色纳于节慎库……本色纳于内库"。④ 此外，如前所述，早在洪武时期，工部每岁都有皮张、翎毛、军器、军装等解纳内府丁字库。万历三十六年，工部奏准"自今以后，行令各省直将弓箭、弦条折色解部，遇兑换之年，径以价给军"。⑤

户部太仓库也与内库进行了进一步收入划分。商税方面，临清等7个钞关"所榷本色钱钞则归之内库备赏赐，折色银则解太仓备边饷，每岁或本折轮收，或折色居七分之二"。⑥ 其后，神宗"命临清钞关应征船料、商税自万历十五年七月初一日为始，逐年本、折兼收，一半折色解银太仓，其一半本色，查照见年事例，除七分扣二分外，将应解钱钞责令经收库役照数买完，每年分为两次解送（内府）广惠库交纳。凡河西务、浒墅、九江、淮安、扬州、北新等各关亦照此例"。⑦ 万历三十三年，神宗"谕户、工二部……其各省直税课俱着本处有司照旧征解税监一半，并土产解进内库，以济进赐、供应之用；一半解送该部以助各项工费之资，有余以济京边之用"。⑧ 这实质上是对各地方钞关和商税收入的财政分配进行了制度上的规定。至于中央所铸造的铜钱在

---

① （明）何士晋：《工部厂库须知》卷1，收入北京图书馆古籍出版编写组《北京图书馆古籍珍本丛刊》，册47，北京图书馆出版社2000年版，第338页。按，工部这部分收入在其后年份中经常被违规征解本色而再次变成内库收入。为此，工部不得不于万历四十四年上疏重申该制度，见《工部厂库须知·厂库议约》，第338页。

② （明）何士晋：《工部厂库须知》卷9《都水司》，第595、603页。

③ （明）何士晋：《工部厂库须知》卷1《厂库议约》，第326页。

④ （明）何士晋：《工部厂库须知》卷1《厂库议约》，第344页。

⑤ （明）何士晋：《工部厂库须知》卷1《厂库议约》，第333页。按，李义琼博士论文对工部的各类折银收入有详细列表和总额计算，见李义琼《明王朝的国库——以京师银库为中心》，第241—251页。不过，本书资料证明，工部分割的这部分内库收入，有些从财源上讲，原本就属于工部，有些虽然解送节慎库，但还是通过招商买办等形式，用于皇室支出。

⑥ （明）张学颜等：《万历会计录》（下）卷42《钞关船料、商税》，第1330页。

⑦ 《明神宗实录》卷187，万历十五年六月甲申。

⑧ 《明神宗实录》卷416，万历三十三年十二月壬寅。

内库和户部太仓库之间的分配比例，在万历十七年到万历二十年左右已非常明晰，即"以六分为率，一分进内府司钥库，五分进太仓"。① 万历末期，工部每年"铸解太仓钱150万文""代南部铸解太仓钱100万文"，②虽仍有"每季铸进内库钱三百万文"的制度，但实际情况却是"久已停铸"。③

第四，发展到万历时期，中央各主要公共部门基本都在内库之外建立起独立的财政收入存储设置，明代国家公共财政与皇室财政的分离就此基本完成。早在嘉靖八年，工部就在修葺旧库基础上，设置了节慎库；④嘉靖十三年，兵部太仆寺常盈库修建新库："自建新库，老库不开"；⑤到嘉靖末年，礼部光禄寺岁入白银已达10万余两，⑥至隆庆、万历初年，光禄寺大部分实物都改为征收白银，⑦因此也设置了银库；⑧万历四年，南京户部建立银库老库。⑨独立于内库之外的明代中央公共财政体系已然成形，其中重要的储藏库有户部太仓库、兵部太仆寺常盈库、工部节慎库、礼部光禄寺银库及南京户部银库等。

第五，万历时期，神宗大力革除内库原来承担的国家公共财政职责。至万历后期，虽然还遗有一定涉及国家公共开支的细目，但它对国家公共财政的实际补助作用已很微弱。

明代"给赏各边首功银两"自国初以来"必于内库关领"，然而万历十四年，神宗却命钦赏银两"今后万两以下仍于内库关领"，万两以上者则"令兵部于马价银内照数给发，再不必奏请内库，以为定例"。⑩到万历三十六年，户部除每年解送内库20万两白银用于宫中买办，

---

① 《明神宗实录》卷214，万历十七年八月甲辰；《明神宗实录》卷254，万历二十年十一月壬戌。
② （明）何士晋：《工部厂库须知》卷7《宝源局》，第507、508页。
③ （明）何士晋：《工部厂库须知》卷7《宝源局》，第507页。
④ （明）申时行等：《明会典》卷207《节慎库》，第1035页。
⑤ （明）杨时乔：《马政纪》卷8《库藏8》，第591页。
⑥ 《明世宗实录》卷402，嘉靖三十二年九月己未。
⑦ （明）申时行等：《明会典》卷217《光禄寺》，第1082—1085页。
⑧ （明）申时行等：《明会典》卷217《光禄寺》，第1081页。
⑨ （明）申时行等：《明会典》卷42《南京户部》，第304页。
⑩ 《明神宗实录》卷173，万历十四年四月癸巳，万历十四年四月己丑。

"一切庆赏、礼仪等项故事取之该监者,今皆责之该(户)部"。① 万历三十九年,原应由内府甲、丙二库支给军士的棉布、棉花改由户部太仓库给发。② 万历四十四年,户科给事中商周祚等上疏抱怨:"至册立、封婚一切典礼,例取给于承运(库)者,又皆括之外帑,更不下数百万,而太仓遂耗十之七八矣。"③

金花银方面,内库每年应有19.4万两金花银用于在京官员折色俸粮。④ 但事实上,明代后期,不但实际支出比《万历会计录》所载银额少很多,最多只有14万两,⑤ 而且这部分支出时常不予兑现。对此,户科给事中李奇珍曾予以尖锐批评:"在京七十八卫所自指挥以及千户等官……迄今鹑结不完,鼠粮不给,所恃者惟是区区月俸可以少延喘息耳!皇上不尝以武俸之故嗔计部擅借金花乎?武俸所用金花,不及十分中之一。及四月迄今,历过者已八月,而给散杳然。是不过借武俸之名以实内帑,未尝为辇毂虑而恤饥寒也!"⑥

万历末期,户部"查(内府)丁、甲二库实在颜料共六百四十六万一千五十八斤……若改折一年,九百万金钱可立致也"。⑦ 内库如此庞大的收入,其国家公共开支有多少呢?内库开支中,除武官俸禄外,与国家公共财政直接相关的最大开支为赏赐北方游牧民族和军器制造、修理两项:一是为按季领造夷人衣服靴袜和赏夷急缺面红缎衣,需从内承运、承运等库支取纻丝、里绢等物,每年折合白银8.7万两;⑧ 临时料造套房赏衣及成造顺义王衣服,需从内承运、承运等库支取纻丝、里绢等物,约合白银3.54万两。⑨ 二是各类军器制造和修理需从内府甲、

---

① 《明神宗实录》卷445,万历三十六年四月己未。
② 《明神宗实录》卷502,万历四十年闰十一月丁亥。
③ 《明神宗实录》卷550,万历四十四年十月辛丑。
④ (明)张学颜等:《万历会计录》(下)卷37,第1198页。
⑤ (明)杨嗣昌:《杨文弱先生集》卷1《覆留金花等银充辽饷稿》,收入《续修四库全书》,集部别集类,册1372,上海古籍出版社2006年版,第2页。
⑥ (明)程开祜:《筹辽硕画》卷34,收入《丛书集成续编》,册243,台北新文丰出版公司1989年版,第339页。
⑦ 《明神宗实录》卷571,万历四十六年六月戊寅。
⑧ (明)何士晋:《工部厂库须知》卷10《六科廊》,第613—614页。
⑨ 按,原文仅注有纻丝、里绢匹数,白银折价系笔者采用夷人衣服靴袜和赏夷急缺面红缎衣同类物料价银折算而成,具体数额详见(明)何士晋《工部厂库须知》卷10《六科廊》,第617—619页。

丙、丁、广积等库支出各类物料达 159 项之多，但各项物料的总银价仅为 2.28 万两左右，① 大部分物料只有几两到数十两白银的价值。② 相对于内库库储及岁入而言，这部分支出微不足道。而且，这部分支出因宦官多方阻挠，经常无法如额领取，成书于万历四十二年的《缮部纪略》载："外解本色，贮在（内府）十库者，原以备各工之需……尔来该监据为利薮，希图侵匿，往往以有作无，会有者十无二三……则此十库之积，徒以充中涓之橐耳。"③

（二）泰昌到崇祯时期

泰昌以后直至崇祯，中央财政收入的逋欠问题日益严重，而各边镇对中央财政支持的需求却日益上涨。在这种状况下，朝中大臣不得不继续请求将内库金花银或内府十库的物料收入改折解纳太仓库，以期从财政体制上保证边镇军饷的稳定供应。然而，历任在位皇帝却严守内库财政主供皇室开支的既成制度。这一时期，迫于军情的危急，各皇帝虽然数次支发内库库存白银支持边饷，但从未在制度层面许可内库的部分财物归属户部。因此，内库财政主供皇室开支的制度一直持续至明亡。

光宗即位后，在其诏书中命将万历四十八年以前未解内库的钱粮改折征银"解送该（户）部充济边之用"，④ 但很快又规定内库物料在"四十八年以后，各省直仍派解本色应用，不必差官查看"。⑤ 对于奏留内库金花银接济边饷的朝臣，光宗要么直接惩处，⑥ 要么不予理睬。⑦

天启、崇祯时期，历任皇帝都反复强调金花银和内府十库收入专供御用，而不再提金花银供武俸开支的事情。天启元年九月，户部等官经廷议，奏请金花银"半解内库、半充辽饷""十库本色请改折"，对此，

---

① 按，此银价总额是笔者将 159 项物料银额相加而成，各项物料具体数目请参阅（明）何士晋《工部厂库须知》卷 8《盔甲王恭厂》，第 527—566 页。
② （明）何士晋：《工部厂库须知》卷 8《盔甲王恭厂》，第 530、535—536 页。
③ （明）郭尚友：《缮部纪略》，《北京图书馆古籍珍本丛刊》，册 47，北京图书馆出版社 2000 年版，第 713 页。
④ 《明光宗实录》卷 3，泰昌元年丙午。
⑤ 《明光宗实录》卷 6，壬午。
⑥ 《明光宗实录》卷 4，庚戌。
⑦ 《明光宗实录》卷 5，丙辰。

熹宗答复："金花及十库、供用库、宝和店钱粮俱系上供，不得辄议。"① 天启二年三月，大学士叶向高等奏请，将内府十库钱粮"稍可缓解者，尽行折色一、二年以济军需"；同年五月，叶向高等再次奏请十库钱粮，均被熹宗否决。② 同年七月，督饷御史江日彩奏请"还外库之金花""改折十库之颜料等项，以其所省、所折者尽归军储"，结果得旨："金花、十库颜料等项钱粮，上用所需，着遵前旨解进。"③ 可见，内库中内承运库及内府十库财政收入基本都为皇室专用。

崇祯时期，内库主供御用的制度继续保持。比如，户部尚书毕自严称："甲、丁二库各项物料俱属内廷急需。"④ 崇祯二年三月，户部尚书毕自严上疏指出："内府、外府均为一体"，因此奏请"或从地方之便，以本色解内库，以轻赍改解太仓；或酌上用之需，以不足用者仍解内库，以足用者改解太仓；或分现征、带征，以现征解内库，以带征改解太仓"，对此，崇祯答复："内库岁额，原系上供，如何改折助饷？前平台已经面谕，不必更议。"⑤ 据曾美芳"户部借过内帑及还款一览表"，崇祯元年至三年，内库共借给户部 21.8 万余两白银以供应边饷，除 5 万两白银尚需归还外，其余银额户部都在借款后很短时间内予以归还。⑥ 内库皇室财政的私属性质在此得到明显体现和证明。此后，内库岁入主供皇室开支的状况一直保持到明亡，因到崇祯十六年，户部尚书倪元璐仍以"内府、外府何所间乎"为由，奏请将内府十库物料"除上供袍缎不敢轻议，其余货物凡官可召买者悉从折色……其所折入银两即用以为益饷恤民之需"。⑦

---

① 《明熹宗实录》卷 14，天启元年九月丁卯。
② 《明熹宗实录》卷 20，天启二年三月壬戌；《明熹宗实录》卷 22，天启二年五月庚申。
③ 《明熹宗实录》卷 24，天启二年七月乙卯。
④ （明）毕自严：《度支奏议·浙江司》卷 1《题参浙江甲乙二库积逋颜料疏》，第 166—167 页。
⑤ （明）毕自严：《度支奏议·堂稿》卷 4《冒罪直陈内库改折疏》，第 166—167 页。
⑥ 曾美芳：《晚明户部的战时财政运作——以己巳之变为中心》，第 244 页。
⑦ （明）倪元璐：《倪文贞奏疏》卷 9《杂折事宜疏》，《景印文渊阁四库全书》，册 1297，台湾商务印书馆 1986 年版，第 298—299 页。

第二章　明代太仓库库藏制度与管理制度演变

第一节　从太仓库称谓关系看其库藏制度的演变[①]

一　问题源起

"仓"与"库"是中国古代传统社会国家财政收入的基本存储之地。明初永乐迁都北京之后，即在北京、通州等地修建存储粮食的仓廒，总称"太仓"；而内府各"库"则主要存储金、银、布、帛等其他通过征收赋税而得到的各类物资，简称"内库"。二者同为明初中央财政的核心存储机构。正统七年，[②] 户部专门设置一个"库"，其初始目的，仅在于存储南直隶苏州等府解纳北京的草价银，以便实际用草时召商购买（为行文方便，下文将用"太仓库"统称该户部机构）。虽然当时这部分白银收入微不足道，但是鉴于内库财物越来越多地被用于皇室

[①] 按，该节核心内容是作者国家社科基金项目"太仓库与明代财政制度演变研究"（12XZS010）阶段性成果，以《明代"太仓库"称谓考》为题发表于《东北师大学报》2011年第1期。

[②] 按，嘉靖初年户部尚书李廷相认为永乐迁都后即设置有太仓银库，见李廷相《献愚忠以惜财费疏》，（明）张卤辑《皇明嘉隆疏钞》卷4，续修四库全书，第466册，第141页。清代《左司笔记》亦载："明洪武初，复行钞法，以收天下财货，凡四方折粮之金花、轻赍，皆置南京内府库，以给上供及武臣俸，而边郡缓急亦取资焉，永乐北迁，置户部太仓银库，正统初，始移至北京内承运库，岁以百万为率"，见（清）吴暻《左司笔记》卷12，四库全书存目丛书，史276册，齐鲁书社1999年版，第278页。本书取正德《明会典》太仓库成立于正统七年的说法。

开支，为保证本部门财政收支的独立性，该库被直接设置在户部衙署之内。① 此后直至明末，随着太仓库额定岁入白银款项和数额不断增长，它在国家财政体系中的地位日益重要。在这一演变过程中，该库被先后赋予"太仓库"、"太仓银库"、"银库"、"外库"及"太仓"等各种总称。另外，该库内部则出现"内库"、"外库"、"中库"、"老库"、"窖房"、"新库"及"旧库"等不同名称的子库。其中大部分称谓并没有在新称谓形成之后消失作废，而是继续被后人使用。通过层层累积，到明代中后期时，"太仓库"的称谓不但数量较多，且彼此之间关系复杂，以致明末清初的有些史书或者士人都会在"太仓库"称谓方面失误。因此，对这些称谓进行细致梳理是深入理解明代太仓库乃至明代中央财政体制的基础。

虽然"太仓库"诸称谓的形成有时间先后的不同，但明代中后期的士大夫却喜用当时惯常的称谓来指称前期的"太仓库"，这更给太仓库诸称谓的整理工作带来不少困难。为了尽量准确地勾勒出"太仓库"称谓的发展主线，本章将以距离其记载年代最近的《明实录》为主要依据，② 以明代不同时期的制度汇编、奏疏等为太仓库各相近时期的基本辅助史料，按时间先后的顺序，从太仓库总称的演变与太仓库内部子库名称的演变两个方面进行梳理，从而厘清其相互关联。③

二 "太仓库"总称的演变

1. 太仓库

"太仓库"于正统年间设置之后，在较长时间内默默无闻。"仓库坑冶有新建革及新令者"必予记载的《明实录》不但对该库成立一事只字未提，英宗、景泰及天顺三朝的《实录》中也没有任何"太仓库"其他方面的直接记载。直到成化朝，随着其库存银额的增长、财政功能的扩大，《明实录》中才出现"太仓库"一词：成化七年九月，户部奏准"以太仓库银平籴漕军纳余粮米"；④ 成化十二年三月，户部奏准开

---

① （明）刘斯洁：《太仓考》卷2之2，第720—721页。
② 按，其他史书的记载若与《明实录》的记载不同，本书将优先考虑取信《明实录》。
③ 按，本书研究的"太仓库"是隶属于北京户部的一个机构。
④ 《明宪宗实录》卷95，成化七年九月丁丑。

中，召商纳草于北京各仓场，所付商人的价银"俱于太仓库支给"。①成化十二年九月，户部议准将部分漕粮折银"送太仓库收，候米贱折京卫官军人等月粮"。②

2. 太仓银库

由于太仓库专门存白银，故又被称作"太仓银库"。这一称谓在《明实录》中最早见于成化年间：成化十八年五月，由于直隶蓟州等卫的库储棉布不敷赏赐之需，户部覆准将"太仓银库"中"折粮等银每匹关与二钱五分"。③成化十九年八月，户部覆准凤阳等受灾州县起运京仓等处的税粮、马草折收白银"送太仓银库以备边储"。④

3. 银库

嘉靖以后，太仓库被简称作"银库"的情况明显增加。以下史料中，其"银库"显然是"太仓库"的简称："先是，有盗太仓库银者……（诏）岁遣科道官巡视银库。"⑤嘉靖三十八年七月，"给事中龚情言，臣于本年正月奉命巡视太仓银库……每月按阅收支之数，所出动逾所入……臣愿皇上责令提督仓场侍郎，月具银库内外出入之数"。⑥又比如下条史料中，据上下文可知，该"银库"隶属户部，与"太仓"紧密相关，故是"太仓库"的简称："总督仓场侍郎王軏言道，诸仓出纳浩繁，银库尤甚……（请）其纳银非折粮、折草毋入太仓，令十三司收储，积千两以上，然后寄贮银库。"⑦由此，清代官修《明史》曾总结说：太仓库"专以贮银，故又谓之银库"，⑧这一说法是有道理的。

4. 太仓——作为"太仓库"特定称谓之"太仓"的概念演变过程

明初的"太仓"仅指存储粮食的京仓、通州仓等一系列国家仓廒；明后期，"太仓"更多地被用来指称存储白银的户部"太仓库"。在这

---

① 《明宪宗实录》卷151，成化十二年三月庚午。
② 《明宪宗实录》卷157，成化十二年九月丙辰。
③ 《明宪宗实录》卷227，成化十八年五月辛巳。
④ 《明宪宗实录》卷243，成化十九年八月戊子。
⑤ 《明世宗实录》卷389，嘉靖三十一年九月丙申。
⑥ 《明世宗实录》卷474，嘉靖三十八年七月庚午。
⑦ 《明世宗实录》卷130，嘉靖十年九月辛亥。
⑧ （清）张廷玉等：《明史》卷79《食货3》，第1927页。

两者之间，"太仓"先是经历了概念内涵的扩大，成为京仓、通州等仓廒及"太仓库"的总称；之后，"太仓"的内涵逐步减缩，一减而成京仓与"太仓库"的总称，再减而成"太仓库"的特称。由于每种内涵的"太仓"都在新一种含义的"太仓"形成之后继续被时人使用，因此，至明代后期时，"太仓"已经具有多重内涵。其具体含义往往要依据史料的上下文仔细辨别。

首先，"太仓库"成立之初，由于其岁入类项及银额太少，在中央财政体系中地位甚轻，因此，时人通常将它与存储粮食的京仓、通仓等合称"太仓"。于是，这一概念内涵的"太仓"通常既存有粮食又储有白银。很有可能就是因为这一原因，"仓库坑冶有新建革及新令者"必予记载的英宗、景泰及天顺三朝的《实录》中才没有任何关于太仓库的直接记载。① 《明实录》中，"太仓"存白银的记载直到成化朝才开始出现：成化六年六月，户部运"太仓见收折草银"至延绥镇买草。② 弘治七年七月，因苏州等府受灾，户部奏准待受灾情况勘明后，再拟定补还"太仓银、米"的具体本色、折色数额。③ 在该史料中，"太仓"既有米，又有银，显然是储粮的京、通诸仓与储银的太仓库的总称。此后直至明代后期，这一概念内涵的"太仓"一直在使用。万历时期户部侍郎刘斯洁等所撰《太仓考》记载的就是京仓、通仓、水次仓及太仓库的各种相关制度；④ 《万历会计录》记载江西清吏司岁入"太仓"的类项和数额如表 2 - 1 所示。

---

① 按，《明英宗实录》载：正统三年五月"乙酉，建太仓于京城之东北"，见《明英宗实录》卷42，正统三年五月乙酉。此处的"太仓"并非存储白银的太仓库，原因如下：一是据万历初年《太仓考》，"太仓"在京师者包括银库、旧太仓、南新仓、济阳仓、禄米仓、海运仓、新太仓、北新仓等仓库，以及御马仓、天师庵草场等仓场。其中，银库，即本文所谓的太仓库，与总督户部、京粮厅、太仓神庙等一起位于"旧太仓"内，而"旧太仓"位于东城，且设于永乐七年，见刘斯洁《太仓考》卷2之2，北京图书馆古籍珍本丛刊本，第720—721页。二是位于皇城外之东北且设于正统年间的只有"天师庵仓场"，见《太仓考》卷2之3，第724页。谈迁《国榷》所言"（正统三年）五月甲申朔乙酉，作太仓库于京城东北"，误，见（明）谈迁：《国榷》卷24，张宗祥校点，中华书局1988年版，第1553页。

② 《明宪宗实录》卷80，成化六年六月乙卯。

③ 《明孝宗实录》卷90，弘治七年七月壬子。

④ （明）刘斯洁等：《太仓考》，北京图书馆古籍珍藏本丛刊本。

表 2-1　　　　江西清吏司岁入"太仓"款项及数额①

实物	白银
漕运米 40 万石	派剩米折银 52475.5734 两
淮安仓改兑米 17 万石	苎布折银 445.2 两
	黄白蜡折银 11396 两
	商税银 3550.2 两
	鱼课银 1480.53 两
	赃罚银 13000 两
	历日银 500 两
	机兵扣解银 15000 两
	蓟镇军饷银 20000 两
	富户银 960 两
	改折月粮银 11170 两
金吾后卫屯豆 63.9375 石	屯地增银 12.6485 两
济阳卫屯豆 620 石	屯地增银 548.25645 两
	牧地增银 8.47 两

在表 2-1 中，"太仓"的岁入既有实物粮食，又有白银，所以也是储粮的京师、通州等仓厫与储银的太仓库的总称。

其次，明代中期以后，"太仓"内涵缩小，特指"京仓"及"太仓库"，通州等仓不再包括在内。这一内涵的"太仓"尤以嘉靖朝使用居多。嘉靖五年二月，世宗命发"通仓、太仓银、粟"赈济顺天等处饥民。②嘉靖二十年六月，世宗命发"太仓银二万两、通仓米二万石"赈济顺天府受灾州县，之后"复出太仓米一万石减值发粜"以防米价暴涨。③嘉靖二十九年九月，世宗命发"通州仓米一万石、太仓银五千两于三河县""太仓米一万石、银五千两于昌平、西苑一带"

---

① （明）张学颜等：《万历会计录》（上）卷 1，第 25—26 页。
② 《明世宗实录》卷 61，嘉靖五年二月壬申。
③ 《明世宗实录》卷 250，嘉靖二十年六月庚申。

赈济民众。①

最后，至嘉靖中后期，随着"太仓库"岁入白银类项及预算总额的迅速增长以及它在国家财政体系中地位的日益提升，内涵进一步缩小，独立于京、通仓之外并专门指称"太仓库"的"太仓"也越来越普遍地被时人使用。对这一内涵的"太仓"，郑晓《吾学编》的总结可谓精当："凡贮粟曰京仓、曰通仓……凡藏银曰内帑、曰大（太）仓。"② 比如嘉靖二十九年正月，户部上报其岁用情况时指出："太仓每岁额入银二百一十二万五千三百五十五两……京、通仓粮岁运三百七十万石"；③嘉靖三十三年，户部奏报"京、通仓米不满一千万石……太仓见贮库银不满三四十万两"。④ 在上述两条史料中，"太仓"储银，京、通仓储粮，因此，该"太仓"即专指"太仓库"。

5. 外库——相对于"内库"而言的"太仓库"

万历中期以后，户部太仓库的财政开支不断增大，财政收入却日益减少。面对户部的财政困境，神宗非但不愿从内库出资以解燃眉，还要通过种种借口不断索要太仓库银。于是，官僚士大夫开始强烈要求明确分割户部太仓库与皇室内库的财政界限，"内库""外库"作为一对概念被应用得日渐频繁。在这组概念中，"外库"即等同于"太仓库"的总称。对明代中后期"内库"与"外库"的概念关系，万历末年户科给事中官应震的总结最为简洁明白："库藏有内库、有外库，内虽多库，承运库为最；外则仅太仓也。"⑤

比如，万历六年，神宗在百万金花银的内库岁入额之外，要求户部每年再添进内库二十万两白银专作买办之用，至万历三十年，户部"进过银数几至五百余万，皆太仓分外之增"，但神宗并不就此满足，仍要求户部出银购买珠宝，为此，户部尚书赵世卿上疏指出："外库之虚何如，而益以其虚求济其实，臣所未解也……既买珠宝，则买办

---

① 《明世宗实录》卷365，嘉靖二十九年九月辛卯。
② （明）郑晓：《吾学编》卷65下《皇明百官述》，续修四库全书，第425册，上海古籍出版社2006年版，第116页。
③ 《明世宗实录》卷356，嘉靖二十九年正月甲午。
④ 《明世宗实录》卷414，嘉靖三十三年九月乙卯。
⑤ 《明神宗实录》卷516，万历四十二年正月丁卯。

银不应收之内库又征其物,又臣所未解也。"① 万历三十二年三月,因神宗谕令户部补造中宫册宝、冠服等,赵世卿再次上疏强调内库与外库的财政分工:"臣闻宫中、府中事属一体,外库、内库各有司存。祖宗以来,以军国之计责司农,不闻以买办为职;以珍宝之物储内库,正以待不时之需……前项册宝冠服,臣窃谓取诣内库便。"② 万历四十年,太仓库拖欠边饷近300万两,神宗却仍要户部添加婚礼钱粮,为此户科给事中官应震依据国家制书《明会典》上奏指出,内库财物"可散而外",而"太仓原以备边……是外库之不可敛而内甚明也",因此恳请神宗"涣发明纶,分别内、外库之界,毋令中官混索,动及饷额"。③

三 "太仓库"内部子库的称谓演变

1. 内库、中库(老库)与外库

随着太仓库库存白银的增多,其内部出现了不同名称的子库。至少在嘉靖初年,太仓库内部出现"内库"与"外库"的区分。如《明世宗实录》载:"太仓银库岁入二百万两……(先年)一年大约所出一百三十三万,常余六十七万。嘉靖八年以前,内库积有四百余万,外库积有一百余万。"④ 自嘉靖二十七年开始就不断书录其所思所闻的王樵在《方麓集》中记载:"太仓银库,嘉靖八年以前,内库积四百余万,外库积一百余万。"⑤《图书编》记载:"大仓禄库岁入二百万两,嘉靖八年以前,内库积四百余万,外库有一百余万。"⑥ 这里的"内库""外库",从上下文可知,与本文上一部分所论的"内库""外库"完全不同,乃是指太仓库内部的两个子库。

---

① 《明神宗实录》卷373,万历三十年六月庚戌。
② 《明神宗实录》卷394,万历三十二年三月丁巳。
③ 《明神宗实录》卷502,万历四十年闰十一月丁亥。
④ 《明世宗实录》卷351,嘉靖二十八年八月己亥。
⑤ (明)王樵:《方麓集》卷15《戊申笔记》,文渊阁四库全书,第1285册,台湾商务印书馆有限公司1986年版,第413页。
⑥ (明)章潢编:《图书编》卷88《户部财赋总数》,文渊阁四库全书,第971册,台湾商务印书馆有限公司1986年版,第654页。

大约在嘉靖后期，太仓库子库中又出现了中库（老库）、外库之名。① 嘉靖三十四年七月"戊申，命查太仓积贮之数。户部奏：先年财赋入多出少，帑藏充盈，续收银两贮于两庑以便支发，中库所藏不动，遂有老库之名"。② 既然有了"中库"，该条史料中的"两庑"就有了"外库"之名。嘉靖四十二年，"取太仓中库银十五万两内用，命以外库备取银补之"。③ 不过，"中库"一词多于嘉靖朝使用，隆庆以后，渐被"老库"一词取代。隆庆四年，户部尚书张守直在其奏疏中指出："近者遣四御史括天下府藏二百年所积者而尽归之太仓，然自老库百万之外，止一百一十万有奇，不足九边一年之用。"④ 万历四年正月，"总督仓场户部左侍郎毕锵言：太仓旧有老库、外库之名，老库扃钥惟谨，外库以便支放"。⑤ 万历四十六年五月"总督仓场户部尚书张问达奏言：……以银库言之，老库银仅八万八千余两，外库随到随支，绝无四五万两贮过十数日者。"⑥ 上述史料中的"外库"，显然仍是太仓库下辖子库中的一个，与前文所讲的相对于皇室"内库"而言，指代户部整体"太仓库"的"外库"内涵不同。

2. 窨房

万历初年，太仓库财政充盈，除了老库、外库，又多出一个"窨房"。据《太仓考》，该"窨房"设于万历三年，不过当时其称谓稍有

---

① 按，据《明通鉴》，太仓库"中库"在成化时期就已经存在："（成化十七年）十一月，戊子，取太仓银三分之一入内库。初，太仓库之设，始于正统七年，后积至数百万两，续收者又分'中库'、'老库'之目。至是以内库供应繁多，乃取中库三分之一以供内库之用"，见（清）夏燮《明通鉴》，沈仲九校点，中华书局 1959 年版，第 1309 页。又《明会要》"成化十七年十一月戊子，取太仓银三分之一入内库。自正统设太仓库，后积至数百万两，续收者又分老库、中库之目。至是，以内府供应繁多，仍取中库三分之一以供内库之用"，见（清）龙文彬《明会要》卷 56，续修四库全书，上海古籍出版社 2006 年版，第 793 册，第 498 页。不过，《明实录》对此事的记载稍有不同，它并未记载是从"中库"内取银入内承运库："戊子，取太仓银三十万两入内承运库供用。先是，有旨令五府六部都察院各具在官钱谷数闻，至是，又命户部核太仓银，银凡九十余万两，遂取三分之一"，见《明宪宗实录》卷 221，成化十七年十一月戊子。此处以《明宪宗实录》为准。
② 《明世宗实录》卷 424，嘉靖三十四年七月戊申。
③ 《明世宗实录》卷 523，嘉靖四十二年七月甲午。
④ 《明穆宗实录》卷 48，隆庆四年八月辛丑。
⑤ 《明神宗实录》卷 46，万历四年正月丙午。
⑥ 《明神宗实录》卷 570，万历四十六年五月辛亥页。

不同："万历三年，尚书殷正□□□准改前厅为银窖库。"① 万历八年，户部尚书张学颜覆准太仓库若干管理规定，命"将外库大锭银两于管库官交代之日，照例会同巡视科道称兑二百万两收入大窖"。② 此处的"大窖"即太仓库的"窖房"。其后，"窖房"一词渐渐普及。万历十四年九月，"臣等查得太仓……在外库银止九十八万四千二百三十一两有奇……宜先尽外库所储，不足，或动老库或动窖房……上请给发"。③ 因此，至少在万历时期，太仓库共由老库、窖房、外库三部分组成。

其后，窖房银频频被借用，仅万历十六年、万历十七年两年就借出281万两。④ 至万历后期，窖房银已被借用一空，且此后太仓库罕有财政盈余白银补入，因此，"窖房"一词的使用多见于万历朝。

3."新库"与"旧库"（即"新饷银库"与"太仓银库"）

万历末年加派辽东新饷以后不久，户部题准设立"新库"，又称"新饷银库"；于是原先负责供应九边的"太仓库"就成了"旧库"，同时，以往形成的惯称如"太仓银库"、"太仓库"及"太仓"等仍时常被用来指称该库。

首先，"新库"与"旧库"经常被成对使用。万历四十六年努尔哈赤的大举进攻使明政府不得不进行加派以筹措辽东军饷。由于增派田赋数额巨大，为便于管理，泰昌元年，明朝政府设立新库，专门管理增派的辽饷，原先的太仓库成为旧库："户部题……若新、旧二饷并收一库，在今日亦觉未便，盖旧库止税饷四百余万，今又益以新饷银五百余万……诚另设一库、另委一官，各营局内。司新饷者札新库，即计数而解辽左；司旧饷者札旧库，即计数而解九边，法无便于此者……从之。"⑤《春明梦余录》则记载："太仓银库有旧库、新库，余于崇祯十四年巡视查册旧库饷数目。"⑥

不过，有时旧库仍被称作"太仓库"或"太仓"，与"新库"成

---

① （明）刘斯洁等：《太仓考》卷2之2《银库》，第721页。
② （明）刘斯洁等：《太仓考》卷9《银库事例》，第833页。
③ 《明神宗实录》卷178，万历十四年九月乙未。
④ 《明神宗实录》卷218，万历十七年十二月庚寅。
⑤ 《明光宗实录》卷6，庚申。
⑥ （清）孙承泽：《春明梦余录》卷35《赋役》，文渊阁四库全书，第868册，台湾商务印书馆有限公司1986年版，第483页。

对出现。比如，户部尚书毕自严崇祯三年八月所上奏疏中的"太仓库"即等同于"旧库"："臣自受事以来……即将新、旧二库法马校勘相同，有稍重者立加挫磨，计新库每一千两减去三两四钱，太仓库每一千两减去一两。"①而下文中，"太仓"银与"新饷"对应，故此"太仓"即"旧库"：崇祯初年，户部尚书毕自严奏准，各地应缴纳的修仓板木"本色、折价各以一半解进，本色入仓供用，折价□太仓作边饷支销，不得复隶新饷"。②

其次，当"新库"被称作"新饷银库"时，其对应"旧库"通常被称作"太仓银库"。天启元年十二月，户部奏报岁入实数："是岁……实该进京、通二仓兑改粮二百四十七万四千七百二十三石六斗四升二合……太仓银库共收过浙江等布政司并南、北直隶等府州解纳税粮……等项三百二十五万二千五百五十六两九钱六分二厘……新饷银库应收浙江等省南、北直隶府州新饷加派额银五百二十万六十余两。"③

这样，到明代末期时，"太仓银库"既可以是一个总称，又可以是其子库的称谓。在具体史料中，该词到底是何种含义，除依据其对应称谓进行判断之外，有时还要看其收入类项或者支出的用途。比如，在天启五年十二月户部上报当年财政收支的奏疏中，"太仓银库"既包括了旧库的所有岁入类项，又包括了新库的辽饷；在岁支中，"太仓银库"既包括了旧饷的京师、九边开支，又包括了新饷的辽东军饷开支，因此，此处的"太仓银库"是"旧库"与"新库"的总称：

> 太仓银库收过浙江等处布政司并南、北直隶等府、州、县解纳税银、马草、绢、布、钱钞、子粒、黄蜡、扣价、船料、商税、税契、盐课、赃罚、事例、富户、协济、俸粮、附余、辽饷、漕折等项银共三百三万七百二十五两五钱八分一毫四忽……放过京、边、

---

① （明）毕自严：《度支奏议·堂稿》卷16《再覆银库弊端四款疏》，续修四库全书，第484册，第13页。
② （明）毕自严：《度支奏议·堂稿》卷6《会议边饷事竣通行汇册颁布疏》，续修四库全书，第483册，第246页。
③ 《明熹宗实录》卷17，天启元年十二月丙辰。

辽饷银共二百八十五万四千三百七十两一钱三分一厘七毫一丝五忽。①

为简明起见，现据前文叙述制表2-2。

表2-2　　　　　　　明代"太仓库"称谓演变

时间	太仓库（总称）	太仓库下辖子库名称
正统至天顺	该库与京仓、通仓等合称"太仓"	
成化至正德	太仓库、太仓银库	
嘉靖	太仓库、太仓银库、银库、太仓	嘉靖八年以前：内库、外库 嘉靖后期：中库（又称老库）、外库
隆庆	同上	外库、老库
万历	同上	外库、老库、窖房
泰昌、天启到崇祯	太仓银库	旧库（又称太仓、太仓库、太仓银库；且旧库仍有老库、外库） 新库（又称新饷银库）

第二节　太仓库管理制度的演变

一　太仓库管理人员的设置

太仓库的管理官员中，最先设置的就是银库监督主事。对该职的制度演变，《太仓考》记载如下："正统七年，置太仓库，添设户部主事一员，专管凡南直隶、苏、常等府解纳草价银，赴部转送管库官处交收……嘉靖十一年改员外郎，十三年复设主事。隆庆二年，令注选三年。"②

隆庆二年二月，户部覆准管理太仓库的户部官员必须在任满一周年

---

① 《明熹宗实录》卷66，天启五年十二月申辰。
② （明）刘斯洁等：《太仓考》卷1之3《职官》，第711页。

之后才能交代卸任，且为了防止诈伪，还要给该官员关防："户部覆御史蒋机条上四事……户部司官管理太仓银库者，必满岁方代，且给关防以防诈伪……从之。"① 该年四月，"铸给太仓管理银库主事关防"。②

隆庆三年，太仓库主事又改为题差："令本部每年选择各司明慎端洁主事一员题差，令管理银库，一应收放交盘事宜悉照旧行。一年满日，呈部更替备造收放过钱粮项款数目文册三本，一送巡视科道查考，咨礼部铸给关防，钤盖一应出入文移以防奸弊。"③

万历元年，户部尚书王国光题准太仓库监督主事"照各钞关事例改为年差，满日呈部于员外主事中选择一员题差更替，一应交盘事宜照旧行"。④"万历五年，尚书殷正茂题准今后遇监督员缺，听本部查照节年事例遴选年力精壮、聪明敏练、志行端洁、素有心计者充之一年，满日着有劳绩，本部优处，仍听吏部采访，查照先年事例不次升擢或遇急风宪官员一体考选以旌贤劳。其操行有疵、典守不严者另议。"⑤

万历五年，户部还题准监督、陪库主事对出入太仓库的员役严加检查且各仓官吏都需受监督主事的管理：

又题准，监督陪库主事每日早赴库外，西门放风之时，务要亲督开库，及该日官攒将出入军斗严加搜检，若有夹带当时搜获，即行呈究正法。其有冒名及更替原进人役者，追审情节从重究处，不许仍前怠忽，不行细检，致有疏失。其巡风官攒、军斗照旧轮拨，昼夜巡逻，监督等官百方加意防闲，不许纵其暗通库役，传递作弊。各仓承委官吏俱听监督钤束，如有抗违不遵约束，轻则径行责治，重则呈总督衙门参论，罢其职役。⑥

天启元年六月，户科给事中朱钦相被命监管太仓库："差户科给事

---

① 《明穆宗实录》卷17，隆庆二年二月丙午。
② 《明穆宗实录》卷19，隆庆二年四月庚辰。
③ （明）刘斯洁等：《太仓考》卷1之3《职官》，第711页。
④ （明）刘斯洁等：《太仓考》卷1之3《职官》，第711页；又见《明神宗实录》卷20，万历元年十二月："甲寅，罢注太仓银库主事，仍改差一年"，第545页。
⑤ （明）刘斯洁等：《太仓考》卷1之3《职官》，第711页。
⑥ （明）刘斯洁等：《太仓考》卷9《银库事例》，第831页。

中朱钦相管太仓银库。"①

"京粮厅郎中"一职设立于成化十一年，专门负责管理京、通仓，并且在嘉靖十一年设立职金员外郎之前一直负责兼管太仓库："京粮厅郎中一员：成化十一年，令京、通二仓各委户部员外郎一员定厫坐拨粮米……旧兼管银库，嘉靖十一年增职金员外郎，专管库务，以督储为东厅，职金为西厅。"②

弘治初年，太仓库设有库子十名，由宛平、大兴两县的富民轮流供役，每次服役期限为三年到五年。弘治十年十一月，户部因为此役对应役县民而言负担过重，于是奏准每县各减少两名库子："壬戌，户部复议巡抚顺天等府都御史张淮所奏，西城坊额设库秤十名、太仓银库库子十名，俱宛平、大兴二县佥充，役至五年、三年方满，富民轮当已困，今宜每县每处裁减二名……从之。"③

据正德《明会典》的记载，户部的十三清吏司除了各自掌管相应布政司的钱粮等事务外，还要"量其繁简，带管直隶府州"，其中广西清吏司就负责带管"光禄寺、太常寺、牺牲所、内府十库、太仓银库"等衙门。④ 这种情况直至万历时期仍旧如此："丙子，（公）复除户部广西司署郎中，管太仓、光禄、供用二库，御马京场二仓。"⑤

嘉靖三十六年以前，太仓库有大使、副使各一人："太仓银库，大使、副使各一人，嘉靖中，革副使。"⑥ 嘉靖三十六年六月，世宗命令裁革太仓库副使一员："裁省……坝上等五马房仓、太仓银库副使各一员。"⑦

"陪库主事"一职的设置时间不能确定，且时革时复："先年每日总督轮差管粮主事一员，后将陪库主事革去，该科都察院各差给事中、

---

① 《明熹宗实录》卷11，天启元年六月庚辰。
② （明）刘斯洁：《太仓考》卷1之4《职官》，第713页。
③ 《明孝宗实录》卷131，弘治十年十一月壬戌。
④ （明）徐溥等：《明会典》卷16《户部1》，文渊阁四库全书，第617册，第174页。
⑤ （清）觉罗石麟等监修，储大文等编撰：《山西通志》卷199《通议大夫巡抚贵州兼督理湖北川东军务都察院右副都御史赠户部右侍郎述斋王公神道碑铭》，文渊阁四库全书，第549册，台湾商务印书馆有限公司1986年版，第492—493页。
⑥ （清）张廷玉等：《明史》卷72《志48》，第1740页。
⑦ 《明世宗实录》卷448，嘉靖三十六年六月甲申。

御史各一员会同本部委官员外郎日逐到库收支，公同开闭，差去官员务要日逐侵晨下库，公同收受，至晚方散。一切进上、发边、给商、散军等项银两，俱要协心管理。若或厌其繁劳，限以日期开库收受，以致解官、纳户等候日久，稽迟公务，责有所归""都察院、户科又题复：陪库主事日轮一员，赴库与委官员外郎共事，公同巡仓御史开闭，互相觉察，委官交代，仍会同巡仓御史公同查盘尽报，附余造册缴报。"①

万历二年以后，"陪库主事"一职才相对固定下来："万历二年题改本部委各司员外或主事一员陪库，一季更替。"②

万历四年时太仓库有监督、陪库主事两名，银库银匠每季更替一次：

> 壬午，礼科给事中孙训摘陈银库宿弊言：太仓银库有监、陪主事二员，宜选年力精壮、素有心计者委之，毋序资俸，一年满日廉慎者量加超擢，狼狈者列之下考，庶贤者有所劝而不肖者无所容矣。银库银匠四季更派，法非不善而骗诈犹然，宜令宛、大二县预籍各坊殷实无过银匠造册送库，遇有满呈到日即简前册，不拘次序随佥一名应役，庶出其不意而夤缘兜揽之弊除矣。③

万历五年，户部尚书"题准收支之际陪库官务同防范稽察奸弊，如库役出入抬箱等项，一则坐厅守视，一则跟随照管，事发查出，一并参究。本部于季差满日仍严核其勤惰"。④

据《明史》记载，巡视太仓库的官员通常为给事中："太仓库，员外郎、主事领之，而以给事中巡视。"⑤ 但是这一说法与万历前期的实际情形并不相符。万历四年二月，陕西道御史刘天衢被命巡视太仓库："以陕西道御史刘天衢巡按直隶、督理京通等仓，兼理通惠河抽分并巡

---

① （明）刘斯洁等：《太仓考》卷1之3《职官》，第712页。
② （明）刘斯洁等：《太仓考》卷1之3《职官》，第711—712页。
③ 《明神宗实录》卷57，万历四年十二月壬午。
④ （明）刘斯洁等：《太仓考》卷1之3《职官》，第711—712页。
⑤ （清）张廷玉等：《明史》卷79《志55》，第1928页。

视太仓银库。"① 万历二十二年八月"己巳，差御史黄一龙、巡盐河东赵文炳巡视太仓银库"。② 万历中、后期至天启年间倒的确为给事中巡视太仓库。万历二十四年十月，"巡视太仓银库吏科给事中等官张正学等参奏户部员外林世吉、郎中何瑛贪冒不谨，章下吏部议复"。③ 万历三十三年十二月，"命给事中萧近高巡视十库、翁宪祥视太仓银库"。④ 万历三十四年，神宗长期缺官不补的怠政行为也影响到了巡视太仓库的官员，该年三月，河南道御史奏请考选巡视太仓库等重要衙门的官员，神宗不予理睬："河南道御史张大谟言……五城十库、太仓、巡青、节慎库、皇城四门、卢沟桥各巡视及朝中侍班各处监理并无一人，乞速考选。不报。"⑤ 天启二年十月，"差工科给事中李精白巡视太仓"。⑥ 天启二年十一月，"命户科给事中彭汝楠巡视太仓"。⑦ 天启五年二月，"命工科左给事中顾其仁巡视太仓银库"。⑧

天启七年正月，因熹宗认为太仓库等士大夫能力不足以致财政匮乏，为了对太仓库等国家核心财政机构进行彻底整顿，特命司礼监秉笔太监涂文辅总督太仓银库，并命相关衙门拟给涂文辅履行这一职责所需的敕谕、关防：

> 谕曰：今特命司礼监秉笔太监兼掌御马监印务总督勇士四卫营军务涂文辅着总督太仓银库、节慎库……前去会同该部科道……等官将天下地亩等项额数银两……数目于出纳之际本折若干、存发若干，各按册籍细加查核，必尽翻窾白，彻底澄清。朕既各委亲近内臣，亦必重其事权，专其职任而后可以责其成功，其合用敕谕、关防所司各行拟给，使振刷积弊，丕变新猷，以复我祖宗设立太仓、节慎等库……之初意，以昭连年撙节、慎重军饷之至怀，庶庚计无

---

① 《明神宗实录》卷47，万历四年二月辛卯。
② 《明神宗实录》卷276，万历二十二年八月己巳。
③ 《明神宗实录》卷303，万历二十四年十月甲子。
④ 《明神宗实录》卷416，万历三十三年十二月戊辰。
⑤ 《明神宗实录》卷419，万历三十四年三月丁亥。
⑥ 《明熹宗实录》卷27，天启二年十月甲戌。
⑦ 《明熹宗实录》卷28，天启二年十一月戊戌。
⑧ 《明熹宗实录》卷56，天启五年二月戊戌。

虞，缓急有赖。①

该年该月，熹宗命铸给总督太仓银库、节慎库涂文辅等内臣关防："命铸给总督太仓银库、节慎库涂文辅，总督漕运、疏通河道、查核京通等仓崔文升，及提督漕运、疏通河道、查核京通等仓李明道各内臣关防。"②

其实，在当时的政治总局势下，内臣之所以能够在国家财政体系内获得如此职位是与魏忠贤的政治权势密切相关的："魏忠贤欲任天下兵柄，以提督忠勇营内操太监刘应坤、陶文、纪用镇守山海关，又命司礼监涂文甫总督太仓、节慎二库，原任司礼监崔文升、李明道总督漕运，疏通河道。"③

崇祯即位后，虽然诛杀了魏忠贤，然而对于内臣却依然倚重信任。崇祯四年九月，命太监张彝宪"令钩校户、工二部出入，如涂文辅故事，为之建署，名曰：户、工总理……按行两部，踞尚书上"。④ 然而，士大夫官僚体系对这一官职的权力却拒不承认："给事中宋可久、冯元飙等十余人论谏，不纳。吏部尚书闵洪学率朝臣具公疏争……南京侍郎吕维祺疏责辅臣不能匡救，礼部侍郎李孙宸亦以召对力谏，俱不听。彝宪益遂按行两部，踞尚书上，命郎中以下谒见。工部侍郎高弘图不为下，抗疏乞归，削籍去……工部尚书周士朴以不赴彝宪期，被诘问，罢去。"⑤ 因此，崇祯八年八月，"下诏曰：往以廷臣不职，故委寄内侍；今兵制粗立，军饷稍清，尽撤监视、总理"。⑥

二 太仓库收入、支放及存储银钱的规定

有关太仓库收入、支放银钱的规定，最早可见于嘉靖时期。嘉靖元年三月，世宗命送入太仓库银两需倾销成锭，其中八成色以下的与铜钱

---

① 《明熹宗实录》卷80，天启七年正月乙亥。
② 《明熹宗实录》卷80，天启七年正月戊寅。
③ （清）谷应泰：《明史纪事本末》卷71《魏忠贤乱政》，中华书局1977年版，第1159页。
④ （清）张廷玉等：《明史》卷305《宦官2》，第7827页。
⑤ 同上。
⑥ 同上书，第7828页。

搭放官军月粮，九成色以上的，则供应边饷，并规定这一做法要作为常例实行："命倾销太仓银库抄没犯人王准、张锐银两，八成色以下者成定送库，相兼中好铜钱折放月粮，其九成以上者径祭边储。定为例。"①

太仓库所收的款项中，有若干是专款专用的。对于这类款项，太仓库就好像是个中途暂寄转运站一般。比如，嘉靖五年，户部议准山东等地起运京师各马、牛、羊房的钱粮折色银两都需倾销成锭之后，由各地大户解送至京，原封不动寄放在太仓库；与此同时，户部则召集商人购买马、牛、羊等房所实际需用的本色粮草、物料，并在这些本色粮草、物料都完全上纳到各个相应的衙门之后，再从太仓库的寄存银额中支付给各商人相应的实物价银：

> （嘉靖五年）又本部议：山东、河南、北直隶等处自嘉靖五年为始起运（各马牛羊房）各项钱粮，除附近畿内地方听从民便，其余去处掌印管粮官员务要及时征收银，倾锭装销，大户领解，俱赴本布政使司并本府掌印官处看验管解，至京听总部参政、参议同知、通判等官督同所属州县部运官员查验，原封不动暂寄户部太仓银库；一面召集殷实商人照时定价，量添脚夫使用，写立合同，定与限期，令其先备本色粮草物料等项，与同领解大户赴该监局寺库及各仓场上纳完足，取获通关，赴总督官处告验，责令各该委官大户照数给与价银，不得扣减留难。若违限未完者，截数给价，另行招商。奉圣旨：是。②

嘉靖八年二月，世宗命户部、兵部、工部每年岁终时将各自旧管、新收、支用的相关数目上奏报告，这其中一定也包括了太仓库："嘉靖八年二月……谕户、兵、工三部曰：朕惟天下财物不在民则在官……户、兵、工部其亟行议查，使科道官监之，岁终将旧管、新收、开除实在数目奏缴。其有可行而未尽者，条画上之，用称朕节财恤民之意。"③

---

① 《明世宗实录》卷12，嘉靖元年三月己未。
② （明）刘斯洁等：《太仓考》卷6《仓场》，第792页。
③ 《明世宗实录》卷98，嘉靖八年二月癸巳。

在世宗的这条诏命之下，户部尚书于当月就上疏奏准六条建议，其中三条与太仓库的管理直接相关，最重要的就是以后各地解纳太仓库的白银都要倾销成锭并在其上刻记年月及官吏银匠姓名：

> 户部尚书李瓒应诏陈仓场六事……一谓太仓库役人多年久，聚为奸窟，银匠、库子须一年一易，斗级一年四易；一谓太仓库贮低银四万四千余两，恐岁久生弊，当给为巡捕官军草料，其银照成色递加；一谓各处解到库银率多细碎，易起盗端，乞行各府、州、县今后务将成锭起解，并记年月及官吏银匠姓名……上允行之。①

嘉靖十年九月，户部覆准除折粮、折草银可直接解纳入太仓库之外，其他款项的银两则令十三司各自收储，每积攒至一千两银以上再解入太仓库；此前裁革户部主事13名，户部也一并覆准添复6名：

> 总督仓场侍郎王轼言道：诸仓出纳浩繁，银库尤甚，前者裁革主事一十三员，缺人废事，宜下吏部再议量复数员以备任使。其纳银非折粮、折草毋入太仓，令十三司收储，积千两以上然寄贮银库。部覆奏从之，乃复设浙江、江西、湖广、河南、陕西、山东六司主事各一员。②

嘉靖二十二年二月，户部奏准每年都要会计天下财赋收入、支出的基本数额并呈报皇帝："壬辰，户部会廷臣议奏边计……天下财赋每岁出入大数宜仿李吉甫、苏辙遗意，成录呈进，庶一览可得赢缩登耗。奏入，上曰……依拟。"③

嘉靖二十五年八月，户部覆准：户部太仓库、兵部太仆寺及光禄寺的财政收支界限应当分明，各衙门内部出现财政匮乏的情况时要在自身体系内部谋求解决的办法，不能相互挪借；至于添加科、道官员以加强

---

① 《明世宗实录》卷98，嘉靖八年二月壬辰。
② 《明世宗实录》卷130，嘉靖十年九月辛亥。
③ 《明世宗实录》卷271，嘉靖二十二年二月壬辰。

对太仓库的监管的建议则遭到世宗的否决：

> 六科都给事中季纶等十三道御史谷峤等各以淫雨应诏条上时弊十余事……户部覆其七事……一，合用钱粮俱有项数，如户部之军储、兵部之马价、光禄寺之粮银，皆军国重务，所系匪轻，各衙门若遇缺乏，宜自行处给，毋辄那移；一，添差科道各一员，会同太仓管库司官监视收放……疏入，俱得旨如议行，惟……户部覆太仓监视不必增。①

嘉靖二十八年八月，户部覆准户部、工部、太仆寺等每年都要制定会计录的规定，太仓库当然也被包括在内，其内容主要有额定岁入钱粮、实际岁收钱粮、实际岁支钱粮及库存钱粮四项：

> 是时……帑藏匮竭……给事中张秉壶以为言，户部复议……今生财之道既极，计惟节用，请……令两京户部并工部、太仆、光禄及直隶各省、司、府、卫所以及辽、蓟、宣、大、陕西诸边，每岁终将一年出纳钱谷修成会计录，于内分为四目：一曰岁征，如府、库、监、局、仓场额派钱粮几何；一曰岁收，如收过本年、先年额征钱粮完欠几何；一曰岁支，如本年用过各项钱粮，于岁派额数增减相当几何；一曰岁储，如本年支剩存积钱粮几何。务令简明，进呈御览，以为通融撙节之计……得旨，允行。②

嘉靖三十四年七月，世宗规定太仓库中库所贮银两务必要达到120万两的数额，且为了能够防备紧急支用之需，没有皇帝的旨意不能随便支用中库银两："上曰：中库所贮为备缓急之需，务足一百二十万之数，非有旨钦取，不得妄用。"③

嘉靖三十七年九月，在户科官员的奏请下，对太仓库岁入的征收、

---

① 《明世宗实录》卷314，嘉靖二十五年八月壬寅。
② 《明世宗实录》卷351，嘉靖二十八年八月戊戌。
③ 《明世宗实录》卷424，嘉靖三十四年七月戊申。

年例银的支出的管理都得到了进一步加强:"从户科都给事中赵锵奏,令自今各省纳银太仓者,如工部赃罚、事例一体具题,以便稽考。仍岁遣督饷御史一人,按行各边清查年例出入之数以闻。其有司任内钱粮未完者,虽遇升迁不许离任。"①

嘉靖三十八年七月,户部覆准提督仓场侍郎每两月就将太仓库的收支之数呈报皇帝,这成为太仓库月报制度的起始点:

> 给事中龚情言:臣于本年正月奉命巡视太仓银库……及后每月按阅收支之数,所出动逾所入……臣愿皇上责令提督仓场侍郎月具银库内外出入之数,务在简易明白,一览可见赢缩,各司自当畏惧撙节,而所省且不赀矣。疏下,户部请令仓场侍郎每两月一具揭进呈御览,诏可。太仓银库之月报出纳自此始也。②

嘉靖后期,太仓库收银和支银的时候称重标准不一,以致出现羡余剩银。嘉靖四十一年十月,世宗命令禁止此类行为;对于户部派遣朝廷官员到各地方催征太仓库税银的做法,世宗虽然同意继续举行,但要先派遣户部官员,人数不够时才能借派其他衙门的官员:

> 工科左给事中李瑜言:近闻太仓出纳,其收也常加法于正法之外,其放也复加法于本银之中。朝廷之上当示人以公,不宜如此,且解银进士纷然四出,亦属扰民,当并省。户部覆言:银库出纳原有公平定规,惟运司盐银解至者,旧多溢于常数之外,故其收之也偶一加法。盖因其重而加之,未尝鉴其余还之也;其放商价也偶一加法,盖欲其平而加之,无并其余而尽给之理也。今宜于盐银仍旧称兑,其余折粮草、事例等银两平收受,正数之外不得妄自增减以图羡余。至各镇军需,防秋最急,欲尽数输之则苦于银库之缺乏;欲待足而后输之,则又恐其缓不及事,故不得已,多有差遣耳。自后当权其缓急,可并者并之。得旨:出纳不平,本非善政。况所积

---

① 《明世宗实录》卷464,嘉靖三十七年九月丙申。
② 《明世宗实录》卷474,嘉靖三十八年七月庚午。

赢余未必皆充公用，其严行禁革。解银进士尽本部差毕，方许借差，以杜争竞。①

嘉靖四十三年十一月，户部就库藏征收、解纳、召商、会估物价等事宜覆准相关建议：

> 户部覆刑科给事中张岳议处清查库藏事宜：一，各库钱粮专委验中交收该库监守官，不许再行发视；一，凡钱粮解库及扣送太仓，先赴巡视科道官役文查对以明出纳；一，申明积年包揽之禁，榜示通衢，再犯者坐以重罪；一，酌量各库货物，如系在京通用者征银解部，召商购买，不必令解官守候；其他土产方物，仍征本色；一，各府所属钱粮岁委贤能佐贰一人类解，不得更佥大户累民；一，钱粮到日，部司自行差官送库，不得令无籍保家指称吓财；一，每岁春、秋二季委官会估物价以便官民，如有稽迟违误者，罪之……诏从之。②

隆庆初年，太仓库收支白银都是主事与郎中每十日共同举行："南京户部尚书刘体乾条上六事……一，贮库各关钞料、茶引、屯仓、折席、赃罚，岁久易于乾没，宜令科道官查刷；管库旧止主事一员，宜如太仓例每十日轮郎中一员协同收发。"③

隆庆二年九月以前，太仓库监督官员每半年甚至一个月就更替一次，前任、后任官员相互交接时并不开库对存银进行仔细核对，典守官攒于是可以趁机买通军匠从太仓库中偷窃白银。隆庆二年九月，盗窃外库与老库银的典吏被仇家告发，于是太仓库现任监督官员及前后接管官员都受到了不同程度的惩处。处分完毕后，穆宗又命太仓库管库主事今后任期改为三年，且贮存在太仓库的银两每三千两就装一匣并密封编好

---

① 《明世宗实录》卷514，嘉靖四十一年十月癸亥。
② 《明世宗实录》卷540，嘉靖四十三年十一月戊午。
③ 《明穆宗实录》卷20，隆庆二年五月癸亥。

号码以便查核。①

隆庆二年题准将"老库银两逐一查盘明白，封锁完固，巡视衙门查明交代完日，题知该库另造册五本，一存库、一送巡视、一送总督、一送户部、一送户科各存照，彼此互相觉察"。②

隆庆时期，白银在国家财政体系中已普遍使用，然而，称量白银的砝码各衙门之间却并不是很一致。为此，隆庆四年，朝廷颁布新铸的砝码给太仓库、节慎库等衙门："穆宗隆庆四年，新铸法马，颁行会典曰：旧法马轻重参差，令户、工二部公同较勘，行宝源局铸造，节慎库、太仓、光禄寺、太仆寺、荆杭抽分两厂……各法马一样四十副，仍行抚按转行各府、州、县照依新降式样铸造。"③

万历初年，户部对太仓库的管理制定了一系列规定。万历元年，户部尚书王国光题准各地方起解太仓库银时所应履行的职责和手续：

> 凡遇起解银两，公同解官称兑明白，然后入鞘，用坚实榆、槐等木鞘面明刻银若干锭、重若干两、内有滴珠几锭，外用极厚铁条牢束，复用司府印信封皮合缝封固；仍置号簿二扇，明开某号鞘银若干两、有滴珠几锭，用印钤盖，一留司府，一给解官，同文投部，筋该库公同验看，查对无差方与称兑。如短少些微，故给欠票，立限补完，至百两以上者，将掌印官参奏降级，管解员役通行从重问发。④

万历元年，为了督促各地解银入京员役按时缴纳赋税，户部题准在太仓库门前张贴告示，通知各解送员役拖欠一个月以上没有完成赋税缴纳的，太仓库管库官员即可参奏："又题准咨总督仓场及筋管理银库主事出给大字告示于银库门首，常川张挂晓谕今后各处员役，解纳银两俱

---

① 《明穆宗实录》卷24，隆庆二年九月甲寅；（明）刘斯洁等：《太仓考》卷9《银库事例》，第829页。
② （明）刘斯洁等：《太仓考》卷1之3《职官》，第712页。
③ （清）嵇璜等：《续文献通考》卷108《度量衡》，文渊阁四库全书，第629册，第154页。
④ （明）刘斯洁等：《太仓考》卷9《银库事例》，第829页。

要照数纳完，取获通关，投部掣取批回销缴。敢有挂欠一月不完者，该库官即便开报巡视科道衙门参奏处治。"①

万历元年，户部还题准将太仓周围银匠迁走并禁止在库应役的匠工与外人往来：

> 又题准咨总督仓场督同管理银库主事严行该城兵马司，将附近太仓住居银匠尽行勒限迁移，仍行提督、巡捕严行巡捕人员严加缉访，敢有通同潜藏附近住居仍前作弊者，即拿送法司究问，其在库匠役不遵禁谕，与在外人等交通者，访出一体从重究治。②

万历二年，户部对进入太仓库的解银员役的人数进行了严格限定："本部题准以后解到库银，随行解伴将银鞘送至大门栅栏内，即令巡风官军抬入库门，止许原解员役一人亲进验封面兑。敢有假充解伴混入者，即便擒拿送问治罪。"③

万历三年，户部又题准"本部今后不拘盐粮、折俸、折米等项，凡系折银勘合，俱差人封送总督仓场衙门收查"。④

该年户部还题准在京文武官员从太仓库领取折色俸银的手续："又题准在京文武官员本年四月、五月该支折色俸粮，每米二石折绢一匹，行令各衙门查算明白，照例每绢一匹折银七钱，各具印信册领，责差经该官吏送部磨算无差，照数填给勘合，赴太仓银库支领。"⑤ 万历五年，户部就太仓库支放俸银一事再次题准相关规定：

> 又题准，今后管库每季终，先期将各衙门各给俸银逐一预算明白，某衙门官员若干、该俸银若干、钱若干，各包封明白呈开总督仓场衙门，转委见管冬衣、布花司官随时斟酌，查照禄米仓事例，将各该衙门照依大小次序为日期先后，别于公所挨次支放，不得越

---

① （明）刘斯洁等：《太仓考》卷9《银库事例》，第829页。
② 同上书，第829—830页。
③ 同上书，第830页。
④ 同上。
⑤ 同上。

次挽先，如有领支人役违犯，照打扰仓场事例呈送法司究治。①

万历四年，为了能保证太仓库官员公平称兑银两，户部尚书殷正茂题准太仓库官员不必追求羡余银额："又尚书殷正茂题准，监督委官以后收放一应银两，务要两平称兑，勿轻勿重，羡余多寡但随所积，从实登报，各官不必以上年所积为例，过求多余以致收放轻重其手。"②

万历五年，户部题准太仓库收银、支银都要按先后次序进行的规定：

又题准一应解到钱粮及投告援例诸色员役人等，俱以文书到部之日为主，本部即将各员役姓名及钱粮数目，照日挨次箚付银库；又有支放各边年例银两并一应京边支用钱粮，本部亦将领解各员役人等，逐日挨次箚付银库，该库酌算明白每日应放若干、应收若干，挨次交收领放。如有恃势挽先及假充解伴多带人从混进至四、五名以上者，即行拿送总督衙门参送法司，坐以打扰仓场律例。③

万历六年，户部题准太仓库发放官军匠役折色月粮的规定："六年题准，夏季四月分、冬季十月分将一应官军匠役人等该支月粮，造册送部，转发太仓银库关支折色银两，每石折银五钱，本部差委司属官员监放。"④ 万历七年，户部覆准对在库余银的管理规定："在库余银逐日随笔填报，俱作正入库，分厘再不许妄动，原发巡环文簿行见管库主事，自五年七月至今，尽将余银的数备细填写，每月送总督查考。"⑤

万历八年，户部题准管理物料价银的若干规定：

八年，本部题准以后解到各项物料价银，比照改寄金花银两事例，通发太仓银库收储。如遇商人召买物料急，则一面出□□□□

---

① （明）刘斯洁等：《太仓考》卷9《银库事例》，第831页。
② 同上书，第830页。
③ 同上书，第831页。
④ 同上书，第831—832页。
⑤ 同上书，第832页。

库给银，一面赴巡视衙门挂号；缓则通候纳完方准支给。

又题准自八年正月为始，本部印钤商价文簿二扇，箚发银库主事，分别供用、甲、丁各库项下，以七年十二月终见在收储各库料银为旧管，以后解到者为新收，奉箚支给商人者为开除，未支者为实在，每月送部一查，至年终总计解到某库银若干、给商若干、有无余剩不足。有余，留下次支用；如不足，将借支某项银若干明白填注，不得仍前混支后，将商价、备边各款总写一处。

又题准凡给商价，十分为率，银八分、钱二分，外草场商人支领已久，内府各库商人以前旧在部廊给银，近亦照草场例箚太仓银钱，二八兼支。今后酒、醋、麦、豆等价，全给银两。其供用甲、丁等库商价一千两以外，银钱二八兼支，一千两以下全给银两。①

万历八年，对收储库银所需设备的工料等，户部也题准了相关规定："凡金花银两、贮各解到银两，置造木柜、木板，于板厂修仓板内取用，工料动支筹架银两。"②

万历八年，户部尚书张学颜就太仓库巡逻、金花银、窖房银等覆准若干相关规定：

> 万历八年尚书张学颜覆准：以后将该库官吏，每夜轮流二人，同各仓官攒五人，督率军斗，查照分定时刻严谨巡逻，不许推诿；短小墙廊即便拆卸，其修理合用物料工价于鞘木、席片银内动支；仍于库内另处一房，专寄解来金花银两；再将外库大锭银两于管库官交代之日，照例会同巡视科道称兑二百万两收入大窖。其验出、解银、箱鞘、称兑、金花银两及查点甲斗、封锁库门，悉照今议及节年旧规遵行。如有疏虞，总督及巡视衙门不时参究。③

万历八年，户部题准山东道、河南道应解纳入太仓库的白银的解

---

① （明）刘斯洁等：《太仓考》卷9《银库事例》，第832—833页。
② 同上书，第833页。
③ 同上书，第833页。

送、支放手续及办法：

> 查得山东道银十一万五千六百二十九两，内解送太仓六万两；河南道银二十二万，内解送太仓十四万两。查取各布政司朝觐到京府州佐贰官一员领押送，该道仍亲诣太仓，眼同交纳。本部咨总督仓场衙门筹银库主事收储作正支销，不必加耗。内零碎者候给商人，整锭者各边应用。车辆咨兵部行会同馆拨车二十辆，约日运送到库，卸毕仍令原车将给商制钱运回，各道各取库收缴查。①

万历初年时，各省解纳太仓库的银数都有规定，且称量砝码也都是由国家规定的。万历九年十一月，因河南知府克扣应解纳太仓库的额银，以致河南府用私铸砝码称量银两而造成该府所解额银短缺：

> 户部奏：河南府起解太仓额银四万四千七十余两，计少五百九十六两，锭数不依部题，法马全用私铸。据总督刘思问、科道万象春等审究情节，系知府赵于敏扣克所致，宜通行提问以正侵盗之罪。得旨：赵于敏并经手人役与四样法马都着抚按官提解来京，与原解官李湘对讯。②

太仓库在管理过程中，一些原有的规定可能会随着时间的推迟而效力渐减，需要不时重新申明。比如，万历十年六月工科给事中傅来鹏等所奏关于太仓库的四条建议中，至少前三条都已经在以前进行过规定："工科给事中傅来鹏、御史顾尔行条议银库四事：一、州县起解银两每锭皆凿官吏银匠姓名；一、各处库用法马以部降为准，旧者一概解部销毁；一、太仓羡余不必取盈三万；一、在外司府解银不许另立添锭名色，以滋巧取。部议亦以为然，报允。"③

万历三十年闰二月，因京、通二仓存粮数少，户部尚书赵世卿奏准

---

① （明）刘斯洁等：《太仓考》卷6《仓场》，第797页。
② 《明神宗实录》卷118，万历九年十一月辛酉。
③ 《明神宗实录》卷125，万历十年六月庚子。

漕粮折色银在太仓库中另外收储，专门用于支给京军：

> 乙未，户部覆仓场右侍郎赵世卿议：漕粮有正兑有改兑，正兑者解入京仓，改兑者解入通仓……宜自今伊始，不拘三七、四六之例，将漕粮正、兑尽入京仓，以俟三数年间京庾稍裕，乃仍改拨通仓，以补改兑之不足。至灾折粮银所以折漕粮，非折九边之军饷也，有一石之折则有一石之银，有一石之银则抵京军一月之米，何乃频年以来一概混支，以致银米两空，捉襟露肘。宜自今伊始，凡属直省征收折银解部之日，另收储一处，专备春、秋两季放给官军折色……如此数年，先京后通而两仓积贮可渐充裕矣。诏然之。①

万历三十一年十月，巡视太仓库兵科给事中孙善继奏请将太仓库收到银两称兑完毕后就直接支付给前来领银的解官，收入的同时就支出了，因此白银不需解纳入库，这样可以减少若干手续和弊端：

> 巡视太仓银库兵科给事中孙善继奏：各省直解到钱粮典藏者，宜公同臣等与题差各官当面秤兑，仍用原鞘盛装，入即为出，一鞘兑完，一鞘封闭，当时交与解官，并不入库以滋弊窦。零星收放亦然。至于解赴各镇边饷，亦即公同解官与该管军官验兑明白，取无短少结状缴部，然后收储以待支放，庶积弊可涤，出纳惟均矣。②

但是，孙善继这一建议极有可能没有得到批准，因为在崇祯时期，户部尚书毕自严曾上疏奏请类似的太仓库改革建议。

天启元年六月，熹宗批准成立一个由有才能的兵部侍郎任职的总理衙门，该衙门专门负责统计边镇兵额及所需太仓旧饷银额、工部器械数量，户部解发太仓旧饷到边镇时都需到总理衙门挂号：

> 兵科都给事中蔡思充等言：户、兵、工部虽职掌各属，越俎有

---

① 《明神宗实录》卷369，万历三十年闰二月乙未。
② 《明神宗实录》卷389，万历三十一年十月丁亥。

嫌，而血脉一体，联络有机。宜就兵部侍郎中推一才识警敏、力量精干者，给以敕印，俾专总理之任。自榆关以东及天津、登、莱二镇，原兵若干，增设若干，应支旧饷若干，衣装器械应给折价若干，见在库贮件数若干，务了然心目。以后二部解发，俱赴总理衙门挂号。盖据兵借以问粮饷、问甲器，按月报以稽盈缩、稽迟速……贵州道御史崔尔进等亦以为言。得旨：军兴兵饷、军械相须为用，事权自当联贯，这所奏兵部堂上官一员监督各司官，深得权宜，有裨大计……寻以添注兵部左侍郎王在晋兼督三部事，在晋疏辞。不允。①

天启后期，太仓老库的存银虽然数额已经很少，不再对国家财政收支具有重大的影响和帮助，但是，太仓库内部其他子库对老库银的借支与补还仍是一件需要郑重对待、上疏奏报的事情："户部尚书李起元题：冢臣李宗延，前任臣部尚书，节省银二万七千一百八十两零，已入老库。臣春夏间苦外解中断、筹画窘迫，不得已疏请借动。原议外解稍充即应补还，今幸外解已至，札令新饷库主事秦羽明照数兑还太仓老库，交付银库主事郭广收储讫。报闻。"②

崇祯初年，户部尚书毕自严不但对新库、旧库的砝码又进行了统一，而且还设立样银之法以便为太仓库的财政收支提供银锭的标准：

> 臣自受事之始，因见挂欠之多，即将新、旧二库砝马比较相同，合为一式，有稍重者即加挫磨，计新库每一千三百两减去三两四钱，太仓每一千两减去一两；又通行各省直藩司饷司，但有砝马轻重不如式，即令请发更换；又立样银之法，每解银诣部时，用银四锭，较勘平准，作为样银，外兑、内兑以此为则，正欲使内外分数毫发不爽，以便于兑支耳。③

崇祯二年，为了解决新库、旧库在收支白银过程中的各种弊端，也

---

① 《明熹宗实录》卷11，天启元年六月庚辰。
② 《明熹宗实录》卷62，天启五年八月乙未。
③ （明）毕自严：《石隐园藏稿》卷6《转饷画一疏》，文渊阁四库全书，第1293册，台湾商务印书馆有限公司1986年版，第576—577页。

为了减少收支手续，毕自严奏准将各地解纳到新库与旧库的白银当场兑发给前来领取饷银的官员，即收即支，而不再像以往一样先将各地解银入库，再从库中称出支给边镇：

> 太仓钱粮，十八充边饷者也；新库钱粮，尽数充边饷者也……其法外解一到，一概不收入库，一面呈堂派发，一面即唤解官、委官会同巡视科道当堂面兑，登册入鞘，即时起运。其银锭稍轻者，仍令解官找补，解官原有添搭水脚，彼亦无辞；傥原锭稍重些须者，不妨作正支销，行文知会，则濡染不期绝而绝，赠耗不期清而清矣……今但斩断葛藤，全用兑支一法，则此太仓、新库之羡余即为国家节缩计，正自不必垂涎耳……（崇祯二年五月）奉圣旨……着新旧画一通遵。①

三 惩处规定及弊端预防措施

嘉靖时期，随着太仓库在国家财政体系中地位的逐步提升，相关的惩处、预防措施开始变得严密起来。世宗对太仓库非常重视，以致时有士大夫因下级官吏在太仓库管理过程中出现的问题而被牵连，并遭受罢职等严厉惩处。

嘉靖十一年十一月，总督仓场户部尚书王尧封因太仓库官攒在收放白银的过程中作弊而被命致仕，这说明总督仓场的户部尚书对太仓库的官攒负有监管的职责："东厂奏太仓银库官攒收放作弊，有旨切责总督仓场户部尚书王尧封。尧封上疏伏罪，上以尧封防范不严，又不引罪，令致仕去。"②

嘉靖二十六年，户部尚书王杲因为属下官吏将成色较低的白银解入太仓库而被发边充戍且后来死于戍所：

> 先是，礼科给事中马锡效【奏】户部尚书王杲、巡仓御史艾

---

① （明）毕自严：《度支奏议·堂稿》卷7《转饷画一全行兑支疏》，续修四库全书，第483册，第262—264页。
② 《明世宗实录》卷218，嘉靖十七年十一月戊子。

朴私受两淮运司解官黄正大赃贿，勒管库员外郎余善继称纳低银。上怒……诏杲、朴发边卫……俱充戍……其低银令镇抚司同刑部煎销辨验，计亏折一千三百十七两有奇，因廉得（副使）张禄通该吏武材并银匠唐真等作弊侵银状以闻，诏行该省巡按御史逮禄等追补……后杲竟死于戍所，公论以为枉。①

嘉靖三十一年九月，刑部尚书应大猷、管理太仓库员外郎汪有执因为一桩盗窃太仓库银的案件被世宗罢免，而且从此以后，每年派遣科、道官员巡视太仓库也成为了制度化的规定："罢刑部尚书应大猷回籍闲住。先是有盗太仓库银者……诏……岁遣科道官巡视银库，着为令；以大猷宽纵，失法司体，令自陈状罢之。"②

万历五年四月，户部主事因库役盗窃太仓库银而被降级掉外任："丙寅，降户部主事雷应志、许云涛一级，调外任，以库役盗太仓银罪坐典守也。"③ 不过这种牵连现象很快就得到了纠正。万历五年，户部题准一条使太仓库监管官员免受盗窃库银吏役牵连的规定："又题准今后管库主事，凡有访获偷盗、搜获真赃者许即便呈堂参送法司究治，本官依律免罪，仍以廉能咨送吏部纪录。如有仍前隐忍，明知疏纵，不行举发者，本部并总督衙门以罢软参治罢职。"④

万历十九年七月，户部书手蒋晓因为伪造户部印信及太仓库关防而按律问斩："以户部书手蒋晓伪造本部印信及太仓银库关防，钤空头札付，骗卖与姚守谦。蒋晓拟为首，律斩。刻匠方良相为从发遣。"⑤

万历三十三年八月，主事张联奎因搜获解官盗窃太仓库银两而被记录："解官唐守身携其弟守家入太仓银库，于开鞘时每鞘取零银一封怀之，为主事张联奎搜获，共重二十一两。尚书赵世卿据实奏闻，下法司拟如律，联奎与纪录。"⑥

---

① 《明世宗实录》卷327，嘉靖二十六年九月戊辰。
② 《明世宗实录》卷389，嘉靖三十一年九月丙申。
③ 《明神宗实录》卷61，万历五年四月丙寅。
④ （明）刘斯洁等：《太仓考》卷9《银库事例》，第831页。
⑤ 《明神宗实录》卷238，万历十九年七月丁卯。
⑥ 《明神宗实录》卷412，万历三十三年八月乙丑。

天启三年六月，因户部主事杨绍震奏报库吏偷盗太仓库银，原任户部管库主事汤道横被逮问："命拿问原任户部管库主事汤道衡，以管理太仓银库主事杨绍震奏称盘查银数，短少六千五百一十一两，闻系吏攒杨四端、叶凌云等侵盗。道衡典守，猫鼠之嫌，故有是命。"① 不过，仅四个月之后，即天启三年十月，因户部尚书李宗延等亲自与杨绍震视查太仓库，发现根本就没有盗窃库银的痕迹与可能性，汤道横被恢复原有官职："复南昌府知府汤道衡原职，初户部主事杨绍震奏道衡在户部时侵盗太仓银两，有旨逮付法司。户部尚书李宗延等亲率司属同绍震验视之，铁门重扃，草木蒙茸，盗库绝无踪影。法司因奏请还职，从之。"②

四 京粮库与太仓库

京粮库的具体成立时间现因史料的缺乏尚不明确。京粮库所存库银以马房银两为主，该库的独特之处在于它的库银寄贮在太仓库内，且归太仓库管库主事管理。万历八年九月，户部在复议奏疏中说："马房银两虽另设京粮小库，总在银库之内。既同一管库主事，自当同一巡青科道。"③ "巡青刑科给事中姚若水等奏……京粮银两向贮太仓库中，总收总放。"④ 该库存银专门用以供应御马等仓场草料："癸巳，巡青科道梁有年等奏：京粮一项，专供御马等仓场料草价值。"⑤

京粮库虽在太仓库内，但户部官员在奏报岁出入银额时是将两者分别来说的。比如："户部言……万历三十二年管库主事余自强差满考核，收过太仓银四百二十二万三千、京粮银三十五万九千，其放总数如之；顷管库主事张联奎差满候考，收过太仓银三百二十五万七千、京粮银二十九万二千，其放过总数亦如之。"⑥

万历前期，太仓库和京粮库各自相安。万历中期以后，户部官员因太仓库财政困窘而不断挪借京粮库银，面对巡青官员的不断索还，户部

---

① 《明熹宗实录》卷35，天启三年六月丁亥。
② 《明熹宗实录》卷39，天启三年十月戊寅。
③ 《明神宗实录》卷104，万历八年九月戊辰。
④ 《明神宗实录》卷573，万历四十六年八月丁卯。
⑤ 《明神宗实录》卷405，万历三十三年正月癸巳。
⑥ 《明神宗实录》卷416，万历三十三年十二月甲寅。

奏准暂将所借银两在该衙门循环簿内记明，待以后太仓库财政充盈时再予归还：

> 部奏言：臣部管库主事袁和称，太仓库贮原有京粮一项十二万三千余金，专供御马等仓料，直隶巡青稽核，委难那借。迩来经费浩繁，前主事杨文裕借发兵饷，诚万不得已之计，乃空匮日甚，势难顿偿，而巡青簿籍尚注见在执虚牍而责实数，深属不便。请移文该衙门于循环簿内明白登记，后银库稍充照数补还。允之。①

面对太仓库的不断挪借，万历三十年，巡青给事中张凤仪奏请由太仓库陪库官员来管理京粮库，户部虽然对这一建议表示反对，并坚持仍像以前一样由太仓库管库主事管理京粮库，但作为妥协，户部同意以后急缺钱财时仅从京粮库12万余两的岁盈余银额中借支：

> 户部覆巡青给事中张凤翔议：太仓陪库官分董京粮以明职掌、慎稽核，意固甚美，第陪库官原司觉察，倘令分管，是一柄二持，似非政体。宜令银库主事仍管其事，以后凡有借用，如例先请后发。今将各省直解到京粮银两先尽正项支用，余一十二万余两，倘有急用，本部题请借发，仍知会巡青科道以便稽查，俟太仓稍裕陆续补还。报可。②

虽然有上述让步，然而太仓库的借支还是影响到了京粮库自身的正常财政开支，以致京粮库无力按时付给买办物料的商人商价。为此，万历三十三年，巡青科道梁有年奏准今后京粮库的财政盈余都要留在库内以备接济之用：

> 癸巳，巡青科道梁有年等奏：京粮一项，专供御马等仓场料草价值，通计每岁出入之数约略存剩十万有余，是以先年所积至百有

---

① 《明神宗实录》卷352，万历二十八年十月癸未。
② 《明神宗实录》卷367，万历三十年正月甲辰。

余万。自万历二十六年以前,东征西讨,借支殆尽,今又那凑边饷十余万矣,至应给商人预支及买办过价值反致压欠。所当严行禁绝,令岁有赢余以待不时接济,断不宜以太仓而靠京粮,久假不归,举祖宗另库积贮之法渐灭无余也……下户部覆议,从之①。

然而,万历三十五年三月,户部因边镇月粮欠缺3月,不得已又借支京粮库银10万两:"蓟镇、密云军士缺冬十二月、正、二月粮,借支京粮库银十万,从户部之请也。"②

由于太仓库的不断借支,到万历三十五年十二月时,京粮库不仅连原有的100余万两的库存银都毫厘不剩,且逋欠商价2万余两:

> 该臣等接管巡青,兹当岁终,遵题准事例,据京粮库开造收过、放过及借用过各钱粮数目文册前来……该库……除罄扫些微给商外,见在银两并无毫厘,尚欠诸商草头价值二万五千有零……臣等窃惟京库钱粮,每岁额入三十万,额出二十万,额存十万,历考昔年至百有余万以备非常之需,今乃一空若洗,亦堪凛凛矣。③

万历四十一年以前,京粮银都是收储太仓库的,由于万历后期不断挪借以充边饷,万历四十一年开始,京粮银的财政盈余及新收入的银两另外建库存储,一应财政收支都不再与太仓库有任何关联:"京粮银两向贮太仓库中总收总放,后因太仓匮竭屡借凑发边饷,至四十一年以那借数多难核,始将支剩、新收银两另贮一库,科道自司锁钥,遇收放亲临查验。自分库后,并无那借。"④

由于京粮库由巡青科道官负责,因此,有时候明代人会用"巡青"代替"京粮库":"管大工兵科给事中萧基疏言:……钱粮储发最为吃

---

① 《明神宗实录》卷405,万历三十三年正月癸巳。
② 《明神宗实录》卷431,万历三十五年三月乙亥。
③ (明)曹于汴:《遵例盘库敬报空虚之状仰乞圣鉴亟图长策以济国用疏》,见陈子龙等《明经世文编》卷412,中华书局1962年版,第4466页。按,该奏疏没有记载时间,具体年份来自《明神宗实录》卷441,万历三十五年十二月癸未。
④ 《明神宗实录》卷573,万历四十六年八月丁卯。

紧，宜仿巡青寄贮太仓之例，听巡视、监督公同出纳，不使落官吏之手，混假参低以召众怨。"①

天启时期，京粮库与太仓库旧库仍保持彼此的财政独立。天启五年六月，虽然巡青官员反对，但熹宗还是命令将京粮库银借支一半以供关门军饷：

> 刑科等衙门给事中等官霍维华等题：关门告匮，举国同急，巡青贮库银两已奉有准借一半之旨，安容复有异议？太仓旧库每年应发辽饷银十万八千两，当此脱巾之呼，何不尽数全发，止给五万尚勒五万八千也……得旨：太仓、巡青库贮银虽为公家之储，今辽饷急需，便当先其所急，其节存老库三万仍借户部以济燃眉，不必争执。②

崇祯元年，因京粮库财政困窘、无力给发商价，思宗命户部第二年扣还所借京粮库银两。然而，巡青官员认为，户部财政充盈是件难以期盼的事情，因此奏准户部斟酌缓急，先将太仓库银尽量归还一部分，以解救商人困境：

> 巡青给事中刘汉儒、御史黄仲晔言：国家置设牧圉，非以病民，今岁额不增，物价日腾，商既竭产而输，价复逾时未给。此臣等所以惓惓于户部之支借，以为得一分则商受一分之利也。既奉有明年扣还之旨，司计者自有同心，而充裕难期，与其并责于一时，何如渐分以节次？京粮库原附太仓，臣等以为，宜令守藏者酌其缓急，量为给发，多可至万，少或一二千，及时而与，既可救诸商之燃眉，积渐以往且可免大农之露肘，所当责实以示通融者……皆报可。③

---

① 《明熹宗实录》卷16，天启元年十一月癸丑。
② 《明熹宗实录》卷60，天启五年六月丁丑。
③ 《崇祯长编》卷16，崇祯元年十二月乙未。

太仓库与京粮库的财政关系史表明，万历中期以后太仓库自身的财政困窘对京粮库也构成了巨大压力，太仓库对京粮库银的不断挪借是京粮库陷入财政困境的重要原因之一。

五 新饷的管理

本书所要讨论的"新饷"，作为一个专有名词，特指万历四十六年及其以后为了给辽东地区提供军饷而新增派的辽饷。它在加派初期属于太仓库所有，由此出现了"新饷"和"旧饷"的说法；泰昌元年，新饷从太仓库中独立出来，由新库官员进行管理，由此出现了"新库"与"旧库"的区别。崇祯十六年，旧库和新库的财政收入又被重新分配改编而归属于兵饷左司和兵饷右司管理，这两个机构一直延续至明亡。

万历四十六年四月，建州女真努尔哈赤率兵攻陷抚顺，辽东军情骤然大变。"建酋奴儿哈赤诱陷抚顺……于是抚臣李维翰、督臣汪可受相继告急，调兵请饷揭疏沓至。"① 随着辽东战事的升级，户部对辽东军饷的管理也大大提升。万历四十六年六月"辛未，新造辽东饷司关防"。② 该月丁丑，"以主事潘宗颜改升户部山东司郎中，专理新饷及籴买粮草供给征剿"。③

万历四十六年九月，为了筹措辽饷，户部按照每亩增收白银3.5厘的标准在除贵州之外的12个省及南、北直隶实行加派，总计加派200.0031万两余。这笔加派额银独立于"条鞭"银之外，由户部印行则例公布给民众。为了保证时效，户部还奏准各地方先挪解在库银两，而用其后征派的白银补还：

> 户部以辽饷缺乏，援征倭、征播例请加派，除贵州地瘠有苗变不派外，其浙江十二省、南、北直隶照万历六年《会计录》所定田亩总计七百余万顷，每亩权加三厘五毫……总计实派额银二百万三

---

① 《明神宗实录》卷568，万历四十六年四月甲辰。
② 《明神宗实录》卷571，万历四十六年六月辛未。
③ 《明神宗实录》卷571，万历四十六年六月丁丑。

十一两四钱三分八毫零。仍将所派则例印填一单,使民易晓,无得混入条鞭之内,限文到日即将见在库银星速那解,随后加派补入。设督饷抚臣一员,请敕节制,庶军实充而肤功可奏……上曰……尔部便通行各抚按等一体遵行,督饷大臣着吏部速议题覆。①

万历四十七年十二月,明政府在每亩增收3.5厘白银的基础上再增收3厘:"乙丑,户部覆……今阅臣出关,亲度兵马之数、本折之用、海运陆辇之费,一年共需饷银八百余万,计无复之。议每亩已加外,再加三厘,庶于辽饷有济,待事宁之日具题停免。"② 万历四十八年,又每亩增收二厘,"庚寅,以军兴诸费不足,命各省直田地每亩再加派二厘以敷兵、工二部之用。从户部等衙门议也"。③

由于加派田赋银数额巨大,为了便于管理,泰昌元年,明朝政府设立新库,专门管理增派的辽饷,并将原太仓库陪库主事改任管理新库,河南司主事鹿善继成为新库成立后的第一位官员。而原先的太仓库则成为了旧库:

> 户部题新饷一事,物力竭天下而安危系辽左,非以专官总理之不可。若新、旧二饷并收一库,在今日亦觉未便。盖旧库止税饷四百余万,今又益以新饷银五百余万,一司官目检而手算之,既拮据不遑,且总入于一库,司库者或不免通融支放,稍那移于新旧之间,嗷嗷者遂借为口实。诚另设一库、另委一官,各营局内,司新饷者札新库即计数而解辽左,司旧饷者札旧库即计数而解九边。法无便于此者。查太仓银库有陪库一差,盖亦互察豫习之意,后以无所事事,反类冗员。今议即用陪库为新库而改为一年差,官有实用,费无虚糜。其原任本部河南司鹿善继……委以新库,雅能办之。臣即

---

① 《明神宗实录》卷574,万历四十六年九月辛亥。
② 《明神宗实录》卷589,万历四十七年十二月乙丑。按,《明史》认为万历四十七年每亩增派3.5厘:"至四十六年……亩加三厘五毫,天下之赋增二百万有奇。明年,复加三厘五毫",见(清)张廷玉等《明史》卷78,第1903页。今不用。
③ 《明神宗实录》卷592,万历四十八年三月庚寅。

当遵旨札催本官前来管理辽左饷务。从之。①

紧接着，光宗又命升任原江西司员外杨嗣昌管理新饷并给专理辽东新饷关防："命给户部专理辽东新饷关防。先是，该部以辽东新饷烦巨，议增山东司官一员专任料理，以江西司员外杨嗣昌升补。至是，请给关防以杜诈伪，从之。"②

熹宗即位后，仍命给专理新饷郎中杨嗣昌关防："命造户部专理新饷关防，为郎中杨嗣昌给也。"③ 同时，户部尚书李汝华奏准成立新饷司专管新饷，并任命原户部主事鹿善继负责："户部尚书李汝华请立新饷司，专理辽饷五百余万，而以本部原任主事鹿善继董其事。上从之。"④

鹿善继接管新饷之后，制定了收支规定，地方解银官亲自将银封好寄存库内，边镇领解官来领银时，当面称量好给他们，这样新饷库的管理者只是负责监督收支过程的正常完成，库吏也就没有机会通过称兑等过程谋求私利："公讳善继⋯⋯光宗御极，首复故官，使典新饷⋯⋯公为立章程：解者至，使自封识而寄于帑；领者至，面衡以付之，官为持平而不为出入，一无所染于其间，吏亦不得上下其手。"⑤

---

① 《明光宗实录》卷6，庚申。按，《春明梦余录》认为："自万历四十六年发难始设新库，见（清）孙承泽《春明梦余录》卷35《赋役》，文渊阁四库全书，第868册，台湾商务印书馆有限公司1986年版，第488页。不确。

② 《明光宗实录》卷6，壬戌。

③ 《明熹宗实录》卷1，乙酉。

④ 《明熹宗实录》卷1，甲午。按，早在万历末年，"新饷司"就已经存在。《明神宗实录》卷574，万历四十六年九月庚寅："新升辽东巡抚周永春奏请，照宣大各镇抚臣例补中军游击一员，隶以标兵六千以壮军中声势，粮草于新饷司支给。上下部议。"《明神宗实录》卷578，万历四十七年正月癸卯："兵部尚书黄嘉善题⋯⋯辽左弹丸地，刍粮所出，能有几何⋯⋯宜敕下户部郎行新饷司星夜料理。"《明神宗实录》卷596，万历四十八年七月辛巳："经略熊廷弼奏⋯⋯今国缙报费过安家、马价等项钱粮⋯⋯多寡重复、种种互异，谨将驳查款项一一开载疏尾，乞行监军御史转行海盖等道会同新饷司逐一查算改正。"泰昌朝时，"新饷司"仍然存在。《明光宗实录》卷4，庚戌："户部奏⋯⋯近据新饷司报援辽兵以十八万、马十万匹，以折色论⋯⋯通计每年用银四百八十余万两。"户部尚书李汝华于天启元年又奏准成立新饷司，不知是何原因。此外，《崇祯长编》中曾出现"旧饷司"一词，《崇祯长编》卷39，三年庚午十月丙午："登莱巡抚孙元化请⋯⋯旧饷司宋献，当准其列册奏缴，查旧叙加级，与枢辅疏中大捷新功从优升叙。帝⋯⋯命所司确酌以闻。"但旧饷司是何时设置的，则不得而知。

⑤ （明）卢象升：《忠肃集》卷1《鹿忠节公传》，文渊阁四库全书，第1296册，台湾商务印书馆有限公司1986年版，第599—600页。

泰昌元年十月,"命造专理新饷银库关防"。①

天启元年闰二月,经略辽东袁应泰奏准户部新饷司等官久任责成:"经略辽东袁应泰条奏:夷氛方炽,应援太缓……又言:户部之新饷司、兵部之职方司、工部之虞衡都水司,皆当与辽事始终,乞久任责成。得旨:辽左情形方急……部司各官久任责成,俱一并议行。"②

关于新饷的所有重要事务,管理新饷郎中都须向户部尚书禀告。天启元年三月,户部专理新饷郎中杨嗣昌因为和户部尚书意见不合而越级禀告,熹宗命其仍要遵守禀告本部尚书的程序:

> 户部专理新饷郎中杨嗣昌言:臣闻辽阳失陷,痛哭伤心。所有理饷要务禀臣堂官李汝华求速具题,事关迫切,不敢苟延缄默,然非侵越堂官也。臣言辽左既陷,海运当停;堂官谓果河西不守,奴贼盘据山海关,然后可停。臣言顺、永二府当免今年加派以固人心,堂官谓果顺、永亦为战场,然后可免。呜呼!必奴贼盘踞山海,然后罢运;顺、永亦为战场,而后免加派乎!臣今日隐忍不言,即当万死,为此不避侵越堂官之罪,循职具题。得旨:仍禀堂官举行。③

天启元年,户部尚书汪应蛟奏准在加派新饷之外,再征收杂项新饷,但没有确定杂项新饷的具体额数;天启中期,户部尚书李宗延又奏请确定杂项新饷的岁征额数,因为没有经由地方抚按确认回奏,所以仍旧没有确定额数:"惟杂项新饷原创于本部尚书汪应蛟,集议多中肯,歘然未有定额也;复议于本部尚书李宗延,因未有定额遂悬坐以额,而未经由抚按回奏,亦无坐落州县确数……有解不如数者,有全不照管者。"④ 天启二年三月,"命铸专理山海关等处新饷关防,给主事白

---

① 《明熹宗实录》卷2,泰昌元年十月辛酉。
② 《明熹宗实录》卷7,天启元年闰二月乙酉。
③ 《明熹宗实录》卷8,天启元年三月己巳。
④ (明)毕自严:《辽饷不覆济急无奇疏》,见毕自严《度支奏议·堂稿》卷1,续修四库全书本,第483册,第19页。按,据《明史》卷112,第3491页,汪应蛟于天启元年六月至天启二年十二月任户部尚书。又因为《明熹宗实录》卷17,天启元年十二月丙申,第895页:"新饷杂项银,尚无定额",所以,汪应蛟当于天启元年提出征收杂项新饷的建议。此外,据《明史》卷112,第3492—3493页,李宗延于天启三年九月到天启四年十一月任户部尚书。

贻清。"① 天启三年七月，熹宗命对征收新饷发生迟误的抚按官进行考成："督师孙承宗奏月饷亏缺日积辽人危苦日甚乞立敕给发以安重镇上着户部上紧措处解发，新饷稽延，将抚按官并入考成。"②

新饷钱粮都是先解纳户部，之后再从户部起解辽东。天启六年，因有人到地方冒领新饷，户部尚书李起元奏请惩治相关人员：

>太子太保户部尚书李起元言……今准漕抚咨称，指挥杨绍先、马栋赍经略巡抚咨文，到彼中动支新饷六千三百两买办抚夷缎匹。及查抚夷缎匹，户、兵两部解银山海，听督抚衙门自行买办，从来无经抚行文省直、新饷钱粮不由臣部起解之事。况袁崇焕加衔奉旨在三月初十日，咨会三月初一其为假骗，抑无可疑……乞敕下法司……依律重治。从之。③

天启七年四月，为了解决地方对新饷的挪移、逋欠，熹宗命新饷必须全额征收并且只有新饷真正解纳到户部才能算是征收完成，违限征收不完的官员则要受到革职、改选的处罚，且征收新饷的成绩与各地方官员的升迁紧密挂钩：

>己亥，户部尚书郭允厚复御史刘述祖直陈辽饷匮拙疏，得旨：……新饷例着以十分全完为率，以解银到部为准……其六年分完欠各官应优叙者即与优叙，应降罚者姑令戴罪督催，限本年六月以内尽数起解到部。违限者照例革职、改选。以后被参各官非全完不许咨开、非开复不许升考，着吏部及各该抚按一体遵行。④

该月丁未，"督饷御史刘徽言今岁会计米额……得旨……七年省直新饷州县藩司全完者特与纪录，春季先完三分者免参，未完者按季截参，

---

① 《明熹宗实录》卷20，天启二年三月甲寅。
② 《明熹宗实录》卷36，天启三年七月辛卯。
③ 《明熹宗实录》卷70，天启六年四月辛丑。
④ 《明熹宗实录》卷83，天启七年四月己亥。

勿得宽假"。① 天启七年十一月,"升范矿户部山东司郎中管新饷"。②

崇祯元年十一月,"遣户部广东司主事王国祚管新饷"。③ 崇祯元年,户部尚书毕自严上疏奏准命各地方官在三个月之内将各自所应征收的杂项新饷的额数确定下来,以后就按照这一数额进行征收:"杂项新饷九款,本部原定额数甚多,而各省直所解额数甚少,未免有名无实,虚应故事。是必仰赖天语叮咛,责成抚按司道督率有司着实查覆……着为定例,务限三月以里具实造册,径自奏报,以后每岁照例输将。如开报不实及逾期不报者,容臣部查参。则杂项新饷悉归实着,无托空言者矣""崇祯元年九月初一日具题,本月初四日奉圣旨:这奏新饷杂项九款,额数未确的,你部便移文各抚按,督率有司,详细查覆,限三月以里具实造册奏报。"④ 崇祯三年九月,思宗命户部左、右二侍郎分别管理旧饷与新饷:"帝谕吏部都察院曰:饷务殷烦,户部尚书总领纲维,左、右侍郎二员谊当分任。自今一管旧饷,一管新饷;及户科给事中二员,一核部饷,一核边镇军马。吏部其详议规条,以为永法。"⑤ 该月,户部尚书毕自严因新饷郎中薛邦瑞等遭到思宗批评而请求处分:"户部尚书毕自严以新饷郎中薛邦瑞、边饷郎中喻思慥切责,回奏自劾持筹无策,乞赐处分。"⑥ 之后不久,任命户部侍郎周士朴管新饷的诰命就颁布下来。⑦

崇祯三年十二月,户部右侍郎已经开始管理新饷,并奏准纠参拖欠新饷的官员:"管理新饷户部右侍郎周士朴以加派、杂项二赋屡催不解,请严诘各抚按限文到三日开列职名具奏。帝命户部勒限各抚按查拖欠根因,一一指名纠参以凭惩处,如过限不参,一体重治。"⑧

崇祯六年,金光辰被命巡视太仓库,不久之后又被命兼管新饷:

---

① 《明熹宗实录》卷83,天启七年四月丁未。
② 《崇祯长编》卷3,天启七年十一月甲申。
③ 《崇祯长编》卷15,崇祯元年十一月乙亥。
④ (明)毕自严:《辽饷不覆济急无奇疏》,见毕自严《度支奏议·堂稿》卷1,续修四库全书,第483册,第21、23页。
⑤ 《崇祯长编》卷38,三年庚午九月壬午。
⑥ 《崇祯长编》卷38,三年庚午九月甲申。
⑦ (明)倪元璐:《倪文贞集》卷3《制诰》,文渊阁四库全书,第1297册,第34页。
⑧ 《崇祯长编》卷41,三年庚午十二月庚戌。

"金光辰……崇祯元年进士……六年命视太仓库，寻兼理新饷及节慎库。"① 崇祯十六年六月，户部尚书倪元璐奏准，凡征民粮，不再使用新饷、杂饷、边饷、练饷名称，而是改为正赋及兵饷两项进行征收：

  夫饷一而已，今三分之曰边、曰新、曰练……以臣愚见……凡征民粮悉去边饷、新饷、练饷、杂饷之名，止开正赋、兵饷二则，凡田一亩分别上中下，正赋若干，兵饷若干……崇祯十六年六月初九日具题奉旨：本内并三饷为一饷……深得执简驭繁之法，以后各省直征收民粮悉去三饷、杂饷名色，止开正赋、兵饷二则，依田起科……钦此。②

崇祯十六年八月，倪元璐又奏准，三饷合并后改名为兵饷左、右二司，自此，新饷及新饷司、新饷库等名称都不再使用：

  臣于本年六月内具题前事奉圣旨……以后各省直征收民粮悉去三饷、杂饷名色，止开正赋、兵饷二则……（今）谨将两饷改名左、右二司，及分定镇分与省府钱粮配搭额征蠲免各数目别牍备开，仰尘圣览。易知单式一并进呈，伏乞睿裁……崇祯十六年八月十七日奉旨……知道了。③

崇祯末年时，新饷屡经加派，额定岁入银数增至 900 余万两。崇祯十七年时，虽然新饷、旧饷和练饷已经合并，但据大学士蒋德璟的观点，在各地方州县的征收则仍是按照这三个不同的饷来进行，并没有发生根本变化："德璟曰：陛下岂肯聚敛，然既有旧饷五百万，新饷九百余万，复增练饷七百三十万，臣部实难辞责……帝曰：今已并三饷为一，何必多言？德璟曰：户部虽并为一，州县追比仍是三饷。"④

---

  ① （清）陈鼎：《东林列传》卷 23《金光辰列传》，文渊阁四库全书，第 458 册，第 466—467 页。
  ② （明）倪元璐：《倪文贞奏疏》卷 7《并饷裁饷疏》，第 278—279 页。
  ③ （明）倪元璐：《倪文贞奏疏》卷 8《覆奏并饷疏》，第 286—293 页。
  ④ （清）张廷玉等：《明史》卷 251《列传第 139》，第 6502—6503 页。

第三章 明代太仓库收入制度演变

关于明代太仓库，国内外学术界已有一定研究。综览这些成果可以看出，迄今为止，尚未有人对明代太仓库收入制度演变过程予以系统的专门研究，然而这一问题却是深入了解明代中央财政制度乃至明代财政制度的必要环节。故此，本节从内库、盐法、地方财政、新饷、事例等方面，对太仓库预算岁入的核心来源及发展过程进行梳理，并将太仓库岁入类项演变的总体结果进行比较，进而证明：有明一代，太仓库岁入类项呈逐步扩增的主流态势；与此密切相关的，是中央财政收入制度、中央财政与地方财政的关系及盐法专卖制度的巨大变革。因此，明代的财政制度一直处于不断变化之中，以致到明末之时，其财政制度相对于明初的"基本设计框架"已经存在重大不同。

第一节 内库与太仓库的收入

如前文所述，侵夺户部内府十库原用于国家公共财政开支的收入是内库向皇室财政专有化演变的主要方式。不过，在这一过程中，由于祖制、士大夫的抵制及不同时期国家财政的实际需求等各种因素，内库中的一小部分收入被转归太仓库所有。虽然太仓库与内库从整体上看逐步分离、界限逐步清晰，但是二者的财政关系在任何时候都没有达到过彼此全无干系的程度。太仓库发展史上若干重大的财政问题出现时都和内库有很密切的关系。内库收入主要分为四大类：一是白银收入，包括金花银、三宫子粒银、各省解纳的银课收入、神宗派遣内使到地方强行征收的商税、矿税等，主要存放在内承运库。二是棉花、棉布等以实物形式收纳的物料收入，主要存放在内府十库。三是纸钞收入，主要分为明朝自造纸钞收入和来自钞关等处的船料、商税收入。四是铸钱收入。下文将分别从这几个方面审视内库对于太仓库收入的意义和作用。

一 内库白银与太仓库的收入

世宗以前，除了正德元年迫于国家财政困境，内库的一部分收入被改归太仓库外，内库白银收入改归太仓库的情况罕有记载。正德元年五月，发生了一件对于内库和太仓库而言具有重大历史意义的事情。该月，因国家仓库空虚以致无法满足国家财政开支的需求，户部尚书韩文及英国公张懋等大臣奉旨集体进行商议，并奏准八条与国家财政制度紧密相关的建议，其核心内容首先是严格限制内库的岁入与支出，比如，每年输入承运库的白银总额不能超过50万两，"非成造上用器物及王府宝册，不得用金，非圣旦千秋诸重事不得用银"的规定等。其次就是将原本属于内库收入的赃罚银、户口食盐钞等收入改为太仓库的收入：

> 先是，总督粮储户部右侍郎陈清、兵科给事中徐忱各疏言仓库空虚可虑，户科都给事中张文等又极言国用不给、当亟议经制之宜。上曰：此重事也，户部宜会多官议处画一，开具以闻。于是尚书韩文会英国公张懋等……条具经制八事……一，节冗费言……乞令户部约祖宗以来岁赋之数，查正统以前岁用之则，酌为中制，永示遵守。自今非成造上用器物及王府宝册，不得用金，非圣旦千秋诸重事不得用银。每年输银于承运库不得过五十万两之数，凡庄严佛像及斋醮赏赉之类俱不得妄求浪费；其一罪人纳粟言，今帑藏空虚，公私告乏，宜通行天下巡抚、巡按及司府州县，将一应赎罪、赃罚等物暂令折银解部备用……一钱钞折银言，两京广惠等库所储钱钞颇足支用，宜通行天下司府州县将明年该征先年拖欠户口食盐钱钞起解两京之数，暂令折银，及崇文门分司税商钱钞亦折银，俱送部发太仓贮库给边……议入，诏是之。①

---

① 《明武宗实录》卷13，正德元年五月甲辰。

内库金花银对于太仓库这项财政支援一直延续至嘉靖三十七年。该年十二月，世宗命户部今后除预备钦取银之外，每年解进内库的白银岁额由 40 万两恢复至祖制规定的 100 万两。①

嘉靖朝是有明一代内库对太仓库财政支援力度最大、最有效的时期。正德末年，太仓库逋欠俸银、岁例及商价达 400 余万两，为此，户部于世宗即位之初的正德十六年五月奏准将内库的财政收入暂归太仓库所有：

> 户部言，太仓银库迩因冗食太多，经费浩繁，加以四方频岁灾伤，钱粮征解者少，遂致空虚日甚，各卫官军折散俸粮并各边岁例、宿逋商人刍粮价值不下四百余万，请以云南新兴等场解到正德十三年分课银暂送太仓收储，其有各省征办应入内库者，亦照此例俱收储太仓以备缓急，俟府库稍充仍送内库交纳。从之。②

嘉靖二十二年二月，为筹措边饷，户部奏准将尚未解纳入内库的三宫子粒、金花银等借充边饷："壬辰，户部会廷臣议奏边计……一，抄【没】财产及三宫子粒、金花折银未解内府者悉借边用……奏入……依拟。"③

万历中后期，因为太仓库财政日益困窘，朝中大臣频频请发内库银，但大多数时候神宗都是不予理睬的。即使偶尔同意发放内库银，所发数额也远远不够支用。在太仓库与内库的财政关系史上，从未有任何一朝的皇帝能够像神宗一样对于国家的财政困境与军事安全如此地漠然、对内库的财物如此地贪求和难以割舍。

---

① 《明世宗实录》卷 467，嘉靖三十七年十二月庚午。按，万历《明会典》中所记载的"内府库：各库所掌最大者金花银……正统元年始自南京改解内库，岁以百万为额，嗣后除折放武俸之外，皆为御用"说法是很不准确的。至少正统元年到嘉靖三十七年以前内承运库的白银岁额只有四十至五十万两左右，见（明）申时行等修《明会典：万历朝重修本》卷 30，第 220 页。《明史》的记载与万历《明会典》大致相同，亦不准确："至正统元年……米麦一石，折银二钱五分。南畿、浙江、江西、湖广、福建、广东、广西米麦共四百余万石，折银百万余两，入内承运库，谓之金花银"，见（清）张廷玉等撰《明史》卷 78，第 1895—1896 页。
② 《明世宗实录》卷 2，正德十六年五月戊寅。
③ 《明世宗实录》卷 271，嘉靖二十二年二月壬辰。

万历二十七年十二月，户部奏请神宗支发内库银以供边饷，遭到神宗拒绝与切责："丁亥，户部言：边饷告急，库藏罄悬，乞发内帑以济燃眉。上责该部不先斟酌措备以致如此，后来又当何如？其计处速发，毋得恃内帑以误大计。"① 万历三十六年五月，因太仓库匮乏，辽东等各边镇军饷缺银至74万两，户科都给事中等人请求借支内库银，神宗不予批答："户科都给事中孟成己等言，近接各督抚揭帖在辽左去岁旧饷欠十四万，今岁杳然无期，在密、蓟、永、昌缺五十万，在宣大主客兵饷欠二十万，此时太仓若扫，囷藏空虚，催无可催，借无可借，欲救燃眉以保重地，舍借内帑诚计无复之也。不报。"② 万历三十七年四月，兵部因边饷匮乏而请发内库银200万两，神宗不报。③ 同年五月、六月，户部和兵部又因开原告急而请发内库银，神宗仍不理睬："户部言：顷者兵部议募有马壮兵万人以备开原，约费三十万，责臣计处。臣部自老库八万之外，毫无所出，非恳求皇上发帑不可"，④ "兵部复言，开原告急，增兵万人……以天下之火，仅太仓八万两，何惜捐大内朽蠹之财以安宗社？兵戎钱谷孰非皇上家事而忍屑越之？不报。"⑤

万历三十七年十二月，因户部再次奏借内库银以给边饷，神宗命各省直将征解在官但尚未入内库的税银的2/10解送户部以供边饷：

> 己巳，上下户部所奏借给边饷疏，有旨：朕深居静摄，每念未尝不在小民边计，今岁各处奏报灾伤重大，况辽镇等镇兵饷急缺，朕心悯恻，欲发内帑，但节年拖欠金花银两数多，虽有各处税银接济，公用尚且不敷，准借马价二十五万、工部税银十五万解给各镇支用，其北直、山东、河南、山西、陕西、福建、四川当年征在官听解内帑税银，准留以二分解部以充军饷。⑥

---

① 《明神宗实录》卷342，万历二十七年十二月丁亥。
② 《明神宗实录》卷446，万历三十六年五月丁酉。
③ 《明神宗实录》卷457，万历三十七年四月己亥。
④ 《明神宗实录》卷458，万历三十七年五月庚子。
⑤ 《明神宗实录》卷459，万历三十七年六月戊午。
⑥ 《明神宗实录》卷465，万历三十七年十二己巳。

万历四十三年十二月，山东巡抚因该省饥民达 90 余万、地方治安受到严重威胁而奏请发放内库银赈济，神宗虽然认为事态严重，却以内库空虚为由拒绝支发：

> 初山东巡抚钱士完疏称阖省饥民九十余万，盗贼蜂起，抢劫公行，请将……帑金再发二十万两……户部议覆，上曰：该省饥民数多，赈济难遍，且抢劫四起大乱可虞，委宜破格区处。其请发内帑金一节，近该库具奏户部节年拖欠至一百三十余万，圣母丧礼及各宫、各衙门年例钱粮费用浩烦，那凑不敷，以致内库空虚无从措办。着户、兵二部会议暂借太仆寺马价银数万两差官设法分赈。①

万历四十四年三月，户部及阁臣因山东蠲免数多、九边军饷无从措处而奏请将未解入内库的税课银归入太仓库，虽然户部连续奏请三次，神宗却都不予理睬：

> 户部又言：山东一省每年岁入共以百七十万计，今以灾免四十三年全数，合四十二年半数共以二百四十万计，二百四十万者内供光禄居其一，各镇极紧边饷居其九，将使臣部何法补之？……九边告饷，急于风火，内帑所积，同于朽腐。乞将税课一年未入内帑者归之太仓，以补该省蠲免之数。辅臣亦言计臣苦心权宜之术，从其请。疏三上不报。②

万历四十四年十月，户科给事中商周祚等奏请支放数百万两内库银以抵补正赋之不足，神宗不报：

> 户科给事中商周祚等奏：自年来矿税繁兴，民穷财尽，正赋日逋，加以雨旸不时，水旱频仍，议蠲议停顿损边储二百余万而太仓遂缺十之五六矣……臣等妄意榷税以来，进奉无算，捐大内百分之

---

① 《明神宗实录》卷 540，万历四十三年十二月丙寅。
② 《明神宗实录》卷 543，万历四十四年三月戊子。

一足以救九边万分之危,而明旨屡称内库空虚,殊不可解。乞皇上简御前所积慨发数百万金以抵缺额,在昔年以额外之征致亏惟正之赋,而今即借额外之赐以抵正赋之穷。皇上岂有爱焉?不报。①

之后不久,内阁大臣等亦上疏奏请支放内库银,神宗才勉强同意支放30万两白银,其余数额则要户部、兵部议处:"丁未,上谕内阁,览卿等奏,宣镇军饷急缺,朕虽静摄宫中,未尝不轸念边疆为重……今将圣母累年积储括银三十万两发出,其余令户部会同兵部议借银八十万,速解赴镇,以称朕悯恤至意……时阁臣杜门,圣谕即于私寓宣之。"②万历四十六年四月,女真族侵犯辽东边镇,为此兵部募兵、调兵达5万余人,除于太仓库、太仆寺及工部节慎库分别征用银两以供兵饷外,还奏准从内库发银50万两以助军饷。在太仓库财政匮竭、无力供应边饷的情况下,内库等其他财政机构不得不分担太仓库的财政职责了:

> 署兵部尚书薛三才言:奉旨曾集多官议得,奴酋凭陵暖宰抄憨诸酋助逆,转饷征兵,时刻难缓。今辽河东西督臣业已下令分募真顺保河壮士……又令总兵王宣挑选保河兵数千驻关内合之可得五万人……大约用兵五万,岁计不下六七十万;而前议百万,内派太仓十万、太仆马价二十万,而工部二十万请于大工银动支外,此五十万非内帑无所措也……上俱依议行。③

万历四十六年六月,神宗支发内库银10万两以供军饷:"辛酉,户部……谓援兵粮饷除请发内帑十万、太仆寺二十万、工部二十万,先已解去。"④不过,对于户部尚书留用税银以接济边饷的请求,神宗未予理睬:"户部尚书李汝华请以省直各处现在税银暂留一年尽解太仓济

---

① 《明神宗实录》卷550,万历四十四年十月辛丑。
② 《明神宗实录》卷550,万历四十四年十月丁未。
③ 《明神宗实录》卷568,万历四十六年四月戊午。
④ 《明神宗实录》卷571,万历四十六年六月辛酉。

边，不报。"① 万历四十七年三月，兵科给事中奏请发内库银 200 万两，神宗不应："兵科署科事给事中赵兴邦等言：辽师失利，国势益危……太仓则若扫矣，虞衡冏寺则告匮矣，加派民间者又缓不及事，非速发内帑二百万，将何救于败亡之数乎……留中。"② 不过，应内阁请求，神宗于该月支放备赏银 36 万两用作辽饷：

> 上谕内阁曰：朕览卿等所奏，辽事紧急，军饷缺乏，朕虽在宫中静摄，未尝不轸念边疆为重。近年以来动辄请发内帑，视为口实……内库空虚，搜括无余……有累年积蓄预备赐各宫节令及赏赉各项银三十六万两，所有皇后并诸妃嫔等皇太子及诸王公主内外各执事人等进边饷银若干给与户部，作速差官星夜解赴该镇以作军饷等项支用……其余还着户、兵二部从长设处。③

万历四十七年七月，神宗令将本年税银解送户部以供辽饷：

> 督饷户部侍郎李长庚奏……以应解内府本色改折一年发之外库……得旨……今准将各省张烨、马堂、胡滨、丘乘云、潘相所征收分进内助大工税银，及先年税监丘乘云、潘相等所奏湖口、广西已征在官、未经解监贮库银两数多，着各该监速差委的当官员清查，与本年一年之银都严催，一并暂解户部，接济辽饷募兵之用，不得仍前借口赈济。④

万历四十七年八月，因辽饷缺乏，大臣奏请内库银又得不到允许，户部官员鹿善继等遂将未解入内库的金花银挪用作辽饷，为此，他被降职掉外任：

> 吏科等科给事中张延登……等交章言：自有辽事迄今一年有

---

① 《明神宗实录》卷 571，万历四十六年六月壬戌。
② 《明神宗实录》卷 580，万历四十七年三月甲午。
③ 《明神宗实录》卷 580，万历四十七年三月辛丑。
④ 《明神宗实录》卷 584，万历四十七年七月甲午。

奇……加派搜括既已不敷，义助劝输所积有几？先是中府会议之日，咸谓暂借金花银两，此举朝之公议也。户部尚书李汝华因饷臣李长庚条议及此，遂据揭题覆未蒙俯允，而辽抚辽饷将绝一疏若须臾不能少待。汝华计无所出，适广东等司解到金花银十一万两，仓皇挪解……司官鹿善继等夺俸一年……降一级调外任用……伏乞将司官姑且罚俸一年，免其降调……不报。①

万历四十七年九月，户部等各衙门大臣一起奏请支发内库银以供辽饷，神宗不报：

> 户部等衙门尚书等官李汝华等言：自有辽事以来，议加派加派尽矣，议那借那借尽矣，议搜括搜括尽矣，有法不设、有路不寻罪在户部，至于法已设尽、路已寻尽再无银两则户部亦付之无可奈何矣。千难万难，臣等只得相率恳请皇上，将内帑蓄积银两即日发出亿万存贮太仓，听户部差官星夜赍发辽东急救辽阳，除此见钱、除此急着，再无别项处法，谨合词号泣引领呼天。不报。②

万历四十八年七月，"发帑金一百万犒九边，奉遗旨也"，接着，该月"己亥，令旨再发帑银一百万两与户部充辽饷，命别部不得分用，并前犒赏二项共给脚价五千两，毋骚扰驿递，毋留滞太仓，差官即发"。③

天启时期，内库银钱在缓解边镇对于太仓库的财政压力方面助益颇多，然而，由于太仓库自身财政收入问题无法解决，因此，内库银钱的散发并不能从根本上解决太仓库的财政危机。天启元年正月，因户部为筹措辽饷请支内库银次数过多，熹宗下谕指责户部一遇到外解中断的情况就请支帑银，并责问户部若内帑也没银钱了，户部又有什么办法？这的确是太仓库的一个根本性问题，万历中后期以来，太仓库先是取用老

---

① 《明神宗实录》卷585，万历四十七年八月辛亥。
② 《明神宗实录》卷586，万历四十七年九月乙未。
③ 《明光宗实录》卷2，万历四十八年庚申七月己亥。

库银，接着借太仆寺等库银，然而入不敷出的问题却从未得到解决。从其他财政部门借银并不是解决太仓库财政问题的根本出路。不过，熹宗虽对户部进行指责，仍准发帑银50万两以充辽饷，并命廷臣集体商议足饷、清饷良策：

> 己卯，谕户部：朕惟辽饷一事，该部屡奉明旨，自当讲求良策，不误军需，何至外解中断，动以请帑为事？况内帑自有经费，近岁给发事多，如内帑亦乏，该部又何所指借？且该部所请，前后数目参差，何从凭据？但今彼中告急，饷库一空，军士枵腹，深轸朕衷，姑准发帑五十万，作速解发，以救燃眉。①

天启元年正月，"内帑发解赏边银，蓟、辽、昌、易八十八万四千九百六两，宣、大、山西四十二万九千四百三十八两，延绥、宁夏一十五万五千六百八十四两，固原、甘肃二十七万二千七百四十六两"。②天启元年四月，熹宗命发内库银100万两，其中户部分得20万两："兵部题，蒙发帑银一百万两，随分发户、工二部各二十万，臣部留用六十万。"③天启元年五月，大学士刘一燝等因为太仓库储空虚而奏请熹宗支发内库银两以济军需④。同一月份，熹宗针对户部等衙门请发帑银之事而发布谕旨。该谕旨第一强调军国开支各有旧制可以遵循，向来都属于外廷之事。第二，自从辽东发生军事险情以来，户部和兵部除请发内库银两之外，并没有长远可行的措施。第三，即使是发给边镇的内库银两，使用情况也很不理想，不是被虚额冒领，就是被私人贪污，因此熹宗谕令举行廷议，剖析以往弊端，以免再犯：

> 谕户、兵等部衙门，朕览户部等衙门请发内帑银两，朕岂不重念封疆？吝惜不发，但思军国诸费向有经制，祖宗朝大兵大役率皆外廷调度，即在皇祖时讨平宁镇、征播、驱倭一切兵饷不闻请帑。

---

① 《明熹宗实录》卷5，天启元年正月己卯。
② 《明熹宗实录》卷5，天启元年正月丙戌。
③ 《明熹宗实录》卷9，天启元年四月癸巳。
④ 《明熹宗实录》卷10，天启元年五月壬寅。

且帑金积贮有限，内廷诸费不赀，原非额供可应外急。乃自东事军兴以来，户兵等部不闻长画，动请内帑，请则危言要挟，用则任意开销，调募不求精强，防御不合窾会，耗费徒多，绩效鲜睹……又闻上年发去赏银二百余万，荷戈军士未沾，文武私囊半满，辽城积余亦送贼手，朕每念之痛恨。见今各衙门候发帑银，恐仍前弊，多发何益？该部可集廷臣议，目前所需在内在外孰急孰缓……除额派饷银支用外，事关紧要方准支用帑银，向来积习蠹弊一一剖析，毋蹈前辙。①

天启元年九月，朝中大臣集体商议后由户部大臣上疏，奏请将金花银的一半解纳入太仓库，并将十库本色改征折银，结果未得到允许：

  署户部事左侍郎臧尔劝题：辽左用兵，算至三十万，计岁用新饷非一千数百万不可……谨辑廷议十款：一，金花钱粮……请半解内库半充辽饷，事平仍旧解进；一，十库本色请改折，承运库之丝绢，供用库之蜡茶，甲字库之三梭布、苎布，丁字库之漆蜡，岁可折银二十三万八千有奇……得旨：金花及十库、供用库、宝和店钱粮俱系上供，不得辄议。②

天启元年十月，应叶向高之请，熹宗准发内库银 200 万两以做兵饷，并下谕旨于户、兵、工三部指责各官辜负朝廷委任，内库银支发不少，却没有任何实效：

  发帑金二百万为东西兵饷之用，亦从向高之请也，因谕户、兵、工三部：内帑所发已多，全无实用，且兵饷分毫难省，而动称无兵，有饷无兵是何缘故？经抚各官不思核饷，设法讨贼，但苦告诉穷，推罪卸担，甚孤朝廷委任之意……发出帑金还酌量缓急，撙节通融，不得仍前冒破，其所用之数，仍先行奏闻，以后不得再行

---

① 《明熹宗实录》卷 10，天启元年五月丁未。
② 《明熹宗实录》卷 14，天启元年九月丁卯。

陈渎。①

天启二年三月，熹宗准发内库银 20 万两供袁崇焕使用，又应户部题请而发内库银 30 万两以做平剿四川、贵州叛乱之用："发帑金二十万两付袁崇焕等调募""以川贵并急，发帑金三十万，为援剿兵饷之用。从户部题请也。"②

按照明朝后期的财政制度，各边镇的京运饷银应当主要由户部太仓库来供给，然而，天启二年蓟州等边镇的兵饷却主要来自于内库，而且即使如此，各边镇的饷银仍然没有发足额定银数。在这些边镇的军饷供应中，太仓库如同消失了一般。这从侧面反映出天启二年上半年太仓库财政极端匮乏的状况。此外，户部于天启二年四月份提供的这份军饷供应报告，不禁让人产生更多的疑虑：这么多内库银投入军饷中，对于军情的缓解到底起了多大作用？内库银如此用法，到底能够支撑多久？这些投入边饷中的内库银对太仓库入不敷出的财政收支状况以及太仓库岁入银额的巨大逋欠问题到底又有何实质性的帮助呢？太仓库岁入逋欠严重，那么内库的岁入就没有逋欠了吗？内库积储的大量白银用完之后，明朝的国家财政又靠什么来维持下去呢？

癸未，户部题奏天启二年分蓟州镇该主兵银二十三万三千六百二十六两一钱一厘九毫，除题发过帑银一十六万二千一百八十五两外，今再发二万五千两。密云镇该主兵银一十五万一百四十二两九钱七分二厘，除题发过帑银八万一千一百三十六两外，今再发二万五千两。永平镇该主兵银一十四万五千一十八两三钱三分六厘，除题发过帑银一十一万一千四百四十六两外，今再发一万两。昌平镇该主兵银八万三千一十六两四钱三分三厘九毫五丝四忽，除题发过帑银二万一百五十八两外，今再发二万两。易州镇该主兵银一十四万五百九十五两六钱二分，除题发过帑银二万二百三十七两外，今

---

① 《明熹宗实录》卷 15，天启元年十月癸巳。
② 《明熹宗实录》卷 20，天启二年三月丁巳。

再发三万两，听各镇差官领运。上是之。①

天启二年上半年，户部解发边镇内库及太仓库银共 140 余万，但军队冒领军饷的问题严重："户部尚书汪应蛟疏言：……自冬徂春，帑金及太仓库又发百四十万，原议本折兼支，而将官不利本色惟欲折色以入私囊，其诡名冒领恒十之三……上曰：近来空伍绝粮，坐坏疆事，览奏简兵核饷，本折兼支，具见裕国捍边长算，便行经督抚按各官着实举行。"② 此时的北边军镇，军饷缺乏严重，但仅从解决军饷问题着手，却又无济于事了。

天启二年八月一个月内，内库发银至边镇共达 100 万两："丙子，兵部尚书大学士孙承宗巡历山海，因条次抚道及兵将宜裁宜增者……至于帑金除先发二十万外，再得立发百万，庶可济冲边燃眉之急。得旨……特准发五十万两，仍着开款务济实用，毋得虚縻""发帑银二十万、蟒等缎八百匹于山海关为抚赏西虏之用""壬午，督师大学士孙承宗题关城有当用之人及不容已之费……七万兵每日要练，方苦无赏，乞发三十万随臣前去，并请推用枢臣。上悉从之"。③ 天启二年九月，熹宗拒绝了户部借内库银的请求，并要求户部和工部归还借支内库的 10 万两白银。为此，大学士叶向高上疏解释频繁请支帑银的原因：从财政收入角度来看，各省钱粮征解不利，四川、湖广、云南、贵州又因为地方叛乱而留用税银，山东则逋欠税银至百万两，新饷又有很多地方蠲免或暂时停征；从财政支出的角度看，辽东奴变后，各边镇军情都陡然恶变，各边镇兵饷及市赏之费一刻不可延缓。因此，虽然外府请发内库银已多，但还是不得不借：

> 大学士叶向高等题，蒙发下户部借帑本，上传不允，又于工部本传令户、工二部措还银十万两，又于御史马鸣起本传问辽饷五十八万，今作何用？窃惟内帑借发已多，今频频请借，臣等亦厌之，

---

① 《明熹宗实录》卷 21，天启二年四月癸未。
② 《明熹宗宝训》卷 3，天启二年四月丙戌。
③ 《明熹宗实录》卷 25，天启二年八月壬午。

但各省钱粮征解不前,而川、湖、云、贵四省各以兵兴支用,山东积欠至百余万,其各处加派新饷又多议蠲议减。况奴酋猖獗诸虏俱动,吉能已犯延绥,卜夫又至塞下,各镇请饷请市赏之费不能一刻缓,而户部帑如悬磬,无以应之。事体重大,仍拟两票恭请圣裁,如蒙慨发,勒令解到即行补还。①

天启二年十月,熹宗因山陵之修建费银甚多而命户部补还借支内库的银两:"工部尚书姚思仁言……今日疆场多故,财尽民穷,臣部万分节约,请帑金一百五十万两,及玄宫告成而帑金匮矣……今思之,惟发帑与开例相为行止耳。得旨:山陵工费甚巨……其户工二部借用银两,着遵旨补还,在外额设钱粮,也着酌量解进,不得一概扣留。"② 天启二年十二月,户部等衙门为筹措贵州及云南平定地方叛乱的兵饷而请发内库银,大学士叶向高也替户部求情,熹宗因此准发内库银30万两,但不许以后再行奏请:"户部等衙门会议黔滇兵饷,请发帑金,大学士叶向高亦为代请。上许发三十万,仍谕内帑给发已多,以后不许渎请。"③ 天启三年八月,应大学士叶向高的请求,熹宗命发内库银10万两充边关两月粮饷:"发内帑银十万两充边关二三月粮饷,从大学士叶向高等请也。"④ 天启三年八月,熹宗发内库银15万两做扶赏银及山海兵饷:"总督蓟辽兵部尚书王象干以诸虏叩关,请抚赏银两,上出帑金五万两,命太仆寺发马价银十万两,作速解用,余着该部解给""己巳,户部题霪雨滂沱,饥卒无依,请发山海帑金。上曰,粮饷紧急,已有旨会议,如何不行?又不设法措处,职掌何在?念边关事重,姑准发帑银十万两,以后不得再渎。"⑤ 天启三年闰十月,平辽总兵毛文龙上报战捷,熹宗命发内库银3万两赏功,大学士叶向高再次为毛文龙请帑时,熹宗命将各官捐助银凑发数万两:"平辽总兵毛文龙塘报董骨寨大捷,斩级二百三十有奇,生擒四人,获马九十四匹,器械二百三十件,

---

① 《明熹宗实录》卷26,天启二年九月甲午。
② 《明熹宗实录》卷27,天启二年十月戊寅。
③ 《明熹宗实录》卷29,天启二年十二月癸亥。
④ 《明熹宗实录》卷37,天启三年八月乙丑。
⑤ 《明熹宗实录》卷37,天启三年八月己巳。

所司勘实。上嘉其功,降敕奖励,赐以金蟒,仍发帑金三万两充赏功等费,其粮饷令户部议处""大学士叶向高等为毛文龙请发帑金,上命该部将各官捐助银凑发数万以济急需。"①

崇祯即位后,也先后发过几笔内库银,不过相对于边镇的庞大财政需求而言,这些白银就如同杯水车薪:"发帑金三十万分给宣大东江""发帑金五十万济陕西军饷"②"臣等连日接皇上发下各边章奏,皆为军士缺饷……外解不前,太仓如洗,计臣焦心蒿目不能作无米之炊,即天语春温亦难以空言填人之腹。多谓此时非皇上慨发内帑不可……即如今日地方督抚等官连章累牍,其为饥军请命,良非得已。略计各边多则百万数,少则亦须四五十万数,或丰或约,总由圣裁……旨允发五十万。"③

二 内库物料折银与太仓库的收入

嘉靖十一年三月,户部覆准内库酒醋面局黄豆、绿豆的一半征收折色并解纳太仓库,内库征收的折色茶也收储太仓库,待内库缺少实物时再签召商人购买:

> 户部覆给事中高金等条奏经理库藏四事:一,择内臣以谨出纳,内府各监局钱粮经理非人,类多侵冒……酒醋面局……造酱黄、绿等豆半给本色应用,半输折色输太仓济边……一,发旧积以宽新征。库监茶盐收积数多,易致腐涸,宜行各该司府将芽叶二茶除原解本色照旧上纳,如系折色暂贮太仓,俟有缺乏召商收买……诏如议。④

嘉靖十一年九月,为了避免内府各库本色、折色物料征纳过程中的弊病,户部奏准相关征纳手续,同时奏准将内库折色物料及其扣剩抗解银解纳太仓库:

---

① 《明熹宗实录》卷40,天启三年闰十月戊戌。
② 《崇祯实录》卷1,崇祯元年正月癸未;崇祯元年三月辛巳。
③ 《崇祯长编》卷8,崇祯元年夏四月壬辰。
④ 《明世宗实录》卷136,嘉靖十一年三月庚午。

> 户部尚书许赞等应诏陈言六事……内府本色、折色物料每银一千两则给扛解银一百二十两，管解者贿求吏典增减文移……自今南直隶、江西、浙江、湖广派扛解银不得过六十，广东、广西、福建、四川不得过八十，各州县征银纳府，府县官简富民以时估置买物料，仍赴府辨验封识。如本色者，批内即云某物若干斤、每斤原征银若干、共银若干、余银若干，折色亦如之，然后赴布政司抚按挂号类解，各本色送内府各库，折色及扣剩扛解送太仓完纳给与批关。其折色以备召商，扣剩以备补本省及本府县不足之数，如果太多则于下年减派以苏民困，而领解者无所容其奸矣……上……悉允行之。①

隆庆改元之初，内库物料对太仓库的财政收入多有赞助。隆庆元年八月，"户部请自元年以后钱粮免进内库，皆留太仓以充边费，许之"。② 隆庆元年，"礼科给事中王治等题准……白蜡库贮甚多，足供支用，与不产黄蜡地方照原定时估，白蜡每斤价银四钱，黄蜡每斤价银二钱，解太仓银库接济边用"。③ 隆庆二年四月，户部议准将额定本色黄蜡解送内库，而将黄白腊折银及果品、牲口加派银解送太仓库以供边饷：

> 福建巡按御史王宗载言，本省荔枝等料……甲、丁二库银朱等料……黄白蜡本、折色……当如诏裁革……户部议以为：凡坐派国课，骤加于民，故民必惊疑。至于沿袭已久，则民亦习服，且时异势殊，不得尽援嘉靖初年之例。请于福建所解黄蜡仍加派一万四千二百斤，白蜡亦加派一万斤。黄蜡自额定本色送库之外，每斤征银二钱，白蜡尽改折色，每斤征银四钱，计八万余两俱解太仓，而白蜡于三年之后仍改本色六千斤供内库用；其果品、牲口加派银三万有奇亦解太仓为边饷……上是部臣言。④

---

① 《明世宗实录》卷142，嘉靖十一年九月辛未。
② 《明穆宗实录》卷11，隆庆元年八月辛亥。
③ （明）刘斯洁等：《太仓考》卷10之3《供应》，第852页。
④ 《明穆宗实录》卷19，隆庆二年四月丁酉。

万历前期，内库物料对太仓库财政也多有助益。万历元年三月，内库黄白蜡折银都被解送太仓库接济边饷："癸未，诏增供用库黄蜡岁二万五千斤，岁用黄蜡八万五千斤，折色一十一万五千斤，每斤价银二钱；白蜡三万五千八百一十六斤，折色一十二万五千八百一十二斤，每斤价银四钱，二项折银俱解太仓库济边。"① 万历七年、万历八年，丙字库棉花改征折色并输往太仓库："万历六年本部查得（丙字库）绵花……计之尚足六年支用……合将万历七年以后绵花暂改折一、二年解纳太仓。题奉圣旨：是。绵花准改折二年，钦此。"② 万历八年，甲字库部分棉布、苎布折银饥解送太仓库："万历八年甲字库……折色棉布一十二万七千二百二十六匹，每匹折银三钱，苎布二千二百二十六匹，每匹折银二钱，共折银三万八千五百八十三两，俱解太仓银库。"③ 万历十三年三月，因万历十二年岁支大大超出岁入银数，神宗诏命改折内库物料："诏改折各省直万历十三年分起运……甲字库绵布一十万二千四百一十四、承运库绢四万三千五百二十有二匹，采户科给事中萧彦之议，特万历十二年年终奏缴岁出浮于岁入一百一十八万国用不足也。"④

万历四十六年闰四月，户科给事中官应镇上言，太仓库储全无，而万历初年用以资助太仓库的6万余两折色蜡银近来每年都固定支出银一万余两为内府采买5万斤蜡，因此官应镇奏请神宗时常清查以助边饷，神宗不报：

> 巡视太仓户科给事中官应震以边需甚急、左藏悬罄，奏乞清查卫营香蜡……香蜡之入，旧额甚约……皇上御极《会计录》载，本色定为一十四万七千三百八十四斤，已溢旧数外。折色银六万五百七两零，原为太仓接济，遇蜡偶缺方行支买。今不问缺否，每遇新正定买五万斤，共价一万一千三百两……伏望时加清核，以济急边。不报。⑤

---

① 《明神宗实录》卷11，万历元年三月癸未。
② （明）刘斯洁等：《太仓考》卷10之5《供应》，第859页。
③ （明）刘斯洁等：《太仓考》卷10之4《供应》，第858页。
④ 《明神宗实录》卷159，万历十三年三月己卯。
⑤ 《明神宗实录》卷569，万历四十六年闰四月丙寅。

光宗即位后，将万历四十八年以前未解内库的物料改征白银以供边饷："八月丙午朔，上即皇帝位……大赦天下，诏曰：……十库钱粮各省直征解本色与赴京办纳者充积库内，历年已久，输者、解者俱不堪用，宜遣巡视官查其足用几年，除本色不足者仍解外，其余查自四十八年以前，凡未解者俱暂停本色以宽民力，其银解送该部充济边之用。"①

三 铸钱与太仓库岁入

洪武时，铸钱皆存储于内库。虽然《明史》言"旧制，工部所铸钱入太仓、司钥二库"，且据其上下文，这种分配方式至少在弘治时期就存在，但查《明实录》，铸钱入太仓库的具体记载较早仅见于嘉靖六年。这一年，北京及南京工部被命一起补铸嘉靖制钱，并将其全部送往太仓库以备支用："户部移咨两京工部，将未铸嘉靖制钱一万四千五百七十九万九千三百六十文，工部监造九千七百一十九万九千五百七十三文，南京工部监造四千八百五十九万九千七百八十七文，俱送太仓银库交收，以备给商等项支用。"② 不过，太仓库实际所得的制钱数额要远远少于上述数额，因为直到嘉靖十九年的时候，上述补铸的制钱也没有完成，且为了降低成本，所有未铸制钱都改为南京工部制造："甲子，命南京工部铸造嘉靖通宝钱。先是，户部议将未铸制钱分派南、北工部监造送太仓支用，至是工部覆议铜、锡等料俱出南京，且工巧而物贱，宜俱令南京铸造。上从之。"③

嘉靖三十四年，因为国用不足，户部覆准以云南盐课作为本金铸造铜钱并将其送往太仓库："兵科给事中殷正茂言：今财用不足，惟铸钱一事可助国计……事下户部覆言……宜敕云南抚臣，以本省盐课二万金，令藩臣一人督造转运太仓，行之果有成效，即尽留本省盐课，并行两广、福建、山东，凡出铜地方如例遵行。上从部议。④"

然而，实际结果表明，在云南采铜并即山鼓铸的做法费多利少。嘉靖三十四年，给事中殷正茂言："两京铸钱，以铜价太高，得不偿

---

① 《明光宗实录》卷3，泰昌元年八月丙午。
② （清）嵇璜等：《续通典》卷13《食货》，文渊阁四库全书，第639册，第166页。
③ 《明世宗实录》卷240，嘉靖十九年八月甲子。
④ 《明世宗实录》卷421，嘉靖三十四年四月戊寅。

费，可采云南铜，自四川运至岳州府城陵矶开铸。户部覆言……云南地僻事简，即山鼓铸为便……每年十月内铸完，差官解贮太仓库备用，从之"；到嘉靖四十四年，因为铸钱利少费多，户部覆准停止云南铸钱。①

为购买铜料，"万历四年题准动支太仓银五万一百九十三两有奇，寄节慎库陆续发商买办铸造"。② 到万历前期，中央所铸制钱在太仓库和内库之间的分配比例确定下来，即"以六分为率，一分进内府司钥库，五分进太仓"。③ 不过，制度总归是制度，具体如何分配还是看当时的具体情况。如万历十七年的这次分配，因为 6 万总额铸数未完成，太仓库被命将其所得铸钱拿出一部分补足内库一万锭的数额，所以太仓库所得一定是少于 5/6 的份额的："工部言：铸钱一事，南京工部应铸六万锭，一分进司钥库，五分送太仓。项因式样不合，行使不便，议解料代铸……得旨：南京铸钱不堪行使，准照数解料，工部一并铸造，应进内库者于太仓数内拨补，务足一万锭之数，伪钱、杂钱严行禁治。"④ 万历二十年，因为大臣的反对，太仓库最终按照制度规定得到了 9 万锭铸钱中的 5/6："工部题：铸造制钱九万锭，旧规以六分为率，一分进内府司钥库，五分进太仓，计每年该铸送内库钱一万五千锭。昨奉明旨再送内库五千锭，工科都给事中刘弘宝执奏……军兴取给太仓者万倍于昔，奈何欲减太仓之额以增内供……乞谕铸进如例。从之。"⑤

万历三十五年左右，虽然在理论上工部每季铸造并解送内库的铜钱是户部的两倍，但内库实际分文未得，实际上等于工部所铸造铜钱都归太仓库所有：工部"每季铸进内库钱三百万文（久已停铸），本部每季铸解太仓钱一百五十万文（户部给各衙门俸钱）""代南部铸进内库钱三百万文（久已停铸），代南部铸解太仓钱一百万文（户部给各衙门俸钱）……工料每年止照太仓钱数支办，其北钱铜价出于户部，工料出

---

① （清）嵇璜等：《续文献通考》卷 11《钱币考》，文渊阁四库全书，第 626 册，第 250 页。
② （明）申时行等：《明会典》卷 194《工部 14》，第 982 页。
③ 《明神宗实录》卷 254，万历二十年十一月壬戌。按，司钥库最早见于洪武十七年，与内承运库一起构成皇室财政的核心，见《明太祖实录》卷 161，洪武十七年四月癸未。
④ 《明神宗实录》卷 214，万历十七年八月甲辰。
⑤ 《明神宗实录》卷 254，万历二十年十一月壬戌。

于本部衡司，南钱铜价、工料俱出南部"。① 由此可见，相对于万历初年，此时铸钱在内库与太仓库之间的分配比例在制度与实际操作层面都发生了巨大变化。

万历后期，因为太仓库财政匮乏，众多大臣建议通过扩大铸钱规模的方式解决太仓库的财政问题。万历四十三年九月，保定巡抚王纪上疏建议扩大铸钱规模，认为通过这种方式，太仓库在几年之内就会财政富足："保定巡抚王纪疏言……又闻铸钱一节，古人用以济军兴、救凶荒。今日或多设坑冶，以广其铸……勿以铅锡耗钱之色泽，勿以轻薄损钱之体制。不出数年，太仓充盈。不此之务，日据考成之法以督责……天下之乱，必自此始矣。"② 几个月后，给事中姜性也因为太仓库财政匮乏而上疏建议扩大铸钱规模以增加太仓库收入：

> 巡视太仓银库刑科给事中姜性等条议清币，内称制钱鼓铸宜广，先年科臣郝敬疏请修举钱法，每银一钱除工费外净铸钱七十一文，照成议以五十文支用，则余钱二十一文，值银四分；如照银七钱三兼支，则岁出百十万，可增银四十万两，此自然之利也。方今财赋匮极，何惮而不行乎？③

万历四十六年五月，户科官应震上疏提出，铸钱是解决太仓库财政匮乏问题的一个经久可行的办法：

> 户科官应震言……省直灾伤、请蠲、请停每减于额内，太仓如何不匮也。今惟铸钱一法可救助一时，亦可通行于经久……留都钱用十二文为一分，京师用钱六文为一分。若委官留都立局，依京式铸造附进鲜船、漕船载入京师，脚力不费而获倍利……其于太仓军需不无少补。④

---

① （明）何士晋：《工部厂库须知》卷7，续修四库全书，史部，第878册，第587—588页。
② 《明神宗实录》卷537，万历四十三年九月癸卯。
③ 《明神宗实录》卷540，万历四十三年十二月壬子。
④ 《明神宗实录》卷570，万历四十六年五月丙辰。

于是，万历四十六年十月，户部奏准动支太仓库银 10.5 万两买铜铸钱，所铸铜钱解送太仓库："户部请以应天等府额解太仓银动支十万五千两，给委督运主事，听其发商买铜……刻期解京鼓铸。发银之后，抚按移文本部，将青库银两照数补还太仓，铸完铜钱解送银库商价搭放，每银一钱以六十文给放，庶恤商、济边两利。从之。"①

天启元年，因为辽饷匮乏，明朝廷增设户部宝泉局，并于不久之后命令各省直地方铸造铜钱，规定每年上缴铸息八十二万两白银；不过，这一数额只是虚数而已："天启元年以辽饷匮乏，增置户部宝泉局。无何，又令各省直藩司开炉鼓铸，每年坐定铸息共八十二万两，徒存虚额，无一践者。诸局炉亦相继报罢。"② 天启二年，"户部宝泉局自天启二年正月初七日员外郎汤道衡开铸起，至四年正月十二日奏缴止，除将本局钱在京零买商贩铜铅不算外，陆续借过各项钱粮作本买铜，应还新、旧二库银两数目开后计开……以上共该还太仓铜本银二十万九千五十四两六钱六分。自天启二年正月开铸起至四年正月奏缴止，陆续解过太仓及代给镇饷、俸钱、抵还铜本银两数目开后计开……以上四项（实在库贮大钱、窝铅、红铜、黄铜）共值银五万二千八百四两五钱九分一厘，俱系本外利息，连前已发钱七万五千八百二两二钱一分三厘，通共得利一十二万八千六百六两八钱四厘"。③ 天启三年，户部"咨行南京户部动支应解太仓事例银六千二百一十两给发工部，原差主事就近买铜解送该部，惟时进钱责在工部，故铜价责在臣部"，后因"改议两部各进制钱"，户部于是在天启四年奏准"前项事例银所买铜斤"归还户部。④ 为了铸钱，太仓库每年向宝泉局提供四十万两白银用以买铜，铜钱铸成后宝泉局将这四十万两白银补还给太仓库，次年买铜时再从太仓库借出。到天启七年时，这四十万两白银中的"轻赍已题归漕运，改折已题准免，此外铜本无几"。⑤ 为了筹措铜本，天启七年九月，户部覆准将各钞关新

---

① 《明神宗实录》卷 575，万历四十六年十月癸未。
② （清）孙承泽：《春明梦余录》卷 38《户部 4》，文渊阁四库全书，第 868 册，第 573 页。
③ （明）陈于廷：《宝泉新牍》卷 2，续修四库全书，史部，第 838 册，上海古籍出版社 2006 年版，第 518—520 页。
④ （明）陈于廷：《宝泉新牍》卷 1，第 476 页。
⑤ 《崇祯长编》卷 2，天启七年九月戊辰。

旧额课等银用做铸本，宝泉局仍需每年返还铜本，其中还太仓银库 14.74 万两、还新库 25.26 万两，次年铸钱则从太仓库如数再借：

> 户部覆署理钱法侍郎曹尔祯疏言……今议酌定铸本四十万两……取给与各钞关新旧额课及南京事例银……以分派取用铸本言之，南京户部事例十万两，浒墅关旧课银二万二千五百两，新增银四万二千五百两……崇文税课旧课银一万两，共足铜本四十万之数；以宝泉局归还两课言之，每年应还太仓库银十四万七千四百两，应还新饷银库银二十五万二千六百两，所借之本贷之于本年之春者，即还之于本年之冬……从之。①

综上所述，铸钱归属太仓库的基本原因是为了缓解太仓库的财政困境。不过，铸钱最多只能在一定程度上对太仓库财政形成暂时的补助作用，而无法从根本上解决太仓库的财政困难。由于实际操作过程中的各种问题，最终结果总是费用高而利润少，因此铸造铜钱一事数行数止。

四 关税与太仓库岁入

明代与太仓库的收入直接相关的商业税收主要来自钞关等机构的船料税和商税，因此，本节将以此为核心具体考察太仓库岁入与商税的财政关系演变。

（一）弘治到万历前期关税与太仓库收入的关系

弘治十六年时，钞关收入交纳太仓库的记载才开始出现。弘治十六年，韩文在奏疏中说："弘治三年以来，礼部急缺牲口，工部计取物料，共借过一十四万二千七百五十四两有零。虽经户部奏取，奉有钦依，着令照数补还，至今未见分毫送部。奏准将各处拖欠并钞关折银补还太仓，括铢计两，能有几何。"② 这条史料表明，钞关收入缴纳太仓库仍没有作为一种制度确定下来，而只是对太仓库非常规性财政支出的

---

① 《崇祯长编》卷 2，天启七年九月戊辰。
② （明）黄训编：《名臣经济录》卷 31《会计钱粮以足国裕民事》，文渊阁四库全书，第 443 册，第 693 页。

一种临时补还措施。

正德十二年时，九江、芜湖等钞关税银已经正式成为太仓库财政收入的一部分，其他部门欲借用时，户部有权提出反对意见："辛酉，直隶建阳等四卫运粮副千户陈俊等奏借九江、芜湖、苏州、两淮四钞关银两，补给官军二年未支月粮之数。下户部议谓，各关税银贮之太仓，以备边饷……至于运军月粮出自有司，岂可借给于钞关乎？"①

不过，太仓库的钞关收入变动极大，嘉靖五年时与中央财政收入有关的钞关共有7个，其中只有苏州浒墅钞关的收入自嘉靖元年至嘉靖五年是归于太仓库的，嘉靖六年和嘉靖七年这7个钞关的收入全部改归工部所有，嘉靖七年以后各钞关收入又改归内库所有："（上）问户部以各抽分厂及钞关银课所在。户部具对：……苏州浒墅钞关自元年八月以后皆输太仓银库……其六年、七年合将七钞关钱钞皆送工部以备仁寿宫营建之需。上命七年以后，各钞关银两皆输承运库，钱、钞输广惠库。"②

嘉靖二十年前后，各处钞关税课都已改征白银，户部收银上来之后用其中的一部分银再购买钞，由于征收时钞折银的比价和户部用银买钞时的比价高低不同，户部可以得到6万多两的余银收入：

> （嘉靖）二十年司钥库太监王满奏乞各处船料、商税征收本色钱钞。尚书李廷相覆：各钞关税课壹年大约收纳钱钞贰万伍千余块，每块折收银伍两捌钱伍分零……本部召商壹块给银叁两贰钱，每块剩余贰两伍陆钱，壹年计算积有余银陆万余两，可以接济边储。若复改本色，未免明亏国课暗损民财，再难别议。所据该库缺乏钱钞相应议处召买，其各钞关并崇文门分司合行照旧折收银两。奉圣旨：准议，钦此。③

据此可以看出，户部之所以愿意折银征收主要是因为户部可以通过

---

① 《明武宗实录》卷148，正德十二年夏四月辛酉。
② 《明世宗实录》卷60，嘉靖五年正月辛丑。
③ （明）张学颜等：《万历会计录》（下）卷42《钞关船料商税》，第1328页。

折银得到钞关的部分收入。

万历初年,张家湾、河西务和居庸关商税收入查归太仓库所有:"顺天督抚题所属州县应付困疲,请将张家湾、丁字沽、河西务、居庸关商税充驿递之费。户部覆:丁字沽税……听自行议处外,其三处税银……近经本部查处,仅得数千金,输入太仓。乃欲以部臣供有司,殊非事体,合行抚按另行计处……报可。"①

万历八年时,钞关等商税收入成为太仓库比较重要和固定的一部分收入来源。万历初期的《太仓考》记载了这部分收入的具体机构来源和收入种类:崇文门宣课分司的商税(银、钱兼收)和猪牙税银、张家湾宣课司的商税(银、钱兼收)以及河西务钞关、临清钞关、浒墅钞关、九江钞关、淮安钞关、扬州钞关、北新钞关的商税(只收银)。② 值得注意的是,该书在列举各钞关收入的时候用的都是"商税"二字,而在其后的备注内容里则说:"以上各钞关船料、商税本折轮年征解,本色年分例七分扣二,银解太仓。"③ 成书于万历十年的《万历会计录》中太仓库商税和钞关收入的具体来源机构名称、收入种类与万历八年《太仓考》所列举的内容相比有了一些变动,主要有:钞关船料和商税的收入种类被进行了细致区分,河西务钞关折色船料银轮年解太仓库,而其商税则是每年一解;临清钞关和北新钞关的折色船料、商税银则都是轮年解往太仓库,浒墅等4个钞关则只轮年解折色船料银。现据这两本书记载的万历八年、万历十年太仓库钞关等商税岁入对比情况制表3–1。

从表3–1可以看出,万历八年前后,太仓库钞关等商税年收入总银额约为16.72万两,而当时太仓库岁入总银额约为284.77万两,则该年钞关等商税收入占太仓库岁入总银额的5.9%;万历十年前后,太仓库钞关等商税年岁入银额为24.897万两,而该年太仓库岁入总银额约为367.6182万两,则该年钞关等商税收入占太仓库岁入总银额的6.8%左右。

---

① 《明神宗实录》卷28,万历二年八月甲子。
② (明)刘斯洁:《太仓考》卷9之2《岁入》,第834—835页。
③ (明)刘斯洁:《太仓考》卷9之2《岁入》,第835页。

表 3-1　万历八年、十年太仓库钞关等商税岁入对比

	崇文门宣课分司	张家湾宣课司	河西务钞关	临清钞关	浒墅钞关	九江钞关	淮安钞关	扬州钞关	北新钞关
《太仓考》[1]万历八年 总计：银16.72万两，铜钱2176.5万文	商税正余银：1.6662万两；1887.7716万文铜钱；猪牙税银：0.2429万两	商税正余银：0.2479万两；288.7762万文铜钱	商税正余银：1.4634万两	商税正余银：4.4707万两	商税正余银：1.7377万两	商税正余银：1.099万两	商税正余银：1.1415万两	商税正余银：0.9679万两	商税正余银：3.6839万两
《万历会计录》[2]万历十年 总计：银24.897万两，铜钱2176.54万文	商税正余银：1.6662万两，1887.77万文铜钱；猪口牙税银0.2429万两	商税正余银：0.2479万两，288.77万文铜钱	轮年解折色船料银：0.8万两；每年商税银：0.4万两；船铺户经纪牙税银：0.4万两[3]	轮年解折色船料商税银：8.38万两	轮年解折色船料银：3.99万两	轮年解折色船料银：1.53万两	轮年解折色船料银：2.27万两	轮年解折色船料银：1.29万两	轮年解折色船料税银：3.68万两

① （明）刘斯洁：《太仓考》卷9之2，第834—835页。
② （明）张学颜等：《万历会计录》（上）卷1，第19页。
③ 按，此处为《万历会计录》（上）卷1的数额；《万历会计录》（下）卷42所记载的河西务钞关纳往太仓库的各项数额有很大不同，现录于此："（河西务）以上船料折色年分……约解太仓银捌万余两，商税正余银肆千余两（万历八年新增约贰万捌千壹百余两），经纪牙税牙行银约叁千余两（俱解太仓）"（第1317页）；其他各钞关折色年分纳往太仓库的银钱数额与上册同。

《万历会计录》的记载表明：万历十年前后，相对于全国商税征收情况而言，太仓库的商税收入所占份额很有可能也不会太大。该书记载了全国各省直地方的课钞、商税、门摊、酒醋、房屋及鱼课的征收机构及其征收数额，这些地方征税机构有：在京九门（下辖 9 个征税机构）、顺天府（下辖 15 个征税机构）、南京（下辖 9 个征税机构）、应天府（下辖 31 个征税机构）以及浙江等 13 个布政司。在所有这些机构中，其收入解往太仓库的主要有顺天府下辖的崇文门宣课分司和通州张家湾宣课司，而且即使这两个机构的税课收入也并非是全部解往太仓库的，其详细分配情况及数额见表 3 - 2。①

表 3 - 2 　　万历十年崇文门宣课分司和张家湾宣课司收入分配

收税机构名称	税课种类、数额	解纳机构名称及解纳数额
崇文门宣课分司	商税银：16427 两、铜钱 18877700 文	解往太仓库②
	猪口牙税共银 3389 两	额解太常寺猪价银 960 两 额办供用库瓷器等该银 365 两 其余俱解太仓库
	条税银：15996 两	解宝和店类进
	船税银：4000 余两	解宝和店类进
张家湾宣课司	商税共银 3000 余两、铜钱 2887000 余文	额解太常寺猪价银 240 两 额办供用库瓷器等该银 290 两 额办国子监本色钞 37340 贯、折色铜钱 74680 文 其余银钱俱解太仓
	抽分麦 158800 斤	酒醋局本色麦 108800 斤 光禄寺折色麦 44000 斤、折银 4400 两
	条税银 155 两 6 钱	未注明解纳机构
	船税银 22 两 7 钱	未注明解纳机构

---

① （明）张学颜等：《万历会计录》（下）卷 43《杂课》，第 1331—1338 页。

② 按，据《万历会计录》（上）卷 1 第 19 页的记载，当是解往太仓库的，但该书下册卷 43 并未明确说明这一点。

据此可知，万历前期，在明代太仓库的财政收入中，以钞关为主的商税收入在其岁入总额中并没有占据一个特别突出和重要的份额。

（二）万历中后期太仓库的关税收入

万历二十五年，崇文门、河西务等钞关额定岁入银增至40.75万两，"崇文门、河西务、临清、九江、浒墅钞关、扬州、北新、淮安等钞关会计录载原额，每年本折约共征银三十二万五【千】五百余两，于万历二十五年增银八万二千两，此定额也。"① 其中归太仓库的收入很有可能达到30余万两："河西务等钞关七处征收船料、商税，岁该三十万二千七百余两，数年以前岂惟不至亏欠，间且报有羡余。"②

然而，万历中期以后，神宗大量派遣税使到各地方掠夺财富，对太仓库财政收入产生了很大的负面影响。自万历二十七年开始，太仓库钞关收入一年比一年少，"至二十九年各关解到本折约征银止共二十六万六千八百两三钱，比原额过缩"，户部尚书赵世卿认为，税使征敛是关税减少的重要原因，"在河西务关则称税使征敛，以致商少……在临清关则称往年伙商三十八人皆为沿途税使抽罚折本，独存两人矣……辽左布商绝无矣，在淮安关则称河南一带货物多为仪真、徐州税监差人挨捉，商畏缩不来矣，其他各关告穷告急之人，无日不至"。③ 从万历三十年到万历三十三年，由于税使公然掠夺商贾，致使与太仓库收入直接相关的河西务等7钞关弊窦丛生，共亏原额银31万多两。赵世卿认为，这与横征暴敛的税使所遗留的恶劣影响有直接关系：

> 盖自徐、淮稔恶凶魄虽褫，而清源煽虐，饕心未厌，由临清以至河西务上下七八百里间，驾言验单，公行攘夺，商贾既无飞渡之术，奸宄遂生漏网之谋。于是有搭附于马船者，有藏匿于漕船者，有寄载于官船者，上之搜括愈严而愈密，下之规避愈巧而愈多，亏损额数职此之故。④

---

① 《明神宗实录》卷376，万历三十年九月丙子。
② 《明神宗实录》卷414，万历三十三年冬十月癸亥。
③ 《明神宗实录》卷376，万历三十年九月丙子。
④ 《明神宗实录》卷414，万历三十三年冬十月癸亥。

万历三十三年，神宗命令各省直地方政府将其税课收入的一半征解税监送入内库，另一半征解工部以助各项工费之资，再有剩余则解纳户部济京边之用："谕户、工二部……其各省直税课俱着本处有司照旧征解税监一半，并土产解进内库，以济进赐、供应之用；一半解送该部以助各项工费之资，有余以济京边之用。"① 这实质上是对各地方钞关和商税收入的财政分配进行了制度上的规定。从中可以看出，户部所能得到的关税份额仅是全部关税收入的极小且极不确定的一部分。

然而，就是这一点点的份额，户部太仓库从万历三十三年该诏书下达之日到万历三十七年正月为止也从未实际得到过，户部尚书赵世卿在万历三十七年正月初八日上奏的"请分税济边疏"中指出："臣又记得万历三十三年十二月初二日恭接御札，停矿分税，曾有一半进内库、一半助大工、有余分户部抵饷之旨。日星昭然，海寓共睹。第以门工方在鼎建、疆事未闻震惊，臣虽竭蹙捃拾，不敢越局以求。今蓟镇之所需急矣……不于此际取分，则甘泉燧惊，恐有剥床之患。"② 由于没有得到万历帝的答复且边情紧急，赵世卿随于同年正月十六日再次上疏，"祈我皇上申明分税一旨、简发请帑各疏，速赐允行，无忽军机。"③

万历三十六年，大学士朱赓等上言："自矿税设立以来，各处正供多被侵削，盐课壅滞，关征减少，曾未十年，所亏损已四百六十万。"④ 万历三十七年，辽饷筹集无策，户部上疏指出税银题归税监对军饷的侵防："户部以辽饷无策，谨开列逋负、侵妨、设处三项……侵妨如各处税银之题归税监及地方之扣留、协助、借支者。"⑤ 万历四十六年，户部尚书李汝华因太仓库岁入不敷岁出再次指陈税监对太仓库关税的侵夺："户部尚书李汝华言：太仓……出悖于入……又有归税监者，则南直税契银每年三万；山东鱼课、商税、契银八百余两，泰安香税二万两，南赣关税二万两，自二十七年归监，四十二年臣部题留前银，奉旨

---

① 《明神宗实录》卷416，万历三十三年十二月壬寅。
② （明）赵世卿：《司农奏议》卷6《请分税济边疏》，第252页。
③ 同上书，第254页。
④ 《明神宗实录》卷445，万历三十六年四月己未。
⑤ 《明神宗实录》卷459，万历三十七年六月辛未。

户工各一半。"①

万历四十八年，神宗驾崩，光宗即位，榷税之使最终宣告停止："罢天下矿税……于是关市、山泽，一切无艺之征为之尽洗。"②

综上所述可以看出，税使的横征暴敛与神宗皇帝通过行政手段对关税的直接侵夺是万历中后期太仓库关税收入大减的重要原因。应当指出的是，万历中期以后，明政府的国家财政从整体上日益陷入困窘的境地，这其中的原因是极其复杂的。虽然榷税之使是太仓库关税收入降低的重要原因，但它是否是最关键的原因还有待将来深入研究。

（三）天启、崇祯时期太仓库关税收入演变

万历四十八年罢天下矿税之旨颁布后，矿税开展前的部分原有榷税旧制也一并停止不行。为此，户部尚书陈大道于天启三年覆准恢复这部分榷税旧制以资太仓新饷：

> 户部尚书陈大道……覆奏：……关津榷税……今即不敢轻言征商，然有祖宗旧税，向归税监，今撤税而并旧制俱撤者，或当议复；又税监未撤之时，各省直有议以别项抵额者，今税停而原抵之项不可使无着落，俱宜查出解充新饷……上命着实振刷举行，毋以空言了事。③

天启五年，户部因财政困难而奏准按照万历二十七八年旧例征收榷税："户部尚书李起元以国计匮诎，采集舆论：一，暂复榷税，议檄行各省直抚按查境内关津、扼要、水陆冲衢，照万历二十七、八年例，量征什一于商贾，事平即止，仍慎择榷官，严禁骚扰……得旨……榷税照旧例量征。"④

清初孙承泽的《春明梦余录》载有崇祯二年的一份议榷额的奏疏，该奏疏列举了天启年间北新关等钞关旧额、新增之数。现据此将各钞关的原额、新增之数及各自增添的年份列表3-3。

---

① 《明神宗实录》卷571，万历四十六年六月戊寅。
② 《明光宗实录》卷2，万历四十八年七月庚申。
③ 《明熹宗实录》卷35，天启三年六月辛酉。
④ 《明熹宗实录》卷64，天启五年十月甲申。

表 3-3　　　　　天启年间南北榷关旧额、新增数目①　（货币形态：白银）

	北新关	浒墅关	九江关	两淮关	扬州关	临清关	河西务	崇文门	总计
原额	4万两	4.5万两	2.5万两	2.2万两	1.3万两	8.38万两	4.6万两	6.8929万两	34.3729万两
增减额	天启元年加增2万两	天启二年加增2.25万两	天启元年加增1.25万两	天启元年加增0.76万两	天启元年加增0.26万两	议减1万两	议减1.6万两		
增额	天启五年加增2万两	天启五年加增2万两	天启五年加增2万两	天启五年1.5万两	天启五年加增1万两			天启五年加增2万两	
新额	共8万两	共8.75万两	共5.75万两	共4.56万两	共2.56万两	7.38万两	3万两	共8.9929万两②	48.9929万两

据表 3-3 可知，天启年间，各钞关商税岁入总银额为 34 万余两，崇祯二年时则增至近 49 万两。不过，鉴于崇祯时期太仓库的严重匮乏，这些岁入额当为额定银数，实际征收银额当远少于此数。崇祯二年，原解入太仓库的榷关助饷银每两羡余再加五分，合计 8 个钞关共增银五万两："又查天启六年奉旨，助工税参照正额，每两加羡余一钱……后因大工已竣，题改助工为助饷，每两加羡余五分，解入太仓。查正额已两经议增，尚有完欠不等。应于解羡余内仍量增五分为一钱，照正额通算，合计八关每年共增银五万余两，务要全解，毋托空言"。③

崇祯三年二月，各钞关再加二钱，唯崇文门、河西务税额不增，临清则每两止加一钱："太子少保户部尚书毕自严上言……臣部两次每两共加一钱，通计八关增税五万……应比照旧例，每两再加二钱，其崇文门、河西务新值兵燹，商贾甚稀，听先后补凑，原额不必议增。临清亦属㦥后，姑于每两止加一钱，通共关税可增六、七万金。"④

---

① （清）孙承泽：《春明梦余录》卷 35《钞关》，文渊阁四库全书，第 868 册，第 501—502 页。
② 按，当为 8.8929 万两，今照录原文数额。——笔者
③ （清）孙承泽：《春明梦余录》卷 35《钞关》，文渊阁四库全书，第 868 册，第 502 页。
④ 《崇祯长编》卷 31，三年庚午二月庚午。

综上所述，直至万历初期，钞关等商税收入与太仓库的财政关系才逐步固定下来。万历中后期，太仓库的这部分收入被内库严重侵夺；虽然有时工部也会影响太仓库的这部分收入，但是实际上工部也主要是因为兴建皇宫、皇陵等皇室建筑而分割这部分收入的，所以本质上仍可归于皇室的开支。天启以后，明政府虽曾设法增加对商税的征收，太仓库的钞关收入额定银数因此有所增加，但这仅仅是额定收入而已，实际的收入状况则并非如此。明代中后期国内外商业贸易活动极其活跃，然而钞关等商业税收在太仓库岁入中所占的份额却与这一社会现象很不相符，其具体原因有待将来深入研究。

（四）商税在内库与太仓库之间的分配

《明史》认为："凡诸课程，始收钞，间折收米，已而收钱、钞半，后乃折收银，而折色、本色递年轮收，本色归内库，折色归太仓。"①《续通典》和《钦定续通志》的说法与此完全相同。② 这种说法太过简省，完全没有时间和年代的限定。实际上，太仓库商税的征收方式不但有一个长期的演变过程，其具体分配和征收方式也比《明史》中陈述得复杂一些。

据《明实录》可知，至少在嘉靖三十九年之前，部分钞关的本色收入中有1/6是应解送太仓库的；从嘉靖三十九年开始，尚书马坤奏准"九江、浒墅钞关应纳本色之年，六分扣一解送太仓者，宜改七分扣二。临清、淮扬、河西务三关亦酌量扣解，管钞主事不得假宽免以徼虚誉。"③

具体到嘉靖四十二年的崇文门商税，则是始收铜钱，后收银，之后又改为收铜钱。不过，无论收钱还是收银，其收入都要按季解送太仓库："复令崇文门宣课司商税收钱。先是，从主事范燧议，每钱七文折收银一分，行之半年而民间所积旧钱皆壅滞不行，钱法遂坏。于是，给事中孙枝上疏请罢前令，而复收钱之旧，仍按季输太仓充官员折俸。部

---

① （清）张廷玉等：《明史》卷81《志第37》，第1980页。
② （清）嵇璜等：《续通典》卷15《杂税》，文渊阁四库全书，第639册，第199页；（清）嵇璜等：《续通志》卷155《杂税》，文渊阁四库全书，第394册，第450页。
③ 《明世宗实录》卷481，嘉靖三十九年二月己未。

覆,从之。"①

关于"本色年份七分扣二,银解太仓"的旧例,《万历会计录》给出了详细的说明:临清钞关"本色年分,每钞壹千贯,征银贰两玖钱叁分解太仓",浒墅钞关"本色年分,旧例每钞壹拾贯、钱贰拾文折收银柒分,内贰分解太仓",九江钞关"本色年分,每钞壹千贯征银叁两,内除扣贰银捌钱伍分柒厘壹毫肆丝壹忽解太仓",北新钞关没有本色年分解太仓的记载,河西务钞关、淮安钞关、扬州钞关仅记载"本色年分……仍有柒分口贰银解太仓"。② 这些记载说明:第一,该征本色的年分,纳往太仓库 2/7 的那一部分仍然是白银。第二,各钞关钞、银比价不同,但都是取折银后的 2/7 交往太仓库。第三,钞和铜钱是分别折银后再各自取其 2/7 的比例解往太仓库。

《万历会计录》总结说:"七钞关之设,若临清、北新兼榷商税,余则专榷舟焉,其所榷本色钱钞则归之内库备赏赐,折色银则解太仓备边饷,每岁或本折轮收,或折色居七分之二,盖仿古者关市之征以佐国用。"③

万历十五年时,上述临清等 7 个钞关的收入无论船料、商税均改为逐年本折兼收,其中折色银占一半,解纳太仓库;本色占一半,其中的 2/7 按往年先例扣解太仓库:"命临清钞关应征船料、商税自万历十五年七月初一日为始,逐年本折兼收,一半折色解银太仓,其一半本色,查照见年事例,除七分扣二分外,将应解钱钞责令经收库役照数买完,每年分为两次解送广惠库交纳。凡河西务、浒墅、九江、淮安、扬州、北新等各关亦照此例。"④

至此,明代钞关收入的分配方式与太仓库商税的征收方式基本确立下来。据此可知,《明史》《续通典》和《钦定续通志》的说法不够准确。

---

① 《明世宗实录》卷 525,嘉靖四十二年九月辛巳。
② (明)张学颜等:《万历会计录》(下)卷 42,第 1318、1319、1321、1317、1323、1325 页。
③ (明)张学颜等:《万历会计录》(下)卷 42,第 1330 页。
④ 《明神宗实录》卷 187,万历十五年六月甲申。

第二节 盐法和太仓库的收入[①]

国内外有关明代盐法制度之演变的研究一直持续至今。[②] 综览这些研究成果可以看出：第一，关于明代盐法与户部太仓库收入的财政关系，国内外学术界至今未有专门研究；第二，关于余盐与明代中后期盐法体制演变的关系，国内外学术界至今未有专门研究。然而，这两点对厘清明代盐法体制的演变关系密切。因此，本章即以太仓库为切入点，从开中制与太仓库的收入、余盐与太仓库的收入两个方面探究明代盐法体制的演变过程，从而论证：明代中后期的盐法，实行的是"正盐开中输边、余盐纳银解部"的双轨并行体制。

一 开中制与太仓库的收入

对于盐法开中制度，《明史》评价极高，认为"有明盐法，莫善于

[①] 按，本节主体内容以《明代中后期的双轨盐法体制研究》为题，发表于《中国经济史研究》2012年1期。

[②] 按，国内外相关研究成果主要包括藤井宏：《明代盐商的一考察——边商、内商、水商的研究》，见刘淼编译《徽州社会经济史研究译文集》，黄山书社1988年版；中山八郎：《开中法与占窝》，见刘淼编译《徽州社会经济史研究译文集》；寺田隆信：《山西商人研究》，张正明、道丰、孙耀等译，山西人民出版社1986年版，第77、79、80页，该书日文版出版于1972年；李龙华：《明代的开中法》，《香港中文大学中国文化研究所学报》1972年第4卷第2期；徐泓：《明代中期食盐运销制度的变迁》，《台湾大学历史学系学报》1975年第2期；徐泓：《明代后期的盐政改革与商专卖制度的建立》，《台湾大学历史学系学报》1977年第4期；黄仁宇《十六世纪明代中国之财政与税收》，第266—268、270、277页；刘淼：《明代盐业经济研究》，汕头大学出版社1996年版；刘淼：《明代召商运盐的基本形态》，《盐业史研究》1996年第4期；高春平：《论明中期边方纳粮制的解体——兼与刘淼先生商榷》，《学术研究》1996年第9期；张家国、殷耀德、李红卫：《试析明代盐法变迁之轨迹》，《法学评论》1997年第5期；张丽剑：《明代的开中制》，《盐业史研究》1998年第2期；林枫：《明代中后期的盐税》，《中国社会经济史研究》2000年第2期；李三谋、李震：《明代前中期盐政管理之困扰》，《盐业史研究》2000年第1期；李三谋：《明朝后期的盐政变革》，《盐业史研究》2001年第4期；科大卫：《中国的资本主义萌芽》，《中国经济史研究》2002年第1期；金钟博：《明代盐法之演变与盐商之变化》，《史学集刊》2005年第1期；孙晋浩：《开中法与明代盐制的演变》，《盐业史研究》2006年第4期；赵毅：《明代盐业生产关系的变革》，见赵毅著《明清史抉微》，吉林人民出版社2007年版；黄天庆：《关于明代开中制变迁的考察》，《文化学刊》2007年第6期；陈涛：《明代食盐专卖制度演进研究——历史的制度分析视角》，博士学位论文，辽宁大学，2007年；《盐引·公债·资本市场：以十五、十六世纪两淮盐政为中心》，《历史研究》2010年第4期。

开中"。① 洪武三年六月，为使"转输之费省而军储之用充"，山西行省奏准"令商人于大同仓入米一石、太原仓入米一石三斗者，给淮盐一引，引二百斤。商人鬻毕即以原给引目赴所在官司缴之"。② 对明代盐法和北边军饷有重要影响的纳粮开中的先例由此形成。《明史》针对这一事件而总结道："召商输粮而与之盐，谓之开中。"③ 然而，稍后不久，交纳银、钱开中的情况和相关规定就已出现。④ 成化年以后，由于盐法壅滞或国家财政需要等各种原因，开中制下的部分收入时常被折卖白银类解户部太仓库。不过，太仓库的这类收入时断时续，很不稳定。

成化九年，明朝廷规定两浙盐运司不熟悉煎盐工艺的水乡灶户须"每引纳工本银三钱五分，解送运司给散灶丁，或年终类解本部转送太仓银库及各边支用"。⑤ 正德三年解往太仓库的水乡盐价银很有可能就是这项收入："两浙都转运盐使司解到水乡盐价银一十二万六百三十两有奇，诏以十万两贮太仓以待边需，余进内承运库。"⑥ 这实质上是把盐法开中制中非正规、非主流的部分财政收入交归太仓库接收。

成化十六年正月，因为"太仓见贮银不及三十万两，尽此未足以供边储一年之用"，且"每各边开中，客商以存积盐易于得利，多不中常股盐，以此常股蓄积颇多"，所以户部奏准"宜不为常例，于两淮存积盐内量卖一十万引，常股盐内挈出二十万引改作存积之数，每引定作价银一两三钱，本部差官会同巡盐御史召商报卖，其银解部转发太仓收储，以备支用"。⑦ 成化末年，两浙仁和诸盐场缺少商人报中，盐课长期壅滞，竟"积滞有三、二十年者"。⑧ 因此，成化十九年，"又令两浙

---

① 《明史》卷80《食货四·盐法》，中华书局1974年版，第1935页。
② 《明太祖实录》卷53，洪武三年六月辛巳。
③ 《明史》卷80《食货四·盐法》，第1935页。
④ 按，比如，洪武初年，"商人多以平阳价平，故以钱、银赴平阳中纳"，为此，户部于洪武七年奏准量减河东盐运司纳粮中盐的则例，同时规定相应各边仓"若折收银钱，皆如初定之数"，见《明太祖实录》卷95，洪武七年十二月辛丑。
⑤ 徐溥等：《明会典》卷36《户部二十一·盐法二》，文渊阁四库全书本，第617册，第395页。按，《续文献通考》也记录了这一规定，内容与上述说法大致相同，见嵇璜、曹仁虎等《续文献通考》卷30《国用考》，文渊阁四库全书，第626册，第472—473页。
⑥ 《明武宗实录》卷40，正德三年秋七月戊午。
⑦ 《明宪宗实录》卷199，成化十六年春正月庚戌。
⑧ 林诚：《诚通盐利给边用疏》，见朱廷立《盐政志》卷7《疏议》，北京图书馆古籍珍本丛刊本，第58册，第286页。

盐课浙西场分每正盐一引折银七钱、浙东场分每正盐一引折银五钱，解送太仓银库，候余盐支尽，仍纳本色"。① 由此可以看出，将常股等盐招商卖银类解太仓库的做法是明政府面对开中制不能有效运行之客观现实而不得不采取的补救措施。不过，这一做法仅是权宜之举，其后的《明实录》中仍可频繁见到开中常股和存积盐的记载。弘治、正德年间，存积等盐折卖白银解纳太仓库的情况亦时有发生。弘治三年，"命鬻河东运司存积盐五十万四千引，贮银于太仓以备边饷"；② 弘治六年三月，"命两浙运司开卖盐课二十一万六千二百余引，贮之太仓以备国用"；③ 正德十三年，为杜绝漕运官军"借债之弊"，户部议准"仍征准折盐价十万两，解送太仓，专供脚价之用"。④

此外，正德年间，福建都转运盐使司各场"灶丁附海者十二，例纳盐；依山者十八，例纳银。及开中支与商人，亦盐二而银八"，正德三年，因其"地狭，报中者不多"，户部覆准"免其开中。自后每年附海所纳盐，亦易银起解……一体差官解部。"⑤ 到嘉靖二十九年，世宗命"福建依山盐旧停止者，仍许本运司开中，解银太仓。"⑥ 万历初年，"福建八府立盐运一司，每年额银入太仓仅二万二千二百两。盐商陈公养请开增引一次，遂添银至二万余两"，到万历六年，"户部题为定例，上曰：这盐引准开中一年。"⑦

自余盐制在嘉靖时期充分发展起来之后，开中制下的收入折解入太仓库的做法日益稀少。万历后期以降，开中制对北边军镇的财政意义骤减。万历四十四年，"九边盐粮，因淮盐壅滞，引难售卖，缺额尤多"，比如宁夏"欠八年"，延绥"共欠七年"，固原"欠十一年"，总之，"以各镇额数扣其欠数，实共欠盐粮银二百三十余万"。⑧ 崇祯初年，开

---

① 徐溥等：《明会典》卷36《户部二十一·盐法二》，第397页。
② 《明孝宗实录》卷43，弘治三年闰九月庚辰。
③ 《明孝宗实录》卷73，弘治六年三月癸酉。
④ 《明武宗实录》卷168，正德十三年十一月癸亥。
⑤ 《明武宗实录》卷40，正德三年秋七月丙午。
⑥ 《明世宗实录》卷366，嘉靖二十九年十月己卯。
⑦ 《明神宗实录》卷72，万历六年二月庚寅。
⑧ 李汝华：《附户部题行十议疏》，见陈子龙等辑《明经世文编》卷474《两淮盐政编一》，中华书局1962年版，第5203页。

中制仍旧存在，如时任户部尚书的毕自严所说，"盐引开中犹昔也"，但"行之内地，商盐多壅，引价日稽，绝不能如昔年之朝中夕支，盐疏利倍"。① 崇祯十一年，担任陕西巡抚数年的孙传庭②在其奏疏中亦声称开中制已徒有虚名，"臣尝考国家大利，自屯田之外，无如盐法……其支之边者，为各仓口盐粮，向系商人办纳，徒有其名"。③

二 双轨盐法体制的形成——正盐开中输边、余盐纳银解部（库）

余盐最初是指灶户在"额办盐引"之外所生产的盐，常由各盐场量给谷米进行收购。④ 嘉靖以后，"余盐"生产规模被大幅提升，已基本丧失其原意，成为在运司卖银之后解纳太仓库并独立于开中正盐之外的盐。纳银入太仓库的余盐制是明政府在开中制逐渐失效、无法充分满足北边军饷供应，同时盐商又日益不接受开中纳粮制的情况下，迫于盐法体制中折银趋势的普及而不得不做出的调整与改革，是加强中央对盐法体制财政监管的重要举措。余盐制的发展是个长期的过程，其间伴有余盐制的反复取消与重新确立。嘉靖朝是余盐制的集中发展时期，在维护开中祖制和满足现实财政需求的双重目的下，正盐开中于边、余盐纳银解部入太仓库的双轨盐法体制形成并一直持续到崇祯时期。

明前期的余盐发展至成化十一年时，户部奏准将"长芦、小直沽二批验所见贮收割余盐……变易时价解京，以备京储、边饷之用"，且"其后率以二年一解，著为令"。⑤ 弘治二年，因为"各场已无盐可征"，户部议准"应支商人买（两淮）灶丁余盐以补官引"。⑥ 大约在弘治、正德时期，"商人开报挨次称掣，供边之余，又有余盐银两解

---

① 《明实录·附录·崇祯长编》卷31，三年二月丙辰。
② 按，孙传庭崇祯九年任陕西巡抚，见《明史》卷262《孙传庭》，第6785—6786页；崇祯十一年十二月"戊申，孙传庭为兵部侍郎督援军"，《明史》卷24《庄烈帝二》，第326页。
③ 孙传庭：《白谷集》卷3《辞剿饷借充盐本疏》，文渊阁四库全书，第1296册，第287—288页。
④ 《明英宗实录》卷32，正统二年七月庚寅；《明英宗实录》卷207，景泰二年八月己巳；《明英宗实录》卷271，景泰七年十月庚申。
⑤ 《明宪宗实录》卷140，成化十一年夏四月己卯。
⑥ 《明孝宗实录》卷25，弘治二年四月乙未。

部"① 的局面初步形成。不过，这一时期，余盐的财政用途很多，"易银解部"不过是其中一种而已。② 正德九年，户部议准"今后但遇割没余盐，不拘多寡，听巡按御史随即督同运司官从公估价变卖，或就令本商照数纳价，听从其便。所卖银两，运司煎销成锭，照例年终类解本部，转送太仓银库收储类边，永为遵守"。③

嘉靖初年，正盐、余盐的界限进一步明确，正盐仍旧实行开中制，而余盐则独立于开中制之外，由盐运司将其直接折卖成白银类解户部。御史秦钺言：

> 盖本商自纳，每引计银一两；各边开中，每引止银八钱。况正盐母也，余盐子也。正盐守支搬运，候久费多，故愿中者少。余盐勘合一到，即时支赏，故愿中者多。今若舍母求子，余盐无自而积矣。请……嗣后申明前例，令本商自纳余盐之价，慎勿开中……上是之，敕余盐存留纳价，输部济边。④

同年十二月，秦钺再次奏准"禁开中余盐，以杜权幸"。⑤ 嘉靖四年，户部议准两淮运司余盐银"宜仍解贮太仓，以后每积银至十万两，即照例解报，年终类数送册，以便稽查"。⑥

"自嘉靖七年为始"，余盐引额规模迅速扩大，"各边中正盐一引到于运司，令添中余盐二引……添中二引，听各商自行买补……支擎之后，赴司纳价，解送太仓库，候各边支用"。⑦ 据右都御史万镗的奏疏，嘉靖初年，"两淮正盐七十万引"，而其余盐竟有"一百四十万引"。⑧

---

① 《明武宗实录》卷189，正德十五年八月丙辰。
② 按，其他用途如"挑浚漕河工食之费"，见《明孝宗实录》卷46，弘治三年十二月庚申；"备织造支给"，见《明孝宗实录》卷108，弘治九年正月己丑；"折南京文武官俸"，《明武宗实录》卷75，正德六年五月己未。篇幅所限，兹不赘举。
③ 《嘉靖事例·覆议御史舒汀盐法三事》，北京图书馆古籍珍本丛刊本，第51册，第53页。
④ 《明世宗实录》卷24，嘉靖二年三月丙辰。
⑤ 《明世宗实录》卷34，嘉靖二年十二月壬戌。
⑥ 《明世宗实录》卷51，嘉靖四年五月丁卯。
⑦ （明）申时行等：《明会典》卷32《户部19》，第228页。
⑧ 《明世宗实录》卷144，嘉靖十一年十一月癸酉。

此时的余盐，无论如何都已不再是灶户正课之外所生产的多余之盐。明政府实际是在借"余盐"之名，行大力改革盐法之实。① 至此，正盐与余盐初步变成两套系统。不过，直到嘉靖十三年，"余盐之银只在两淮运司，他处绝无解部"。②

与开中制下的纳粮开中与纳银开中反复更替一样，独立于开中制以外的余盐纳银解部制也不断遭到质疑和取消。然而，正如嘉靖时期户部尚书王杲等所说，该制"商、灶称便，间虽遇革，旋即复行"。③ 比如，嘉靖十三年，科臣蔡经、御史周相、户科都给事中管理怀等先后上疏奏请余盐"不必解赴太仓，俱令开边中纳"，对此，户部则指出"余盐应否开中、有无利便处，难遥度"。④ 嘉靖十四年五月，经过广泛讨论，户部议准正盐和余盐在国家盐法中的地位与作用，即正盐属于祖宗所立的盐法制度的正宗，这实质上等于确认开中制在国家体制中不可动摇的合法地位；而余盐则是鉴于时势所需，为了纠正当时盐法的弊病，以开中正额为依托而施行的变通之举。这次规定涉及两浙、两淮、山东、长芦各运司，因此是对明代盐法制度演变至嘉靖十四年之现状的一次全面、正式的认可和定位。就此，正盐开中于边、余盐纳银于运司并最终类解户部的双轨并行的盐法制度完全确立：

> 先是，户科都给事中管怀理奏理盐法，言欲通盐课，须先处余盐……至是户部覆言：朝廷设立盐课，正引各有常规，余盐原无定数。遏私贩以通官盐乃祖宗立法之正，假额课以处余盐实今日救弊之宜。欲革余盐则商、灶俱困，而私贩必至于盛行；倍收余盐则旱涝难齐，而边引不免于壅滞；夹带余盐，律有明禁，增刷则于祖制有违；中盐自有引目……尽数开边，窃恐天时、人事不同，将来难继。臣请……正盐俱开边报中……余盐不必开边，仍旧纳银运司，

---

① 按，嘉靖十三年，户科给事中管理怀等就指出：盐法"正课壅矣，而司计者因设余盐以佐之"，见《明世宗实录》卷162，嘉靖十三年四月乙巳。
② 章潢编：《图书编》卷91《屯盐议》，文渊阁四库全书，第971册，第767页。
③ 《明世宗实录》卷294，嘉靖二十四年正月己酉。
④ 《明世宗实录》卷162，嘉靖十三年四月乙巳。

解部转发各边……从之。①

然而，嘉靖二十年十一月，世宗又认为，"变乱盐法起于余盐，边饷不充，私盐盛行，正由如此"，因此命"亟罢余盐，惟遵祖宗成法行之"。② 之后不久，户部尚书李如圭等就议准"自二十一年为始，开中引盐止令正盐掣挚，其额外余盐急行停罢"。③ 这次对于余盐纳银解部制度的废止，上有皇帝的坚决态度，下有以户部尚书为代表的官僚士大夫的支持，就其政体运作来讲，应当是意见比较统一的，然而这一盐法制度的变更却与当时的现实状况有很大矛盾。就在户部尚书奏准废止余盐的七个月后，即嘉靖二十一年八月，吏部尚书许瓒上疏指出：一方面，余盐制的废止使国家财政收入减少了七八十万两白银；另一方面，"一百余万引之余盐又皆变而为私盐，私盐盛则官盐阻矣"，所以解决的办法只能是恢复余盐制度，对此，皇帝和户部只得赞同。④ 于是，一场大规模废止余盐、力图恢复明初盐法体制的努力迅速地以彻底失败而结束。这一事件的意义在于它通过活生生的实践证明，开中制在嘉靖中叶的具体状况下已无法有效满足现实财政需求。另外，士大夫对余盐制的不断反对也表明，余盐制在运行过程中的确产生许多问题，与原有的开中制形成了冲突。

嘉靖二十二年二月，户部召集廷臣讨论边计，其中一项讨论结果就是再次承认开中和余盐并行的双轨制，并明确规定余盐银解贮太仓库："开中额盐当禁卖窝、留难等弊，余盐银照旧解贮太仓，不得概发九镇，无事浪费……奏入……悉依拟。"⑤

嘉靖四十年，总理盐法都御史鄢懋卿上疏强调："若尽将余盐开边则边商困，余盐外再收浮盐则内商困"，因此奏准"今后盐引一正一余兼发，正盐赴边报中，余盐纳司解部，永为遵守"。⑥

---

① 《明世宗实录》卷175，嘉靖十四年五月甲子。
② 《明世宗实录》卷255，嘉靖二十年十一月丁酉。
③ 《明世宗实录》卷257，嘉靖二十一年正月戊子。
④ 《明世宗实录》卷265，嘉靖二十一年八月辛巳。
⑤ 《明世宗实录》卷271，嘉靖二十二年二月壬辰。
⑥ 《明世宗实录》卷502，嘉靖四十年十月甲子；又见申时行等：《明会典》（万历朝重修本）卷34《户部二十一·盐法三》，第239页。

隆庆元年九月，对余盐的反对意见再次出现，但遭到户部否决："吏科给事中郑大经……议盐法，谓今蓟盐滞而不行，辽盐行而不广，弊在余盐日广、正课不通，请酌议裁减……户部覆：余盐岁课例办，难以遽减……从之。"① 隆庆二年，屯盐御史庞尚鹏在奉诏条陈盐法的奏疏中指出："各边报中正【盐】，全倚余盐为利。正盐以本色开边，余盐以折色解部，此不易之法也。今议者或言，当议余盐开边并纳本色，不知费多利薄，则余盐亦不行。或又言革去余盐，则引目销易，不知私盐不行，则灶丁立毙，其弊终不可革……诏悉从之。"②

到万历初年，太仓库盐法收入共为100.1664万两。③据下文表3-4可知，这笔收入主要来自余盐。崇祯年间，正盐开中于边、余盐纳银解部入太仓库的制度仍在持续，其间担任户部尚书的毕自严曾指出："各运司私、余引盐俱令本处招商纳价解部。太仓岁入百余万之盐课，即此项余盐之银；而正盐引价仍旧输粟于边，至今未有异也。"④

三　明代中后期太仓库余盐岁额与开中制输边岁额的比较

嘉靖十三年前后，"余盐银两虽称岁有百万或七八十万"，但由于余盐银"费用不可枚举，或未解已行奏讨，或解到随即转发"，所以该额"未尝尽解太仓"。⑤嘉靖三十二年以前，解往太仓库的"两淮余盐银，额征六十万两"；之后，"总理盐法都御史鄢懋卿复增至百万，限每半年解银五十万"，致使商人、灶户都难以承受；至嘉靖四十一年十一月，巡盐御史徐爌议准蠲除增添之额，"以后每年仍以六十万征解"。⑥直至嘉靖四十五年，太仓库岁入余盐银额仍为60万两："癸酉，上谕户部尚书高燿盐银完至否……燿对，每岁余盐额银止六十万……部

---

① 《明穆宗实录》卷12，隆庆元年九月辛未。
② 《明穆宗实录》卷24，隆庆二年九月甲戌。
③ 刘斯洁等：《太仓考》卷9之2《岁入》，北京图书馆古籍珍本丛刊本，第56册，第834页。
④ 毕自严：《石隐园藏稿》卷6《覆议盐政疏》，文渊阁四库全书，第1293册，第552页。按，崇祯初年户部盐法岁入已达220万两，此处太仓岁入百万的说法，当指旧库而言。
⑤ 章潢编：《图书编》卷91《屯盐议》，第767页。
⑥ 《明世宗实录》卷515，嘉靖四十一年十一月壬寅。

中所入，其数止此。"①

到万历六年，全国各盐运司及提举司"统计大小引目凡二百二十余万，解太仓银百万有奇，输各镇银三十万有奇，利亦大矣"。② 这一数额相对于嘉靖朝而言，增幅较大。现据其记载细目制表3-4。

表3-4　　万历六年各盐运司及提举司岁解太仓库
盐银及岁派各军镇盐情况③

	岁解太仓库的盐银种类及数额	岁派各军镇的盐引数额及折合银价（及岁解军镇银额）
两淮盐运司	余盐银：60万两	甘肃镇常股盐8.89万引，存积盐3.81万引（每引价银0.45两，总计白银5.715万两）延绥镇常股盐8.4498万引，存积盐3.6214万引；宁夏镇常股盐5.9486万引，存积盐2.5494万引；宣府镇常股盐10.471万引，存积盐3.4876万引；大同镇常股盐5.3499万引，存积盐2.2928万引；辽东镇常股盐4.3268万引，存积盐2.0633万引；固原镇常股盐1.9514万引，存积盐0.6272万引；山西神池等堡常股盐3.9746万引，存积盐2.7034万引（以上各镇总计57.8172万引，每引价银0.5两，总计28.9086万两）以上总计银额：34.6236万两
两浙盐运司	余盐银：14万两（包括水乡、没官、票税、买补、折色等项增银）	甘肃镇15万引（每引价银0.3两，计4.5万两），延绥镇10.5769万引，宁夏镇11.2014万引，固原镇2.7986万引，山西神池等堡4.8999万引（总计29.4768万引，每引价银0.35两，总计银10.31688万两）以上总计银额：14.81688万两

---

① 《明世宗实录》卷563，嘉靖四十五年十月癸酉。
② 张学颜等：《万历会计录》（下）卷39《盐法》，第1288页。
③ 张学颜等：《万历会计录》（下）卷39《盐法》，第1268—1288页。

续表

	岁解太仓库的盐银种类及数额	岁派各军镇的盐引数额及折合银价（及岁解军镇银额）
长芦盐运司	余盐银：12 万两	宣府 7.5525 万引，大同 3.7376 万引，苏州 6.7906 万引，总计 18.0807 万引，每引价银 0.2 两 以上总计银额：3.61614 万两
山东盐运司	余盐银：5 万两	辽东常股盐 4.25 万引、存积盐 0.5 万引，山西神池等堡常股盐 4.361 万引、存积盐 0.5 万引，总计 9.611 万引，每引价银 0.15 两 以上总计银额：1.44165 万两
福建盐运司	银：2.22001 万两	泉州军饷银 0.2344 万两
河东盐运司	票税银：0.43959 万两	宣府镇银 7.6778 万两，大同代府禄粮银 4.3113 万两，山西布政司抵补民粮银 7.4259 万两 总计银额：19.415 万两
陕西灵州盐课司	缺页	缺页
广东海北盐课二提举司	缺页	缺页
四川盐课提举司	缺页	缺页
云南黑白安宁五井，盐课四提举司	盐课银：3.554737 万两（遇闰该银：3.852897 万两）	无
小计①	解太仓银：97.2143 万余两	折合白银：74.14767 万两
总计	171.36197 万两	

据《古今鹾略》，岁入太仓库余盐银在万历六年的定额如下：

两淮……万历六年亦仍弘治岁办小引盐 70.518 万引……岁解

---

① 按，此行总额系据表中各项数据合加而成，与前述《万历会计录》中所载数额有差距，尤其是输往各边镇的银额，本表计算结果 74 万余两与该书所称的 30 余万两差距悬殊，具体原因待考。

太仓余盐银 60 万两；

　　两浙……万历六年亦仍弘治岁办小引盐 44.4779 万引……岁解太仓余盐银 14 万两；

　　长芦……万历六年亦仍弘治岁办小引盐 18.08 万引……岁解太仓余盐银 12 万两；

　　山东……万历六年岁办小引盐 9.611 万引（弘治为 28.4124 万引）……岁解太仓余盐银 5 万两；

　　福建……万历六年岁办大引盐 10.434 万引……岁解太仓银 2.22 万两，泉州军饷银 0.2344 万两；

　　河东……万历六年岁半小引盐 62 万引，岁解太仓银 0.4395 万两，宣府镇银 7.6778 万两，大同代府禄粮银 4.3113 万两，山西布政司抵补民粮银 7.4259 万两；

　　陕西灵州盐课司……万历六年岁办盐 1257.7668 万斤，岁解宁夏镇年例银 1.3242 万两，延绥镇年例银 1.3714 万两，固原镇客兵银 0.2059 万两，固原军门犒赏银 0.712 万两；

　　广东盐课提举司……万历六年岁办广东小引生、熟盐、海北正耗盐 7.7316 万引，岁解太仓银 1.1178 万两，存留银 0.479 万两；

　　四川盐课提举司……万历六年岁办盐 986.114 万斤……岁解陕西镇盐课银 7.1464 万两；

　　云南四提举司……万历六年岁办盐 183.79 万斤……岁解太仓盐课银 3.5547 万两。①

　　万历四十四年，户部尚书李汝华对纳往太仓库及输往边镇的盐法岁入预算银额开列如下："国家财富，所称盐法居半者，盖岁入止四百万，半属民赋，其半则取给于盐策。两淮岁解六十八万有奇，长芦十八万，山东八万，两浙十五万，福建二万，广东二万，云南三万八千，各有奇。除河东十二万及川、陕盐课，虽不解太仓，并其银数，实共该盐

---

① （明）汪砢玉：《古今鹾略》卷 4，四库全书存目丛书，史部，第 275 册，第 557—560 页。

课银二百四十余万两。① 又各边商所中盐粮银，淮、浙、芦东，共该银六十余万两。总盐课、盐粮二项，并旧额、新添计之，实有二百余万之数。"② 现据此制表表3-5。

表3-5　　　　　　万历后期国家盐法额定岁入情况

	解往太仓库的盐课银额	解往边镇的盐课银额	边商所中盐粮银额
两淮	68万两		淮、浙、芦东：60余万两
两浙	15万两		
山东	8万两		
长芦	18万两		
福建	2万两		
广东	2万两		
云南	3.8万两		
河东		12万两	
四川、陕西		无数据	
小计	116.8万两		60万两
总计	200余万两		

万历初年，太仓库余盐等银预算岁入额为100万两左右，到万历四十四年，太仓库余盐等银的预算额又稍有增长，达到116.8万两。需要强调的是，上表中岁入银数只是制度规定的预算额定数。自万历中后期至天启、崇祯，太仓库岁入的逋欠情况日益严重，其盐课实际收入自然也逐步缩减。万历三十一年，时任户部尚书赵世卿指出，矿税之使分割太仓库盐课收入及增立超单的行为导致盐法阻坏。③ 万历三十四年夏至万历三十五年春，太仓库盐课收入"两淮课额欠至一百余万，长芦欠至十八万余，山东欠至七万余"。④ 到万历四十七年，仅宣府一镇，"长芦、山东二运司经解太仓转发宣镇盐课欠银三十三万九千七百九十两八

---

① 按，此处当为140万两。——笔者
② 李汝华：《附户部题行十议疏》，见陈子龙等编《明经世文编》卷474，第5203—5204页。
③ 赵世卿：《司农奏议》卷3《经用匮乏有由疏》，续修四库全书本，第187页。
④ 《明神宗实录》卷439，万历三十五年十月庚申。

钱七分五厘"。① 天启、崇祯年间,"两淮盐运司……岁额办小引盐七十万五千一百八十引,岁解太仓正杂课银六十八万二千四十两一分零,增新饷二十一万两"。②

崇祯初年,全国各盐运司及提举司解纳户部的预算盐课银额再次提升至 220 万两左右,"除旧额约一百二十万及先年加增辽饷不满三十万外",又累增新税"计不下七十万"。③ 但因逋欠严重,崇祯十六年,户部"关税、盐课、仓助共完过六十八万九千四百两零,未完二百六十五万四千四百两零",④ 即仅实际收到预算额的 20.6% 而已。

第三节 地方财政与太仓库的收入

一 地方财政盈余与太仓库的收入

明代财政理念中有很浓重的以财政储蓄预防突发事件的忧患意识,所以无论是中央财政还是地方财政,都存在着对一定财政储备量的追求。明代中期以后,太仓库中经常会有一种比较特殊的收入,就是对地方财政盈余甚至地方财政开支所需银款的挪用。之所以说它比较特殊,是因为这类收入的实质是将从中央到地方的财政体系的弹性空间给压缩掉了,是对整体财政体系的一种具有危害性的做法。因此,这种做法一方面被纳入体制之内,另一方面,它在暂时缓解太仓库压力的情况下,却逐步地形成对国家财政体系的解构。

嘉靖二十五年七月,面对收入日减、开支日增的财政窘境,户部尚书王杲提出 10 条关于国家财用的建议,其中最重要的一条就是通查各省物产,除存留地方开支所需之外,其余的地方财政收入或者盈余都要起解太仓库:

---

① 《明神宗实录》卷 588,万历四十七年十一月己酉。
② (清) 顾炎武:《肇域志》卷 1,续修四库全书,史部,第 586 册,第 560 页。
③ 毕自严:《石隐园藏稿》卷 2《度支山东司奏议序》,第 409 页。
④ 倪元璐:《倪文贞奏疏》卷 11《阁部最要事宜疏》,文渊阁四库全书,第 1297 册,第 314 页。

户部尚书王杲言：天下财赋日以灾伤告减，岁用粮饷又视昔倍之，供亿不继，深为可虞，乃条陈制财用十事……一，通计各省物产登耗以定赋之繁简，除有王府分封派征禄粮外，其四川、浙江、福建、广东、云南行各抚按官督同三司查勘该省额派钱粮及折放俸廪、月粮等项，具列实数，除存留彼处用外，余皆起解太仓，以补岁用不足之数……一，行云南、四川巡按御史查盘司府贮库盐课、赃赎等银，各速起解以助边饷……奏入，得旨……如议行。①

嘉靖二十七年正月，户部因兵费递增而奏准征解地方财政收入或库存银的若干措施，比如，除河南等三省之外，各省每年都需在原有赋税体系之外上解可供国用的其他财政收入，巡抚等所收赃罚银、浙江地方库存银、山东香税、河东陕西余盐银等都需解纳太仓库：

户部以兵费岁增、内帑日诎条上理财事宜……一，福建、广东岁纳寺租、香课、赎金、羡余、屯粮各九万两，而他省独无，宜责之巡按御史清理，凡常供外，可裨国用者岁一奏献如闽广例，惟河南以藩禄匮乏，山西、陕西以被边多故免；一，浙江奏报见贮银一百二十五万有奇，可遣官督运，勿以不急之费概留；一，湖广诸省山林隙地、芦洲湖陂及税课司局之税没入王府者宜还官；一，各巡抚及各差御史赎金，有诏令解用，而奉行者少，宜再申谕，毋为贪墨吏所侵匿；一，河南司府所贮修河银多赢余者，宜以二分存留疏浚，一分运助军饷……一，临、德二仓积银二十余万，请令德州以三万、临清以十三万及泰山香税自本省官吏俸给外悉解太仓；一，河东、陕西余盐自正德五年至嘉靖二十五年未支者二十六万余引，未帖场者三十五万余引，原不在藩禄军饷之数，宜遣官清查，召商易银解部……疏上得旨：贮库、赃罚、无碍银及河东余盐俱令抚按巡盐查解，不必遣官，泰山香税行抚臣勘奏……余俱如议。②

---

① 《明世宗实录》卷313，嘉靖二十五年七月丁卯。
② 《明世宗实录》卷332，嘉靖二十七年正月壬寅。

第三章 明代太仓库收入制度演变 | 149

嘉靖四十一年七月，户部在集议理财措施时，再次禁止地方巡抚任意奏留应解纳太仓库的赋税，且奏准将部分南京水夫工食银、河南库贮河夫银解部接济边饷：

> 癸巳，户部奉旨集廷臣议上理财十四事……一，杜奏留。嘉靖三十七年，本部会议所取在外各项银两，专为济边而设，各巡抚乃一概奏留，殊失初意，自后宜勿许；一，议补助。各处解额原系正费，近奏留既多，则正费自不能盈，宜查取南京江、济二卫水夫每年工食银十分之六，仍岁征河南库贮河夫银五万两，以补不足……疏入，上允其议。①

嘉靖四十一年十月，除了再次催征各省直地方额派钱粮等项银两外，户部还覆准将南直隶、河南留用地方的马匹银、应天府广积库部分里书银、各处提编均徭逋欠银解纳太仓库接济边饷：

> 户部尚书高耀亦覆言兵食当议处者八事：一，南直隶、山东岁解马匹银，每匹银三十两及给发各边每马止发银十二两，尚留十八两，乞改送太仓银库发边，充买马、牧马之用……一，应天府广积库见有后湖里书银五万六千六百余两，除里书工食、纸张、存留银一万五千外，其余应解部济边；一，各处提编、均徭银逋欠数多，乞严追解部……一，督催各处应解赃罚；一，裁省驿递银，定限每年于上半年完解，毋许延缓……疏入，俱允行。②

隆庆元年六月，户部奏准将福建盐折等25万两抗倭银解纳太仓库：

> 户部言福建每年额征盐折、屯折、粮剩、仓折、盐粮、料钞、鱼课、酒税并应解事例、扣减弓兵、驿递、寺租、科举、赃罚等银约二十五万，自嘉靖三十六年至四十三年以倭乱兵兴留为兵饷不复

---

① 《明世宗实录》卷511，嘉靖四十一年七月癸巳。
② 《明世宗实录》卷514，嘉靖四十一年十月癸酉。

起解。其后抚按往往请留，今倭寇既宁，供亿渐减，请征太仓……从之。①

万历元年十二月，户部尚书王国光奏准，命各省将每年的岁出入及库存、盈余等上报户部，户部依据这些奏报通融会计以便支用：

> 己酉，户部尚书王国光奏……窃谓欲国储之充裕，莫先于核存留之额数。乞行各直省照每年所报岁入、岁用文册磨算明白，立限解部，旧额若干、支用若干、余剩若干、本折色见贮仓库若干、拖欠若干，与部中老册相对明白。臣等通融会计以后，专备本处各正项支用。其余剩者解送京库济边，未完分数照新例参究。报可。②

万历四年，户部进一步规定，各省每年的财政盈余要解纳户部五分，其余五分留存地方。不过，大部分省份对此规定的执行并不积极，仅有少数地方官员按照户部的要求进行了奏报与解纳：

> 户部言……本部原题意不在搜括，祗因各地方有事辄请内帑，而小民惟正之入反任其乾没，国计民生两无赖也。今除积剩五分解部外。其存留五分……遇有缓急奏请动支。若积贮数多，地方无事，听本部酌量取用，抚按官年终仍将积过余银造册送部，以便稽查。得旨：各处存留税粮原当查核实数，严杜侵欺，积有赢余以备本地方缓急。近抚按官不体此意，朦胧奏报，惟孙丕扬、贺一桂留心民务，查覆精详，其解部并存留悉如部议。先年拖欠俱免追征，积过余银造册报部，仍入查盘。通行各抚按知之。③

从万历中期开始，各地方财政储蓄渐呈枯竭之势，从万历元年到万历十七年，浙江的库存额从 80 万一路下降至不足 10 万，除了四川外，

---

① 《明穆宗实录》卷9，隆庆元年六月丙申。
② 《明神宗实录》卷20，万历元年十二月己酉。
③ 《明神宗实录》卷47，万历四年二月辛卯。

其他如广东、山东、云南等省的地方财政储备也都不容乐观：

> 天下府库莫盛于川中。余以戊子（万历十六年）典试于川，询之藩司，库储八百万，即成都、重庆等府，俱不下二十万，顺庆亦十万也。盖川中俱无起运之粮而专备西南用兵故。浙中天下首省，余丁亥（万历十五年）北上，滕师少松为余言："癸酉（万历元年）督学浙中，藩司储八十万，后为方伯，止四十万，今为中丞，藩司言，今不及二十万矣。"十年之间，积储一空如此。及余己丑（万历十七年）参藩广右，顾臬使问自浙粮储来，询之，则云，浙藩今已不及十万藏也。广右亦止老库储银十五万不启，余止每岁以入为出耳。余甲午（万历二十二年）参藩山东，藩司亦不及二十万之储。庚辰（万历八年）入滇，滇藩亦不满十万，与浙同，每岁取矿课五六万用之。①

也正是从这一阶段开始，户部开始频繁催解地方财政储备以增加太仓库的收入。万历十八年七月，户部因为太仓库银不足以发放边镇年例银，奏准动用广东存积银："户部以太仓年例缺乏，议动广东存积银一十五万两解京以备九边支用，从之。"② 该月，户部还奏准将无灾地方的缺官柴马银起解以接济边饷，将原议免派的民壮银重新起解济边："户部奏言，各省直缺官柴马等银，有灾地方存留抵补，无灾者不得一概议留以滋侵渔。又言，近议免派民壮等银，有豁之名，无豁之实，宜令清核起解，以济边需。报可。"③ 云南留用十余年的赃罚、矿课银也在该月被命起解户部："户部奏言，云南赃罚、矿课二银原为济边之需，后因莽酋猖乱，权留给军，已十年有余。今该省号称宁谧，宜将前二项银分别征解。仍敕以后非军情大事，不可动辄议留。从之。"④

万历三十七年十一月，户部因京边军饷匮乏而奏准将两淮运司积余

---

① （明）王士性：《广志绎》卷1《方舆崖略》，吕景琳点校，中华书局1981年版，第4—5页。
② 《明神宗实录》卷225，万历十八年七月庚子。
③ 《明神宗实录》卷225，万历十八年七月庚子。
④ 《明神宗实录》卷225，万历十八年七月庚子。

银起解 2/3："户部赵世卿以京边匮极、设处计穷，条边饷四事：一两淮运司见积余银二十五万五千有奇，应取解三分之二……依议行。"①

万历四十六年五月，为措处辽饷，户部奏准查解各地兵壮工食、催征逋欠的解京钱粮，同时广泛搜罗各地方可挪、可用的余银、存银：

> 时辽饷缺乏，户部疏请……查催各省直应解部银六款……一，各处兵壮工食，议每十名抽扣三名解部协济……一，江西道御史薛贞称，任邢台时库贮有备倭兵饷千余两，按苏松时有备倭饷银万余两，各省各县可知，处处搜括皆现在实数，可备一时之急；又先年东征，各省直有裁扣衙门各项工食及节省公费别派等项银两，事平未复，所当查明起解以佐军兴……各省直一应库贮如条鞭之积存，各卫所仓粮之支剩，抚按司道府州县之盈余，监兑及各省题裁官员各役公费，西北之开荒备边、东南之新垦编派，闽广海田之额外没官之赃罚，粤东之久裁巡抚赃罚，上元等县之余盐银两，吴中之修河余银，各处桥梁税厂之浮羡，诸如此类总属无碍，除留备地方水旱外，亦当酌解十分之五六以助军需……上曰……俱依款行。②

万历四十七年七月，为筹措辽东新饷，户部奏准查核各府州县有在库银两者即命其起解一半入京，其他如查解先年征倭银等措施也都遵旨即速实行：

> 户部言，辽事万分危急，军需万分难支，谨陈十议以备接济：查得各省直钱粮，除起存正额外，除北直滑县有屯积银，南直安庆府有操江银……推而论之，各处在库想亦皆有，合无……将该府州县循环簿遍行吊查，凡有如前等项在库银两俱摘出一半，起解到京，以备辽饷，一半留地方之用……一议查先年征倭存留银，一议酌文武职官优免银，一议借举人进士牌坊银，一议查辽东先年备赈银，一议解湖广木税银，一议查各省房税银，一议清各卫所屯田

---

① 《明神宗实录》卷464，万历三十七年十一月乙未。
② 《明神宗实录》卷570，万历四十六年五月癸丑。

银，一议找各省寺田银……一议画各省捐助银。得旨，所奏诸款有裨新饷，依议作速举行。①

天启之后，明政府搜括地方财政盈余的做法大大减少，虽偶一为之，实际效果如何则很难说了。比如，天启七年四月，熹宗命催解各省直捐助、搜括等银217万余两："甲子，敕催解各省直捐助、搜括等银二百一十七万八千四百有奇，勒限解部。"② 不过，这样一大笔银额，以当时的现状而言，是很难如额征收上来的。

综上所述可以看出，嘉靖中期以后，因边费开支的增长而出现的财政困窘是户部不断将地方财政盈余或者库存银收入太仓库的根本原因。万历初年，户部曾对地方财政状况进行统计并命令各地方政府将其岁盈余额的50%上缴太仓库，然而实际奉行的省份却很少。万历中期以后，地方财政储备日渐枯竭，而与此同时，户部对地方财政的搜括也逐步频繁起来。天启以后，户部此类收入大为减少，主要原因恐怕还在于地方财政的匮竭。由于明代财政理念中有很浓重的以财政储蓄预防突发事件的忧患意识，所以无论中央财政还是地方财政，都追求一定的仓、库储备量。户部将各类地方财政盈余改划太仓库的做法实质上是对原有财政体系的改革，并极大地压缩了整个财政体系的弹性应急空间，是迫于不断攀升的北边军事开支之压力的无奈之举。

二　民运银与太仓库的收入

万历初期，太仓库收入方面的最重要的发展是户部奏准将部分原本由地方政府直接征解至北方边镇的民运银改为解送至太仓库，之后再由太仓库转发各相应军镇。这样做的好处是当各地方政府的民运银出现征解不及时等问题的时候，户部可以通过调配其他白银收入的方式使北边军镇获得必要的军饷资助。最重要的是，通过将部分民运银改征太仓库，户部获得了加强对地方赋税征收的监管和控制的权力，并在实际操作程序方面得到了制度保证，从而使得太仓库的财政权力在嘉靖、隆庆

---

① 《明神宗实录》卷584，万历四十七年七月乙酉。
② 《明熹宗实录》卷83，天启七年四月甲子。

时期的发展基础之上进一步集中化。

万历元年，山东、河南应纳往蓟州镇、永平镇、密云镇、昌平镇的民运银改解太仓库转发各镇。蓟州镇，"万历元年……一议……河南、山东民运银共伍万贰千捌百柒拾余两，行令征解太仓照数发边，本部覆准"。① 永平镇，"万历元年阅视侍郎汪道昆题将山东、河南民运银尽数催解太仓转发该镇，尚书王国光覆准"。② 密云镇，"万历元年又将河南、山东折银改解太仓转发"。③ 昌平镇，"本镇……山东、河南民运银壹拾壹万叁千柒百肆拾陆两伍钱零，万历元年改解太仓转发。"④

万历六年，山东布政司与盐运司额解辽东的民运银14万余两改解太仓库转发："山东布、运二司额解辽东民运银共一十四万七千一百一十余两，自万历七年为始，将万历六年分应解银两改兑太仓解发该镇。仍行山东抚按等官，以后应解该镇银两照数严催补解太仓，勿得延缓拖欠致亏内帑岁入之数。"⑤

万历八年，山东、河南应纳往易州镇的民运银全部改解太仓库转发该镇。⑥ 万历九年，畿府应交纳易州镇的钱粮全部改解太仓库转发该镇。⑦ 这样，到万历十年左右的时候，太仓库每年要接收85万余两的民运银，⑧ 这在太仓库的岁入银额中占据了相当重要的份额。

三 各地区缴纳太仓库岁额

有关各省直地方应交往太仓库的银额，较早的详细记载可见于《太仓考》，下文特据此制表3-6所示。第一，在该书中，北直隶顺天等8府和南直隶应天等14府、徐州等4州交纳太仓库的银数都分别予以记录，因此表3-6也将南北直隶各府、州交纳太仓库的情况一一单

---

① （明）张学颜等：《万历会计录》（下）卷18《蓟州镇饷额》，第696页。
② （明）张学颜等：《万历会计录》（下）卷19《永平镇饷额》，第729页。
③ （明）张学颜等：《万历会计录》（下）卷20《密云镇饷额》，第741页。
④ （明）张学颜等：《万历会计录》（下）卷21《昌平镇饷额》，第758页。
⑤ （明）刘斯洁：《太仓考》卷7《边储》，第804页；又见张学颜等：《万历会计录》（上）卷17《辽东镇饷额》，第699页。
⑥ （明）张学颜等：《万历会计录》（下）卷22《易州镇饷额》，第782页。
⑦ （明）张学颜等：《万历会计录》（下）卷22《易州镇饷额》，第782页。
⑧ （明）张学颜等：《万历会计录》（上）卷1，第22页。

第三章　明代太仓库收入制度演变 | 155

独列出。第二，表3-6的银额只取到个位"两"，其后的"分""钱""厘"等数额全部省略。第三，各省直或府州的商税银除浙江布政司的商税银包括了北新钞关的收入之外，其余地区的商税银与构成太仓库收入重要份额的河西务、临清、浒墅、九江、淮安、扬州各钞关无关，因此表3-6依据该书卷9之2中对太仓库总收入类别及数额的说明，将上述6钞关及崇文门、张家湾的船料银或商税等银列出。第四，该书只列出了11个布政司，依据该书，贵州布政司和陕西布政司不向太仓库交纳任何种类或数额的白银。第五，虽然该书详细开列了"京卫屯、牧地增银"中各卫交往太仓库的银额，然而因为表格空间所限，表3-6只将各卫的屯、牧地增银总额算出，而不再详细开列各卫的名称和具体数额。

相对于《太仓考》而言，《万历会计录》对各省直地区缴纳太仓库的款项和银额的记载和说明要详细得多。本节依据《万历会计录》将各省直府州及各卫缴纳太仓库的款项及银额列表如表3-7所示，在此对表3-7的制作和内容安排予以说明。首先，在各府、州、卫所的行政归属问题上，《万历会计录》给予了准确记载。依据明代官制，浙江、江西、湖广、陕西、广东、山东、福建、河南、山西、四川、广西、贵州、云南十三司除了掌管各自分省事务外，还要兼领两京、直隶贡赋及各卫所禄俸等事："十三司各掌其分省之事，兼领所分两京、直隶贡赋，及诸司、卫所禄俸，边镇粮饷，并各仓场盐课、钞关。"① 具体说来，"凡宗室、勋戚、文武官吏之廪禄，陕西司兼领之。北直隶府州卫所，福建司兼领之。南直隶府州卫所，四川司兼领之。天下盐课，山东司兼领之。关税，贵州司兼领之。"② 《万历会计录》的记载与上述说法正相符，依据该书，福建清吏司除了掌管福建布政司的赋税外，还兼领北直隶顺天府、永平府、保定府、河间府、真定府、顺德府、广平府、大名府及其各府卫的赋税，③ 四川清吏司则掌管四川布政司、南直隶应天等13府、徐州等四州及在京府军后卫等卫所的赋税。④ 不过，

---

① （清）张廷玉等：《明史》卷72，第1741页。
② 同上书，第1744页。
③ （明）张学颜等：《万历会计录》（上）卷1，第29—40页。
④ 同上书，第51—65页。

表 3-6 《太仓考》中各省直地方岁入大太仓库银额情况①

府								
顺天府②	人丁丝桑丝折银2507两余	派剩麦米折银3596两余	惜薪司糯米折绢银21两	鹅房粟谷100石	安仁北新草场草折银1049两余	银库草折银9483两	户口盐钞银1959两	赃罚银6574两
永平府③	人丁丝折绢银122两	香火地土银25两	商税银120两					
保定府④	人丁衣桑丝折绢银1936两	派剩麦米折银360两	银库草折银15558两余	户口盐钞银900两	赃罚银4000两	商税银390两	京五草场草折银2754两余	
河间府⑤	人丁衣桑丝绢折银1821两	派剩麦米折银1482两	外鹅房菊秫116石	银库草折银9991两	京五草场草折银2656两余	商税银1273两	户口盐钞银507两	
真定府⑥	人丁衣桑丝绢折银9961两	派剩麦折银991两余	商税银1144两余	京五草场草折银2156两	巡按赃罚银5000两	银库草折银23970两	户口盐钞银1238两余	

① (明)刘斯洁等：《太仓考》卷9之3至卷9之4，第835—844页。所引数额保留到"两"。
② 按，总计2.5189万两。
③ 按，总计217两。
④ 按，总计2.5898万两。
⑤ 按，总计1.773万两。
⑥ 按，总计4.446万两。

第三章 明代太仓库收入制度演变 | 157

续表

顺德府①	人丁衣桑丝绢折银 1330 两余	派剩麦米折银 1499 两余	商税银 126 两余（万历二年解数）	户口盐钞银 722 两余	安仁坊西城北新三场草折银 966 两	银库草折银 7821 两余
广平府②	人丁衣桑丝绢折银 2208 两余	派剩麦米折银 741 两	京五草场草折银 2555 两	银库草折银 16658 两	户口盐钞银 1335 两余	
大名府③	人丁衣桑丝绢折银 5805 两余	派剩麦米折银 2845 两余	京五草场草折银 2859 两余	银库草折银 49161 两余		
应天府④	草折银 9237 两	派剩米折银 14329 两	民壮银 1680 两	弓兵银 458 两余	脏罚银 19926 两余	商税银 200 两
安庆府⑤	衣桑丝绢折银 247 两	派剩米折银 302 两余	黄腊折银 459 两余	富户银 40 两	商税银 355 两余	马草折银 3780 两	户口盐钞银 550 两余	民壮银 1560 两	弓兵银 813 两

① 按，总计 1.2464 万两。
② 按，总计 2.3497 万两。
③ 按，总计 2.067 万两。
④ 按，总计 4.553 万两。
⑤ 按，总计 8106 两。

续表

府	民壮弓兵银	派剩米折银	府部等衙门并神乐观俸米	公侯驸马伯禄米折银	阔白棉布折银	草折银	户口盐钞银	巡按赃罚银/黄腊折银/鱼课银/富户银/民壮弓兵银/防夫银/民壮银/弓兵银	黄腊折银
苏州府[1]	5503 两[2]	26420 两余	神乐观俸米 21399 石[3]	公侯驸马伯禄米折银 6578 两余	阔白棉布折银 15000 两	草折银 10500 两	户口盐钞银 5598 两余	巡按赃罚银 5000 两	黄腊折银 1181 两余
松江府[4]	派剩米折银 19213 两余		府部等衙门并神乐观俸米 15727 石[5]	公侯驸马伯禄米折银 12667 两余	富户银 45 两	草折银 6600 两	户口盐钞折银 774 两余	黄腊折银 644 两余	民壮弓兵银 500 余两[6] 鱼课银 557 两余
常州府[7]	丝棉衣桑绢折银 1328 两余	派剩米折银 15858 两余	府部等衙门俸米 6960 石[8]	公侯驸马伯禄米折银 5506 两余	阔白棉布折银 3000 两	草折银 15932 两余	户口盐钞银 3465 两余	黄腊折银 820 两余	富户银 37 两余[9] 民壮银 4219 两 防夫银 120 两 弓兵银 502 两余[10]

① 按，总计 8.0183 万两。
② 按，奏留江防，（万历）七年解部。
③ 按，内折色二分，该银 4403 两。
④ 按，总计 5.0867 万两。
⑤ 按，内折色二分，该银 3253 两。
⑥ 按，奏留江防，（万历）七年解部。
⑦ 按，总计 5.2298 万两。
⑧ 按，内折色二分，该银 1511 两余。
⑨ 按，万历三年解数。
⑩ 按，二项奏留江防，（万历）七年解部。

续表

镇江府①	派剩麦米折银503两	丝棉农桑丝绢折银153两余	草折银2130两	户口盐钞银305两余	黄腊折银477两余	富户银30两	民壮弓兵等银1762两②		
庐州府③	农桑丝绢折银481两	派剩麦209两	草折银1500两	黄腊折银459两余	户口盐钞银740两余	富户银98两	巡按赃罚银7000两	民壮银3270两余	弓兵银561两余
凤阳府④	派剩麦米折银720两	税丝农桑绢折银1690两	草折银3540两	黄腊折银509两余	户口盐钞银1868两	富户银36两	巡抚赃罚银2000两	民壮弓兵防夫快手共银5393两	
淮安府⑤	派剩麦米折银867两	农桑丝绢银1023两	草折银7110两	户口盐钞银1990两	黄腊折银494两余	民壮银3216两余	弓兵银1212两	防夫银532两	
扬州府⑥	农桑丝绢折银589两余	草折银6180两	黄腊折银509两余	户口盐钞银1465两余	富户银100两	民壮银2847两	弓兵银1095两余	快手银734两余	

① 按，总计5360两。
② 按，奏留江防，（万历）七年解部。
③ 按，总计1.5052万两。
④ 按，总计1.5756万两。
⑤ 按，总计1.6444万两。
⑥ 按，总计1.2785万两。

续表

府							
徽州府①	派剩麦米折银2165两余	户口盐钞银785两余					
宁国府②	派剩米折银2122两余	草折银17100两	黄腊折银524两余	户口盐钞银1140两余	富户银46两余	民壮弓兵银2219两余	
池州府③	税丝农桑丝绢折银150两余	派剩麦米折银4370两余	草折银1860两	户口盐钞银227两余	商税银74两余		
太平府④	派剩麦米折银917两	丝绵绢折银71两余	草折银6900两	黄腊银524两余	户口盐钞银308两余	富户银78两	商税等银285两余
广德州⑥	派剩米折银155两	草折银6938两余	户口盐钞银1682两余	民壮银388两余	弓兵银44两余⑦	鱼课银117两余	快手弓兵银297两⑤

① 按，总计2950两。
② 按，总计2.3151万两。
③ 按，总计6681两。
④ 按，总计9497两。
⑤ 按，奏留江防，(万历)九年解部。
⑥ 按，总计9207两。
⑦ 按，二项奏留充饷，(万历)九年解部。

续表

徐州①	税丝农桑丝绢折银3894两	草折银1500两	户口盐钞银1029两余	民壮银1670两余	弓兵银64两余	历日银10两
滁州②	派剩米折银27两	农桑丝绢折银152两	草折银330两	户口盐钞银105两余	民壮银446两余	弓兵银28两余
和州③	派剩米折银33两	农桑丝绢折银69两	草折银330两	户口盐钞银109两余	民壮银655两余	弓兵银172两余
浙江布政司④	丝绵绢折银704两余	马草折银18000两	派剩米折银28200两余	盐钞银1152两余	黄白蜡折银15217两余	富户银1044两	历日银900两	赃罚银6700两	商税银70761两余⑤

① 按，总计8167两。
② 按，总计1088两。
③ 按，总计1366两。
④ 按，总计14.2678万两。
⑤ 按，万历六年解数，内有北新关银4万两。

续表

山东布政司[1]	人丁农桑丝绢折银 27978 两余	派剩麦米折绢折银 24010 两余	京五草场草银 14170 两	银库草折银 69900 两余	蓟密永昌辽东五镇民运改解银 331403 两余	户口盐钞银 13966 两余	黄蜡折银 3089 两余	泰山顶庙香银约 20000 两	赃罚银 34200 两	商税银 8861 两余	各盐运司、提举司余盐、盐课、盐税银共 981659 两[2]
河南布政司[3]	派剩麦米银 17031 两余	税丝农桑丝绢折银 16185 两余	棉布折银 7500 两	京五草场草折银 20297 两余		黄蜡折银 3089 两余	户口盐钞银 2962 两余	蓟永昌密四镇民运改解银 192398 两余	赃罚银 10400 两余	民壮银 1 万零 101 两	弓兵银 2158 两余	防夫银 2661 两
江西布政司[4]	派剩米折银 49345 两余	苎布折银 445 两余	黄白蜡折银 11396 两	商税银 3295 两余	鱼课银 1480 两	赃罚银 8000 两	历日银 500 两	盐税银 2 万余两	富户银 960 两	机兵银 2 万两	
湖广布政司[5]	派剩米折银 26721 两余	黄白蜡折银 12637 两余	商税银 1500 两	渔课干鱼银 2817 两余	富户银 398 两	赃罚银 20800 两	历日银 1091 两余				改折月粮银 11170 两

[1] 按，总计 152.9241 万两。
[2] 按，因为表格容量有限，故只在表格中计算出盐课总数。具体地说，长芦运司余盐银 12 万两，两淮运司余盐银 60 万两，两浙运司余盐银 5 万两，福建运司余盐银 22200 两，河东运司盐税票银 2031 两，广东海北二提举司盐课银 11178 两，云南提举司盐课银 35700 两，顺天府通州盐税银 550 两。
[3] 按，总计 30.8661 万两。
[4] 按，总计 12.6591 两。
[5] 按，总计 65964 两。

续表

福建布政司①	黄白蜡折银2393两余	屯粮折银19920两			赃罚银6000两	
山西布政司②			农桑丝绢折银676两余			
四川布政司③				富户银64两		
广东布政司④	白蜡折银5040两				黄蜡折银1260两	赃罚银5600两⑤
广西布政司⑥						赃罚银1800两

① 按，总计28313两。
② 按，总计676两。
③ 按，总计64两。
④ 按，总计11900两。
⑤ 奏留买办香品，（万历）八年以后解部。
⑥ 按，总计1800两。

续表

云南布政司①	赃罚银8000两			
京卫屯、牧地增银	总计16109两余②			
关税③	崇文门宣课分司商税银16062两余，司商税银2479两余，铜钱1887万7716文，铜钱288万7762文，猪口牙税银2429两	河西务钞关年约解船料银8千余两，每年商税银4千余两④，船铺户经纪牙税银4千余两	临清钞关年约解折色船料商税银83800余两	浒墅钞关年约解折色船料银39900余两	九江钞关年约解折色船料银15300余两	淮安钞关年约解折色船料银2.27万余两	扬州钞关年约解船料银12900余两
总计	290.4975万两			

① 按，总计8千两。
② 按，因表格空间有限，故此只计入总数，各卫详细数额见《太仓考》卷9之5，第844—846页。
③ 按，该表中浙江布政司商税银额中已经北新关收入额计算在内，故此处不再开列。总计13368两。
④ 按，万历八年新增约28100余两，见《万历会计录》（上）卷1，第72页。

第三章　明代太仓库收入制度演变 | 165

表 3-7　《万历会计录》各省直地方岁入太仓库银额情况[1]

顺天府[2] 总计 4.11 万两余	人丁农桑绢折银 0.25 万两余	派剩麦米折银 0.38 万两余	惜薪司篦米折银 0.0021 万两	外鹅房仓粟谷 100 石	安仁北新西城三场草折银 1242 两	银库草折银 1.01 万两余	户口盐钞银 1959 两余	赃罚银 1.02 万两	各马房仓麦豆草折银 8867 两余	屯牧地增银 1183 两余[3]	易州麦绢豆草折银 1217 两[4]
永平府总计 267 两	人丁丝折绢银 122 两		香火地土银 25 两余	商税银 120 两							
保定府总计 5.88 万两余	人丁农桑绢折银 1937 两	派剩麦折银 360 两[5]			银库草折银 1.65 万两余	户口盐钞银 900 两余	巡抚赃罚银 5000 两	京五草场草折银 3756 两	各马房仓草折银 9962 两		易州米麦绢草折银 2.54 万两[6]

[1] （明）张学颜等撰：《万历会计录》卷 1，第 11—74 页。表格空间所限，小数点后仅保留两位。

[2] 按，总计北直隶顺天府八等及其各卫入太仓库 44.3148 万两白银。

[3] 按，其中武骧右卫屯地增银四十五两余，燕山左卫屯地增银六百九十三两余，晓骑右卫屯地增银一十四两余，留守后卫屯地增银一十七两余，茂陵卫屯地增银一百八十三两余，武成中卫题改解太仓转发。

[4] 按，万历九年题改解太仓转发。

[5] 按，每年派无定数。

[6] 按，万历九年题改解太仓转发。

续表

河间府总计3万两	人丁丝绢折银1821两余	派剩麦米折银3012两余①	外鹅房菊秋116石	银库草折银1万两余②	京五草场草折银3293两	商税银1273两余	户口盐钞银507两余	各马房仓麦豆草折银7056两③	易州镇麦米绢折银3203两④
真定府总计10.5万二十两	人丁农桑折银9961两	派剩麦米银991两余	各马房仓草折银1.17万两余	京五草场折银3236两	巡按赃罚银5000两	银库草折银2.51万两	户口盐钞银1238两余	易州麦米草折银4.8万两⑤	
顺德府总计2.21万两	人丁农桑丝绢折银1329两余	派剩麦米折银2201两余	各马房仓麦豆草折银4820两余	户口盐钞银722两余	安仁西城北新三场草折银1140两	银库草折银8777两余	易州麦米折银3125两余⑥		
广平府总计3.22万两	人丁农桑折绢银2208两余	派剩麦米折银346两余	京五草场折银2534两	银库草折银1.69万两余	各马房仓麦草折银7546两	户口盐钞银1335两余	易州镇布米折银1151两⑦		

① 按，每年派无定数。
② 同上。
③ 同上。
④ 按，万历九年题改解太仓转发。
⑤ 同上。
⑥ 同上。
⑦ 同上。

第三章 明代太仓库收入制度演变 | 167

续表

大名府总计8.43万两	人丁农桑米丝绢折银9274两余	派剩麦米折银5393两余	京五草场银库草折银2850两余	草折银4.97万两余	各马房仓麦豆草折银1.16万两	易州麦米花绒折银4721两，户口盐钞银813两①
各府卫② 总计6.86万两	太仓备边地银4.51万两	坝大等马房草场地银2.34万两				
应天府③ 总计3.82万两	草折银9237两	派剩麦米折银1.43万两	民壮银1680两余			
安庆府总计7380两	农桑折银247两	民壮弓兵银2373两	黄腊折银459两余	赃罚银1.3万两余	富户银40两	商税银331两余	草折银3780两	户口盐钞银550两余
苏州府总计6.8万两	派剩米折银1181两余	黄腊折银2.01万两余	公侯驸马伯禄米折银5895两余	阔白棉布折银1.5万两		草折银1.05万两	户口盐钞银5598两	巡按赃罚银5000两	府部等衙门并神乐观棒米折银4898两余

① 按，万历九年题改解太仓转发。
② 按，指顺天府、永平府、保定府、河间府、真定府、顺德府、广平府及大名府。这八府及其府卫由福建清吏司兼管。——笔者
③ 按，以下自南直隶应天府至太平府共14府及广德州、徐州、滁州、和州归四川清吏司兼管，总计南直隶岁入太仓年33.9493万两白银。

续表

府									
松江府总计4.9万两	派剩米折银1.88万两	府部等衙门并神乐观俸米折银3571两	公侯驸马伯禄米折银5909两	阔白棉布折银1.27万两余	富户银45两	草折银6600两	户口盐钞银774两余	黄腊折银640两余	
常州府总计4.87万两	丝棉农桑绢折银1328两	派剩米1.74万两	府部等衙门俸银1646两	公侯驸马伯禄米折银4934两余	阔白棉布折银3000两	草折米1.59万两余	户口盐钞银3465两余	黄腊折银820两余	防夫银120两
镇江府总计5297两	丝棉农桑丝绢折银153两	派剩麦折银440	草折银2130两	户口盐钞银305两	富户银30两	黄腊折银477两余			
庐州府总计1.6万两	农桑绢折银481两	派剩麦折银209两	草折银1500两	黄腊折银459两	富户银98两	户口盐钞银740两	民壮弓兵快手等银1762两	巡按赃罚银8000两	民壮弓兵快手等银4566两
凤阳府总计1.63万两	税丝农桑折银1691两余	派剩麦折银720两	草折银3540两	黄腊折银509两余	富户银36两	户口盐钞银1868两余	巡抚赃罚银2500两	民壮弓兵快手银5393两余	
淮安府总计1.52万两	农桑丝绢折银1023两余	派剩麦折银877两	草折银7110两	户口盐钞银1990两余	民壮防夫银3748两余	黄腊折银494两余			

续表

扬州府总计1.28万两	农桑丝绢折银589两	草折银6180两	户口盐钞折银1465两余	富户银100两	民壮弓兵银3979两
徽州府总计2594两	派剩麦米1809两	户口盐钞银785两余			
宁国府总计2.3万两	派剩米折银2005两	草折银1.71万两	黄腊折银524两余	户口盐钞银1140两余	富户银46两余	民壮弓兵银2219两余
池州府总计6167两	税丝农桑丝绢折银150两	派剩麦米折银3930两余	草折银1860两			
太平府总计1.07万两	丝棉绢折银915两	草折银6900两余	黄腊银524两余	户口盐钞银308两余	富户银78两	商税银285两
广德州总计9204两	派剩米折银95两	草折银6938两余	户口盐钞银1682两余	民壮弓兵银489两余		民壮防夫银1313两余	快手弓兵银297两

续表

徐州总计8168两	税丝农桑绢折银3894两	草折银1500两	户口盐钞银1029两余	民壮弓兵银1735两余	历日银10两		
滁州总计1114两	派剩米折银52两余	农桑绢折银152两余	草折银330两	户口盐钞银105两余	民壮弓兵银475两		
和州总计1326两		农桑绢折银69两余	草折银330两	户口盐钞银109两余	民壮弓兵银828两		
浙江布政司总计7.46万两	丝绵绢折银704两余	派剩米折银2.5万两余	马草折银1.8万两	盐钞银1153两余	黄白蜡折银1.5万两	吏承纳班银180两	屯地增银共422两余①
						赃罚银1.41万两	

① 按，其中义勇右卫屯地增银214两余，留守左卫屯地增银6两余，龙骧卫屯地增银67两余，康陵卫屯地增银135两余，见《万历会计录》（上）卷1，第23—24页。

第三章 明代太仓库收入制度演变 | 171

续表

	丝棉农桑丝绢折银	派剩麦米折银	京五草场草折银	银库草折银	蓟密永昌易辽东六镇民运改解银	盐钞银	黄蜡折银	泰山顶庙香税银	赃罚银	商税银	各盐运司盐等共余银	神乐观麦米折银	各马房仓麦豆草折银	屯地增银
山东布政司总计177万零2579两	3.8万两	1.74万两余	2.22万两	6.99万两余	555万两、解银44.3万两	1.4万两余	3089两余	约2万两	4.04万两	6千4百25两余	102万3千余两①	1千1百两余	7万2千6百两	484两余②
河南布政司总计54.4万两	税丝农桑丝绢折银1.6万两	3.69万两余	棉花折银7500两	2.28万两余	户口盐钞银2962两余		黄蜡折银3089两余	蓟永昌密四镇民运改解银19.3万两、镇麦豆米易州银13.8万两③	1.3万两	民壮弓兵银1万1千余两	兑军扣留银1万余	防夫银2千6百49两\1两余	6两余、日银715两	牧地增银735两余④

① 按,因为表格容量有限,故只在表格中计算出盐课总数。具体地说,长芦运司余盐银14万两,两浙运司余盐银60万两,两淮运司余盐银14万两,山东运司余盐银5万两,福建运司余盐银22200两,河东海北二提举司盐税票银4395两,广东海北二提举司盐课银35547两,江西盐税银20000余两,顺天府通州盐牙税银555两,见《万历会计录》(上) 卷1, 第43页,云南提举司盐课银11178两。
② 按,锦衣卫屯地增银8两余,大宁中卫屯地增银119两余,大宁前卫屯地增银357两余,见《万历会计录》(上) 卷1, 第43页。
③ 万历九年改解太仓转发。
④ 按,其中燕山右卫屯地增银295两余,牧地增银7两余,牧地增银33两余,府军前卫屯地增银288两余,大兴左卫屯地增银6两余,裕陵卫屯地增银77两余,牧地增银24两余,直隶潼关卫蒲州守御千户所屯粮银5两余,牧地增银5两余,见《万历会计录》(上) 卷1, 第47-48页。

续表

陕西布政司[1]总计624两余	屯地增银624两[2]					
江西布政司总计14.6万两	派剩米折银5.25万两	黄白蜡折苎布折银445两	商税银3550两余	鱼课银1480两余	赃罚银1.3万两	历日银500两	改折月粮银1.12万两	富户银960两	机兵扣解银、蓟镇军饷银3万5千两	屯、牧地并还官地增银2487两[3]
湖广布政司总计5.9万两	派剩米折银2.34万两	黄白蜡折银1.26万两余	商税银1500两	湖课干鱼银2817两余	富户银398两	赃罚银1.5万两	历日银1091两余	屯、牧地共增银2230两[4]		
福建布政司总计3.13万两	屯粮折银2393两	黄白蜡折银1.99万两	赃罚银9000两							

① 按，税粮、马草、布绢、花绒、盐钞俱存留本省备用。
② 按，其中长陵卫屯地增银36两余，献陵卫屯地新增并还官地银1876两余，牧地增银43两余，金吾左卫屯地增银113两余，景陵卫屯地增银475两余，见《万历历会计录》（上）卷1，第49页。
③ 按，其中金吾左卫屯地新增并还官地银1876两余，牧地增银43两余，金吾后卫屯地增银12两余，济阳卫屯地增银548两余，牧地增银8两余，见《万历会计录》（上）卷1，第26页。
④ 按，其中羽林前卫屯地增银821两余，牧地增银62两余，通州卫屯地增银1090两余，昭陵卫屯地增银57两余，牧地增银36两余，永陵卫屯地增银150两余，牧地增银14两余，见《万历会计录》（上）卷1，第28页。

第三章 明代太仓库收入制度演变

续表

山西布政司总计4415两	农桑丝绢折银676两	屯牧地增银3469两余①		
四川布政司总计3300两		富户银64两	屯地增银3236两余②	
广东布政司总计1.41万两			黄白蜡银6300两	屯地等增银615两余③ 赃罚银7200两
广西布政司④总计2161两			赃罚银1800两	屯地增银361两余⑤

① 按，其中永清左卫屯地增银1018两余，永清右卫屯地增银2064两余，燕山前卫屯地增银384两余，牧地增银3两余，见《万历会计录》（上）卷1，第45页。
② 按，其中腾骧左卫屯地增银45两余，武功中卫屯地增银86两余，神策卫屯地增银8两余，忠义后卫屯地增银23两余，府军后卫屯地增银12两余，彭城卫屯地增银225两余，金吾右卫屯地增银561两余，武功右卫屯地增银2770两余，见《万历会计录》（上）卷1，第56页。
③ 按，其中神武左卫屯地增银141两，义勇前卫屯地增银92两余，义勇后卫屯地增银381两余，留守中卫屯地增银1两，见《万历会计录》（上）卷1，第67页。
④ 按，税粮、盐钞等项俱存留本省备用。
⑤ 按，其中宽河卫屯地增银160两余，蔚州左卫屯地增银201两余，见《万历会计录》（上）卷1，第68页。

续表

云南布政司①总计9901两9500两余	赃罚银9500两	屯牧地增银401两余②	
贵州布政司①总计24.7万两，银1472两，铜钱约2177万文	屯地增银1472两，铜钱289万文	崇文门宣课分司商税银1.6万两，铜钱1887万文，猪口税银2429两	张家湾宣课司商税银2479两，铺户经纪牙税银4000余两④	河西务钞关轮船料银解8000余两，每年商税银4000余两⑤	临清钞关轮年约解折色船料银3.99万余两	浒墅钞关轮年约解折色船料银8.38万余两	九江钞关轮年约解折色船料银1.53万余两	淮安钞关轮年约解折色船料银2.27万余两	扬州钞关轮年约解折色船料银1.29万余两	北新钞关轮年解折色船料税银3万6千8百两⑥
总计	369.1831万两		

① 按，税粮、盐钞俱存留本省备用。
② 按，其中泰陵卫屯地增银119两余，牧地增银31两余，忠义右屯卫屯地增银1218两余，济州卫屯地增银110两余，见《万历会计录》（上）卷1，第70页。
③ 按，税粮、盐钞俱存留本省备用。
④ 按，其中会州卫屯地增银110两余，见《万历会计录》（上）卷1，第72页。
⑤ 按，万历八年新增约28100余两，银仍解大仓，见《万历会计录》（上）卷1，第72页。
⑥ 按，各钞关本色年分7分扣2，牧地增银128两余，忠义前卫屯地增银93两余，牧地增银7两余，见《万历会计录》（上）卷1，第73页。

由于北直隶顺天等府和南直隶应天等府及其府卫缴纳太仓库的款项及银额都有明确的单独记录，故表3-7中南北直隶各府都单独列出；由于该书将四川司兼领的府军后卫等卫所缴纳太仓的银粮列在四川布政司项下，故表3-7也将府军后卫等卫的屯地增银列于四川布政司项下，其他司兼领的各卫缴纳太仓银粮情况在表3-7的处理中与四川布政司相同；由于同样的理由，长芦等盐运司的盐课也在表3-7中列在山东布政司项下，而各钞关缴纳太仓库的款项及其银额则列在贵州布政司项下。其次，在《万历会计录》中，各省直地方交往京、通仓及各水次仓的漕粮与其缴纳太仓库的白银都列在"太仓"的名头之下，该书并没有各省直地方缴纳太仓银库的赋税情况的单独明确记载。在表3-7中各省直地方缴纳太仓库的款项是笔者根据《太仓考》中各省直缴纳太仓库的款项及《万历会计录》中"天下各项钱粮原额、现额岁入、岁出总数·太仓银库"项下的收银款项，并排除掉漕粮实物的收入项目之后而整理出来的。

一般而言，田赋收入在明朝的国家财政收入中占有绝对重要的地位，然而依据表3-7可以看出，明朝南北直隶及13个布政司中，就有陕西、广西、云南和贵州4个布政司的税粮、盐钞全部存留本省支用，太仓库从这4个布政司得不到任何税粮折银；除了各省兼管的府卫屯牧地增银外，福建、山西、四川及广东4个布政司纳往太仓库的白银总计只有2.7433万两，而且其中有一半以上的白银属于赃罚银。① 山东布政司缴纳太仓库的银额占据太仓库总收入的近一半左右，高达177万余两，是各布政司中最高的，但是其中102万两白银来自全国各盐运司及提举司的盐课收入。浙江布政司每年起运的秋粮米约为161.6万石，其中解往太仓库的派剩米只有1.9万石左右，以每石6钱的比价折银解纳。② 南直隶的苏州府一向以重税而闻名，一府所征收的夏税、秋粮麦米总计达209多万石，比四川布政司一省征收的麦米总数还多100多万

---

① 按，福建布政司缴纳太仓库黄白蜡折银2393两、赃罚银9000两，山西布政司仅缴纳太仓库农桑丝绢折银676两，四川布政司则仅缴纳太仓库富户银64两，广东布政司则缴纳太仓库黄白蜡折银6300两、赃罚银7200两，各卫的屯牧地增银未计入。

② （明）张学颜等：《万历会计录》（上）卷2，第77页。

石，①然而，苏州府解纳太仓库的税粮、马草、盐钞等项的全部白银总数仅为6.8万多两，若按一石米折6钱白银的比例计算的话，这笔白银仅相当于11万余石粮食。由此可见，税粮收入在太仓库的收入中所占的份额是很低的。

从太仓库在国家财政总收入中所占据的份额的角度看，明万历初年每年起运京、边的本色、折色收入总计约1461万余两。②依据表3-7可知，大约同一时期内，太仓库的岁入总额约为369万余两，仅占起运京边财政总数的25%左右；而主供御用、岁入额达600万两的内府，③却占据了41%左右的份额。因此，作为中央财政核心机构的太仓库，其财政权力中央集权化的程度是相当有限的。

万历四十六年，随着辽东军事冲突的骤然升级以及随之而来的军饷开支的剧增，明朝政府只有通过增加赋税征收的办法来提高太仓库的岁入额：

> 户部以辽饷缺乏，援征倭征播例请加派，除贵州地硗有苗变不派外，其浙江十二省、南、北直隶照万历六年《会计录》所定田亩，总计七百余万顷，每亩权加三厘五毫，惟湖广淮安额派独多，另应酌议，其余勿论优免，一概如额通融加派，总计实派额银二百万三十一两四钱三分八毫零，仍将所派则例印填一单，使民易晓，无得混入条鞭之内。④

为简便起见，现将各布政司等地方政府缴纳太仓库的加派银额情况制表3-8，各银额仅保留到"两"，"分""钱""厘"等数额省略不计。

此后，户部尚书又连续奏准实行加派，从万历四十六年到万历四十八年共增赋520万两：

---

① （明）张学颜等：《万历会计录》（上）卷1，第51页。
② （明）张学颜等：《万历会计录》（上）卷1，第22页。
③ 同上。
④ 《明神宗实录》卷574，万历四十六年九月辛亥。

表 3-8　　万历四十六年各布政司等加派田赋银额情况①

北直隶	总计	17.2288 万两
	顺天府	3.4854 万两
	永平府	0.6418 万两
	保定府	3.3983 万两
	河间府	2.9005 万两
	真定府	3.5936 万两
	顺德府	0.4971 万两
	广平府	0.7038 万两
	大名府	1.9668 万两
	延庆府	0.037 万两
南直隶	总计	21.9721 万两
	应天府	2.4291 万两
	安庆府	0.7666 万两
	苏州府	3.3535 万两
	松江府	1.4866 万两
	常州府	2.2489 万两
	镇江府	1.1835 万两
	庐州府	2.3936 万两
	保安	0.0106 万两
	淮安府	3.5977 万两
	扬州府	0.8919 万两
	宁国府	1.0615 万两
	池州府	0.3181 万两
	太平府	0.4504 万两
	广德州	0.7585 万两
	徐州	0.7058 万两

① 《明神宗实录》卷 574，万历四十六年九月辛亥。

续表

南直隶	总计	21.9721 万两
	滁州	0.0983 万两
	和州	0.2175 万两
浙江布政司		16.3439 万两
江西布政司		14.0402 万两
湖广布政司		33.3420 万两
福建布政司		4.6978 万两
山东布政司		21.6124 万两
山西布政司		12.8813 万两
河南布政司		25.9552 万两
陕西布政司		10.2523 万两
四川布政司		4.7189 万两
广东布政司		8.99 万两
广西布政司		3.29 万两
云南布政司		0.6297 万两
贵州布政司		因有苗变，无加派
太仓库岁入加派辽饷	总计	200.0031 万两①

至四十六年，骤增辽饷三百万。时内帑充积，帝靳不肯发。户部尚书李汝华乃援征倭、播例，亩加三厘五毫，天下之赋增二百万有奇。明年，复加三厘五毫。②明年，以兵、工二部请，复加二厘。通前后九厘，增赋五百二十万，遂为岁额。所不加者，畿内八府及贵州而已。③

---

① 按，上述各布政司、府等加派银额总计当为195.9564万两，然该史料给出的数字为表格中的200余万两，现据此直录。

② 按，该年加派率为每亩增派3厘："乙丑，户部覆……议每亩已加外，再加三厘，庶于辽饷有济，待事宁之日具题停免"，见《明神宗实录》卷589，万历四十七年十二月乙丑。

③（清）张廷玉等：《明史》卷78《志第54》，第1903页。

到崇祯初年，面对太仓库预算数额与其实际征收数额的剧减，崇祯朝廷所能做的只有不断实行加派。崇祯三年，明朝廷在每亩增收的基础上再增收 3 厘用作辽饷，于是加派新饷总额达 594 万余两。现将崇祯三年加派前各省直地方的新饷岁额、此次的加派数额及加派后各省直地方岁缴新饷总额情况制表 3-9。

表 3-9　　崇祯三年各省直地方加派新饷银额情况①　　（单位：万两）

省直地方名称	加派前各省直地方岁缴新饷原银额	崇祯三年各省直地方加派新饷银额	加派后各省直地方岁缴新饷银额
浙江	42.0272	14.009	56.0362
江西	36.1036	12.0345	48.1381
福建	12.0802	4.0267	16.1069
河南	66.7421	21.2473	87.9894
山东	55.5751	18.525	74.1001
山西	31.8589	10.6196	42.4785
陕西	26.3631	8.7877	35.1508
广东	23.1178	7.7059	30.8237
广西	6.0917	2.035	8.1267
湖广	（原额 65.2476，节年减少 13.64）解部及黔饷 51.6074	17.2034	68.8108
四川	12.1338	4.0446	16.1784
应天	38.1835	12.7278	50.9113
凤阳	27.6886	9.2295	36.9181
北直隶延庆、保安二州	0.1227	0.0409	0.1636
北直隶六府（顺天、永平二府除外）	蠲免	（亩征 6 厘）22.2	22.2
总计	429.6957	164.4369②	594.1326

　　① 《崇祯长编》卷 38，三年庚午九月庚子。
　　② 按，《崇祯长编》中的总计加派银额为 143.2321 万两，该数额未将北直隶六府的 22.2 万两加派银计入；而且，笔者计算除北直隶六府 22.2 万两之外的所有省直地区的加派总额当为 142.2369 万两，故此处没有取用《崇祯长编》中加派总额的数据。

崇祯八年，明朝廷加征助饷；崇祯十年，又实行均输法；崇祯十二年，每亩加征银一分，总额达到730万两，名为练饷：

> 崇祯三年，军兴……乃于九厘外亩复征三厘……后五年总督卢象升请加官户田赋十之一，民粮十两以上同之，既而概征，每两一钱名曰助饷；越二年，复行均输法，因粮输饷，亩计米六合，石折银八钱，又亩加征一分四厘九丝；越二年，杨嗣昌督师，亩加练饷银一分……练饷（至）七百三十余万。①

以上是新饷的征收情况，太仓库旧饷的征收银额也有所增加。崇祯十四年，孙承泽巡查太仓旧库，并记录下各省直应缴纳太仓旧库的银额。现据其记录，将崇祯十四年各省直地方缴纳太仓库的预算银额与万历初年《太仓考》中各省直地方缴纳太仓库的银额情况制为表3-10，各银额仍只保留到"两"，其后的"分""厘"等数予以省略。

表3-10　　　万历初年与崇祯十四年各省直地方岁入
太仓旧库预算银额对比②

省直地方名称	万历初年	崇祯十四年
北直隶	17.0125 万两	16.2172 万两
南直隶	36.4485 万两	61.0328 万两
浙江布政司	14.2678 万两	21.5082 万两
山东布政司	54.7582 万两	76.3536 万两
河南布政司	30.8661 万两	58.9289 万两
陕西布政司	—	3.9929 万两
江西布政司	12.6591 万两	11.1354 万两
湖广布政司	6.5964 万两	18.9112 万两

---

① （清）张廷玉等：《明史》卷78《志第54》，第1903—1904页。
② 按，万历初年的数据由笔者依据《太仓考》中各布政司等地方缴纳太仓库的各类款项细目及其数额计算得出，见《太仓考》卷9之2至卷9之5，第834—846页，或者本书"《太仓考》中各省直地方岁入太仓库银额表"；崇祯十四年的数据全部来自（清）孙承泽《春明梦余录》卷35，文渊阁四库全书，第868册，第483—484页。

续表

省直地方名称	万历初年	崇祯十四年
福建布政司	2.8313 万两	12.5929 万两
山西布政司	0.0676 万两	8.7171 万两
四川布政司	0.0064 万两	13.9551 万两
广东布政司	1.1900 万两	10.9147 万两
广西布政司	0.18 万两	2.8686 万两
云南布政司	0.8000 万两	2.3326 万两
贵州布政司	—	1.7625 万两
杂项额银	—	10.4993 万两
京卫地亩银	1.6109 万两	—
各卫额银	—	30.9885 万两
关税	13.0368 万两	31.3246 万两
盐课	98.1659 万两	102.7685 万两
太仓库岁入总计	290.4975 万两	496.8056 万两

在表 3-10 中，万历初年的太仓库岁入总额与其实际岁入额相差不会太大，而崇祯十四年的太仓库旧库岁入总额却仅仅是个预算数额而已，实际的收入要远远低于这一数字。此外，表 3-10 中崇祯十四年的太仓库岁入总额 496 万余两只是太仓库旧库的预算额，其他如新饷、练饷数额并没有计入。

再者，从表 3-10 看，万历初年各地区缴纳太仓库的份额严重失衡：云南、广西、广东、四川、山西、福建、陕西共 7 个布政司缴纳太仓库的银数总额为 5.0753 万两，仅占太仓库岁入总数的 1.75%。崇祯十四年的加派虽然对这一失衡进行了一定调整，但缴纳份额重的地区，如山东、河南等布政司，负担进一步加重。

崇祯十六年，即明朝灭亡之前的一年，因为新饷司、边饷司及练饷司三司并立，出数不均，入数不一，头绪纷杂而难以管理，户部尚书倪元璐上覆准将三司合并为兵饷左司和兵饷右司，繁简搭配，以便简化管理头绪：

题为乞并三饷为一饷以清饷源事……今据新饷司郎中张鸣骏、

边饷司主事刘显绩、练饷司员外郎陈宸诵会称,遵即公同酌议分配之法,察三饷非出数不均,则入数不一,即配为三分,而省直钱粮练饷已于各镇皆有分拨,因议并三司为二司,将镇之繁者搭以简、饷之多者配以少……谨将两饷改名左、右二司,及分定镇分与省府钱粮配搭、额征、蠲免各数目别牍备开。①

兵饷左司和兵饷右司接收各省直地方的岁入额数及其年岁入总额情况如表3-11所示。

表3-11　崇祯十六年各省直地方岁入兵饷左、右司额定银数②

地方名称	原预算额银	蠲免额银	实剩预算额银
兵饷左司：1. 浙江	150.3587万两		
2. 广东	83.0141万两		
3. 四川	63.6169万两		
4. 陕西	73.4870万两		
5. 广西	27.5145万两		
6. 贵州	4.2605万两		
7. 河南、河北二府彰德、卫辉、怀庆、开封府属各县、原武阳、武封丘、延津	50.0710万两	全蠲	
8. 河南五府、一州③	170.3968万两	全蠲	
9. 苏州府	56.5518万两		
10. 镇江府	10.6740万两		
11. 徽州府	9.9538万两		
12. 池州府	5.3886万两		

---

① （明）倪元璐：《倪文贞奏疏》卷8《覆奏并饷疏》,文渊阁四库全书,第1297册,第286—293页。
② 同上。
③ 按,它们是开封府、归德府、河南府、汝宁府、南阳府、汝州。

续表

地方名称	原预算额银	蠲免额银	实剩预算额银
13. 庐州府	16.1224 万两	全蠲	
14. 淮安府	24.7781 万两	7.8164 万两	16.9616 万两
15. 安庆府	8.7472 万两	5.1679 万两	3.5793 万两
16. 广德州	4.6173 万两		
17. 徐州	6.4075 万两	3.6124 万两	2.7950 万两
18. 顺天府	10.1177 万两	1.5180 万两	8.5996 万两
19. 河间府	13.9397 万两	4.2538 万两	9.6859 万两
20. 广平府	6.0203 万两	万两	万两
21. 大名府	14.9489 万两	2.4170 万两	12.5018 万两
22. 延庆州	0.4207 万两		
23. 淮安等五仓新旧税并仓助银	8.4860 万两		
24. 各卫升科额银	1.1501 万两	0.0935 万两	1.0566 万两
25. 屯牧加科银	3.2000 万两		
26. 盐课	118.7950 万两		
27. 关税	44.1603 万两		
兵饷左司岁入小计	987.1700 万两	211.3985 万两	775.7715 万两①
兵饷右司：			
1. 江西	128.1406 万两		
2. 福建	66.5772 万两		
3. 山西	101.0653 万两		
4. 山东	215.5663 万两	133.6646 万两	81.9017 万两
5. 云南	12.8564 万两		
6. 湖广江南八府二州	8.9731 万两	全蠲	
7. 湖广江北七府	64.5642 万两	全蠲	
8. 常州府	25.3107 万两		
9. 松江府	23.2883 万两		
10. 宁国府	11.8672 万两		
11. 太平府	7.3867 万两		

① 按，根据预算岁支所需总银数，共计缺额银 285.3027 万两。

续表

地方名称	原预算额银	蠲免额银	实剩预算额银
12. 应天府	23.8463 万两		
13. 凤阳府	21.2724 万两	8.1696 万两	13.1027 万两
14. 扬州府	20.6275 万两		
15. 和州	2.0495 万两	0.6155 万两	1.4339 万两
16. 滁州	1.5854 万两		
17. 永平府	2.6693 万两		
18. 保定府	13.8127 万两	0.9574 万两	12.8552 万两
19. 真定府	20.3432 万两	4.1871 万两	16.1560 万两
20. 顺德府	4.1550 万两	2.0932 万两	2.0617 万两
21. 保安州	0.1923 万两		
22. 南京屯派额银	1.1314 万两		
23. 工部芦课	1.4085 万两		
24. 宣课司税额银	1.0160 万两		
25. 五城典税额银	0.2210 万两		
26. 盐课	118.7950 万两		
27. 关税	44.1603 万两		
兵饷右司岁入小计	1022.9832 万两	214.2520 万两	808.7311 万两[①]
兵饷左司、右司岁入合计	2010.1533 万两	425.6500 万两	1584.5027 万两[②]

依据倪元璐这份《覆奏并饷疏》中兵饷左、右司的岁支情况可知，兵饷左、右司所负责的主要仍然是京支及边镇军饷开支，而这正是太仓库的财政职责。从表3-12可以看出，各省直地方所应缴纳的银额同《太仓考》或者《万历会计录》中的数额相比，都有了巨幅的增长。为了简便起见，现仅将《万历会计录》与《覆奏并饷疏》中浙江、陕西、四川、关税、盐课等项以及年岁入总额的银额做一比较。

---

① 按，根据预算岁支所需总银数，共计缺额银252.3437万两。
② 按，根据预算岁支所需总银数，共计缺额银537.6459万两。

表 3-12　《太仓考》与《覆奏并饷疏》中各地方岁入太仓库/兵饷左右司银额比较

地方名称	万历八年《太仓考》中太仓银库的入额①	崇祯十六年《覆奏并饷疏》中兵饷左、右司的入额②
浙江	14.2678 万两	150.3587 万两
山西	0.0676 万两	101.0653 万两
四川	0.0064 万两	63.6169 万两
关税	13.0368 万两	88.3206 万两
盐课	98.1659 万两	237.59 万两
预算岁入总额	290.4975 万两	1584.5027 万两

不过，需要再次指出的是，崇祯十六年时各地方缴纳的岁额只是一种计划性的预算数额。鉴于崇祯十六年时，国家整体统治的崩溃状况，各地方实际的缴纳额及兵饷左、右司的实际岁入总额与前表所列数额相差极其悬殊。

万历四十六年以后至崇祯年间加派新饷的征收原本应是一项具有重要意义的措施，它实际上是对明朝财政体系的一次重大调整，本该从制度合法性及财政来源这两大方面，对太仓库在国家财政体系中的地位提升提供根本保障。但问题是，当原有的赋税出现征收问题和巨额逋欠时，这些加派银额的征收又如何能够保证实现呢？所以，这时的太仓库虽然在制度上获得了财政地位的巨大提高，实际上却没有办法成为现实。

第四节　事例与太仓库的收入

事例银解纳入太仓库的做法较早见于成化年间。成化二十一年，因为山西和陕西发生饥荒，户部议准知印等役分别交纳不同数量的白银而

---

① 按，数据摘自本书表 3-6 "《太仓考》中各省直地方岁入太仓库银额情况"。
② （明）倪元璐：《倪文贞奏疏》卷 8《覆奏并饷疏》，文渊阁四库全书，第 1297 册，第 286—293 页。

给以冠带出身，所收白银都送往太仓库：

> 丁未，户部奏山、陕饥甚，监生林桓请令知印等役纳银冠带出身，今议知印历役一年以上纳银五十五两，二年以上四十五两……承差未拨办事者……书算……通事未食粮……食粮通事……俱免办事，就与冠带；食粮天文生、年深医生三十两，未食粮者五十两，亦与冠带，悉免考试，一依本等食粮资格事例取用；在京在外商贾、官民、舍余纳银一百五十两者给授正七品，一百两者正八品，八十两正九品，五十两者冠带，俱散官，悉赴本部告送太仓……从之。①

正德十一年，因为贵州发生苗族叛乱，原先拟定交往太仓库的广西、福建、云南开纳事例所得白银都转给贵州："开中两淮、两浙盐一十五万引于贵州召商上纳，及开吏典、知印、承差纳米免考、免办事例，其原拟广西、福建、云南生员上纳银两解太仓者俱以给之，以苗寇猖獗，从巡抚都御史曹祥奏也。"②

嘉靖三十七年，因大同缺饷，户部议准开纳事例，其银交往太仓库："户部都给事中……以大同右卫……粮饷匮乏条陈边饷急务五事，户部议覆……其内外知印、承差、吏典，未经一考、两考、三考，实历事体相同者，各照原纳事例赴太仓库纳银，许其复役。从之。"③

嘉靖四十一年，户部议准减缓太仓库财政压力或者增加太仓库财政收入的十四条措施，其中一条就是工部开纳在外监生等事例，所得白银都改为交往户部济边："癸巳，户部奉旨集廷臣议上理财十四事……一，停外例。开纳事例户、工二部并行，今大工已完，工部事例除在京者另议，其在外监生、吏农等一十二条俱应停止，悉依户部推广事例输部济边……疏入，上允其议。"④

隆庆时期，开纳事例是太仓库一项重要的收入来源，从隆庆元年到隆庆三年，户部因事例一项，总共得银172万余两，基本都被用以接济边饷：

---

① 《明宪宗实录》卷265，成化二十一年闰四月丁未。
② 《明武宗实录》卷139，正德十一年秋七月壬辰。
③ 《明世宗实录》卷457，嘉靖三十七年三月庚戌。
④ 《明世宗实录》卷511，嘉靖四十一年七月癸巳。

先是，上览户部疏，有称开纳事例者，因传谕部臣，令奏元年以来入数。尚书刘体乾等具言，先后开纳银一百七十二万五千六百有奇，除已给边饷外，存者仅十万九千九百有奇，而各镇年例未完，尚欲补给。上曰：开纳银所以济边，岁入尚不止此，其十三省户丁、粮草、盐引、税课银，通计三年支用，见存几何，其以数奏。体乾等……因以元年至三年太仓及各省岁发兵饷与本镇屯粮之数备呈上览。①

万历初年，开纳事例每年可使太仓库收入30余万两白银，万历四年前后，开纳事例停止举行，太仓库收入因此颇有减少："总督仓场户部左侍郎毕锵言：太仓旧有老库、外库之名……外库止剩三百九十余万，而各边主、客兵年例、修城、赏赉及京官折俸、商人料价、官军布花等费，皆取给其中，乃……停止开纳事例，又复减三十余万两，须痛加节省，庶无后之咎。上是之。"② 因此，万历四年七月，户部重又议准开纳事例以接济边饷。③

万历二十九年，为了增加太仓库的收入，户部议准增开事例，同先年事例一同举行："己未，户部尚书陈蕖等言：近日库贮匮乏，九边额饷踰四百万，去年那借老库银九十万，今年各处灾伤，颇多逋负，计年例少银一二百万……惟有增开事例可以佐急，酌宜择便，列为数款，乞敕下本部同先年两例并赐举行。从之。"④

万历后期，工部因修建陵寝、宫殿等实行开纳事例。万历三十七年，户部太仓库财政困窘至极，要求工部将开纳事例的权力归还太仓库："户部赵世卿以京边匮极、设处计穷，条边饷四事……一，开纳事例原为济边，后以大工暂准开行，今役有次第，仍当还归本部……上曰……尔部以边饷窘急，屡次苦请，事例银准暂归还。"⑤

不过，到天启五年时，开纳事例逐渐失去效用。一方面，等待选官

---

① 《明穆宗实录》卷39，隆庆三年十一月乙亥。
② 《明神宗实录》卷46，万历四年正月丙午。
③ 《明神宗实录》卷52，万历四年七月辛丑。
④ 《明神宗实录》卷355，万历二十九年正月己未。
⑤ 《明神宗实录》卷464，万历三十七年十一月乙未。

之人选之不尽、假官假印层出不穷,另一方面,国家收到的事例银钱却没有几许。江西道御史认为是没有专官负责所致,并建议太仓库的陪库官专司事例银的收纳:

> 江西道监察御史焦源溥题为官民交困补救两难,内称……至于事例一款,亦宜精核。鬻爵一途,甚非良法,然得收金钱之用,亦犹之可也。不意假印假官,愈别愈多,铨司有累选不尽之官,而大内无几许入官之金,以核之者未有专责耳。太仓银库正官头绪如麻,精神难周,何如以陪库官员专司事例,置印信之簿,严加防范,以纳银前后为除选前后,年终将纳过银数逐款明报御前,晓示天下……奉圣旨。①

崇祯元年,国家再次实行开纳事例,明确规定所得之银按照户部7/10、工部3/10的比例进行分配,并由太仓库与节慎库司官专门负责:

> 戊戌,谕行开纳事例,仍遵户七、工三之旧,户部委太仓库司官一员,工部委节慎库司官一员,月于五、十日至公所会同收纳。巡视科道给帖挂号,互相稽核,仍命户部侍郎一人总理册籍,按季奏缴,每收银百两,搭收制钱二十万文,寓疏通钱法之意,俟山陵告竣,工例先停,暨边塞洗兵,户例尽止。②

然而,因为崇祯元年开纳事例所实行的规模扩大了数十倍,所以出现了壅滞现象:

> 甲午,吏部尚书王永光申明职掌六事:一,事例原有定额,近以新饷、大工,增至数十倍。大选一次,一行取一人,亦必五六十缺方可,安得不苦壅滞也。合细查各行纳银相若者,归并数行,照

---

① (明)李长春:《明熹宗七年都察院实录》卷9,天启五年三月初十,载《明实录·附录之3》,第511—512页。
② 《崇祯长编》卷12,崇祯元年八月戊戌。

行分年，挨次取选，庶选法简要，可渐次疏通……俱从之。①

五年之后，开纳事例者已经是"趋者渐稀"，且开纳银两各省直地方多有奏留。为了改变这种不利局面，户部左侍郎建议严厉纠正各衙门弊窦以使人情乐趋，同时各省直地方所收吏书、承差等银都要交往太仓库，不得一概奏留地方：

> 户部左侍郎康新民上言：事例之设，原为边饷缺额，藉此以佐襟肘之穷。一切援纳俱有新定条款，近为铨法滞壅，其中议有停止，故趋者渐稀。若不严绳毙窦，使衙门清楚，人情快便，则援纳者益裹足不前，而缓急无赖。乃条晰毙端，请加设法堤防，使无一毫曲狥疏忽，彻底清楚，庶人情乐趋，可稍引援纳之路。至各省直议留吏书、承差与监、儒等，日久毙生，多不遵定例，并乞明旨申饬各省直收纳过吏、承银两，按季册报，尽数解部，毋得隐漏迟缓，以滋挪移乾没。其监、儒等项，尽须赴部上纳，毋得擅自收银，止移空文请咨。……帝命如议申饬行。②

第五节　新饷岁入类项的变化

前文已将新饷的加派以及新库的成立进行过简要交代，此处将就新库成立以后新饷的岁入类项和具体演变进行简要梳理。

万历四十六年到万历四十八年的三次连续加派新饷，是依据田土总额计亩征收的，所以实质上是田赋税银。天启元年十二月，吏科给事中甄淑上疏指出，计亩加派容易导致不均衡的征收，建议将依据田土加派的办法改为依据原有的银额进行加派。表面看来，这一建议只是将加派新饷的征收方式进行了改变，实际上，由于这一办法将加派范围由田土之银扩大至户口之银和人丁之银，所以按银额加派的做法在事实上直接

---

① 《崇祯长编》卷14，崇祯元年十月甲午。
② 《崇祯长编》卷57，五年壬申三月己亥。

导致了新饷加派范围的扩大：

> 吏科给事中甄淑疏言：皇上为辽饷而加派非得已也，然加派因乎田地，而田地或相倍蓰，比而同之可乎？田地既不同则岁入不同，贫富亦不同，上农加派九厘犹可办也，若不毛之地，农夫无颗粒之入，责以正赋且难，矧赋外又赋哉……盖天下户口有户口之银，人丁有人丁之银，田土有田土之银，在有司征收总曰银额，计银即计米矣。而户口、人丁在米之外，在银之中，故照银加派似不漏也……其法以银额为主，而通以人情，酌以土俗，要见省直每岁存留、起解各项银两共若干，就将原加饷额照银额分派，总提折扣，衰多益寡，定为省额，颁各藩司，以通融之法，分为府额、县额，总不失原饷额而止。从银起派，愚者易知，亦可杜奸胥之蠹。①

天启元年，因为辽东新饷匮乏，明朝廷增设户部宝泉局，并于不久之后命令各省直地方铸造铜钱，规定每年上缴铸息82万两白银；不过，这一数额只是虚数而已，"诸局炉亦相继报罢"。②

天启元年十二月，户部统计天下户口田赋总数时，对太仓银库和新饷银库分别予以统计，并对新饷银库的岁入类项进行了详细列举，主要包括新饷加派额银、新饷杂项、巡抚军饷、巡按公费节裁充饷银、新饷盐课银、新饷关税银："是岁天下户口田赋之数……新饷银库应收浙江等省、南北直隶府州新饷加派额银五百二十万六十余两……新饷杂项银尚无定额，惟□令省直搜括自解……巡抚军饷、巡按公费节裁充饷，尚无定额……新饷盐课额五万九千四百二十三两八钱七厘……新饷关税额银六万五千二百四十两。"③

天启二年，新饷银库收银种类除了上述款项之外，又增加了一项新饷芦课的收入款项。不过，这一款项虽有岁入预算额，却分文未征解上

---

① 《明熹宗实录》卷17，天启元年十二月癸酉。
② （清）孙承泽：《春明梦余录》卷38，文渊阁四库全书，第868册，第573页。
③ 《明熹宗实录》卷17，天启元年十二月丙申。

来:"是年新饷银库应收浙江等省、南北隶直府州新饷加派……新饷杂项银……巡抚军饷、巡按公费节裁充饷……新饷芦课额银二万八千九百七十两未解,新饷盐课……实收银三十六万三千七百一十六两……新饷关税额银六万五千二百四十两。"①

万历后期,矿税之使横行,一些原归国家财政所有的关税旧额都被归入税监管理之下;此外,部分省直地区曾被迫以别项收入交给税监抵充关税;光宗即位后,罢撤天下税使,②连同上述收入一起裁撤。天启三年六月,户部尚书陈大道奏准将恢复上述收入款项的征收并解充新饷:

> 辛酉,户部尚书陈大道(言):……关津榷税慎选清吏,臣尚有说于此。今即不敢轻言征商,然有祖宗旧税向归税监,今撤税而并旧制俱撤者,或当议复;又税监未撤之时,各省直有议以别项抵额者,今税停而原抵之项不可使无着落,俱宜查出解充新饷……上命着实振刷举行,毋以空言了事。③

崇祯元年,杂项新饷包括卫所屯田、省直仓谷、抽扣工食、优免丁粮、房产税契、俸薪马夫、典铺抽税、钞关税银及抚按公费9项:"杂项新饷……未有定额也……是以至今有解不如数者,有全不照管者……臣谨胪列以请:一为卫所屯田,一为省直仓谷,一为抽扣工食,一为优免丁粮,一为房产税契,一为俸薪马夫,一为典铺抽税,一为钞关税银,一为抚按公费。"④

除上述杂项新饷外,崇祯元年的新饷还有免朝觐之路费、有司之杂支及还官旷银:"此外,仍有续议新饷不列于杂项者,则免觐之路费、

---

① 《明熹宗实录》卷29,天启二年十二月辛卯。
② 《明光宗实录》卷2,万历四十八年七月丁酉。
③ 《明熹宗实录》卷35,天启三年六月辛酉。
④ (明)毕自严:《石隐园藏稿》卷6《辽饷不敷疏》,文渊阁四库全书,第1293册,第544页。按,本奏疏没有具体年份时间,但疏中有"自辽左发难以来,三韩卧甲,万姓朘膏,司计苦于仰屋,黔首疲于抽丝,亦既十年所矣"之语;又有"昨督师尚书袁崇焕于召对时,慨然以节省六十万自许"之语。(《明史》卷23,第310、311页。)可知,袁崇焕受崇祯召对时间为崇祯元年七月、崇祯二年十一月和崇祯二年十二月。故而此奏疏时间为崇祯元年。

有司之杂支是也。至榆关内外及蓟、密、永、津各镇月饷固有成额，然而将领占冒，人言啧啧，未必无因。军逃马倒，召补买补，动逾旬月，又有旷银当扣还官。"①

崇祯元年八月，为筹措新饷，开纳事例的规模比原有定额扩增数十倍，以致吏部尚书不得不奏请疏通："甲午，吏部尚书王永光申明职掌六事：一，事例原有定额，近以新饷、大工，增至数十倍，大选一次一行取一人，亦必五六十缺方可，安得不苦壅滞也。合细查各行纳银相若者归并数行，照行分年挨次取选，庶选法简要，可渐次疏通……俱从之。"②

崇祯元年，太仓库辽左旧饷20万两改充新饷，旧库资助新饷8.5万两："户部尚书毕自严疏言……辽左旧饷改充新饷二十万两……崇祯元年资内供者二十五万，资新饷者八万五千。"③

崇祯二年，新饷有加派新饷和杂项新饷两大类，此外还有铸息和盐课收入以做新饷："以加派论……年来蠲免留用……而所存加派新饷遂不满三百万之数矣；以杂项论……每岁所入杂项仅六十余万，加以新增盐课及铸息等项大约近三十万……总计加派新饷、杂项新饷仅得银三百九十万。"④ 杂项新饷则包括屯田、赎银、抽扣工食、优免丁粮、税契、马夫、典铺，此外新饷还包括各府州县杂支公费、南京太仆寺牧马场租银及事例银等：

> 户科都给事中解学龙疏言……（新饷）入数取之田赋加派，加派原有定额，惟是杂项有屯田，有平积赎银，有抽扣工食，有优

---

① （明）毕自严：《石隐园藏稿》卷6《辽饷不敷疏》，文渊阁四库全书，第1293册，第545页。
② 《崇祯长编》卷14，崇祯元年冬十月甲午。
③ 《崇祯长编》卷19，崇祯二年三月壬申。
④ （明）毕自严：《石隐园藏稿》卷6《清查辽左军饷疏》，文渊阁四库全书，第1293册，第557页。按，本奏疏没有标明具体年份时间，但疏中有"目今督师袁崇焕、总督喻安性、蓟抚王应豸皆矢锐意清查，谅必大有裁节，以副宵旰之念"之语，据《明史》卷23，第311页，袁崇焕崇祯二年十二月下狱，又据《明史》（卷248，第6425页），王应豸因崇祯二年春蓟州军卒哗变处置失当而论死，故毕自严该奏疏时间及其中的新饷出入数额当为崇祯元年或崇祯二年初；又因该表崇祯元年新饷出入数据已有，且同出自毕自严《石隐园藏稿》卷6，故而此奏疏时间为崇祯二年初。

免丁粮，有税契，有马夫，有典铺九款，又有各府州县杂支公费、南京太仆寺牧马场租银、两京南事例充饷三款。①

崇祯三年九月，户部尚书等公疏奏请新饷在万历末年每亩增收 9 厘的基础上再增收 3 厘："户部尚书毕自严等以军兴烦费新饷不支……公疏覆奏曰……为今日之计，求其积少成多，众擎易举，无逾加派一策……按宇内地土照每亩九厘再加三分之一。"② 崇祯三年十二月，崇祯皇帝颁布谕旨，正式按照每亩再增 3 厘的标准征收辽饷，除北直隶保定等 6 府每亩总计加派 6 厘外，其余地区前后每亩共增收 12 厘："帝谕向缘东事倥偬，履亩增赋，豁寝无日，久轸朕怀。乃迩来边患靡宁，军兴益急，户部咨奏再三请于每亩除见加九厘外，仍再征银三厘，前后共银一分二厘，惟北直保河六府向议免征。今量行每亩加征六厘，前项俱作辽饷，事平即行停止。"③

崇祯四年九月，总理河道朱光祚因为新饷的这种预征方法使普通民众负担过大，从而奏准由富民输纳预征新饷，结果因无人响应而作罢："总理河道朱光祚以预征新饷累民，请为富民倡义先输之法，以缓贫民之不足者……只一人预纳五两准一甲之数，甲有十人十甲完矣，有百人而十里完矣，推而广之……四五日内遂可终通县预征之事……帝善其得通融之法，令户部通行申饬。章下，臣民莫应。"④

崇祯四年，新饷主要包括正项加派和 9 款杂项新饷，其他还有事例银、芦课银、上杭河税、抚按派饷、生员优免及盐课等项收入。不过，这些款项仅是预算性质的收入而已，实际收入情况则相去甚远：

> 虽然入数亦未可恃也，无论南部事例久假不归、南工芦课有征无解、上杭河税闽粤互推、抚按派饷新从减定几同止渴之梅，即盐课一项，两淮附近欠至六十余万，屡奉明旨责成。如生员优免亦尚报解参差，且原议扣足三年即止，则亦非不涸之源也。其实应手者

---

① 《崇祯长编》卷 20，崇祯二年四月戊申。
② 《崇祯长编》卷 38，三年庚午九月庚子。
③ 《崇祯长编》卷 41，三年庚午十二月乙巳。
④ 《崇祯长编》卷 50，四年辛未九月甲戌。

惟有新旧加派之五百二十二万九千六百五十余两、九款杂项之九十六万七千七百八十余两，而海内民力已竭，有司参罚几穷，水旱盗贼之不时，安能保无逋赋。①

崇祯十六年六月，户部尚书倪元璐奏准，凡征民粮，不再使用新饷、杂饷、边饷、练饷名称，改为正赋及兵饷两项进行征收：

> 夫饷一而已，今三分之曰边、曰新、曰练……以臣愚见……凡征民粮悉去边饷、新饷、练饷、杂饷之名，止开正赋、兵饷二则，凡田一亩分别上中下，正赋若干，兵饷若干……崇祯十六年六月初九日具题奉旨：本内并三饷为一饷……深得执简驭繁之法，以后各省直征收民粮悉去三饷杂饷名色，止开正赋、兵饷二则，依田起科……钦此。②

崇祯十六年八月，倪元璐又奏准，三饷合并后改名为兵饷左、右二司，自此，新饷及新饷司、新饷库等名称都不再使用："臣于本年六月内具题前事，奉圣旨……以后各省直征收民粮悉去三饷、杂饷名色，止开正赋、兵饷二则……（今）谨将两饷改名左、右二司，及分定镇分与省府钱粮配搭、额征、蠲免各数目别牍备开，仰尘圣览。易知单式一并进呈，伏乞睿裁……崇祯十六年八月十七日奉旨……知道了。"③

第六节　逋欠、蠲免与太仓库的岁入

万历中期以后，虽然太仓库岁入预算额呈逐步增多的总趋势，然而太仓库的实际收入情况则正好相反。

---

① （明）毕自严：《石隐园藏稿》卷7《新饷出入大数疏》，文渊阁四库全书，第1293册，第611页。
② （明）倪元璐：《倪文贞奏疏》卷7《并饷裁饷疏》，文渊阁四库全书，第1297册，第278—279页。
③ （明）倪元璐：《倪文贞奏疏》卷8《覆奏并饷疏》，文渊阁四库全书，第1297册，第286—293页。

万历二十四年，苏州、松江等四府因为连续几年发生灾情，经户部题准，太仓库米折等银暂且缓征："户部题苏松四府连岁灾伤，太仓库米折等银乞暂准停缓。从之。"① 万历二十九年，太仓库因为各地灾伤所导致的逋负而库贮匮乏，边饷年例银亏欠达一二百万之多："己未，户部尚书陈蕖等言，近日库贮匮乏……今年各处灾伤，颇多逋负，计年例少银一二百万。"②

万历三十年，户部差官催解河南积年拖欠的太仓库银两，却许久都没有结果，而河南因为地方连续不断发生灾情，根本无力催征，只得请求将万历二十九年已经征收上来的正赋抵作往年欠额，待秋成之日一起带征补足前欠。户部尚书赵世卿虽然对地方有司这种推诿搪塞的态度极为不满，却也无可奈何：

> 户部尚书赵世卿言，河南积年拖欠太仓银两，曾差官催解，久羁未报。巡抚曾如春咨称地方灾沴相仍，州县催征无措，欲将见征二十九年岁额银内如数借解，后于今年秋成之日带征前欠完补。臣观近日有司推诿成风，支吾塞责，权宜之计徒了事于目前，惟正之供竟积逋于日后。值此时诎举赢之际，何堪朝三暮四之谋？请移咨该地方等官稍俟秋成，依期带征前欠，抵补借解之数。如再拖延，容臣考核参究，庶有司知警而军需有裨。上纳之。③

到万历三十一年的时候，各省直运司未征完、未解纳或者虽称起解但仍未送达的京边银两共有92万余两，此外，万历二十六年、二十七年、二十八等年都有未完钱粮。户部掌管的京边钱粮中，太仓库收入是其核心，因此，京边钱粮的逋欠或缓征对太仓库的收入有直接影响。为此，万历三十一年二月，户部题准督催并限定各省直地方务必于万历三十一年三月内解送到部："户部又题二十九年分各省直运司未完并未解、未到京边钱粮尚该九十二万五千四百余两，乞明旨申饬，转行各省

---

① 《明神宗实录》卷294，万历二十四年二月癸丑。
② 《明神宗实录》卷355，万历二十九年正月己未。
③ 《明神宗实录》卷373，万历三十年六月甲辰。

直抚按司府各官作速征完起解,并二十六、七、八等年未完钱粮一并督催,俱限今年三月以里到部以便给发。从之。"①

不过,上述催征的结果并不理想,因为三个月后,即万历三十一年五月,户部奏准再次立限催解万历二十七年、万历二十八等年份的逋欠钱粮:"癸亥,户部请将各省直逋负钱粮系二十七、八等年与年远带征者立限催解,仍命户科载入考成,查历年经管各官职名参究。从之。"②同时,户部还奏准差官守催应天府属未征收完毕的太仓库银:"户部以应天府属未完金花、太仓等银并应买铸钱黄铜,请严督府属作速解进,仍差官守催立限完纳,以需急用。从之。"③

万历三十一年五月,赵世卿再次上疏指出,三年之内各省直拖欠太仓库银近 200 万两,云南一省从万历十二年起到万历三十年止,所题留的解京盐课银总计共有 57 万两:

> 盖国家钱粮征收有额……三年之间省直拖欠一百九十九万有奇,而臣部之正课亏矣……四川议留陕西济边银,自二十五年起至二十九年止,俱于太仓补发过银一十五万两;云南自十二年起至三十年止,每年题留提举司解京课银共五十七万两,而臣部之逋课又如此其多矣。④

万历三十二年八月,顺天、保定、辽东、山东、陕西、凤阳 6 处都上报发生灾情,当年的夏税、秋粮不能如额征收,太仓库的来岁收入将大受影响:

> 甲辰,大学士沈一贯等言,昨日尚书赵世卿来备细讲求户部钱粮……今年顺天、保定、辽东、山东、陕西、凤阳六处抚按俱报水旱灾荒,请发内帑漕粮以为赈济。即今道路流移,民已悉去其乡。当年秋粮、夏税断不能完,来岁京运、民运断不能供,然则边饷之

---

① 《明神宗实录》卷381,万历三十一年二月庚子。
② 《明神宗实录》卷384,万历三十一年五月癸亥。
③ 《明神宗实录》卷384,万历三十一年五月壬戌。
④ (明)赵世卿:《司农奏议》卷3《经用匮乏有由疏》,第187—188页。

难处更数倍矣……疏入留中①。

到了万历后期，不仅户部太仓库出现财政匮乏的困窘局面，兵部太仆寺、工部节慎库及光禄寺的财政储备都出现了匮乏。万历三十年，光禄寺卿上疏奏言本寺因为地方逋欠而库贮日虚：

> 庚辰，光禄寺卿王守素言，本寺目下最急在设处、在催解二者……各省直逋负自万历十八年至二十八年，共一十七万两有奇，而二十九年见征之银亦应有陆续解到者，见今解数稀少，致库贮日虚。往年屡奉严旨督催，而逋如故，则查参之未行也。且本寺钱粮分派于各府州县者其数甚少，而条边派征其完甚易，以易完者而多未完，玩愒所由来矣。②

万历三十三年，大学士朱赓上疏陈述节慎库、太仓库及太仆寺财政储备的困窘状况："丁亥，大学士朱赓言……今何时也，即两宫经始，节慎库尚百十余万金，今罄然无分毫之蓄，且有累年数万之逋……昨见仓场侍郎游应乾所进会计之数，老库不过三十万，外库不及数千……又见太仆寺卿连标疏云，该库马价各处借用外，老库仅存二十余万。"③

万历三十四年夏至万历三十五年春，太仓库盐课收入逋欠高达125万余两："户部言，运司盐课自万历三十四年夏至三十五年春，两淮课额欠至一百余万，长芦欠至十八万余，山东欠至七万余，玩延如此，边饷安得不匮？"④

万历三十六年，大学士叶向高再次向皇帝陈述太仓库、太仆寺及工部的财政匮乏之情："癸亥，大学士叶向高言……理财则更有可虑者，太仓积储尽矣，太仆马价空矣，兵部、工部无不告匮，即大官供应之需，亦朝不及夕矣……不知今日库藏，处处空虚，九边岁额，今岁少百

---

① 《明神宗实录》卷399，万历三十二年八月甲辰。
② 《明神宗实录》卷372，万历三十年五月庚辰。
③ 《明神宗实录》卷415，万历三十三年十一月丁亥。
④ 《明神宗实录》卷439，万历三十五年十月庚申。

二十万，嗷嗷待哺，能不寒心？"①

万历三十七年，各省直府州遍地灾伤，纷纷请求停征或者缓征赋税："癸丑，户部尚书赵世卿言……今遍地灾伤，诸臣所请不出停征、缓征两者。"②

万历四十年，由于税粮征收日减、边饷开支日增及朝廷的任意挪用，太仓库财政匮乏，九边军饷拖欠近 300 万两："户科给事中官应震奏……太仓库银四百万余，属边饷者三百八十九万有奇。顷九边共欠至二百九十三万六百两，太仓之匮可知也，良由民日求减，边日求增，朝廷之上挪借混淆，而莫可究诘。"③

万历四十六年，各省直地方拖欠太仓库银两从数额来讲已达 500 余万，其中仅万历四十五年及万历四十六两年就欠 300 万两左右的银额；从款项来讲，则事例、税契、缺官俸粮、吏承班银到防夫、历日等 13 种太仓库收入种类都有征解不足额的问题：

> 时辽饷缺乏，户部疏请……查催各省直应解部银六款……各省直京边钱粮，年来拖欠太多，除四十三年以前带征共欠二百三十六万五千四百两不开外，其四十四、五二年共欠二百八十六万九千四百一十两，又各抚按赃罚未解者共十四万八千三百六十两，皆边饷之正额也，又有事例、税契、缺官、俸粮、吏承班银、山东平梁鱼课、香税、商税、广西酒税、四川松江富户、河南民壮、弓兵、防夫、历日等项，皆外府之入也，应咨各抚按已完者尽数起解，未完者立限催征，不得过今年冬季。其见年征解者一面陆续起解，辽事庶有裨乎……当严行催解以纾太仓之急者也。④

不仅如此，万历后期，对太仓库岁入而言极为重要的盐课也发生逋欠。万历三十一年时，户部尚书赵世卿在上疏陈述国用匮乏原因时就指出，矿税之使分割太仓库盐课收入及增立超单的行为导致了盐法的阻

---

① 《明神宗实录》卷 443，万历三十六年二月癸亥。
② 《明神宗实录》卷 465，万历三十七年十二癸丑。
③ 《明神宗实录》卷 502，万历四十年闰十一月丁亥。
④ 《明神宗实录》卷 570，万历四十六年五月癸丑。

坏:"山东运司每年分割去银一万五千余两,两淮运司别立超单八万引,而臣部之盐课壅矣。"① 到万历四十七年时,仅宣府一镇,经太仓库转发的山东和长芦二运司的盐课就逋欠白银近 34 万两:"己酉,巡抚宣府张经世言宣镇陵京肩背,逼近房穴……长芦、山东二运司经解太仓转发宣镇盐课欠银三十三万九千七百九十两八钱七分五厘。"② 万历四十五年,户科给事中官应震上疏言:"太仓之输将罕至,诸路之灾伤时闻。"③

如前文所说,万历四十六年,户部因为辽饷缺乏而议准加派新饷,每亩增收 3.5 厘,共增收 200 余万两。然而,万历四十七年,新饷就出现逋欠,"庚午,上谕户部曰:览奏,各处调募援辽兵马新饷缺乏,皆因各处拖欠京边银两数多,屡有明旨,着各该抚按等官设法征解,如何不行尽心料理,以致部库匮乏。"④

到了天启时期,太仓库的逋欠问题丝毫不见好转。万历四十八年全年到天启元年九月,太仓库共欠北边 13 镇年例银 253 万余两:

> 壬申,御史谢文锦奏太仓原额止三百三十三万二千七百余两,而事例、缺官、无额等项约一百一十余万。因查万历四十八年额解至天启元年九月共解十三镇年例一百八十九万九千八百余两,尚欠二百五十三万二千八百余两,以正额如此之少,逋欠如此之多,何以应各镇之求而稍留存积于该库也。⑤

具体到各地方而言,被视为太仓库收入命脉的山东、河南、南北两直隶,从万历四十四年到天启元年,共逋欠太仓库银约 222 万两,约占它们六年内应缴太仓库总预算银额的 1/4,也就是说,这 4 个地区连续六年每年都逋欠 1/4 的税额。虽然户部频频督催,而地方逋欠、缓征如故:

---

① (明)赵世卿:《司农奏议》卷 3《经用匮乏有由疏》,第 187 页。
② 《明神宗实录》卷 588,万历四十七年十一月己酉。
③ 《明神宗实录》卷 561,万历四十五年九月癸亥。
④ 《明神宗实录》卷 585,万历四十七年八月庚午。
⑤ 《明熹宗实录》卷 15,天启元年十月壬申。

> 户部尚书汪应蛟（言）……惟山东之四十八万九千八百有奇、河南之四十二万六千八百有奇、南直之四十三万有奇、北直之二十万八千四百有奇……皆太仓恃为命脉者也，及查四省直数，自万历四十四年起至天启元年止，则山东且欠九十四万九千六百余两，河南且欠五十七万二千余两，南直欠五十八万五千九百余两，北直欠一十万九千五百余两，其余各省所欠亦各以万千计。未征者托名抚字，已征者借口存留，贮之府县而府县不解，贮之藩司而藩司不解，督催之飞檄如云，而输将之积弛犹故。①

天启二年，各省直钱粮征解迟缓，其中四川、湖广、云南、贵州4省因为地方军事叛乱而将原本当起运的税粮留用，山东逋欠达100万左右，而各处加派的新饷又有相当大的一部分蠲免或减征，这使得太仓库库贮匮乏，以致根本无力支付各边镇的军饷或市赏之费，大学士叶向高无奈之下，只有再次请求皇帝借发内库白银：

> 大学士叶向高等题……窃惟内帑借发已多，今频频请借，臣等亦厌之，但各省钱粮征解不前，而川、湖、云、贵四省各以兵兴支用，山东积欠至百余万，其各处加派新饷又多议蠲议减，况奴首猖獗，诸房俱动，吉能已犯延绥，卜夫又至塞下，各镇请饷、请市赏之费不能一刻缓，而户部帑如悬磬，无以应之。事体重大，仍拟两票恭请圣裁。②

加派新饷给各省直地方带来沉重的财政压力，各地纷纷奏请蠲免新饷。天启二年十二月新饷银库的岁入统计表明，新饷银库的蠲免、逋欠率达65%左右："是年，新饷银库应收浙江等省南北隶直府州新饷加派额银五百二十万六十余两，内除蠲免北直各府、山东登莱青二府并兖州府邹滕二县原派六十万八百九十二两，又湖广潞庄长沙免银九万两，实

---

① 《明熹宗实录》卷25，天启二年八月辛卯。
② 《明熹宗实录》卷26，天启二年九月甲午。

收银一百八十一万五百二十五两七钱六分零。"① 天启三年，加派新饷仅蠲免、题留的部分就达 36.9%，逋欠的那一部分尚未计算在内：

> 工科给事中方有度疏言……加派新饷出之民者，每岁四百八十五万有奇……今北直加派四十三万两免矣，山东四十四万八千两留作登莱兵饷并买米运天津矣，湖广七十一万九千两、广西六万两、四川一十二万两、云南一万六千两俱留作黔饷用矣，总上蠲免留用外，计每岁加派四百八十五万两又缺一百七十九万两矣。至水旱之不时，分数之不及，臣未暇论也。②

由于征收迟缓，天启五年，九边自春季至夏季竟没有得到任何旧饷供应："户部尚书李起元疏言……其在九边，则旧饷自春至夏两直各道寂无分毫解至，军尽枵腹。万一效尤鼓噪，臣无死所矣。"③

这样，各省直除了要缴纳当年应征正赋和加派辽饷外，还要带征往年逋欠税银，多重税收使各省直地方顾此失彼，为了更好地保证旧饷和新饷的征收，天启六年，南京御史奏准天启元年以前的带征钱粮全部予以蠲免：

> 南京御史罗万爵言……民间所苦无如带征。惟正之供已自不赀，辽饷之派又不能少缓，民力止有此数，足于加派，必亏于正额，况兼之带征，骨尽而髓不继矣。今带征即难概置，而催科要分缓急，与其使民分力于远道而亏额于本年之新饷正额，何如使民并力于正额新饷而薄责于带征……得旨……至带征钱粮，朕念民力有限，天启元年以前尽行蠲免。④

面对涉及地区广泛、接连持续多年、累积数额巨大的逋欠问题，明政府更应当做的是首先在国家总体财政制度及地方具体财政现实等方面寻找造成逋欠的根本原因，之后再据此有针对性地具体解决相应问题。

---

① 《明熹宗实录》卷29，天启二年十二月辛卯。
② 《明熹宗实录》卷36，天启三年七月辛卯。
③ 《明熹宗实录》卷62，天启五年八月戊子。
④ 《明熹宗实录》卷73，天启六年闰六月丁巳。

然而，明政府所做的却仅仅是从中央行政的角度更严格地催征逋负，至于地方实际的财政征收能力、征收各环节的问题却无力过问。天启三年，明朝廷规定，钱粮征收未及八分的都革职为民："乙酉，南京工科给事中徐宪卿言……近奉有钱粮未完八分以上都革职为民之严旨，此旨一布，能保守令之不烦策急辔乎？"① 天启七年二月，皇帝在回复户部尚书的圣旨中指出，解决户部逋欠问题的唯一办法就是更严格地进行督催："户部尚书郭允厚以国用日诎，请敕九卿科道会议，得旨：览奏开列原派、原支之额并欠部、欠边之数，持筹苦心如视诸掌，若不为区处，后将安穷？除太仓增设司官如部议外，欠部之数惟有严催积逋之一法，欠边之数惟有策应新解之一法。"②

除了逋欠问题外，部分已经上报征收完毕的税银也迟迟解纳不到太仓库，比如到天启七年三月为止，浙江缙云的颜料银两已报完两年、湖广的太仓银两已报完 9 个月，却不见起解到部："户部尚书郭允厚题，类解逾久不至，请严加申饬。得旨：钱粮关系国计，考成功令甚严，这浙江缙云颜料银两已报完二年，湖广太仓银两已报完九月，如何不见起解？显是侵欺那借之弊，他省直如此类者甚多……人心怠玩，成何法纪！着该抚按严行催解。"③

天启七年七月，太仓库累计拖欠边镇军饷已达 780 万之多，户部尚书忧思成疾："辛巳，户部尚书郭允厚疏，臣病起于忧思，臣忧起于空乏……太仓之岁入仅三百三十万……而九边之岁支已该三百二十万，……三百二十万之该解边者未解边而更有七百八十万之欠也，臣思之而无策也。"④

到崇祯元年，各省直逋欠九边旧饷 74 万余两；崇祯二年到七月份的时候，山东和南直隶太平府 150 余万两的旧饷总额仅解到 1.1 万余两。面对如此的财政现实，九边军饷的累年拖欠也就不难理解了：

    督理边饷户部左侍郎李成名疏言，各省直额征银两……崇祯元

---

① 《明熹宗实录》卷41，天启三年十一月乙酉。
② 《明熹宗实录》卷81，天启七年二月壬戌。
③ 《明熹宗实录》卷82，天启七年三月庚午。
④ 《明熹宗实录》卷86，天启七年七月辛巳。

年欠七十四万四千九百三十四两，二年合山东与南直太平府和州仅解一万一千余两，其未解者一百四十九万八千八百五十六两，几于全欠矣，通计一年所入不过一百五十余万，今就三年计之，所欠已踰百万，而边饷旧额每年三百二十七万……则边饷安得不积欠。①

虽然明朝末年新饷不断加派，实际的征收额却在不断锐减。就新饷杂项而言，天启元年征收白银达114.5万余两，② 天启二年就骤减为65.4万余两，③ 至于天启六年、天启七年，新饷杂项基本没有收入任何银额，逋欠率100%："天启六、七两年省直杂项，臣部徒虚执其籍。"④

明朝末年，因为贵州、四川发生地方叛乱，周围五省的加派新饷都被留用。具体而言，到崇祯元年时，贵州留用新饷银额近百万两，山东登州岛留用新饷银额则有七八十万两："夫正项、杂项新饷皆为辽左设也，今黔饷费至百万，岛饷又费七八十万，以额设于辽者而派分至此，则辽饷之不敷宜矣。"⑤

预算额尚且如此，实际辽饷的收入情况就更糟糕了，辽东军饷的匮乏就是新饷征收不足的有力证据。崇祯元年七月，辽东宁远因为缺饷发生兵变，左佥都御史毕自肃，即户部尚书毕自严的弟弟，因此自杀："辽东宁远军变，执巡抚都察院右佥都御史毕自肃。先是，宁远军乏粮四月，自肃请之户部，户部未发，悍卒因大哗，露刃排幕府缚自肃……自肃草奏引罪……自经死。"⑥ 从崇祯二年九月到崇祯三年二月大约半年的时间内，关内、关外军饷共欠100余万："枢辅孙承宗疏奏，关外自去年十月至今年二月缺折色饷银七十余万……关内自二年九月缺至三年二月，共欠饷银三十八万一千九百七十一两有奇。"⑦

---

① 《崇祯长编》卷24，崇祯二年七月己丑。
② 《明熹宗实录》卷17，天启元年十二月丙申。
③ 《明熹宗实录》卷29，天启二年十二月辛卯。
④ 毕自严：《蠲钱粮疏》，载《御选明臣奏议》卷39，文渊阁四库全书，第445册，第671页。
⑤ （明）毕自严：《石隐园藏稿》卷6《辽饷不敷疏》，文渊阁四库全书，第1293册，第544页。
⑥ 《崇祯长编》卷11，崇祯元年七月甲申。
⑦ 《崇祯长编》卷31，三年庚午二月乙丑。

其实，到了崇祯时期，逋欠问题已经不单单是太仓库的独特问题了，比如江西一省竟然连续三四年分文未解纳南京户部：

> 南京户部尚书郑三俊疏覆巡按直隶任僎所参江省南粮一事……窃照江西一省，每岁南粮四十二万石，足供南中四五月之储，年来怠玩成风，至三五年或七八年不解，计所逋本色，不下数百万石，折色不下数十万金，即敕后三四年，犹然颗粒无稽，分文未解。如任御史之所参，皆据司府册报，历历可指，其所列查参、稽覆、差官三法俱宜亟行，以充留都根本之计。帝从之，其差官恐滋烦扰，独不允。①

据黄仁宇的统计，"1632年，据340个县的上报，税收拖欠达到了50%，甚至更多。这340个县占到了整个帝国财政税区四分之一以上。而且，其中的134个县事实上没有向中央政府上纳任何税收。"②

崇祯十六年时，户部未征收上来的正赋兵饷、关税、盐课及仓助等银达1053万，逋欠率达85%："臣察十六年分正赋、兵饷……只完解部银一百一十七万四千八百两零……共未完银七百八十七万五千二百两零……关税、盐课、仓助共完过六十八万九千四百两零，未完二百六十五万四千四百两零。"③这说明，到明朝末年，户部已经基本失去了对地方财政的控制能力。

第七节　太仓库收银种类的纵向演变与横向扩展

一　太仓库岁入类项的纵向演变

正统初年到正德末年，太仓库岁入增长速度比较缓慢，岁入类项来源也比较单一。在太仓库发展初期，小部分实物赋税因为灾伤、本地不

---

① 《崇祯长编》卷31，三年庚午二月乙丑。
② 《崇祯存实疏抄》2/72-89，转见《十六世纪明代中国之财政与税收》，第411页。
③ （明）倪元璐：《倪文贞奏疏》卷11《阁部最要事宜疏》，文渊阁四库全书，第1297册，第314页。

能生产等各种原因而折征白银解纳太仓库。大约到弘治末、正德初的时候，太仓库成为明代财政体系中的"后备储蓄机构"，即通过收纳中央财政体系中的岁盈余等方式而形成一定数量的库存银，以应对各种大型的紧急或非常规的财政开支之需。

太仓库于正统七年成立之后，南直隶解纳草价银首先成为它的收入项目。《明会典》记载："正统七年置太仓库，添设本部主事一员，专管凡南直隶、苏、常等府解纳草价银，赴部转送管库官处交收"①"又奏准凡南直隶各府起运马草，愿纳价银者，每束纳银三分，解部送太仓银库收储。候用草时召商上纳，照时价支给。"②《明实录》中太仓库较早的收入种类记录见于成化六年六月，"乙卯，加延绥征进马草五十万束及运太仓见收折草银五万两于军前买草应用"。③

成化六年九月，因为京城米价太高，皇帝命户部将京、通二仓米以平价粜卖50万石以降低市场米价，所得银钱送入太仓库收储："（上）谕户部臣曰：京城米价踊贵，民艰于食，尔户部即发京、通二仓米五十万石，平价粜之……其贫民无钱者折收铜钱，俱送太仓官库收储。"④

成化十年四月，因赣州府属诸县不产绢，户部覆准将绢改折征银解纳太仓库："户部议覆……赣州府所属诸县地不产绢，宜如杰言每绢一匹折收银一两。解送太仓收用。自后绢少仍令纳绢从之。"⑤ 此后，太仓库不时会有这类零星的小额折银收入。

成化十六年，地方巡抚、巡按被命清查各盐运司及提举司积年收储银两及变卖私盐、车船等银并将其解往户部转发太仓库收储："成化十六年令巡抚、巡按官清查各处运司及提举司积年收储并变卖过私盐、车船等项银两，尽数解部转发太仓库以备边储支用。"⑥《明会典》（正德）记载着太仓库在这一年还增加了赃罚银钱的收入："（成化）十六

---

① （明）徐溥等：《明会典》卷33，第369页；又见刘斯洁等：《太仓考》卷1之3，第711页。
② （明）徐溥等：《明会典》卷23，第263页。
③ 《明宪宗实录》卷80，成化六年六月乙卯。
④ 《明宪宗实录》卷83，成化六年九月己亥。
⑤ 《明宪宗实录》卷127，成化十年夏四月甲申。
⑥ （明）徐溥等：《明会典》卷33，第369页；又见刘斯洁等：《太仓考》卷1之3，第711页。

年令各运司、提举司每年积滞并卖过私盐、车船、头匹，问追过赃罚银钱等物，各该巡抚、巡按等官通查见数，解部转发太仓银库。"①

最迟到成化十八年十月，太仓库已经有了折粮银的收入项目："丙子，诏取太仓折粮银四十万两并各衙门去任官、皂隶、柴价银三千四百四十余两入承运库供用。"②

成化十九年以后，盐课银会偶尔成为太仓库的岁入，但并未形成制度化的常例。成化十九年，"又令两浙盐课浙西场分每正盐一引折银七钱，浙东场分每正盐一引折银五钱，解送太仓银库，候余盐支尽，仍纳本色"。③

至少到弘治末、正德初的时候，太仓库增添了一项很重要的财政收入，那就是京库的财政岁盈余银。据正德元年户部尚书韩文等所上的《裁革冗食节冗费疏》的记载，至少在弘治中前期左右的时候，国家财政总收入额是远大于支出额的，每年漕粮的节余存储在京、通等仓廒内，而京库的岁入节余银如支剩马草等银则存储在太仓库。由此，太仓库初步具备了预备边方紧急情况的财政功能和地位：

> 臣等……查理京库银两：以岁入言之……通计各项实该一百四十万九百余两；以岁用言之……通计各项实该一百余万两，其间支剩马草等银，节该本部题准，俱送太仓收候以备边方紧急支用，不许别项支销，故太仓之积，多者三四百余万，少亦不下二百余万。夫何近年以来，前项额办银两或灾伤减免或小民拖欠或诏旨蠲免……帑藏何由而不空，财用何由而不竭哉……正德元年五月二十二日本部等衙门尚书等官韩等具题。④

---

① （明）徐溥等：《明会典》卷33，第365页。
② 《明宪宗实录》卷233，成化十八年冬十月丙子。
③ （明）徐溥等：《明会典》卷36，第397页。
④ （明）黄训编：《名臣经济录》卷31《裁革冗食节冗费奏》，文渊阁四库全书，第443册，第698—700页。按，《武宗实录》节录了该奏疏部分内容，不过，其京库岁入银额与该奏疏中的银额稍有不同："尚书韩文会英国公张懋等议谓：京库银两岁入为一百四十九万两有奇，以岁用言之，给边、折俸及内府成造宝册之类为一百万两，余皆贮之太仓以备饷边急用"，见《明武宗实录》卷13，正德元年五月甲辰。现存录于此。

此后直至武宗驾崩之前，太仓库的岁入类项仅有少量增加，其财政地位和财政职责未见有明显的变化。正德元年五月，因国家财政支出发生困难，各仓库储蓄匮乏，户部等衙门议准，各省直地方历年逋欠的起运两京的户口食盐钞都折银征收，崇文门分司商税钱钞也被命折银征收，并将这两项白银收入都送入太仓库收储：

> 甲辰，先是，总督粮储户部右侍郎陈清、兵科给事中徐忱……户科都给事中张文等又极言国用不给，当亟议经制之宜。上曰：此重事也，户部宜会多官议处画一，开具以闻。于是尚书韩文会英国公张懋等议谓……一，钱钞折银，言：两京广惠等库所储钱钞颇足支用，宜通行天下司府州县将明年该征、先年拖欠户口食盐钱钞起解两京之数暂令折银，及崇文门分司税商钱钞亦折银，俱送部发太仓贮库给边……议入，诏是之。①

正德二年，苏州、松江、常州三府送纳在京府、部等衙门折银俸粮之后的余剩银两及没有按季及时解到的银两都送交太仓库收储：

> 正德二年，尚书顾佐题苏、松、常三府征解府部等衙门折银俸粮或经岁未解到，俸给过期，本部暂将别项银两补辏，委有不便。议将解到银两并以后遇季解到者仍照原拟外，其送纳余剩及解到不遇季银两，俱送太仓银库另项收储，候季分将及，该府银两未到各衙门官员该支俸粮，径赴银库于前收银照数支给。②

二 太仓库岁入类项演变整体结果的横向比较

嘉靖时期是太仓库岁入类项增长幅度最大的时期。表3-13是嘉靖二十八年太仓库岁入类项及其银额情况，从中可以详见自正统七年太仓库成立以来其岁入类项演变的总结果。与其初成立时仅有马草折银一项收入相比，太仓库收入制度显然已经发生了极其巨大的变革。不过，直

---

① 《明武宗实录》卷13，正德元年五月甲辰。
② （明）刘斯洁等：《太仓考》卷4，第762页。

至此时，太仓库岁入类项中有将近一半是临时性的，具有很大的不稳定性。

表 3-13　　嘉靖二十八年太仓库岁入类项及其银额情况[1]

岁入正项者 总计 110.61 万两	岁有常数者 总计 81.4324 万两	多方搜括者 总计 203.23 万两	
夏税银 12.1 万两 秋粮银 33.96 万两 马草连各马房 54.95 万两 户口食盐钞 4.5 万两 盐课折布等项 5.1 万两	两淮余盐银 60 万两 两浙余盐银 6.49 万两 长芦余盐银 8.53 万两 富户银 0.4534 万两 签秸 0.109 万两 扣省由闸 5.85 万两	开例纳银 46.2 万两 河道 6.98 万余两 南京廪部 20 万两 司府赃罚、香钱等项 5.34 万两 草场籽粒 0.42 两 商税 15.45 万两 保定、临清、德州等仓折粮 27 万两 征催节年拖欠税粮等项 81.84 万两	总计 395.2 万两

隆庆元年，"夏税岁额除奏豁并摘发庄田及农桑税丝、人丁等丝折绢及本色丝绵各留本处与解纳内府外，实征起、存麦米共四百六十二万五千七百五十七石九升八合零，内除京库小麦三十四万二千石，每石折银二钱五分，系岁解承运库之数，与坐派南北二京各监司局及内外边镇堡、各仓库本折色并绢布豆折等项俱有项下解纳外，止有派剩小麦一万七千余石，每石折银一两，共一万七千余两，并各绢布折银九万一千六百九十八两四钱八分"，"秋粮除奏豁外，实征米二千二百一十六万四千七百一十七石八升七合零，又除存留及地亩花绒存留本处并起运本色外，实征起运秋粮米一千三百一十万一千五百四十五石一升二合零，内该岁解承运库折银米三百七十一万八千九百九十二石三斗七合六勺零，漕运米四百万石，南京各仓米一百八万三千二百八十七石零，抵斗黑豆二万六千三百一十六石零，内府各监局司光禄寺神乐观及在京宗人等府

---

[1]　（明）潘潢：《会议第一疏》，见（明）陈子龙等编《明经世文编》卷 198，第 2050—2051 页。

府部衙门并南京各府库等衙门坐派米豆约共五十六万六千九百一十一石九斗零,又内外各马房仓场边镇各仓口坐派民运本色、折色不等外,只有派剩米二十四万二千五百七十五石零,每石折七钱、六钱不等,共该折银一十五万八千四百三十三两零,京库折色布银三万八千六百一十三两。"①即,全国夏税与秋粮起运、存留总额为2679.0476万石,各项支销后派剩麦米共25.9575万石,折银后收入归太仓库。现据此制表3-14。

表3-14　隆庆元年太仓库岁入款项及银额情况②　　单位：万两

夏税派剩小麦折银	1.7
绢布折银	9.1689
秋粮派剩米折银	15.8433
京库折色布银	3.8613
带征马草及南草折银	37.087
在京五场草并备派各府会无稻草等项折征寄库银	4.0579
屯田地亩牧地籽粒租银、各省府户口盐钞、钞关船料、商税等银	26.698
两淮、两浙等处各运司等衙门岁解盐课	103
总计	201.4164

万历时期,太仓库的总体岁入类项逐步稳定,形成比较正式的制度,具有比较固定的规模。表3-15是依据《太仓考》而制成的万历八年左右太仓库岁入类项及其银额表,相对于表3-14,也可显见太仓库岁入类项的制度变化。其中最显著的有：一是大量民运银成为太仓库新增岁入。二是嘉靖二十八年时仍属太仓库临时"搜括"所得的商税,到万历时期已经演变成具有细致规章的各钞关商税收入,岁入额也增长很多。三是嘉靖二十八年时还只是"岁有常数"的余盐等盐银的收入到万历八年时已成为太仓库的正式收入。

---

① 马森：《明会计以预远图疏》,见陈子龙《明经世文编》卷298,第3129页。
② 马森：《明会计以预远图疏》,见陈子龙《明经世文编》卷298,第3129—3130页。

表 3-15　万历八年太仓库岁入类项及其银额情况①

太仓库岁入类项	该岁入类项的银额	太仓库岁入类项	该岁入类项的银额
太仓银库派剩麦米折银	25.0285 万两余	崇文门宣课分司商税	正余银 1.6662 万余两，铜钱 1887.7716 余万文，猪牙税银 0.2429 万余两
丝绵、税丝、农桑绢折银	9.2274 万两	张家湾宣课司商税	正余银 0.2479 万两，铜钱 288.7762 余万文
绵布、苎布折银	3.8613 万两	河西务钞关商税	正余银 1.4633 万余两
府部等衙门禄俸米折银	2.5908 万两余	临清钞关商税	正余银 4.4707 万余两
马草折银	34.5614 万两余（节年增减不同）	浒墅钞关商税	正余银 1.7376 万余两
京五草场草折银	6.018 万两	九江钞关商税	正余银 1.099 万余两
户口盐钞折银	4.69 万两余	淮安钞关商税	正余银 1.1414 万余两
蓟、密、永、昌、辽东五镇民运改解银	52.3802 万余两	扬州钞关商税	正余银 0.9678 万余两
各盐运司并各提举司余盐、盐课、税银	100.3876 万余两	北新钞关商税②	正余银 3.6839 万两
黄白蜡折银	6.8324 万余两	泰山香税	2 万两
坝大等马房子粒银	2.3439 万余两	赃罚银	12.8617 万两
备边地亩银	3.3491 万余两	富户银	0.3018 万余两
京卫屯牧地增银	1.6141 万余两		
总计	284.77 万两，铜钱 2176.54 万文		

　　太仓库成立之初，仅被用于存储马草折银，需用马草时，还要将这

---

①　（明）刘斯洁等：《太仓考》卷 9 之 2，第 834—835 页。
②　按，以上钞关船料、商税本折轮年征解，本色年分例七分扣二，银解太仓。

笔存银取出以换取实物。那时的太仓库，仅仅是个小额白银的暂时存储机构而已，在明代国家财政总体系中几乎没有什么重要性和地位可言。嘉靖二十八年与万历八年太仓库岁入类项的比较则表明，太仓库的财政制度不但一直处于发展演变的过程中，且明代后期太仓库的财政制度与其初成立时已经迥然不同。

三　太仓库岁入征收权力的下放

泰昌到崇祯时期，太仓库岁入类项的数额发生反中央集权化的逆向运动，即户部逐步下放收上来的财政权力。至崇祯末年，所有赋税征收和解送的财政权力与财政职责都下放给地方政府与军镇。产生这一趋势的根本原因在于明中央政府逐步失去了对地方政府的财政控制权，丧失了征收、征解赋税的能力，而将赋税征收和征解的权力下放不过是在制度上对这一事实的认可与安排。

天启元年十二月时太仓库的收银种类发生了一项重要的变化，那就是加派辽饷不再是太仓库的收入项目，而是从太仓库独立出来，改为由新成立的新饷银库专门进行管理。太仓银库（即旧库）收入种类有税粮、马草、绢、布、钱钞、籽粒、黄白蜡、扣价、船料、商税、税契、盐课、赃罚、事例、富户、协济、俸粮附余、漕折等项，新饷银库（即新库）收入种类则有新饷加派、新饷杂项、巡抚军饷、巡按公费节裁免饷、新饷盐课、新饷关税等项：

> 是岁天下户口田赋之数……太仓银库共收过浙江等布政司并南北直隶等府州解纳税粮、马草、绢、布、钱钞、籽粒、黄白蜡、扣价、船料、商税、税契、盐课、赃罚、事例、富户、协济、俸粮附余、漕折等项三百二十五万二千五百五十六两九钱六分二厘，铜钱三千一百一万九千二百五文……新饷银库应收浙江等省南北直隶府州新饷加派……银三百五万一千五百一十三两五钱九分零，新饷杂项……银一百一十四万五千九百三两，巡抚军饷、巡按公费节裁免饷……一万四千一百三两六钱四分，新饷盐课……五万九千四百二十五两八钱七厘，新饷关税……二万九千

二百四十二两四钱二分。①

就在太仓库的财政日益困窘、北边军镇对太仓库所形成的财政压力日益加大之时，户部为了减轻其财政责任而开始逐步解除太仓库接收部分收入款项的权力。早在万历三十一年二月的时候，户部就奏准将万历七年开始改解太仓库转发的辽东镇民运银恢复旧制，即由山东布政司、盐运使司径直解纳给辽东，不必再解往太仓库："癸卯初，制辽东镇岁额民运银一十四万七千余两征派，山东布、运二司径解该镇交纳给军。万历七年因该省征解延缓，暂改类解太仓给发。彼时太仓充余，故资其那偿，今太仓匮极，势难代发。户部请如旧制，从之。"②

天启元年四月，管理太仓银库主事汤道衡、陪库主事邹嘉生也提出了一个类似的令太仓库收入大减的建议，而且，这一建议还得到了巡视太仓银库工科给事中成明枢的赞同。其核心内容有二：一是将原先经太仓库转发的两淮、两浙共82万余两的盐课银改为直接由各军镇自运自催，而不再解往太仓库。二是山西和陕西共59万余两的加派新饷及搜括、事例、税契等原属太仓库的款项就近分派，照民运抵充：

> 管理太仓银库主事汤道衡、陪库主事邹嘉生言：……欲并顾宣、大、山西、延、宁、甘、固等镇，在改京运为民运，此今日饷务之急着也……查得各镇年例……每至外解不前，边倅告急，各镇委官抢地环呼，徒以京运故耳。臣查得两淮盐课银六十七万七千六百一十两、两浙盐课银一十四万六千四百五十两，通共八十二万四千六十余两，原供各边，合令免解太仓，径派各镇，听其自运自催。又查得山西加派地亩银三十三万一千二百三十五两、陕西加派地亩银二十六万三千六百三十一两，通共银五十九万四千八百四十余两，并二省搜括、扣抽、事例、税契等项，俱可就近分派，照民运抵充，仍类入考成以便稽查。或虑新饷数亏，即于太仓附近起解，陆续补偿，此亦同舟之谊也。巡视太仓银库工科给事中成明枢

---

① 《明熹宗实录》卷17，天启元年十二月丙申。
② 《明神宗实录》卷381，万历三十一年二月癸卯。

亦言乞如道衡等议，章下所司。①

虽然这一建议最终得到批准与否尚不明确，但从这一事件至少可以确定，户部等中央机构中有相当一部分官员是明显倾向于拆解、分化太仓库的财政权限的。

天启二年九月，类似的建议得到户部的覆准而成为现实制度。该月，因为太仓库支付军饷不及时，巡关御史梁之栋议准将保定原应解纳太仓库的 14 万两白银就近直接分派给易镇，抵充太仓库支给该镇的额饷。太仓库开始实实在在地将部分财政权力下放地方了，而这样做的理由是地方可以省转征、转解的麻烦和劳苦，太仓可以省却收入再支出的烦琐手续："巡关御史梁之栋陈昌保情形言：……一曰紫马两关设立饷司，缘太仓如洗，请给不时，查保定应解钱粮不下十四万，宜就近照数抵易镇额饷，本地既省转征转解之劳而太仓亦省支入支出之防。上令该部议覆，俱如议行。"②

天启三年十一月，巡按直隶御史潘云翼奏准，保定、顺德、河间、大名及广平共五府原解纳太仓库转发的民运银不再解往太仓库，而改为直接解往易州饷司上纳。这种改变的直接导因是京运银不但不能如额供应，而且总是迟缓愆期。而且，在直隶御史潘云翼看来，京运改为民运还有若干好处：从征收过程来看，既省却了一层层的烦琐手续，运输途径也就近轻便，可以随征、随解、随收；而太仓库也自此可以省却征不如额或征不如期的财政压力：

癸亥，巡按直隶御史潘云翼言：……自去年十一月受事至年终，京运断绝，冬季额饷欠二万三千七百余两，至今未补，以岁额计之，是缺五十日之饷矣。今日阃镇贫军五月无粮。拥门哀诉者且日甚一日也，不惟饷司之计穷，本道之计亦穷，查《大明会典》与《万历会计录》，本镇之年例前此皆民运也，后改归太仓转发，而出入之间不免愆期，至于今愆之又愆，挽江西之水以救涸鲋，势

---

① 《明熹宗实录》卷9，天启元年四月戊寅。
② 《明熹宗实录》卷26，天启二年九月辛丑。

必不得，则曷若转改民运？其便有七等：此银数民不加多而国不加损一便也；太仓省放支之劳而本镇免守候之苦二便也；外不复辇而入，内不复辇而出，途径既捷，众共乐输三便也；解京者州县累而上之府，府累而上之太仓，费几时日，此则随完可解，随解可收，四便也；以地方粮养地方军，痛痒必且相关，缓急可以相济，五便也；且以地方官催地方粮，犹之把水于河，取火于燧，六便也；饷司岁终第以收支报部，受成而已，不复琐目而忧，此一镇七便也。况改京为民，适复祖制，名虽变，实不变也。计本［易州］镇主客兵饷每年额银一十四万六千五百九十五两六钱二分，合无查于保、河、顺、广、大五府内应解太仓银，如数扣改民运，照尝赴抚院挂号销号，责令径解易州饷司上纳，仍赴本道挂号销号以便稽查。其有解不如期者，本道具文抚院檄催之，并以参罚之法着为令。如此则各府之起解以时，而饷司之支发亦以时。此于该部事权未损而于军民利便无穷。保镇庶几其永赖乎……得旨：重镇缺饷，著作速给发，民运准改。①

此外，户部还奏准山东、河南、北直隶漕河、黄河两岸二百里内郡县原先应当解往太仓库和京边的税银都改为征收本色税粮："户部奏令山东、河南、北直漕河、黄河两岸二百里内郡县，应解金太仓、京、边，各照时价改本色运至河上，官自为解，庶军民交济。上从之。"②这种做法无疑又减少了太仓库的白银收入。

崇祯元年六月，因为太仓库岁出大大超过岁入，户科官员黄承昊请将折银改回为本色的征收："已未，户科右给事中黄承昊言：钱粮耗蠹已甚，太仓一岁所入仅三百二三十万，而所出计五百余万，视旧且增至二百八十余万矣……请改折色为本色……下所司实行。"③

经过一再减省，到崇祯元年时，太仓库的岁入类项明显减少。崇祯元年，太仓库岁入包括省直田赋正、杂课及事例银等项："臣谨按太仓

---

① 《明熹宗实录》卷41，天启三年十一月癸亥。
② 《明熹宗实录》卷□，天启七年九月庚午。
③ 《崇祯长编》卷10，崇祯元年六月已未。

出入之数，省直田赋正杂课银岁入原止三百一十余万两，加以事例又可得银十余万两，内除割去辽东旧饷二十万两外，岁入仅得三百万两⋯⋯顾此额定数也，而灾荒屡告，逋负频仍，则入数多寡又难定焉。"①

崇祯二年，太仓旧库岁入类项有田赋银、盐课银、杂课银、钞关银、事例银等，岁入预算额减至 327 两万，实际岁入银额尚不足 200 万两：

> 户部尚书毕自严疏言⋯⋯满算京边岁入之数，田赋银一百六十九万二千七百九十二两，盐课银一百一十万三千一百两，杂课银一十万三千一百余两，钞关银一十六万一千二百四十余两，事例银约二十万两，共银三百二十六万五千五百二十余两，而拖欠相延，实入不满二百万两。②

崇祯十六年七月，户部尚书倪元璐奏准京边所有钱粮都由各地方根据户部的指派就近直接解送军镇：

> 以臣之议，自今各督抚镇额饷皆由臣部酌量道里，就近拨派⋯⋯所有钱粮，着各该地方差委径达军前，或遇军行辽远，许交驻扎镇所，该道代为转输地方，延误者该督抚立行题参，加等处治，解官竣役从优题叙⋯⋯恭奉面谕云：拨饷就近最便，饷部不必议裁，盖为提摄考核，固须重臣耳。今议饷部移驻南京，居中控远，不特剿饷，凡京边一切钱粮悉照近颁圣谕，责成抚按推官事理移文四促，只藉文告为威灵，其衔即宜改为总督催攒中外粮饷侍郎，臣部亦实藉之分其献念矣。末议无当，恭候圣裁。崇祯十六年七月十三日具题奉旨：⋯⋯各督抚镇额饷着照依奏内派定地方，径运解军前，一应转输、题参、优叙等项，俱依议。该部仍将拨过数目若干详行奏明，饷部免设。③

---

① （明）毕自严：《石隐园藏稿》卷 6《题报发过边饷疏》，第 561 页。
② 《崇祯长编》卷 19，崇祯二年三月壬申，第 1163—1164 页。
③ （明）倪元璐：《倪文贞奏疏》卷 8《饷部事宜疏》，文渊阁四库全书，第 1297 册，第 283—284 页。

崇祯十六年十月，户部尚书倪元璐奏准进一步将征收赋税的权力分割下放给各个军镇。在奏疏中，倪元璐坦言这样做的根本原因在于户部财政困窘、无法满足天下的财政需求：

> 臣惟今日之势，诚必以督抚境内兵财听自制置，略如唐藩镇者，然后天下之事可得而为，所谓大建规模者也。譬之民间家计萧竭，而有众子，即宜割室分资，使之自食其力，共治其家……故一司农必不能应天下之呼，一内帑必不能济司农之乏……崇祯十六年十月三十日具题，奉旨：各边督抚境内兵财听自制置，诚为便计，这畿府正赋、民、屯本折、原额并屯、盐、鼓铸事宜，着行该督抚计议速奏。①

至此，户部将征收赋税、解送赋税的财政权力完全下放给了各地方政府和军镇，太仓库仅剩一个徒有其名而无其实的预算岁入总银额，名义上的财政地位升至历史最高点，实际的财政地位却跌至历史最低点。

总之，太仓库财政岁入的反集权化现象一方面说明国家财政体系的征税能力出现了严重问题，另一方面说明地方财政正在逐步脱离中央财政的控制，明政府的上述措施等于承认了地方财政失控的事实，同时不得不因为这一事实而进行制度方面的修订。

---

① （明）倪元璐：《倪文贞奏疏》卷9《督抚制置兵财疏》，文渊阁四库全书，第1297册，第300—301页。

第四章　明代太仓库支出制度演变

明代太仓库常规性的财政支出主要有以下内容：一是为了维护北京的行政及军事体系的正常运转而进行的财政开支，简称"京支"；二是应皇帝要求而发往内库或者为皇室开支垫付的支出；三是地方发生严重灾情时为了维持地方民众最基本的生存而进行的国家救济，即对地方的赈济；四是为了维护国家安全的军事开支，主要是指太仓库对北边军镇的财政支援。当然，北方边镇以外的地区发生较重大的军情时，太仓库也经常予以财政支援。北边军镇年例银方面的开支是太仓库在其发展中后期最重要和最基本的财政开支，因此本章将"太仓库年例银与北边军饷"单列一节。本章就从这几个方面对太仓库的财政开支进行梳理和总结。

第一节　京支、内库、地方赈济与太仓库的支出

一　京支与太仓库的支出

太仓库的在京开支种类也基本呈现由少到多的趋势，但其京支总额却没有跟随其种类的增加而相应增多。太仓库较早的京支项目为俸禄折银，最早记载见于景泰七年。[①] 关于太仓库京支种类及其岁额的整体性概述较早可见于隆庆初年。隆庆二年，太仓库京支预算银额为135万

[①]（明）徐溥等：《明会典》卷28，第316页；又见于（明）刘斯洁等：《太仓考》卷4，第755页。

两。① 具体说来，太仓库这135万两京支银额主要包括表4-1中的各项开支款项。

表4-1　　　　　　隆庆初年太仓库京支种类②

1.	公、侯、驸马、伯禄米折银
2.	在京文武百官、京城内外各卫所官、军、勇士折俸、折绢、布、钞、冬衣布花
3.	各营将官家丁军士马匹折色口粮、料、草
4.	内府各监局会无买办枣儿等项
5.	神乐观舞生夏衣、冬麦，太常寺猪价，钦赏番僧、夷人
6.	各卫所军伴、杂役折米银
7.	京五草场召买草束商价
总计	135万两白银

万历三十年左右，太仓库京支总银额约为70万两，具体开支种类包括表4-2中的各款项。

表4-2　　　　　　万历三十年太仓库京支种类③

1.	供用库之香、蜡、草料，惜薪司之糯米，酒醋麦局之豆、麦，丙字库之召买丝、棉，司苑局之豆、草，宝钞司之稻草
2.	京官员之俸折，京卫所官之布、绢，三都司之行粮、月粮
3.	光禄寺、太常寺之果品、猪价，兵部之筏夫，光禄寺之钱、钞、厨役，神乐观之舞生，礼部之赏夷折绢，工部器皿厂之小麦
4.	修仓军夫之米折
5.	昌平之协济
6.	诸仓场之草料
7.	军伴营卫之草料
总计	约70万两白银

---

① 《明穆宗实录》卷15，隆庆元年十二月戊戌。
② （明）马森：《明会计以预远图疏》，见陈子龙等编《明经世文编》卷298，第3130页。
③ （明）劳养魁：《国计考》，见（明）冯应京辑《明经世实用编》，四库全书存目丛书，齐鲁书社1999年版，史部第267册，第64页。

崇祯二年，仓场侍郎南居益查奏京支银额约为 70 万到 80 万两，如表 4－3 所示。

表 4－3　　　　　　　　崇祯二年京支种类及数额①

京支款项名称	京支银额（单位：万两）
在京各衙门如宗人府，五府，六部，翰林院，詹事府，都、通、大，② 太常，太仆，光禄，尚宝，六科十三道，国子监，中书行人，鸿胪寺，钦天监，上林苑监，顺天府宛、大二县，自公、侯、驸马、伯及锦衣、旗手等卫指挥经历暨各衙门监吏俸银	14—15
官匠俸银（共计 3198 员）	3.4321
京军布花，太常寺小麦，光禄寺果品，丙字库绵花绒，钦天监历日版片，惜薪司抬炭甲夫，司苑局召买豆草，丙字库召买黑、绿豆、谷、草价，又煮豆萁秸价，供用库召买正旦、元宵、端阳、中秋三单年例、香蜡价，光禄寺钱钞，礼、工二部边赏折绢，兵部咨纸、筏夫，广盈库题染颜色商价，神乐观乐舞生布、绢、小麦、黄豆、芝麻折银，光禄寺厨役冬布折银，器皿厂小麦，惜薪司炭饼、糯米价，内官监召买稻草价，外供用库召买黄、绿豆、谷、草价，太常寺祭祀猪价，陵寝、坟园、公、侯、驸马造坟及会试合用米麦折价，银作局造册金价，承运库、御用监、供用库、丁字库凡遇吉凶典礼题买金、珠、香蜡、铜、锡价，各卫军伴优恤、各仓故官、锦衣卫宣官马匹草料折银，又将军马匹草料，又禁兵春、秋二操口粮，又卫营家丁盐菜、马匹料、草，锦衣卫禁兵廪粮，旗手通州等卫马匹粮、草折银，定、庆陵做工盐银，京粮厅祭祀，各仓筹架、造斛、修理闸河，各衙门工食公费，三王府盐菜银，崔黄口三大营勇士、四卫营粮草折银，京营飞石教师口粮，山东、河南班军口粮、犒赏，巡捕营官军并马匹料草，各官心红番役工食等银，训练营并通州三标营盐菜、草、料，总督房价，训练三大营盐菜、草、料、行粮银，各卫所新兵月粮，训练总兵家丁盐菜、料、草，三大等营护送梓宫口粮、草、料银，各卫所月粮折色等项银	45—46
三大营马匹草料银	16.45
典礼修举不时，营办数多	擅难预定
米折、筹架数项分隶漕折	合行另算
总计每岁京支银额	78.9—80.9

由此可见，太仓库的在京开支款项经历了一个由少到多的发展过程。大约到隆庆时期，太仓库的在京开支已经形成了一定的规模，到万

---

① （清）孙承泽：《春明梦余录》卷 35，文渊阁四库全书，第 868 册，第 486—487 页。
② 按，当是督察院、通政司、大理寺的简称。

历初期，太仓库的在京开支被制度化。自隆庆、万历以至崇祯，太仓库的在京开支岁额以万历朝为最低，但无论哪朝，太仓库的在京开支都没有对自身财政开支形成明显不可承受的压力。

二　内库与太仓库的支出

如前所述，内库是一个集皇室财政与国家公共财政为一体的机构，而且其收入被越来越多地用于皇室开支。一方面，国家整体财政收入呈不断缩减态势；另一方面，鉴于明代帝制的政治权力体系，除了皇帝外，没有官员或者机构能够真正限制皇室财政开支的数额。所以，皇室财政开支有不断增加的趋向。这自然会造成内库财政的紧张。对于这一问题，明朝皇帝的惯常做法是到户、兵、工等其他中央公共机构去攫取银钱。之所以说它是攫取，是因为户、兵、工各部收入都是有专门用途的，皇帝依靠本人的特殊政治权力，在收到各部官员明确反对意见的情况下，仍会强行拿走他想要的银额。此处将主要探讨内库从太仓库强行索要的收入。

从成化末年到弘治朝，太仓库银被频繁地解入内承运库。《罪惟录》记载弘治二年天下岁入、岁出白银总额如下：

> 弘治二年，天下岁征税粮凡三千六百三十二万一千余石，内三百二十万九千石，折银八十一万四千余两，户田商税除折米外，并船钞料折银四十三万九千余两，各矿银课岁办一十五万一千余两，折盐银又数万两，又各处粮税折征一百三万两，云南闸办三万余两，各钞关船料四万余两，马草折征二十三万余两，盐课折征二十余万两。每年出数，送内库预备成造等项银十万两，或益至二十万两，给散军官俸银三十三万余两，各边年例四十余万两，奏纳加添在外，圣诞千秋等节用三十九万余两，亲王、王妃、公主及上用银盆、水罐、仪仗等或至十三万七千余两。①

据此可知，弘治二年户部岁入白银总额约为293.4万两左右，岁出

---

① （清）查继佐：《罪惟录》卷10，北京图书馆出版社2006年版，第1册，第499页。

145.7万两，岁盈余147.7万两。如果以这一年的岁出入银数作为一个大致的比较标准，那么，成化到弘治年间内库取用太仓库的银额还是相当巨大的。

成化到弘治朝内库取用太仓库银额如表4-4所示。

表4-4　　　　成化、弘治朝内库取用太仓库银额

年份	从太仓库取入内承运库的银额
成化十七年十一月	30万两①
成化十八年十月	40万两②
弘治八年三月	用太仓库银买黄金1000两③ 30万两④
弘治九年十月	50万两⑤
弘治十三年	130万两⑥
弘治十四年二月	45万两⑦
弘治十五年	195万两⑧
弘治十七年四月	15万两⑨
弘治十八年六月	20万两（另取户部银15万两）⑩
从弘治十五年到正德元年	户部与太仓库共解入内承运库白银300万两⑪
总计	635万两⑫

从成化十七年到正德元年的25年里，历任皇帝共从太仓库取走635万两白银用于私人开支，平均每年取走25.6万两，相当于户部岁

---

① 《明宪宗实录》卷221，成化十七年十一月戊子。
② 《明宪宗实录》卷233，成化十八年冬十月丙子。
③ 《明孝宗实录》卷98，弘治八年三月丁酉。
④ 《明孝宗实录》卷98，弘治八年三月辛亥。
⑤ 《明孝宗实录》卷118，弘治九年十月戊戌。
⑥ 《明孝宗实录》卷162，弘治十三年五月丁卯。
⑦ 《明孝宗实录》卷171，弘治十四年二月丙午。
⑧ 《明孝宗实录》卷192，弘治十五年十月辛酉。
⑨ 《明孝宗实录》卷211，弘治十七年闰四月丙戌。
⑩ 《明武宗实录》卷2，弘治十八年六月癸亥。
⑪ （明）黄训编：《名臣经济录》卷31《裁革冗食节冗费奏》，文渊阁四库全书，第443册，第701页。
⑫ 按，黄金按每两金等于10两银计算，内库从太仓库借走后又归还的未列入表内。

入银额的 8.7%。

正德时期，内库支用太仓库银的数额和频率都大为降低，如表 4-5 所示。

表 4-5　　　　　　　　　正德朝内库支用太仓库银额

年份	内库取用太仓库的银数
正德元年	40 万两①
正德二年八月	20 万两②
正德五年十二月	10 万两③
正德九年八月	0.63 万两④（内府内官内使冬衣棉价）
正德十一年二月	2.2 万两（内府官人等靴料价银）⑤
正德十五年十月	1.72 万两⑥
总计	74.55 万两

从表 4-5 可知，正德年间内库共从太仓库取走 74.55 万两，平均每年取 4.97 万两。这可能与当时户部太仓库的财政困难有直接关系。正德末年，户部太仓库面临着巨大的财政压力，太仓库俸银、岁例及商价的总支出银数竟然高达 400 余万两："户部言，太仓银库迩因冗食太多，经费浩繁，加以四方频岁灾伤，钱粮征解者少，遂致空虚日甚，各卫官军折散俸粮并各边岁例、宿逋商人刍粮价值不下四百余万。"⑦

嘉靖前期，因修建宫殿、陵寝等工程或者支放宗禄，太仓库支放、借出白银较多。但是，这一时期内库直接取用太仓库银的事例却并不多见。嘉靖中期以后，内库频繁取用太仓库银，不过相对于成化、弘治时期而言，数额还是比较少的，如表 4-6 所示。

---

① 《明武宗实录》卷 16，正德元年八月己酉。
② 《明武宗实录》卷 29，正德二年八月戊寅。
③ 《明武宗实录》卷 70，正德五年十二月壬寅。
④ 《明武宗实录》卷 115，正德九年八月壬子。
⑤ 《明武宗实录》卷 134，正德十一年二月辛未。
⑥ 《明武宗实录》卷 192，正德十五年冬十月癸亥。
⑦ 《明世宗实录》卷 2，正德十六年五月戊寅。

表 4-6　　　　　　　　嘉靖朝内库取用太仓库银额

嘉靖二十三年七月	10 万两①
嘉靖二十九年六月	7 万两②
嘉靖三十二年二月	15 万两③
嘉靖三十二年十二月	10 万两④
嘉靖三十三年七月	10 万两⑤
嘉靖三十九年七月	20 万两⑥
嘉靖四十二年二月	2.7 万余两⑦
嘉靖四十二年六月	4.7 万余两⑧
嘉靖四十二年三月	银 10 万两⑨
嘉靖四十二年七月	15 万两⑩
嘉靖四十三年六月	20 万两⑪
嘉靖四十三年	户部发银 5 万两购买黄金、香料⑫
嘉靖四十五年三月	10 万两⑬
总计	139.4 万两

从嘉靖二十三年到嘉靖四十五年，内库共从太仓库支取 139.4 万两，平均每年取用 6.3 万两。

隆庆初年，因为以户部尚书刘体乾为核心的官僚士大夫的反对，穆宗取解太仓库银入内库的情形比较少，即使取用，也会在数额上大打折

---

① 《明世宗实录》卷 288，嘉靖二十三年七月庚申。
② 《明世宗实录》卷 358，嘉靖二十九年三月戊寅。
③ 《明世宗实录》卷 394，嘉靖三十二年二月庚戌。
④ 《明世宗实录》卷 405，嘉靖三十二年十二月己亥。
⑤ 《明世宗实录》卷 412，嘉靖三十三年七月丙辰。
⑥ 《明世宗实录》卷 486，嘉靖三十九年七月戊寅。
⑦ 《明世宗实录》卷 518，嘉靖四十二年二月甲子。
⑧ 《明世宗实录》卷 522，嘉靖四十二年六月癸亥。
⑨ 《明世宗实录》卷 519，嘉靖四十二年三月戊戌。
⑩ 《明世宗实录》卷 523，嘉靖四十二年七月甲午。
⑪ 《明世宗实录》卷 535，嘉靖四十三年六月己卯。
⑫ （清）嵇璜等：《续文献通考》卷 23，文渊阁四库全书，第 626 册，第 565—566 页。按，内库买进黄白玉 500 余斤，购买珍珠 130 两解进内府，基本都是支用太仓库银，因不知买价，故未计入表内。
⑬ 《明世宗实录》卷 556，嘉靖四十五年三月己未。

扣。隆庆中后期，内库取用太仓库银的次数有所增加，但银额尚不是很巨大。从嘉靖、隆庆直至万历初年，内库总计额外挪用太仓库银仅有200万两左右。然而，从万历六年到万历四十六年的40年间，内库在百万金花银之外，额外挪用太仓库银近1000万两，平均每年25万两。万历后期，在太仓库外库、老库都已经没有库存白银且逋欠边镇军饷百余万两的情况下，神宗都坚决不肯减免万历六年以来添加的20万两的买办岁银额。面对神宗对于国家财政及军事安全的漠然及太仓库困窘的财政现实，各官僚士大夫反复地恳求神宗满足于百万两金花银的收入而减免买办银，但是一直都没有成功。直到万历三十七年，在金花银、买办银都发生大额逋欠的情况下，再加上大学士叶向高的激烈反对，神宗才最终取消了买办银。万历朝的官僚士大夫与神宗在内库取用太仓库银方面的长期矛盾和斗争，一方面是因为在万历时期的士大夫观念中，太仓库与内库已经有了很明确的财政职责的分工与界限；另一方面，是因为太仓库面临着越来越大的财政压力，其供应边镇军饷财政需求的能力日益削弱。在国家财政出现问题、军事安全没有保障的情况下，士大夫们认为皇帝理应为了缓解这种状况而牺牲个人的一些私利。（见表4-7）

表4-7　　　　　隆庆、万历朝内库额外取用太仓库白银数额

隆庆三年四月	10万两[1]
隆庆四年三月	用太仓库银买棉1万斤入内库[2]
隆庆四年五月	8万两[3]
隆庆五年正月	10万两[4]
隆庆五年七月	1.65万两[5]
隆庆五年十二月	10万两[6]

[1] 《明穆宗实录》卷31，隆庆三年四月癸未。
[2] 《明穆宗实录》卷43，隆庆四年三月乙未。
[3] 《明穆宗实录》卷45，隆庆四年五月癸巳。
[4] 《明穆宗实录》卷53，隆庆五年正月乙亥。
[5] 《明穆宗实录》卷59，隆庆五年七月乙亥。
[6] 《明穆宗实录》卷64，隆庆五年十二月辛丑。

续表

隆庆六年二月	10万两①
隆庆六年四月	10万两②
万历三年二月	取太仓库备边银入内库③
万历五年三月	10万两④
从万历六年到万历四十六年六月	太仓库历年解进内库的额外白银总计近1000万两⑤

天启、崇祯时期，太仓库财政已经极其困窘，因此内库取用太仓库银的次数和银额都大大减少。从天启元年到崇祯二年，内库共取用太仓库银50.6万两，平均每年5.6万两。不过，即便如此，这些支出对于太仓库而言也仍旧是难以承受的重压。究其原因，最根本的还是在于此时的国家财政，无论是内库还是太仓库，都已经开始崩溃。（见表4-8）

表4-8　　　　　天启、崇祯朝内库取用太仓库银额

天启元年闰二月	支取太仓库银以备皇帝大婚所需⑥
天启三年十月	20万两⑦
天启七年三月	6万两⑧
天启七年八月	20万两⑨
天启七年十月	太仓库节省银1.2万两⑩
崇祯二年三月	3.4万两⑪
总计	50.6万两

---

① 《明穆宗实录》卷66，隆庆六年二月丙午。
② 《明穆宗实录》卷69，隆庆六年四月己卯。
③ 《明神宗实录》卷35，万历三年二月丙申。
④ 《明神宗实录》卷60，万历五年三月戊子。
⑤ 《明神宗实录》卷571，万历四十六年六月戊寅。
⑥ 《明熹宗实录》卷7，天启元年闰二月辛丑。
⑦ 《明熹宗实录》卷39，天启三年十月辛巳。
⑧ 《明熹宗实录》卷82，天启七年三月乙亥。
⑨ 《崇祯长编》卷1，天启七年八月壬戌。
⑩ 《崇祯长编》卷2，天启七年冬十月戊戌。
⑪ 《崇祯长编》卷19，崇祯二年三月壬申。

综上所述，太仓库自正统七年成立后，皇帝利用皇权强取太仓库银最严重的时期为弘治朝与万历朝。弘治时期，太仓库库存白银仅供战争或者灾害等紧急情况时救急之用。这时的皇帝强取太仓库银，虽也侵犯了国家公共财政，但毕竟太仓库财政状况比较充裕，且未在国家公共财政开支中扮演非常重要的角色，因此皇帝攫取太仓库银的做法未造成非常严重的后果。万历朝是皇帝攫取太仓库银最严重的时期，这一时期，万历皇帝对于太仓库银的掠夺，已经到了完全置国家生存于不顾的地步，严重影响到北边军费的供应。此时神宗的攫取，是非理性的一种行为。天启、崇祯时期，除了新帝即位、新太子出生等特殊情况按前例支取少量太仓库银外，皇帝已经基本不再额外攫取太仓库银。其根本原因则在于此时的太仓库已经到了山穷水尽的地步，皇帝很明白他无法从中捞取大笔白银了。

三　地方赈济与太仓库的支出

当各省直地方因为灾害等原因而遭受巨大损失以致民生艰难时，户部往往会直接发放太仓库银给受灾地区进行赈济；除此之外，户部还常常会蠲免受灾地区的税粮，之后支放太仓库银以代补所蠲免地区的税粮，这可以被看作太仓库赈济地方的一种特殊形式。

太仓库对地方的直接财政赈济具有明显的阶段性特征。在成化到正德时期，太仓库对全国各省直地方的赈济时有举行，但频率并不是很高。嘉靖时期，太仓库对地方灾伤的赈济明显上升，是整个明代太仓库对地方赈济频率最高的时期。隆庆、万历时期，太仓库的此类赈济行为仅仅偶有举行，远远没有满足地方对太仓库的这类财政需求；更多的时候，户部仅仅蠲免地方所应缴纳的税粮而已。万历以后，太仓库不但很少有赈济地方灾伤的财政开支，而且很多有灾情或者兵荒的地区连税粮的减免也无法得到了。（见表4-9）

表4-9　　　　明代太仓库赈济省直地方支出银额

时间	赈济的地点	太仓库支放银额
成化九年三月	山东青州、登州、莱芜三府	借4.5万两①

---

① 《明宪宗实录》卷114，成化九年三月庚申。

续表

时间	赈济的地点	太仓库支放银额
成化十四年八月 成化十四年九月 成化十四年十二月	河南开封、山东兖州、北直隶真定、保定等府 顺天府 兖州府	10万两[1] 借2万—3万两[2] 3万两[3]
成化十五年正月	山东	3万两[4]
成化二十二年二月	直隶凤阳府	借数万两[5]
弘治元年十月	四川	5万两[6]
弘治二年二月	四川	3万两[7]
弘治三年三月	顺天府东安等县	1万两[8]
正德元年正月	陕西	20万两[9]
正德十六年	凤阳府	3万两[10]
嘉靖元年	陕西	20万两[11]
嘉靖二年十二月 嘉靖二年 嘉靖二年九月	陕西三边、山东 两畿、山东、河南、湖广、江西 直隶江南、江北、山东、河南、湖广	10万两[12] 20万两 20万两[13]
嘉靖五年二月	顺天、保定、河间	不确[14]

---

[1] 《明宪宗实录》卷181，成化十四年八月庚子。
[2] 《明宪宗实录》卷182，成化十四年九月丁卯。
[3] 《明宪宗实录》卷185，成化十四年十二月己丑。
[4] 《明宪宗实录》卷186，成化十五年春正月辛巳。
[5] 《明宪宗实录》卷275，成化二十二年二月庚子。
[6] 《明孝宗实录》卷19，弘治元年十月乙卯。
[7] 《明孝宗实录》卷23，弘治二年二月庚戌。
[8] 《明孝宗实录》卷36，弘治三年三月乙亥。
[9] 《明武宗实录》卷9，正德元年春正月己酉。
[10] （清）赵宏恩等监修，黄之隽等编纂：《江南通志》卷83，文渊阁四库全书，第509册，第376页。
[11] （清）刘于义等监修，沈青崖等编纂：《陕西通志》卷84，文渊阁四库全书，第556册，第95页。
[12] 《明世宗实录》卷21，嘉靖元年十二月戊寅。
[13] 《明世宗实录》卷31，嘉靖二年九月甲午。
[14] 《明世宗实录》卷61，嘉靖五年二月壬申。

续表

时间	赈济的地点	太仓库支放银额
嘉靖七年九月	四川、陕西、湖广、山西等处	不确①
嘉靖七年十月	陕西、四川、湖广、山西	不确②
嘉靖八年正月	山西	7万两③
嘉靖九年正月	河南卫辉等府	2万—3万两④
嘉靖九年四月	延绥	不确⑤
嘉靖十年七月	陕西	30万两⑥
嘉靖十年十二月	顺天府	1.2万两⑦
嘉靖十一年正月	保定、河间等府	2万两⑧
嘉靖十一年二月	大同	2.5万两⑨
嘉靖十一年六月	上林苑监四署人户	0.2万两⑩
嘉靖十一年九月	陕西	18万两⑪
嘉靖十一年十月	陕西山丹庄浪	0.6万两⑫
嘉靖十二年十一月	辽东	3万两⑬
嘉靖十六年十二月	顺天、永平二府	2万两⑭
嘉靖十七年十一月	陕西甘州等卫	2万两⑮
嘉靖十七年十二月	宁夏等卫	1万两⑯
嘉靖二十年五月	辽东	5万两⑰
嘉靖二十年六月	顺天府属州县 永平府	2万两 0.6万两⑱

① 《明世宗实录》卷92，嘉靖七年九月甲申。
② 《明世宗实录》卷93，嘉靖七年十月辛丑。
③ 《明世宗实录》卷97，嘉靖八年正月己亥。
④ 《明世宗实录》卷109，嘉靖九年正月庚戌。
⑤ 《明世宗实录》卷112，嘉靖九年四月丙戌。
⑥ 《明世宗实录》卷128，嘉靖十年七月癸丑。
⑦ 《明世宗实录》卷133，嘉靖十年十二月丁未。
⑧ 《明世宗实录》卷134，嘉靖十一年正月甲戌。
⑨ 《明世宗实录》卷135，嘉靖十一年二月庚寅。
⑩ 《明世宗实录》卷139，嘉靖十一年六月壬午。
⑪ 《明世宗实录》卷142，嘉靖十一年九月丁巳。
⑫ 《明世宗实录》卷143，嘉靖十一年十月癸卯。
⑬ 《明世宗实录》卷156，嘉靖十二年十一月己亥。
⑭ 《明世宗实录》卷207，嘉靖十六年十二月癸亥。
⑮ 《明世宗实录》卷218，嘉靖十七年十一月辛巳。
⑯ 《明世宗实录》卷219，嘉靖十七年十二月戊午。
⑰ 《明世宗实录》卷249，嘉靖二十年五月甲寅。
⑱ 《明世宗实录》卷250，嘉靖二十年六月庚申。

续表

时间	赈济的地点	太仓库支放银额
嘉靖二十一年八月	山西	10万两①
嘉靖二十四年二月	永平府	1.2万两②
嘉靖二十七年正月	陕西巩昌、汉中二府	5万两③
嘉靖二十八年二月	陕西	4万两④
嘉靖二十八年六月	隆庆、永宁、滴水崖	1万两⑤
嘉靖二十九年九月	蓟州等处	3万两⑥
嘉靖三十年四月	直隶、保定等府	4万两⑦
嘉靖三十三年三月	上林苑蕃育等署	0.43万两⑧
嘉靖三十八年八月	辽东	6万两⑨
嘉靖三十九年三月	顺天、保定	不确⑩
嘉靖三十九年四月	顺天、永平二府	0.7万两⑪
嘉靖三十九年五月	山西三关	1万两⑫
嘉靖四十年二月	保定、河间等6府	1.5万两⑬
嘉靖四十年四月	山西	0.5万两⑭
嘉靖四十年闰五月	北直隶、山西	10万两⑮
嘉靖四十年七月	辽东	2万两⑯
嘉靖四十年九月	陕西固原、宁夏	0.8万两⑰

① 《明世宗实录》卷265，嘉靖二十一年八月壬午。
② 《明世宗实录》卷296，嘉靖二十四年二月壬寅。
③ 《明世宗实录》卷332，嘉靖二十七年正月辛丑。
④ 《明世宗实录》卷345，嘉靖二十八年二月乙巳。
⑤ 《明世宗实录》卷349，嘉靖二十八年六月庚子。
⑥ 《明世宗实录》卷365，嘉靖二十九年九月辛卯。
⑦ 《明世宗实录》卷372，嘉靖三十年四月庚辰。
⑧ 《明世宗实录》卷408，嘉靖三十三年三月辛丑。
⑨ 《明世宗实录》卷475，嘉靖三十八年八月甲子。
⑩ 《明世宗实录》卷482，嘉靖三十九年三月丁亥。
⑪ 《明世宗实录》卷483，嘉靖三十九年四月壬子。
⑫ 《明世宗实录》卷484，嘉靖三十九年五月壬午。
⑬ 《明世宗实录》卷493，嘉靖四十年二月癸丑。
⑭ 《明世宗实录》卷495，嘉靖四十年四月丙午。
⑮ 《明世宗实录》卷497，嘉靖四十年闰五月癸巳。
⑯ 《明世宗实录》卷499，嘉靖四十年七月己亥。
⑰ 《明世宗实录》卷501，嘉靖四十年九月甲辰。

续表

时间	赈济的地点	太仓库支放银额
嘉靖四十二年九月	辽东	0.3 万两①
隆庆三年七月	黄河河道受灾地区	2 万两②
万历十四年九月	固原、甘肃、延绥、山西、辽东及河南、淮扬、凤阳与山东等处	39 万两
万历十五年五月	京师	银 641 两，铜钱 10.699 万文③
万历十五年	京师	不确④
万历二十二年三月	河南、山东、江北	不确⑤

从表 4-9 可以看出，成化年间，太仓库对地方的财政赈济集中于 3 个年份，共 6 次赈济行为；弘治年间集中于其初年的 3 个年份，共 3 次赈济行为；正德年间集中于两个年份，共有两次赈济行为；嘉靖年间集中于 24 个年份，共有 42 次赈济行为；隆庆年间只有一次赈济行为，万历年间共有 3 个年份、4 次赈济行为。嘉靖年间太仓库赈济地方的高频率表明了太仓库在国家财政体系中的地位的提高及其重要性，万历以后太仓库赈济地方行为的骤减则表明了太仓库财政的日趋枯竭。

面对地方灾荒，明政府经常采取的另一项措施就是蠲免税粮。然而，这部分被蠲免的税粮若是起运税粮额内的，就会引起原应接收这部分税粮的部门财政收入短缺。对于这个问题，明政府经常会用太仓库银来补足相关衙门的财政短缺。太仓库这类财政开支主要以针对各北边军镇为主，这一点将在后文详述。太仓库贴补边内地方因灾而蠲免的赋税的做法以成化朝相对较多，弘治至嘉靖朝偶有举行。此后，这类的记载就难得一见了。

综上所述，从成化到嘉靖，太仓库对地方的赈济频率及银额都呈上升趋势。隆庆、万历前期，太仓库对边内地方的赈济骤然减少。万历中

---

① 《明世宗实录》卷 525，嘉靖四十二年九月甲辰。
② 《明穆宗实录》卷 35，隆庆三年七月壬辰。
③ （明）俞汝楫编：《礼部志稿》卷 50《灾疫施药疏》，文渊阁四库全书，第 597 册，第 943 页。
④ 《明神宗实录》卷 193，万历十五年十一月庚申。
⑤ 《明神宗实录》卷 271，万历二十二年三月壬午。

期以后直至明亡，由于太仓库自身的财政状况日渐窘迫，因此它对地方的财政赈济基本消失。

第二节　军需与太仓库

一　太仓库与国内的地方军事开支

除了北边军镇的开支外，太仓库还要对平定地方叛乱等军事行动提供财政支持。不过，太仓库的这类开支与北边军镇对它所形成的财政压力以及它自身财政状况的好坏密切相关。正德时期，太仓库在这方面开支较大；嘉靖、隆庆时期，因为北边军事战争长久持续，太仓库很少对边内或沿海的军事冲突提供财政支援；万历中后期，借助于万历前期积攒下来的老库存银，太仓库对北边之外的军事战争提供了巨额财政支援，不过，这也成了万历中后期太仓库财政困窘的重要原因之一；天启以后直至崇祯，太仓库财政亏空巨大，收入逋欠日益严重，其基本的边镇年例银的职责都难以完成，对边镇以外的地方军事冲突的支援更是难以实行。

正德时期，各省直地方叛乱不断。为此，户部不得不频繁、大量地支放太仓库银以资助其军饷。太仓库银用于地方军事开支的较大事件当推刘六、刘七叛乱的平定。正德"五年冬十月，霸州隆盗刘六、刘七叛"。[①] 正德六年三月，吏部尚书杨一清奏准发太仓库银15万两以供军队购买粮草："乙亥，敕户部郎中刘安、童旭往山东、河南整理粮草，运太仆寺马价五万两、太仓银十五万两军前应用，从吏部尚书杨一清言也。"[②] 同年十一月，户部"发太仓银二十万两于南、北直隶、山东、河南为饷军及赏功之用"。[③]

到正德七年正月，户部尚书孙交奏报，为了平定刘六、刘七等人叛乱，仅正德六年就已经花费太仓库及其他各项白银达 90 余万两："癸

---

① （清）谷应泰编：《明史纪事本末》卷45，第665页。
② 《明武宗实录》卷73，正德六年三月乙亥。
③ 《明武宗实录》卷81，正德六年十一月甲寅。

酉，户部尚书孙交言：比年流贼攻劫，累调京边并各卫所、奏留京操官军共二十余万、马三十余万，其粮刍之费以正德六年一岁计之，支过太仓并各项银凡九十万余两矣。"① 同年二月，户部又发太仓库银10万两分别供应河南、山东、直隶等处军饷："己卯，命户部右侍郎黄珂兼都察院左佥都御史往河南总督粮饷，并支太仓银五万两以行""发太仓银五万两于直隶、山东以供军饷。"②

大约在同一时期，四川等地分别发生蓝五、杨友等叛乱：正德五年"庚午，特命（洪钟）出总川、陕、湖、河四省军务，时……蓝五起蜀，与鄢老人等聚众往来，寇暴川陕间……土官杨友、杨爱相仇，激为变，众至三万余，流劫重庆、保宁诸州县。"③

为此，正德六年正月，户部发太仓库银20万两以供给四川军饷："发太仓银二十万两输四川以给军饷，时四川三路用兵，蓝五、杨友之党所在攻劫，抚按官累奏军饷缺乏，给事中张瓒等亦以为言，故特给之，并许以所在贮库及中盐银两支用。"④ 正德七年，户部发太仓库银10万两以供四川军饷。⑤

正德十一年，因为贵州发生苗族叛乱，广西等地原应解纳太仓库的开纳事例银都转解贵州："开中两淮、两浙盐一十五万引于贵州……其原拟广西、福建、云南生员上纳银两解太仓者，俱以给之，以苗寇猖獗，从巡抚都御史曹祥奏也。"⑥

嘉靖时期，太仓库的白银主要发放于时常面临巨大军事压力和冲突的北边军镇，因此对于边内其他地方军事活动的财政支援较少。嘉靖三十三年五月，因倭寇逼近南京，军情危急，兵部才奏准发太仓库银6万

---

① 《明武宗实录》卷83，正德七年春正月癸酉。按，这90余万两银额是正德六年全年的开支，太仓库银仅占一部分，且这一数额是正德七年正月户部尚书统计上报的。据《明史纪事本末》记载，仅一个月后，即正德七年二月，太仓库为此支出的白银总额就达200余万两："自出师以来（至正德七年二月），刍粮犒赏费太仓银二百余万"，见谷应泰《明史纪事本末》卷45，第675页。笔者认为200余万距离90余万数额差距悬殊，且时间间隔不够长远，仅一个月，故不用《明史纪事本末》中"200万"的数额。

② 《明武宗实录》卷84，正德七年二月己卯。

③ （明）王守仁：《王文成全书》卷25，商务印书馆1934年版，第10页。

④ 《明武宗实录》卷71，正德六年春正月乙亥。

⑤ 《明武宗实录》卷93，正德七年冬十月辛丑。

⑥ 《明武宗实录》卷139，正德十一年秋七月壬辰。

两调兵支援抗倭行动：

> 给事中王国祯、贺泾、御史温景葵等以倭寇猖獗、逼近留都，各上疏乞调兵给饷……兵部集廷臣议：……调兵当遣御史及本部司官各一员，赉太仓银六万两，往山东调发奏留民兵一枝及青州等处水陆枪手共六千人，人给军装银十两，令参将李逢时、许国督赴扬州听经调度……议入，上允行之。①

隆庆时期，太仓库银用于地方军事开支的数额和次数也不多。隆庆二年十二月，太仓库发银5万两给广东官军："发户部太仓、兵部太仆寺马价银各五万于广东给军，从吏部尚书杨博奏也。"② 隆庆三年十二月，"以广西古田用兵，命发太仓银四万两给之，为军饷之费"。③

万历中后期，太仓库除了要面对北边军镇日益紧张的财政压力外，还为国内其他地方叛乱及朝鲜抗倭战争支出了巨额白银。

首先是万历二十五年二月，明政府决定东征抗倭："二十五年春正月丙辰，朝鲜使来请援；二月丙寅，复议征倭；丙子，以前都督同知麻贵为备倭总兵官，统南北诸军。"④ 万历二十七年八月，四川、贵州发生地方叛乱，户部将云南原借四川的银额转发以供应贵州兵饷。不过，太仓库的这种支出形式的弊端就是户部无法对地方政府之间的此类财政往来进行实际监控和管理。针对这一可能出现的问题户部所能做的也只能是于万历二十七年八月奏请神宗颁旨严催："户部言，臣顷者议处征播兵饷，将湖广应解京库银及川省解陕年例、云南原借川银总计共五十余万，俱系解部正赋，名虽外解，实出帑额，既省跋涉转输，又便邻近接济。但恐滇楚司道等官秦越相视，起解濡迟，缓不及事，合再请旨严催……从之。"⑤

---

① 《明世宗实录》卷410，嘉靖三十三年五月丁巳。
② 《明穆宗实录》卷27，隆庆二年十二月壬午。
③ 《明穆宗实录》卷40，隆庆三年十二月戊午。
④ （清）张廷玉等：《明史》卷21，第279页。
⑤ 《明神宗实录》卷338，万历二十七年八月戊子。

其次是播州之役。万历二十五年七月，"杨应龙叛"。① 万历二十七年八月，户部奏准将湖广节年派剩太仓库银及四川转解陕西的年例银都留用四川；由于四川转解陕西的年例银留用后，陕西的年例银就又变成了由太仓库如数发给，因此，四川留用的陕西年例银从实质上看是太仓库支出的：

> 户部上言，今川、黔用兵，太仓匮甚，且钱粮浩大，地里辽绝。臣等思之，与其仰给于远，不若取办于近。查湖广解京钱粮，有节年派剩太仓银一十六万一千四百五十两，听总督速发尺檄，取解军前。及查川省每年转解陕西年例银十万四百有奇，蜀方有事，不得馈秦，一并留用以纾目前之急。上从之。②

三是宁夏刘哱叛乱的平定。万历三十一年五月，户部尚书赵世卿对这三大战争所耗费的总银额向神宗做过汇报：

> 年来征哱之费，用过银一百余万两，两次征倭之费，用过银五百九十五万四千余两，征播之费用过银一百二十二万七千余两……入者如彼，出者如此，即全盛之世所不能堪，而况今日乎？老库将穷，京粮告竭，太仓无过岁之支……从古以来未有公私匮竭如今日之穷者……万历三十一年五月二十九日具题。③

万历四十四年十月，户科给事中在给神宗的奏疏中更具体地指明，太仓库支给东征朝鲜和平定播州叛乱所需的白银是来自老库的："户科给事中商周祚等【奏】……征倭、征播先后支老库者几千万，至册立、封婚一切典礼例取给于承运者，又皆括之外帑，更不下数百万，而太仓遂耗十之七八矣。"④

天启年间，各地方叛乱频繁发生，奢崇明、安邦彦等反叛于贵州，

---

① （清）张廷玉等：《明史》卷21，第279页。
② 《明神宗实录》卷338，万历二十七年八月丁丑。
③ （明）赵世卿：《司农奏议》卷3《经用匮乏有由疏》，第188页。
④ 《明神宗实录》卷550，万历四十四年十月辛丑。

白莲教徐鸿儒反叛于山东，杭州、福宁先后发生兵变，两当、澄城先后发生民变；北有大清兵征朝鲜、围锦州、攻宁远，南有海贼寇广东。①然而，此时的太仓旧库连北边军镇的常规年例银都无法如数供应，对各地发生的叛乱，自然更是无力予以必要的财政支援了。

二　太仓库与北边军镇的军饷开支

（一）京运年例银、太仓库年例银与太仓库的支出

年例银的发放是太仓库在其发展中后期的核心财政职责，也是太仓库发银给北边军镇的重要原因。然而，北边军镇的年例银既有京运年例银，也有太仓库年例银，二者是什么关系呢？

"年例"有时又称"岁例"，本书中该词专指按照成例当支发给北边军镇的岁饷。毫无疑问，这属于北边军镇常规军事开支的财政来源范围。虽然天启时期的户部尚书陈大道认为："太仓年例则作俑于正统之时，"②然而迄今尚未找到可以进一步确切证明这一点的史料。《明实录》中太仓库发放边镇年例银的最早具体年份为成化十九年。该年十月，大同民运、屯田粮草不覆支用，太仓库发银10万两给大同，因为这笔白银要从大同第二年的年例银中相应扣除，所以太仓库的这次财政支出实际上是充当了大同的部分年例："户部议处大同备边事宜……今以山西派给税粮并行都司屯粮马草及秋青草数计之……较其所出，尚欠粮豆数十万石、草数百万束……宜仍支太仓银十万两运送大同管粮郎中张伦与籴买粮或准折俸给，候明年运送各边年例银，俱各量减以抵今运大同之数……议入，命依拟行之。"③

不过，在太仓库发展中前期，其年例银的开支并没有确定的规律，而是时有时无，数额也增减不一、高低不等；此外，此时太仓库既没有负责北边所有军镇的年例银的发放，也没有独自承担年例银的发放。表4-10是《明实录》中成化到正德太仓库发往北边军镇年例银的统计，从该表中可以看出：第一，弘治时期是太仓库给北边军镇发放年例银频

---

① （清）张廷玉等：《明史》卷22，第298—306页。
② 《明熹宗实录》卷35，天启三年六月辛酉。
③ 《明宪宗实录》卷245，成化十九年冬十月丙寅。

率最高的时期，正德时期的频率则明显降低；第二，就同一军镇而言，太仓库所发年例银的数额也是不一致的，比如弘治五年，太仓库发给辽东年例银 5 万两，弘治七年时，太仓库发往辽东的年例银就成了 10 万两，弘治二十年时又增到 15 万两；宁夏镇弘治七年从太仓库所得年例银为 4 万两，弘治十七年时称为 6 万两，正德十二年又成为 4 万两；第三，弘治、正德时期，太仓库发放年例银的边镇数额很少，最多的年份也只有 4 个；第四，这一时期，太仓库所发年例银的银额也比较低，而且，即使如此低的银额，有时候也不是由太仓库独自承担的，比如弘治五年宣府和大同的年例银就有江南粮草折色银和太仓库银两个来源，而正德十二年甘肃、宁夏和延绥的年例银则来自淮盐银与太仓库银。

表 4–10　《明实录》中成化、弘治、正德时期太仓库发往北边军镇年例银额

年例银年份	边镇名称/太仓库发放年例银的数额（万两）			
成化二十年	大同/10①			
弘治三年	宣府/5②			
弘治五年	大同、宣府/江南粮草折色银及太仓银共 10③	榆林/3	辽东/5④	
弘治六年	甘肃/6⑤			
弘治七年	辽东/10⑥	宁夏/4	榆林/3	宣府/5⑦
弘治八年	大同/5	宁夏/4	榆林/3	宣府/4.57⑧
弘治九年		宁夏/4	榆林/3⑨	

---

①　《明宪宗实录》卷 245，成化十九年冬十月丙寅。
②　《明孝宗实录》卷 14，弘治元年五月甲申。
③　《明孝宗实录》卷 31，弘治二年十月癸卯。
④　《明孝宗实录》卷 45，弘治三年十一月丙戌。
⑤　《明孝宗实录》卷 68，弘治五年十月壬寅。
⑥　《明孝宗实录》卷 64，弘治五年六月癸丑。
⑦　《明孝宗实录》卷 73，弘治六年三月癸酉。
⑧　《明孝宗实录》卷 86，弘治七年三月戊戌。
⑨　《明孝宗实录》卷 98，弘治八年四月壬戌。

续表

年例银年份	边镇名称/太仓库发放年例银的数额（万两）			
弘治十一年	辽东/10①			
弘治十二年	辽东/10②	大同/5③		
弘治十五年	辽东/12	宁夏/4	榆林/3	甘肃/6④
弘治十七年		宁夏/6⑤		
弘治十八年	预先发放两年后辽东年例银15⑥	宁夏/6⑦		
正德五年	辽东/15⑧			
正德十二年	甘肃/太仓及淮盐银18	宁夏/太仓及淮盐银4	延绥/太仓及淮盐银5⑨	

表4-10所反映的太仓库支放年例银的特点与《万历会计录》中有些军镇的相关记录不符，比如，密云镇"京运自正统八年发银五千两预备边饷，自是岁以为常"，延绥"军饷取给民、屯，原无京运年例。正统距成化初年间发十万两或五万两，分送三边以济一时之急，兹后遂定为例，本镇主兵岁发银三万两"，宁夏镇"京运原无专发……成化二十二年始发主兵银四万两为例"，甘肃镇"京运初无定额，成化二十三年……始发银六万两，自后岁以为常"。⑩ 由此引发的问题有：一是这4个边镇的京运年例银的发放时间都远远早于上表的时间。二是这4个边镇的京运年例银是每年都发的，而表4-10中太仓库的年例银发放时间却是间断的、不连续的。

接下来的嘉靖朝是太仓库发放边镇年例银被记载频率较高的另一时期，如表4-11所示。

---

① 《明孝宗实录》卷97，弘治八年二月庚申。
② 《明孝宗实录》卷111，弘治九年闰三月乙卯。
③ 《明孝宗实录》卷153，弘治十二年八月甲午。
④ 《明孝宗实录》卷147，弘治十二年二月己酉。
⑤ 《明孝宗实录》卷206，弘治十六年十二月辛酉。
⑥ 《明孝宗实录》卷221，弘治十八年二月己巳。
⑦ 《明孝宗实录》卷207，弘治十七年正月乙丑。
⑧ 《明武宗实录》卷67，正德五年九月辛巳。
⑨ 《明武宗实录》卷148，正德十二年夏四月丙辰。
⑩ （明）张学颜等：《万历会计录》（下），第744、913、937、955页。

表 4-11 《明实录》中嘉靖时期太仓库年发放北边军镇年例银银额（单位：万两）

年例银年份	边镇名称/太仓库发放年例银的数额
嘉靖元年	宣府/4① 宣府/6
嘉靖三年	大同/7③
嘉靖四年	辽东/15②
嘉靖七年	辽东/8④
嘉靖八年	辽东/7⑤
嘉靖十一年	宣府、大同/大仓库及部库粮草银8万两⑥
嘉靖十二年	宁夏大仓库及淮、浙、长芦盐引银4万两⑦

① 《明世宗实录》卷9，正德十六年十二月辛巳。
② 《明世宗实录》卷44，嘉靖三年十月丁酉。
③ 《明世宗实录》卷55，嘉靖四年九月癸亥。
④ 《明世宗实录》卷74，嘉靖六年三月戊戌。
⑤ 《明世宗实录》卷91，嘉靖七年八月丙辰。
⑥ 《明世宗实录》卷116，嘉靖九年八月癸未。
⑦ 《明世宗实录》卷134，嘉靖十一年正月甲戌。

第四章 明代太仓库支出制度演变 | 239

续表

边镇名称/太仓库发放年例银的数额

年例银年份						
嘉靖十八年	宣府/4	辽东/5①				
嘉靖十九年	大同/5.33	宁夏/4	延绥/2	甘肃/6	固原/5②	
嘉靖二十一年	山西/3③					
嘉靖二十二年	宣府/4④					
嘉靖二十五年	大同/15.4/备新军年例粮饷⑤					
嘉靖二十七年	大同/22.75	山西北楼口/4.8	大原石隰等四营/9.9	广武站/3	宁夏/4	
嘉靖三十年	辽东/14.71				固原/5.88	甘肃/8	延绥/1.01	蓟州/3⑥
嘉靖三十三年	大同/太仓银及宁武等关支边储银5万两⑦					
	各边镇/45⑧					

① 《明世宗实录》卷214，嘉靖十七年七月乙亥。
② 《明世宗实录》卷233，嘉靖十九年正月甲寅。
③ 《明世宗实录》卷256，嘉靖二十年十二月丙子。
④ 《明世宗实录》卷267，嘉靖二十一年十月乙巳。
⑤ 《明世宗实录》卷307，嘉靖二十五年正月壬申。
⑥ 《明世宗实录》卷332，嘉靖二十七年正月壬辰。
⑦ 《明世宗实录》卷363，嘉靖二十九年七月庚申。
⑧ 《明世宗实录》卷413，嘉靖三十三年八月甲午。

从表4-11可以看出，与弘治、正德时期相比，太仓库在嘉靖时期发放年例银的总额、发放边镇的数额都有了明显增长。弘治十五年，太仓库共给4个边镇发放了年例银，总额为25万两，这是成化至正德时期最高的数额；而嘉靖二十七年的时候，太仓库共给10个边镇发放年例银，总银额达75万余两。不过，就单个边镇的情况看，有些军镇从太仓库所得到的年例银额在嘉靖时期反而下降了，比如宣府在弘治、正德时期基本年例银额都在5万两，嘉靖时期降成了4万两；弘治末年，太仓库发往宁夏的年例银曾一度升至6万两，嘉靖时期却稳定在4万两的水平。

就嘉靖朝这一时期而言，太仓库发放给边镇的年例银额充满了变化。比如，辽东镇，嘉靖三年时，太仓库发放15万两年例银，嘉靖七年时降成8万两，嘉靖八年时为7万两，嘉靖十八年仅发放5万两，嘉靖二十七年，又增长到14.71万两；嘉靖十九年，太仓库发给大同镇年例银为5.33万两，嘉靖二十五年变成15.4万两，嘉靖二十七年又变成22万余两，到嘉靖三十年时，太仓库发给该镇的年例银却连5万两都不到。

嘉靖后期，鉴于北边部分军镇的客兵饷银逐年攀升，户部尚书高耀奏准查核各边镇主客兵马钱粮，在民运、屯粮、盐引的基础上，议定每年所应添补的年例银额：

> 户部尚书高耀言，国家岁入财赋有限而京边支费无穷……若不早为节制，定其规式，使边费益糜、部发无量，非经久计也……除民运、屯粮、盐引外，每岁应添年例几何，议为定额，刻期具奏，俟本部覆有成命，每岁照数给收……疏入，从之。①

嘉靖四十五年，北边各主要军镇的京运年例银的数额被明确固定下来。现将嘉靖四十五年所规定的各边镇主、客兵年例银额制表4-12。

---

① 《明世宗实录》卷552，嘉靖四十四年十一月癸卯。

表4-12　嘉靖四十五年各边镇主、客兵京运年例银额（单位：万两）

边镇名称	京运银额	边镇名称	京运银额
辽东	17.3998①	大同	主兵：26.9638 客兵：14②
蓟州	主兵：5.638 客兵：17.6448③	山西	主兵：12.33 客兵：10④
永平	主兵：4.8672 客兵：8.7971⑤	延绥	主兵：21.7265；客兵：8； 添募游兵军马年例银：3⑥
密云	客兵：21.2824⑦	宁夏	主兵：2.5 客兵：2⑧
昌平	主兵：2.62 客兵：8.6234⑨	甘肃	主兵：2.2922 客兵：2⑩
易州	易州客兵：5.4 良乡、涿州客兵：0.5⑪	固原	年例银：5⑫
宣府	主兵：12 客兵：20.5⑬		
总计	235.1		

虽然明政府规定"以后年分视此为准，不许额外加增"，⑭ 然而后

---

① （明）张学颜等：《万历会计录》（上）卷17，第678页。
② （明）张学颜等：《万历会计录》（下）卷24，第859、861页。
③ （明）张学颜等：《万历会计录》（下）卷18，第701、704页。
④ （明）张学颜等：《万历会计录》（下）卷25，第889、892页。
⑤ （明）张学颜等：《万历会计录》（下）卷19，第731页。
⑥ （明）张学颜等：《万历会计录》（下）卷26，第913、915页。
⑦ （明）张学颜等：《万历会计录》（下）卷20，第744页。按，主兵年例银额2万两是嘉靖四十四年确定的。
⑧ （明）张学颜等：《万历会计录》（下）卷27，第937、938页。按，主兵京运年例银额嘉靖三十四年就已经确定。
⑨ （明）张学颜等：《万历会计录》（下）卷21，第763页。
⑩ （明）张学颜等：《万历会计录》（下）卷28，第955、956页。
⑪ （明）张学颜等：《万历会计录》（下）卷22，第783、784页。
⑫ （明）张学颜等：《万历会计录》（下）卷29，第978、979页。
⑬ （明）张学颜等：《万历会计录》（下）卷23，第815、819页。
⑭ （明）张学颜等：《万历会计录》（下）卷18，第704页。

来的历史事实表明，北边军镇对于京运银的需求并没有因为嘉靖四十五年京运年例银的议定经制而真正固定下来。不过，嘉靖四十五年对边镇京运银议定经制这件事情的重要意义并未因此而消失。明政府的这次行动，是对屯田、民运、盐引等边镇军饷供应体制已经无法充分满足边镇财政需求这一事实的正式承认，并通过议定经制而对这一问题的解决进行了制度上的规定，即通过京运年例银对民运等边镇军饷供应制度形成常规化的补充，从而满足边镇的财政总需求。京运年例银就此成为边镇军饷常规供应体系中的一部分。

隆庆元年九月，《明实录》记载这一年太仓库岁支边饷银额为236万两余："九月丁卯，户部尚书马森奏太仓银库岁入仅二百一万四千一百有奇，岁支在京俸禄、粮草一百三十五万有奇，边饷二百三十六万有奇。"① 户部尚书马森的记载更明确地指出，这笔银额为北边军镇的主、客兵年例银："九边近年岁发主、客二兵年例银增至二百三十六万余两。"②

到隆庆三年的时候，太仓银库已经负责276万余两的九边年例银的发放，"上谕户部取太仓银三十万两进内用，尚书刘体乾言：银库见存止三百七十万，九边年例该发二百七十六万有奇，在京军粮商价不下百万有奇，蓟州、大同各镇例外奏讨不与焉，此皆急需，一毫不可少者。"③ 依据"嘉靖四十五年各边镇主、客兵京运年例银额表"中京运年例银235万余两的总额数字来看，再将嘉靖四十五年至隆庆三年部分军镇主兵、客兵京运年例银额的加增情况考虑进来，那么就可以说，隆庆元年、三年太仓银库分别负责支放的236万两和276万余两的九边年例银就是北边军镇的京运年例银总额。也就是说，隆庆时期，北边军镇京运银的主要发放衙门是太仓库，太仓库基本担当起了为北边军镇提供部分常规性军费开支的财政职责。

隆庆末至万历初，京运年例银的发放制度又有了新的规定和变化。《万历会计录》对大同镇京运年例银的发展记有这样一段话：大同镇

---

① 《明穆宗宝训》卷2，第151—152页。
② （明）马森：《明会计以预远图疏》，见陈子龙等编《明经世文编》卷298，第3130页。
③ 《明穆宗实录》卷31，隆庆三年四月癸未。

"正统七年始有京运……至（嘉靖）四十五年始定经制，此后非遇蠲免及警急增兵马不敢溢于常数之外。其以事例、赃罚、存留抵补，然后计数给发者，则自隆庆六年始也，今同之。"① 具体说来，就是大同镇的京运年例银在隆庆六年的时候改由事例、赃罚银和太仓库银组成："（隆庆六年）又定以事例、赃罚抵补年例，待该镇奏到之日，方于太仓银库照数补发如经制之数。"到万历时期，这一规定又扩大至北边所有的军镇："各边镇年例银两内除奏留、改解赃罚、事例、商税等银扣抵外，余数太仓补发。"②《万历会计录》中的这句话，一方面有些制度层面对太仓库支放京运年例银的财政职责进行确定的意味；另一方面它又证明，万历初年的京运年例银并不是全部由太仓库担负的。现摘录《万历会计录》中部分相关史料列表4–13。

表4–13　万历初年北边军镇事例等银抵补年例银额（单位：万两）

时间	大同镇主兵京运年例银③	山西镇主兵京运年例银	延绥镇	甘肃镇	固原④
万历元年	事例银0.19；太仓库银26.7738		主兵年例银24（事例、赃罚银+太仓库银16）⑤		年例银8.3721（太仓库银2.75+布政司俸折银0.5+黔国公地租银0.6545+肃府庄田银0.1444+固原节省粮草银4.3231）
万历二年	事例银0.0285+赃罚银0.06；太仓库银26.8753				主兵新军年例银3.5382（黔国公地租银+太仓库银2.8515）；客兵年例银5（肃府庄田银、苑马寺牧地银、布政司折俸银+太仓库银2.5234）

---

① （明）张学颜等：《万历会计录》（下）卷24，第859页。
② （明）张学颜等：《万历会计录》（上）卷1，第21页。
③ （明）张学颜等：《万历会计录》（下）卷24，第862页。
④ （明）张学颜等：《万历会计录》（下）卷29，第980—981、981页。
⑤ （明）张学颜等：《万历会计录》（下）卷26，第915页。

续表

时间	大同镇主兵京运年例银[1]	山西镇主兵京运年例银	延绥镇	甘肃镇	固原[2]
万历三年	事例银 0.176 + 赃罚银 0.06；太仓库银：20.6048[3]				
万历四年	事例银 0.05 + 赃罚银 0.06；太仓库银 26.8538				
万历五年	事例银 0.04 + 赃罚银 0.06；太仓库银 26.8638				
万历六年	赃罚银 0.06；太仓库银 26.9038	主兵年例银 13.33（事例、赃罚、历日、纸工、走递驴骡料草等银 4.0153 + 太仓库银 9.3346）[4]		年例银 5.1497（四川改解、赃罚、商税、租粮支剩银 4.1497 + 太仓库银 1）[5]	

为了更清楚地看出赃罚、事例等银与太仓库银在京运年例银中的比重关系，现将表 4-13 中的事例、赃罚等银与太仓库银在年例银中所占百分比数额计算制表 4-14。

---

[1] （明）张学颜等：《万历会计录》（下）卷 24，第 862 页。
[2] （明）张学颜等：《万历会计录》（下）卷 29，第 980—981、981 页。
[3] 按，该年停发京运年例银 6.1229 万两，见（明）张学颜等撰《万历会计录》（下）卷 24，第 862 页。
[4] （明）张学颜等：《万历会计录》（下）卷 25，第 894 页。
[5] （明）张学颜等：《万历会计录》（下）卷 28，第 957 页。

表 4-14　万历初年北边军镇事例等银、太仓库银在京运年例银中所占百分比数额

时间	大同镇主兵京运年例银①	山西镇主兵京运年例银	延绥镇	甘肃镇	固原②
万历元年	事例银 0.7%；太仓库银 99.3%		事例、赃罚银 33.3%；太仓库银 66.7%③		布政司俸折银、黔国公地租银、肃府庄田银、固原节省粮草银 67.2%；太仓库银 32.8%
万历二年	事例、赃罚银 0.3%；太仓库银 99.7%				主兵新军年例银（黔国公地租银 19.3% + 太仓库银 80.7%）；客兵年例银（肃府庄田银、苑马寺牧地银、布政司折俸银 49.5% + 太仓库银 50.5%）
万历三年	事例、赃罚银 1.1%；太仓库银 98.9%④				
万历四年	事例、赃罚银 0.4%；太仓库银 99.6%				
万历五年	事例、赃罚银 0.4；太仓库银 99.6%				
万历六年	赃罚银 0.2%；太仓库银 99.8%	事例、赃罚、历日、纸工、走递驴骡料草等银 30% + 太仓库银 70%⑤		年例银（四川改解、赃罚、商税、租粮支剩银 80.6% + 太仓库银 19.4%）⑥	

---

①（明）张学颜等：《万历会计录》（下）卷24，第862页。
②（明）张学颜等：《万历会计录》（下）卷29，第980—981、981页。
③（明）张学颜等：《万历会计录》（下）卷26，第915页。
④ 按，该年停发京运年例银6.1229万两，见（明）张学颜等《万历会计录》（下）卷24，第862页。
⑤（明）张学颜等：《万历会计录》（下）卷25，第894页。
⑥（明）张学颜等：《万历会计录》（下）卷28，第957页。

从表4-13、表4-14可以看出,万历初年,事例、赃罚等银在有些边镇的年例银中所占的份额是相当高的,其中份额最高的是万历六年的甘肃镇,其四川改解银、赃罚、商税等银共占据了该镇年例银的80.6%。而且,这种抵补制度直到万历十四年时仍在有效实行,这一年,固原镇因为改拨、扣抵银额较高以致不用太仓库发放京运银,宁夏镇6万余两的京运银额中,因为有扣抵银,所以太仓库只需支放2.6万余两的年例银,甘肃镇12.149万余两的京运年例银中,太仓库只需接济9.3万两:

> 户部覆……固镇岁该京运银六万七千四百九十余两,除就便改拨扣抵外,岁尚有余。近又将靖房道收租银三千八百七十余两,因盐课不敷,议于商税等银内自十五年为始暂补三年,计今京运银两不必议发;宁镇岁该京运银六万五百三十余两,除扣抵外,岁约补银二万六千两有奇;甘镇旧额岁该京运银五万一千四百九十余两,近因召添军马,增额银七万两,共岁该银一十二万一千四百九十余两,除扣抵外,岁应补银九万三千两有奇。①

因此,万历初年的时候,赃罚、事例等银扣抵京运年例银的制度有效地减少了太仓库支出京运年例银的数额。不过事例、赃罚等银抵补年例仅发生在部分边镇的部分年份,万历初年边镇年例银的主要承担者仍然是太仓库。

万历六年正月,户部又对年例银的发放方式进行了规定,题准从太仓库折粮、折草银内先预支北边各军镇主、客兵年例银的一半,宣府、大同、山西、辽东、延绥、宁夏、甘肃、易州等镇的具体数额以嘉靖四十五年以来的经制为准,蓟州、永平、昌平、密云四镇的具体数额则按照万历元年制定的标准。等到各镇题请年例银具体数额的奏疏到后,再将预发的银额相应扣除后支发。这样,各边镇主客兵就可以比较及时地使用年例银了:

---

① 《明神宗实录》卷178,万历十四年九月丁酉。

户部题：各边镇年例银两必待各督抚奏到题发，必致延缓误事，今将万历六年合用主、客兵钱粮宣、大、山西、辽东、延、宁、甘肃、易州等镇俱照经制旧数，蓟、永、密、昌等镇照近定新数，各先行量发一半……咨总督仓场太仓衙门将库贮折粮、折草银内动支给发以备本年主客兵本折支用，待后各该督抚奏到之日酌量扣抵。报可。①

《万历会计录》详细记载了北边14个军镇的主兵、客兵京运年例银的银额，这实际上是对北边京运年例银额的制度限定。至此，主要由太仓库支放北边军镇年例银的制度最终发展完备并正式确定下来。太仓库年例银获得越来越重要的财政地位。

崇祯元年，兵科给事中奉命查核九边军饷京运银额。现据其奏报将崇祯元年北边军镇京运年例银额列出，如表4-15所示。

表4-15　崇祯元年北边军镇京运年例银额（单位：万两）②

蓟州镇	42.6871	大同镇	45.06
密云镇	万历三十六年定为36.5391 万历四十六年加脚价银0.405 总计：36.9441	山西镇	20.63
永平镇	28.9866	延绥镇	43.37
昌平镇	14.0232	宁夏镇	13.379
易州镇	14.6595	甘肃镇	19.758
宣府镇	29.91	固原镇	14.582
下马关	4.237		
总计	328.2265		

从表4-15可以看出，崇祯元年太仓库的京运银预算岁额为328万余两。这一年，户部尚书毕自严也曾奉命清查九边旧饷岁额并奏报，崇祯元年九边旧饷年例银额327.8万余两："臣于崇祯元年十月十一日恭

---

① 《明神宗实录》卷71，万历六年正月丁丑。
② 《崇祯长编》卷16，崇祯元年十二月癸巳。

过文华殿召对，皇上因九边军饷不足，面谕臣查昔年兵马几何、钱粮几何，今日兵马钱粮几何……除辽左新饷臣另疏披陈外，其九边旧饷……见今崇祯元年兵共计五十八万余，马共计二十四万余，年例又增至三百二十七万八千余。"① 由此可见，崇祯时期，京运年例银与太仓库年例银是内涵等同的同一概念。

（二）太仓库岁支年例银总额

1. 太仓库岁支年例银总额的发展

关于边镇年例银总额问题，较早的重要成果首先来自寺田隆信，他在其《山西商人研究》中专门辟有一节对京运年例银进行研究。② 1973年，全汉昇、李龙华在《明代中叶后太仓岁出银两的研究》中也对明代京运年例银总数进行过研究，并制有《明中叶后各边镇京运年例银总数表》。③ 1982年，徐泓在其《明代的私盐》一文中，开列了一份《明代户部太仓年例银表》。④ 此后学者的相关研究多直接依据上述成果展开。⑤ 不过，上述研究没有对京运年例银、太仓库年例银及太仓库岁支银额进行区分，由此引起了个别年份的统计数据不准确。而且，他们所搜集的年例银岁额都仅到万历末年为止。现在上述研究成果基础上，对明代太仓库岁支年例银总额进行更细致的辨析和研究。

虽然成化时期就有太仓库发放年例银的记载，然而关于太仓库岁支年例银总额的记载出现时间却要晚得多。太仓库岁支年例银的总额是不断变化的，大致说来，其年例银岁支总额的发展可分为三个阶段。

太仓库年例银岁支总额发展的第一阶段为弘治到嘉靖朝。弘治、正德时期，从制度上而言，太仓库并不是京运年例银的主要发放机构。为了说明太仓库年例银的发展脉络，特将这段时间的年例银岁额包括进来

---

① （明）毕自严：《石隐园藏稿》卷6《清查九边军饷疏》，第555页。
② （日）寺田隆信：《山西商人研究》，张正明、道丰、孙耀等译，山西人民出版社1986年版，第42—58页。
③ 全汉昇、李龙华：《明代中叶后太仓岁出银两的研究》，《中国文化研究所学报》（香港中文大学）1973年第6期。
④ 徐泓：《明代的私盐》，《台湾大学历史学系报》1980年第7期。
⑤ 按，赖建诚就依据全汉昇与徐泓的上述研究成果对明代年例银总额的长期变化进行研究，见赖建诚《边镇粮饷——明代中后期的边防经费与国家财政危机（1531—1602）》，联经出版事业股份有限公司2008年版，第223页。

略作梳理。嘉靖朝，太仓库逐步演变成为京运年例银的重要发放机构，但是尚缺乏足够的史料来证明这一时期的边镇年例银已经完全由太仓库承担起来了，太仓库与边镇年例银岁额之间的财政关系尚不明朗和确定。就京运年例银数额本身而言，这一时期的基本演变趋势是不断升高，但在嘉靖朝，年例银的具体数额浮动较大。

弘治、正德年间，边镇岁入京运年例银只有三四十万两，而且，这时很难断定太仓库具体发放其中的多少份额。比如，弘治十八年，各边年例银及奏讨银的岁入总银额只有48万两："户部集议言，户、刑二部、都察院收贮赃罚等银、赎罪铜钱并太仓银总计不过银一百五万余两，即今给散……辽东、宣府、甘肃各边年例及奏讨银又四十八万余两矣。"① 正德元年，北边军镇的京运年例银额为34万两："署内承运库事太监秦文奏内府财用不充……上览其奏，乃命集廷臣议处以闻。户部臣言……今以……以岁出正数言之，宣、大等六镇年例三十四万两。"② 从制度上看，当时负责提供这笔银额的财政部门是京库，而不是太仓库：

> 正德元年四月十三日，本部尚书韩等具题……臣等会同五府、六部、都察院、通政司、大理寺堂上官及六科十三道掌科掌道官查理京库银两，以岁入言之……通计各项实该一百四十万九百余两；以岁用言之，宣府年例五万两、大同五万两、辽东一十五万两、延绥三万两、甘肃、宁夏共六万两……其间支剩马草等银节该本部题准，俱送太仓收候以备边方紧急支用，不许别项支销。③

到嘉靖朝，太仓库成为发放北边军镇年例银的重要机构。嘉靖二十八年三月，"户部奏：今岁应发各边银数如年例、防秋、客兵并募军及补岁用不敷之数共该银八十五万二千五百两有奇，今太仓积贮缺乏，难以支给，乞取南京户部库银二十万两、临清仓库银十五万两、德州仓库

---

① 《明武宗实录》卷2，弘治十八年六月癸亥。
② 《明武宗实录》卷18，正德元年十月甲寅。
③ （明）黄训编：《名臣经济录》卷31《裁革冗食节冗费奏》，文渊阁四库全书，第698页。

银二万两解京补发各边。诏从之"。① 嘉靖三十三年八月，太仓库预发各边镇年例银共45万两："预发太仓年例兵饷银四十五万两于各边。"②

不过，上述银额并非这一时期京运年例银的岁额。嘉靖中后期，京运年例银岁支总额起伏较大。依据陈于陛的奏疏，嘉靖时期户部解送边镇年例银额发展如下："（户部解送边银例）……至嘉靖初，犹止五十九万。十八年后，奏讨加添，亦尚不满百万。至二十八年，忽加至二百二十万，三十八年加至二百四十万，四十三年加至二百五十万。"③ 依据《嘉靖实录》记载，嘉靖三十年，各边主客兵年例银为280万左右："户工二部奉旨各奏上京边备虏粮草军器用银实数。户部银自二十九年十月起迄于是月……年例各边主客兵银二百八十万。"④ 嘉靖三十四年边镇的京运年例银额为380万余两："丁亥，户部奏，属者会计各边年例饷银，主兵一百四十余万，客兵二百四十余万。"⑤ 依据户部尚书高耀的奏疏，嘉靖四十年各边镇年例军饷银的具体数额只有173.9万两：

  户部尚书高耀会计各边应发年例军饷银：大同四十四万七千两，宣府二十四万两，山西十四万两，延绥二十七万五千两，易州五万三千两，蓟州三十七万四千两，密云十四万五千两，昌平六万五千两，并宂运京仓米二万石赴密云、二万石赴昌平、通仓米四万石赴蓟州，抵年例之数。报可。⑥

嘉靖四十五年，明政府议定经制，对京运年例银的数额进行限定。依据表4-12可知，该年北边军镇的京运年例银预算岁额为235.1万两。

虽然嘉靖时期太仓库已经在边镇军饷供应中担负起重要的财政职责，但是这一时期太仓库的岁入和岁支都处于极大的变动和发展过程

---

① 《明世宗实录》卷346，嘉靖二十八年三月己卯。
② 《明世宗实录》卷413，嘉靖三十三年八月甲午。
③ （明）陈于陛：《披陈时政之要乞采纳以光治理疏》，见陈子龙等编《明经世文编》卷426，第4650页。
④ 《明世宗实录》卷381，嘉靖三十一年春正月己酉。
⑤ 《明世宗实录》卷425，嘉靖三十四年八月丁亥。
⑥ 《明世宗实录》卷492，嘉靖四十年正月壬戌。

中，固定的制度尚未形成。尤其是嘉靖中后期，太仓库的实际岁支大大超出了其额定岁入。因此，很难判定这一时期京运年例银总岁额中有多少是太仓库年例银，或者京运年例银岁额中有多少是真正可以划归太仓库的支出的。

太仓库年例银岁支总额发展的第二阶段为隆庆到万历三十六年。在这一阶段，太仓库确定无疑地成为京运年例银的基本发放机构。在前一阶段发展的基础上，太仓库岁支年例银总额在隆庆到万历前期基本保持较稳定的水平，前后相差不是很大；太仓库预算年例银岁额基本都能落实，额定年例银岁额与太仓库实际发放的年例银岁额之间没有多大差距。从万历十五年到万历三十六年，太仓库年例银岁额上升较快，但已经开始对太仓库的财政开支形成了越来越大的压力，以致户部不得不经常借支太仓老库、窖房、太仆寺马价银等机构的存银来进行贴补。另外，随着太仓库岁入逋欠的日益严重，太仓库实际支放年例银的数额不断下降。

如前所述，隆庆元年，太仓库岁支年例银额为 236 万余两。

隆庆三年四月，户部尚书刘体乾奏报太仓库每年该发九边年例银 276 万两："上谕户部取太仓银三十万两进内用，尚书刘体乾言：银库见存止三百七十万，九边年例该发二百七十六万有奇，在京军粮商价不下百万有奇。"①

隆庆六年左右，九边年例银额定岁额为 280 万两："（隆庆六年十月）户部覆督抚刘应节、杨兆疏言先年因边费无经、内帑告匮，从宽计议，定为经制，九边年例共计二百八十余万。"②

万历初年，太仓库岁支年例银额较隆庆时期变动不大。万历二年二月，边镇年例银额为 270 万两左右："户科都给事中贾三近题……通计各边年例……自嘉靖庚戌至今渐加二百七十余万矣。"③

万历四年，太仓库支放边镇主、客兵年例银额约为 257 万两："岁出太仓钱粮数：供边主、客兵二项，辽东二十一万二千九百两有奇，

---

① 《明穆宗实录》卷 31，隆庆三年四月癸未。
② 《明神宗实录》卷 6，隆庆六年十月壬戌。
③ 《明神宗实录》卷 22，万历二年二月丁巳。

延、宁、甘、固五十三万九千一百两有奇，蓟、永、密、昌、易八十一万二千二百两有奇，宣、大、山西一百万三千七十一两有奇。"①

万历六年，太仓库发放的北边军镇年例银额为 260 余万两："户部题……今太仓岁发各边主、客兵年例等银二百六十余万两，其在京百官、六军俸粮及营马料草、商价等项亦不下七八十万两，每岁所入仅足敷用。"②

万历十五年，太仓库年例银增长迅速，达到 315 万余两："户部题，臣惟国家大计在边储……近日各边年例增至三百一十五万九千四百余两，视弘治初且八倍。"③

万历十九年，太仓库预算岁支年例银额为 343.5 万两："太仓银库岁入三百七十四万五百两有奇，岁出京官俸、商价等银六十三万两、各边年例等银三百四十三万五千余两，所出已浮于所入。"④

万历二十二年，户部右侍郎褚鈇题报太仓库的收支情况，指出万历二十一年太仓库实际发放边镇年例银 343 万两：

> 山东清吏司案呈奉本部送户科抄出总督仓场都察院右都御史兼户部右侍郎褚鈇题称……去岁，太仓收过各项银四百七十二万三千两有奇……九边年例银……去年所发，数至三百四十三万。⑤

万历二十二年，太仓库实际岁支年例银额为 300 万两左右："乙巳，大学士陈于陛陈时政之要六事以进……一，清查边饷。四方财赋，

---

① （明）王樵：《方麓集》卷 15，文渊阁四库全书，第 1285 册，第 411—412 页。
② 《明神宗实录》卷 73，万历六年三月甲子。
③ 《明神宗实录》卷 186，万历十五年五月癸卯。
④ 《明神宗实录》卷 234，万历十九年闰三月己巳。
⑤ （明）杨俊民：《杨司农奏疏·边饷渐增供亿难继酌长策以图治安疏》，《明经世文编》卷 389，第 4205 页。按，文中小注说"此出数……查系二十一年"；另外，因奏疏中有户部右侍郎褚鈇上任满一年的内容，而据《明神宗实录》卷 259，万历二十一年四月辛丑："起复户部左侍郎裴应章原职，以工部右侍郎褚鈇为刑部左侍郎"，与《明神宗实录》卷 262，万历二十一年七月丁卯："总督仓场户部右侍郎褚鈇题，臣见一年所入止四百五十一万二千有奇，所出至五百四十六万五千有奇……不胜骇愕"，可知褚鈇就任户部右侍郎的时间在万历二十一年四月至七月间。因此，该奏疏写于万历二十二年，奏疏中所谓的"去年"太仓库发放的九边年例银额就是万历二十一年的数额。这一结论与文中小注相互吻合。

岁入太仓银不过二百五十余万，而各边主客年例兵饷乃至三百余万，此漏卮也。"①

万历二十九年，太仓库发往边镇年例银总额约为 400 万两："十四镇年例通计主客兵饷岁费京运、民运银共七百二十万有奇：照万历二十九年呈御览册，京运银约四百万，太仓银库所发也；民运银约三百二十余万，派各省直径解者也。二项俱带盐饷在内。"②

万历三十二年，太仓库预算岁支年例额饷为 372 万两，但是其实际发放银额却要少得多："甲辰，大学士沈一贯等言：昨日尚书赵世卿来备细讲求户部钱粮，因出一揭示臣等言……今年边饷该三百七十二万，而仅发一百八十四万，尚欠一百八十七万……边臣催如星火，部臣忧在燃眉。"③

万历三十五年，太仓库所发边镇年例银增长至 410 余万两："赵尚书自白……九边年例……迄今加至四百一十余万。"④

万历三十六年，太仓库年例银额再次增长，达到 490 余万两："户科给事中韩光佑言……各边钱粮年例银……至于今日则四百九十余万矣。"⑤ 至此，在不包括新饷的前提下，太仓库年例银的岁支预算额达到了最高点。

太仓库年例银岁支总额发展的第三个阶段是万历后期到崇祯朝。其间，太仓库额定年例银数停止了上升的势头，较以前的银额稍有下降，并大致保持在了这一水平。但是太仓库旧库发往北边军镇的实际年例银岁额则下降幅度巨大，与其预算年例银岁额形成了巨大的差距。

到万历四十年前后，太仓库年例银额开始缓慢下降。该年，太仓库应该支发给北边军镇的预算银额降至 389 万两："御史俞海言：边弊多端，屯政当举，因言今各边除民运外，岁支太仓银三百八十九万两，愈加而愈不足……可不为寒心哉。"⑥

---

① 《明神宗实录》卷 282，万历二十三年二月乙巳。
② （明）劳养魁：《国计考》，见（明）冯应京辑《明经世实用编》，第 66 页。
③ 《明神宗实录》卷 399，万历三十二年八月甲辰；又见赵世卿《司农奏议》卷 1《请宽停买办银两疏》，第 116 页。
④ 《明神宗实录》卷 437，万历三十五年八月癸酉。
⑤ 《明神宗实录》卷 449，万历三十六年八月庚辰。
⑥ 《明神宗实录》卷 500，万历四十年十月壬午。

万历四十二年，太仓库岁支边饷的总预算银额仍为 389 万两："是时，九边缺饷，太仓如洗，会议诸臣多以借用金花银两为请。户科给事中官应震言之独悉：……太仓四百万金钱而专属边饷者三百八十九万有奇。"①

万历四十六年，因辽东战事升级，明政府开始加派新饷。辽东新饷的岁支银额详见"新饷"一节，此处所关注的是负责全体北边军镇开支的太仓旧库的年例银额情况。

万历四十六年，太仓旧库岁支边饷预算银额为 381 万余两："户部尚书李汝华言：太仓岁入仅三百八十九万，岁出边饷三百八十一万，一应库局内外等用又约四十万，出悖于入。"②

天启年间太仓库实际发放北边军镇的岁银额总体上是呈逐步下降的趋势的，这无疑与太仓库财政状况的逐步恶化有直接关系。天启元年，太仓库在京开支和边镇军饷开支的总银额为 318.7899 万两，无疑，该年太仓库发放边镇军饷的总银额一定小于此数："是岁……太仓银库……共放过京、边等银三百一十八万七千八百九十九两五钱六分六厘五毫四丝五忽，铜钱二千四百七十三万三千六十五文。"③

天启二年，太仓库岁支边镇军饷银额下降至 100 余万两，因为该年太仓库岁支京、边的总银额才只有 196 万余两："是年……太仓银库……共放过京、边等银一百九十六万九分六厘八毫三丝。"④ 天启六年，太仓旧库所发边镇军饷银额为 97 万余两，天启七年，太仓旧库所发边镇军饷银额为 127 万余两："其最急而难需、最奢而难省者无如九边月饷……共计天启六年发过九十七万七千九百八十两，天启七年发过一百二十七万二千八百一十四两。"⑤

这样数额的年例银是无法满足边镇的财政需求的。因为即使在天启七年，太仓库旧库岁支边饷的预算额也有 320 万两之多："辛巳，户部尚书郭允厚疏……盖太仓之岁入仅三百三十万……而九边之岁支已该三

---

① 《明神宗实录》卷 516，万历四十二年正月丁卯。
② 《明神宗实录》卷 571，万历四十六年六月戊寅。
③ 《明熹宗实录》卷 17，天启元年十二月丙申。
④ 《明熹宗实录》卷 29，天启二年十二月辛卯。
⑤ （明）毕自严：《石隐园藏稿》卷 6《题报发过边饷疏》，第 561—562 页。

百二十万，臣思之而无策也。"①

崇祯元年九边旧饷年例银预算岁支额为327.8万余两："其九边旧饷……见今崇祯元年……年例又增至三百二十七万八千余。"② 不过，这一年，太仓旧库实际发往北边军镇的银额仅为215万余两，并仍欠有81万余两的年例银未发："臣所拮据而首务者，亦莫先九边月饷……乃年终一总计之……崇祯元年发过二百一十五万四千五百四十余两，而蓟抚新经裁省银三十一万不与焉，若合所裁省，则九边所欠仅八十一万有奇。"③

崇祯二年十月，清兵攻入大安口、围蓟州；十一月，京师戒严。④ 自此至崇祯三年十月，太仓旧库共发银61万余两："自客岁十一月起至今岁十月终止已匝岁矣……太仓旧库则放过银六十一万六千九百一十二两、铜钱一百三十二万五千九百。"⑤ 由此，太仓库旧库的财政支付能力可见一斑。

崇祯十六年六月，户部尚书倪元璐奏准，将边饷、新饷、练饷合并为一，赋税征收仅有正赋、兵饷两项："自今十六年七月初一日始，布告天下，凡征民粮悉去边饷、新饷、练饷、杂饷之名，止开正赋、兵饷二则……崇祯十六年六月初九日具题奉旨……依议行。"⑥ 同年八月，倪元璐再次奏准将两饷改名为兵饷左司和兵饷右司，预算岁支银额为2122万余两：

> 臣于本年六月内具题前事奉圣旨……谨将两饷改名左、右二司……兵饷左司每年出数……每年通共出银一千零六十一万零七百四十三两……兵饷右司每年出数……每年通共出银一千六十一万七百四十三两零……二司每年共该出银二千一百二十二万一千四百八

---

① 《明熹宗实录》卷86，天启七年七月辛巳。
② （明）毕自严：《石隐园藏稿》卷6，《清查九边军饷疏》，第555页。
③ （明）毕自严：《石隐园藏稿》卷6《题报发过边饷疏》，文渊阁四库全书，第1293册，第563页。
④ 《崇祯实录》卷2，崇祯二年。
⑤ （明）毕自严：《石隐园藏稿》卷7《开报军兴钱粮疏》，文渊阁四库全书，第1293册，第595页。
⑥ （明）倪元璐：《倪文贞奏疏》卷7《并饷裁饷疏》，文渊阁四库全书，第1297册，第278—279页。

十七两零……崇祯十六年八月十七日奉旨……知道了。①

然而，崇祯十六年全年的实际总收入银额只有 186 万余两，因此，兵饷左、右二司的实际支出银额是绝对没有可能支出 2122 万余两的白银的："臣察十六年分正赋、兵饷……只完解部银一百一十七万四千八百两零……关税、盐课、仓助共完过六十八万九千四百两零……崇祯十七年二月初三日具题。"②

为了更清晰地展现太仓库年例银岁额的发展趋势，现依据上述史料制表 4-16。

表 4-16　　　　明代太仓库岁支北边军镇年例银额③

弘治十八年	48 万两
正德元年	34 万两
嘉靖初年	59 万两
嘉靖十八年	不满 100 万两
嘉靖二十八年	220 万两
嘉靖三十年④	280 万两（实支）

---

① （明）倪元璐：《倪文贞奏疏》卷 8《覆奏并饷疏》，文渊阁四库全书，第 1297 册，第 286—293 页。

② （明）倪元璐：《倪文贞奏疏》卷 11《阁部最要事宜疏》，文渊阁四库全书，第 1297 册，第 314 页。

③ 按，该表数据均来自上文史料，故此处不再重复注明出处。另外，如文中所述，弘治十八年、正德元年的年例银并非太仓库发放，嘉靖时期太仓库已经成为发放年例银的重要机构，但是尚缺乏足够的证据证明该表中嘉靖时期的年例银都是由太仓库发放的。只有从隆庆时期开始，才有确定史料证明表中的年例银额都由太仓库来承担。

为了能够对年例银的发放数额的演变历史有更完整的理解，本表将弘治到嘉靖时期的年例银发放银额一并列入。

④ 按，据《世宗实录》："是实天下财赋岁入太仓【库】者计二百万两有奇……嘉靖三十年所发京边岁用之数至五百九十五万，三十一年五百三十一万，三十二年五百七十三万，三十三年四百五十五万，三十四年四百二十九万，三十五年三百八十六万，三十六年三百二万"，见《明世宗实录》卷 456，嘉靖三十七年二月戊戌。显然，这些数据是太仓库在京开支与边镇开支的总岁额，而非太仓库年例银岁额。此前学界有将这些数据算作太仓库年例银的情况，但本表不用。

续表

嘉靖三十四年	380 万两
嘉靖三十八年	240 万两
嘉靖四十年	173.9 万两
嘉靖四十三年	250 万两
嘉靖四十五年	235.1 万两（额支）
隆庆元年	236 万两（实支）
隆庆三年四月	276 万两（额支）
隆庆六年	280 万两（额支）
万历二年	270 万两（额支）
万历四年	257 万两（实支）
万历六年	260 万两（额支）
万历十五年	315.9 万两（额支）
万历十九年	343.5 万两（额支）
万历二十一年	343 万两（实支）
万历二十二年	300 万两（实支）
万历三十二年	372 万两（额支，到八月时仍欠 187 万两）
万历三十五年	410 余万两（额支）
万历三十六年	490 余万两（额支）
万历四十年	389 万两（额支）
万历四十二年	389 万两（额支）
万历四十六年	381 万两（额支）
天启六年	97 万两（实支）
天启七年	127 万两（实支）320 万两（额支）
崇祯元年	215 万两（实支）328.23 万两（额支）
崇祯十六年	186 万两（兵饷左右二司实际岁入） 2122 万两（兵饷左右二司预算岁支银额）

2. 太仓库发往边镇的年例银额与边镇军饷供应总额的比例关系

太仓库年例银额在北边军镇军饷总构成中的份额和地位是变化不定的，本节仅以隆庆、万历年间的几个特定年份为例，展示太仓库年例银与边镇军饷总体构成之间的比例关系。

虽然弘治、正德时期太仓库尚未担当起京运年例银的主要发放者的财政职责，但简要了解一下这一时期京运银岁额所占北边军饷总岁额的比重问题对于更好地理解太仓库银在边镇军饷中所占份额的变化无疑是有很好的帮助作用的。

如前文所述，弘、正时期，京运银岁额大约为三四十万两。弘治十五年，户部奏报边镇钱粮支费情况时指出，弘治时期京运银岁额为48万两，而同一时期边镇军饷总额大约为400万两：

> 户部以今岁天下灾伤粮税减损而国家【费】出无经，乃会计其赢缩之数上之谓……又如各边，先年除原派料草外，岁该送银四【十】八万两。自弘治十三年用兵以来，大同、宣府、延绥类解过银四百二十五万二百余两……今太仓无数年之积……万一漕运迟误，边郡有警，则京储求岁入三百七十万之数、边饷边须四百万两之银亦已难矣。①

据此可知，弘治末年，京运银大约占据边镇军饷岁入总额的12%左右。此外，依据《万历会计录》的统计，弘治、正德时期，北边军镇的京运银总岁额为47万两左右，占当时北边军镇军饷总岁入额496万两的9.5%左右（具体数额详见表4-21）。因此，概括而言，弘治、正德时期，京运银岁额平均大约占北边军镇军饷总岁入额的1/10。

万历元年，户部对隆庆六年的京运、民运、屯田、盐引等财政体系每年供应给北边14个军镇的实物和白银总额进行了统计。依据边镇岁用钱粮的总数额，我们可以明晰太仓库在北边军镇财政供应总体系中的地位，这是理解太仓库与北边军镇之间财政关系演变的非常重要的背景知识：

> 戊申，户部据各镇年终奏报钱粮数目，开具简易揭帖进呈御览：宣府、大同、山西、蓟镇、永平、密云、昌平、易州、井陉、辽东……隆庆六年分用过粮一百一十三万七千六百九十二石二斗三升，料六十万一千六百七十八石八斗，煤炒七百八十八石六斗八升，草七百四十五万九千五百四束，布八千八百八十一匹，银四百四十

---

① 《明孝宗实录》卷192，弘治十五年十月辛酉。

六万二千八百五十六两七钱六分……其陕西三边等镇尚未奏报。①

壬寅，户部奏上年陕西三边简易揭帖：固原、延绥、宁夏、甘肃四镇主客兵马共用粮料一百一十四万一千七百四十三石五斗二升……煤炒九百三十石五斗六升……用草七百三十七万八千六百九束……用布八千六百七十七匹……用银一百二十六万七千一百一十八两五钱。②

现依据上述《明实录》中的记载，将隆庆六年北边军镇岁用钱粮数额制表4-17。

表4-17　　　隆庆六年北边军镇实际岁用钱粮数额③

镇名		白银	粮、米、豆	煤	布	草
隆庆六年	宣府、大同、山西、蓟镇、永平、密云、昌平、易州、井陉、辽东	446.2857万两	粮113.7692万石 料60.1678万石	0.079万石	0.8881万匹	745.95万束

---

① 《明神宗实录》卷11，万历元年三月戊申。
② 《明神宗实录》卷15，万历元年七月壬寅。
③ 《明神宗实录》卷11，万历元年三月戊申；《明神宗实录》卷15，万历元年七月壬寅。按，明代赋税实物折银的比率各不相同，即便是同一年份的同一实物折银，运往不同衙门的折银比率也不一致；而且，即便是同一年运往同一衙门的同一种实物，上半年和下半年的折银比率也有变动。为了便于比较，本表的实物折银比率取值方法及依据如下：粮料每石折银0.66两，依据："丁酉，大学士张居正上言……今查京、通仓米足支七八年，而太仓银库所积尚少，合无将万历五年漕粮量折十分之三……无论正兑、改兑、粳米每石俱折银八钱，粟米七钱，席板、耗脚在内……上曰……将减免及改折分数刊成册籍，广布晓谕，俾穷乡下邑咸知朝廷厚下恤民之意"，见《明神宗实录》卷52，万历四年七月丁酉。"料"一般即指料豆，依据《万历会计录》万历九年所定内府库时估商价，"（供用库）黑豆每石估银0.44两……绿豆每石估银0.81两……黄豆每石估银0.53两"，见《万历会计录》卷30，第1005页。本章各表中料豆的折银比价即取粳米、粟米、黑豆、绿豆、黄豆的平均值0.66两。草每束折银0.03两，依据：酒醋麦局"草每束估银三分二厘五毫"，见《万历会计录》卷30，第1006页。布每匹0.28两，依据：京库"阔白布每匹估银二钱八分"，见《万历会计录》卷30，第1006页。之所以选用《万历会计录》中万历九年豆、草、布的折银比率，是因为"万历九年，令九门盐法委官会同科道，将各仓场料草及各库物料价银，参酌往年、近日旧册，量加增减，着为定规，以后非物价大项悬绝，不得再行会估"，见《明会典：万历朝重修本》卷37，第271页。税粮的折银比率选自万历四年的《明实录》，则是因为该比价在时间上与本章所论述的主题较贴近，且为大学士张居正所定，比较可靠。不过，如前所说，明代各类实物赋税的折银比率变化不一，本章所取用的折银比价仅具有参考比较的意义。

续表

镇名		白银	粮、米、豆	煤	布	草
隆庆六年	固原、延绥、宁夏、甘肃	126.7119 万两	粮料 114.1744 万石	0.093 万石	0.8677 万匹	737.8609 万束
小计		572.9976 万两	288.1114 万石 = 190.1535 万两银	0.172 万石 (折银略)	1.7558 万匹 = 0.49 万两银	1483.8109 万束 = 44.51 万两银
总计		约合 808.1511 万两白银				

从表 4-17 可以看出，隆庆六年时，北边 14 个军镇实际支用民运、屯田、盐引、京运等供应的粮、料、草、布、白银等各项，折合白银约 808.1511 万两。如前所述，隆庆六年，太仓库岁支北边军镇的年例银预算额为 280 余万两，即使该年太仓库全额发放了边镇年例银，也仅占北边军镇全年支用军饷总额的 34.6% 左右。

万历四年六月戊辰，户部上奏各边镇岁报钱粮数目，虽然该史料没有明确说明具体年份，但从上下文判断只能是万历三年的边镇军饷岁用数额的情况。由于这份奏疏内容较长，现依据该奏疏的内容整理出下列两表。

表 4-18　万历三年北边 14 镇额定预算岁入主客兵马钱粮数[①]

边镇名称	额粮	额草	额银
宣府	19.3922 万石		129.3457 万两
大同	4.0155 万石	39.1742 万束	120.1778 万两
山西	粮 4.3139 万石 料 3.224 万石		64.5565 万两
蓟州	—	—	57.2111 万两
永平镇	—	—	33.4416 万两
密云	—	—	52.9561 万两
昌平	—	—	22.685 万两

---

① 《明神宗实录》卷 51，万历四年六月戊辰。按，为了便于比较，本表实物折银比价取用本节表 4-17"隆庆六年北边军镇实际岁用钱粮数额"中实物折银比价。

续表

边镇名称	额粮	额草	额银
易州	粮 1.0438 万石 料 1.2673 万石		35.9853 万两
井陉	3.1944 万石		6.1538 万两
辽东	粮 15.0297 万石 料 10.7578 万石		37.2841 万两
延绥	粮 11.6846 万石 料 3.9499 万石	4.2421 万束	66.2073 万两
宁夏	粮 5.0821 万石 料 9.737 万石	草 208.2772 万束	22.9894 万两
甘肃	粮料 21.0159 万石	草 158.4843 万束	银 43.1963 万两
固原	粮 26.4922 万石 布 0.7 万匹	草 16.8967 万束	银 37.9374 万两
小计	粮料 140.2003 万石 = 92.5322 万两银 布 0.7 万匹 = 0.196 万两银	草 427.0754 万束 = 12.8123 万两	730.12 万两
总计合银	835.6605 万两		

表 4-19　万历三年北边 14 镇实际岁入主、客兵马钱粮数[①]

边镇名称	粮、料	草	银
宣府	粮 22.6692 万石 料 11.06 万石	27.89 万束	105.7181 万两
大同	粮 14.2638 万石 料 8.8724 万石	187.073 万束	银 89.7557 万两
山西	粮 2.9951 万石 料 6.5931 万石	44.1365 万束	银 56.7059 万两
蓟州	粮 10.3549 万石 料 8.4657 万石	草 172.8826 万束	银 41.8267 万两
永平镇	粮 8.3887 万石 料 3.7569 万石	草 84.1442 万束	银 25.3312 万两

---

① 《明神宗实录》卷 51，万历四年六月戊辰。按，为了便于比较，本表实物折银比价取用本节表 4-17 "隆庆六年北边军镇实际岁用钱粮数额"中实物折银比价。

续表

边镇名称	粮、料	草	银
密云	粮 19.7824 万石 料 13.137 万石	草 120.2291 万束	银 39.3956 万两
昌平	粮 23.9138 万石 料 3.0722 万石	草 74.9188 万束	银 17.9842 万两
易州	粮 3.9985 万石 料 2.1615 万石	草 44.2144 万束	银 36.3531 万两
井陉	粮 2.8967 万石 料 0.155 万石	草 3.6742 万束	银 5.7676 万两
辽东	粮 17.2354 万石 料 9.2835 万石	草 3.1885 万束 布 0.2786 万匹	银 40.6232 万两
延绥	粮 19.1622 万石 料 7.8819 万石	草 38.7603 万束	银 61.071 万两
宁夏	粮 20.7677 万两 料 14.1572 万石	草 313.975 万束	银 10.8229 万两
甘肃	粮 19.1334 万石 料 14.3243 万石	草 172.5871 万束 布 1.7913 万匹	银 33.4969 万两
固原	粮 17.044 万石 料 10.2981 万石	草 112.389 万束 布 1.0452 万匹	银 37.117 万两
小计	粮料 315.8246 万石 = 208.4442 万两	草 1400.0627 万束 = 42.0019 万两 布 3.1151 万匹 = 0.8722 万两银	601.9691 万两
总计	853.2874 万两银		

从表 4-18、表 4-19 可以看出，万历三年北边 14 镇额定岁入主客兵马钱粮约合白银 835 万余两，而其实际岁入钱粮总额竟然为 853 万余两，实际岁入比额定岁入多出了 18 万两。这种高效率的征收能力应当是万历初年北边军镇军饷充足的非常重要的一条原因。比如，万历三年，北边各军镇都有数额不等的钱粮储备，其中宣府镇"实在粮五十七万二千五百一十二石三斗三升，料六十五万一千三百四十石四斗五升，煤炒一千四百六十石四斗三升，草三百六十六万七千九百三十三束，银七十一万一千四十两三钱三分。"① 如果依据上表的实物折银比

---

① 《明神宗实录》卷 51，万历四年六月戊辰。

价，则万历三年时，宣府镇粮饷储备总计合银 163 万两左右。

万历四年，太仓库发放北边军镇主、客兵年例银岁额如下：

> 万历四年户部出入实数……岁出太仓钱粮数，供边主、客兵二项：辽东二十一万二千九百两有奇，延、宁、甘、固五十三万九千一百两有奇，蓟、永、密、昌、易八十一万二千二百两有奇，宣、大、山西一百万三千七十一两有奇……先年有事，额外请讨常数十万，而赈济、修工等项犹不在数内。①

万历四年太仓库发放北边军镇主客兵年例银额见表 4-20。

表 4-20　　万历四年太仓库发放北边军镇主客兵年例银额②

太仓库供应边镇主兵、客兵军饷	辽东饷银 21.29 万两
	延绥、宁夏、甘肃、固原饷银 53.91 万两
	蓟州、永平、密云、昌平、易州饷银 81.22 万两
	宣府、大同、山西饷银 100.3071 万两
总计	256.7271 万两

依据表 4-20 可知，万历四年，太仓库岁支北边军镇的年例银为 256.7271 万两，万历三年北边军镇的额定岁入军饷总银额为 835.6605 万两，因为是额定银数，所以与下一年北边军镇的额定岁入军饷总银额相差不会太大。因此，万历四年太仓库所发边镇年例银大约占边镇实际岁需求的 31% 左右。

《万历会计录》记载了嘉靖以前与万历九年左右北边军镇屯田、民运、盐引、京运额定岁入数目，如表 4-21。

---

① （明）王樵：《方麓集》卷 15《国朝岁入之数》，第 411—412 页。
② （明）王樵：《方麓集》卷 15《国朝岁入之数》，第 411—412 页。按，为了便于比较，本表实物折银比价取用本节表 4-17"隆庆六年北边军镇实际岁用钱粮数额"中实物折银比价。

表 4-21　弘、正时期（原额）与万历九年左右（现额）北边军镇屯田、民运、盐引、京运额定岁入数额比较①

军镇名称	原额兵马	现额兵马	原额军饷	现额军饷
辽东②	官军 9.4693 万名 马 7.701 万匹	主兵官军 8.3324 万名 马 4.183 万匹（客兵无定数，下同）	屯粮 70 万石 民运布 32 万匹 花绒 14 万斤 盐引 14.1548 万引	屯粮料 27.9212 万石 荒田粮折银 0.0432 万两 民运银 15.9843 万两（其中 14.7119 万两万历六年改解太仓库转发）两淮、山东盐引该银 3.9077 万两
			京运银 1 万两	京运年例银 40.9984 万两
蓟州③	官军 3.9339 万名 马 1.07 万匹	主兵 3.4658 万名 马 0.6399 万匹	屯粮 11.66 万石 民运粮 11 万石 布 10 万匹 棉花 10 万斤 漕粮 24 万石 盐引银 1.3581 万两	主兵民运银 0.973 万两 客兵民运银 1.8025 万两 客兵山东民兵工食 5.6 万两 客兵遵化营民壮工食银 0.4464 万两 主兵漕粮 5 万石 客兵屯粮料 5.3568 万石 折色地亩马草银 1.6449 万两
			京运银 5 万两	主、客兵京运年例银 45.3692 万两（42.4892 万两、抚夷银 1.5 万两、赏军银 1.38 万两）

---

① 按，《万历会计录》中相关数据只注明"原额""现额"，并没有明确说出各统计数额的具体年份。依据本文对年例银岁支数额的梳理可知，该表"原额"的数据基本就是嘉靖以前弘治、正德年间的数额。又各边镇军饷银额最晚更新时间为万历九年，故确定"现额"数据的年份为万历九年左右。为了便于比较，除了特殊注明的以外，本表实物折银比价取用本节表 4-17 "隆庆六年北边军镇实际岁用钱粮数额"中实物折银比价。

② （明）张学颜等：《万历会计录》（上）卷 17，第 664—665 页。

③ （明）张学颜等：《万历会计录》（下）卷 18，第 690 页。

续表

军镇名称	原额兵马	现额兵马	原额军饷	现额军饷
永平[1]	官军 2.2307 万名 马 0.6083 万匹	主兵 3.994 万名 南兵 0.2931 万名 马 1.5008 万匹 南兵马 0.0083 万匹	屯粮料 3.5783 万石 屯粮折色银 0.5628 万两 民运粮料 2.7713 万石 民运折色银 7.7618 万两 折色合银 4.16 万两 盐引 4.25 万引（合银 3 万两）	主兵屯粮料 3.3521 万石 客兵屯草折银 0.323 万两 主兵民运粮料 2.7713 万石 折色银 2.89 万两 民壮工食银 1.2618 万两 客兵民运本色草 30.1922 万束
			京运银 2.8673 万两	主、客兵京运年例银 24.1859 万两
密云[2]	官军 0.9605 万名 马 0.2032 万匹	主兵 3.3569 万名 马 1.312 万匹	屯粮 0.4628 万石 民运粮 5.5 万石 漕粮 1.5 万石	主兵屯粮料 0.6647 万石 主客兵漕粮 15.4811 万石 客兵漕粮 5 万石 主兵屯田地亩银 0.0292 万两 主兵民运银 1.0953 万两 客兵民运税粮改征黑豆银 1.6346 万两 客兵归农民壮工食银 0.0919 万两
			京运银 1.5 万两	主客兵京运年例银 39.4037 万两
昌平[3]	官军 1.4295 万名 马 0.3015 万匹	主兵 1.9039 万名 马 0.5625 万匹	屯粮 0.3233 万石 民运粮 1.3 万石 漕粮 2 万石	屯粮折色银 0.2428 万两 地亩银 0.0558 万两 秋青草折银 0.0129 万两 民运银 2.0705 万两 漕粮 18.9273 万石

---

[1] （明）张学颜等：《万历会计录》（下）卷 19，第 726 页。
[2] （明）张学颜等：《万历会计录》（下）卷 20，第 739 页。
[3] （明）张学颜等：《万历会计录》（下）卷 21，第 756 页。

续表

军镇名称	原额兵马	现额兵马	原额军饷	现额军饷
			无京运银	主兵京运年例银 9.6374 万两 客兵京运年例银 7.9167 万两
易州①	官军 2.9308 万名 马 0.1199 万匹	主兵 3.4697 万名 马 0.4791 万匹	屯粮 1.3638 万石 屯粮折色银 0.447 万两 秋青草折银 0.0544 万两 民运粮 6.805 万石	屯粮料 2.3078 万石 地亩银 0.0665 万两 民运银 32.7129 万两（内包括太仓库转发民运银）
			—	京运银 5.9 万两
井陉②	—			屯粮 1.4689 万石 屯豆 0.0024 万石 地亩银 0.8199 万两 民运本色米麦 1.7833 万石 民运折色银 4.8546 万两
			—	京运年例银 0.397 万两
宣府③	官军 15.1452 万名 马 5.5274 万匹	主兵 7.9258 万名 马 3.3147 万名	屯粮 25.4 万石 民运本色米麦 27 万石 民运折色银 6 万两 盐 20 万引	屯粮 13.2038 万石 屯田折色银 2.2826 万两 民运折色银 78.7233 万两 淮、芦盐 14.5113 万引（合银 5.8299 万两） 河东运司盐价银 7.677 万两
			京运银 5 万两	主客兵京运年例银 30 万两

---

① （明）张学颜等：《万历会计录》（下）卷 22，第 774 页。
② （明）张学颜等：《万历会计录》（下）卷 22，第 792 页。
③ （明）张学颜等：《万历会计录》（下）卷 23，第 794 页。

续表

军镇名称	原额兵马	现额兵马	原额军饷	现额军饷
大同①	官军 13.5778 万名 马 5.1654 万匹	主兵 8.5311 万名 马 3.587 万匹	屯粮 51.3946 万石 屯田草 16.919 万束 秋青草 170 万束 民运米麦豆 41.886 万石 民运草 60 万束 盐引 8 万引	屯粮 12.6745 万石（内折色 5.5827 万石，合银 1.6649 万两）牛具银 0.833 万两 户口盐钞银 0.1079 万两 屯田草 25.1296 万束 秋青草银 0.5759 万两 民运粮 58.6476 万石 草 244.485 万束 荒草银 2.16 万两 淮芦盐 11.3804 万引
			京运年例银 5 万两	主客兵京运年例银 45.0638 万两
山西②	官军 2.5287 万名 马 0.6551 万匹	主兵 5.5295 万名 马 2.4764 万匹	屯粮 0.008 万石 民运本色米豆 6.8033 万石 民运草 60 万束 盐 12 万引（合银 3 万两）	屯粮 2.8593 万石 屯粮折色银 0.103 万两 秋青草 9.5086 万束 民运本色米豆 2.1522 万石 民运银 36.2121 万两 淮、浙、山东盐引 5.7833 万两 盐课银 6.4259 万两
			京运银 2 万两	主客京运银 23.33 万两
延绥③	官军 8.0196 万名 马 4.594 万匹	主兵 5.3254 万名 马 3.2133 万匹	屯粮料 6.5845 万石 草 4.3372 万束 地亩银 0.1124 万两 民运粮 28 万石 淮浙盐 20 万引	屯粮料 5.6487 万石 屯田草 6.15 万束 地亩银 0.1046 万两 民运粮料 9.7827 万石 民运草 0.7942 万束 民运折色银 19.7433 万两 淮浙盐引银 9.7376 万两

① （明）张学颜等：《万历会计录》（下）卷 24，第 840 页。
② （明）张学颜等：《万历会计录》（下）卷 25，第 879—880 页。
③ （明）张学颜等：《万历会计录》（下）卷 26，第 902—903 页。

续表

军镇名称	原额兵马	现额兵马	原额军饷	现额军饷
		京运银 10 万两	京运年例银 37.7515 万两	
宁夏①	官军 7.1693 万名 马 2.2182 万匹	主兵 2.7934 万名 马 1.4657 万匹	屯粮料 10.7497 万石 屯田草 168.7474 万束 民运粮 20 万石 盐 10.8 万引	屯粮料 14.8304 万石 屯草并秋青草 180.7358 万束 折色粮草银 0.1745 万两 地亩银 0.129 万两 民运本色粮 0.1349 万石 民运本色草 2.5295 万束 民运折色粮草银 10.873 万两 淮浙盐 8.1695 万两银
甘肃②	官军 9.1571 万两 马 2.9318 万匹	官军 4.6901 万名 马 2.168 万匹	京运银 4 万两 屯粮料 60.3188 万石 屯草 54.9703 万束 民运粮 24.6744 万石 盐 7.5 万引	京运年例银 3.5 万两 屯粮料 23.2434 万石 屯草 175.3292 万束 秋青草 179.7545 万束 折色草价银 0.2195 万两 湖荡草 75.9413 万束 民运粮布折银 29.496 万两 淮浙盐 10.215 万两
固原③	官军 12.6919 万名 马 3.225 万匹	主兵 9.0412 万名 马 3.3842 万匹	京运银 6 万两 屯粮料 32.4622 万石 屯草 22.9705 万束 秋青草 1.4227 万束 折色粮料草银 3.8333 万两 地亩银 0.6774 万两 民运粮料 4.2104 万石 民运草 1.696 万束 民运布 6.5846 万匹 民运棉花 2.9111 万斤 折色粮料布花银 28.3631 万两 盐引银 3 万两	京运银 5.1498 万两 屯粮料 31.9407 万石 屯草 18.602 万束 秋青草 1.4227 万束 粮折布 0.0105 万匹 折色粮料草银 4.1241 万两 地亩银 0.7 万两 牛具银 0.0196 万两 民运粮料 4.5325 万石 民运草 0.8063 万束 民运折色粮料草布花银 27.9297 万两 淮浙盐 2.372 万两

① （明）张学颜等：《万历会计录》（下）卷27，第927—928页。
② （明）张学颜等：《万历会计录》（下）卷28，第947—948页。
③ （明）张学颜等：《万历会计录》（下）卷29，第968—969页。

续表

军镇名称	原额兵马	现额兵马	原额军饷	现额军饷
			京运银 4.946 万两	京运银 6.3921 万两
小计	官军 89.2533 万名 马 34.3208 万匹	主兵 68.6523 万名（客兵无定数，未计入）马 28.2949 万匹	1、粮料 481.7546 万石=318 万两银 2、草 561.0631 万束=16.8 万两银 3、布 48.5846 万匹=13.6 万两银 4、棉花 26.9111 万斤①=1.9 万两银 5、盐 80.4548 万引②=36 万两银 6、银 109.6 万两	1、粮料 201.1847 万石=132.7819 万两银 2、草 945.4313 万束=28.36 万两银 3、布 0.0105 万匹=0.003 万两银 4、盐 18.3804 万引=5 万两银 5、银 716.736 万两
总计合银			496 万两	882.89 万两

依据表 4-21 可以看出，相对于弘治末、正德初年，北边官军总数减少了 23%，马匹减少了 17.6%，但是军饷总岁额却增加了 77.6%。细看弘治末、正德初军饷供应中，白银供应仅占军饷总额的 22.6%，而万历初年的白银供应已经高达其军饷总额的 76%。由此可见，军饷实物供给的白银化是边镇军饷供应总额不断提升的根本原因。

依据表 4-21 可知，万历九年时，京运年例银岁额为 316 万两，占北边军镇军饷总岁入银数 882.89 万两的 36% 左右。由于万历初期京运年例银额会稍大于太仓库年例银岁额，因此，万历九年时，太仓库岁支边镇年例银所占北边军镇军饷总额的百分比会稍低于 36% 这一比率，但不会相差太远，仍能够占据 1/3 左右的份额。因此，一般而言，隆庆、万历前期，太仓库年例银岁额平均占据北边军镇军饷岁额的 1/3 左右。

纵观年例银在边镇军饷总岁入中所占的比例的变化可知，弘治、正德时期，京运银岁额能够占据边镇军饷总岁额的 1/10 左右，到隆庆末

---

① 按，《万历会计录》，万历九年京库棉花时估银每斤 0.07 分，见（明）张学颜等《万历会计录》（下）卷 30，第 1006 页。

② 按，本表中永平盐引 4.25 万引（合银 3 万两）、山西盐 12 万引（合银 3 万两）、宣府淮、芦盐 14.5113 万引（合银 5.8299 万两），现取其平均值每引合 0.45 两银。

年、万历初期时，太仓库年例银岁支总额在边镇军饷总岁入额中所占的比重已经达到1/3左右。同时还应看到，万历初期时，边镇军饷中大约有2/3来自民运、屯田、盐法等收入。因此，同弘治、正德时期的京运银相比，隆庆、万历时期，太仓库年例银在边镇军饷供应中的地位提升幅度较大，已经占据了重要地位，但边镇军饷的供应又并非绝对依靠太仓库年例银，屯田、民运、盐引等收入仍然是边镇军饷供应的主要组成部分。

（三）老库窖房银与太仓库年例银的发放

万历前期，太仓库外库每年的财政收入已经基本承担起了供应北边军镇京运年例银的财政职责。这一财政职责显然没有对太仓库形成太大的压力，因为这一时期太仓库及边镇军储的财政都处于非常良好的状态。经过万历初期的积攒，到万历十四年时，太仓老库、窖房存银有600余万两："户科给事中田畴等奏……臣等查得太仓所蓄除老库、窖房银六百万八千七百六十九两系祖宗二百余年之数，在外库银止九十八万四千二百三十一两有奇。"① 这笔库存银额实质上就是用来预备紧急军情等各种突发事件的。因此，万历前期，太仓库实际能够担负的财政职能有两个：一是外库每年的岁入用以供应边镇日常开支所需的部分军饷；二是老库及窖房存银用于预备紧急突发事件的财政所需。然而从万历十六年开始，太仓库外库的财政供应能力逐渐变得越来越差，以至于不得不借用老库、窖房存银来支付边镇年例银。到万历末年，老库窖房存银被借用一空，太仓库就此失去了预备紧急突发事件的财政能力。

万历十六年、万历十七两年，因为灾伤蠲免及地方赋税的逋欠，太仓库财政供应能力大受减损，以致为了如数供应边镇额饷，共从太仓库窖房借支175万两白银；万历十七年十二月，太仓外库只有31万两白银，而所当支放的次年上半年的边镇额饷却达131万两，为了凑足万历十八年上半年的边镇额饷，户部不得不又从窖房借支106万两白银：

> 户部言：万历十七年正月起至十二月初十日止，除旧管外岁入太仓银三百二十七万有奇，岁出太仓银三百四十六万有奇，计岁出

---

① 《明神宗实录》卷178，万历十四年九月庚戌。

之数浮于岁入。今太仓见在外库银止三十一万有奇,查得万历十八年上半年应发年例……共该银一百三十一万有奇……今因连岁灾伤蠲停数多,各省应解钱粮又多拖欠,以致外库不敷。查得原贮外窖房银四百万两余,十六、十七年动支过一百七十五万有奇,见在银二百二十四万有奇……似应动支一百六万有奇,并外库见在银动支二十五万两,凑足一百三十一万有奇,照依各边镇应发数目差官解运……允之。①

此后,户部支取太仓老库、窖房银以补充边镇年例军饷的频率越来越高。

万历二十五年八月,因太仓库储不够支用,神宗命发窖房银15万余两以供蓟州等镇粮草:"命发窖房银十五万三千六百八十余两解运蓟、永、密三镇,为新募南兵六千名行、月二粮并马匹料草之用,以户部言库贮不敷也。"②

万历二十八年,因太仓库银被挪借用于皇室典礼及地方征讨等开支,各边镇年例额饷迟迟不能给发;为稳定军心,户部题准借支老库银50万两发放边饷:"户部题:各边镇额饷近因典礼、征伐各项那借,以致逾时历季不能给发,乞将老库银暂借五十万,分发各边,以安三军之心,俟事完陆续补还。从之。"③ 万历二十八年十一月,神宗允许从太仓老库中借支白银以供辽东边饷:"户部题差郎中胡三省、主事曹志遇解银十万给饷辽东,上允发,且念边军寒苦,令应给者速处或借老库以示德意,毋使悬望。"④ 为了发放九边额饷,户部在该年总共挪借老库银90万两:"己未,户部尚书陈蕖等言:近日库贮匮乏,九边额饷踰四百万,去年那借老库银九十万。"⑤

万历三十二年九月,因各省直灾荒而赋税难征,太仓库欠发该年下半年边饷187万余两,户部无奈之下奏请停免内库买办并题请借支老库

---

① 《明神宗实录》卷218,万历十七年十二月庚寅。
② 《明神宗实录》卷313,万历二十五年八月辛酉。
③ 《明神宗实录》卷346,万历二十八年四月丁亥。
④ 《明神宗实录》卷353,万历二十八年十一月甲寅。
⑤ 《明神宗实录》卷355,万历二十九年正月己未。

银以补边饷，神宗不予答复：

> 大学士沈一贯等言目下至急惟在边饷缺乏下半年尚欠发一百八十七万十一月以后又该发明年之饷矣要在此两三月内尽补前数，各处灾荒之地征解不来，户部真束手无策。不得已请停免内府买办，为此项原无加派每年在边饷内那移……又欲再借老库银三十万以救燃眉……未报。①

同年闰九月，户部再次奏请借支老库银，不过这次没有提内库买办银的事情，于是神宗允许借发20万两："丁亥，户部尚书赵世卿言各镇下半年年例通该给发银一百五十七万八千余两，查本库见在各项止四千五百六十五两零，无凭给发。乞借发老库若干、马价若干。诏支太仓银二十万、太仆寺银三十万作速解边，待有余时务行补足。"②

万历三十四年五月，户部尚书赵世卿奏准发老库银10万两以供边饷："丙戌，发老库银十万两充边饷，从户部尚书赵世卿请也。"③

到万历三十七年五月，老库存银只有8万两，再也没有能力对北边军饷进行支援了："户部言：顷者兵部议募有马壮兵万人以备开原，约费三十万，责臣计处。臣部自老库八万之外，毫无所出。"④

太仓老库、窖房银抵充北边年例额饷，首先是因为太仓库自身因逋欠等原因而岁入不足，这使得太仓库缺乏足够的财政能力去支付制度规定之内的年例饷额。其次是因为太仓库所需支付的年例银的数额在不断增长。因此，老库、窖房银的发放并不能真正解决太仓库与边镇年例额饷之间日益恶化的财政紧张关系。万历后期，随着太仓库老库、窖房存银相继被借支一空，太仓库预备紧急突发事件的财政能力就此丧失。

（四）万历中期以后边镇年例额饷之缺

相对于万历初期太仓库的财政充盈状态而言，万历中期以后太仓库的财政困窘似乎来得太过突然。虽然万历十六年以后太仓库支付边镇年

---

① 《明神宗实录》卷400，万历三十二年九月辛酉。
② 《明神宗实录》卷401，万历三十二年闰九月丁亥。
③ 《明神宗实录》卷421，万历三十四五月丙戌。
④ 《明神宗实录》卷458，万历三十七年五月庚子。

例额饷的能力通过借支窖房、老库的存银而得到了一定的补偿，然而太仓库自身收入的减少以及边镇对太仓库年例银需求的加大却无法通过这种方式而得到任何缓解。万历中期以后，太仓库实际支付边镇年例银的能力逐步下降，太仓库的财政支出能力和北边军镇的军饷需求之间的鸿沟通过二者的反向运动而迅速地扩大。

万历二十九年，太仓库逋欠边镇年例银150万两。从这一年开始，虽然边镇的实际需求银额早已远远超出了太仓库年例银额的范围，太仓库却很少有能力全额支付边镇年例银了。

在借过老库90万两白银抵补边饷之后的次年，即万历二十九年正月，户部尚书奏报，因为各省直地方灾伤较多，太仓库逋欠严重以致欠发边镇年例银达一二百万两："己未，户部尚书陈蕖等言……今年各处灾伤颇多逋负，计年例少银一二百万。"① 到该年十二月，太仓库共欠当年边镇年例银150余万，实在无银可凑的户部只得借支宣府镇库储银以给山西、大同年例："庚午，户部以二十九年各边未发年例银共一百五十余万两，议暂借宣府镇贮银三十余万两转发大同、山西为权宜借济之计。"②

万历三十年十月，户部尚书赵世卿奏报，该年太仓库尚欠边饷85万两，下一年应发的年例更是无处筹措："己酉，户部尚书赵世卿言迩来帑藏虚匮……今岁时将逼催讨毕临逼，计未发边银尚欠八十五万……春交又题新饷，千艰万苦，备见一时，即令智巧，无能为谋矣。"③

万历三十一年四月，太仓库因岁入逋欠而欠发边镇额饷银额至少有150万两，因为，这个数额恰是户部为边饷奏请内库和太仆寺银的总和："户部揭称：各镇请饷数多，逋负催征无期，请内帑百万与太仆寺五十万一时齐发，辅臣以闻。"④

万历三十二年八月，户部尚书赵世卿与大学士沈一贯共同商议户部钱粮事宜，指出万历三十二年太仓库该发边饷年例银372万，但实际仅发184万；鉴于各省直地方灾情严重，该年的赋税必定无法如额征收，

---

① 《明神宗实录》卷355，万历二十九年正月己未。
② 《明神宗实录》卷366，万历二十九年十二月庚午。
③ 《明神宗实录》卷377，万历三十年十月己酉。
④ 《明神宗实录》卷383，万历三十一年四月己亥。

因此万历三十三年太仓库发放边镇额饷的困难将更加严重：

> 甲辰，大学士沈一贯等言昨日尚书赵世卿来，备细讲求户部钱粮，因出一揭示臣等言……今年边饷该三百七十二万，而仅发一百八十四万，尚欠一百八十七万，转盼十一月又该题发三十三年分钱粮矣……边臣催如星火，部臣忧在燃眉……又惟今年顺天、保定、辽东、山东、陕西、凤阳六处抚按俱报水旱灾荒，请发内帑漕粮以为赈，济即今道路流移民已悉去其乡，当年秋粮、夏税断不能完，来岁京运、民运断不能供，然则边饷之难处更数倍矣。①

虽然万历六年时户部就题准太仓库每年分两次预发当年上、下半年的边镇年例银，然而，万历中期以后太仓库的财政困窘使它无力继续执行这一规定，到万历三十七年二月份，太仓库仍逋欠万历三十六年的边镇年例："户部言：西镇告急，外解寥然，本部札行太仓银库先将三十六年未发年例作速设处解发，其盐课银亦已经具题外，至山东、河南二省未兑民运咨限严催，仍将玩愒各官开送宣大督抚衙门从重参处。从之。"②

到万历四十年时，一方面，太仓库年例银的银额由万历初期的 200 余万增长至 389 万。另一方面，太仓库却由于自身财政匮竭而逋欠年例饷额达 293 万两。边镇对太仓库的索求日增，而太仓库的实际供应能力却在日渐，二者的发展方向全然相反："户科给事中官应震奏……太仓库银四百万余，属边饷者三百八十九万有奇，顷九边共欠至二百九十三万六百两，太仓之匮可知也。良由民日求减，边日求增，朝廷之上那借涸涸而莫可究诘。"③

到万历四十二年正月，户部太仓库仍欠万历四十一年边镇京运银 183 万余两，为此，兵部尚书王象乾奏准借支工部节慎库、兵部太仆寺及南京户、兵、工部银共同凑处边饷：

---

① 《明神宗实录》卷 399，万历三十二年八月甲辰。
② 《明神宗实录》卷 455，万历三十七年二月乙亥。
③ 《明神宗实录》卷 502，万历四十年闰十一月丁亥。

丁丑，兵部尚书王象乾又言：顷奉明旨会议，查得四十一年共欠京运银一百八十三万三千六百两有奇……伏望皇上敕下部寺衙门于节慎库借银三十万两、太仆寺库借银五十万两、本部寄贮同库班价等银一十四万八百两有奇、南京兵部借银十万两户部、工部各五万两，以上共银一百一十四万八百两有奇，尚欠六十九万二千八百两有奇。两淮、两浙、长芦、山东、山西各运司正额盐课各有拖欠，乞敕户部立限严追如期解补，倘或未完先于司库存积银内借解。同舟共济，可作九十四万八百两之实数矣……奉旨……尔部还会同工部等衙门各照议借用，以济紧急；其两淮等处运司拖欠正额盐课等银多，着户部差官严限守催，如数解……余依议行。

到万历末期时，太仓老库、窖房的存银基本枯竭。此时的太仓库已经完全不具备为国家发生的紧急军情提供财政支持的能力了。而辽东军情的突然恶化，却恰恰发生在这一时刻。

万历四十六年四月，努尔哈赤率领部族攻陷抚顺，辽东告急，然而直至此时，太仓库仍欠该镇万历四十五年额饷未发："建酋奴儿哈赤诱陷抚顺……于是抚臣李维翰、督臣汪可受相继告急，调兵请饷揭疏沓至……兵部尚书薛三才谓：辽军缺饷已历三时，户部应发额饷自昨秋至今夏该五十余万，即不能尽发亦须先发其半以济然眉。"[①]

一方面，辽东军情的急剧恶化使北边其余军镇不得不随之加强守备，因而军饷就显得更加不可缺少。另一方面，国家财政征收数额和征收能力有限，赋税征给新饷，旧饷的征收数额必然受到影响。从万历四十六到天启元年的几年时间之内，太仓库拖欠各边镇额饷银达380余万两：

管理太仓银库主事汤道衡、陪库主事邹嘉生言：辽事告急……辽急则饷与俱急，臣所司者又九边十三镇之饷也，辽饷急则各镇与俱急。太仓岁收大约三百六十余万，岁出大约四百二十余万，至各镇拖欠二、三年间积至三百八十余万。寻尝无事，犹可苟且支吾。

[①] 《明神宗实录》卷568，万历四十六年四月甲辰。

迩自辽警张皇，各边之声势不得不因辽而急，而民有加派，又有搜括，直省之运解反不能不因辽而缓。而今又无辽矣！欲障辽则必速固蓟、密、永、昌……欲固蓟、密、永、昌，宜通新饷为旧饷……此今日饷务之急着也……巡视太仓银库工科给事中成明枢亦言乞如道衡等议，章下所司。①

万历中后期时，太仓库银不足以发放边饷，还可以借窖房、老库以及太仆寺、节慎库等进行补充。到天启末年崇祯初年，太仓库已经再也无处借银了。天启五年八月，户部尚书李起元奏报，从春季到夏季，各省直地方分文未解入太仓旧库："户部尚书李起元疏言……其在九边则旧饷自春至夏，两直各道寂无分毫解至，军尽枵腹，万一效尤鼓噪，臣无死所矣。"② 太仓旧库如此收入，边镇旧饷缺额情况就不难猜测了。天启七年，太仓库逋欠各边镇军饷银额达780万两："辛巳，户部尚书郭允厚疏：……盖太仓之岁入仅三百三十万……而九边之岁支已该三百二十万……三百二十万之该解边者未解边，而更有七百八十万之欠也，臣思之而无策也。"③

到崇祯初年，因山西、陕西省直地方灾荒流行、盗寇遍野，北边军镇的民运、屯田供应系统失效，只能全然仰赖太仓库。这种状况，户部尚书毕自严称之为"不终日之算"，并指出，只有恢复民运、屯田、盐法等制度的有效性才是解决边镇军饷的根本出路：

> 查祖制边饷，惟借民运、屯粮、盐粮三项耳……至于京运，祗以接济民、屯之不逮，号曰"济边"……逮盐法初意渐失，民、屯积欠无算，遂致各边并引领于太仓……近因秦、晋灾荒，寇盗充斥，民、屯一无可恃，而徒仰给京运。臣部虽勉强补苴，支持目前，然太仓金钱有限，犹是不终日之算。窃恐循此而无变计，虽再增京运数十万，亦无益于饱腾之数也。赡军自有大道，足边更无奇

---

① 《明熹宗实录》卷9，天启元年四月戊寅。
② 《明熹宗实录》卷62，天启五年八月戊子。
③ 《明熹宗实录》卷86，天启七年七月辛巳。

策，舍民、屯、盐法外，其道无由矣。①

明朝太仓库与边镇军饷供应走到这一地步，再想安然生存下去，真的是"其道无由"了。

（五）新饷开支

1. 新饷的财政开支用途

从万历四十六年起通过加增田赋而征收的"新饷"是专门用于辽东地区的军事开支的，其首要用途就是支付辽东募兵、调兵等所需的安家费、行粮、月粮及器械、衣装等。

万历四十六年九月，署兵部尚书薛三才奏准宣府、大同、山西等镇征调兵马所需行资及沿途料草都从新饷中支给：

> 署兵部尚书薛三才言：前月二十一日经略抵关，奏欲征兵边镇以资战守……臣请立发新饷二十万，差本部司官二员赍解各镇……延、宁、甘、固四镇……各随带战将家丁赴援……其行资而沿途料草于发去新饷内一顿折给……上曰：这议调各镇兵马及先发饷银以充召补俱依拟。②

同月，兵部奏准增调宣府、大同等镇的主客兵，并再发新饷银25万两以支付其安家费、月粮等项支费："庚子，兵部以调募主客二兵仅止七万，分防势孤，议欲再调宣、大三千，山西二千，延绥三千，宁、固二千，真定二千五百，其安家、月粮等费照前发新饷银二十五万差官分解，各镇按数给发……从之。"③

万历四十七年三月，兵部尚书题准发新饷一万两在山海关附近招募壮丁："兵部尚书黄嘉善题：遵旨酌议遣将调兵……镇守山海总兵柴国柱宜速照原题各拨标兵一千名，再发新饷一万两，行令该道会同本官就

---

① （明）倪元璐：《倪文贞奏疏》卷7《旧饷出入大数疏》，文渊阁四库全书，第1297册，第614页。
② 《明神宗实录》卷571，万历四十六年六月壬戌。
③ 《明神宗实录》卷574，万历四十六年九月庚子。

近招募壮丁二千名……得旨：俱依议行。"①

万历四十七年四月，兵部尚书题准支发新饷给开原募兵：

> 庚申，兵部尚书黄嘉善题，该臣会集户部尚书李汝华等会议……募兵断不容缓，今有本部主事韩原善升补开原道佥事，自当付本官以募兵之权，计开原重地，非益兵万余人不可，户部宜将议留帑金七万四千两，再动新饷六千两，共足八万之数，令其先行招募，仍择委将官一员统领赴辽……奉旨：各兵俱依议调遣，韩原善着就近召募。②

万历四十八年二月，兵部奏准支发新饷给祁、鲁二家招募家丁赶赴辽东："兵部疏奏……祁、鲁二家督抚应给钱粮，即于新饷内动支，责令各家招选惯战家丁千名星弛赴辽，到京验实，即从优议加职衔以励忠勇，有功破格升叙。上命……祁、鲁二家兵也着精选速发。"③

天启元年四月，兵部尚书奏准动支加派新饷以给应募援守辽东的军士安家银及措置器械、马匹所需银两："兵部尚书崔景荣请分道募兵……其援守辽东者给安家银五两官，给器械、马匹所需银两抚按官动支加派新饷，务要精悍骁勇之士，不得以老弱充数……得旨：如议。"④

天启元年四月，因各地不断有人愿率兵报国，兵部题准各省直地方官负责招募土著壮丁，并酌量动用加派新饷供应募兵的行粮和犒赏费用。然而，在各地的募兵行动中，有像奢崇明这样借募兵之名行逆谋之实的，也有虚张声势、欺罔朝廷的：

> 四川永宁宣抚司宣抚奢崇明上疏，愿调马步精兵二万直捣奴巢……麻镇五寨司土官田景受等各愿率兵报效。兵部类题言：……今辽事未宁，委应分别调募应援。况奢崇明等各具疏揭，自愿报效，益宜鼓舞招用。容臣部星夜移咨湖广、四川抚按，查照所开地

---

① 《明神宗实录》卷580，万历四十七年三月壬寅。
② 《明神宗实录》卷581，万历四十七年四月庚申。
③ 《明神宗实录》卷591，万历四十八年二月己酉。
④ 《明熹宗实录》卷9，天启元年四月戊寅。

方调发川兵三万、湖兵二万、浙兵但得一万可也……其各省土著壮丁，责成地方各官招募，至于一切行粮、犒赏等项，各该抚按即以加派新饷酌量支给……得旨：如其言。是时，奢崇明已蓄异志，借调兵以行其逆谋，而李资乾以一生员虚张练兵三千六百人，欺罔甚矣。①

天启元年七月，兵部尚书覆准扣除四川、湖广部分新饷以供征调四川和贵州兵马：

> 兵部尚书张鹤鸣覆兵科都给事中蔡思充摘要七事：一，前后议调川兵五万四千名，今议先发三万，该安家银十五万两。户部四川新饷扣除十四万六千两，臣部解银四千，工部衣甲、械器银二十四万，先解九万两，余俟到关续给；一，台省原调贵州水西兵未定数，臣部差宋迪等续调五千，本省原无新饷，户部于湖广扣除二万五千两解至辰州……得旨：依议行。②

据天启五年十一月蓟辽总督的奏报可以得知，山海三屯及昌平等镇的粮食、马草、豆等都是由新饷供应的："蓟辽总督王之臣奏报山海、三屯、昌平三镇本年秋防兵马刍粮并台墙器械等项数目……其兵马粮饷刍豆俱取给于通州户部坐粮厅，总在新饷内通融支用。"③

天启六年四月，为了征调各镇兵马以预先防备奴酋的再次进攻，户部尚书李起元奏准，宣府、大同等镇即动用各省新饷以供征调兵马的行粮，河南、山东的征调新兵则多发一两个月的新饷以充其行粮，保定镇征调兵马的行粮等费则从恒山新兵留存户部的新饷中支出：

> 户部尚书李起元言：奴酋挫归，更思复来，我之防备，倍当预整，各镇分派兵马五万候调……但各处援兵必由北直，而北直地方

---

① 《明熹宗实录》卷9，天启元年四月戊寅。
② 《明熹宗实录》卷12，天启元年七月戊辰。
③ 《明熹宗实录》卷65，天启五年十一月甲戌。

既已加派,其杂项又作籴本支用,则此行粮将何所出?臣再四筹处,计令各该地方……当用行粮若干,起脚地方总给与领兵官,领兵官随行随给,免致各兵花费,且得兼程起行,其应行钱粮宣、大、山西及延绥四镇俱动各该省新饷;河南磁州、山东东充俱系新兵,即以其见食之兵饷多给一二月以为行粮,便自足用;独保定一镇钱粮难措……查恒山新兵三千曾留臣部新饷五万四千,今若议调此兵必在先驱即那此饷,共充二万六千兵用尚有余裕。候事完日,各处将各兵行粮逐一造报臣部,以凭查算开销……上是之。

天启七年五月,户部覆准动支新饷以从优供给出援京军行粮及犒赏费:"户部尚书郭允厚覆……言:京军出防,请优给行粮。得旨:潦暑营军出援,忠劳可念。这将官廪给各加一倍,每兵每日量加银二分……安家既无旧例,准再总加犒赏银一千两以壮行色,并札新饷库移送京营给散。"①

天启七年五月,因锦州被围困,户科都给事中奏准不论新饷、旧饷,一概通融缓急支放,以供调援兵马:"户科都给事中段国璋条奏战守机宜,得旨:奴兵围困锦州,内外应援兵马、一切刍豆自当速备,且桃林口饥军待哺,情甚危迫,着该部不拘新、旧饷,酌量缓急,通融措发并行天津饷臣多运本色……都依着行。"②

新饷银的第二大用途就是在各省直地方召买本色粮食、豆料等实物,同时支付将这些本色实物或者辽东所需的兵甲器械等运送至相应地区的运费。

万历四十七年正月,因辽东马匹草料不够支用,兵部尚书黄嘉善题准由新饷司负责于顺天加派征收粮草并运送至辽东:"癸卯,兵部尚书黄嘉善题据职方司员外外郎王元雅呈称策辽六款……一督刍饷,辽左弹丸地……目今刍秣不继……顺天加派输草运辽诚为便计,宜敕下户部郎行新饷司星夜料理……奉旨:……条议诸款有裨边计,其令经略、督抚

---

① 《明熹宗实录》卷84,天启七年五月戊辰。
② 《明熹宗实录》卷84,天启七年五月甲申。

等官一体遵行。"①

万历四十七年十二月,户部覆请动用永平等各州县新饷收买当地豆类,神宗不予回复:

> 户部覆……辽左用兵……盖一岁所用计饷银三百二十四万两,粮一百八万,豆九十万石,草二千一百六十万束,皆一毫裁削不得者……若夫用豆,今议永平召买十万石……真、保等处共买十万石,山东等处共买三十万石,甚至不足则凑以蜀米,其价即以各州县新饷补之,此议豆之大约凿凿可行者也……乞敕下亟赐允行。不报。②

泰昌元年,户部覆准截留 15 万石漕运米于天津以供辽饷,而将相应的银额从太仓库新饷中扣除,这就相当于用新饷银购买了漕运米:"督饷户部右侍郎李长庚……又请截漕运以济边饷言……辽饷本折已经议定,多之于本扣之于折,本色非海运不能多,非豫备不能济。乞下部议,允截漕十五万于天津,而即扣新饷于太仓银库,庶明春二月不误首运。部覆,从之。"③

赍恤御史题准用新饷支付运送盔甲、马刀、战车等器械至广宁的费用:

> 辛亥,赍恤御史方震孺题……独广宁土著兵二万人耳,而竟无如赤手空拳……乞速搜盔甲二万副、兵仗称之,并前抚臣所请梅花甲、斩马刀、战车等项尽数督发,又闻戊子库兵仗尽有堪用,亦望急为搜寻;若解运之法,当用新饷雇骡驮载,或借勋戚骡车给以平价,刻期前进,一路照管,勿致损坏……得旨:命所司督催速发,毋误急需。

---

① 《明神宗实录》卷 578,万历四十七年正月癸卯。
② 《明神宗实录》卷 589,万历四十七年十二月己巳。
③ 《明光宗实录》卷 3,泰昌元年己酉。

天启元年七月，专理辽饷户部右侍郎题请将原派征于山东而又未能征收上来的额定 30 万石米，用新饷银按照每漕粮 10 石买米 1 石的标准于江西、浙江、湖广三省购买，随漕粮运载北上：

> 专理辽饷户部右侍郎李长庚题：辽左需用米、豆各一百八十万石，派天津、山东、淮上、蓟、永等处，今天津并蓟永之运竭力催发，淮运亦衔尾到津，惟少山东米豆……山东所少三十万之米，应于江、浙、湖广三省，行各督粮道于新饷银内每漕粮十石即行州县买米一石，带附漕粮而来……此买米之当议也……下部速覆。①

到天启五年时，"江、浙、吴、楚加派毫无减免，而带买辽米岁岁不停"。② 直至天启七年，漕粮带运新饷召买的 30 万石关宁用米的制度仍在运行："督饷尚书黄运大言……查得带运三十万，原因州县召买零星延缓，故议于南浙江楚动支新饷，买米付漕船带运。累年来俱截尾帮，收之于冬，发之于春，以济关、宁缺乏。"③

天启五年，35 万石漕粮被截留以接济辽东军饷，为此，新库当支 17 万两白银抵还太仓；鉴于新饷蠲免数多，户部覆准令新库酌量动支新饷以查还辽东截流的漕粮，并用这笔新饷银供应在京军匠的折色月粮：

> 户部署部事左侍郎陈所学题覆……至于两月折银，统在京军匠而言，须三十万金始足，查原无此项额设，今督臣议欲于饷辽之漕粟，照所截数动新饷银两以偿漕本，以济两月之放，斯固向来原议，如今年截过三十五万石……共该银一十七万余两抵还。第查新饷一项，既以楚、蜀、黔、滇关额、加之灾荒地方蠲免，而年来关门增饷又逾二十余万，若欲要截数全抵，恐亦不能。应行令新库，查酌量还，其余不足，容臣部于别项堪动内再为设处，通融凑发，

---

① 《明熹宗实录》卷 12，天启元年七月壬子。
② 《明熹宗实录》卷 65，天启五年十一月丁未。
③ 《崇祯长编》卷 3，天启七年十一月戊寅。

惟期不失应放之额数而已……命依议行。①

天启五年七月，熹宗命给发新饷10万两以供天津海运运费："天津巡抚黄运泰奏：海运万分紧急，乞敕部速发应给脚价，以无误关鲜大事。得旨：即将河南布政使司解到新饷银十万两给发。"②

天启五年十一月，登莱巡抚奏请停免本府本色的召买，户部覆陵登莱依照议定的份额，动支新饷召买本色：

> 登莱巡抚武之望奏报给发海外兵饷因言，各有司谆谆以办运之艰为言，总以米价脚价陪补甚多……查先年登莱虽有海运之责原免新加之饷……今已加派折色而又责之买运本色一时并征，民何以堪？乞敕部再议。章下所司，户部题覆：……江、浙、吴、楚加派毫无减免而带买辽米岁岁不停……山东东兖二府亦有加派亦有召买……故不特登、青、莱三府为然也。天启六年分坐派已定，应照前动支新饷派买十万以俟鲜运……上然之。③

天启年间，北直隶的杂项新饷就是专门用来召买本色用的本钱："户部尚书李起元言：……北直地方既已加派，其杂项又作籴本支用。"④

天启年间，山东每年要扣留新饷12万两给兖州等府买粮15万石，之后再运送至天津，用以供应辽饷。天启六年，因山东发生秋灾，山东用新饷召买粮食的石数减为8万石："山东巡抚吕纯如以东省旱蝗条上方略：一曰减买津米，原奉部文每岁扣留新饷十二万派发东、兖二府，买粮十五万接济津门，此苦役也。去岁该部念秋灾，减去七万有零，故六年之额易完。"⑤

据天启六年十月督理辽东粮饷户部右侍郎的奏疏可知，为了给关

---

① 《明熹宗实录》卷55，天启五年正月癸亥。
② 《明熹宗实录》卷61，天启五年七月庚午。
③ 《明熹宗实录》卷65，天启五年十一月丁未。
④ 《明熹宗实录》卷70，天启六年四月庚子。
⑤ 《明熹宗实录》卷74，天启六年七月戊子。

内、关外收买足额的本色米豆，山东兖州等府支用加派新饷银进行召买，保定、真定及河间府则支用新饷杂项银收买米、豆，若新饷杂饷银不够用，就用户部银补贴：

> （壬子）督理辽东粮饷户部右侍郎黄运泰条奏：天启六年……关内、关外米以六十一万三千八百石为额，豆以六十二万六千五百六石二斗为额……大约米价须用一两，豆价须用六钱五分，在东兖则取给于加派而支剩之银仍当还部；在真、保、河则取给于杂项，而不足之数仍请部金；在霸、密、津则皆取给于大仓，而他无所望。①

天启六年十一月，天津督饷户部侍郎上疏预算天启七年关门及毛文龙海岛鲜运粮料事宜，并奏准，北直隶顺德等府召买本色粮料的本钱从新饷杂项中支取，不够之时就挪用太仓库京边银；山东、南直隶则应动支加派新饷召买粮料；而运送这些召买上来的关饷及毛文龙海岛鲜运粮料，共需近30万两白银的运费，这笔运费也应当从新饷中支付：

> 壬午，天津督饷户部侍郎黄运泰预计天启七年关、鲜二运粮料言……谨预派临清仓、南直、扬州、徐州、山东济南、兖州、东昌等府、北直顺德、广平、大名等府，务足米七十四万二千一百八十一石、豆六十七万之额……惟是州县有召买则有应议召买之粮价……若顺广大真保河及霸州等处……籴本动之杂项，不足挪动京边……至于东省南直……悉应动支加派银两，事完报部开销；夫粮料之数既定则海运之价当议计：关饷一百四十一万二千一百八十一石……每石脚价二钱，计该银二十五万八千四百三十六两二钱；鲜运截漕十万，每石脚价四钱……额布二万……廪饩、花红、席片等项……共银四万七千五百两，以上关、鲜运价俱应取资新饷……部覆如议。②

---

① 《明熹宗实录》卷77，天启六年十月壬子。
② 《明熹宗实录》卷78，天启六年十一月壬午。

2. 新饷的挪用

随着明朝国家财政体系的逐渐崩溃，原本专门为辽东战局而设的新饷开支逐步被挪作他用。天启元年四月，因太仓库财政匮乏，无力供应蓟州等边镇军饷，太仓库主事等奏请新饷、旧饷通融支放，将山西、陕西加派新饷留用当地边镇：

> 管理太仓银库主事汤道衡、陪库主事邹嘉生言……欲固蓟、密、永、昌，宜通新饷为旧饷……日来新饷又有至者，臣以为总期救急，何分彼此，宜尽见在所有，新、旧通融互发……查得山西加派地亩银……陕西加派地亩银……通共银五十九万四千八百四十余两……俱可就近分派，照民运抵充，仍类入考成以便稽察。或虑新饷数亏，即于太仓附近起解陆续补偿……章下所司。①

天启元年七月，巡抚天津右佥都御史奏准动用庐州、凤阳未解的加派新饷银供修造海船之费："巡抚天津右佥都御史毕自严言：海防建置筹画伊始，修船创造缓不及事，宜修旧唬船、哨船而别募沙船于太仓，料价则以庐、凤加派未解银两为之……从之。"②

天启元年九月，兵部覆准通州添设标下兵马，其操赏等费暂于新饷银内支发一年："丁未，通州巡抚王国祯以近畿重镇，议添设标下兵马马兵二千名、步兵一千名，兼议设总兵及安家操赏诸费。兵部尚书张鹤鸣覆言……本地募兵与援兵远募不同……其操赏初起一年，姑于新饷银内动支三千两，自后于各兵旷缺银内酌用。从之。"③

天启二年，因旧饷催解不上来，户部奏准从陕西新饷银中借支10万两以供应延绥军饷，从山西新饷银中借10万两以供应宣府、大同军饷："户部奏诸边索饷甚殷，外解严催不至，乞就近于陕西新饷借十万两以应延绥，于山西借十万两以应宣、大，仍望严敕各处速催旧饷解补以济急用。上从之。"④

---

① 《明熹宗实录》卷9，天启元年四月戊寅。
② 《明熹宗实录》卷12，天启元年七月庚子。
③ 《明熹宗实录》卷14，天启元年九月丁未。
④ 《明熹宗实录》卷26，天启二年九月庚戌。

天启五年正月，因江南发生灾情，熹宗诏命扣留苏州、松江等处新饷银以供赈济之用："辛亥，诏以苏、松等府扣留新饷银五万两赈济江南灾民，务沾实惠，不得虚冒塞责。"①

天启七年九月，户部覆准以各钞关新增课银共新饷银25万余两作为铸钱的部分本钱：

> 户部覆署理钱法侍郎曹尔桢疏言：善理财者不加赋而国用饶……自盐政榷税外无如鼓铸矣……以分派取用铸本言之……以宝泉局归还两课言之，每年应还太仓库银十四万七千四百两，应还新饷银库银二十五万二千六百两，所借之本贷之于本年之春者，即还之于本年之冬……从之。②

崇祯二年十二月，兵部右侍郎刘之纶奏准动支新饷以供京营募兵之费：

> 京营戎政兵部右侍郎刘之纶疏言：……制敌莫费于用粮，臣已用新饷一万见募新兵衣装月饷不能不费犒劳牛酒……得旨：……刘之纶动支新饷一万两，募见兵若干名，及应用器甲等项还具册奏闻，加级俟有功题请，所司知之。③

崇祯四年四月，浙江道御史奏请扣留陕西加派新饷以赈济饥民，结果被崇祯否决：

> 浙江道御史张凤翮上言：秦受贼患越四年所矣，兼之灾旱相仍，小民生计转蹙……群贼攻掠亦藉饥众为声援。若使流离琐尾之氓各有生计，则此恟恟望屋者何难骈首诛之也。前发帑十万金，不过涓滴之润，宜乘秦中父老望恩感泣之时，再将原派一年新饷八万

---

① 《明熹宗实录》卷55，天启五年正月辛亥。
② 《崇祯长编》卷2，天启七年九月戊辰。
③ 《崇祯长编》卷29，崇祯二年十二月己未。

七千余两尽数抵留，为赈臣抚恤之用……帝谓：……原派新饷不得轻议扣留。①

3. 新饷与边内地方军事开支

新饷原是专门用于辽东军饷的，然而，从天启到崇祯，频繁的地方叛乱使得各省直加派征收的辽东新饷不断被题留。这种开支严重削弱了户部对太仓库额定财政收入的控制力和分配权力，并与太仓库收入的严重逋欠一起解构了太仓库作为国家中央财政核心机构的地位。

天启二年三月，因贵州发生叛乱，兵部孙承宗覆准动支湖广新饷以征调附近各省直军兵：

> 黔省之困于安酋也……原任总兵张彦芳飞揭告急……掌兵部事孙承宗覆言……祈明旨申严各该抚镇星速应援外，湖广土汉官兵应调二万，云南镇臣沐昌祚部下马兵应调一万，广西泗城南州共调一万，……行湖广抚臣即于新饷内就近动支分发应用，庶克有济。得旨：黔省拯救宜速，便着马上差人行各该总镇等官相机援剿。②

天启二年四月，户部尚书覆准将湖南五府新饷的一半解给贵州以供募兵之费："丁丑，贵州巡抚王三善以黔事危急、募兵需饷，乞将所属湖南五府旧额京边新饷二十四万尽数与黔，以供军储。疏下部议，户部尚书汪应蛟题覆：请以一半解贵州，充目前募兵支费，一半仍旧解部，俟蜀平再行酌议。上从之。"③ 天启二年十月，熹宗命畿南增兵的部分饷银从新饷中支给："甲申巡按直隶潘文龙以畿南增兵防守饷银不敷请发帑金 上命兵饷于抚属外解及该派新饷内支给不得以请帑稽误"④。

天启三年四月，因为贵州军情再度恶化，兵部奏准发湖广新饷外，再解内帑银给贵州："兵部奏：黔事再亟……除留楚兑南粮及楚新饷

---

① 《崇祯长编》卷45，四年辛未四月戊午。
② 《明熹宗实录》卷20，天启二年三月丁巳。
③ 《明熹宗实录》卷21，天启二年四月丁丑。
④ 《明熹宗实录》卷27，天启二年十月甲申。

外，不足尚多，舍请帑更无别法伏乞允臣三十万之请……上命俱如议行。"①

天启三年七月，户部尚书奏报，因四川发生地方叛乱，天启二年，湖广加派新饷银共被题留 30 万两，其中只有 15 万余两已经解给四川，尚欠 14 万余两未解；天启三年，四川辽饷银 32 万余两被该省留用外，湖广则当运送 23 万余两辽饷银给四川；不过，到天启三年七月为止，这笔银款尚未起解：

> 戊午，户部尚书陈大道覆查蜀楚兑解钱粮的数：查自蜀省发难以来至天启二年六月终止，共发过帑银九十万，又题留过湖广加派三十万，共银一百二十万今查……已解加派银一十五万一千七百二十六两，该未解加派银一十四万八千三百七十四两……此天启二年楚完欠蜀饷之的数也；又该臣部黔滇数省交急一疏内，实派四川饷银七十一万八千一百八十五两，内……该本省原议辽饷银三十二万二千九百四十四两……尚欠二十三万五千二百四十一两，在湖广辽饷南粮银内补足，当陆续征解而至今未闻起解者，此天启三年楚完欠蜀饷之的数也。②

同月，工科给事中也奏报为了筹措贵州军饷而留用湖广等 4 省的新饷总银额达 91.5 万两，若再将北直隶与山东题留蠲免的新饷银算入的话，那么新饷的预算岁入额就只有 300.7 万两了，而各省直地方因各种原因而逋欠的数额尚未考虑在内：

> 工科给事中方有度疏言自辽左发难……加派新饷出之民者每岁四百八十五万有奇……今北直加派四十三万两免矣，山东四十四万八千两留作登莱兵饷并买米运天津矣，湖广七十一万九千两、广西六万两、四川一十二万两、云南一万六千两，俱留作黔饷用矣……

---

① 《明熹宗实录》卷 33，天启三年四月丁丑。
② 《明熹宗实录》卷 36，天启三年七月戊午。

至水旱之不时、分数之不及臣未暇论也。①

天启五年二月，贵州总督奏准将广西援助贵州的 6 万两新饷解至该省后，由该省自行募兵："贵州总督蔡复一疏言……其广西援黔新饷六万两径解贵州听自募……报可。"②

天启年间，户部议定每年从山东新饷银中支 20 万两给平辽总兵毛文龙以供其军饷："先是，平辽总兵毛文龙请饷，户部定议岁给四十万，内除本色二十万外，该折色二十万于山东新饷支给。"③ 天启六年，毛文龙再次奏请增加兵饷，户部覆准于新饷库中挪借 5 万两添给："平辽总兵毛文龙屡请增饷，户部具覆言：……臣竭力区处仍旧给发四十万再勉强于新饷库内那借五万……上从之。"④

天启六年四月，户部尚书李起元奏准将广东 6 万余两新饷银发给贵州以供兵饷："户部尚书李起元言：黔省阽危，兵、饷两诎……查有四川天启六年原协济陕西银十万四百余两、广东新饷银六万九百余两……乞天语丁宁二省抚按诸臣尽数发给黔抚，以应急需。得旨：疏内应发银两着二省抚按诸臣照数速给黔抚，以济急需。"⑤

天启七年五月，户部奏准自第二年起，将山东新饷用以接济毛文龙岛兵："户部尚书郭允厚覆毛文龙接济岛兵疏，得旨：……自天启八年起，将山东新饷扣作解饷，责成登抚专董其事。"⑥

到崇祯元年时，因为四川和贵州的地方叛乱仍在持续，其周围 5 省的新饷都被留用作这两个省的兵饷；至于山东的新饷，则又全部分割给毛文龙岛兵："甲午，督饷直省御史刘重庆言……使全饷总属于辽，每岁尚可支吾帮支或得稍缓。迩者黔蜀用兵，已割五省不复入新饷矣；今岁则又将山东一省属诸海外，入额日蹙，兵数日增，捉襟肘露，究将奈何？"⑦

---

① 《明熹宗实录》卷 36，天启三年七月辛卯。
② 《明熹宗实录》卷 56，天启五年二月庚辰。
③ 《明熹宗实录》卷 64，天启五年十月庚辰。
④ 《明熹宗实录》卷 66，天启五年十二月乙亥。
⑤ 《明熹宗实录》卷 70，天启六年四月庚子。
⑥ 《明熹宗实录》卷 84，天启七年五月丁丑。
⑦ 《崇祯长编》卷 8，崇祯元年四月甲午。

崇祯四年六月，监军道周鸿图率亲兵援助山西并请求支给新饷，户部覆准予以拒绝："户部上言：监军道周鸿图以亲兵六百三十名赴援山西，请给新饷。臣思鸿图既任岢岚，则山西主兵岂无旧饷，自应照旧例支给，何得执蓟、永援兵之例冀取偿于臣部以滋滥觞？帝从之。"①

崇祯五年七月，为了会剿攻入江西的广东民寇，户部覆准兵部尚书熊明遇扣留三万两新饷："兵部尚书熊明遇等上言：粤寇蹂躏江省于今一年……占据华山，聚党几五千人，近且逼丰城境，望屋而食……是必操江兵乘风迅以遏其北逸……至所需粮饷，昨臣驰讯计臣，欲留新饷四万以纾目下，而计臣仅许三万。"②

崇祯五年九月，为了剿平入寇山西的陕西农民军，山西新饷二万两被题留：

> 山东道御史刘令誉上言：秦寇入晋以来，人多势大……臣日夜思之，秦兵六千必尽数全发，刻期速到乃能有济；此外尚有可调之劲兵……题留六七万钱粮原不足剿贼之用，又闻臣乡解到新饷二万即系题留之数；此外尚有可拨之粮饷或内帑或户部凑发一二十万……此三者皆剿贼之大务而新抚所必不可少者也……臣乡流贼五六十万，乃欲以数千之兵、一二之将当之……不待知者而知其不能也……章下所司看议。③

崇祯五年十月，为会剿攻入河南的农民军，河南巡抚奏准发新饷银给该省："河南巡抚樊尚燝以流贼攻犯……全豫震动，岌岌可危，乞严敕山西、大同督抚……保定抚臣及大名各道将速选精锐协助……再恳敕部于新饷内准留数万金以为剿贼之需。帝以守道尹申虦误镌秩三级……所请留饷，所司即与酌覆。"④

崇祯七年，陕西西安、凤翔因兵荒而将新饷扣留，然而即使新饷全部支尽，也无法满足甘肃等三镇的需求："乙巳，洪承畴自汉中西援甘

---

① 《崇祯长编》卷47，四年辛未六月辛亥。
② 《崇祯长编》卷61，五年壬申七月丙午。
③ 《崇祯长编》卷63，五年壬申九月甲寅。
④ 《崇祯长编》卷64，五年壬申十月壬申。

肃。练国事奏今日最难有五：一阙兵，大盗起于延绥，榆林兵力不足，遂调甘肃……今防插汉尚且不足，能分以剿贼乎？……二曰阙饷，西安凤翔兵荒且留新饷，即使支尽，不抵三镇之用。司府无可借饷，饷将安出？"①

崇祯八年正月，为了平定农民军的四处叛乱，兵部调兵 7 万余人，并留用湖广、四川新饷共 15 万两："夜贼自固始薄霍丘，明日内溃，入杀县丞……郧城土寇万余人，又汾州临县、彰德林县各土寇应之，燹掠四闻。兵部议调西兵二万五千人、北兵一万八千人、南兵二万二千人……时南北济师，共兵七万二人，饷七十八万六千外，留湖广新饷十三万、四川新饷二万。"②

天启崇祯年间新饷不断被各省直地方题留挪用，这从反面表明各地方及太仓库财政的匮乏及国家整体局势的动荡。另外，新饷大量被挪用的直接后果就是辽东军饷的日益匮乏以及辽东战局的日益恶化。到崇祯末年时，面对北边大清的不断进攻和腹里各地此起彼伏的农民起义，无论是太仓旧库还是新库，都已经没有能力再给明朝军队提供必要的财政支持了。

4. 新饷放支数额

万历四十七年十二月，据总督辽饷侍郎奏报，因辽左用兵，饷银、召买米豆及牛车等运费一年共需银 800 万两：

> 户部覆总督辽饷侍郎李长庚题前事，奉旨到部勘得辽左用兵，据经略督饷所议，盖一岁所用计饷银三百二十四万两、粮一百八万、豆九十万石、草二千一百六十万束，皆一毫裁削不得者……至于折色饷银约用三百五十万两、牛车约用一百三十万两、米豆籴价二百万两，大率八百万，今计无出，不得不为多方旁采。③

然而，从万历四十六年到万历四十八年，明政府三次加派，每亩

---

① 《崇祯实录》卷 7，崇祯七年五月。
② 《崇祯实录》卷 8，崇祯八年春正月。
③ 《明神宗实录》卷 589，万历四十七年十二月己巳。

增征九厘，如此所得的加派新饷岁入总额也不过才520万两而已。新饷的岁入银额，即使是征收率达到百分之百，也是远不能够满足辽东的实际需求银额的；更何况，新饷逋欠、题留、挪用的情况越来越严重。据户部奏报，从万历四十六年起到泰昌元年九月止，户部一共只发过新饷银1051万两，平均每年仅发300余万两："户部奏辽东新饷自万历四十六年闰四月起至泰昌元年九月止共发过一千五十一万五千七百二十三两有奇。"① 这一数额距离辽东一年520万两的额定岁入银数及800万两的实际岁需银数，差距巨大，辽东新饷从一开始就面临严重的财政亏空。

到天启元年时，因辽左兵额增至30万人，其岁用新饷银的预算支出额更达到每年一千数百万两之多："署户部事左侍郎臧尔劝题：辽左用兵算至三十万，计岁用新饷非一千数百万不可。"② 然而，天启元年新饷银库实际发放的总银额仅为538万两，如果将其中的内库银130万两去除的话，天启元年，新饷库岁支新饷的银额只有408万两："是岁……新饷银库……共发过新兵饷银五百三十八万一千零七两三钱三分四厘，内发帑银一百三十万两。"③

天启二年，新饷库岁发新饷银额继续下降，仅发396万余两，这其中仍包括部分内库银："是年，新饷银库……共发过新兵饷银三百九十六万七千七百二十一两一钱七分内发帑银三十□□□。"④

天启五年时，户部奏报，新饷岁入银额比岁出银额缺少170万，然而这样的一个财政赤字仅是纸上谈兵式的预算额而已，因为可以大约估算出数额的加派新饷"虚实相半"，杂项新饷又处于刚开始施行的阶段，连其基本收入数额都估算不出："户部覆条议边饷疏言：关门新饷出入岁缺额一百七十万……新饷惟加派一项尚约略其数，其他杂项可为蓄储接济。计者亦既毕智尽能，嫌怨不避以筹之矣；乃前者虚实相半，后者奉行方始，尚须大小臣工着意举行而后可为继耳。"⑤

---

① 《明熹宗实录》卷2，泰昌元年十月己酉。
② 《明熹宗实录》卷14，天启元年九月丁卯。
③ 《明熹宗实录》卷17，天启元年十二月丙申。
④ 《明熹宗实录》卷29，天启二年十二月辛卯。
⑤ 《明熹宗实录》卷65，天启五年十一月戊午。

天启六年，熹宗命查勘自万历四十六年辽左发难以来，辽东历年支用帑金及饷司收放钱粮的具体财政数额。因为天启元年以前的财政册籍都因广宁之役而丢失不见，奉命勘查的大臣仅将天启二年至天启六年的钱粮放支数额进项了奏报。需要特别指出的是，奉命查勘的大臣所奏报的是辽东每年支发官兵的实际总银额，至于这笔白银中内库银、新饷银、太仓旧库银及太仆寺马价银具体各占多少份额，该奏疏中并没有明确指明。不过，可以确定的是，历年新饷的实际支放银额一定是少于该奏疏中的相应银额的。无论新饷的预算岁入、岁出银额是多少，明朝廷倾其国家各财政衙门所有之后，辽东官兵历年实际所得银额仅达到下列数额：

> 今将天启二年四月分前任白主事起至六年五月终止收放数目造送等因………天启二年四月二十四日起止本年终，官、兵、马、骡共支饷银一百二十五万八千九百二十余两零，米、料豆四十八万二千九百七十余石，草五十万三千四百八十余束；天启三年分管兵马骡共支饷银二百六十二万一千五百二十四两零，米、料豆一百三十二万三千九百余石，草三百五十七万三千七百七十余束；天启四年分管兵马骡共支饷银二百九十万二千二百四十余两，米、料豆一万一千八百二十余石，草三百八十七万六百七十余束；天启五年分管兵、马、骡共支饷银二百七十九万二千九百五十余两零，米、料豆一百二十万九千一百六十余石，草二百七十四万八千八百四十余束；天启六年正月起至本年五月终止，官、兵、马、骡共支饷银九十七万六千三百三十六两零，米料豆四十八万七千六百三十余石，草一百八十七万七千六百五十余束，皆系饷司按月逐名支放，一月之间，兵马逃亡具数固不同，而饷之支放无异。此兵饷之大概也。①

表4-22将万历四十七年户部奏报的辽东该年所需兵马钱粮数额作为一个基本的比较标准，将天启二年至天启六年间辽东历年实际所得兵马钱粮数额罗列其后，由此可以清楚地看出，辽东的实际供给与实际需求之间的差距。

---

① 《熹宗七年都察院实录》卷12，天启六年九月初八日。

表4-22　明代后期辽东岁需与户部实际提供的军饷数额比较

年份	官、兵、马、骡饷银银额 （单位：两）	米、料豆石数 （单位：石）	马草数额 （单位：束）
万历四十七年辽东 需求岁额①	324万	粮：108万，豆：90万 总计米、豆：198万	2160万
天启二年四月到十二月 辽东实际所得额	125.892万余	米、料豆：48.287万余	50.348万
天启三年辽东实际所得额	262.1524万余	米、料豆：132.39万	357.377万
天启四年辽东实际所得额	290.224万余	米、料豆：1.1082万	387.067万
天启五年辽东实际所得额	279.295万余	米、料豆：120.916万	274.884万
天启六年正月至五月 辽东实际所得额	97.6336万	米、料豆：48.763万	187.765万

崇祯二年八月，经过督师袁崇焕裁兵定饷，辽东新饷本色、折色额定岁支银数减为480余万两，比他就任之前的600余万两的额定新饷岁支银数减少120万两：

> 督师尚书袁崇焕疏言：臣去岁莅任时，兵无统纪而饷缘之不清，且有缚镇杀抚之事，如乱絮纷丝。臣从头收拾，赖镇臣赵率教、祖大寿协臣，何可纲同心合力定关宁营伍，不数月而告竣……实用之于辽者，合四镇官兵共计一十五万三千一百八十二员名，马八万一千六百零三匹……臣未任之先，通支本折色共银六百余万。今额定正应支本折色四百八十余万，减去新饷银一百二十余万矣。帝俞其言，优诏答之。②

崇祯二年十月，清兵攻入大安口、围困蓟州；十一月，京师戒严。③ 为了供应军饷，户部尚书毕自严奏准新饷、旧饷通融支放，然而，太仓库旧库、新库所能支放的全部银额也不超过一百万两，可见其实际财政储蓄的匮乏程度：

---

① 《明神宗实录》卷589，万历四十七年十二月己巳。
② 《崇祯长编》卷25，崇祯二年八月乙亥。
③ 《崇祯实录》卷2，崇祯二年十一月壬午。

自闻儆至今已五十日矣，索饷之檄，急如星火……患在门庭，城守为重，约京营登陴游防之卒以十余万计，援兵以三万计，新兵以二万计……昨太仓管库主事冯世熙揭报空诎之形，臣已据实入告，蒙皇上许臣新饷、旧饷通融支发，并借别项凑给，今合新、旧二库已共发银九十余万两，所存库银仅十余万两，而臣部廊库所收各衙门捐助银项，随收随发，约有八千二百余两不与焉。以五十日军兴，费近百万而驱剿尚未有期，区区见存十余万金，不过足支十日粮耳。兴言及此，心胆俱碎。①

崇祯三年，新饷的预算岁入、岁出银额达到了一种比较理想的财政均衡；然而，这只是在新饷不被挪用、题留并且岁入没有逋欠的条件下才能达到的一种理想预算状况，因而可以被看作是纯然的纸上空谈；实际上，由于征调频繁、逋欠严重，新饷的收支状况远非如此。而且，崇祯三年所发新饷是包括了提前透支的崇祯四年的银额的：

以崇祯三年为始，约计岁入五百一十六万五百五十八两有奇，约计岁出五百一十三万八百八十六两有奇，尚剩额银二万九千六百七十一两有奇。假令征调不兴、催科无逋，虽至今遵守可也。未几而城守防援、刍料辇运、犒享行、月之费，悉索新库，殆不能支；加以勤王应募之旅、版筑缮修之役，要求奢望……臣始大困无策……三年秋冬积欠臻至，计吏云集，各以地方应输饷额凛凛。期会新库稍觉宽余，臣乃按月奏发，然而四年入额亦暗为侵透多矣。②

即便透支了下一年的部分银额，崇祯三年新饷库实际发放银额也只有190万两左右："自客岁十一月起至今岁十月终止已匝岁矣……今在新饷库则放过银一百九十万六千二百九十四两、铜钱五百四十五万八千三百。"③

---

① （明）毕自严：《石隐园藏稿》卷7《库贮将竭疏》，第581—582页。
② （明）毕自严：《石隐园藏稿》卷7《新饷出入大数疏》，文渊阁四库全书，第1293册，第610—611页。
③ （明）毕自严：《石隐园藏稿》卷7《开报军兴钱粮疏》，文渊阁四库全书，第1293册，第595页。

总之，新饷的实际放支数额从未达到过其额定岁支数额，而其额定岁支数额又从未真正达到过辽东地区的实际需求额。新饷的财政从一开始就是入不敷出的。

（六）从北边军饷供应制度的演变看太仓库年例银的发展

1. 洪武到正德时期边镇的军饷供应

（1）洪武时期：屯田、民运、盐法、京运并存

据《明实录》，明朝初年的边镇军饷供应，一开始就包括民运、盐法、屯田及京师赏赐（京运）等方式。

比如，洪武四年，为解决山西大同镇军饷，"廷议于山东所积粮储，量拨一十万石运至平定州，山西行省转致大和岭，大同接运至本府；及以附近太原、保定诸州县税粮，拨付大同，以为储偫之备"。① 到洪武十三年，"陕西、北平、四川、山东、山西五布政司"都有供给军需的税粮定额，且要"两月一报"②，其中"山东东给辽阳、北给北平，河南北供山西、西入关中"，③ 此皆属民运。

洪武四年，大同卫奏准"以山东、山西盐课，折收绵布、白金，赴大同易米，以备军饷"，④ 洪武七年，户部奏定北边盐引开中则例，大同府朔州"一石二斗"中盐一引，且洪武前期，"大同中纳盐粮，交易者多"，以致"税课益增"，⑤ 此皆属盐法。

洪武初年，"大同诸处人民，岁输粮草，饷给边士，供亿劳苦"，⑥ 于是屯田相继发展，"山西大同都卫屯田二千六百四十九顷，岁收粟豆九万九千二百四十余石"；⑦ 不仅如此，洪武二十七年，为减省民运转输，朱元璋命山西大同蔚朔、鴈门诸卫"止留军士千人戍守，余悉令屯田"⑧，此皆属屯田。

---

① 《明太祖实录》卷61，洪武四年二月丙辰。
② 《明太祖实录》卷130，洪武十三年二月丁亥。
③ 《明太祖实录》卷144，洪武十五年夏四月壬辰。
④ 《明太祖实录》卷62，洪武四年三月癸卯。
⑤ 《明太祖实录》卷179，洪武十九年十一月癸丑。
⑥ 《明太祖实录》卷91，洪武七年秋七月丁亥。
⑦ 《明太祖实录》卷96，洪武八年春正月丁丑。
⑧ 《明太祖实录》卷231，洪武二十七年春正月戊辰。

洪武十七年，"给山西大同诸卫军士御冬皮袄"，① 洪武十八年，朱元璋命赐纸钞给"山海古北大同诸卫守边军士"②，此皆属京师赏赐，即后来所谓的京运。

随着人口的繁衍、土地的垦辟，洪武时期全国税粮实际岁入迅速提高，洪武中后期全国粮、布等税收实际岁入如表4-23所示，洪武后期，粮食产量极高，税粮征收一般都达到3000余万石，税粮岁入最低的洪武十八年，也达到2000余万石。

表4-23　　　　　　　　洪武时期全国税收岁入

年份	粮食岁入额	棉花、棉布等其他实物税岁入额	钱钞等货币	盐引
洪武十四年③ 天下官民田计 366.7715万顷	麦米豆谷 2610.5251万石	丝绵、棉花、蓝靛 103.0629万斤	钱钞22.2036万贯	
洪武十八年④	田租2088.9617万石			
洪武二十三年⑤	天下税粮米麦豆谷 3160.76万石	绸绢布73.583万匹，丝绵、绵花绒、茶、矾鈆、铁、朱砂、水银等物136.389万斤	钱钞407.6598万锭、黄金200两、白金2.983万两	
洪武二十四年⑥ 官民田地 387.4746万余顷	米麦豆粟 3227.8983万石	绸绢布64.687万匹，丝绵、棉花、漆、矾、铁、朱砂、水银诸物凡366.539万斤	钞405.2764万锭、白金2.474万两	盐115.56万引
洪武二十六年⑦	粮储3278.98余万石	布帛51.2002万匹，丝绵、茶、铅、铁、硝矾、水银、朱砂诸物365.4余万斤	钞412.4余万锭，金200两，银2.05万两，海［贝］31万余索	盐131.8余万引

---

① 《明太祖实录》卷161，洪武十七年夏四月乙酉。
② 《明太祖实录》卷171，洪武十八年二月戊午。
③ 《明太祖实录》卷140，洪武十四年十二月庚辰。
④ 《明太祖实录》卷176，洪武十八年十二月丁巳。
⑤ 《明太祖实录》卷206，洪武二十三年十二月戊子。
⑥ 《明太祖实录》卷214，洪武二十四年十二月壬午。
⑦ 《明太祖实录》卷230，武二十六年十二月庚子。

虽然实物税供给如此充足，为保证京师之外 100.5878 万官军、4.0329 万匹马①的军饷，仍需前文所述的民运、屯田、盐引、京师赏赐等体系相互补充。不过，洪武时期虽然有屯田，但总岁入无考，盐引如上表所列，洪武二十四年为 115.56 万引、洪武二十六年为 131.8 万余引。

（2）永乐时期：屯田一枝独秀

永乐迁都北京后，北边军镇上述军饷供应制度进一步发展。如表 4-24 所示，全国田赋征收率非高，基本岁入平均 3136.6738 万石；屯田方面，全国屯田籽粒产量最高的年份达 2300 余万石，最低的年份也有 500 余万石，平均每年屯田粮岁入额为 1132.6103 万石。这样，永乐时期田赋与屯粮二项相加，平均每年有 4200 余万石的粮食收入，盐引平均每年岁入额 132.4215 万引，马每年 40.644 万匹。

表 4-24　　永乐时期全国田赋粮、屯田粮、盐引及马匹岁额

年份	全国田赋粮总岁入	全国屯粮岁入	全国盐引岁入	全国马匹岁额
永乐元年②	税粮 3129.9704 万石	屯粮 2345.0799 万石	盐 129.2862 万引	马 3.7993 万匹
永乐二年③	税粮 3187.4371 万石	屯粮 1276.03 万石	盐 131.2511 引	马 4.9213 万匹
永乐三年④	税粮 3113.3993 万石	屯粮 2246.77 万石	盐 132.9575 万引	马 5.8599 万匹
永乐四年⑤	税粮 3070.0569 万石	屯粮 1979.205 万石	盐 139.7153 万引	马 6.7455 万匹
永乐五年⑥	税粮 2982.4436 万石	屯粮 1437.424 万石	盐 139.6521 万引	无载
永乐六年⑦	税粮 3046.9293 万石	屯粮 1371.84 万石	盐 139.6075 万引	马 8.1907 万匹
永乐七年⑧	税粮 3100.5458 万石	屯粮 1222.96 万石	盐 138.8694 万引	马 9.6431 万匹
永乐八年⑨	税粮 3062.3138 万石	屯粮 1036.855 万石	盐 140.2422 万引	马 12.2417 万匹

---

① 《明太祖实录》卷 223，洪武二十五年闰十二月丙午。
② 《明太宗实录》卷 26，永乐元年十二月壬寅。按，本表其他棉布、棉花、钞、金、银、铜、铁、茶等岁入额从略。
③ 《明太宗实录》卷 37，永乐二年十二月丁酉。
④ 《明太宗实录》卷 49，永乐三年十二月辛卯。
⑤ 《明太宗实录》卷 62，永乐四年十二月乙卯。
⑥ 《明太宗实录》卷 74，永乐五年十二月己酉。
⑦ 《明太宗实录》卷 86，永乐六年十二月癸卯。
⑧ 《明太宗实录》卷 99，永乐七年十二月丁卯。
⑨ 《明太宗实录》卷 111，永乐八年十二月辛酉。

续表

年份	全国田赋粮总岁入	全国屯粮岁入	全国盐引岁入	全国马匹岁额
永乐九年①	税粮 3071.8814 万石	屯粮 1266.097 万石	无载	马 15.2719 万匹
永乐十年②	税粮 3461.2692 万石	屯粮 1178.103 万石	盐 140.1107 万引	马 18.114 万匹
永乐十一年③	税粮 3235.2244 万匹	屯粮 910.911 万石	盐 141.3122 万引	马 23.4855 万匹
永乐十二年④	税粮 3257.4248 万石	屯粮 973.869 万石	盐 142.4287 万引	马 27.1961 万匹
永乐十三年⑤	税粮 3264.0828 万石	屯粮 1035.825 万石	盐 141.1729 万引	马 31.0657 万匹
永乐十四年⑥	税粮 3251.127 万石	屯粮 903.197 万石	盐 138.6493 万引	马 36.8705 万匹
永乐十五年⑦	税粮 3269.5864 万石	屯粮 928.218 万石	盐 143.1774 万引	马 51.4439 万匹
永乐十六年⑧	税粮 3180.4385 万石	屯粮 811.967 万石	盐 141.6019 万引	马 62.302 万匹
永乐十七年⑨	税粮 2224.8673 万石	屯粮 793.092 万石	盐 104.6411 万引	马 18.2427 万匹
永乐十八年⑩	税粮 3239.9206 万石	屯粮 515.804 万石	盐 141.6311 万引	马 89.9287 万匹
永乐十九年⑪	税粮 3242.1831 万石	屯粮 516.912 万石	盐 108.0029 万引	马 109.0912 万匹
永乐二十年⑫	税粮 3242.6739 万石	屯粮 517.5345 万石	盐 107.7231 万引	马 119.9315 万匹
永乐二十一年⑬	税粮 3237.3741 万石	屯粮 517.1218 万石	盐 106.3972 万引	马 158.5322 万匹
平均	税粮 3136.6738 万石	屯粮 1132.6103 万石	盐引 132.4215 万引	马 40.644 万匹

（3）正统至成化：屯田骤衰，民运地位陡升

正统初年，虽然明政府仍旧宣称"沿边军士（仍）全仰余丁屯种养赡"，⑭ 但这有些夸张成分，因为民运和京运在北边军镇军饷供应中

---

① 《明太宗实录》卷 122，永乐九年十二月乙酉。
② 《明太宗实录》卷 135，永乐十年十二月庚辰。
③ 《明太宗实录》卷 146，永乐十一年十二月乙亥。
④ 《明太宗实录》卷 159，永乐十二年十二月己亥。
⑤ 《明太宗实录》卷 171，永乐十三年十二月癸巳。
⑥ 《明太宗实录》卷 183，永乐十四年十二月丁亥。
⑦ 《明太宗实录》卷 195，永乐十五年十二月辛亥。
⑧ 《明太宗实录》卷 207，永乐十六年十二月乙丑。
⑨ 《明太宗实录》卷 219，永乐十七年十二月己亥。
⑩ 《明太宗实录》卷 232，永乐十八年十二月癸亥。
⑪ 《明太宗实录》卷 244，永乐十九年冬十二月戊午。
⑫ 《明太宗实录》卷 254，永乐二十年闰十二月壬午。
⑬ 《明太宗实录》卷 266，永乐二十一年十二月丁丑。
⑭ 《明英宗实录》卷 53，正统四年三月壬申。

的地位逐步提升。民运方面，山西布政司每年"起运宣府粮料四十五万八千石"①"运大同、宣府、偏头关三边税粮共一百五十五万二千七百石有奇"②"延安、绥德二府税粮既远馈宁夏，又分拨本处（陕西）边堡。"③

早在永乐年间，京仓粮食馈运边镇补充军饷的事例就已经出现，到"宣德六年至十年，亦于京仓通州儹运粮料三十八万石赴宣府"，且其后时常"出京库绢运彼，准作官军月粮"；正统四年，户部又议准"于浙江折粮银内拨十万两、京库拨绢五万匹、布十万匹，运赴宣府籴粮收支"。④ 所以，《明史》所言"明初，各镇皆有屯田，一军之田，足赡一军之用，卫所官吏俸粮皆取给焉"，没有在明初成为普遍现实。当然，屯田在北边军镇的军饷供应中居于核心地位是不争的事实。民运对屯田岁入的骤减起到重要补充作用，至于京运，显然也并非"始自正统中"；⑤ 此外，据《明正统实录》，从英宗即位到正统十四年，屯田实际岁入基本都为280万石左右，⑥ 仅相当于永乐时期1132.6103万石岁入平均额的25%，减少了75%，故而《明史》"自正统后，屯政稍弛，而屯粮犹存三之二"的说法亦不准确。

不过，由于这几种供应系统相互补充，正统初年，边镇粮储仍旧十分丰足，宁夏"所积仓粮亦足宁夏军马三年之用"，⑦ 直隶山海卫"见有盐粮及屯种子粒米豆一十二万余石"，⑧ 宣府积有仓粮，其中"浥烂

---

① 《明英宗实录》卷40，正统三年三月甲戌。
② 《明英宗实录》卷55，正统四年五月丁巳。
③ 《明英宗实录》卷42，正统三年五月丁酉。
④ 《明英宗实录》卷55，正统四年五月丁巳。
⑤ 按，隆庆时户部尚书刘体乾所言"各镇皆饷有屯田，其后加民粮，加盐课"，亦不准确，见（清）张廷玉等《明史》卷214，第5663页。
⑥ 《明英宗实录》卷12，宣德十年十二月丙寅；卷25，正统元年十二月庚寅；卷37，正统二年十二月乙酉；卷49，正统三年十二月己卯；卷62，正统四年十二月甲辰；卷74，正统五年十二月丁酉；卷87，正统六年十二月壬戌；卷99，正统七年十二月丙辰；卷111，正统八年十二月庚戌；卷124，正统九年十二月甲戌；卷136，正统十年十二月戊辰；卷148，正统十一年十二月癸亥；卷161，正统十二年十二月丁亥；卷173，正统十三年十二月辛巳；卷186，正统十四年十二月丙子。
⑦ 《明英宗实录》卷33，正统二年八月乙亥。
⑧ 《明英宗实录》卷61，正统四年十一月乙巳。

米豆三千一百五十七石"①，"大同蓄积粮料一百万石，不许擅支"，结果其大有仓"有二廒虫蛀浮面尺许，又有三廒蒸腐"，② 正统八年，总计"陕西、甘、宁等处边仓粮料五百六十七万一百二十石有奇"。③

不过，正统后期，输往边镇的京运银数额开始明显增多，正统十年到正统十四年京运银情况如表4-25所示，这一时期的京运银主要是购买粮料，存储起来以待不时之需，军队的常规财政开支并不依赖于京运银。

表4-25　　　　　　　正统十年到正统十四年京运银额

时间	京运银数额	运送边镇名称	作用
正统十年	浙江等处折粮银11万两	甘肃、宁夏、延绥	籴补边粮④
正统十二年	户部银1万两	密云、遵化	籴粮上仓以备军饷⑤
正统十二年	户部每岁运银10两	辽东	籴买粮料⑥
正统十二年	户部银15万两	宣府	籴粮⑦
正统十三年	户部折粮银5万两	大同	收籴粮料、支放官军俸粮⑧
正统十四年	户部银5万两	宣府	收籴粮料⑨
正统十四年	户部银10万两	辽东	收贮备用⑩
正统十四年	折粮银2万两	大同、宣府	收籴粮料⑪

成化时，各地税粮岁额进一步固定，总计"河淮以南以四百万（石）供京师，河淮以北八百万（石）供边境"。⑫ 这一数额在诸多史籍中都见记载，当为民运岁额。

---

① 《明英宗实录》卷63，正统五年春正月丁巳。
② 《明英宗实录》卷67，正统五年五月癸亥。
③ 《明英宗实录》卷110，正统八年十一月丁丑。
④ 《明英宗实录》卷133，正统十年九月辛卯。
⑤ 《明英宗实录》卷152，正统十二年夏四月辛丑。
⑥ 《明英宗实录》卷154，正统十二年五月庚戌。
⑦ 《明英宗实录》卷154，正统十二年五月戊午。
⑧ 《明英宗实录》卷165，正统十三年夏四月壬申。
⑨ 《明英宗实录》卷177，正统十四年夏四月庚戌。
⑩ 《明英宗实录》卷179，正统十四年六月丙寅。
⑪ 《明英宗实录》卷180，正统十四年秋七月辛巳。
⑫ （明）何乔远：《名山藏》卷50，续修四库全书，第426册，第447页。

（4）弘治、正德：民运岁额骤降，京运岁额制度化及额外需索日增

然而，到弘治十五年时，山东、河南及北直隶每岁民运边镇粮已仅剩158.42667万石、草420.448万束、户口食盐钞228.8521万锭、布0.33万匹。这一总额距离八百万（石）供边境已经有很大悬殊。如表4-26所示。

表4-26　　　　弘治十五年北方起运边镇夏税、秋粮岁额[①]

地方	起运物品及数额
山东布政司	小计：粮56.5191万石，草32万束 （夏税边仓本色小麦1.8775万石，钞50万锭照例折银准小麦5万石，绵布13.2418万匹准小麦15.1902万石； 秋粮边仓本色米20.88万石，绵布12.9万匹准米12.9万石，绵花7.7万斤准米7700石，边场草32万束）
河南布政使司	小计：粮8.129万石 （夏税边仓小麦9600石，秋粮边仓粟米7.169万石）
山西布政司	小计：粮76.455万石，草354.448万束，户口食盐钞150.739万锭 （夏税大同麦2.93万石，大同府银亿库布4.25万匹准麦5.1万石，宣府麦1.78万石，全万亿库布6千匹准小麦7200石，雁门等三关麦12000石。秋粮大同米29.15万石，宣府米2.5万石、大同府银亿库绵布18万匹准米18万石，花绒8万斤准米8千石，万全都司万亿库绵布6.25万匹准米6.25万石，花绒2.25万斤准米250石，大同在城并在外草场草244.4448万束，偏头等三关米8.1万石，偏头关并代州草场草110万束，边库户口食盐钞150.739万锭3贯）
北直隶	小计：粮17.32357万石，布0.33万匹，户口食盐钞78.1131万贯，草34万束 （顺天府边仓喜峰口等仓小麦8740石，秋粮边仓山海等仓米豆2.372万石7斗； 真定府夏税边仓粮5570石，秋粮边仓米1.25万石； 保定府夏税边仓小麦1350石，秋粮边仓米2.15万石； 大名府夏税边仓小麦9100石，边库阔白布1300匹，边库户口食盐钞78.1131万贯，秋粮边仓米4.145万石，边库阔白布2千匹，边仓草29万束； 河间府夏税边仓小麦3175石，秋粮边仓米8850石，边仓草5万束； 顺德府夏税边仓麦豆共5420石，秋粮边仓米豆共5960石； 广平府夏税边仓麦4600石，秋粮边仓米2.13万石）
总计	粮158.42667万石，草420.448万束，户口食盐钞228.8521万锭，布0.33万匹

[①]（明）徐溥等：《明会典》卷24，文渊阁四库全书，第617册，第270-273页。

弘治末、正德初，京运银方面，"宣府年例五万两，大同五万两，辽东一十五万两，延绥三万两，甘肃、宁夏共六万两"，总计预算岁额仅 40 万两白银，但实际岁额则远不止此数，因"额办银两或灾伤减免，或小民拖欠，或诏旨蠲免，岁入既亏于原额，而岁用乃过于常数，姑以近日言之，宣府年例外运送过六十一万余两，大同年例外运送过七十七万余两，陕西各边年例外运送过四十万余两，辽东预送过三十二万四千余两"，① 总计额外给边镇银 210 万两，是年例银岁额的 5 倍多。

表 4-27　弘治、正德时期北边 14 军镇屯田、民运、盐引、
京运额定岁入数额

军镇名称	兵马总数	军饷总数
辽东至固原等14边镇	官军 89.2533 万名马 34.3208 万匹	1. 按军饷种类总计： （1）粮料 481.75 万石 = 318 万两银，草 561.06 万束 = 16.8 万两银，布 48.5846 万匹 = 13.6 万两银 （2）棉花 26.9111 万斤② = 1.9 万两银，盐 80.4548 万引③ = 36 万两银 （3）银 109.6436 万两 2. 按军饷来源总计： （1）屯田：屯粮料 274.3 万石，屯田折色银 5.6873 万两，屯田草 439.3721 万束 （2）民运：民运粮 207.45 万斤，民运银 46.2849 万两，民运布 48.5846 万匹 民运棉花 26.9111 万斤，民运草 121.696 万束 （3）盐引：盐引 80.4548 万引，盐引银 10.3581 万两 （4）京运：京运银 47.3133 万两
总计合银		496 万两

从上表可以看出，弘治、正德时期，边镇军饷供应仍以实物为主，其中粮料总计达 482 万石；虽然民运已从成化前 800 万石降至 207 万

---

① （明）黄训编：《名臣经济录》卷 31《裁革冗食节冗费奏》，文渊阁四库全书，第 698 页。
② 按，万历九年京库棉花时估银每斤 0.07 分，见（明）张学颜等《万历会计录》（下）卷 30，第 1006 页。
③ 按，表 4-27 中永平盐引 4.25 万引（合银 3 万两）、山西盐 12 万引（合银 3 万两）、宣府淮、芦盐 14.5113 万引（合银 5.8299 万两），现取其平均值每引合 0.45 两银。

石，但加上棉、布、银及马草，民运仍为军饷主要供应来源，京运仅占边镇军饷总额的 9.5%。

2. 嘉靖时期边镇的军饷供应

（1）嘉靖前期：屯田及粮料实物供应进一步衰减

表 4-28 是据《嘉靖事例》而整理的嘉靖九年边镇军饷供应岁额。

表 4-28　　　　　　　　嘉靖九年边镇军饷供应岁额[①]

镇名	军饷供应品类及数额
延绥	屯粮 6.6097 万石、屯草 7.3211 万束、秋青草 98.3418 万束 陕西、河南民运税粮 30.5 万石、马草 50.647 万束 京运年例银 3 万两
甘肃	屯粮 21.338 万石、屯草 54.9703 万束 陕西民运税粮 31.66168 万石 京运银 6 万两
宁夏	屯粮 17.594667 万石、屯草 23 万束、秋青草 221 万束 陕西民运税粮 13.4305 万石、马草 18.537 万束 京运年例银 4 万两
宣府	屯粮 6.2203 万石、屯草 16.0732 万束、秋青草 635.382 万束、团种折细粮 5.31 万石、草 5.37 万束 山东、河南、山西、北直隶民运粮料 74.5272 万石、草 70 万束、户口盐钞折银 1.1645 万两 京运年例银 10 万两 河东运司盐价银 8 万两
大同	屯粮 12.7411 万石、秋青草 37.021 万束 山西、河南民运税粮 58.6475 万石、草 244.485 万束 京运年例银 7 万两
辽东	屯粮 25.94 万石、秋青草 358.526 万束 山东布政司布花麦钞草价折银 13.244 万两 京运年例银 15 万两

---

① （明）范钦：《嘉靖事例·禁革边储积弊》，北京图书馆古籍珍本丛刊，第 51 册，第 158 页。

续表

镇名	军饷供应品类及数额
固原	屯粮 15.5459 万石、屯草 20.6804 万束、秋青草 60.718 万束 陕西布政司岁派起运粮料 38.4383 万石、草 54.9985 万束①
总计	1. 按军饷供应来源计 屯田：粮 111.2997 万石、草 1538.4038 万束 民运：粮 247.2052 万石、草 438.6675 万束、银 13.244 万两 盐法：8 万两 京运年例银：45 万两 2. 按供应物品种类计 粮 358.5049 万石、草 1977.0713 万束、银 66.244 万两

据表 4-28 可以看出：第一，嘉靖初年边镇军饷主要由屯田、民运和京运三大部分组成，盐引在边镇军饷供应总额中份额已经非常低。

第二，从永乐到正统再到嘉靖九年，屯粮岁入一直不断大幅下降，嘉靖九年屯粮岁额只有 111 万石、草 1538 万束，这相对于永乐时期 1132 万余石岁入平均额，减少了 90%。

第三，从成化到弘治末年，民运粮岁额在大幅下降；嘉靖时期，民运粮总额提升明显，但相较于成化，仍缩减幅度巨大。嘉靖九年，民运粮岁额 247.2052 万石、草 438.6675 万束、银 13.244 万两，民运实物中有一小部分开始折银，即使按照正统时银 1 两折粮 4 石的比价，总计也只有 300.1812 万石，相对成化时期 800 万石岁额减少了 62.5%。

第四，从弘治末、正德初到嘉靖九年，京运年例银只有小幅提升。虽然正德元年时京运年例银预算岁额已经严重不敷支用，以至于实际京运银岁额已经达到 250 万两，但嘉靖九年时边镇京运年例银的预算岁额并没有明显提高，可以想见，嘉靖初年时边饷的收支就已经很难达到财政平衡。

不仅如此，逋欠问题也开始实际影响边镇军饷，比如，陕西西凤等府"嘉靖七年该起运甘肃边仓夏秋税粮 31.66 万石"，但"自正德八年

---

① 按，此栏是固原洮岷等处的总额。

起至嘉靖六年止共拖欠甘肃边粮40.9199万石"。①

（2）嘉靖中后期：屯田、民运、盐法的大规模折银和京运岁额的定额化

到嘉靖十八年、十九年左右，北边军镇有辽东、宣府、大同、延绥、宁夏、甘肃、蓟州、三关、固原，简称"九边"。其中，蓟州镇包括蓟州、永平、山海、密云等处，② 如表4-29所示。

首先，据表4-29可以清楚看出，相对于明初，嘉靖十八年、十九年边镇军饷供应中的屯田、民运、盐引都大幅减缩。

屯田方面，该年岁入粮只有粮55.1793万石，另有银55.3298万两（若按0.8两/石的比价，相当于69万余石粮），相对于永乐时期1132.6103万石屯粮平均岁入额，屯粮产量减少了89%。与嘉靖九年比较，屯田中已经有近一半的粮食被折银。可见，从永乐到嘉靖，屯粮岁入下降幅度极其巨大。

民运方面，北边军镇民运粮只有11.9186万石，另有228.6385万两白银，若按0.73两/石的折征平均值，则合313万余石粮食，相对于成化时期800万石粮食的民运岁额，已减少了59%。

盐引方面，该年例盐7万斤、银60.5838万两，计合银60.5947万两，若按0.34两银/引的平均比价，相当于178万引左右。永乐时期，盐引岁入平均额为132.4215万引，由于明初一引盐一般重400斤，③ 嘉靖时期一引盐只有200斤，④ 所以嘉靖十八年、嘉靖十九年盐引对边镇军饷的实际供应效益姑且不论，仅从盐引岁额上讲，相对于永乐时期，也已经减少了28%。

其次，据表4-29可知，北边军镇军饷供应的最大变化就是粮食等各类实物都改折为白银，其中盐引岁额为银60.5838万两、例盐7万斤，民运岁额银228.6385万两，而粮则只有区区11.9186万石，最不

---

① （明）范钦：《嘉靖事例·官运河西边储》，北京图书馆古籍珍本丛刊，第51册，第110页。
② （明）魏焕：《皇明九边考》，四库全书存目丛书，史226册，第10、47页。
③ 《明太祖实录》卷19，丙午年二月己巳；卷22，吴元年二月癸丑；卷47，洪武二年十二月庚寅。
④ 《明世宗实录》卷73，嘉靖六年二月甲戌；卷372，嘉靖三十年四月丙戌。

第四章 明代太仓库支出制度演变 | 307

表 4-29 嘉靖十八（十九）年北边军镇军饷岁额①

镇名（粮、银、布岁额总数）	民运岁额	盐引岁额	屯田岁额	京运岁额
辽东② 实在官军人等 8.7402 万人 原额马匹 4.6068 万匹 实在马匹无载 合计：银 55.4561 万两，草 358.526 万束	1. 山东夏税秋粮折布 32 万匹（折银 0.3 两/匹）＝银 9.6 万两 2. 钞麦 18 万石（折银 0.15 两/石）＝银 2.7 万两 3. 花绒 7 万斤（0.05 两/斤）＋花绒 6.2 万斤（0.06 两/斤）＝银 0.722 万两 4. 草 25.3563 万束（0.009 两/束）＝0.2282 万两 计：银 13.2502 万两	1. 山东盐运司折盐布 4.6063 万匹（0.3 两/匹）＝银 1.38189 万两 2. 永平府盐钞折银 0.09115 万两 3. 额派客兵引盐银 2.7225 万两 4. 朴岁用不敷引盐银 2.4139 万两 计：银 6.6094 万两	1. 屯粮 25.999 万石（各折不等，共折银 20.5965 万两） 2. 本色秋青草 358.526 万束 计：银 20.5965 万两 本色草 358.526 万束	年例银 15 万两
蓟州③ 实在马步官军 4.5226 万人 马匹额数无载	山东、河南、北直隶起运夏税秋粮麦豆 3.4588 万石，布 13.39 万匹，棉花 8.15 万斤，绢 0.25 万匹	无	民屯、军屯折色草并青草 154.851 万束共折银 21.696 万两，夏税秋粮本色绢 1104.92 万石④，草 9.768 万束	海运兑军米 24 万石（本色 10 万石，折色 14 万石） 无年例银

① （明）魏焕：《皇明九边考》，四库全书存目丛书本，史 226，第 2、4 页。按，本书第 2 页第 2 页有嘉靖二十年序，第 4 页有"军马登耗数目取诸嘉靖十八年各边开报手册"之语；本表实物与白银的折价均为《皇明九边考》的原文。
② （明）魏焕：《皇明九边考》卷 2《辽东》，第 32—35 页。
③ （明）魏焕：《皇明九边考》卷 3《蓟州镇》，第 47 页。
④ 按，原文如此。

续表

镇名（粮、银、布岁额总数）	民运岁额	盐引岁额	屯田岁额	京运岁额
宣府① 实在官军5.4909万名 原额马4.4543万匹，正德元年到十六年，共领过马2.8144万匹，马价银5万两，以后年份未经清查 合计：银93.9808万两，粮11.5402万石，草20.9286万束	1. 山东、山西、河南、北直隶岁人夏税秋粮54.7481万石，折银1两（内粟米2万石，石银0.8两）=54.3481万两银 2. 折布18.9618万匹（0.3两/匹）=5.6885万两银 3. 棉花绒3.75万斤（0.08两/斤）=0.3万两银 4. 草70万束（0.07两/束）=4.9万两银 计：65.2366万两银	1. 额派客兵引盐银2.66万两 2. 补岁用不敷引盐银8.9045万两 3. 河东运司盐价银8万两 计：19.5645万两	本镇屯草0.0443万束（0.01两/束）=0.0004万两银 户口食盐钞折银1.1793万两 本镇屯粮6.2302万石=15.6186万两 团种粮5.31万石，草5.31万束 计：银11.1797万两，粮11.5402万石，草20.9286万束	年例银8万两
大同② 实在官军5.1609万人 原额马4.6944万匹，正德7到14年共领过马1.5万匹，马价银21.5万两，以后年份未查 "本镇屯粮、屯草、京运年例77.5189万两"	1. 山西夏税秋粮料29.1475万石（折银1两/石），夏税秋粮折布18.25万匹（折银0.3/匹），棉花绒8万斤（0.08两/斤），马草244.485万束（0.08两/束） 2. 河南布政司小麦9.6万石（折银0.4两/石） 计：银54.8213万两	例盐7万斤	本镇屯粮12.7721万石（0.8两/石）=10.2177万两银 屯草17.6411万束，秋青草37.021万束（0.03两/束）=1.6399万两银 计：银11.8576万两	年例银7万两

① （明）魏焕：《皇明九边考》卷4《宣府》，第55—58页。
② （明）魏焕：《皇明九边考》卷5《大同》，第64—65页。

续表

镇名	民运岁额	盐引岁额	屯田岁额	京运岁额
（粮、银、布岁额总数）				
三关镇① 安在官军 2.2093 万人 原额马 0.9665 万匹，正德 5 到 12 年领过马 900 匹，马价银 3 万两，以后未查 合计：17.5566 万两银	本镇钱粮皆山西布政司供给，与固原事体同；夏税秋粮 22.54499 万石（共折银 16.73966 万两），草 28.3236 万束（折银 0.8169 万两） 计：17.5566 万两银			
榆林镇② 原额官军 5.8067 万人 实有官军 3.0102 万人 原额马 2.2219 万匹，正德元年到八年共领过马 0.5408 万匹，马价银 3 万两，以后年价未查 合计：粮 14.544 万石，银 35.0018 万两，草 45 万束	陕西布政司夏税秋粮本色 7.9305 万石，折色 21.198 万石（共折银 18.4658 万两） 河南布政司布豆折银 3.3 万两 计：粮 7.9305 万石，银 21.7658 万两	额派客兵引盐银 2.975 万两，补岁用不敷引盐银 3.3089 万两 募军引盐银 2.952 万两 计：银 9.2359 万两	本色屯种 6.6135 万石，屯草 7.3211 万束 秋青草 37.746 万束 计：粮 6.6135 万石，草 45.0671 万束	年例银 3 万两，新增募军年例银 1 万两 计：银 4 万两

① （明）魏焕：《皇明九边考》卷 6，三关，第 71—73 页。按，即山西镇，见魏焕《明史》，第 10 页。
② （明）魏焕：《皇明九边考》卷 7，榆林，第 78—79 页。按，榆林即延绥，（清）张廷玉等《明史》卷 73，第 1777 页。
景泰元年专设巡抚加参赞军务。成化九年徙镇榆林"，见："巡抚延绥等处赞理军务一员，宣德十年遣都御史出镇。

续表

镇名（粮、银、布岁额总数）	民运岁额	盐引岁额	屯田岁额	京运岁额
宁夏[①] 原额7.26万人，实在官军3.5144万人 原额马1.9595万匹，正德2到13年共领过马0.25万匹，马价银7两 以后未查 合计：银29.0603万两，粮17.5946万两，布2.08万匹，草302.152万束	陕西布政司夏税秋粮13.3405万石（共折银12.0095万两） 夏税秋粮1.004万石（折布2匹/石，共折布2.08万匹），马草16.124万束 计：银12.0095万两，布2.08万匹，草16.124万束	额派客兵引盐银2.9万两 补岁用不敷引盐银10.1508万两 计：银13.0508万两	屯粮17.5946万石，屯草23.02万束，秋青草263.008万束 计：粮17.5946万石，草286.028万束	年例银4万两
甘肃[②] 原额官军8.9501万人，实在3.6164万人 原额马0.656万匹，正德6年到9年共领过马0.35万匹 合计：银44.5651万两，粮19.9603万石，布7.2005万匹，草406.216万束	1. 陕西布政司夏税秋粮本色0.5293万石 2. 陕西布政司夏税秋粮折色27.6585万石（折银26.4419万两） 3. 折布粮3.6003万石（2匹/石，共折布7.2005万匹） 计：粮0.5293万石，银26.4419万两，布7.2005万匹	额派客兵引盐银5.4万两 补岁引盐银4.9732万两 议处脚价银1.75万两 计：银12.1232万两	屯粮19.431万石，草406.216万束	年例银6万两

① （明）魏焕：《皇明九边考》卷8《宁夏》，第86—88页。
② （明）魏焕：《皇明九边考》卷9《甘肃》，第94—96页。

续表

镇名（粮、银、布岁额总数）	民运岁额	盐引岁额	屯田岁额	京运岁额
固原① 官军 2.3749 万人 实有马 0.58 万余匹 合计： 17.5566 万两银	陕西夏税秋粮 22.54499 万石（共折银 16.73966 万两），草 28.3236 万束（折银 0.8169 万两） 计：17.5566 万两银			
总计北边军镇实在官军人等 45.1849 万人 马匹原额 19.6595 万匹，蓟州无相关记载，正德时期共领过马 6.1252 万匹，45.5 万两马价银②（合 3.5 万匹马），共计 9.6252 万匹 应岁额：③ 粮、银、棉、布、草等供共 402.5521 万两 粮 77.0979 万石				

① （明）魏焕：《皇明九边考》卷10《固原》，第 108—110 页。
② 按，正德二年官员奏准，马一匹可交折银 13 两，见《明武宗实录》卷 22，正德二年正月庚午。
③ 按，本栏数据是横向屯田、民运、盐引、京运向各镇岁额相加，数据则稍有不同，这是因为所据史料原文中部分边镇总岁额与屯田等各项岁额不一致引起。比如原文载大同"本镇屯粮、屯草、京运年例 77.5189 万两"，但据屯田、民运等各单项岁额相加，则该镇白银岁额为 73.6789 万两，另有例盐 7 万斤。

续表

镇名（粮、银、布岁额总数）	民运岁额	盐引岁额	屯田岁额	京运岁额
布 22.6705 万匹 棉花 8.15 万斤 绢 0.25 万匹① 草 1142.6577 万束 盐 7 万斤 总计合银：489.5734 万两	北边军镇民运岁额： 银 228.6385 万两 粮 11.9186 万石＝8.7 万两银② 布 22.6705 万匹＝6.8 万两银③ 棉花 8.15 万斤＝0.652 万两银④ 绢 0.25 万匹＝0.175 万两银⑤ 草 16.124 万束＝1.2093 万两银⑥ 计合银：246.1748 万两	北边军镇盐引岁额： 银 60.5838 万两 例盐 7 万斤＝0.0119 万两银⑦ 计合银：60.5947 万两	北边军镇屯田岁额： 银 55.3298 万两 粮 55.1793 万石＝44.1434 万两银⑧ 夏税秋粮本色绢 1104.92 万石＝22.5307 万两银⑨ 草 1126.5337 万束＝22.5307 万两银⑩ 计合银：122.0039 万两	北边军镇京运年例银：44 万两 漕粮 24 万石（本色 10 万石，折色 14 万石）＝16.8 万两⑪ 计合银：60.8 万两

① 按，屯田本色绢未计入。
② 按，据本表民运部分，粮折银 1 两/石。
③ 按，取本表民运布折银 0.3 两/匹的比价。
④ 按，取本表民运棉花绫 0.08 两/斤的比价。
⑤ 嘉靖中前期，绢折银 0.7 两/匹，嘉靖二十三年四月，"在京文武官四、五月棒粮。每米二折绢一匹，每绢一匹，折银七钱"，《明世宗实录》卷 285，嘉靖二十三年四月丙申。
⑥ 按，本表民运马草折银 0.08 两/束或 0.07 两/束，现取其平均值，即 0.075 两/束。
⑦ 按，嘉靖中前期，除甘肃外，其余边镇盐引多为准、浙、长芦或准、山东搭派，现取其平均值 0.34 两/引，具体数据见《明世宗实录》卷 21，嘉靖元年十二月癸酉。
⑧ 按，取本表屯田粮折银 0.8 两/石的比价。
⑨ 按，疑原文数据有误。
⑩ 按，取本表屯田草，秋青草折银比价的平均值，即 0.02 两/束。
⑪ 漕粮折银 0.7 两/石，见《明世宗实录》卷 175，嘉靖十四年五月甲子。

可思议的是屯田这一边镇粮食的重要供给渠道，竟然也多半数折银，银55.3298万两、粮55.1793万石。这一时期北边9个边镇军饷岁额银402.5521万两、粮77.0979万石、草1142.6577万束，白银供给量占其军饷总额的82.2%，粮、草等实物供给只有17.8%。若以表4-29中一石税粮等于0.73两白银平均折价计算，则402万两白银相当于551石粮食，再加上77万石本色粮，那么嘉靖十九年时，北边军镇每年理论上共能得到628.5万石粮食。但实际情况是，当大量税粮以折银形式送往边镇后，北边军镇士兵和战马赖以生存的粮食、料豆等实物，主要是通过市场购买的方式得到。嘉靖时期兵部尚书许论曾说："论榆林者，急在蒭粮，他非所虑；愚又以为，本色不复，则榆林未可知也。"① 早在20世纪60年代末，香港学者全汉昇就对这一问题进行过专门研究，根据《明实录》《皇明经世文编》《明清史料》，明代宣府每石米价如表4-30所示。

表4-30　　　　　　明代宣府每石米价②

1. 正统十年	0.416—0.5 两	6. 正德十五年	2 两
2. 景泰元年	0.416 两	7. 嘉靖十四年	1.3—1.4 两
3. 景泰三年	0.5 两	8. 嘉靖三十二年、三十三年	5 两
4. 成化二十年	2.0 两	9. 嘉靖三十八年	3.14—3.28 两
5. 弘治十五年	1.8—1.9 两	10. 崇祯十年	4.0 两

此外，全汉昇还对辽东等其他5镇进行过类似统计，并得出结论："自明代中叶开始，北方边镇米价长期上涨。"③ 若以表4-30中嘉靖十四年银粮比价一石米等于1.3两白银进行计算，则嘉靖十九年左右，北边军镇402.5521万两白银只能买到309.66万石粮食，若以表4-30嘉靖三十八年银粮比价（一石粮=3.14两白银），则仅能买到128.2万石粮食。由此可见，当北方军镇的军饷供应变为以白银为主时，军队赖以生

---

① （明）许论：《九边图论》，四库禁毁书丛刊本，史21，第100页。
② 全汉昇：《中国经济史研究·明代北边米粮价格的变动》（中册），新亚研究所1976年版，第270—272页。
③ 全汉昇：《中国经济史研究·明代北边米粮价格的变动》，第285页。

存的粮食会因为周围粮价的波动而产生巨大变动。当发生战争、粮价飞涨时，可以想象，北边军饷的白银购买力将远远不能满足基本生存之需。

白银在明代财政体系中所占份额的这种激增，赵轶峰教授称之为由实物财政向货币财政的转变，并指出，"货币财政的收支过程严重分离，收入时取得的不是使用价值而是价值……货币财政体制下的支出，需要经过商品市场中的交换才能实现社会效用，所以财政对于商品市场、流通过程的依赖空前紧要，国家不得不经常面临货币贮积与社会上的物资在总量、构成、时间、地区上的平衡问题，不得不更多地按照经济规律行事"，①"这些货币收入在支出时必须仰赖北方有充裕的商品粮食市场和安定的社会环境。否则粮价在北方上涨，白银在北方贬值，遇到大的灾伤和战争时，国家无法有效地利用白银来解决社会急剧增加的物资需求，财政平衡就必然被破坏了。"②

由此可见，明代中叶以后，边镇对京运年例银需求额的持续上涨，首要原因在于屯田、民运等供给岁额的不断减少，其次还在于屯田、民运、盐引等边镇军饷体系由供应粮食等各类实物为主逐步改为供应白银为主。

嘉靖中期以后，北边战争不断，军饷开支猛增，依据陈于陛的奏疏，嘉靖时期户部解送边镇年例银额发展如下："至嘉靖初，犹止五十九万。十八年后，奏讨加添，亦尚不满百万。至二十八年，忽加至二百二十万，三十八年加至二百四十万，四十三年加至二百五十万。"③据《世宗实录》记载，嘉靖三十年，各边主客兵年例银为280万左右："户工二部奉旨各奏上京边备房粮草军器用银实数。户部银自二十九年十月起迄于是月……年例各边主、客兵银二百八十万。"④嘉靖三十四年边镇的京运年例银额为380万余两："户部奏，属者会计各边年例饷银，主兵一百四十余万，客兵二百四十余万。"⑤依据户部尚书高耀的

---

① 赵轶峰：《明代的变迁·论明末财政危机》，上海三联书店2008年版，第253—254页。
② 赵轶峰：《明代的变迁·论明末财政危机》，第259—260页。
③ （明）陈于陛：《披陈时政之要乞采纳以光治理疏》，见陈子龙等编《明经世文编》卷426，第4650页。
④ 《明世宗实录》卷381，嘉靖三十一年春正月己酉。
⑤ 《明世宗实录》卷425，嘉靖三十四年八月丁亥。

奏疏，嘉靖四十年各边镇年例军饷银 173.9 万两：

> 户部尚书高耀会计各边应发年例军饷银：大同四十四万七千两，宣府二十四万两，山西十四万两，延绥二十七万五千两，易州五万三千两，蓟州三十七万四千两，密云十四万五千两，昌平六万五千两，并乞运京仓米二万石赴密云、二万石赴昌平、通仓米四万石赴蓟州，抵年例之数。报可。①

为了遏制北边军镇军饷不断上涨的趋势，改变京运年例每年岁额都不一致的状态，嘉靖四十五年，明政府议定经制，力图将京运年例银岁额固定下来，总计主兵、客兵京运年例银岁额253.1万两，相对于弘治末、正德初40万两京运年例银而言，已增长6倍还多。相较于嘉靖十九年489.5734万两白银的军饷总岁额，此时的京运年例银已占边镇军饷总额的51.7%。（见表4-31）

表4-31　嘉靖四十五年各边镇主、客兵京运年例银额（单位：万两）

边镇名称	京运银额	边镇名称	京运银额
辽东	17.3998②	大同	主兵：26.9638，客兵：14③
蓟州	主兵：5.638，客兵：17.6448④	山西	主兵：12.33，客兵：10⑤
永平	主兵：4.8672，客兵：8.7971⑥	延绥	主兵：21.7265；客兵：8；添募游兵军马年例银：3⑦
密云	客兵：21.2824⑧	宁夏	主兵：2.5，客兵：2⑨

---

① 《明世宗实录》卷492，嘉靖四十年正月壬戌。
② （明）张学颜等：《万历会计录》（上）卷17，第678页。
③ （明）张学颜等：《万历会计录》（下）卷24，第859、861页。
④ （明）张学颜等：《万历会计录》（下）卷18，第701、704页。
⑤ （明）张学颜等：《万历会计录》（下）卷25，第889、892页。
⑥ （明）张学颜等：《万历会计录》（下）卷19，第731页。
⑦ （明）张学颜等：《万历会计录》（下）卷26，第913、915页。
⑧ （明）张学颜等：《万历会计录》（下）卷20，第744页。按，主兵年例银额2万两是嘉靖四十四年确定的。
⑨ （明）张学颜等：《万历会计录》（下）卷27，第937、938页。按，主兵京运年例银额嘉靖三十四年就已经确定。

续表

边镇名称	京运银额	边镇名称	京运银额
昌平	主兵：2.62，客兵：8.6234①	甘肃	主兵：2.2922，客兵：2②
易州	易州客兵：5.4、良乡、涿州客兵：0.5③	固原	年例银：5④
宣府	主兵：12，客兵：20.5⑤		
总计	235.1		

3. 隆庆到万历初年的边镇军饷供应

（1）隆庆时期：北边军饷总银额的大幅提升

到隆庆元年，全国夏税共收麦米462.5757万石，其中34.2万石折银入承运库，派剩小麦1.7万石，其余皆为"坐派南北二京各监司局及内外边镇堡、各仓库本折色并绢布豆折等项"项下解纳者，即426.6758万石；秋粮起运米1310.1545万石，其中岁解承运库折银米371.8992万石，漕运米400万石，南京仓米108.3287万石，抵斗黑豆2.6316万石，内府各监、局、光禄寺、神乐观及在京宗人等府部院等衙门并南京各府库等衙门坐派米豆56.6912万石，派剩米24.2575石，其余皆为"内外各马房仓场、边镇各仓口坐派民运本色、折色"，即370.6038万石；⑥这样，每岁夏税、秋粮用于"坐派南北二京各监司局及内外边镇堡、各仓库本折色并绢布豆折等项"和"内外各马房仓场、边镇各仓口坐派民运本色、折色"的粮食总计797.2796万石，主要通过民运输送至边镇，这与其时户部尚书马森所言"祖宗旧制河淮而南以四百万供京师、河淮以北以八百万供边境"⑦大致符合。

当然，这供给边镇的800万石粮食只是预算岁额，实际岁额远少于此，且基本都已折银，隆庆元年，"九边近年岁发主客二兵年例银增至

---

① （明）张学颜等：《万历会计录》（下）卷21，第763页。
② （明）张学颜等：《万历会计录》（下）卷28，第955、956页。
③ （明）张学颜等：《万历会计录》（下）卷22，第783、784页。
④ （明）张学颜等：《万历会计录》（下）卷29，第978、979页。
⑤ （明）张学颜等：《万历会计录》（下）卷23，第815、819页。
⑥ （明）马森：《明会计以预远图疏》，见陈子龙《明经世文编》卷298，第3129页。
⑦ 《明穆宗实录》卷15，隆庆元年十二月戊戌。

二百三十六万余两……又查得九边各镇仓库岁派山东、河南、北直隶顺天等府及尽山、陕二布政司全省之税粮，民运输纳共本、折约银三百六十四万一千五百五十两三钱二分七厘"，① 总计京运、民运约合银600.155 万两。其中，民运 364.155 万两的岁额若按隆庆五年所定各边镇折支仓粮的比价，"每米一石折银七钱"②，即相当于在理论上支付给边镇官兵 520.2214 万石粮食（虽然实际上边镇官兵不可能用这笔钱在市场上买到相等数额的粮食），则该年民运岁额较之成化时期减少了 35% 左右。若按隆庆元年所定"嘉靖四十年以前积欠京储尽行改折，每石七钱；在北者量折十分之二，每石一两"的比价，③ 隆庆元年 364.155 万两民运银岁额相当于征收上来 364.155 万石粮食，则该年民运岁额较之成化时期减少了 54% 左右。

（2）万历九年北边军镇军饷岁额及与此前军饷的对比分析

神宗即位后，户部对隆庆六年的京运、民运、屯田、盐引等每年供应给北边军镇的实物和白银总额进行了统计，这份统计资料鲜明地展现了明代军饷供给制度从明中叶到隆庆六年的演变结果。据《明神宗实录》所载内容④整理隆庆六年北边军镇实际岁用钱粮数额，制表 4-32。

表 4-32　　隆庆六年（1572 年）北边军镇实际岁用钱粮数额⑤

时间	镇名	白银	粮、米、豆	煤	布	草
隆庆六年	宣府、大同、山西、蓟镇、永平、密云、固原、延绥、宁夏、甘肃	银 572.9976 万两	粮料 288.1114 万石 = 190.1535 万两银	煤 0.172 万石（折银略）	布 1.7558 万两银	草 1483.8109 万束 = 44.51 万两银
总计	约合 808.1511 万两白银（或者 1152 万石粮食，煤、布、草未含在内））						

---

① （明）马森：《国用不足乞集众会议疏》，见陈子龙《明经世文编》卷 298，第 3138 页。
② 《明穆宗实录》卷 56，隆庆五年四月乙未。
③ 《明穆宗实录》卷 15，隆庆元年十二月丁卯。
④ 《明神宗实录》卷 11，万历元年三月戊申，第 379—381 页；《明神宗实录》卷 15，万历元年七月壬寅，第 467—468 页。
⑤ 《明神宗实录》卷 11，万历元年三月戊申；《明神宗实录》卷 15，万历元年七月壬寅。按，本表据表 4-17 简化而来，具体各镇数据及折算标准请参见表 4-17。

首先，从这份表格可以看出，隆庆六年边镇军饷中，白银岁额占其总额的 70.9%，粮、棉布、草的实物供给仅占 29.1%。相对于嘉靖朝，粮料等实物比重有明显提升。不过，考虑到"每粮一石，除本色外，用脚价银二、三两，每草一束，除本色外，用脚价银一钱二三分，方得转运到边"①，而"山西岁运大同、宣府、偏头关三边税粮……道途之费率六、七石而致一石"，② 边镇当地丰收时，情况对于兵、马的粮草供应还好些，若边镇歉收，兵、马粮草再主要依靠市场来解决则极易出现严重问题。

其次，据上表可以看出，隆庆六年左右，边镇京运年例银岁额 280 万两，③ 占北边军镇军饷总额 808.1511 万两的 34.6% 左右。

最后，相对于嘉靖十九年 489.5734 万两边镇军饷总额，隆庆六年边镇军饷总额 808.1511 万两白银提升了 65.07%，是它的 1.65 倍。可见，隆庆六年边镇军饷总额提升幅度巨大。当然，这与边镇军马总额的增长也密不可分。据前文"嘉靖十八（十九）年北边军镇军饷岁额表"，嘉靖十八、十九年，总计北边军镇实在官军人等 45.1849 万人、马匹原额 19.6595 万匹（固原、蓟州无相关记载）。隆庆六年时，自辽东到甘肃，主客边军共 66.4319 万人。④ 相较于嘉靖十八年，北边军镇边军总数增长了 47.02%。

《万历会计录》载有万历九年左右北边军镇屯田、民运、盐引、京运额定岁入数目，如表 4-33 所示。

首先，据表 4-29、表 4-32、表 4-33，现将嘉靖十八（十九）年、隆庆六年和万历九年的北边军饷总额按照物品种类的不同制表 4-34，发现：第一，嘉靖到万历初年，军饷总额呈明显上升趋势，隆庆六年的军饷总额是嘉靖十八九年的 1.65 倍，隆庆六年到万历九年，其间虽然只隔了 9 年，且都处于款贡形成、相对和平时期，军饷总额却又增 70 余万；军队人数方面，万历九年，主兵 68.6523 万名（客兵无定数，

---

① （明）马文升：《马端肃奏议》卷 9《处置银两以济边饷事》，文渊阁四库全书，第 427 册，第 787 页。
② 《明英宗实录》卷 55，正统四年五月丁巳。
③ 《明神宗实录》卷 6，隆庆六年十月壬戌。
④ 《明神宗实录》卷 4，隆庆六年八月甲寅。

表 4-33　　　　　万历九年（1581）北边军镇军饷岁额①

镇名	万历九年左右现额兵马	万历九年左右现额军饷
辽东等 14 镇军饷来源分计	主兵 68.6523 万名（客兵无定数，未计入）马 28.2949 万匹	1. 屯田：粮料 139.8919 万石 + 草 667.4223 万束 + 粮折布 0.0105 万匹 + 各类折色银 14.1394 万两 = 126.49 万两 2. 民运：粮 21.8844 万石 + 草 278.009 万束 + 银 322.2258 万两 = 345.01 万两 3. 盐引：18.3804 万盐引 + 银 64.1359 万两 = 69.1359 万两 4. 漕运：粮 39.4084 万石 = 26.01 万两 5. 京运银：年例等 316.2349 万两
辽东等 14 镇军饷种类分计		1. 粮料 201.1847 万石 = 132.7819 万两银 2. 草 945.4313 万束 = 28.36 万两银 3. 布 0.0105 万匹 = 0.003 万两银 4. 盐 18.3804 万引 = 5 万两银 5. 银 716.736 万两
总计合银		882.8809 万两

未计入），相对于隆庆六年 66 万余人的主客兵总数而言，增加并不太多，这说明，北边军镇对于军饷总额的供应需求还在提升。第二，各类军饷供给中，白银是其最主要的形式，且总量一直在攀升；同时，粮食等实物供给在隆庆六年大幅回升后又迅速降落。

表 4-34　　　明代中后期北边军饷白银及各类实物供给总额对比

北边军饷折银总岁额	银/占军饷总额的百分比	粮	布/棉花/绢	草	盐引
嘉靖十八、十九年 489.5734 万两	银 402.5521 万两/82%	粮 77.0979 万石	布 22.6705 万匹 棉花 8.15 万斤 绢 0.25 万匹	草 1142.6577 万束	盐 7 万斤

---

① 按，本表数据是参照表 4-21 各镇数据相加而来；另外，本表实物折银比价取用表 4-17 比价，以便比较。

续表

北边军饷折银总岁额	银/占军饷总额的百分比	粮	布/棉花/绢	草	盐引
隆庆六年808.1511万两白银	白银572.9976万两/70.9%	粮料288.1114万石	布1.7558万匹	草1483.8109万束	盐引供应白银，已在本栏"白银"数额之内
万历九年882.8809万两	银716.736万两/81.2%	粮料201.1847万石	布0.0105万匹	草945.4313万束	盐18.3804万引

其次，据表4-29和表4-33现将嘉靖十八（十九）年和万历九年的屯田、民运、盐引、京运年例银及兵马总额对比制表4-35。

表4-35　　明代中后期北边屯田、民运、盐引、京运年例银岁额及兵马总额变化对比

北边兵马总数	北边军饷总岁额	北边民运岁额	北边盐引岁额	北边屯田岁额	北边京运年例银及漕粮岁额
嘉靖十八、十九年总计北边军镇实在官军人等45.1849万人，正德时期领过马、马价银，共合马9.6252万匹	银402.5521万两粮77.0979万石布22.6705万匹棉花8.15万斤绢0.25万匹草1142.6577万束盐7万斤	银228.6万两粮11.9万石布22.67万匹棉花8.15万斤绢0.25万匹草16.124万束	银60.5838万两例盐7万斤	银55.3298万两粮55.1793万石夏税秋粮本色绢1104.92万石（原文如此）草1126.5337万束	北边军镇京运年例银：44万两漕粮24万石（本色10万石，折色14万石）

续表

北边兵马总数	北边军饷总岁额	北边民运岁额	北边盐引岁额	北边屯田岁额	北边京运年例银及漕粮岁额
万历九年主兵68.6523万名（客兵无定数，未计入）马28.2949匹	总额：粮料201.1847万石草945.4313万束布0.0105万匹盐18.3804万引银716.736万两	民运：粮21.8844万石草278.009万束银322.2258万两	盐引：18.3804万引银64.1359万两	屯田：粮料139.8919万石草667.4223万束布0.0105万匹银14.139万两	京运银：年例等316.2349万两漕运：粮39.4084万石
嘉靖十八、十九年	总计合银489.5734万两（内白银82.2%，实物17.8%）	民运合银246.1748万两/占总额50.3%	盐引合银60.5947万两/占总额12.4%	屯田合银122.0039万两/占总额24.9%	京运合银60.8万两/占总额12.4%
万历九年	总计合银882.8809万两（内白银81.2%，实物18.8%）	民运计合银345.01万两/占总额39.1%	盐引计合银69.1359万两/占总额7.8%	屯田计合银126.49万两/占总额14.3%	京运计合银342.2449万两/占总额38.8%

据表4-35可以看出，首先，从嘉靖十八九年到万历九年，屯田、民运、盐引及京运岁额都在增长。随着北边官军人数上涨了51.9%、马匹至少增长了近两倍，边镇军饷总额增长了80.3%，军饷总额增幅超过官军人数的增幅。不过，这种增长幅度的实现，主要是以增加京运银来达成的，由60余万两的岁额暴增至342万余两。嘉靖十八、十九年，民运、盐法、屯田、京运分别占当时军饷总额的50.3%、12.4%、24.9%、12.4%；到万历九年，民运、盐法、屯田、京运分别占该年军饷总额的39.1%、7.8%、14.3%、38.8%，民运、盐法、屯田的重要性明显降低；嘉靖十八、十九年，民运是边镇军饷的最重要来源，到万历九年，京运份额大幅上升，与民运基本比肩持平。所以，即使到万历初年，《明史》中所谓"边兵悉仰食太仓"的说法也是不成立的。

不仅如此，万历九年的京运银额中，其实还包括有解纳太仓库再转解边镇的 85 万两民运银①和解送太仓库转发边镇的 100 万两余盐银收入，之所以要由太仓库转发，主要目的还在于加强对这部分收入的中央监管。从本质来源看，这两部分收入都可划入民运和盐法的收入中。所以，万历九年时，边镇军饷中最重要的供给方式仍然是民运。

至于盐法岁额对边镇军饷的财政意义，从嘉靖时期就一直开始上升。嘉靖后期，盐法由明初单一开中纳粮银于边的制度变为正盐开中输边、余盐纳银解部的制度。嘉靖末期，太仓库岁入余盐银还只有 60 余万，②到万历六年，各盐运司每岁解送太仓库 97.2143 万余两银、岁派边镇盐引折合白银 74.14767 万两，到万历八年左右，解往太仓库的余盐等银岁额增至 100.1664 万两。③

4. 万历后期至明亡的京运银

（1）万历后期：京运成为北边军饷供应的首要来源

盐法方面，万历后期以降，除了太仓库所发京运年例银额的增长外，边镇从盐法岁入中所得到的银额也有进一步增长。万历四十四年，户部尚书李汝华对纳往太仓库及输往边镇的盐法岁入预算银额开列如下："国家财富，所称盐法居半者，盖岁入止四百万，半属民赋，其半则取给于盐策。两淮岁解六十八万有奇，长芦十八万，山东八万，两浙十五万，福建二万，广东二万，云南三万八千，各有奇。除河东十二万及川、陕盐课，虽不解太仓，并其银数，实共该盐课银二百四十余万两。④又各边商所中盐粮银，淮、浙、芦东，共该银六十余万两。总盐课、盐粮二项，并旧额、新添计之，实有二百余万之数。"⑤ 这一岁额，已经占据了边镇军饷总额的近四分之一。崇祯初年，各盐运司每岁交纳太仓库"除旧额约一百二十万及先年加增辽饷不满三十万外"，又累增"新税计不下七十万"。⑥

民运方面，万历二十九年，"十四镇年例通计主客兵饷，岁费……

---

① （明）张学颜等：《万历会计录》（上）卷1，第18页。
② 《明世宗实录》卷563，嘉靖四十五年十月癸酉。
③ 按，具体演变及史料出处详见本书对盐法制度演变的相关考证。
④ 按，此处当为140万两。——笔者
⑤ （明）李汝华：《附户部题行十议疏》，见陈子龙等编《明经世文编》卷474《两淮盐政编一》，第5203—5204页。
⑥ （明）毕自严：《石隐园藏稿》卷2《度支山东司奏议序》，第409页。

民运银约三百二十余万，派各省直径解者也"，① 较之万历九年345.01万两民运银岁额，减少了7.2%。崇祯中期，北直隶共解送北边军镇银35.5734万两②，山东共解送银43.5869万两，山西解送银108.0562万两、米3.1785万石，河南解送银26.8244万两，四川解送银53.6932万两，总计民运北边军镇267.4243万两。③ 这个岁额相对于万历二十九年320余万民运银岁额，又减少了16.4%。

京运年例银方面，万历后期以降，太仓库所发京运年例银在边镇军饷总额中所占比重进一步大幅提升。万历二十九年，"十四镇年例通计主客兵饷，岁费京运、民运银共七百二十万有奇。照万历二十九年呈御览册，京运银约四百万，太仓银库所发也；民运银约三百二十余万，派各省直径解者也，二项俱带盐饷在内。"④ 具体而言，万历中各镇正饷岁额如下："万历中，岁例蓟镇五十九万九千五百两有奇，永平三十三万四百两有奇，密云五十三万四千五百两有奇，昌平一十九万四千七百两有奇，易州二十万七千三百两有奇，井陉一十一万七千八百两有奇，宣府九十二万四千两有奇，大同如之，山西五十六万九千四百两有奇，辽东五十八万五千四百两有奇，延绥七十四万七千两有奇，宁夏三十一万一千二百两有奇，甘肃五十九万四千七百两有奇，固原四十八万五千六百两有奇"，⑤ 总计712.55万两白银。由此可见，到万历后期，太仓库所发京运年例银占边镇军饷总额的56%左右，已经超过民运银岁额而成为边镇军饷的首要供应者。

（2）崇祯时期：独自苦撑、有名无实的京运

万历四十六年努尔哈赤的大举进攻使得明政府不得不加派新饷，并

---

① （明）劳养魁：《国计考》，见（明）冯应京《明经世实用编》，第66页。
② 按，其中顺天府解送密云、蓟州、永平、昌平、宣府共银4.4705万两，永平府解送边镇银0.4505万两、米1.5284万石、草折米0.84万石、草24.2882万束，保定府解送边镇银6.214万两，河间府解送边镇银3.1594万两，真定府解送边镇银4.2068万两，顺德府解送边镇银2.9589万两，广平府解送边镇银4.2万两，大名府解送边镇银9.8982万两。
③ （清）查继佐：《罪惟录》，续修四库全书，第321册，第470页。按，该总额为《罪惟录》所载，据上述各项单项数额，则总额当为267.7341万两。
④ （明）劳养魁：《国计考》，见（明）冯应京《明经世实用编》，第66页。
⑤ （清）傅维鳞：《明书》卷83，四库全书存目丛书，史39，齐鲁书社1999年版，第116页。

于泰昌元年成立新库以便管理。① 崇祯元年，各边镇京运年例银岁额，即所谓旧饷，总计 334 万余两，各镇具体岁额如表 4-36 所示。

表 4-36 　　　崇祯元年北边军镇京运年例银（旧饷）岁额②

蓟州镇 42.6871 万两	大同 45.06 万两
密云镇 36.94 万两	山西 20.63 万两
永平镇 28.9866 万两	延绥镇 43.37 万两
昌平镇 14.0232 万两	宁夏 13.379 万两
易州 14.6595 万两	甘肃 19.758 万两
井陉 5.78 万两	固原 14.582 万两
宣府 29.91 万两	下马关 4.237 万两
总计 334.0024 万两	

此外，崇祯元年，太仓新库预算岁支辽东新饷银 521.68 万两。③ 这样，该年太仓库旧饷、新饷总计至少应该提供给北边军镇京运银 855.6824 万两，这一数额相对于万历二十九年的 400 万两京运银岁额，增长了 113.9%。崇祯十四年，太仓预算岁入旧饷 496.8056、辽东新饷 913.488 万两、练饷 734.88 万两，总计 2145.17 万两。④ 其中去除在京行政、军事等开支 80 万两后，⑤ 还剩 2065.17 万两。由于太仓库岁支主要分为在京开支及边镇军饷，因此，这 2065.17 万两的白银预算额即为该年北边军镇京运银的预算岁额，这一数额相对于万历二十九年 400 万两京运岁额，增加了 416.2%。

到崇祯后期，因山西、陕西省直地方灾荒流行、盗寇遍野，北边军镇的民运、屯田、盐引供应系统基本失效，只能全然仰赖户部太仓库的中央财政拨款，"查祖制边饷，惟借民运、屯粮、盐粮三项耳……至于京运，祇以接济民、屯之不逮，号曰'济边'……迨盐法初意渐失，

---

① 《明光宗实录》卷 6，庚申。
② 《崇祯长编》卷 16，崇祯元年十二月癸巳。按，辽东镇除外，其军饷岁额见新饷。
③ （明）毕自严：《度支奏议·堂稿》卷 1《辽饷不敷济急无奇疏》，第 18 页。
④ （清）孙承泽：《春明梦余录》卷 35，第 483—484 页。
⑤ （清）孙承泽：《春明梦余录》卷 35，第 486—487 页。

民、屯积欠无算，遂致各边并引领于太仓……近因秦、晋灾荒，寇盗充斥，民、屯一无可恃，而徒仰给京运"。① 此外，自万历末年努尔哈赤率兵对北边辽东发起猛烈进攻以来直至崇祯，明政府数次增派赋税，到崇祯十六年（1643），户部兵饷岁入预算额总计达 1584.5027 万两白银。② 这些白银基本都由中央财政直接拨款至北边军镇，至此，中央财政的直接拨款成为北边军镇军饷供应的基本财政来源，且以白银为基本物质形态。但是，恰恰是在这一情境和时刻，明政府完全失去了"有效提供"的能力。崇祯十六年，户部未征收上来的正赋兵饷、关税、盐课及仓助等银达 1053 万两，逋欠率达 85%。③ 这说明，明政府已经基本丧失了为边镇军饷提供中央资助的能力。第二年，即 1644 年，李自成率领农民起义军攻入北京城，崇祯皇帝自缢身亡，明政府的实际统治就此结束。

---

① （明）倪元璐：《倪文贞奏疏》卷7《旧饷出入大数疏》，第 614 页。
② （明）倪元璐：《倪文贞奏疏》卷8《覆奏并饷疏》，第 286—293 页。
③ （明）倪元璐：《倪文贞奏疏》卷11《阁部最要事宜疏》，第 314 页。

第五章 明代太仓库岁入、岁出及财政平衡的演变

第一节 研究现状与《明代太仓库岁入、岁出及库存银额表》统计说明

关于太仓库岁入、岁出银额的研究，到目前为止，最详细的当推全汉昇、李龙华的《明代中叶后太仓岁出银两的研究》与《明中叶后太仓岁入银两的研究》两篇文章。① 不过，正如赵轶峰在《明后期太仓收支数字考》中指出的，这两篇文章的问题在于"没有区分额收支与实收支数字，这是'入表''出表'中大量出现的主要缺点，以致据此所作的财政趋势分析与实际状况相去甚远。"② 本章在前人的研究基础上，广泛搜罗了自成化十六年到崇祯十七年太仓库岁出入银额的具体数据，对明代太仓库的岁入和岁出分为实际岁出入及其盈亏银额、额定岁出入及其盈亏银额两大类、六个项目进行列表统计；此外，由于太仓库的库存银数也直接反映着太仓库的财政状况，因此表5-1也将该项列入统计范围。鉴于表格的内容，该表被称为"明代太仓库岁入、岁出及库存银额表"。

由于有关太仓库库存银额的记载出现时间最早，现首先将该表中这

---

① 全汉昇、李龙华：《明中叶后太仓岁入银两的研究》《明代中叶后太仓岁出银两的研究》，《中国文化研究所学报》（香港中文大学）1972年第5期、1973年第6期。

② 赵轶峰：《明后期太仓收支数字考》，见赵轶峰《明代的变迁》，第278页。

部分内容的统计过程进行一下简要介绍。嘉靖以前，太仓库的结构相对简单，库存银额就是太仓库自身的库存银额。嘉靖以后，太仓库出现了老库和外库的区别，因此，凡是史料中能明确辨别出具体库名的存银额，"库存银额"栏下都会予以标明。比如，万历二十九年四月，《神宗实录》记载"今查太仓银库仅有银一千九百两"，① 然而《续文献通考》则记载该年十月户部借用原额为110万两的老库银10万两："（神宗万历）二十九年十月以上皇太后徽号借用老库银……查老库止有银一百十万两，而该监所请珠宝价银不下二十五万……各商因欠冠婚价银四十余万，一闻此信，鸟惊鱼逝，虽设法招徕无一至者，不得已许借老库银十万给发……诏老库银两准开销。"② 因此上引《神宗实录》中太仓库库存银额实际就是外库存银额。有些库存银额则因史料缺乏而无法判定具体是老库、外库还是两库的存银总额，处理办法就是直接录入该栏之下。

表5-1中列入了弘治二年与正德元年的岁入、岁出及财政盈余的银额，虽然这些数据并非太仓库的岁入、岁出及岁盈余，但对于更好地理解太仓库的演变无疑有一定的比较意义。

至于太仓库额定岁出入数额与实际岁出入数额的区分，少数史料直接注明了收支数额的性质，因此直接录入相应栏下即可。在嘉靖二十八年时，户部覆准，命令两京户部、太仆寺及光禄寺等衙门每年年终都须撰写包括岁征、岁收、岁支及岁储四项内容的会计录，其中岁征就是额定岁入、岁收就是实际岁入数：

> 是时……帑藏匮竭……户部覆议……令两京户部并工部、太仆、光禄及直隶各省司、府、卫所以及辽、蓟、宣、大、陕西诸边每岁终，将一年出纳钱谷修成会计录，于内分为四目：一曰岁征，如府库监局仓场额派钱粮几何；一曰岁收，如收过本年、先年额征钱粮、完欠几何；一曰岁支，如本年用过各项钱粮，于岁派额数增减相当几何；一曰岁储，如本年支剩存积钱粮几何。务令简明，进

---

① 《明神宗实录》卷358，万历二十九年四月丙子。
② （清）嵇璜等：《续文献通考》卷30，第33—34页。

呈御览，以为通融撙节之计……得旨允行。①

如嘉靖二十九年，户部统计嘉靖二十八年的财政开支情况，其中岁入一项共出现了两个数字：太仓额入银212.5355万两、节年解欠及括取开纳事例等岁入银395.7116万两。显然，前者是额定岁入银，即"岁征"；后者是实际征收到的岁入银，即"岁收"："户部会计去年岁用为录以献，因言：太仓每岁额入银二百一十二万五千三百五十五两，去岁合节年解欠及括取开纳事例等银共入银三百九十五万七千一百一十六两，视岁额加赢矣。"②

又比如，万历十二年，户部尚书奏报万历十一年正月到十二月太仓库的岁入和岁支，这无疑是太仓库的实际岁入、岁出银额："户部尚书王遴言民困财诎，查万历十一年正月起至十二月终太仓银库所入银止三百七十二万有奇，而所出则五百六十五万有奇，是所出较所入浮一百九十三万矣。"③

再比如，多数情况下，《明实录》都会在每年十二月的时候记载该年的天下户口、田赋等统计情况，这时的太仓库岁入、岁出银一般是其实际岁入、岁出银："是岁天下户口田赋之数……太仓银库共收过……三百二十五万二千五百五十六两九钱六分二厘，铜钱三千一百一万九千二百五文，共放过京边等银三百一十八万七千八百九十九两五钱六分六厘五毫四丝五忽，铜钱二千四百七十三万三千六十五文。"④

有些太仓库的岁出入银额的性质则需要根据史料的上下文内容进行判定。隆庆元年十二月，户部尚书马森奏报太仓库的库存及岁支银额："上谕户部查内库太仓粮出入数，尚书马森奏：太仓见存银一百三十万四千六百五十二两，岁支官【军】俸银该一百三十五万有奇，边饷二百三十六万有奇，补发年例一百捌十二万有奇，通计所出须得银五百五

---

① 《明世宗实录》卷351，嘉靖二十八年八月己亥。
② 《明世宗实录》卷356，嘉靖二十九年正月癸巳甲午。
③ 《明神宗实录》卷148，万历十二年四月癸丑。
④ 《明熹宗实录》卷17，天启元年十二月丙申。

十三万有奇。以今数抵算，仅足三月。"① 其中有句很关键的话，就是根据太仓库岁支银额，太仓库现存银数"以今数抵算，仅足三月"。因为太仓库的年例银是提前预支的，这就说明，该条史料中的岁支银额为第二年即隆庆二年的额定岁支数。全汉昇将该数算作隆庆元年太仓库的岁支数额是不妥当的。全汉昇在太仓库岁入出银数的年份判定方面的这类不当之处还有一些，本书不再一一列举。

又比如，隆庆三年四月，户部尚书奏报太仓库岁支银额，而四月份是无法知道该年全年的实际岁支银额的，因此，该条史料中的岁支银额只能是太仓库的额定岁支银额："上谕户部取太仓银三十万两进内用，尚书刘体乾言，银库见存止三百七十万，九边年例该发二百七十六万有奇，在京军粮商价不下百万有奇，蓟州、大同各镇例外奏讨不与焉。"②

有些太仓库的岁出入银额的性质可以通过不同的史料进行印证和判定。比如万历十二年十月，户部提到太仓库的岁入、岁出银额，从十月份这个月份上初步判断，这两个数额很有可能是下一年太仓库的额定岁入、岁出银额，但仍不能完全确定："蓟辽总督张佳胤言：辽镇官军……赢岁该加银八万六千四百八两……乞一并给发。户部覆：太仓岁入止三百六十七万六千余两，而岁出则四百二十二万四千余两。辽镇主兵始定一十六万三千九百九十八两……今复欲增八万余，令臣部取盈何地？"③ 据此，太仓库岁出入的财政赤字为54万余两，而万历十三年的一条史料提到万历十二年太仓库实际财政赤字为118万两："诏改折各省直万历十三年分起运漕粮一百五十万石……采户科给事中萧彦之议，特万历十二年年终奏缴岁出浮于岁入一百一十八万，国用不足也。"④ 因此可以确定，万历十二年十月份的史料中的银额为下一年太仓库的额定岁入、岁出银额。

又比如，天启三年十二月对天下户口、田赋收入的统计，虽然前文讲过这类史料中太仓库的岁出入银额多为实际岁出入额，但该年该条史

---

① 《明穆宗实录》卷15，隆庆元年十二月戊戌。
② 《明穆宗实录》卷31，隆庆三年四月癸未。
③ 《明神宗实录》卷154，万历十二年十月壬戌。
④ 《明神宗实录》卷159，万历十三年三月己卯。

料中的新库的岁入额却是额定数额，而非实际岁入银额："是岁天下户口……加派辽饷每亩九厘，共加银五百二十万六千余两；杂项辽饷银二百二十九万二千余两，除四川、云南一十五万七千六百余两留充本省兵饷，广西、湖广三十二万三千二百余两暂协助黔饷，其余省直共征杂项银一百八十一万有奇。"① 对比在它之前的天启二年和在它之后的天启五年的太仓旧库、新库岁出入银额就会发现，520.6万两是加派新饷的额定岁入银额，如果上述天启二年十二月的加派新饷的统计数额是新库的实际岁入银额的话，那就说明，该年新饷的征收率为100%，没有任何逋欠银额。然而天启元年、天启二年、天启五年的岁终统计表明其太仓库岁入银额是呈逐年迅速下降的趋势的，天启二年新库的岁入银额为仅288万余两，天启五年太仓新库、旧库合在一起的岁入银额也才只有303万余两。因此，天启二年的新饷不可能突然达到100%的税收征收率，该年十二月份的新饷收入银额只能是额定岁入银数。

再者，万历四十六年明朝廷开始加派征收辽东新饷；泰昌元年，新饷从太仓库收入中独立出来，由新库负责收支，太仓库变成了旧库。因此，天启初年进行岁入、岁出财政统计时，太仓库和新库是分开来的，然而《明实录》天启五年十二月的天下户口、田赋等年终统计中，新库和旧库的收入又合在一起进行统计。此外，崇祯末年的兵饷左司和兵饷右司实际是太仓旧饷、新饷及练饷三饷合并而形成的。为了便于比较，下文的"明代太仓库岁入、岁出及库存银额表"将新库及兵饷左、右司的岁入、岁支银额的情况也列入表中。

由此引发的问题是，史料中的"太仓库"一词就此有了数重含义：一是指新饷征收之前的太仓银库。二是指包括了原有九边十三镇边饷和新加派征收的辽饷在内的太仓库。三是它可以指代相对于"新库"而言的"旧库"。四是它可以是"旧库"和"新库"的总称。为在表5-1中不引起歧义，表中会依据它的不同实际含义而冠以更具体的名称。

比如，天启元年四月，太仓银库主事奏报太仓库"岁收"银额，然而，四月份是无法知道该年全年的实际征收总额的，因此，笔者将这

---

① 《明熹宗实录》卷42，天启三年十二月甲寅。

第五章　明代太仓库岁入、岁出及财政平衡的演变 | 331

一收支数字断为泰昌元年的实际岁入、岁出总额："管理太仓银库主事汤道衡、陪库主事邹嘉生言：辽事告急，一切战守机宜庙谟具在，臣何庸议。而臣所司者饷也，辽急则饷与俱急，臣所司者又九边十三镇之饷也，辽饷急则各镇与俱急。太仓岁收三百六十余万，岁出四百二十余万，至各镇拖欠二三年间积至三百八十余万。"①

不过，泰昌元年十二月时，户部就已经对太仓库实际岁入、岁支进行了统计，而且数据和上述天启元年四月的数据差别巨大：

> 是岁……太仓银库共收过浙江等处布政司并南北直隶等府州解纳税银粮、马草、绢、布、钱、钞、子粒、黄、白蜡扣价、船料、商税、税契、盐课、赃罚、事例、富户、协济、俸粮附余、辽饷、漕折等项五百八十三万二百四十六两九分四厘九毫八丝三忽，铜钱三千九百三十五万七千九百四文；共放过京、边、辽饷等银六百八万六千六百九十二两八釐六分一厘一毫六丝九忽，铜钱三千六百六十万六千六百一十六文。②

仔细阅读上面的两段史料的具体内容可以看出，天启元年的"太仓"实际只负责征收旧饷，而泰昌元年的"太仓银库"则包括了旧饷和新饷。为了不引起混淆，表5-1将天启元年四月的史料中的数据列在泰昌元年"旧饷"项下，而将泰昌元年十二月的史料中的数据列在泰昌元年"旧饷、新饷总计"项下。

再比如，天启元年十二月的岁终天下户口、田赋等的统计中，出现了"太仓银库"和"新饷银库"两套岁入、岁出的统计数据。根据该史料中"太仓银库"具体的岁入类项和总额来判断，这个"太仓银库"就是相对于"新饷银库"而言的"旧库"，因此，下表将该条史料中"太仓银库"的实际岁入、岁支银额列入天启元年"旧库"的项下：

---

① 《明熹宗实录》卷9，天启元年四月戊寅。
② 《明熹宗实录》卷4，泰昌元年十二月壬申。

是岁天下户口田赋之数……太仓银库共收过浙江等布政司并南北直隶等府州解纳税粮、马草、绢、布、钱、钞、籽粒、黄白蜡扣价、船料、商税、税契、盐课、赃罚、事例、富户、协济、俸粮附余、漕折等项三百二十五万二千五百五十六两……新饷银库应收浙江等省南北直隶府州新饷加派额银五百二十万六十余两，内除蠲免北直顺、永、保三府，山东登、莱、青三府原派银二十一万七千九百五十两二钱，又兵、工两部分用银一百二十万两，实收银三百五万一千五百一十三两五钱九分零。①

此外，有些岁入、岁出数额并未明确注明是"太仓库"的相关数据，但与太仓库关系非常密切，与其年份相近的太仓库的岁入、岁支款项和银额十分接近，因此很有可能就是太仓库的岁入、岁出数额，但因史料中并未明确指明，为了便于从整体上进行参考，这些数据也被收入表中，但在数据之前会特别注明如"国家财富""天下收入"等，以示与其他数据的区别。

太仓库的岁入、岁出统计是很繁杂的工作，不同月份或者不同标准的统计所得到的具体数额会有很大差距。比如，万历四十六年五月总督仓场户部尚书所统计的太仓库岁出入额定银数与同年六月户部尚书李汝华所统计的结果完全不同："辛亥，总督仓场户部尚书张问达奏……以银库言之，老库银仅八万八千余两，外库随到随支，绝无四五万两贮过十数日者。盖岁支近四百二十万，额外之取办不与焉；岁入止四百万，额内之逋欠并在焉"，② 而万历四十六年六月"户部尚书李汝华言太仓岁入仅三百八十九万，岁出边饷三百八十一万，一应库局内外等用又约四十万，出悖于入。"③ 表 5-1 的处理办法就是将这两套数据一起列入表中，并注明月份以显示统计时间的不同。

---

① 《明熹宗实录》卷 17，天启元年十二月丙申。
② 《明神宗实录》卷 570，万历四十六年五月辛亥。
③ 《明神宗实录》卷 571，万历四十六年六月戊寅。

第二节 《明代太仓库岁入、岁出及库存银额表》

表 5-1　明代太仓库岁入、岁出及库存银额（单位：万两）①

年份	实际岁入	实际岁出	盈余（+）亏欠（-）	额定岁入	额定岁出	盈余（+）亏欠（-）	存银额
成化十六年							30②
成化十七年							60③
弘治二年				天下岁征 293.4	145.7④	+147.7	
弘治末年左右				京库岁入：149	京库岁出：100	+49（存储太仓库）⑤	
弘治七年							170⑥

① 按，本表数额最多保留至小数点后四位。
② 《明宪宗实录》卷199，成化十六年春正月庚午。
③ 《明宪宗实录》卷221，成化十七年十一月戊子。
④ （清）查继佐撰：《罪惟录》卷10《贡赋志》第1册，第499页。
⑤ 《明武宗实录》卷13，正德元年五月甲辰。按，此处及弘治二年的岁出入银数，列在此处仅供对比参考用。
⑥ （明）李梦阳：《空同集》卷39《上孝宗皇帝书稿》，文渊阁四库全书，第1262册，第351页。按，《明史》卷286，第7346页，原文为"臣始至户部，大仓库银尚百七十余万"；又据《明史》："李梦阳……弘治六年举陕西乡试第一，明年成进士，授户部主事"（《明史》卷286，第7346页），故知大仓库存银额当为弘治七年之数。

334 | 太仓库与明代财政制度演变研究

续表

年份	实际岁入	实际岁出	盈余（+）亏欠（-）	额定岁入	额定岁出	盈余（+）亏欠（-）	存银额
弘治十六年							80①
正德元年							八月： 太仓：43 户部：8②
正德十二年							九月： 太仓：15 户部：20③
嘉靖二年							70④
嘉靖七年	130	241	-111⑤				

① 按，原文为："弘治十五年十月十三日具题……查得太仓银库先年收贮盐价、折草等项银两不下三二百万两……今在库银两不过八十余万两"，（明）黄训编：《名臣经济录》卷31《会计钱粮以足国裕民事（韩文）》，文渊阁四库全书，第443册，第693—694页。
② 《明武宗实录》卷16，正德元年八月庚戌。
③ 《明武宗实录》卷153，正德十二年九月庚子；又见（明）梁储撰《郁洲遗稿》卷2《议处国计并请回銮疏五》，文渊阁四库全书，第1256册，第554—555页。
④ 《明世宗实录》卷34，嘉靖二年十二月甲辰。
⑤ 《明世宗实录》卷97，嘉靖八年正月壬戌。

第五章 明代太仓库岁入、岁出及财政平衡的演变 | 335

续表

年份	实际岁入	实际岁出	盈余(+)亏欠(-)	额定岁入	额定岁出	盈余(+)亏欠(-)	存银额
嘉靖八年以前				200	133	+67	内库：400 外库：100①
嘉靖十五年							太仓：400②
嘉靖十七年							中库（老库）：202.5③
嘉靖十九年							太仓：210④

① 《明世宗实录》卷351，嘉靖二十八年八月己亥。按，太仓库"老库""中库""内库""外库"的说法却很少见。笔者尚无法确定此情境下的"内库"与"内府十库"之间到底是什么关系。现暂将引文摘录对比如下：《世宗实录》卷351，嘉靖二十八年八月己亥。"太仓大约银库岁入二百余万……一年大约所出一百三十三万，常余六十七万。嘉靖八年以前，内库积有四百余万，外库积有一百余万"。《明世宗实录》卷351，嘉靖二十八年八月己亥。"大仓禄库岁入二百万两，嘉靖二十余年来，而其出者边防为最"，见（明）章潢编《图书编》卷88，文渊阁四库全书，第971册，第654页。《方麓集》："太仓八年以前，外库仅及二十余万，大仓银两极费，内库积四百余万"，（明）王樵撰：《方麓集》卷15，文渊阁四库全书，第1285册，第413页。

② 《明世宗实录》卷195，嘉靖十五年闰十二月壬子。

③ 《明世宗实录》卷424，嘉靖三十四年七月戊戌。按，嘉靖三十四年中库存银额为113.6万两，是嘉靖十八年后支出88.9万余两后的剩余银额，"嘉靖十八年后，（中库）因多故，支出八十八万九千两有奇，今实存一百一十三万六千两有奇"，因此，嘉靖十八年之前的嘉靖十七年时，大仓中中库的存银额为113.6+88.9=202.5万两。

④ 按，原文为："该户部尚书梁说称太仓银两……（今）止有二百一十万两"，见（明）黄训编《名臣经济录》卷48《题钦奉敕谕事（蒋瑤）》，文渊阁四库全书，第444册，第402—403页。

续表

年份	实际岁入	实际岁出	盈余（+）亏欠（-）	额定岁入	额定岁出	盈余（+）亏欠（-）	存银额
嘉靖二十年							内库：110 外库：30①
嘉靖二十三年							老库：113.6②
嘉靖二十四年							太仓：162③
嘉靖二十五年	400.808	371④	+29.8				
嘉靖二十八年	395.7116	412.2727	-16.56	212.5⑤			
嘉靖二十九年	207	347	-140⑥				

---

① （明）章潢编：《图书编》卷88，文渊阁四库全书，第971册，第658—659页。
② 《明神宗实录》卷46，万历四年正月丙午。
③ （明）章潢编：《图书编》卷88，文渊阁四库全书，第971册，第651页。
④ 同上。
⑤ 《明世宗实录》卷356，嘉靖二十九年正月甲午。按，嘉靖二十九年正月甲午。按，潘潢《弘远惠责实效以济富疆疏》中该年的实际岁入银数为295.7116万两，见陈子龙等编《明经世文编》卷199，第2083页。
⑥ （明）章潢编：《图书编》卷88，文渊阁四库全书，第971册，第659页。

第五章　明代太仓库岁入、岁出及财政平衡的演变 | 337

续表

年份	实际岁入	实际岁出	盈余（+）亏欠（-）	额定岁入	额定岁出	盈余（+）亏欠（-）	存银额
嘉靖三十年		595.8720①	"增盐课，征粮银，广开纳，查陵寝，举天下一切应征应取之数而尽括之，仅供终岁用。"	天下岁入：200	边镇岁支：600②		
嘉靖三十一年		531.8③					

① 《明世宗实录》卷 456，嘉靖三十七年二月戊戌；（明）王樵：《方麓集》卷 15，文渊阁四库全书，第 1285 册，第 412 页。按，嘉靖后期，太仓库预算岁入银额只有 200 余万两，而嘉靖三十年到嘉靖三十六年的京、边实际岁支银额却远远超出过二百万："及乙卯、丙辰间，宣大房警益急，一切募军、赈恤等费咸取给内帑，岁无纪极，故嘉靖三十年所发京边岁用之数至五百九十五万……嘉靖己酉以前，岁支最多不过二百万。计太仓岁入银二百万之额，不能充岁出之半，由是度支为一切之法，天下财赋岁入二十九万，三十四年四百五十四万四千，三十五年三百八十六万，三十六年三百二十万，三十一年五百三十一万八千一百二十七两，三十二年四百一十二万四千二百三十九万四千四百六十七两，三十三年四百五十五万四千五百七十二两，三十四年四百一十万四千七百一十两，三十五年三百八十六万三千六百十七两，三十六年三百二十二万二千七百九十万六千"，见《明世宗实录》卷 456，嘉靖三十七年二月戊戌，《方麓集》："通计太仓出过银总数：三十年五百九十五万八千七百二十两，三十一年五百三十一万八千一百二十七两，三十二年四百一十万九千四百十四两七千二百三十九万四千四百六十七两，三十三年四百五十五万四千五百七十二两，三十四年四百一十万四千七百一十两，三十五年三百八十六万三千六百十七两，三十六年三百二十二万二千七百九十万六"，见（明）王樵撰《方麓集》卷 15，第 412 页。

② 《明世宗实录》卷 380，嘉靖三十年十二月癸未。

③ （明）王樵：《方麓集》卷 15，第 412 页。

续表

年份	实际岁入	实际岁出	盈余（+）亏欠（-）	额定岁入	额定岁出	盈余（+）亏欠（-）	存银额
嘉靖三十二年		472.9①		200	500	-300②	153.6③
嘉靖三十三年		455.6④					30-40⑤
嘉靖三十四年		429.4668⑥					中库 113.6⑦
嘉靖三十五年		386⑧					
嘉靖三十六年		302⑨					二月：外库14⑩
嘉靖三十七年				200⑪			

① （明）王樵：《方麓集》卷15，第412页。
② 《明世宗实录》卷399，嘉靖三十二年六月戊寅。
③ 《明世宗实录》卷405，嘉靖三十二年十二月乙亥。
④ （明）王樵：《方麓集》卷15，第412页。
⑤ 《明世宗实录》卷414，嘉靖三十三年九月乙卯。
⑥ （明）王樵：《方麓集》卷15，第412页。
⑦ 《明世宗实录》卷424，嘉靖三十四年七月戊申。
⑧ （明）王樵：《方麓集》卷15，第412页。
⑨ 同上。
⑩ 《明世宗实录》卷444，嘉靖三十六年二月甲午。
⑪ 《明世宗实录》卷456，嘉靖三十七年二月戊戌。

第五章　明代太仓库岁入、岁出及财政平衡的演变 | 339

续表

年份	实际岁入	实际岁出	盈余（+）亏欠（-）	额定岁入	额定岁出	盈余（+）亏欠（-）	存银额
嘉靖三十八年							正月太仓存银74，七月减至0.8①
嘉靖四十年							六月："太仓库积贮，不逾数月"②
嘉靖四十二年				户部岁入：220	京边岁支：340③	户部：-120	
嘉靖四十三年	国家岁入财赋：正赋247；会议各项银65万；事例银51万 总计：363	户部岁支京边：363	"仅能支给"④	247			
隆庆元年							130.4652⑤

① 《明世宗实录》卷474，嘉靖三十八年七月庚午。
② 《明世宗实录》卷498，嘉靖四十年六月甲申。
③ 《明世宗实录》卷528，嘉靖四十二年十二月丁未。
④ 《明世宗实录》卷552，嘉靖四十四年十一月癸卯。
⑤ 《明穆宗实录》卷15，隆庆元年十二月戊戌。

续表

年份	实际岁入	实际岁出	盈余（+）亏欠（-）	额定岁入	额定岁出	盈余（+）亏欠（-）	存银额
隆庆二年	440		"出已倍于入"①	201.42	原额 371（京支 135+边饷 236）补发年例 182 总计：535	-396.14②	
隆庆三年	379		"出已倍于入"③		376		四月太仓 370④ 老库：⑤ 100.88
隆庆四年	320			户部天下钱谷：230	户部岁支京边：380	户部：-150	八月外库 110 老库 100⑥
隆庆五年	310		-10⑦				

① 《明穆宗实录》卷48，隆庆四年八月辛丑。
② 按，该年额定岁出入及亏损银额是据"《明经世文编》（《明穆宗实录》卷12，隆庆元年九月丁卯，第3129页）三条史料综合判断的结果。第414页"及马森《明会计以预远图疏》（《明经世文编》卷298，第3129页）三条史料综合判断的结果。
③ 《明穆宗实录》卷48，隆庆四年八月辛丑。
④ 《明穆宗实录》卷31，隆庆三年四月癸未。
⑤ 《明神宗实录》卷46，万历四年正月丙午。
⑥ 《明穆宗实录》卷48，隆庆四年八月辛丑。
⑦ 《明神宗实录》卷5，隆庆六年九月己丑。

第五章 明代太仓库岁入、岁出及财政平衡的演变 | 341

续表

年份	实际岁入	实际岁出	盈余（+）亏欠（-）	额定岁入	额定岁出	盈余（+）亏欠（-）	存银额
隆庆六年							六月：252.6① 八月：② 267.1 十月：③ 283.4 十一月：④ 438.59
万历元年	银：281.9154 铜钱：267.7945 万文	银：283.7104 铜钱：278.0666 万文	银：-1.795 铜钱：-10.272 万文				436.79⑤
万历三年							四月太仓库 481⑥ 六月太仓外库 504.3⑦ 十二月太仓库 703⑧

① 按，另有"金四百六十五两，铜钱一千六百一十九万九千四百八十文"，《明神宗实录》卷 3，隆庆六年七月乙未。
② 《明神宗实录》卷 5，隆庆六年九月己丑。
③ 按，另有"金四百六十五两，铜钱一千六百一十五万七千八百六十二文"，《明神宗实录》卷 7，隆庆六年十一月甲午。
④ 按，该年太仓库还存有金 465 两，铜钱 1640.64 万文，《明神宗实录》卷 8，隆庆六年十二月戊寅。
⑤ 按，该年太仓库还存有金 465 两，铜钱 1630.3775 万文，《明神宗实录》卷 20，万历元年十二月壬申。
⑥ 按，该年太仓库还存有金 460 两，铜钱 1463.6 万文，《明神宗实录》卷 38，万历三年五月己酉。
⑦ 《明神宗实录》卷 40，万历三年七月戊申。
⑧ 《明神宗实录》卷 46，万历四年正月丙午。

续表

年份	实际岁入	实际岁出	盈余（+）亏欠（-）	额定岁入	额定岁出	盈余（+）亏欠（-）	存银额
万历四年	435.94	349.42	+86.52③	209.7 "此外有赃罚、历日、民壮等项银两，解不前，难以定数。"	300.4 "先年有事额外请讨常数十万，查修工等项扰不在数内。"	-90.7①	正月：老库 200 外库 390②
万历五年	355.98	388.84⑤	-32.86	430	330-340（年例 260+京支 70-80）⑥	+90 至 +100	五月：498.4④
万历六年							
万历八年				284.548⑦			

① （明）王樵：《方麓集》卷 15，第 411—412 页。
② 《明神宗实录》卷 46，万历四年正月丙午。
③ （明）张居正：《张太岳集》卷 43《看详户部进呈揭帖疏》，见（明）章潢编《图书编》卷 88，文渊阁四库全书，第 971 册，第 554—555 页。按，《图书编》载太仓银年岁入四百五十五万九千四百余两，万历五年五月己亥。
④ 《明神宗实录》卷 62，万历五年五月己亥。
⑤ （明）张居正：《张太岳集》卷 43《看详户部进呈揭帖疏》，第 554—555 页。按，《戒庵老人漫笔》载万历六年太仓银库岁入银额 325.98 万两，见（明）李诩撰、魏连科点校《戒庵老人漫笔》卷 7，中华书局 1982 年版，第 293 页。今不用。
⑥ 《明神宗实录》卷 73，万历六年三月甲子。
⑦ 按，该年太仓库额定岁入额定为 2176.54 万文，（明）刘斯洁等撰：《太仓考》卷 9 之 2，第 834—835 页。

第五章　明代太仓库岁入、岁出及财政平衡的演变 | 343

续表

年份	实际岁入	实际岁出	盈余（+）亏欠（-）	额定岁入	额定岁出	盈余（+）亏欠（-）	存银额
万历九年	372	565	-193[②]	367.618[①]			
万历十一年			-118[④]	万历十一年十二月预计：367.61	万历十一年十二月预计：598.57（岁出原额422.47＋太仓库抵补蠲免、议留等银176.1）	万历十一年十二月预计：-230.1[⑤]	外库 0.03[③]
万历十二年							（南京老库）250[⑥]
万历十三年				万历十二年十月预计：367.6	万历十二年十月预计：422.4	万历十二年十月预计：-54.8[⑦]	

① （明）张学颜等撰：《万历会计录》（上）卷1，第18—19页。按，虽然卷1的户口、田赋等均为万历六年的数额，但太仓库银岁入中有"苏密、永、昌、易，辽东六镇运民银"一项，据该书卷22易州镇民运饷额第782页，易州镇运民银改解太仓库是万历九年题准的，因此本表将卷1中的太仓库岁入银改解万历九年太仓库额定岁入银额。
② 《明神宗实录》卷148，万历十二年四月癸丑。
③ 《明神宗实录》卷144，万历十一年十二月甲子。按，据上下文判断，似当为300万两，现仅照原文录入。
④ 《明神宗实录》卷159，万历十三年三月己卯。
⑤ 《明神宗实录》卷144，万历十一年十二月甲子。
⑥ 《明神宗实录》卷286，万历二十三年六月戊辰。
⑦ 《明神宗实录》卷154，万历十二年十月壬戌。

续表

年份	实际岁入	实际岁出	盈余（+）亏欠（-）	额定岁入	额定岁出	盈余（+）亏欠（-）	存银额
万历十四年							八月：老库 管房银 600.9，外库 98.423 九月：外库 30①
万历十五年				七月：户部岁入 389	七月：户部岁出 592②	七月：户部 -203	窖房：400③
万历十六年				370④			
万历十七	327	346	-19				窖房：224 外库：31⑤
万历十八年				400⑥	400	0	五月：窖房：117 外库：40⑦

① 《明神宗实录》卷178，万历十四年九月己未。
② 《明神宗实录》卷188，万历十五年七月辛卯。
③ 《明神宗实录》卷218，万历十七年十二月庚寅。
④ 《明神宗实录》卷194，万历十六年正月丙午。
⑤ 《明神宗实录》卷218，万历十七年十二月庚寅。
⑥ 《明神宗实录》卷224，万历十八年六月丁酉。
⑦ 《明神宗实录》卷223，万历十八年五月丁巳。

第五章　明代太仓库岁入、岁出及财政平衡的演变 | 345

续表

年份	实际岁入	实际岁出	盈余（+）亏欠（-）	额定岁入	额定岁出	盈余（+）亏欠（-）	存银额
万历十九年	472.3	399.97	+72.33②	374.05	406.5①	-32.45	
万历二十一年	250	总计?（京支?+年例300）⑤		户部岁入：451.2	户部岁出：546.5	户部：-95.3③	八月：外库17.81④
万历二十二年							
万历二十三年	452	771⑦	-320				南京老库：105⑥
万历二十七年							老库：200⑧
万历二十八年	370	561⑨	-191	国家岁入：400	国家岁出：450⑩	-50	

① 《明神宗实录》卷234，万历十九年闰三月己巳。
② 杨俊民：《杨司农奏疏·边饷渐增供亿难继酌长策以图治安疏》，《明经世文编》卷389，第4205页。
③ 《明神宗实录》卷262，万历二十一年七月丁卯。
④ 《明神宗实录》卷263，万历二十一年八月乙巳。
⑤ 《明神宗实录》卷282，万历二十三年三月乙巳。
⑥ 《明神宗实录》卷286，万历二十三年六月戊辰。
⑦ （明）劳养魁：《国计考》，见《明经世实用编》，第64页。
⑧ 按，万历二十九年十月以前，老库尚有110万两存银："（神宗万历）二十九年十月……户部奏……查老库止有银一百十万两"，见（清）嵇黄等：《续文献通考》卷30，文渊阁四库全书，第627册，第355，万历二十八年，户部借用老库90万两；万历二十九年正月己未，户部尚书陈蕖等言："……去年那借老库银九十万"，见《明神宗实用编》，第64页。因此万历二十七年时，老库存银为200万两。
⑨ （明）劳养魁：《国计考》，见《明经世实用编》，第627册，第33页。
⑩ （清）嵇黄等：《续文献通考》卷30，文渊阁四库全书，第627册，第33页。

续表

年份	实际岁入	实际岁出	盈余（+）亏欠（-）	额定岁入	额定岁出	盈余（+）亏欠（-）	存银额
万历二十九年	232	608[①]	-376				四月：外库：0.19[②] 老库：100[③]
万历三十年			十一月该年边饷尚欠：-85	451.85（原派各省直径解边镇银84万两+实入太仓370余万）	450[④]	+1.85	三月：老库65[⑤] 七月：外库0.0087[⑥]
万历三十一年				470	450[⑦]	+20	

① （明）劳堪魁：《国计考》，见（明）冯应京辑《明经世实用编》，第64页。
② （明神宗实录）卷358，万历二十九年四月丙子，第6680页。按，原文为"今查太仓银库仅有银一千九百两"，根据同表同年老库的存银额，笔者判定该数额当为外库的存银量。
③ （清）嵇璜等：《续文献通考》卷30，文渊阁四库全书，第627册。
④ （明）赵世卿：《司农奏议》卷3《进国计书册疏》，第185页。
⑤ （明）赵世卿：《司农奏议》卷6《请答济边疏》，第237页。
⑥ （明）赵世卿：《司农奏议》卷1《铺宫钱粮疏》，第107页。
⑦ （明神宗实录）卷381，万历三十一年二月庚子。按，赵世卿《司农奏议》卷3《国用匮乏有由疏》第187页说："盖国家钱粮征收有额，曰税粮，曰马草，曰盐钞，日钞者为盐课，各运司者为关课，各钞关者为关课，税契，赎锾，香，商，鱼，茶，屯税，富户等项为杂课，内除径解边镇外大约三百七十余万两，此外则开纳，搯省，军兴，搜括等银为非时额外之课，大约五六十万不等，合此数项为岁入之数以当一岁之出"，然而赵世卿在该书卷3《进国计书册疏》中"原派各省直径解边镇银84万余两"是被算作太仓库岁入额之中的。据此，则万历三十一年五月份《国用匮乏有由疏》的太仓库岁入银额为504—514万余两。

第五章 明代太仓库岁入、岁出及财政平衡的演变 | 347

续表

年份	实际岁入	实际岁出	盈余（+）亏欠（-）	额定岁入	额定岁出	盈余（+）亏欠（-）	存银额
万历三十二年	422.3	"其放总数如之"①	0				九月：老库 50② 闰九月：外库 0.4565③
万历三十三年	325.7	"其放过数亦如之"④		户部：400	户部：400⑤		十一月：老库 30；外库数千两⑥
万历三十四年				户部：400	户部：400		三月：老库 18.9，"今外库随到随发，略无存留"⑦

① 《明神宗实录》卷 416，万历三十三年十二月甲寅；又见（明）赵世卿《司农奏议》卷 4《题饬省直借用钱粮疏》，第 216 页。
② 《明神宗实录》卷 400，万历三十二年九月壬申。
③ 《明神宗实录》卷 401，万历三十二年闰九月丁亥。
④ 《明神宗实录》卷 416，万历三十三年十二月甲寅；又见（明）赵世卿《司农奏议》卷 4《题饬省直借用钱粮疏》，第 216 页。
⑤ 《明神宗实录》卷 416，万历三十三年十二月甲寅。
⑥ 《明神宗实录》卷 415，万历三十三年十一月丁亥。
⑦ 《明神宗实录》卷 419，万历三十四年三月丁亥。

续表

年份	实际岁入	实际岁出	盈余（+）亏欠（-）	额定岁入	额定岁出	盈余（+）亏欠（-）	存银额
万历三十五年			十二月：年例-124 商价-40 总计：-164①	户部：400	户部：410	户部：-10②	八月：外库存银数千两③ 十二月：老库8④
万历三十七年	（正月十三日起至十一月十一日止）263		边饷欠额银：-293	天下岁入：400 太仓年：451.8⑤		仅足供边饷，"上供及百官廪饩抓不与焉"⑥	五月：老库8⑦
万历四十年				400	京支 不详 边饷：389⑧		

---

① （明）赵世卿：《司农奏议》卷1《减办七公主婚礼钱粮疏》，第111页。
② （明）赵世卿：《司农奏议》卷1《请宽金花、请籴买办疏》，第124页。
③ 《明神宗实录》卷437，万历三十五年八月癸酉。
④ （明）赵世卿：《司农奏议》卷1《减办七公主婚礼钱粮疏》，第111页。
⑤ （明）赵世卿：《司农奏议》卷5《太仓岁额益虚请内帑马价疏》，第228页。
⑥ 《明神宗实录》卷465，万历三十七年十二月癸丑。
⑦ 《明神宗实录》卷458，万历三十七年五月庚子。
⑧ 《明神宗实录》卷502，万历四十年闰十一月丁亥。

第五章 明代太仓库岁入、岁出及财政平衡的演变 | 349

续表

年份	实际岁入	实际岁出	盈余（+）亏欠（-）	额定岁入	额定岁出	盈余（+）亏欠（-）	存银额
万历四十二年			"是时九边缺饷，太仓如洗"	400	京支：不详 边饷：389①		
万历四十三年							三月：老库 8.8②
万历四十四年				400		"出浮于入"③	
万历四十六年				五月：400 六月：389 九月：加派辽饷 200.003④ 总计：600.003 或 589.003	五月：420 六月：421⑤	五月：-20 六月：-32	五月：老库 8.8 外库："随到随支"⑥

① 《明神宗实录》卷516，万历四十二年正月丁卯。
② 《明神宗实录》卷530，万历四十三年三月庚申。
③ 《明神宗实录》卷550，万历四十四年十月辛丑。
④ 《明神宗实录》卷574，万历四十六年九月辛亥。按，该年五月份所预计的太仓库岁入、岁出银额与六月份所预计的数额不同，都列入表中，以供参考。
⑤ 《明神宗实录》卷571，万历四十六年六月戊寅。按，边饷381万两，库局内外40万两。
⑥ 《明神宗实录》卷570，万历四十六年五月辛亥。

续表

年份	实际岁入	实际岁出	盈余（+）亏欠（-）	额定岁入	额定岁出	盈余（+）亏欠（-）	存银额
万历四十八年[①]	旧饷、辽饷总计：583.024	旧饷、辽饷总计：608.6693[②]	旧饷、辽饷总计：-25.646	新饷：520[③]			
天启元年	旧库：325.256 新饷银库：430.019 总计：755.275	旧库：318.79[④] 新饷银库：569.3507（内有130万两内帑银）总计：888.1407	旧库：+6.4657 新饷银库：-139.33 总计：-132.87	旧库：443.27[⑤] 新饷银库：532.526[⑥] 总计：975.796			

① 按，该年又是泰昌元年。
② 按，该年岁收铜钱3935.7904万文，岁支铜钱3660.6616万文，《明熹宗实录》卷4，泰昌元年十二月壬申。
③ （清）张廷玉等撰：《明史》卷78，第1903页。
④ 《明熹宗实录》卷17，天启元年十二月丙申。
⑤ 《明熹宗实录》卷15，天启元年十月壬申。
⑥ 《明熹宗实录》卷17，天启元年十二月丙申。按，新饷银库的预算岁入银款项有：新饷加派额银520.06万两；新饷杂项银、新饷关税额银5.9424万两；新饷盐课额银6.524万两。费节裁免饷尚无定额，巡抚军饷、巡按公

第五章　明代太仓库岁入、岁出及财政平衡的演变　| 351

续表

年份	实际岁入	实际岁出	盈余（+）亏欠（-）	额定岁入	额定岁出	盈余（+）亏欠（-）	存银额
天启二年	旧库：205.2698 新饷银库：288.7128 总计：493.983	旧库：196 新饷银库：（新兵饷）银：396.7721；禄银、运价等银、岛饷折色银）	旧库：+9.2698	新饷银库：566.85①			
天启三年				旧饷：340② 新饷：701.6③ 总计 1041.6		新饷：-186④	老库：11.444⑤

① 《明熹宗实录》卷29，天启二年十二月辛卯。按，新饷银库的预算岁入类项有：新饷加派额银520.06万两；新饷杂项无定额；巡抚军饷遵巡按公费节裁充饷尚无定额；新饷芦课额银2.897万两；新饷盐课额银37.3716万两；新饷关税额银6.524万两；此外，该年太仓库实际岁入额银2437.0512万两。
② 《明熹宗实录》卷36，天启三年七月甲寅。
③ 《明熹宗实录》卷42，天启三年十二月。按，天启三年十二月份的统计记载，该年十一月太仓库旧库年之外，对新饷也只记载了预算岁入额一项，甚至连其预算岁支银额都没有记载。
④ （明）毕自严：《石隐园藏稿》卷6，第578页。按，原文为："自天启三年前任尚书李宗延具有辽饷亏额已多一疏，已积欠额一百八十六万有奇。"
⑤ 《明熹宗实录》卷78，天启六年十一月丁丑。

续表

年份	实际岁入	实际岁出	盈余（+）亏欠（-）	额定岁入	额定岁出	盈余（+）亏欠（-）	存银额
天启五年	太仓银库（旧饷、新饷）：303.073	太仓银库（旧饷、新饷）：285.437①	+17.636				
天启六年	太仓银库（旧饷、新饷）：398.624	太仓银库（旧饷、新饷）②：427.9417	-29.318				老库：11.444③
天启七年			至七月，边饷积欠：-780	旧库：330	旧库：500	旧库：-170④ 新库：-200⑤ 总计-370	

① 《明熹宗实录》卷66，天启五年十二月甲辰。按，该年太仓新饷、旧饷实际岁入铜钱8066.1111万文，实际岁出铜钱7902.1929万文。
② 《明熹宗实录》卷79，天启六年十二月丁卯。按，该年太仓新饷、旧饷实际岁入铜钱6955.3658万文，实际岁支铜钱7030.2022万文。
③ 《明熹宗实录》卷78，天启六年十一月丁丑。
④ 《明熹宗实录》卷86，天启七年七月辛巳。
⑤ 《明熹宗实录》卷83，天启七年四月己亥。

第五章　明代太仓库岁入、岁出及财政平衡的演变 | 353

续表

年份	实际岁入	实际岁出	盈余(+)亏欠(-)	额定岁入	额定岁出	盈余(+)亏欠(-)	存银额
崇祯元年	旧库:341(内帑金30万,新饷司)旧管29万,新收282.7)	旧库338.1108 辽饷:①573.7869 总计:911.8977	+2.8892 该年九边军饷欠银:-81	旧库:300 新库:396.42 总计:696.42	旧库:427.422 新库:521.68 总计:949.102	旧库:-127.4② 新库:-125.3③ 总计:-252.7	
崇祯二年				旧库:326.552	旧库:443.376	旧库:-113.7④	旧饷、京粮、新饷库总计:10.999⑤

① 按，全汉昇《明代中叶后太仓岁出银两的研究》认为，崇祯元年岁出银两《度支奏议》卷3《通算元年饷辽之数疏》（第384—387页），崇祯元年户部共发过"关、宁本、折、蓟、密、永、津新兵额饷"513.5183万两，这其中包括内帑银35万两和京部旧饷银；此外，崇祯元年还代发过天启七年找补银两26.7625万两，岛饷33.506万两，总计崇祯元年户部供应辽东白银573.7869万两。
② （明）毕自严：《石隐园藏稿》卷6《题报发过边饷疏》，第561页。
③ （明）毕自严：《度支奏议·堂稿》卷1《辽饷不覆济急无奇疏》，第18页。
④ 《崇祯长编》卷19，崇祯二年三月壬申，第1163—1164页。按，根据本年岁入岁出的数额则财政亏空当为116.8239万两，然而本条史料数据部尚书毕自严疏言"……出浮于入者已一百一十三万六千五十余两"，本表取史料数据。
⑤ （明）毕自严：《度支奏议·堂稿》卷10《库胾将竭优危无计疏》，第414页。

续表

年份	实际岁入	实际岁出	盈余（+）亏欠（-）	额定岁入	额定岁出	盈余（+）亏欠（-）	存银额
崇祯三年	旧饷：262.5462 经赞银：45.347 漕折银：30.8703 总计：338.764	崇祯三年正月到八月总计：313.6742①	"本年春、夏二季各镇年例并一应京支等项俱已租完"	新库：516.1 预计九月到十二月旧饷：143.275	新库：513.0886 预计九月到十二月旧饷：135.337②	新库：+2.9671③	九月：旧库49 十月：旧库25④
崇祯四年				新库：730	新库：870	-160⑤	

① 按，具体包括：年例163.1879；京支并还老库45.3221；军兴盐菜、修边工饷32.5609，借给新饷16.5；军兴犒赏银1万；脚价19.6868；军兴工饷39.819，借给新饷2万，米折等银13.2843。

② （明）毕自严：《度支奏议·新饷司》卷4《清查京卿催征到旧饷完欠收放疏》，续修四库全书，第487册，第143—144页。按，全汉昇《明代中叶后太仓岁出银两的研究》认为，崇祯三年旧饷岁支白银436.97416万两，但该奏疏为"崇祯三年八月十七日具题"，全汉昇是将崇祯三年正月到八月初十日为止的京、边、漕折、轻赍银实际收放银额与崇祯三年下半年所应发的额定银数相加后得出的，故本表不取用该数据。

③ （明）毕自严：《度支奏议·新饷司》卷27《奏报新饷出入大数疏》，第161页。按，崇祯三年九月，余额当为2.672万两，表中盈余数据为据史料直录者。

④ （明）毕自严：《度支奏议·新饷司》卷13《题借轻赍、漕折银两疏》，第126—127页。

⑤ （明）毕自严撰：《石隐园藏稿》卷7《兵饷日增疏》，文渊阁四库全书，第1293册，第599页。按，崇祯三年九月，明朝廷于每亩九厘之外再增收三厘以做新饷，见《崇祯长编》卷41，三年庚午十二月乙巳，第2447页；而该奏疏写于三月以后，目称"加增三厘，额尚虚悬"，则该奏疏年份当为崇祯四年。

第五章　明代太仓库岁入、岁出及财政平衡的演变 | 355

续表

年份	实际岁入	实际岁出	盈余（+）亏欠（-）	额定岁入	额定岁出	盈余（+）亏欠（-）	存银额
崇祯五年				旧库：386.65 新库：838.269 总计：1224.9	旧库：397.826 新库：718.148 总计：1115.97	旧库：-11.2[①] 新库：+120.1[②] 总计：+108.9	
崇祯八年				旧库：423.9 新库：857.3 总计：1281.2	旧库：429.3 新库：786 总计：1215.3	"留者、蠲者、通者、缓者，在在见告" 总计：-230[③]	
崇祯十四年				旧饷：496.8056 辽饷：913.488 练饷：734.88 总计：2145.17[④]			

[①]（明）毕自严：《度支奏议·边饷司》卷9《旧饷出入大数疏》，续修四库全书本，第487册，第415—416页。
[②]（明）毕自严：《度支奏议·新饷司》卷27《奏报新饷出入大数疏》，第162页。按，续修本载该奏疏具题时间为崇祯四年十二月，故本表将其数据列为崇祯五年的新饷岁入、岁出额定数。
[③]"合而计之，该存剩银六十五万九千两有奇，而频年征调转输络绎以及留者、蠲者、通者、缓者，在在见告，是岁缺额遂至二百三十余万两"，（清）嵇璜等：《续文献通考》卷30《国用考》，文渊阁四库全书，第627册，第35页。
[④]（清）孙承泽：《春明梦余录》卷35《赋役》，第483—484页。

续表

年份	实际岁入	实际岁出	盈余（+）亏欠（-）	额定岁入	额定岁出	盈余（+）亏欠（-）	存银额
崇祯十六年	兵饷左、右司总计：186.42		兵饷左、右司总计：[①] -1053	兵饷左、右司总计：1584.5	兵饷左、右司总：计 2122.15	兵饷左、右司总计：-537.6[②]	
崇祯十七年				兵饷左司：775.7715 兵饷右司：808.7311 总计：1584.5		兵饷左司：-285.3 兵饷右司：-252.3[③] 总计：-537.6	

① （明）倪元璐：《倪文贞奏疏》卷 11《简部最要事宜疏》，第 314 页。按其中，正赋，兵饷通欠 787.52 万两，关税、盐课、仓助通欠 265.44 万两。
② （明）倪元璐：《倪文贞奏疏》卷 8《覆奏并饷疏》，第 286—293 页。
③ （明）倪元璐：《倪文贞奏疏》卷 8《覆奏并饷疏》，第 286—293 页。

第三节　明代太仓库库存银额分析

一　太仓库库存银额的特点及其原因

太仓库库存银额的第一大特点是关于它的文字记载明显偏重于财政状况不佳的年份，到嘉靖三十三年太仓库月报出纳制度形成之后，这种情况稍有改观。

嘉靖以前，除了太仓库库存银额的记载外，有关太仓库岁入、岁出总额的记载几乎没有。这主要是因为，嘉靖以前，京库是负责北京和北边京运银财政开支的核心机构，京库每年的财政开支盈余则存往太仓库。据说，嘉靖以前，太仓库的存银达到过400万两或者数百万两："甲辰……尚书韩文会英国公张懋等议谓：京库银两岁入者为一百四十九万两有奇，以岁用言之，给边、折俸及内府成造宝册之类为一百万两，余皆贮之太仓以备饷边急用。故太仓之积，多或至四百万，而少亦半之。近岁所入，以积欠蠲除亏于原额，而所出乃过于常数焉，盖一岁之用已至五百余万两矣"[①]　"初，有旨令户部处置银四十万两送内承运库供大婚礼用……于是给事中杨一瑛言：祖宗时太仓之银常积至数百万，近因赏赐，借用一空。军官俸银两季未给……若必尽取以充无名之赏，非臣所喻也。"[②]　然而，表5-1说明，嘉靖以前太仓库的最高存银额为弘治七年，仅170万两，其余年份太仓库的存银额都不足百万，那些四百万或者数百万的库存银额并没有在历史上留下确切的年份记载。

嘉靖前太仓库库存银额的史料表明，明代士大夫，尤其是编撰《明实录》的明代士大夫，只有在太仓财政储蓄出现问题或者与其他部门发生冲突时才会对太仓库的财政状况予以较充分的注意，而在太仓库库储银额丰厚的时期，他们往往会选择不予记录。

表5-1从成化十六年到正德十二年共6条记录。第一条成化十六年太仓库库存30万两的银额是在户部认为财政紧张需要采取措施的情

[①] 《明武宗实录》卷13，正德元年五月甲申。
[②] 《明武宗实录》卷16，正德元年八月庚戌。

况下记载下来的:"户部臣奏,近年天下连遭水旱,公私匮乏,兼以年例、国用、边储与夫调发、军马供给,悉皆取办于民,用度日增,财力日屈。今太仓见贮银不及三十万两,尽此未足以供边储一年之用。矧又因灾免赋甚多,恐误国计,谨条上应行事宜。"①第二条太仓库存银是在宪宗一次性从太仓库取银30万两入内承运库的情况下记载下来的:"戊子,取太仓银三十万两入内承运库供用。先是有旨令五府、六部、都察院各具在官钱谷数闻。至是,又命户部核太仓银,银凡九十余万两,遂取三分之一。盖是时赏赐用度寖广故也。"②第三条弘治七年170万的库存银额是时任户部主事的李梦阳为了证明太仓库库储的消耗速度太快而记载下来的:"臣始至户部,太仓库银尚百七十余万,今销耗且过半矣。然而乞者未已也。由是积渐而不止,虽欲不匮乌可得矣。"③其余三条史料与上述情况基本相同,都是在强调户部太仓库财政紧张或者皇帝索要太仓库银两的情况下记载下来的。这6条史料没有一条是在太仓库库存银额丰盈时记载下来的。不仅如此,包括上文记载太仓库存银额曾达到过400万或者数百万两白银的史料也是因为相同的原因而被记载。

这说明,明代士大夫对嘉靖以前太仓库库存银额的记载是有明确的选择标准的,那就是在需要强调太仓库财政状况不佳时才会对其库存银额进行关注。明代士大夫,尤其是户部官员的这一选择性的记录特点其实是符合祖制的。朱元璋在颁发给户部尚书及侍郎的诰命中,明确提出,贤臣就应当时时"奏以艰难"以劝谏皇帝注意节俭:

> 昔君天下者,首建仓廪府库于斯。建者备精粮,藏金帛,以待禄给庶职者也。然而必设官以司之⋯⋯若贤臣必欲致君知民瘼之艰辛,当敷奏府库之储集,乃曰:民脂民膏,若妄费则道德亏矣。若奏以艰难,谨以出纳,则府库仓廪有余,庶职禄备而军足食,民无

---

① 《明宪宗实录》卷199,成化十六年春正月庚戌。
② 《明宪宗实录》卷221,成化十七年十一月戊子。
③ (明)李梦阳:《空同集》卷39《上孝宗皇帝书稿》,文渊阁四库全书,第1262册,第351页。

横科，则国之常经定，大道张，君德美矣。①

从嘉靖直至天启，有关太仓库库存银额的记载除了仍旧保持这一显著特点之外，又多出了一个被关注的理由。嘉靖三十三年，由于太仓库连续半年每月的支出都大于收入，以致库储银额从正月的 74 万两降至 0.8 万两。为了加强对太仓库的监管，世宗诏命户部每隔两个月呈报一次太仓库的收入和支出数额：

> 给事中龚情言，臣于本年正月奉命巡视太仓银库，于时稽核库贮银两凡七十四万有奇，及后每月按阅收支之数，所出动逾所入，于今未及半年库贮银仅余八千余两……臣愿皇上责令提督仓场侍郎月具银库内外出入之数……疏下，户部请令仓场侍郎每两月一具揭进呈御览，诏可。太仓银库之月报出纳自此始也。②

因为这项制度，隆庆、万历时期关于太仓库库存银额的记载丰富了许多。

太仓库库存银额的第二大特点是太仓库库存银额，尤其是外库存银，并非相关年份的岁终财政盈余，而是用于下一年的财政开支。这一特点与太仓库支发边镇年例银的时间关系密切。在太仓库发展初期，年例银时常会提前一年甚至数年发放给北边军镇。比如，弘治八年二月，户部就将弘治十一年的年例银提前发给了辽东镇："发太仓银十万两于辽东以备边储准弘治十一年岁例之数。"③ 弘治八年四月，户部将弘治九年的年例银发给宁夏和榆林："命户部运太仓银四万两于宁夏三万两于榆林以备边储准弘治九年年例之数。"④ 弘治九年闰三月，户部又将弘治十二年的年例银发给辽东："命户部运太仓银十万两于辽东准弘治十二年岁例之数。"⑤

---

① （明）刘斯洁等：《太仓考》，第 709 页。
② 《明世宗实录》卷 474，嘉靖三十八年七月庚午。
③ 《明孝宗实录》卷 97，弘治八年二月庚申。
④ 《明孝宗实录》卷 99，弘治八年四月壬戌。
⑤ 《明孝宗实录》卷 111，弘治九年闰三月丙辰。

嘉靖十六年正月，为了让各边镇能够在合适时机购买粮草，户部奏准以后年例银每年正月题发，并就此定为制度："发太仓银六万两给甘肃镇，八万两给宣府镇。先是，采都给事中常序等议，每岁正月户部奏发各镇年例盐银，使得乘时召买，自今岁始着为令。"① 这条规定很有可能是规定边镇年例银的最晚发放时间，因为此后太仓库提前一年发放年例银的例子比比皆是。如嘉靖二十年十二月，太仓库就将第二年的年例发给山西镇："发太仓银三万两于山西为明年年例之数预备粮草。"② 嘉靖二十一年十月，世宗"诏发二十二年太仓年例银四万两……于宣府"。③

万历六年正月，户部又对年例银的发放方式进行了规定，题准每年上半年从太仓库折粮、折草银内先预支北边各军镇主、客兵年例银的一半，等到各镇题请年例银具体数额的奏疏到后，再支发剩余部分：

> 户部题：各边镇年例银两必待各督抚奏到题发，必致延缓误事，今将万历六年合用主、客兵钱粮宣、大、山西、辽东、延、宁、甘肃、易州等镇俱照经制旧数，蓟、永、密、昌等镇照近定新数，各先行量发一半……咨总督仓场太仓衙门将库贮折粮、折草银内动支给发以备本年主、客兵本、折支用，待后各该督抚奏到之日酌量扣抵。报可。④

这样一来，太仓库年例银就变成一年分为两次、每次提前半年预发了。因此，万历十七年十二月时，虽然太仓库外库存银有31万两，然而，这笔白银并非该年的财政盈余，而是第二年上半年应发的年例银额。显然，这一银额相对于万历十八年上半年131万两的年例银额而言，实在是太少了：

> 户部言……太仓见在外库银止三十一万有奇，查得万历十八年

---

① 《明世宗实录》卷196，嘉靖十六年正月丁未。
② 《明世宗实录》卷256，嘉靖二十年十二月丙子。
③ 《明世宗实录》卷267，嘉靖二十一年十月乙巳。
④ 《明神宗实录》卷71，万历六年正月丁丑。

上半年应发年例……共该银一百三十一万有奇，皆系紧急军需……查得原贮外窖房……见在银二百二十四万有奇，原备京边紧急支用，似应动支一百六万有奇，并外库见在银动支二十五万两，凑足一百三十一万有奇，照依各边镇应发数目差官解运；其下半年年例银两，待各督抚等官奏到之日，通将各镇收过各项银两谷石与上年节省钱粮酌量扣抵，另行议发。允之。①

表5-1中还有很多年份具有类似万历十七年的这种"矛盾"现象：一方面，太仓库的岁入、岁支出现了财政赤字，另一方面，这一年太仓库的库存银额却还挺高。这种"矛盾"现象主要就是由太仓库库存银额的上述特点引起的。另外，老库、窖房非有紧急军情或皇帝诏书不能随便支发的特点也是引起这一"矛盾"现象的原因，而这正是太仓库库存银额的第三大特点。

太仓库库存银额之所以有上述特点，最根本的原因在于明代士大夫财政思想中存在量入为出的基本财政原则与重储蓄的理财观念。这一思想在太仓库财政开支中的具体体现就是以本年岁终财政总收入度支次年的岁用。

洪武二十三年，朱元璋在赐给户部尚书的诏书中就曾特别指出这一原则："迁……赵勉为户部尚书……（赐）赵勉诰曰：……今特命尔勉为户部尚书，于乎量入为出，毋扰于民，至公无私，永怀朕命。"② 永乐七年，朱棣在赐给皇太子治理天下之要道的书中作序指出，财用是治理国家的根本，为人君者当量入为出："赐皇太子《圣学心法》书……其序曰：朕惟古之帝王平治天下，有至要之道。诒训子孙，有不易之法。载于经传，为可见矣……经国家者，以财用为本。然生财必有其道，财有余则用不乏……人君富有天下，亦必量入为出，守之以节俭，而戒慎于奢靡。"③ 隆庆四年，户部尚书张守直在其奏疏中指出，国家贡赋的根本原则就是量入为出，而该年外库之存银却不足以供应北边一

---

① 《明神宗实录》卷218，万历十七年十二月庚寅。
② 《明太祖实录》卷202，洪武二十三年五月癸巳朔。
③ 《明太宗实录》卷92，永乐七年五月庚寅。

年之用，这样的财政状况令人寒心："户部尚书张守直言，国家贡赋自有定额，条目虽繁，总其大要，惟在量入为出而已……近者遣四御史括天下府藏二百年所积者而尽归之大仓，然自老库百万之外止一百一十万有奇，不足九边一年之用。国计至此，人人寒心。"① 万历初年，张居正在给神宗的奏疏中更对这一原则进行了详细阐述：

> 夫古者王制，以岁终制国用，量入以为出，计三年所入必积有一年之余，而后可以待非常之事，无匮乏之虞。乃今一岁所出反多于所入，如此年复一年，旧积者日渐消磨，新收者日渐短少，目前支持已觉费力，脱一旦有四方水旱之灾、疆场意外之变，何以给之？此皆事之不可知而势之所必至也，此时欲取之于官，则仓廪所在皆虚，无可措处；欲取之于民，则百姓膏血已竭，难以复支，而民穷势蹙，计乃无聊，天下之患有不可胜讳者。此臣等所深忧也。夫天地生财，止有此数，设法巧取，不能增多，惟加意樽节，则其用自足。②

由此可见，太仓库以本年库存银额度支来年岁用的做法是量入为出、以岁终制国用这一思想原则的具体实践。

二 太仓库库存银额的发展趋势

明代太仓库库存银额的发展历史，基本可以分为四个时期：第一时期为成化至正德朝；第二时期为嘉靖朝；第三时期为隆庆至万历十年；第四时期为万历十一年至崇祯朝。

即使太仓库库存银额的历史资料有上述偏重择录财政困难时期的显著特点，然而在第一时期，太仓库的财政状况从整体上而言还是比较不错的。虽然这一时期太仓库库存银额最高额不过170万两，但是这一时期边镇对京运银的需求总额也很少。就是在太仓库库存银额只有15万两的正德十二年，户部还另外存有20万两白银。而且，太仓库在这一

---

① 《明穆宗实录》卷48，隆庆四年八月辛丑。
② （明）张居正：《张太岳集》卷43《看详户部进呈揭帖疏》，第555页。

时期主要的财政职责是负责存储国家财政盈余，真正负责国家财政收支的是京库。下文表明，正德元年前后，京边开支的额定总数不过100余万两，边镇年例银总额则仅有34万两，且由京库负责：

> 正德元年四月十三日，本部尚书韩等具题……臣等……查理京库银两，以岁入言之……通计各项实该一百四十万九百余两；以岁用言之，宣府年例五万两，大同五万两，辽东一十五万两，延绥三万两，甘肃、宁夏共六万两，给散京卫官军俸粮共三十三万五千余两，内府成造宝玩等项其数不得与知，大约并前折俸银不下五六十万余两，通计各项实该一百余万两。其间支剩马草等银节该本部题准，俱送太仓收候以备边方紧急支用，不许别项支销。故太仓之积，多者三四百余万，少亦不下二百余万。①

如果按照正德元年34万两京运年例银总额来算的话，第一时期只有成化十六年30万两的太仓库库存银额略显不足。应当注意的是，这30万两库存银额是成化十六年正月的数字，到第二年十一月份时，太仓库的库存银额就增至90万两，在被诏命送至内承运库30万两之后，太仓库仍剩有60万两的存银额："戊子取太仓银三十万两入内承运库供用先是……命户部核太仓银，银凡九十余万两，遂取三分之一。盖是时赏赐用度寖广故也。"② 弘治七年，太仓库的库存银额更增至170万两。至此，太仓库的库存银额基本呈现递增的趋势。

弘治十三年以后，由于北边军事冲突增多，军费开支增大，到弘治十五年为止，仅白银一项，户部就解往大同等镇425万余两："户部以今岁天下灾伤粮税减损而国家【费】出无经，乃会计其赢缩之数上之，谓：……自弘治十三年用兵以来，大同、宣府、延绥类解过银四百二十五万二百余两，开中盐六百六十一万三千一百余引，茶九百万斤，举行纳官等例三十余件。"③ 到正德元年四月份时，太仓库已经是"荡然一

---

① （明）黄训编：《名臣经济录》卷31《裁革冗食节冗费奏》，文渊阁四库全书本，第698页。
② 《明宪宗实录》卷221，成化十七年十一月戊子。
③ 《明孝宗实录》卷192，弘治十五年十月辛丑。

空，略无蓄积"。① 然而，仅四个月之后，即正德元年八月，太仓库的库存银额就达到了 43 万两。

这说明，在第一时期的大部分时间里，太仓库的财政收入渠道畅通，财政恢复能力较强，即使太仓库因为某一时期军事开支的猛增而发生短暂的财政紧张，也会很快因为新收入银两的到来以及军情的相对缓解而得到恢复。

第二时期即嘉靖朝，同第一时期相比，这一时期的特色就是太仓库的库存银额从整体上明显高于第一时期。然而，太仓库财政状况的好坏却不能根据这些数额的高低进行简单判断，而是要结合相应年份的岁入、岁出情况进行具体分析后才能得出结论。

嘉靖朝前期，即嘉靖十七年以前，太仓库财政状况良好。正德十六年，鉴于军饷、商价等欠发银额虽然高达 400 万两，新即位的世宗皇帝同意将原本归内库的财政收入暂解太仓库："户部言，太仓银库……空虚日甚，各卫官军折散俸粮并各边岁例、宿逋商人刍粮价值不下四百余万，请以云南新兴等场解到正德十三年分课银暂送太仓收贮，其有各省征办应入内库者亦照此例，俱收贮太仓以备缓急，俟府库稍充仍送内库交纳。从之。"② 这一举措连同嘉靖初期增加太仓库收入的其他措施一起使嘉靖前期的太仓库财政状况迅速好转。嘉靖八年以前，太仓库岁入时常高于岁出并有近 70 万两的岁财政盈余，太仓库库存银额较丰："太仓银库岁入二百万两，先年各边额用主兵年例银四十一万余两，各卫所折粮银二十三万余两，职官布绢银一十一万余两，军士布花银十万余两，京营马料银一十二万余两，仓场粮草银三十五万余两，一年大约所出一百三十三万，常余六十七万。嘉靖八年以前，内库积有四百余万，外库积有一百余万。"③ 嘉靖十五年，太仓库积有 400 万两的白银；嘉靖十七年时，老库仍存有 200 余万白银，因此嘉靖前期太仓库的财政状况是很好的。

自嘉靖十八年到嘉靖二十七年为嘉靖中期。从嘉靖十八年开始，由

---

① （明）黄训编：《名臣经济录》卷 31《裁革冗食节冗费奏》，第 696 页。
② 《明世宗实录》卷 2，正德十六年五月戊寅。
③ 《明世宗实录》卷 351，嘉靖二十八年八月己亥。

于北边军事冲突开始增多，太仓库的财政开支猛增，以致不得不借用老库银，从嘉靖十八年到嘉靖二十三年，总共借支太仓老库银 88 万余两："戊申，命查太仓中库积贮之数。户部奏先年财赋入多出少，帑藏充盈。续收银两贮于两庑，以便支发，中库所藏不动，遂有老库之名。嘉靖十八年后，因边方多故，支出八十八万九千两有奇"① "总督仓场户部左侍郎毕锵言，太仓旧有老库，外库之名……查嘉靖二十三年老库银除动支八十八万九千两外，尚贮银一百一十三万六千四百八十两。"②

此外，嘉靖八年以来，③工部修建宫殿、皇陵等各项工程，前后共借过太仓库近 300 万两白银，以致到嘉靖十九年五月止，太仓库只有存银 210 余万两：

> 查得慈庆、慈宁等宫，崇先、奉先一号等殿，在外山陵、寿宫、行宫及沙河行宫各处已完未完工程，前后共用过银六百三十四万七千八百九十余两，俱系借支户部太仓并太仆、光禄等寺各项银两并本（户）部……支出之数……（太仓）共支过二百九十三万四千七百余两，今太仓止有二百一十万两……嘉靖十九年五月二十四日具题。④

嘉靖二十年时，太仓外库存银只有 30 万两，这笔银额即使对于财政岁支银额较小的嘉靖前期而言也是远远不够支用的，况且是边事、皇室都对太仓库需索增大的嘉靖中期。嘉靖二十二年，为了筹措边镇军饷，户部不得不召集廷臣集体商议对策，其中最重要的措施包括金花、三宫子粒银等未解入内府的白银都借支给太仓库用作边饷，余盐银解纳太仓库，漕粮在必要时可以折银济边。⑤

采取上述措施之后，太仓库库存银额开始逐步上升，到嘉靖二十四年年底，太仓库库存银额上升至 162 万余两。不过，考虑到太仓库数百

---

① 《明世宗实录》卷 424，嘉靖三十四年七月戊申。
② 《明神宗实录》卷 46，万历四年正月丙午。
③ 《明世宗实录》卷 236，嘉靖十九年四月癸未。
④ （明）黄训编：《名臣经济录》卷 48《题钦奉敕谕事（蒋瑶）》，第 400—403 页。
⑤ 《明世宗实录》卷 271，嘉靖二十二年二月壬辰。

万两的岁支银额，这162万余两的库存银额实在不能算作充足。

总体来讲，嘉靖中期的太仓库已经出现财政困难，虽然采取了一系列措施，但并没有真正使太仓库摆脱财政窘境。相对于嘉靖前期而言，太仓库库存银额明显减少，然而岁支银额却又大大超过了岁入和库存银额。太仓库的财政略现捉襟见肘之态。

从嘉靖二十八年到嘉靖四十五年为嘉靖后期。在这一时期里，太仓库库存银额持续下降，再也没有出现库存银额增高的现象。嘉靖三十二年十二月，太仓库的库存银额仅153.6万两；嘉靖三十三年九月份太仓库库存银额降至三四十万两，而这时太仓库所欠发的边饷和商价总额却有106万两："太仓见贮库银不满三四十万两，而应发各镇年例尚欠七十八万两，各项商价尚欠二十八万余两，而光禄借补供应军士冬衣布花犹在其外。"①

嘉靖三十四年，世宗命令太仓老库必须凑足120万两的库存银额：

> 戊申，命查太仓中库积贮之数。户部奏……嘉靖十八年后，因边方多故，支出八十八万九千两有奇，今实存一百一十三万六千两有奇。上曰：中库所贮为备缓急之需，务足一百二十万之数，非有旨钦取，不得妄用。②

然而，终嘉靖之朝，老库库存银额再未能增长到这一数字。不过，依据万历朝户部左侍郎毕锵的奏报，嘉靖后期，老库存银至少一直保持在100万两以上的银额："总督仓场户部左侍郎毕锵言：太仓旧有老库、外库之名，老库扃钥惟谨，外库以便支放。查嘉靖二十三年老库银除动支八十八万九千两外，尚贮银一百一十三万六千四百八十两；至隆庆三年查兑，则仅贮银一百万八千七百六十九两矣。"③

这说明，虽然嘉靖后期太仓外库存银总是远远不能满足居高不下的京边开支的实际财政需求，然而，嘉靖后期的户部财政一直没有恶化到

---

① 《明世宗实录》卷414，嘉靖三十三年九月乙卯。
② 《明世宗实录》卷424，嘉靖三十四年七月戊申。
③ 《明神宗实录》卷46，万历四年正月丙午。

非用尽老库银不可的窘境。即使是到连续承受了十几年战争之苦的嘉靖四十三年，户部仍能够在不动用老库银的情况下，通过各种增加收入的方式勉强满足京边的岁支需求。这一点说明嘉靖后期的财政困难与万历后期的财政危机具有根本性差别。

第三个时期即隆庆至万历十年。隆庆时期，是太仓库逐步修整和走向稳定的时期。

隆庆元年，户部奏准自元年以后原应解入内库的钱粮都留给太仓库以供边费："户部请自元年以后钱粮免进内库，皆留太仓以充边费。许之。"① 这一重大举措，对于自嘉靖后期以来就一直承担数百万两白银开支的户部财政而言，具有极大的帮助作用。当年十二月，太仓库库存银额就上升至 130 余万两。这是嘉靖三十八年以来，太仓库存银首次上升至如此高的数额。虽然这个库存银额对于太仓库隆庆二年 440 万两的实际岁支而言并不充足，但由于太仓库有了充足的岁入保障，太仓库的库存银额到隆庆三年四月时迅速达到了 369 万两之多。

不过，隆庆前期，由于蒙古俺答部多次侵扰明朝，太仓库实际岁支银额仍一直很高：隆庆二年岁支 440 万两白银，隆庆三年岁支 379 万两白银。隆庆五年三月，在明朝官员的谋划下，俺达接受了明朝廷的封号："封俺达为顺义王，及其子弟部落为都督等官。"② 北边大规模的军事冲突就此基本停止，太仓库的库存银额在隆庆六年上升至 438 万余两。

万历前十年间，太仓库的库存银额逐步递增。万历三年年终，太仓库存银 703 万余两，达到了有确切年份的太仓库库存银额的最高值。在这一时期，不仅老库存银达到 200 万两，太仓库还又增加了一个存有 400 万两白银的窖房。老库、窖房大量白银的存在使太仓库拥有了较强的应对紧急军情或者重大灾害的能力。此外，南京户部的老库库存银额也在这一时期迅速增加，到万历十二年时已经达到 250 万两。而且，京、通仓所存的漕粮可够使用 10 年，兵部太仆寺的存银也有 400 万两；

---

① 《明穆宗实录》卷 11，隆庆元年八月辛亥。
② （清）谷应泰：《明史纪事本末》卷 60《俺达封贡》，第 927 页。

"太仓粟可支十年，囧寺积金，至四百余万。"①

万历十一年到崇祯朝是太仓库库存银额发展的第四个阶段。在这一时期，太仓库库存银额稳定地逐步降低，直至库藏匮竭。

万历十一年，太仓库外库存银还有 300 余万两。不过，这一年，太仓库实际岁支银额超过岁入 193 万两；万历十二年，太仓库实际岁支超过岁入 118 万两。在这样的财政开支下，万历十四年八月，除了万历前期存留下来的老库、窖房银外，太仓库外库仅存有 98 万余两的白银，一个月后，这一库存银额又骤降至 30 万两。这种库存银额逐月递减的现象和万历三年库存银额逐月递增的现象形成了鲜明的反差。

万历十五年三月，外库存银额继续下降，仅余 9 万两白银。太仓外库存银的匮竭使得户部不得不于万历十六、万历十七年连续两年动用窖房银，原存银 400 万两的太仓窖房到万历十七年底时仅剩 224 万两白银，而这时存银额只有 31 万的外库却还要支付万历十八年上半年 131 万两的边镇年例银，无奈的户部只得再次动用窖房银。②

万历十八年，大学士王锡爵奏上《因灾自陈疏》，对万历十三年到万历十八年这五年内所发生的巨大变化进行了生动的描述，其中之一就是太仓库的迅速匮竭：

> 抚今追往，犹记万历十三年以六月十二日见朝，是日微雨，皇上犹旰食听讲。至二十三日，是日酷暑，皇上犹鸡鸣视朝。今五年之内，朝讲一月疏一月，一年少一年，皆人臣入京以后事也。臣又记起家时一路所阅南北光景，桑麻弥野，枹鼓不惊。今五年内，四方无岁不告灾，北胡南寇在在生心，此又臣入京以后事也。臣又记太仓藏银廪粟，前户部开数示臣，尚支数年之用。今五年之内，枵然一空，而各边请饷，各省请赈，茫然无措处，此又臣入京以后事也。③

---

① （清）谷应泰：《明史纪事本末》卷 61《江陵柄政》，第 958 页。
② 《明神宗实录》卷 218，万历十七年十二月庚寅。
③ （明）王锡爵：《王文肃公全集》卷 4《因灾自陈疏》，四库全书存目丛书，集部第 135 册，第 93 页。

第五章　明代太仓库岁入、岁出及财政平衡的演变 | 369

除了借用窖房银外，从万历十五年起，太仓库还不断借用南京户部老库的存银，到万历二十三年为止，南京老库存银共被借走145万两。① 到万历二十八年时，户部又借用老库银90万两，但次年边镇年例银仍欠一二百万："己未，户部尚书陈蕖等言：近日库贮匮乏，九边额饷逾四百万，去年那借老库银九十万，今年各处灾伤，颇多逋负，计年例少银一二百万。"②

万历三十年三月，老库存银降成65万两，而该年七月份外库存银竟然只有87两。此后，外库存银多者仅有数千，更多时候则是"随到随支，略无存留"；至于老库，则是一年少于一年，直至降至万历末年的8万余两。而这8万余两的存额之所以能够维持，可能的理由只有一个，那就是借此维持住老库的存在，保留住最后的财政"体面"。

天启三年，老库11.4444万余两的存银构成如下：实在银8.2484万两，原在寄库无碍官银2.7185万两，刑部追解摊陪老库银0.478万两。这一银额一直保持到天启六年。

崇祯三年九月，太仓库的漕折、轻赍银存额有49万两。无疑，这与崇祯三年京卿到地方催解赋税有很大关系。不过，漕折、轻赍银并非用于京边的款项，毕自严就曾在崇祯三年八月的奏疏中说："轻赍、漕折不系太仓钱粮。"③ 而且，即使用于支付京边开支，相对于崇祯三年下半年135万余两的旧饷开支数额而言还是太少；而且，该年九月份，为了支付新饷，户部又借用了这笔存银中的24万两："（崇祯三年九月）二十七日奉圣旨：……据奏，饷解不前，军需难缓，准暂借太仓库贮银二十四万两应用，即严催外解补还。"④ 至于新库，崇祯三年九月的情况是："随发随尽，库藏尘封。"⑤ 所以，崇祯时期，太仓库基本上仍然保持了外解随到随支的开支模式，库存银额可以达到预支一年或

---

① 《明神宗实录》卷286，万历二十三年六月戊辰。
② 《明神宗实录》卷355，万历二十九年正月己未。
③ （明）毕自严：《度支奏议·边饷司》卷4《清查京卿催到旧饷完欠、收放疏》，续修四库全书第485册，第143页。
④ （明）毕自严：《度支奏议·新饷司》卷13《题借轻赍、漕折银两疏》，续修四库全书第485册，第127页。
⑤ （明）毕自严：《度支奏议·新饷司》卷13《题借轻赍、漕折银两疏》，续修四库全书第485册，第126页。

者半年军饷的情况再也没有出现过。

第四节　明代太仓库实际岁入、岁出银额分析

一　明代太仓库实际岁入、岁出银额的特点

明代万历朝及其以往各朝太仓库岁出入银额在记载方面的特点亦是明显偏重其有财政问题或者困难的年份，《明实录》中太仓库岁出入银额的记载更是如此。表5-1中，从有太仓库岁出入银额记载的嘉靖七年到万历四十六年，太仓库岁入高于岁出而出现财政盈余的年份只有3个，岁入、岁出基本相等的年份有4个，其余年份均为岁出高于岁入而出现财政赤字的情况。

岁出高于岁入而出现财政赤字的年份自不必说，即使是那4个岁出入银额基本相等的年份，它们之所以被提及，主要也还是想借此强调太仓库的财政困难或问题。如嘉靖三十年十二月，户部奏言，该年岁出高于岁入近400万两白银，虽然通过采取各种搜括措施而使得天下岁入、岁出基本相当，但是这更让户部对次年的财政开支充满了忧虑：

> 户部言，今天下岁入粮草折银及余盐价银共二百万，而各边所费已六百余万。皇帝俯从臣等议处，增盐课、征粮银、广开纳、查赎锾，举天下一切应征应取之数而尽括之，仅供终岁用。来岁以后，费将安出？请核诸卫门所属官员、儒士、厨役、官校，酌议裁革，仍将本部钱粮岁所出入盈缩之数，撮其大纲籍进，仰备睿览，亦使百司庶府咸知此数，各为公家惜财。凡一切泛用，不得任意派取，庶可为经久计。诏从之。①

国家岁出入银额基本相等的嘉靖四十三年被记载的原因仍是户部因为这一结果而对此年的财政收支产生忧虑，并希望皇帝因此而批准他们相应建议采取的措施：

---

① 《明世宗实录》卷380，嘉靖三十年十二月。

户部尚书高耀言，国家岁入财赋有限，而京边支费无穷。即如四十三年发边主客军饷及在内供亿之费共三百六十三万，而各项正赋及节年逋欠所入顾止二百四十七万余两，出浮于入凡一百一十六万。所赖会议各项银六十五万、事例银五十一万，仅能支给。乃今各省会议银两解纳不前，事例之开三年限满，前项岁例不足银数何从处给……臣等职司邦计，夙夜忧惶，竭虑讲求，愧无良策……宜行各边督抚及管粮司官将该镇主客兵钱粮悉心查核，如主兵除逃亡老弱外，实在兵马几何，应用本折几何，在客兵亦如之……仍乞明诏申饬诸臣大破积习，以实举行。如盐引久积，须多方开中；屯田荒芜，须从长整理；民运并会议各项银两逋欠者，须设法征解，共殚心力，务使利兴弊除，公私俱足，然后各项事例以渐议罢。疏入，从之。①

万历三十二年和三十三年太仓库的岁出入情况被提及是因为户部想借此表明万历三十三年太仓库的财政恶化了，而其主要原因则在于地方的题留、逋欠，因此户部希望皇帝利用其权威而对这一问题进行强调和解决：

户部言，臣部每岁四百万之入以供四百万之出，此定数也。万历三十二年管库主事余自强差满考核，收过太仓银四百二十二万三千、京粮银三十五万九千，其放总数如之。顷管库主事张联奎差满候考，收过太仓银三百二十五万七千、京粮银二十九万二千，其放过总数亦如之。一年之间，成数顿减百万，细究其故，匪第灾沴亏折之不敷，省直逋欠之不前，而各处那抵借留，其侵越有不可言者在也……得旨：卿部积贮空虚，支吾不给，朕所鉴念。各地方即有急务，自宜查照额项多方区处，岂得动称借留以亏国家根本之计？自今各省直京边钱粮俱要随征随解，不许久停仓库，以致借抵。有司不奉明旨，私自那解的，听该部参来处治。②

---

① 《明世宗实录》卷552，嘉靖四十四年十一月癸卯。
② 《明神宗实录》卷416，万历三十三年十二月甲寅。

至于表5-1中那3个太仓库实际岁入高于岁出的年份,没有一条直接出自《明实录》,而且其中万历五年和万历二十一年两个年份的数据仍是出于对太仓库财政的忧虑而提出来的。先看万历五年太仓库实际岁出入额在张居正奏疏中被记载的上下文:

> 臣等看得国家财赋正供之数,总计一岁输之大仓银库者,不过四百三十余万两,而细至吏承纳班、僧道度牒等项,毫厘丝忽皆在其中矣……今查万历五年岁入四百三十五万九千四百余两,而六年所入仅三百五十五万九千八百余两,是比旧少进八十余万两矣;五年岁出三百四十九万四千二百余两,而六年所出乃至三百八十八万八千四百余两,是比旧多用四十万余矣……乃今一岁所出反多于所入,如此年复一年……一旦有四方水旱之灾、疆场意外之变,何以给之……此臣等所深忧也。①

从上述引文可以看出,首辅张居正提及万历五年太仓库的岁出入银额,只是为了证明万历六年的财政恶化了,并以此为基础,请求皇帝节俭开支、注意增加财政储蓄。《明神宗实录》的编撰者对这份奏疏的重点把握得十分到位,在编撰的时候对它进行了精心的节选:

> 辅臣居正等题,看得户部所进乃万历六年一岁钱粮出入之数,仔细查阅各项钱粮,一年总计不过四百三十余万,乃六年所入比之五年少八十余万两,而所出比之五年乃多三十三万余两。盖由各处奏留、蠲免数多,及节年追赃人犯财产已尽,无可完纳,故入数顿少。又两次奉旨取用及凑补金花拖欠银两,皆额外之需,故出数反多也……若从此不加樽节,则旧积日渐消磨新收者日渐短少,倘一旦有水旱饥馑之灾、四方意外之变,何以待之?②

对比两份史料可以看出,《明神宗实录》中刻意删除了万历五年

---

① (明)张居正:《张太岳集》卷43《看详户部进呈揭帖疏》,第554—555页。
② 《明神宗实录》卷85,万历七年三月戊辰。

和万历六年的岁出入银额，将重点放在万历六年的岁入比万历五年减少的银额和万历六年岁支比万历五年增加的银额上面。就此，万历五年100余万两的财政盈余银额不但没有成为各位大臣可以邀功炫耀的政绩，反而成为了劝谏皇帝节俭开支的一项事实基础。那么，到底是什么原因使得明代士大夫对太仓库岁出入财政状况良好的年份如此避讳呢？

第一，从上述几段引文内容可以看出，各位士大夫认为，太仓库或者国家财政出现问题之后，都应对这一问题的根源进行探究并进而制定相应的措施或者提出相应的建议，而这些措施或者建议从国家体制方面来讲是需要得到皇帝同意才能生效的。因此，太仓库岁出入财政出现问题时被记载偏多与国家权力制度的安排有直接而密切的关系，因为在这样的时候他们有直接而充足的理由上疏奏报。

第二，明代士大夫有着浓厚的藏富于民的思想，因此，太仓库较高岁盈余银额并不被明代士大夫看作值得夸耀的政绩。

早在洪武元年，漳州府通判就上疏给朱元璋，指出君主最根本的事情就是修养德行，至于财富，则要藏富于民以使民生自遂：

> 乙亥，漳州府通判王祎上疏曰……夫民恃君以为生，故人君视民之休戚，必若己之休戚，诚以君民同一体尔。古者藏富于民，言取之有节，取之有节则民生遂而得其所……今陛下建国之始，方将立法垂宪以定一代之典制度礼文之事，可议者固多，臣未敢以悉数，谨举帝王为治之大要，冒昧以闻……上嘉纳之。①

朱元璋自己也对藏富于民的思想深表赞同，认为这是保持国运的根本大道：

> 上谕侍臣曰：保国之道藏富于民，民富则亲，民贫则离，民之贫富国家休戚系焉。自昔昏主恣意奢欲，使百姓困之，至于乱亡。朕思微时，兵荒饥馑，日食藜藿，今日贵为天子，富有天下，未尝

---

① 《明太祖实录》卷34，洪武元年八月乙亥。

一日忘于怀。故宫室器用一从朴素，饮食衣服皆有常供，惟恐过奢伤财害民也。①

朱元璋的这一思想深得明代士大夫的赞同。弘治时，曾有人建议将地方收贮的征徭羡银收归太仓库，却遭到了户部尚书周经的极力反对，认为这违背了藏富于民的原则："弘治时，给事中曾昂请以诸布政司公帑积贮征徭羡银，尽输太仓。尚书周经力争之，以为用不足者，以织造、赏赉、斋醮、土木之故，必欲尽括天下财，非藏富于民意也。"② 嘉靖朝的监察御史舒迁认为："藏富于民而下不扰。"③ 隆庆、万历时期的名臣靳学颜认为："藏富于民即藏富于官，皇上所为南面而恃以无恐者，其根本在此。"④ 万历朝大学士赵志皋认为："王人者导利而布之上下者也……利源一开，则贿门遂辟，奔兢之途启，攘夺之患生，未有不乱者。是以王者贵五谷而贱金玉，藏富于民而不藏富于国。"⑤

第三，对于国家库存量，明代士大夫追求的是至少要足够供应三年的支费；而对于太仓库每年的岁入和岁支，则是以支用七分、余存三分为目标。因此，太仓库每年的岁收支出现财政盈余是很正常的情况，并不值得炫耀或者给予特别记载。

中国传统社会自古就有注重储蓄的思想："《王制》曰：'国无九年之蓄，谓之不足；无六年之蓄，谓之急；无三年之蓄，国非其国也'。"⑥ 这种注重财政储蓄的思想对明代士大夫影响深刻。隆庆元年，户部尚书马森在给穆宗的奏疏中说过："国无三年之蓄，国非其国。"⑦ 万历六年，户部的奏疏中说："户部题……古之为国，常有九年、六年之积。今太仓……每岁所入仅足敷用，况三年、九年之积乎？"⑧ 万历十四年，户部尚书毕锵以太仓无三年之蓄为由请求神宗停止召买："户

---

① 《明太祖实录》卷176，洪武十八年冬十月甲子。
② （清）张廷玉等：《明史》卷79，第1929页。
③ 《明世宗实录》卷239，嘉靖十九年七月戊戌。
④ 《明穆宗实录》卷42，隆庆四年二月丙寅。
⑤ 《明神宗实录》卷301，万历二十四年闰八月丁卯。
⑥ （汉）贾谊：《新书校注》卷4，阎振益、钟夏校注，中华书局2000年版，第164页。
⑦ 《明穆宗实录》卷12，隆庆元年九月丁卯。
⑧ 《明神宗实录》卷73，万历六年三月甲子。

部尚书毕锵条陈九事……一停召买……查召买之数，万历元年至十三年共价银七十五万余两……贮之太仓者，不足三年之蓄而已竭百姓之力矣。曷若加意节省，停止召买，公用足而民困苏之为便哉。"①

就太仓库而言，为了达到这样的储蓄目标，每年岁入的使用当是用七余三的比例。太仓库的岁支旧例就是如此规定的，而嘉靖二十八年以前的太仓库也确有许多年份的财政收支是达到了这一标准的："是实天下财赋岁入太仓库者计二百万两有奇，旧规以七分经费、每存积三分备兵歉以为常。嘉靖己酉以前，岁支最多不过二百万，而其少者乃仅至七八十万。"② 因此，当嘉靖二十八年太仓库岁支超出岁入银额时，户部奏请皇帝命令各衙门节俭财政开支，希望能够恢复太仓库十分余三的正常状况：

> 户部会计去年岁用为录以献，因言太仓每岁额入银二百一十二万五千三百五十五两，去岁合节年解欠及括取开纳事例等银共入银三百九十五万七千一百一十六两，视岁额加赢矣；及计一岁之出，及至四百一十二万二千七百二十七两，视岁征增一倍……盖因连年戍边、募军诸费不次增添，而内外请乞纷纭，罔知节缩，故财计诎乏一至于此。请行在京各衙门并各督抚巡按管官，将今年一切财用通融均节，庶几渐复国初十分余三之旧。疏入，报闻。

而万历时期张居正所追求的"计三年所入必积有一年之余"③以及户部右侍郎褚鈇所说的"自古圣王必量入为出，而周礼冢宰制国用，计三十年之通必余十年之积"④，其实质仍旧是每岁之入用七余三。

第四，明代士大夫不愿过多注意太仓库财政状况良好年份的另一原因可能与担心皇帝的觊觎有一定关系。万历时期，石星曾经建议将地方库存银用以供应国家需求。对此，宋纁表示反对，理由是如果皇帝知道国家财政充盈，就会滋生奢侈之心："纁凝重有识，议事不苟。石星代

---

① 《明神宗实录》卷172，万历十四年三月戊申。
② 《明世宗实录》卷456，嘉靖三十七年二月戊戌。
③ 《明神宗实录》卷85，万历七年三月戊辰。
④ 《明神宗实录》卷262，万历二十一年七月丁卯。

为户部，尝语繻曰：'某郡有奇羡，可济国需。'繻曰：'朝廷钱谷，宁蓄久不用，勿使搜括无余。主上知物力充羡，则侈心生矣。'"① 据此可以推断，一向主张皇帝及其皇族成员量入为出、节俭开支却又往往不能如愿的明代士大夫也一定不太热衷于在太仓库财政充盈时主动向皇帝汇报邀功了。

不过，太仓库实际岁出入银额的上述特点并不适用于泰昌、天启和崇祯朝。可能是因为按亩加派征收辽饷的原因，泰昌、天启两朝在太仓库岁出入的记载方面的突出特点是每年十二月份的户口、田赋等项的岁终财政收支统计中开始出现太仓旧库和新库的岁出入银钱数额。

崇祯朝在太仓库岁出银钱方面的记载特点更特殊，它一反万历以前报忧不报喜的特点，显现出明显的报喜不报忧的特点。其中最具有代表性的就是崇祯末年的户部尚书倪元璐，他在奏疏中所奏报的千万两白银的岁出入数都是国家财政收入或者支出的额定虚数，而像崇祯十六年兵饷左、右司的实际收放数，他是在崇祯帝召对询问之后而将之作为内阁最机要的内容奏报的。如果说万历以前的明代士大夫可以通过强调太仓库的财政困难与问题而达到劝谏皇帝节俭或者促使皇帝同意他们相应提出的建议与措施的话，崇祯时期却要尽量奏报财政方面的好消息以鼓舞人心了。

二　明代太仓库实际岁出入银额发展演变趋势

明代太仓库实际岁出入银额的发展演变亦大致有 4 个时期。

第一时期为嘉靖朝。这一时期内，有关太仓库实际岁出入银额的记载稍显混乱。据嘉靖三十七年的《明世宗实录》的记载，嘉靖己酉以前，即嘉靖二十八年以前，太仓库岁支银额最多不超过 200 万两："是实天下财赋岁入太仓库者计二百万两有奇……嘉靖己酉以前，岁支最多不过二百万，而其少者乃仅至七八十万。"② 然而，表 5-1 表明，据嘉靖八年《明世宗实录》的记载，嘉靖七年太仓库的实际岁支银额为 241 万两；据万历时期《图书编》的记载，嘉靖二十五年太仓库的实际岁

---

① （清）张廷玉等：《明史》卷 224，第 5890 页。
② 《明世宗实录》卷 456，嘉靖三十七年二月戊戌。

支银额更是高达 371 万两。这至少说明，嘉靖三十七年时的明朝廷缺乏对本朝太仓库岁出入银额的系统记载。

从表 5-1 可以看出，太仓库实际岁出入银额从嘉靖七年到嘉靖二十五年增长幅度巨大，而嘉靖十八年以后，户部对太仓老库存银的支取说明，嘉靖十八年以后有些年份的实际岁出超出了岁入："戊申，命查太仓中库积贮之数，户部奏：……嘉靖十八年后，因边方多故，支出八十八万九千两有奇。"①

从嘉靖二十八年开始，太仓库岁支银额连续 9 年居高不下，岁支银额最低的嘉靖三十六年也有 302 万余两，这对于额定岁入银额只有 200 余万两的太仓库是巨大的负担。嘉靖二十八年，太仓库实际岁入 395 万余两、实际岁出 412 万余两，财政亏损银额 16 万余两；嘉靖二十九年，太仓库实际岁入 207 万余两、实际岁出 347 万余两，财政亏损银额 140 万两。面对不断增长的边镇军费开支，户部只得在嘉靖三十年奏准实行加派，总银额共计 115.734 万两：

> 户部言，各边召募兵马日增，供费不给，宜通融酌处，广求足用之术。如北直隶、山、陕、河南、广西、贵州省及淮、扬、庐、凤、徐、邳诸州郡或已募兵或各修边或有雇募难以复议，其余可依坐派京料银以多寡为差，应天府三万，徽州府三万五千，宁国府二万五千，池州、太平、安庆各二万，苏州府八万五千，德和州、滁州共九千，浙江十五万六千，江西十二万，湖广十四万，四川十五万，福建十四万，广东十五万，云南五万七千三百四十，岁限十月以里解部支用……报可。②

嘉靖三十年，除加派之外，户部还采取了增加盐课、开纳事例等一系列措施，总算勉强满足了该年的京边开支："户部言：今天下岁入粮草折银及余盐价银共二百万，而各边所费已六百余万。皇帝俯从臣等议处增盐课、征粮银、广开纳、查赎锾，举天下一切应征、应取之数而尽

---

① 《明世宗实录》卷 424，嘉靖三十四年七月戊申。
② 《明世宗实录》卷 369，嘉靖三十年正月丁未。

括之，仅供终岁用。"①

户部所采取的一系列增加财政收入的措施是有实效的，从嘉靖二十八年到嘉靖三十六年的9年时间内，户部共支给京边白银3932.9843万两。即使太仓库额定的200万两的岁入在这9年内每年都能足额征收上来，也不过只有1800万两白银，剩下的2000余万两白银都是在太仓库额定收入之外、由户部筹措而来。不过，毕竟财源是有限度的，从嘉靖三十年到嘉靖三十六年，京边岁支的总银额在逐步下降，这主要是因为户部实际岁入的银额在逐步下降：

> 庚戌虏变后，周章备御，每岁调兵遣戍，中外所增兵马数多，饷额增倍，及乙卯、丙辰间，而宣大虏警益急，一切募军、赈恤等费咸取给内帑，岁无纪极。故嘉靖三十年所发京边岁用之数至五百九十五万，三十一年五百三十一万，三十二年五百七十三万，三十三年四百五十五万，三十四年四百二十九万，三十五年三百八十六万，三十六年三百二万。计太仓岁入银二百万之额，不能充岁出之半。由是度支为一切之法，算敛财赂、题增派、括赃赎、算税契、折民壮、提编、均徭推广事例兴焉。其初亦赖以济匮，久之诸所灌输益少……不惟诸军兴征发停格，即岁入二百万之额且亏其三一。②

连续7年的高额岁支使国家财政逐渐萎缩，到嘉靖三十七年二月时，大同右卫出现紧急军情，而太仓库所收到的银额只有区区7万两。即使到了此时，户部尚书仍然能够提出若干条增加太仓库收入的实际措施：

> 其一议处各边存积盐引，欲将嘉靖三十四年以后存积未中者照依原价每银一钱加三分，召商纳银太仓，特行超掣……其三议处南京仓粮，欲将浙江、湖广、江西及南直隶州县原派南京户部仓粮该

---

① 《明世宗实录》卷380，嘉靖三十年十二月癸未。
② 《明世宗实录》卷456，嘉靖三十七年二月戊戌。

征本色暂借三年，改折一半转发太仓银库济边；其四议处南京本色逋赋，自三十一年至三十五年，江浙湖广三省及直隶州县，其所拖欠南京本色粮米，改追折色，通限一年内完解银库……其五议处各处拖欠本部钱粮，断自嘉靖三十一年为始，行各抚按督行司府尽数查明，多方追解，通限一年内完报；其六议处各处盐课、盐税，请遵照定例，各处盐课、盐税悉输本部发边，所在官司不得擅自奏留及别项借用……得旨……如议行。①

不但如此，同年十二月，户部通过朝廷大臣集体会议的方式又筹措到二三百万两的白银收入。这笔银额让每年只有40万两白银收入的世宗皇帝大生艳羡之心。于是，世宗皇帝下命，今后户部每年都要供应内府100万两白银，且原先供应内府的预备钦取银亦不许亏欠：

> 上问户部：祖宗时内库岁入银多至百万，今止得四十万。昨集议各项银不下二三百万，今皆安在？尚书贾应春等对：往时百万之数本兼军官俸折、内府供用之需，今通计二项已进过七十四万三千余两，内借支十万两济边；其集议银止解到二十七万两，未解者尚十之八九，已解者半输大同备赈，容臣等次第经理，务足原额。上曰：既有岁派银数，如何故减？此后准连折俸每年进银一百万两，外加预备钦取银，不许亏欠。②

嘉靖四十二年，户部额定岁入银为220万两，而嘉靖四十三年的正赋及往年逋欠的收入却有247万两，这笔正赋收入虽不能满足363万两的岁支需求，户部却通过朝臣集议而提出的筹款措施以及开纳事例达到了岁入和岁出的财政平衡。

嘉靖朝太仓库实际岁出入银额的发展历史充分证明，嘉靖时期，无论是中央还是地方，其财政储蓄都比较充盈；其次，包括太仓库在内的各财政体系的再生能力都很强，这说明赋税的征收率都保持了较高的

---

① 《明世宗实录》卷456，嘉靖三十七年二月戊戌。
② 《明世宗实录》卷467，嘉靖三十七年十二庚午。

水平。

第二个时期是隆庆到万历十年。在这一时期，明中央政府采取了一系列改革措施，这些措施最终促成万历前十年太仓库良好的财政状况。现仅将与太仓库财政收支关系密切的改革措施进行简要阐述。

嘉靖四十五年十二月，世宗驾崩，新即位的穆宗皇帝在颁布天下的诏书中宣布按照弘治及嘉靖初年的标准供应内府各衙门钱粮，并将内府各监局今后应征缎匹、军器等酌量折征白银解纳户部接济边饷：

> 壬子，上即皇帝位……诏曰……一，内府各衙门供应钱粮，朕加意节省，用自有余。该部务查照弘治年间及嘉靖初年旧额酌量征派，其以后年分加添者尽行革除，将革过数目奏知，仍造册送科备照。如各衙门假以缺少为由行文加派及该部阿奉准行者，科道官即时参奏治以重罪；一，内府各监局库所收缎匹、军器、香蜡等项钱粮，户、工二部奏差风力科道官二员，前去吊取文卷，备查原收若干、用过若干、见存若干、约够几年支用，造册奏缴。该部将以后应派之数，酌量折征银两解部，以济边用。①

隆庆元年正月，户部覆准南京供用库部分实物每三年中征折色银二年，并解往户部接济边饷："户部覆南京户科给事中岑用宾奏，其一言南京供用库酒醋面局并光禄四署所积米谷豆麦足支数年，宜暂征折色解部，其后以三年为率，征本色二年、折色一年，庶无虚费……得旨：折色银两征解户部济边。"②

隆庆元年八月，"户部请自元年以后钱粮免进内库，皆留太仓以充边费。许之。"③

万历初年，天下本色、折色赋税总计合 1400 余万两白银，解纳给内府总计约合 600 万两白银，④ 其中除了金花等 100 余万两白银外，其

---

① 《明穆宗实录》卷1，嘉靖四十五年十二月壬子。
② 《明穆宗实录》卷2，隆庆元年春正月丙寅。
③ 《明穆宗实录》卷11，隆庆元年八月辛亥。
④ （明）张学颜等：《万历会计录》（上）卷1，第22页。

余皆为丝、棉、绢等实物，"内府六百万，自金花、籽粒外，皆丝绵、布帛、蜡、茶、颜料之类。"① 因此，隆庆初年这些节减内库财政开支，同时又将内府部分收入直接划归太仓库的做法对增加太仓库财政收入，减轻太仓库的财政开支压力，具有非常巨大的作用。

此外，地方政府部分财政收入也被划归给了户部及太仓库。隆庆元年六月，"福建每年额征盐折、屯折、粮剩仓折、盐粮料钞、鱼课、酒税并应解事例、扣减弓兵、驿递、寺租、科举、赃罚等银约二十五万"被命解往太仓库。② 再者，嘉靖末年归工部所有的赃罚银在隆庆元年也成为户部的财政收入："时帑藏空虚，诏书多所蠲免。经费不足，户部条上其议……一，赃罚银两十分则留用二分，解户工二部各四分，而工部营建今已诏罢，宜悉归户部，并僧道度牒、吏承班银，有司如期起解，不得怠缓。议上，从之。"③ 对太仓库正赋征收的监管也在隆庆朝得到了加强："己卯，户部请核天下来朝官员有无逋赋，分别多寡住俸、降级如例。从之。"④

除了上述直接增加太仓库收入的改革外，一些看似与太仓库没有直接联系的改革也对太仓库的财政产生了极其重大的影响。

隆庆初年进行了大规模的吏治整顿，大批无能、贪渎、衰病的官员都失去了原有的职位。这种整顿既给有抱负的士大夫提供了用武之地，也是对其他在职官员的警戒。隆庆元年正月，北京被罢免、降级的官员共有 189 名。⑤ 隆庆元年三月，南京各部遭罢免、降级的官员共有 63 人。⑥ 隆庆三年正月，南京又有 129 名官员因为贪渎、能力不足、年老等原因而被罢免或者降级。⑦

当然，仅仅罢免无能官员还不够，更重要的是物色并任用有能力的官员。隆庆元年十二月，户部奏请博访能够委以边镇督抚等重任的有才略的官员以及详知屯田、盐法利弊、可以清理整顿盐法、屯田的官员：

---

① （清）张廷玉等：《明史》卷 256，第 6612 页。
② 《明穆宗实录》卷 9，隆庆元年六月丙申。
③ 《明穆宗实录》卷 9，隆庆元年六月庚子。
④ 《明穆宗实录》卷 53，隆庆五年正月己卯。
⑤ 《明穆宗实录》卷 3，隆庆元年正月丁丑。
⑥ 《明穆宗实录》卷 6，隆庆元年三月丙辰。
⑦ 《明穆宗实录》卷 29，隆庆三年二月甲辰。

"户部请令两京九卿三品以上堂上官并各科道官博访才略过人、忠诚任事、可任诸边督抚、兵备有司及熟知屯盐利弊、堪清理盐屯之选者，无论见任、去任，各举所止上请简用。异时功罪并及举主。"① 一年之后，邹应龙、庞尚鹏等一大批"边才"因荐举而被任用。而隆庆朝对边镇官员的重视由此可见一斑：

> 户部尚书马森等、给事中王治、御史王友贤等各奏荐边才：见任大理寺卿邹应龙，右寺丞庞尚鹏，佥都御史赵孔昭、刘悫、林润、温如璋、唐继禄，南京大理寺卿张守直，南京光禄寺卿徐公遴，副都御史杨巍、刘光济、陈大宾、方廉，府丞吴时来，太常寺少卿张翀，南京太常寺少卿丘橓，光禄寺少卿李键，布政使严清、张柱，按察使梁梦龙、熊桴、刘炌、陶承学，参政谢鹏举、罗瑶、沈应时，副使曹科、杨彩、冯舜渔、杨锦、颜鲸、张学颜、孟重……御史陈烈，凡四十五人听用……吏部上其议，因言……宜勿论南北资格，斟酌推用，务当其才。上深然之，因命以所举诸臣酌量任用，有不称职偾事者并坐举主。②

隆庆初年户部在财政管理方面也进行了改革。隆庆元年，户部奏准颁行钱粮文册，详细记载起运北京和边镇钱粮的征收情况，以便次年据此对地方官员进行考察：

> 户部请以钱粮文册定式颁行天下，自嘉靖三十六年至嘉靖四十五年，凡起运京边钱粮完欠、起解、追征数目及贫民不能纳完者，备记册中，自州县以达府，自府达布政司，于来岁入觐送户部查考。如有隐漏、那移、侵欺及不如式者参治。得旨：文册如议行，应参官员部臣具以名闻。③

---

① 《明穆宗实录》卷15，隆庆元年十二月辛巳。
② 《明穆宗实录》卷17，隆庆二年二月庚寅。
③ 《明穆宗实录》卷8，隆庆元年五月甲子。

第五章　明代太仓库岁入、岁出及财政平衡的演变 | 383

为了加强对地方仓库财政状况的了解，隆庆元年五月，户部奏准"遣御史四人，分行天下，奉敕行事，查盘各仓库所积多寡，有无登记文册"。① 再者，隆庆朝还对屯田、盐法、庄田、茶课等进行了认真、持续的整顿。在边镇军饷需求总额一定的情况下，屯田、盐法等多供应边饷一分，太仓库便可以少支出一分。因此，这方面的整顿对于减少太仓库的财政开支意义重大。隆庆二年左右，明朝廷任命专敕重臣清理屯田。② 隆庆二年九月，户部议定传派五世的勋臣及公主现在驸马能够保留的庄田顷数：

> 先是，户部奉旨酌议裁革勋戚冒滥庄田……至是巡按直隶监察御史刘世曾查奏勋戚传派五世田溢百顷以上者……疏入，上曰：传派五世勋臣及公主见在驸马各庄田，仍会同屯田御史议定应留顷数规则以闻。部乃更议元勋世裔限以二百顷，勋戚半者限田百五十顷，驸马李和于原议七百顷外，益以三百顷以足千顷之数。诏如议。③

隆庆五年还发生了一件将极大地减省太仓库岁支银额的事情，那就是俺达为首的北边游牧民族的受封："（隆庆）五年三月己丑，封俺达为顺义王，及其子弟部落为都督等官。"④ 隆庆五年八月，"甲寅，虏酋顺义王俺达并昆都力哈等贡马五百九匹，遣夷使捧布哼罗等六十四人赍表文、贡上马三十匹、银鞍一副。礼部请遣祭告郊庙、社稷，仍请皇上御殿宣表受百官贺以彰圣朝盛事。许之。"⑤ 至此，延续了20余年的北边战事暂告结束。

隆庆时期所采取的上述改革措施对本朝太仓库的岁入岁出产生了影响。虽然嘉靖二十八年以来，太仓库的实际岁支银额一直保持数百万两白银，然而，直至隆庆二年，太仓库仍能够支付得出440万两的白银，并且能够在隆庆三年四月份达到370万两的库存银额。不过，这笔库存

---

① 《明穆宗实录》卷8，隆庆元年五月壬申。
② 《明穆宗实录》卷22，隆庆二年七月壬子。
③ 《明穆宗实录》卷27，隆庆二年十二月丁酉。
④ （清）谷应泰：《明史纪事本末》卷60，第927页。
⑤ 《明穆宗实录》卷58，隆庆五年六月甲寅。

银额并非来自太仓库的正赋收入，"此存库之数乃近差御史搜括所入。"① 此外，同隆庆二年太仓库的实际岁支银额一样，隆庆三年 379 万两的实际岁支银额也远远超过了同一年太仓库的实际收入。隆庆五年太仓库的实际岁支银额虽然下降了许多，但该年还是出现了 10 万两的财政赤字。

在此，有必要对太仓库实际岁出入银额的计算方式进行简单说明。一般情况下，太仓库的实际岁入额通常仅指太仓库额定收入款项内而得到的财政收入，也就是其正赋；户部在其正赋之外通过挪借等手段从其他财政体系中所得到的款项通常被算入实际岁支银额中，却不被算入实际岁入银额中。比如，嘉靖四十三年，如果按照 247 万两的正赋收入来计算的话，这一年户部的岁出入财政赤字为 116 万两；然而事实上，由于除了正赋收入外，户部还收到会议银及事例银共 116 万两，所以这一年的实际收支刚好达到平衡。②

太仓库实际岁出入银额的这一特点以及隆庆二年、隆庆三年、隆庆五年的实际岁出入银额说明，隆庆朝虽然仍有财政能力支付高额的岁支，但这是集合了国家各种财政资源后的结果，仅仅依靠太仓库自身的收入是远远不能满足京边的财政需求的。

隆庆朝所采取的一系列改革措施对万历初年太仓库的财政产生了深远影响。张居正执政后所采取的改革措施实际上就是对隆庆时期各种改革措施的延续。隆庆六年六月，张居正在接受新即位的神宗召见时，明确表达要遵守旧制的治国原则："癸酉，上御平台召辅臣张居正入见……谕曰：凡事要先生尽心辅佐。且追述皇考之言曰：先生忠臣。居正三顿首谢，因言：方今国家要务，惟在遵守祖宗旧制，不必纷更。从之。"③ 因为神宗年龄尚小，在皇太后与太监冯保的支持下，张居正的权力达到了顶峰，"威柄之操，几于震主。"④ 在减少太仓库财政开支方面，张居正的贡献有三：一是他在相当程度上限制了皇帝及其皇室成员的财

---

① 《明穆宗实录》卷 31，隆庆三年四月癸未。
② 《明世宗实录》卷 552，嘉靖四十四年十一月癸卯。
③ 《明神宗实录》卷 2，隆庆六年六月癸酉。
④ （清）张廷玉等：《明史》卷 213，第 5653 页。

政开支,"时帝渐备六宫,太仓银钱多所宣进,居正乃因户部进御览数目陈之……请帝……量入为出,罢节浮费,疏上留中;帝复令工部铸钱给用,居正以利不胜费止之;言官请停苏松织造,不听,居正为面请,得损大半;复请停修武英殿工及裁外戚迁官恩数,帝多曲从"。① 二是张居正重用李成梁、戚继光等有军事才能的官员,使得国内及北边边境长久保持安定,即使稍有叛乱也能很快平定,这对于减少太仓库的财政开支更是意义深远:"居正用李成梁镇辽、戚继光镇蓟门……边境晏然;两广督抚殷正茂、凌云翼等亦数破贼有功,浙江兵民再作乱,用张佳允往抚,即定。"② 三是张居正整顿吏治,裁汰冗官、冗费,极大地减省了财政开支,"核驿递、省冗官、清庠序,多所澄汰,公卿群吏不得乘传,与商旅无别。"③ 在增加太仓库的财政收入方面,张居正严行考成法,任用精悍官员,保证了国家赋税的正常征收,"为考成法以责吏治……政体为肃","居正以江南贵豪怙势及诸奸猾吏民善逋赋,选大吏精悍者,严行督责,赋以时输,国藏日益充。"④ 对于万历初年太仓库储丰盈的原因,张居正自己也曾进行过简要而极其精练的总结,主要包括皇帝节俭、逋欠减少、严惩贪赃、边费减省及丰收有年等因素:"自皇上临御以来,躬行俭德,核实考成;有司催征以时,逋负者少;奸贪犯赃之人,严并不贷;加以北人款贡,边费省减;又适有天幸,岁比丰登,故得仓库积贮稍有赢余。"⑤

在这样一个总的时代背景下,从隆庆六年六月神宗即位算起,到隆庆六年十一月,仅仅五个月内,太仓库存银就由 252 万余两增加到 438 万余两。万历元年,太仓库的实际岁支银额仅有 283 万余两,是嘉靖二十五年以来太仓库实际岁支银额最低的一年;该年太仓库虽然仍有 1.7 万余两的财政赤字,但从隆庆六年和万历元年岁终太仓库的高额库存银额可以断定,万历元年,太仓库依靠自身的财政力量已经完全可以应付京、边对它的财政需求了。这是嘉靖二十八年以来,太仓库首次做到这

---

① (清)张廷玉等:《明史》卷213,第5648页。
② 同上书,第5646页。
③ 同上。
④ 同上书,第5645页。
⑤ (明)张居正:《张太岳集》卷43《看详户部进呈揭帖疏》,第554页。

一点。显然，这一结果的到来既与隆庆时期就采取的一系列改革措施有着紧密的关系，也与张居正当国执政密不可分。

虽然没有万历三年太仓库实际岁出入银额的记载，但从该年逐月增长并于岁终达到703万两的库存银额可以断定，万历三年太仓库的实际岁入一定大大超过了岁出。

万历五年，太仓库的岁入达到435万余两，这是自嘉靖七年太仓库有确切岁入银额记载以来的最高值；不但如此，这一年太仓库财政岁盈余银额达到106万余两，这一银额不但在此之前的太仓库从未有过，在此之后直至明亡，太仓库也再未出现如此高额的岁盈余额。

然而，一个不容忽视的事实是，即使以张居正为核心的士大夫集团的政治权力达到这样的顶峰，即使有着自隆庆初年以来就一贯保持的一系列的改革措施，即使嘉靖四十五年与万历初年都不断对边镇的军饷开支进行限制，即使隆庆六年以来北边一直处于较和平的状态，太仓库的实际岁支银额还是在不断攀升，从万历元年的283万余两，升至万历五年的349万余两，再升至万历六年的388万余两且超过该年太仓库实际岁入银32万余两。这说明，太仓库长期以来的高额岁支并不仅仅是由于北边游牧民族入侵的缘故。自隆庆延续至张居正的一系列改革和整顿措施极大地改善了太仓库的财政状况，并使太仓库的实际岁出入实现短期的盈余，但最终还是没有能够阻挡住北边军镇对京运饷银需求额的不断增长，也没有能够阻止太仓库再度陷入入不敷出的财政困境。

万历十年，张居正病死："（万历十年）六月甲午，居正以疾再乞休，不允……丙午，大学士张居正卒。"[①]

由此，太仓库实际岁出入银额的发展历史进入最后一个阶段，万历十一年到崇祯末年。在这一阶段，太仓库的实际岁入征收能力从整体上呈逐步下降的趋势，而其实际岁支银额也越来越不能满足京边的实际财政需求。在万历中期的时候，太仓库岁入不覆岁支的部分还可以通过借窖房或太仆寺等其他财政体系的白银来满足。从万历三十五年开始，太仓库欠发边镇的年例银只能任其逋欠，户部再也开发不出财源对其进行

[①]（清）谷应泰：《明史纪事本末》卷61《江陵柄政》，第957页。

补充了；由此，太仓库岁出入银额的盈亏数据在这一阶段也就失去了意义，无法反映太仓库的实际财政状况了。其间，每逢新即位的皇帝改元，太仓库的实际岁出入状况都会稍有好转，然而，这种好转都无法持续。新饷的加派虽然使太仓库实际岁出入的银额在短时期内得到增长，但并未改变太仓库的实际岁入不能满足其实际岁支、实际岁支又不能满足边镇的实际财政需求的总体格局。

万历十一年，太仓库实际岁支银额达到 593 万余两，超出该年太仓库实际岁入银额 193 万两。这是张居正执政时期所从未有过的现象。

万历十二年，京、通二仓的漕粮改征折色银 150 万石以增加太仓库的收入，① 然而，即便多了此项收入，万历十二年还是出现了 118 万两的岁收支赤字。万历十五年，太仓库借用南京户部老库银，这说明，该年太仓库实际岁入仍不覆岁支之需。② 万历十六、万历十七两年太仓库的实际岁入仍然大大少于其岁支银额，因为这两年，户部总共动用窖房银 175 万两。③ 让人惊奇的是，万历二十一年，太仓库的实际岁入银数竟突然比岁支银数多出 72 万余两。太仓库在这一年的实际岁出入盈余，与此前及此后年份中太仓库的实际岁出入亏损相差悬殊；而之所以能够如此，则与户部官员对太仓库正赋的征收加强督促和管理有着很直接的关系：" 自臣受事以来，再三议处催科，可谓不遗余力，而一岁所入，仅供一岁之出。"④

从万历二十二年到万历四十八年，太仓库实际岁出入银额有较确切记载的年份只有为数不多的几个而已。不过，通过对这一期间太仓库在各年借用老库、窖房、太仆寺等衙门的银额及太仓库逋欠边镇年例银的情况，本文可以推断太仓库在这一期间的大部分年份中均处于实际岁入不足以供应岁出的财政亏损状态。万历后期各年份太仓库实际岁出入盈亏状况如表 5-2 所示。

---

① 《明神宗实录》卷 144，万历十一年十二月甲子。
② 《明神宗实录》卷 286，万历二十三年六月戊辰。
③ 《明神宗实录》卷 218，万历十七年十二月庚寅。
④ 杨俊民：《杨司农奏疏·边饷渐增供亿难继酌长策以图治安疏》，载陈子龙等：《明经世文编》卷 389，第 4206 页。

表 5–2　　万历后期太仓库实际岁出入盈亏

年份	太仓库借银数额及其来源、用途	各省直地方逋欠太仓库钱粮	太仓库欠发的银额	推论：太仓库实际岁入超过岁支（＋）/实际岁入少于岁支（－）
万历二十七年	借太仆寺银 50 万两 用途：边饷①			（－）
万历二十八年	借太仓老库银 90 万两 用途：边饷②			（－）
万历二十九年	借太仆寺银 100 万两 用途：边饷③			（－）
万历三十年			到十一月二十二日止，太仓库尚欠边饷银 85 万两④	（－）
万历三十一年	借太仆寺老库银 21 万、马价银 30 余万两 用途：边饷⑤			（－）
万历三十二年	借太仆寺银 30 余万两 用途：年例⑥ 借太仓老库银 20 万两 用途：年例⑦			（－）
万历三十四年	万历三十五年三月借京粮库银 用途：给发蓟州、密云万历三十四年十二月饷⑧			（－）

---

① 《明神宗实录》卷 437，万历三十五年八月癸酉。
② 《明神宗实录》卷 355，万历二十九年正月己未。
③ 《明神宗实录》卷 437，万历三十五年八月癸酉。
④ （明）赵世卿：《司农奏议》卷 3《进国计书册疏》，第 186 页。
⑤ 《明神宗实录》卷 437，万历三十五年八月癸酉。
⑥ 《明神宗实录》卷 437，万历三十五年八月癸酉。
⑦ 《明神宗实录》卷 401，万历三十二年闰九月丁亥。
⑧ 《明神宗实录》卷 431，万历三十五年三月乙亥。

第五章 明代太仓库岁入、岁出及财政平衡的演变 | 389

续表

年份	太仓库借银数额及其来源、用途	各省直地方逋欠太仓库钱粮	太仓库欠发的银额	推论：太仓库实际岁入超过岁支（+）／实际岁入少于岁支（-）
万历三十五年	借京粮库银10万两 借太仆寺银15万两 借太仓老库10万两 借南京户部东、西二库5万两 用途：边饷①		十二月： 年例 -124 商价 -40 总计：-164②	（-）
万历三十七年	因太仓库实际岁入只有263万两，比其额定岁入少银190万两，户部尚书于十一月上疏借内帑、马价 用途：边饷③			（-）
万历四十年			闰十一月时，太仓库共欠发边饷银293.06万两④	（-）
万历四十一年			太仓库欠发京运银183.36万两⑤	（-）
万历四十四年、万历四十五年		省直地方共逋欠286.941万两⑥		（-）

---

① 《明神宗实录》卷431，万历三十五年三月乙亥；《明神宗实录》卷436，万历三十五年七月丙辰；《明神宗实录》卷437，万历三十五年八月癸酉。
② （明）赵世卿：《司农奏议》卷1《减办七公主婚礼钱粮疏》，第111页。
③ （明）赵世卿：《司农奏议》卷5《太仓岁额益虚请借内帑马价疏》，第228页。
④ 《明神宗实录》卷502，万历四十年闰十一月丁亥。
⑤ 《明神宗实录》卷516，万历四十二年正月丁丑。
⑥ 《明神宗实录》卷570，万历四十六年五月癸丑。

续表

年份	太仓库借银数额及其来源、用途	各省直地方逋欠太仓库钱粮	太仓库欠发的银额	推论：太仓库实际岁入超过岁支（＋）/实际岁入少于岁支（－）
万历四十八年			到天启元年为止，各边镇二、三年间共积欠边饷银380余万两①	（－）

据表5-2可以看出，从万历二十七年到万历四十八年共22个年份内，太仓库实际岁入不足以供应岁支因而出现财政亏损的确切年份就有14个。其中的万历三十二年，依据户部尚书赵世卿的奏报，该年太仓库实际岁入银422万余两，实际岁支银额"如之"。就这一年的岁入银额而言，应该是万历后期太仓库实际岁入银相当好的年份了，不过，从表5-2可以看出，这一年太仓库为了发放边镇年例银，共借用太仓老库银以及太仆寺银50万两之多，据此可知，万历后期时，边镇岁需银额的增长幅度是很大的。

而万历三十五年时，虽然太仓库借支老库、太仆寺及京粮库银额总计约40万两，然而该年还是欠发边饷及商价164万两。这说明，万历三十五年时，太仓库自身的岁入、库存再加上从其他财政体系的挪借银两都无法供应京边的财政需求了。而在此之前的大部分年份，虽然太仓库自身的岁入不覆岁出，但户部总可以通过借用其他财政体系的款项最终满足京边需求。万历四十年，太仓库逋欠边饷293万余两，万历四十一年，太仓库逋欠边饷183万余两。这说明，万历末年，除了内库外，国家及地方的财政储蓄基本枯竭。

万历三十七年，太仓库实际岁入银额只有263万两，逋欠银额达190万两；万历四十四、万历四十五两年，各省直地方共逋欠太仓库银

---

① 《明熹宗实录》卷9，天启元年四月丁丑。

286万余两，这说明户部对太仓库额定岁入的征收能力也出现了危机。

　　与嘉靖后期太仓库的财政状况相比较，万历后期太仓库的财政状况有根本性的区别：一是嘉靖后期太仓库的岁入虽然也不足应付岁支，但户部总能通过其他措施基本满足京、边之需。二是嘉靖后期，太仓老库百万两的存银基本保持未动，而且虽然户部太仓库财政吃紧，工部财政却还比较宽裕："赃罚、事例、税契、民兵等银……今工部钱粮颇裕，似当量分其半还之本部以佐匮乏。"① 万历后期则完全不同，太仓窖房、老库存银基本用尽，太仆寺、光禄寺甚至南京户部老库存银也都基本被借用一空。三是嘉靖后期，太仓库的财政紧张主要由北边长期持续的战乱引起，而万历后期时仅仅供应北边日常年例银就已经使得国家财政储蓄枯竭，努尔哈赤大规模入侵则是万历四十六年以后的事情。四是嘉靖后期，太仓库的赋税征收能力完全处于正常状态，嘉靖四十二年，户部额定岁入银为220万两，而嘉靖四十三年户部正赋的实际岁入银数却为247万两，比额定银数还多出27万，而万历后期太仓库的赋税征收能力已经出现严重问题。

　　万历四十八年七月，神宗驾崩，严重损害太仓库财政收入的矿税之使被彻底罢撤："大行皇帝宾天，告于奉先殿""罢天下矿税……于是关市、山泽一切无艺之征为之尽洗。"② 此外，内府十库中存量充足的实物被改征白银解纳户部接济边饷："八月丙午朔，上即皇帝位……诏曰……一，十库钱粮，各省直征解本色与赴京办纳者充积库内，历年已久，输者解者俱不堪用，宜遣巡视官查其足用几年，除本色不足者仍解外，其余查自四十八年以前，凡未解者俱暂停本色以宽民力，其银解送该部充济边之用。"③ 不但如此，光宗还命发100万两内库银充作辽饷："己亥，令旨再发帑银一百万两与户部充辽饷。"④ 以此为基础，泰昌元年太仓库旧饷、辽饷实际岁入总额达到583万余两，而岁支银额则有608万余两。单从数额来看，这一年的岁出入额应该能算很不错的了。可是，泰昌时，经过三次加派，仅辽饷的额定岁入银数就达520万两，

---

① 《明世宗实录》卷456，嘉靖三十七年二月戊戌。
② 《明光宗实录》卷2，万历四十八年庚申七月丙子。
③ 《明光宗实录》卷3，泰昌元年丙午。
④ 《明光宗实录》卷3，泰昌元年己亥。

因此，旧饷和辽饷的 583 万两的实际总岁入银额实在是太少了。到天启元年四月为止，"各镇拖欠，二三年间积至三百八十余万"。① 由此可知，泰昌元年太仓库 608 万余两的岁支银额并没有满足边镇的财政岁需。

天启元年，太仓旧库实际岁入银额为 325 万余两，比 318 万余两的实际岁支银多了 6.4657 万两。表面看来，这一年太仓库旧库出现了财政盈余，财政状况良好，实际却完全相反。因为万历四十八年到天启元年十月，太仓旧库一共逋欠边镇旧饷 253 万余两。

天启元年新库的实际岁入银虽然只有 430 万两，比其额定岁入银 532 万余两的目标少了 100 余万两，但是这一年，由于有 130 万两内帑银作补充，新饷的实际岁支银额却有 569 万余两，这一银额基本可以满足该年辽东的财政需求了。因此，虽然新库岁出减去岁入之后会得出 139 万余两的财政亏损额，但该年的新饷供应却并不匮乏。

与天启元年相比，天启二年太仓库的财政状况恶化得太迅速了些。这一年，太仓旧库实际岁支银额只有 196 万两，然而，万历后期以来，京、边岁支额定银数最少也得 400 万两。因此，该年旧库虽有 9.2698 万两的财政盈余，却丝毫不能证明该年太仓旧库的岁入满足了岁支需求。

至于天启二年的新库，实际岁入额只有 288 万余两，相对于 566 万余两的额定岁入银额，该年新饷的逋欠率约为 49%。虽然仍有帑银做补充，但新库 396 万余两的实际岁支银额显然远远不能满足该年辽饷的财政岁需。

天启五年，太仓库的财政状况继续恶化。"旧饷自春至夏，两直各道寂无分毫解至，"② 新饷的征收情况也很不好，因为该年全年太仓旧库、新库的实际总岁入银额也不过 303 万余两，至于新、旧饷的实际岁支总银额就更少得可怜，只有 285 万余两。

在如此糟糕的赋税征收能力和不断攀升的财政需求的双重作用下，天启七年，仅太仓旧库就累计逋欠边镇军饷达 780 万两白银。

---

① 《明光宗实录》卷 9，天启元年四月丁丑。
② 《明熹宗实录》卷 62，天启五年八月戊子。

崇祯改元，毕自严被任命为户部尚书，元年太仓库实际岁出入又有些起色。该年旧库实际岁入银341万两，比额定岁入还多出41万两；此外，该年总共发放辽饷银573万两，也超出了额定新饷的岁支银额，而太仓新库、旧库911万余两的合计岁支总银额更是自万历四十六年征收新饷以来的最高数额。因此，虽然北边旧饷仍欠发81万两，但是该年太仓库的实际岁出入在这一阶段已经是难得的好年头了。

崇祯三年正月到八月，户部共催征到旧饷338万余两，支出313万余两，"本年春、夏二季各镇年例并一应京支等项俱已粗完。"① 第一，旧饷收入能够基本满足支出之需，这是万历后期以来难得见到的事情，所以崇祯三年上半年太仓旧库的收入和支出情况是非常好的。不过，这只是旧库上半年的实际收入和支出情况，下半年的实际收支状况如何，却再也没有见到毕自严的奏疏。第二，旧饷的这笔收入征收得不同寻常，是太仆寺少卿吕维宁在山东、太常寺少卿章光岳在河南、太仆寺少卿蒋元仪在浙江、太常寺少卿唐晖在湖广、太仆寺少卿朱大启在江西、太仆寺少卿帅众在福建、太仆寺少卿王心一在广东、通政司参议沈应时在南直隶应安等府、太常寺少卿王梦尹在南直隶苏、松等府分别督催的结果。② 如此庞大的督催官员是否能常年派遣呢？即使能常年派遣，是否还能一直催征到如此数额的白银呢？第三，该年上半年旧饷的催征结果虽然差强人意，可是新饷却逋欠严重，毕自严在崇祯三年七月二十八日的《题催省直新饷完欠疏》中指出："目今秋成届期，百姓之输将完纳正在此际。除西晋、西粤新饷业已全完外，其余省直按以新饷五分之数尚有完有不完也。"③

在今后的年份里，随着内忧外患的加剧，太仓库的实际岁出入迅速恶化。到崇祯十六年时，掌管原先的新饷、旧饷及练饷的兵饷左司和兵饷右司实际岁入银额只有186.42万两，逋欠而未能征收上来的银额为

---

① （明）毕自严：《度支奏议·边饷司》卷4《清查京卿催征到旧饷完欠收放疏》，续修四库全书第487册，第144页。
② （明）毕自严：《度支奏议·边饷司》卷4《清查京卿催征到旧饷完欠收放疏》，续修四库全书第487册，第144—146页。
③ （明）毕自严：《度支奏议·新饷司》卷11《题催省直新饷完欠疏》，续修四库全书第485册，第34页。

1052.96万两。到此时明朝廷已经彻底失去了对地方财政的掌控能力，从而也完全丧失了对国家军费开支的财政供应能力。

第五节　明代太仓库额定岁出入银数发展趋势

嘉靖初年，太仓库的额定岁入银额为200万两，岁支则仅有133万两，每年余剩67万两："太仓银库岁入二百万两，先年……一年大约所出一百三十三万，常余六十七万。嘉靖八年以前，内库积有四百余万，外库积有一百余万。"① 果真如此的话，太仓库的上述额定岁支银数正好符合了明代士大夫量入为出、用七余三的财政理想。然而，笔者却未找到能将这样的额定岁出入银额与某个确切年份实实在在地联系起来的记载。虽然从嘉靖朝到崇祯朝，太仓库的额定岁出入银数呈现出不断增长的主流发展趋势，然而，在期间的大多数年份里，太仓库的额定岁入银数都是少于额定岁支银数的。

这是因为，太仓库的额定岁支银数主要是依据京师与边镇的实际财政需求而相应制定的；而太仓库的额定岁入银数，则是在京师和边镇财政需求的压力下，以太仓库的额定岁支银数为目标，再根据同一时期国家财政体系中可挪用的财源的现实状况而制定的。也就是说，太仓库额定岁出入银数的制定原则是"量出以制入"。

太仓库额定岁出入银额的发展历史，大致可以分成三个阶段：第一阶段为嘉靖、隆庆朝；第二阶段为万历、泰昌朝；第三阶段为天启、崇祯朝。

在第一阶段，其基本特点有二：第一，太仓库的额定岁入银数基本保持200万余两的规模，太仓库的额定岁出银数则一直居高不下，其额定岁支银数远远高于额定岁入银数。从嘉靖中期以后，北边军镇与游牧民族的军事战争持续不断，边镇军费开支增长幅度巨大。由于太仓库一直具有负责边镇军储和紧急军情的财政费用的职责，因此太仓库必须为之筹措银钱。太仓库的额定开支是由边镇军费开支的实际需求而决定的。然而，太仓库的额定岁入银数则是依据继承下来的传统、惯例及前

---

① 《明世宗实录》卷351，嘉靖二十八年八月己亥。

例等而制定的，因此具有很大的稳定性。从嘉靖中期到隆庆五年，为了筹措到额定岁支所需银数，户部制定了一系列增加财政收入的措施。但可能这些收入款项具有太明显的临时性特点且银数不固定，它们并没有被算入太仓库的额定岁入之中。比如，从嘉靖三十年到嘉靖三十六年，户部采取了大量措施增加财政收入，这些财政收入都没有被算入太仓库额定岁入中。在此期间，太仓库的额定岁入银数一直是200万两，而这一数额与嘉靖初年太仓库的额定岁入银数没有差别：

> 是时，天下财赋岁入太仓库者计二百万两有奇……嘉靖三十年所发京边岁用之数至五百九十五万，三十一年五百三十一万，三十二年五百七十三万，三十三年四百五十五万，三十四年四百二十九万，三十五年三百八十六万，三十六年三百二万，计太仓岁入银二百万之额，不能充岁出之半。由是度支为一切之法，箕敛财贿，题增派，括赃赎，算税契，折民壮，提编、均徭、推广事例兴焉。其初亦赖以济匮，久之诸所灌输益少……即岁入二百万之额且亏其三一。①

再比如，隆庆元年，户部奏准自元年以后原应解入内库的钱粮都留给太仓库以供边费："户部请自元年以后钱粮免进内库，皆留太仓以充边费。许之。"② 然而，隆庆二年太仓库的额定岁入银数仍为200余万两。

嘉靖四十五年，明政府议定经制，对发给北边军镇京运银的数额进行了限制。由于京运银主要由太仓库负责供给，所以这也就是对太仓库的岁支银额进行了限制。然而，以后的历史发展证明，这种经制并没有能够真正限制住太仓库预算岁支银数的增长。

第二个特点是额定岁支与实际岁支基本一致。比如，嘉靖三十二年，京边预算费用为500万两白银，该年的实际岁支则为472.9024万两；嘉靖四十二年，京边预算岁支银额为340万两，与其临近的嘉靖四

---

① 《明世宗实录》卷456，嘉靖三十七年二月戊戌。
② 《明穆宗实录》卷11，隆庆元年八月辛亥。

十三年的实际岁支银数则为 363 万两；隆庆三年，太仓库额定岁支银 376 万两，该年实际岁支银则为 379 万两。这说明，在嘉靖和隆庆朝，虽然太仓库原有的制度规定范围内的额定岁入已经无法满足岁支所需银额，但户部基本能通过若干扩大收入的临时性措施最终达到财政平衡，满足京边财政需求。考虑到北边军镇连续多年的军事战争，集结包括太仓库在内的整个国家的财力来应对也是理所应当的事情。

万历、泰昌朝是太仓库额定岁出入银数发展历史的第二阶段。由于隆庆五年的俺达封贡，万历朝基本保持了比较和平、稳定的北边局面。按理，这时边镇的军饷开支应当大幅下降。然而，嘉靖中期以来太仓库、京运银对边镇的财政支援已经形成了惯例，而且嘉靖四十五年及万历初年原本想抑制边镇军饷开支增长势头的对京运银额的限制性规定，从另一方面也给予了边镇依靠太仓库获取军饷的制度依据；此外，户部将余盐收入归属于太仓库、将部分边镇民运银缴纳太仓库转发边镇的做法，也使得太仓库对边镇负有越来越大的财政供应职责。因此，万历朝太仓库的额定京边开支总体上呈逐步增长的态势。万历四十六年以后，辽东战事的不断升级更使得太仓库的额定岁支银数骤然猛增。

万历十年以前，太仓库的额定岁支银额最高的不超过 350 万两；从万历十一年开始，除了个别年份超过 500 万两以上外，太仓库的额定岁支银数基本在 400—450 万两上下变动。不过，万历朝的边镇年例银的数额则是始终保持增长的势头，个别年份岁支总额的稍稍下降是以降低京师开支的方式实现的。比如，万历六年，额定岁支总额为 330—340 万两，其中京支 70 万—80 万两，边镇年例为 260 万；万历十九年，太仓库额定岁支银额为 406.5 万两，其中京支降至 63 万两，年例银增为 343.5 万两；到万历四十六年辽东军事冲突爆发之前，太仓库岁支总额为 421 万两，虽然比万历二十八年、万历三十年 450 万两的额定岁支银数稍有下降，但是万历四十六年的京支银额只有 40 万两左右，年例银又再次增长，成为 381 万两。因此，边镇开支的不断增长是太仓库额定岁支不断增长的根本原因。

至于万历朝太仓库的额定岁入银数，虽然从整体上亦呈现出了增长为主的发展态势，但是中间起落不断，具有多变的明显特征。对太仓库额定岁入银额的计算方式和标准不一致是形成这一特征的原因之一。依

第五章　明代太仓库岁入、岁出及财政平衡的演变 | 397

据《万历会计录》,到万历九年时,太仓库的额定岁入银数增至367万余两,其中除了税粮、马草、农桑丝绢、盐课等正项收入外,还包括了由太仓库转发的85万余两民运改解银。由于《万历会计录》的特殊地位,这一数额一直保持到万历十六年左右。

万历三十年十一月时,户部尚书赵世卿奏报太仓库岁入、岁出银额时所用标准就有两个,据此而得出的太仓库岁入银额也就出现了两个。若包括"原派各省直径解边镇银"一项,则太仓库额定岁入银为451.85余万两;若不包括径解边镇银,则太仓库实际额定岁入银为370万两:"大约太仓岁入仅仅四百五十一万八千五百余两,内除原派各省直径解边镇银八十四万余两外,实入者只三百七十万零耳。使尽数入完,原不足以当内供、边发、俸粮各项四百五十余万之用;一遇灾诊流行,省直逋欠,则所入逾不足以给所出。及考近年所出,较额外不啻数十倍。"①

然而,到万历三十一年五月时,赵世卿直接将"原派各省直径解边镇银"一项排除在太仓库岁入银额统计范围之外,又将"开纳"等非时额外之课纳入统计范围:"盖国家钱粮征收有额,曰税粮、曰马草、曰农桑、曰盐钞者为正课,各运司者为盐课,各钞关者为关课,税契、赎锾、香、商、鱼、茶、屯折、富户等项为杂课,内除径解边镇外大约三百七十余万两,此外则开纳、搏省、军兴、搜括等银为非时额外之课,大约五六十万不等,合此数项方足四百余万之数以当一岁之出。"②

不管怎样,万历三十年451.85万两的银数成为了辽东新饷加派之前的太仓库额定岁入的最高值。万历四十六年,努尔哈赤在辽东对明朝发起大规模的进攻。为了筹措军饷,户部从万历四十六年到万历四十八年连续加派,到泰昌朝时,太仓库单辽饷一项的额定岁入银数就达到了520万余两。

万历前期,太仓库的实际岁支银额往往能够超出其额定岁支银额,说明太仓库完全有能力满足京边财政所需。万历中期,虽然太仓库的额

---

① (明) 赵世卿:《司农奏议》卷3《进国计书册疏》,第185页。
② (明) 赵世卿:《司农奏议》卷3《经用匮乏有由疏》,第187页。

定岁出入数经常能够达到财政平衡的状态,但是太仓库的实际岁出入银数已经明显少于其额定岁支银数。这不但说明这一时期太仓库的赋税征收能力出现了问题,而且说明即使是从窖房、太仆寺等处挪借白银亦不能充分满足京边的财政需求了,国家财政储蓄开始逐步枯竭。万历三十五年以后,太仓库的额定岁出入银数以入不敷出的财政赤字为主,说明边镇、京师的岁需银额已经超出了太仓库财政收入体制所能负担的能力范围之外。在这样的情况之下,太仓库迎来了万历四十六年辽东军事冲突的大爆发。到万历四十八年,即泰昌时期,如果按照旧饷岁入400万两来算的话,泰昌朝太仓库的额定岁入银数有920余万两,然而这一年太仓库新、旧饷的实际岁入总银额却只有583万余两。太仓库的实际岁入与太仓库的额定岁支、边镇的实际财政需求之间的鸿沟已经无法弥合,且仍在不断扩大。从万历十一年到万历四十八年仅仅38年的时间内,太仓库就走完了从其最巅峰的完全符合士大夫财政理念的财政收支状况到严重入不敷出的财政危机的变化过程,其速度之快,的确令人瞠目。

  天启、崇祯是太仓库额定岁出入银数的第三个发展阶段。

  在这一阶段,太仓旧库的额定岁入银数经历了先降后升的变化,而新库的额定岁入则是先升、后降、再升的过程。从天启元年开始,太仓旧库的额定岁入银数一直在不断下降,从天启元年的443万余两降至天启三年的340万两,到崇祯元年时又降至300万两。从崇祯二年开始,旧库的额定岁入银数又开始回升,到崇祯八年时又回升至与万历后期大致接近的额定岁入银数。天启朝,新库的额定岁入则延续了万历四十六年以来的攀升趋势,直至天启三年升至701万余两。崇祯元年,因为各省直地方的蠲免和题留,新库的额定岁入银数降至396万余两;崇祯三年以后,新库的额定岁入银数又恢复了上升的趋势,从崇祯三年的516万余两升至崇祯四年的730万余两,到崇祯十四年时,辽东新饷的额定岁入银数已经达到了913万余两,再加上旧饷和新加派的练饷,该年户部的额定岁入银数达到了2145万余两。由于再次出现大量的蠲免和题留,崇祯十六、崇祯十七年两年改名为兵饷左、右司的额定岁入总银额降至1548万余两。

  旧库的额定岁支银数变化不大,基本在400万两到500万两之间。

天启朝一直没有新库额定岁支的记载。崇祯元年，新库额定岁支银数为521万余两，崇祯四年涨至870万两，此后基本维持在700余万两的水平。

纵观天启崇祯两朝的额定岁出入数，除了天启元年和崇祯元年的额定岁出入数与其实际岁出入数之间还稍具可比性外，其他年份的额定岁出入无异于纸上谈兵，根本没有实现的可能。太仓库的财政收支已经走入穷途末路。

第六章　明代太仓库与其他中央机构的财政关系演变

上一章的研究表明，嘉靖中期以后，太仓库长期处于入不敷出的境地。那么，户部如何在这种情况下维持国家的基本运作呢？本章将从太仓库与其他中央机构财政关系角度研究这一问题。

第一节　南京户、兵、工等部与太仓库

南京是明朝的留都，拥有份额可观的国家财政收入。嘉靖中期以后，面对巨额的边镇军费开支，太仓库开始频繁挪用南京户部、工部及兵部等衙门的财政收入以弥补其财政赤字。

嘉靖十七年十二月，世宗"以太仓银库告乏，命取南京户部库银八十万两实之。"① 嘉靖二十二年六月，世宗又命将南京户部银 35 万两解纳太仓库："诏运南京户部银三十五万两并两淮运司盐银及赃罚银尽数输太仓银库，以边饷告急，太仓蓄贮无几不敷给发也。"② 嘉靖二十八年三月，为补发边饷，太仓库取用南京户部库银 20 万两："户部奏：今岁应发各边银数如年例、防秋、客兵并募军及补岁用不敷之数共该银八十五万二千五百两有奇，今太仓积贮缺乏，难以支给。乞取南京户部库银二十万两、临清仓库银十五万两、德州仓库银二万两，解京补发各

---

① 《明世宗实录》卷 219，嘉靖十七年十二月乙巳。
② 《明世宗实录》卷 275，嘉靖二十二年六月戊寅。

边。诏从之。"① 嘉靖二十九年十一月,户部覆准借用南京户部、兵部白银:"户部复给事中姜良翰条陈理财事宜:一南京户、兵二部银积多用少,请将户部银预行借用,以续派浙江等处仓粮并收兑正附米征折色补之,量发兵部银一半济边……从之。"②

此外,从嘉靖十六年以后,南京仓粮经常大量地被改征白银解纳太仓库:"查得先年南粮……嘉靖八年间尚派一百二十八万石……(嘉靖)十六年后或七十、八十余万,或尽将折银解送太仓,或分本折半南半北,"这样的结果就是导致南京各卫所官军与新增各营家丁军粮裁减过多,以致"激成脱巾之变"。③ 然而,南京卫所的艰窘毕竟无法与北边军情及北京的安全相比,嘉靖三十七年二月,"(大同)右卫危急、北门震动","而天下民运至太仓者,银仅七万,帑储大较不及十万两,而边臣奏讨日棘",户部"坐守空藏,调度无策",只能再次"将浙江、湖广、江西及南直隶州县原派南京户部仓粮该征本色暂借三年,改折一半转发太仓银库济边",同时将嘉靖"三十一年至三十五年,江、浙、湖广三省及直隶州县其所拖欠南京本色粮米改追折色,通限一年内完解银库"。④

隆庆元年,太仓库岁入较之岁出银额共少银 396.14 万两,户部尚书马森奏准将部分南京仓米折色银、南京工部库存银及新增芦课解纳太仓库:

> 户部尚书马森奏:……条上目前所急其善后事宜:一,各省坐派南京仓米,近改折色六万石,每石征银八钱,请将五钱解南,三钱解北,可得一万八千两;一,南京工部贮库银十九万三千余两,先经本部取用十万两,新增芦课一万九千余两,昨行巡江都御史清查,数不止此,宜尽数起解,定为岁额……上允行之。⑤

---

① 《明世宗实录》卷346,嘉靖二十八年三月己卯。
② 《明世宗实录》卷367,嘉靖二十九年十一月庚戌。
③ 《明世宗实录》卷504,嘉靖四十年十二月癸亥。
④ 《明世宗实录》卷456,嘉靖三十七年二月丁卯。
⑤ 《明穆宗实录》卷12,隆庆元年九月丁卯。

万历前期，太仓库财政收支良好，南京户部银库的财政收支亦如此，因而能彼此相安。万历四年，南京户部老库存银 100 万两；① 万历十二年时，其存银额就升至 250 万两。不过，这种好局面没有持续多久，从万历十五年到万历二十三年，太仓库共借支南京户部银库老库银 145 万两。虽然名为借用，实际上户部并无能力进行偿还。为保证南京作为留都重地的财政储备和应急能力，南京户部尚书李戴上疏请求"以后遇有各边镇协济，须别为措处，仍乞补还原借"，对此神宗只能以要求北边军镇节省作为敷衍。②

万历三十七年，因北边游牧民族发生摩擦，辽东镇处境危急，不得不另行雇募 3 万士兵，"计其安家旧例，当费银一十五万，"而此时的太仓库与太仆寺都已经没有银钱可用，兵部尚书上疏"乞行南户、兵二部及漕运衙门会议有无库贮堪动官银，发以佐助，倘凑足十万，则边事可少济也"。③

万历四十二年，兵部尚书因边镇京运银逋欠数多，奏准借支南京兵部、户部及工部银共 20 万两："兵部尚书王象乾又言：顷奉明旨会议，查得四十一年共欠京运银一百八十三万三千六百两有奇……伏望皇上敕下部寺衙门，于……南京兵部借银十万两，户部、工部各五万两……奉旨……依议行。"④

万历四十六年五月，为了筹措辽饷，户部奏准借支南京户部、兵部及工部银共 50 万两，且将南粮连续三年改折征银以充辽饷："时辽饷缺乏，户部疏请借南户、兵、工五十万及查催各省直应解部银六款……今南粮颇有积朽，所当改折三年，解充辽饷……（上）依款行。"⑤

到天启年间，太仓库对南京户部财政收入的挪借已达百万两白银，以致于南京仓粮仅足军饷一年之用。天启六年闰六月，南京户部尚书毕自严奏请将被挪借的漕折银、屯折银仍留作南京军饷之用，未果：

---

① （明）申时行等：《明会典》（万历朝重修本）卷 42《南京户部》，第 757 页。
② 《明神宗实录》卷 286，万历二十三年六月戊辰。
③ 《明神宗实录》卷 457，万历三十七年四月己巳。
④ 《明神宗实录》卷 516，万历四十二年正月丁丑。
⑤ 《明神宗实录》卷 570，万历四十六年五月癸丑。

南京户部尚书毕自严疏言："国用告匮，借南济北者，权也；济北而不至厉南者，则权而不拂乎经也。今留计匮诎，束手无策矣。江西天启四年分应解南粮，尽以抵浙直改折之数，改运于北，仅得浙直漕折银二十二万二千两；续经原任总督仓场侍郎魏说搜括助饷，并及此漕折之数。又以江北浦口仓每年该屯粮一十二万石，天启四年荒旱改折，户部酌议移咨臣部，将浙直漕粮及浦口仓屯粮各改折银两，尽改北起解充饷。夫南户部者，北部之外府也，数年以来，把彼注兹，不下百万。岂至今日而自分畛域？缘臣部困穷已极，仓中见存之米才七十余万石，仅足支军饷一岁之用。转眼脱巾可虞，不得不据实控陈，乞敕户部从长酌议，仍将漕折银二十二万二千两、屯折银三万两，准令臣部留作军饷应用。"①

天启六年，南京户部亦出现入不敷出的财政赤字，"本色之出浮于入者每岁二十余万石，折色之入欠于出者每岁一万余两"，而且"自天启元年至五年，各省直拖欠折色共一百余万两、本色共八十余万石"，面临此种窘迫之境，南京户部尚书毕自严不得不上疏陈述本部的财政困难：

南粮额派，原不甚充，纵令本色稍有赢余，亦听南部自折自用，成案可稽。迤因辽饷无措，搜括南粮，于是仓米改折既多，充饷愈穷……近来织造孔棘，岁额倍增，辽折所留，尚苦不足于供，截长补短，剜肉医疮，此则臣部一段不可语人之苦情。今日不得不彻底吐露，以仰冀宽恩于君父也。②

到崇祯三年时，南京户部不但入不敷出，且所应发放的官军俸饷有逋欠达一年之久者，南京户部老库早已空无一银，而其他各衙门的财政也都枯竭：

---

① 《明熹宗实录》卷73，天启六年闰六月辛酉。
② 《明熹宗实录》卷75，天启六年八月庚申。

> 总督南京粮储户部右侍郎吕维祺疏奏……初云臣部空虚，臣犹意其不至如人言之甚也。乃纵观庚藏，各官军有欠俸饷一两月，有欠半年，有欠一年者。虽本色犹可支撑目前，而折色则支销已尽，老库扃钥不开，荡然如扫。且不独臣衙门为然，各衙门无不告匮也。夫根本之地，挽运之枢，而乃一空至此，如坐漏舟，朝不及夕，皇上试熟思之，可不为寒心乎！①

到了这时，南京各衙门维持自身的生存都已困难，再也没有什么财政收入可供太仓库挪借了。

第二节　京、通等漕粮仓与太仓库

一　因灾伤、事故、运输困难等外界原因而将漕粮折银存储太仓库

成化年间，京、通仓及其水次仓的漕粮因为赈济、灾荒等多种原因而频繁地被折征白银并解纳太仓库。

成化六年九月，为了降低京城市场上因为水荒而上涨的米价，大学士彭时奏准以平价出卖京、通二仓仓米，所得银与铜钱都存储太仓库："太子少保兵部尚书兼文渊阁大学士彭时等奏：京城米价高贵，莫甚此时。实由今年畿甸水荒无收，军船运数欠少……乞命户部……将东、西太仓米平价发粜四五十万石收贮价银……其贫民无钱者折收铜钱，俱送太仓官库收贮……从之。"②

成化九年五月，为赈济河间府部分遭受旱灾的饥民，户部奉旨粜卖德州仓粮，所得银钱送贮太仓库："户部奏：直隶河间府所属沧景等州县旱灾，已奉旨发德州仓粮二万五千石，依成化七年京城粜粮事例以救民饥……其银运送太仓交收，准作京卫官军俸粮支用。上以饥民可悯，命再增一万石，石止粜银五钱。"③

---

① 《崇祯长编》卷37，三年八月癸酉。
② 《明宪宗实录》卷83，成化六年九月己亥。
③ 《明宪宗实录》卷116，成化九年五月戊戌。

成化十二年九月，因需一万名运粮官军疏浚通惠河，户部议准将原该这批运军运送的 30 万石漕粮改征白银，部分带至蓟州支用，剩余之银则送贮太仓库：

> 漕运总兵官平江伯陈锐奏：通惠河虽已通行，然其间犹有未毕工者。欲再疏浚，使加深阔。拟摘江北运粮卫所军余一万名……然军一万该运粮三十万石，暂于明年该支仓内照数停支……户部议……宜行浙江布政司，令于明年分各处兑运粮内酌量粮多有收之处，内拨三十万石，通计正耗数，每石收银四钱，内以十万石折价，顺带至蓟州以便支给。余送太仓库收，候米贱折京卫官军人等月粮。其省下运粮蓟州官军一万名则令如拟，前来兴工……从之。①

成化十二年十月，平江伯陈锐奏准将近 5000 石运纳迟误的通州仓粮改征白银解送太仓库："浙江温、台二卫运纳通州仓粮四千八百七十余石后至，合石收银六钱送太仓交纳，以平江伯陈锐言时将阻冻恐误下年漕运也。"②

成化十三年五月，鉴于河南多灾且仓廪空虚，户部覆准将河南起运德州、临清的漕粮改征白银解纳太仓库："巡抚河南右副都御史张瑄奏：今边方宁谧，而内地仓廪空虚，又多水旱，乞将河南起运榆林及德州各仓粮料酌量存留……事下，户部尚书杨鼎覆奏，以为起运……德州、临清各仓（宜）每石折五钱，类解太仓以备支用。从之。"③

成化十九年八月，因凤阳等府发生水灾，户部覆准将其该起运京仓、水次仓及边仓的粮、草改征白银解纳太仓库：

> 巡按直隶监察御史魏璋奏勘凤阳等府卫所州县去岁水旱应免粮豆……户部言：各处奏灾，即行御史勘实。今浃岁方报，则一岁之

---

① 《明宪宗实录》卷 157，成化十二年九月丙辰。
② 《明宪宗实录》卷 158，成化十二年十月甲申。
③ 《明宪宗实录》卷 166，成化十三年五月丙子。

间，田已改种，其所勘者，未知何据？请俱以十分为率，但减免三分……余七分……系兑运或起运水次仓、京仓、边仓粮，每石折征银二钱五分、草每束征银三分，送太仓银库以备边储。报可。①

成化二十年七月，为了减轻连续受灾的山东的赋税压力，户部奏准将其逋欠德州、临清的仓粮改征白银解纳太仓库："户部主事戈孜奏：奉命催征山东逋负粮草，顾连岁灾伤，催科太急恐生他变，乞将原派德州、临清二仓粮每石折银五钱解送太仓……从之。"②

弘治年间，漕粮改折输纳太仓库的银数和次数都大大减少。弘治二年，因四川丰收粮贱，户部议准将原欲赈济该省的兑运粮折银解纳太仓库收贮：

> 先是以四川饥，命户部郎中田铎往湖广摘拨兑运米二十万石至夷陵州，候四川差官接取。既而湖广巡抚官亦奏灾伤，得免粮，止措米五万石运至夷陵。久之，四川接取者不至。铎言：四川已有收，米价且贱。况江涛险恶，不愿来领。乞别为处分。户部议宜以此米付荆州仓，令湖广布政司将今年存留粮内，如数扣除，石折银五钱解京，送太仓收贮……从之。③

弘治十七年三月，因杭州、湖州旱灾，其漕粮10万石改征白银解纳太仓库："命浙江杭、湖二府漕运米三十万石，内以十万石每石折征银六钱，类解太仓，以二府旱灾故也。"④

弘治十八年四月，户部覆准将运粮违限的漕军的罚银解送太仓库收贮："户部郎中史学奏：运粮官军虽有到京期限，而无违限参问之例，往往迟误无忌。请照罚运例，每违十日罚米一石、折纳银三钱，送贮太仓……户部覆奏，从之。"⑤

---

① 《明宪宗实录》卷243，成化十九年八月戊子。
② 《明宪宗实录》卷245，成化二十年秋七月庚子。
③ 《明孝宗实录》卷30，弘治二年九月戊午。
④ 《明孝宗实录》卷209，弘治十七年三月辛未。
⑤ 《明孝宗实录》卷223，弘治十八年四月壬申。

正德八年十一月，因部分运船被烧毁，户部议准改折60万石漕粮并将折银解纳太仓库：

> 总督漕运都御史张缙奏：各处运船少者三千二百只，欲以粮九十六万石暂征折银解纳，以免雇船之费。户部议量折六十万石于江浙及灾伤地方分派……共为银四十二万二千六百两，收贮太仓，候每月放粮内拟定数卫与之折银……其流贼烧毁船八百三只，未及十年一造之期，俱无料价，即以折粮余银分送各提举司立限造船，待异日征完料价还部……从之。①

正德十三年十二月，户部议准将折盐价10万两解纳太仓库以供漕运官军脚价之用："户部会议总督漕运及各巡抚都御史所上地方事宜：一，官军负债多因脚价不敷，宜查算补给，仍征准折盐价十万两，解达太仓专供脚价之用……议入，诏皆从之。"② 该月，户部还因苏州发生水灾而覆准将其兑军京粮65.5万石改征白银并解纳太仓库："户部以苏州府所属州县水灾先从巡按御史叶忠言，减免岁征粮草，而兑军京粮六十五万五千石岁有定额，宜下巡抚臣通融议处，仍许折银解太仓，以备官军月粮支用。以后仍征本色。议入，报可。"③

嘉靖初年的时候，太仓库财政状况还未出现财政紧张的状况，此时的户部，会通盘考虑情况，而不像其后那样锱铢必收。比如嘉靖元年十二月，户部议准轻赍银余剩部分不必解纳太仓库：

> 漕运总兵官都督金事杨宏奏请以漕运轻赍银两悉听各该运官沿途动支为雇僦车船之用，不必装鞘印封，计算羡余，以苦运卒……下户部议……轻赍折银本以资转搬之费，今若虑官军侵耗，尽取其赢余归太仓，则以脚价为正粮，又非立法初意。今宜令有司如期征收余耗，如例解赴漕运衙门，候各总运船过淮照数领给，运至通州

---

① 《明武宗实录》卷106，正德八年十一月乙丑。
② 《明武宗实录》卷169，正德十三年十二月癸亥。
③ 《明武宗实录》卷169，正德十三年十二月乙亥。

方许发封,听巡仓御史管粮员外会同查核验给……如有羡余,不必输之太仓,即将各总分、各卫所查开缺船应补者若干,敝船应修者若干,什物应办者若干,各发银修造……得旨如议。①

嘉靖八年,距离临清仓和德州仓300里以外的地区应纳往两仓的税粮全部都改为征收白银并被解纳太仓库收贮:"嘉靖八年题准临清仓税粮,各州县附近在三百里内者征收本色,三百里外者俱征折色,每石八钱,解纳太仓银库"②"以边饷日增,议将起运本(德州)仓税粮,各州县……在三百里外者改折色,每石八钱,解太仓银库。"③ 不过,太仓库的这一收入是很不稳定的。隆庆四年,距离临清仓300里外的地区被要求将折色税银运至临清仓,由大户从便买米上纳,隆庆五年又要求全部征收折色,万历二年再次恢复300里外地区将折银运至临清仓并由大户自行籴买的政策。④ 德州仓也在其后经历了类似的反复,主要也是以征收白银至德州仓之后由大户籴买实物的政策为主。⑤

嘉靖十年,因为通惠河修成而节省下的脚价银成为太仓库的收入项目:"嘉靖十年为始……其通惠河成,扣省闸运脚价解送太仓银库交收,以备修河等项支用。"⑥

嘉靖十年八月,因漕河淤阻,户科蔡经议准将大部分漕粮运至通州,所节剩的轻赍银送贮太仓库:"沧州南化园漕河淤阻,户科都给事中蔡经等……乞下户部酌议,暂于今次多派通仓就近便,谕其空船令速驾回,轻赍银加贮太仓……上从之。"⑦

嘉靖十四年十一月,漕运总兵官奏准将显陵卫额运湖广漕粮折银解纳太仓库:"漕运总兵官刘玺言:显陵卫额运湖广正兑米二万三千九百石有奇,江西改兑米七千五百石有奇……宜自今年始……每石听折银六

---

① 《明世宗实录》卷21,嘉靖元年十二月壬寅。
② (明)刘斯洁等:《太仓考》卷8之3,第821页。
③ (明)刘斯洁等:《太仓考》卷8之4,第823页。
④ (明)刘斯洁等:《太仓考》卷8之3,第822页。
⑤ (明)刘斯洁等:《太仓考》卷8之4,第823页。
⑥ (明)刘斯洁等:《太仓考》卷1之6,第715页。
⑦ 《明世宗实录》卷129,嘉靖十年八月壬辰。

钱,转输太仓以备官军月粮支用,载入议单,永为定例。部覆从之。"①

嘉靖十八年十一月,因漕船冻阻数多,漕运总兵官顾寰奏准次年96万余石漕粮折征白银并解纳太仓库:

> 提督漕运总兵官镇远侯顾寰奏言:湖广、江西、浙江、下江南京、江南、江北中都诸部运船,前以回避梓宫,继以河水涨发,不获时进,比已冻阻共二千九百余只……乞暂将前船免下年装运,约所装粮可九十六万七千四百余石,即以各灾伤地方量准折银上纳……输入太仓……从之。②

嘉靖十九年四月,因为运输困难,湖广抚按奏准荆州左卫额运漕粮折银解纳太仓库:"湖广抚按官奏言,荆州左卫已改显陵卫,原兑湖广、江西正粮万九千八百石,乏军领运。乞照安陆卫改折事例,每石折银七钱,解太仓库。所遗浅船六十余只,分派武昌等无船卫所领运。诏从之。"③嘉靖四十四年十一月,因湖广、江西发生严重水灾,户部议准将这两个地区的漕粮改征白银并解往太仓库收贮:"户部议覆……湖广、江西水灾重大,原派漕粮宜权行改折收贮太仓,听放月粮,不得别有那移。疏入,允行。"④

隆庆四年十月,因漕船淤阻,户部覆准将江西、湖广的改兑粮及耗米、受灾的淮安等三州的部分漕粮都改征白银并解纳太仓库:

> 户部覆漕运侍郎赵孔昭条处淤阻粮船便宜……一,计淤运。谓江西、湖广淤粮数多,正兑者仍旧运京,若改兑并耗米八万七千五百余石,请准抵各总来岁行粮,每石折银五钱解纳太仓;一计新运。谓江、湖二总新运缺船,今淮、扬、徐州灾伤,乞尽令改折,即以船代运为便。户部议覆:来岁准折淮安米五万石,扬州米三万石,徐州米三万五千石,兑粮者石折七钱,改兑者石折六钱。令该

---

① 《明世宗实录》卷181,嘉靖十四年十一月己巳。
② 《明世宗实录》卷231,嘉靖十八年十一月庚申。
③ 《明世宗实录》卷236,嘉靖十九年四月壬戌。
④ 《明世宗实录》卷552,嘉靖四十四年十一月己酉。

省雇船运送仪真交纳，余如奏。上允行之。①

万历初年，京、通仓存粮丰盈，因此漕粮改折的次数就比较频繁。万历元年，原先解往蓟州镇的漕粮兑军银改解太仓库："侍郎汪道昆题本部覆准将该镇漕粮兑军银六万二千四百两改解太仓上纳。"② 万历六年八月，神宗诏命改折漕粮200万石，其折银一万两接送户部，其余59万两用于河工修建之费："诏以浙江等处漕粮暂折二百万，以苏民困。其折色银两以一万两解部，以五十九万五千余两协济河工。着各抚按督率，上紧严限征完本、折一并起解。"③

不过，即使万历初年京通仓存量丰厚，明朝廷对漕粮改折还是持很慎重的态度的。万历五年十月，总督漕运都御史胡执礼奏请每年都将漕粮的十分之三改折，户部以京、通仓存粮仅够六年支用为由表示反对："总理漕储都御史胡执礼言江南改折之利，请每岁会计以改折三分为常。户部覆奏：太仓所积仅足支六年，此时未可遽议。上是部言。"④

万历十四年十二月，户部题准临清仓每年将50万石额米之外的余米支运京、通仓，而京、通仓则从其免运米内将相应数额的粮食改征折色银并解贮太仓库：

> 户部题：临清两仓岁收山东、河南粟米一十九万四千四百石，原为预备拨补漕粮之数。迩年漕运依期，无藉拨补，遂致两仓粟米积久成腐。今议每年二仓共留米五十万石以备灾伤、改折、凑补，余米支运太仓，即以太仓免运米内照数改折解贮太仓，以为前项官军四月、十月折色之用。上从之。⑤

万历二十一年九月，户部覆准河南遭受水灾的州县征折色漕粮："户部覆：河南重罹水灾，开封、归德、河南三府并汝州所属州县系河

---

① 《明穆宗实录》卷50，隆庆四年十月己酉。
② （明）张学颜等：《万历会计录》（下）卷18，第699页。
③ 《明神宗实录》卷78，万历六年八月壬午。
④ 《明神宗实录》卷68，万历五年十月乙酉。
⑤ 《明神宗实录》卷181，万历十四年十二月壬戌。

之南，俱照灾重例，不分正兑、改兑，每石折银五钱，征解太仓候给军饷……从之。"①

万历二十八年七月，户部覆准今后解运至京、通仓漕粮中的 72 万石不必入廒，所节省出的脚价解纳太仓库：

> 户部覆总督仓场侍卿赵世卿奏，自本年为始，将运到漕粮于应上京仓数内摘取四十八万石、通仓数内摘取二十四万石，止令照旧搬运进仓晒阳干洁，囤贮堆放，不必受收入廒。过应放军士月粮之日，各课监督官责令运粮官旗就因兑给以省耗费。所有耗米作正支放，脚价解太仓以佐军需……从之。②

万历三十五年十月，神宗命粜卖德州、通州仓米以赈济畿南灾民，粜米所得价银则直接运往易镇抵充年例："命畿南六郡灾伤之处照顺、永赈粜事例，发德、通二仓米各五万石平粜以苏民困，其价银径解易镇抵充年例。"③

万历四十三年八月，因河南发生灾情，户部覆准其漕粮的一半改征白银，按照惯例，这笔白银收入自然要缴纳太仓库："河南巡抚梁祖龄言，本省每年例该正改兑米三十一万石，临德二仓米八万石。不意自春抵夏，河北三府点雨未沾，汝南一带霪雨如注……户部覆称粮糈仓庾实关军国……应量改折一半，其一半仍令运纳本色。上命如议行。"④

二 因太仓库自身财政困难而将漕粮折银纳入太仓库

明朝廷首次因为太仓库缺银而改折漕粮发生在嘉靖二十年。该年九月，因太仓库存银数少，世宗命将部分漕粮改征白银。⑤ 嘉靖二十二年户部与廷臣集议边计时，就把此事作为改折漕粮补充边饷的先例："户部会廷臣议奏边计……嘉靖二十年间曾将漕粮一百二十万石折银济边，

---

① 《明神宗实录》卷 264，万历二十一年九月戊辰。
② 《明神宗实录》卷 349，万历二十八年七月己卯。
③ 《明神宗实录》卷 439，万历三十五年十月丁丑。
④ 《明神宗实录》卷 535，万历四十三年八月甲午。
⑤ 《明世宗实录》卷 253，嘉靖二十年九月戊子。

如后遇缺乏，照例先期酌处……上曰……悉依拟。"①

随着漕粮折银频度的增加，北京实际收到的漕粮本色骤减。到嘉靖二十五年时，400万石的漕粮总额竟然只解到不足200万石的本色粮食。世宗对此大为吃惊和不满，命令自下年开始务必足额征收本色漕粮，禁止漕粮任意改折：

> 漕运总兵官万表言：漕运粮斛除年例准折及漂流豁免，实交止粮一百九十五万三千余石……上问：四百万石漕粮，如何准折过半？其令户部对状。尚书王杲等伏罪，上曰：漕运粮米，岁有常数，系祖宗成法，即遇灾伤，自有蠲省常例。近来内外各官奏免，任意纷更，该部一概题覆，不闻执奏，以致岁减过半，坐损国储……漕运粮斛自明年始，务遵旧规，无亏原额。仍先行抚按管粮官知悉，再有奏减折银者，参奏重治。②

虽然世宗皇帝明确反对漕粮折银，但是仅两年后，因太仓库缺银而取用漕粮仓储的情况再次出现。嘉靖二十七年开始，因为"兵费岁增、内帑日诎"，户部连续从德州、临清仓库挪用其库存银："临、德二仓积银二十余万，请令德州以三万、临清以十三万及泰山香税自本省官吏俸给外，悉解太仓……疏上得旨：……如议"；③嘉靖二十八年三月，因"太仓积贮缺乏，难以支给"，户部奏准将"临清仓库银十五万两、德州仓库银二万两解京补发各边。"④

万历十二年，太仓库的岁支银超过岁入银118万两，国用不足，因此神宗"诏改折各省直万历十三年分起运漕粮一百五十万石"⑤。

万历四十六年五月，为筹措辽饷，户部奏准起解自万历三十九年起就改折征银的水兑军粮的三分之一，同时追征南直隶等处逋欠的71万余两漕折银：

---

① 《明世宗实录》卷271，嘉靖二十二年二月壬辰。
② 《明世宗实录》卷316，嘉靖二十五年十月己亥。
③ 《明世宗实录》卷332，嘉靖二十七年正月壬寅。
④ 《明世宗实录》卷346，嘉靖二十八年三月己卯。
⑤ 《明神宗实录》卷159，万历十三年三月己卯。

第六章 明代太仓库与其他中央机构的财政关系演变 | 413

> 时辽饷缺乏，户部疏请……查催各省直应解部银……三十九年南京巡仓御史傅宗皋题水兑军粮三十万石，除正支十七万石外，余俱改折征银，每年该八万九千六百两，以三分之一饷辽。自三十九年起迄今八年，该银二十三万八千三十四两，所当作速遵旨补解者也……漕粮折银原以宽民力也。今南直隶、江西、湖广、河南、山东，数年不解，总计欠七十一万一千九百余两……今边饷窘急，所宜作速催解。立限本年之内，尽行报完者也……（上）俱依款行。①

到天启年间，地方截留以及对于正常漕粮岁额的逋欠，使得漕粮仓财政职能受到严重损害。而上述漕粮改折白银解纳太仓库的做法，更加速了漕粮仓财政危机的到来。

到天启三年五月，因漕粮改折太多，再加上各处对漕粮的截留挪用，京、通仓的存粮仅够支用一年，而且漕粮中永折银也因被借用来支发边镇年例银而库存空虚：

> 总督仓场户部尚书李宗延奏……边塞年例三百二十二万三千有奇，乃借漕折混充边饷，以致漕折实在二十九万二千六百五十七两零，蔑无丝毫在库……临、德二仓岁积米石，专备抵补灾荒。今灾折三十余万而两仓无颗粒之抵，且驾言丰年补征，以致省直拖欠银二十万有奇……今括十有一仓储偫，仅当一年之用，谁司国计而空匮若此？可怪也。追思毙源，一在改折太多，一在截留太滥。惟毋因陋就简，则漕有厚幸矣。②

为了解决漕粮的上述问题，天启三年六月，户部覆准漕粮中的永折银比照京粮银的规矩收支存放，不许再像以前一样与太仓库中其他银两通融支放：

---

① 《明神宗实录》卷570，万历四十六年五月癸丑。
② 《明熹宗实录》卷34，天启三年五月丙午。

> 户部尚书陈大道覆仓场总督李宗延疏言：祖制额漕四百万石灌输京仓，而永折一项载在令甲。后各省直有灾旱频仍，不得已而议灾折。迩来有司怠玩，以改征之积贮，视为本色之盈余，年复一年逋欠愈甚……太仓钱粮旧系通融支发，出入无稽，恐致溷淆。亦有如督臣所言者，自今另贮别库，年例借支，本部题准，移咨总督衙门，比拟京粮之例挂号给发。出入不明者，听巡仓御史参处。至于稽查、完欠、抵补、借支本折，务期足数。而见在挨陈支放，则总督之酌量通融，自尽职掌。皆救时之急着矣。从之。①

天启五年，京、通仓岁入 232.6 万石，逋欠率 42%。以下数据清楚显示出，京通仓自身漕粮的征收已经出现严重问题：

> 户部题积谷储饷出入存留确数：京、通各仓自天启四年十一月起至天启五年十月终止……总计京仓一岁所入之数粮斛共一百六十九万七千七百八十八石七斗八升六合九勺八抄零……一岁出放之数粮斛共一百九十万三千七百七十一石八斗一升九合四勺九抄零……总计通仓一岁所入之数粮斛共六十二万八千六百六十石一斗四升六合一勺一抄零，一岁出放之数粮斛共四十一万一千四百一十一石一斗二升八合六勺四抄。存留之数粮斛共六十一万一千八百一十一石一斗八升二合七抄零。此京通二仓出入存留之实数也。细为筹算，出浮于入。后将何继？敢不谨凛于出纳也。②

面对京、通仓如此的财政状况，河南道御史王业浩竟于天启六年正月奏准将京、通仓板席改折以充新饷：

> 掌河南道事御史王业浩疏陈切要以饬漕规……各仓席木宜折也。竹头、木屑孰非民膏？与其虚费金钱而置之无用之地，孰若少加裁抑，犹可佐公家之需？合无天启六年应解五年分京通粮仓板席

---

① 《明熹宗实录》卷35，天启三年六月壬午。
② 《明熹宗实录》卷65，天启五年十一月己巳。

或暂准改折价充新饷，或各仓监督新旧间铺就中樽节每年实用席木若干，定数减派，行令各省直照数解京，务期足用而止。其余悉行改折，庶折一分国享一分之利……奉圣旨……数款皆有裨国计，即严饬内外经管衙门着实遵行。①

第三节　太仓库与兵部太仆寺之常盈库

明朝初年，太仆寺仅掌管兵部战马，并无银两。其后，随着部分马匹折银征收，成化四年，太仆寺常盈库建立；成化八年，"本寺官库收贮江南备用马价银，见在三万七百四十余两"；随着白银存储量的增多，嘉靖十三年，常盈库"建新库。自建新库，老库不开"；其后，太仆寺常盈库存银种类渐多："一岁解折征买俵本、折马银……一折征种马草料银……一京营子粒银、一各卫子粒银、一各州县地租及余地银、一南直隶各府子粒地租银……一桩朋银……一附寄班军银……一附寄缺官银……一变卖种马银"，共计 10 类。其财政开支主要有两项，一是给发边镇银，用于马市买马，或者修建边镇城墙，"自成化间改折马银，至正、嘉间，陆续奏讨。及隆庆四年互市，给银为市本，后遂为定例。十余年间，岁一给发者，为年例；买马银间或奏讨者，加给不同。又近日有所谓户七兵三银，又有请为修城者"，二是作为皇帝赏赐边军之用，但这项开支直到万历朝才有。②

弘治以前，兵部常盈库与户部太仓库之间没有太多财政借支事件，各财政收支机构基本可以各自负责自己的区域，彼此都无太大的财政问题。其后，这种户部与兵部各司其职、两不相压的泾渭分明的状态开始逐步发生改变，而造成这种改变的根本原因，则是双方财政状况的逐步吃紧。

明前期，"锦衣旗手等三十卫、五军三十神机等营听征马，各有草场"，每年从夏至秋于此放牧；其余时间则靠户部太仓供给马料；其

---

① 《明熹宗七年都察院实录》卷 11，天启六年三月十四日。
② （明）杨时乔：《马政纪》卷 8，文渊阁四库全书，第 663 册，第 591 页。

后，随着草场被变为耕地，兵部太仆寺"乃收（其）子粒，充买马及诸营公、私费"，上述马匹因再无草场可以放牧，所以全年都依赖太仓供给马料。从嘉靖十五年开始，户部太仓库为此"岁费十八万"，积至嘉靖二十五年，则费一百七十余万。户部在财政紧张的情况下，"乃诣旨咨兵部，括（嘉靖）二十六年以后（草场）子粒，尽送太仓，通融支给。兵部亦以为便，奏从之。"①

嘉靖二十六年，户部与兵部就北边军镇修筑边墙的开支问题发生争执。最初，因为"宣、大督抚官议修两镇边墙一百七十里，计工费银一十六万三千有奇"，兵部奏准这笔工费银由太仓库支付，户部随即表示反对，称"本部钱粮，原无修边事例。修边系兵部职掌，当以太仆寺马价给之"；此外，累年以来，太仓库被"借用修边、募军、犒赏之费"已20万两，"若转借无已，则帑储必致虚耗"。面对两部的争执，世宗"诏二部协心共济，不得复有紊越"。②结果，户部与兵部商讨后，奏准"发太仆寺马价银十四万两，太仓银七万两有奇，修大同边墙；其前所发银十六万两，专给宣府，不得复有混扰"。③

嘉靖三十年，户、兵二部再次因为修筑边墙、墩堡的费用问题发生争执。当时，"山海关等处修筑边墙、墩堡，议发户部太仓银二十六万有奇，兵部太仆寺马价银十万有奇，并乞运通仓米十万石"，对此兵部表示不满，上言："马价缺乏，而财赋尽输计部，宜有所专属"；此举有明显兵部倾轧户部之象，而世宗竟然"许之"；户部随即上疏反对，言："修边事隶兵部，即近年边役繁兴，未有独责之本部者。且兵部所储，止供买马；本部百需攸萃，费出无穷。请如前议。"世宗只得"诏集廷臣议处"，最终"兵部出银五万，余悉归户部。仍请乞运米七万余石抵银数，并权贷发边粮草银七万"。④

嘉靖三十年，"宣镇修补边墙合用银两，除上年修边余剩及粮草作银外，尚少二万八千七百五十一两零，"兵部奏请给发。户部再次不满，言："前项银两原系户、兵二部通融措处，并无本部独给之理，乞

---

① 《明世宗实录》卷314，嘉靖二十五年八月辛亥。
② 《明世宗实录》卷321，嘉靖二十六年三月甲寅。
③ 《明世宗实录》卷322，嘉靖二十六年四月甲午。
④ 《明世宗实录》卷369，嘉靖三十年正月戊戌。

敕兵部以后遇有前费，须要会同本部议处，不得擅自题取便利。"世宗表示赞同，但仍命"银两查给发"。①

嘉靖三十二年，兵部奏请支发大同修边犒赏银，"已得旨令户部处发"，但户部拒绝独自承担，原因是"据嘉靖二十八年会议，户、兵二部通融处给，如马价有余，则兵部多发马价，不足则户部多发。"然而，兵部"马价所余不及二万"，因此"乞敕令协心共济国事"。世宗"诏各镇修边银，遵原议给发，不许互诿"。最终，户部"于太仓银库动支廪粮银一万七千七百八十两，移咨兵部径自措处"。②

嘉靖三十三年，户部与兵部就大同改筑墩台的费用问题达成协议，户部出75%，兵部出25%。尚书方钝题准"大同改筑墩台，请发银两。以十分为准，兵部该动支马价银二分之五，本部动支太仓库银七分之五。今帑藏空虚，难以尽发，先动支银三万七千五百两，其余三万俟有解到，即行补足。"③

嘉靖四十一年，因为财政紧张，户部"奉旨集廷臣议上理财十四事"，其一，讨论京营牧放马匹的草场租银问题，"京营马匹，旧有下场牧放之例。后因郭勋乱政，乃尽令仰秣太仓，岁费帑银以二十一万计。而京营牧地银两，复充五军营费，以其余解太仆寺，殊非所宜。今应备查前银，自营用额外，每年尽解太仓。其北直隶岁征牧地银、南直隶岁征草场租银，共计三万二千余两，宜断自明年始，听户部借支三年，以充前项草料之费"。其二，北边修筑边墙银两，此前为户部十分之七点五，兵部十分之二点五，鉴于目前"马价稍充，太仓屡匮"，此次廷议商定，"每遇修边，除动支该镇赃罚及无碍银外，户部给十之七，兵部给十之三"，世宗"允其议"。④

不过，在实际施行中，这一分配比例遇到了各种不同障碍。

比如，隆庆元年，因宣府修边、募兵共需用银1.5万两，兵部认为，其中0.5万两为募兵费，"原该兵部出办"，剩余1万两，"合无以

---

① （明）张学颜等：《万历会计录》（下）卷23《宣府镇额饷》，第831页。
② （明）张学颜等：《万历会计录》（下）卷24《大同镇额饷》，第873页。
③ （明）张学颜等：《万历会计录》（下）卷24《大同镇额饷》，第873页。
④ 《明世宗实录》卷511，嘉靖四十一年七月癸巳。

三七分出办，本部该银七千两，于太仓银库照数动支运发"。① 但此时的户部，因穆宗登基而蠲免其岁派钱粮过半，以致"九边军储尚不能给"，因此上言，虽然修边之费户七兵三的比例，嘉靖朝偶尔施行，但那时是"因马价不足故，为权宜之计"；现在"马价收贮六十余万，而修边之费才一万有奇"，兵部完全可以负担得起，因此，户部"乞敕兵部：自今凡系各镇修边、募兵，务尽马价夫给。如果匮乏已极，本部储蓄稍充，然后议处。"穆宗"从之"。②

再比如，隆庆末、万历初，各边镇修筑边墙时，兵部"不行先期会计奏讨"，擅自挪借主、客兵饷，以致军饷匮乏，之后再请求户部支发兵饷，不但完全无视"先尽本镇赃罚及无碍银两，不覆之数户七兵三凑用"的比例分配关系，而且实质上是使得"兵部三分尽归本（户）部"，因此户部于万历元年奏准"今后如遇修筑边墙，各备查合用钱粮数目、本镇现在勘动银若干、实少若干，明白具题，不许擅将主、客军饷径自动支。"③

万历五年，大同"沿边墩墙，岁久颓塌，宜乘时修筑"，共需"钱粮十四万三千六百八十余两"，除"动支修城余银及河南班价外"，其余4.396万两，由户部、兵部照例给发。④

除了在修筑边墙费用上户部与兵部之间渐渐明确了分配比例外，北边军镇在抚夷买马费用方面，也形成了一定的分配比例。万历六年，户部回复抚夷、买马钱粮问题如下："每年旧额：户、兵二部发银一万二千六百两，户部该七千两外，量加银八千两；兵部该五千六百外，量加七千两，共一万二千六百两。合前通共二万七千六百两，以充抚夷支用。俱候秋季，另行请发。"神宗"准给"。⑤

弘治初期以前，户部与兵部主要保持各自为政的独立状态，彼此基本互不牵涉；正、嘉、隆期间，二部之间的财政关系以协济合作为主线，就边镇修墙、抚夷等军费开支，协商出一个双方都愿承受的比例，

---

① （明）张学颜等：《万历会计录》（上）卷23《宣府镇额饷》，第831页。
② 《明穆宗实录》卷6，隆庆元年三月庚辰。
③ （明）张学颜等：《万历会计录》（上）卷27《宁夏镇额饷》，第945页。
④ 《明神宗实录》卷62，万历五年五月辛丑。
⑤ 《明神宗实录》卷71，万历六年正月己卯。

共同担负。万历中期以后,户部与兵部的财政关系再次出现巨大变化。从这时起,户部开始大量借用兵部常盈库白银,并且一般有借无还。

万历以前,明代财政"钱粮各有项下,亦因马价预备买马、征操,尤难挪借别用"①,因此,兵部太仆寺"有本色(马匹)以备取兑,有折色(马价银)以备收买。孝宗朝,有马七十万,克壮万乘之威灵;嘉、隆时,有银一千万,足备一时之招易。"② 可见兵部财政之宽裕。恰因为其宽裕,万历朝户部太仓库财政紧张时,开始频频借用兵部马价银。比如,万历二十七年五月,户部因太仓库"库藏悬罄,措办不前",就奏准一次借支太仆寺马价银 50 万两。③ 到万历二十九年十二月,户部前后已经借过兵部马价银 700 余万两,且都未归还。④ 到万历三十年,加上工部所借白银,太仆寺共借给户部和工部 870 余万两白银,以致常盈库"见存库者仅一百万有奇""三营骑操、州县寄养(马)不及三万匹;有余马价银两,节年借动,仅存十分之一,本、折俱称缺乏"。⑤ 万历三十一年四月,户部因"各镇请饷数多,逋负催征无期",奏请"内帑百万,与太仆寺五十万一时齐发"。⑥ 神宗虽知晓太仆寺"冏储无多",但还是命兵部"遵旨给发",同时"下严旨切责户部"。⑦

户部虽前后不断大量借用兵部马价银,但其收不抵支的财政困境并不能因此而从根本上得到解决。万历三十二年,户部本该发北边军镇下半年年例银 157.8 万余两,但太仓库"见在各项止四千五百六十五两零,无凭给发",无奈只得再次奏请兵部马价银,神宗准支"太仆寺银三十万,作速解边"。⑧ 此时,虽然户部借支兵部银,也远远不能满足其支出需求了。万历三十三年,大学士朱赓上疏条陈户、兵、工三部的财政困境,其中工部节慎库"罄然无分毫之蓄,且有累年数万之逋",

---

① 杨时乔:《马政纪》卷 8《库藏 8》,文渊阁四库全书,第 663 册,第 591 页。
② 《明神宗实录》卷 376,万历三十年九月己卯。
③ 《明神宗实录》卷 335,万历二十七年五月丁巳。
④ 《明神宗实录》卷 366,万历二十九年十二月己巳。
⑤ 《明神宗实录》卷 376,万历三十年九月己卯。
⑥ 《明神宗实录》卷 383,万历三十一年四月己亥。
⑦ 《明神宗实录》卷 383,万历三十一年四月己酉。
⑧ 《明神宗实录》卷 401,万历三十二年闰九月丁亥。

户部太仓库"老库不过三十万,外库不及数千,而九边嗷嗷之兵,枵腹以待",兵部常盈库"马价各处借用外,老库仅存二十余万。"①

虽然各部都很困窘,相对之下,兵部稍好。因此,万历三十五年七月,应户部尚书请求,神宗再次"命太仆寺发银三十万,借户部分给各边"。② 不过,这次引发了户部与兵部之间的巨大纷争。兵部太仆寺抱怨户部借用银两过多,且此时太仆寺常盈库全部积贮银两也不足30万两,因此僵持不发。接着,太仆寺少卿上疏神宗开列户部、工部及光禄寺历年借用太仆寺银额,如表6-1所示。

表6-1　　　　万历时期兵部太仆寺银库外借银额

	户部	工部	光禄寺
	万历十八年西征哱刘借160万两	万历二十九年因大婚大礼借35万两	
	东征倭借560余万两		
	万历二十七年因边饷借50万两		
	征播借33万两		
	万历二十九年借100万两		
	万历三十一年因边饷借老库21万两,马价30万两		万历三十一年因年例借2万两,又借37万两
	万历三十二年因年例借30万两		
小计	983万两③	35万两	39万两
总计	1057万两		

从表6-1可以看出,仅万历十八年到万历三十二年这十几年间,户部、工部及光禄寺就借用兵部1057万两白银之多,其中户部借用最多,为983万两。相比嘉靖、隆庆年间1000余万两存银的盛况,万历三十五年的太仆寺常盈库老库仅存银24万两,东西库所解入白银仅够

---

① 《明神宗实录》卷415,万历三十三年十一月丁亥。
② 《明神宗实录》卷436,万历三十五年七月丙辰。
③ 按,各项银所加数额当为984万两,但原文为983万两,今采用原文数据。

支发而已。对太仆寺少卿这份奏疏，神宗久未回复。于是兵部尚书再次上言，"请裁酌以内重马政，外神安攘"，并请求减少 15 万两的借款，同时指出户部依靠借银度日，不是长久之策。面对来自兵部尚书与太仆寺少卿的微词，户部尚书赵世卿倍感委屈，他亦上疏，指出自己就任后，仅借过兵部 181 万两，其余借款都是他就任之前的事情，他本人并未参与；其次，他又指出，"九边年例在嘉靖间数才二百四十余万，迄今加至四百一十余万，士、马、刍粮，岁岁增益，不闻有省一钱减一粟者"，兵马数额，户部无从考核，户部徒然背负借饷之名，其实真正使军饷亏耗的，恰恰是兵部，"虚伍实籍，无由可稽；问借饷，则司计者显被其名；问亏饷，则司兵者阴耗其实"，因此，"仍请借如故"。面对户部与兵部之间的争吵，神宗无如之何，仅"命户部所借边饷于太仆寺减支十五万"。①

万历三十七年二月，"蓟、密警急"，神宗命"借太仆寺马价银十万两，仍户部凑处十万两，速解该镇充饷备用。其俵马折价，各省直将今年本色折价一年，补还其数。毋得偏执奏扰。"② 万历三十七年十二月，"辽镇等镇兵饷急缺"，神宗"准借（兵部）马价二十五万、工部税银十五万解给各镇支用，其北直、山东、河南、山西、陕西、福建、四川当年征在官听解内帑税银，准留以二分解部，以充军饷"。③

万历四十四年十月，"边饷告急"，此时的明朝廷的各个财政收支机构都财政窘迫难堪，为拼凑辽饷，明政府被迫动用全部可能利用的中央财政收入或者存银，于是户部"借兵部银三十万两，工部银二十万两，南京户部银二十万两，南兵、工二部银各五万两"。④ 这笔从兵部、工部、南京户部、兵部、工部共 5 个部门借来的白银，总额也不过才 80 万两，相对于北边军镇每年四五百万两的需求而言，如何够用呢？且今年借过，明年又当如何？

万历四十六年六月，为措处援兵粮饷，明政府又在上述 5 个部门之外，添加了内库银，于是户部奏准借"内帑十万，太仆寺二十万，工

---

① 《明神宗实录》卷 437，万历三十五年八月癸酉。
② 《明神宗实录》卷 455，万历三十七年二月丙辰。
③ 《明神宗实录》卷 465，万历三十七年十二己巳。
④ 《明神宗实录》卷 550，万历四十四年十月丙辰。

部二十万",又借"南京户、兵、工银五十万",6各部门总计区区100万两。因为牵涉部门太多,"收支头绪甚烦",户部只好奏请添设"督饷司属,以便责成"。①

可见,此时的兵部常盈库,即使不再有各部门的借支,也因逋欠而收不抵支了。万历四十七年,辽左拟买马三万匹,共需白银45万两,兵部召集廷臣商讨,决定"除户部、太仆寺各凑银十万两外,议借南京户、兵、工三部各十万两以济马价之用"。兵部随即"题奉明旨,备咨各部,随差官前去侯领"。结果等了四个月,不但没等到户部的10万白银,却等来"户部尚书周嘉谟争执之牍",兵部痛呼:"一番奉旨,一番抗疏,文移往返,动费日月。全辽再失,咎不独在臣部也!"②

天启元年,在除内库外各财政收支机构都山穷水尽的情况下,熹宗同意发放100万两内库银,又从巡青衙门借用10万两,以便面向全国招募新兵。③ 到天启七年,兵部常盈库因为户、工等部门的借用,以致"囧库四朝之积皆尽矣",不但如此,因为岁入常额的逋欠,以致"库贮匮乏",太仆寺卿不得不上疏请求"各省直地方春秋应运者速解十分之三"。④

第四节　太仓库与工部节慎库

如前所述,洪武时期,工部的收入是缴纳内库存储的。当时工部的所属衙门包括文思院、营缮所、皮作所、宝源局、鞍辔局、军器局、龙江提举司、龙江抽分竹木局,以及原属皇室内官管理的巾帽局、针工局、颜料局。⑤

后来,工部衙门设立,随即"盖有大库一座,规矩颇宏,但无隔别、会官监查之例。其库设在本部之后,有部堂二重,并大墙限隔,别无中正大路前通",虽然管理简便,但"浮谤易生。往往正官有缺,各

---

① 《明神宗实录》卷571,万历四十六年六月辛酉。
② 同上。
③ 《明熹宗实录》卷9,天启元年四月戊寅。
④ 《明熹宗实录》卷81,天启七年二月丁卯。
⑤ 《诸司职掌》,第582页。

官称疾不肯任事。考察之际，时论偶及，无以自明"。① 嘉靖八年，世宗见"在京惟太仓俱有成规，其余内外衙门各项钱粮，因无官查理，积弊多端"，特命"户、兵、工三部，即便通行查议，但系有钱粮衙门，俱要差委科道官监收查理，通行岁报，庶革奸弊以裕国用"；为此，工部奏准"将本部大库量加修葺"，"听本部侍郎一员督理，就差该城御史监查"，嘉靖给该库赐名"节慎"。② 其后，工部岁入白银便贮藏其中。

弘治时期，工部会偶尔借用户部太仓库的银两。不过，那时彼此财政状况都还过得去，所以，户部常能将借款如实收回。比如，弘治十六年四月，户部"奉旨会文武大臣及科道官议上足国裕民之策"，遂趁机奏准，命礼、工二部将所借太仓库的14万两白银如数归还。③

嘉靖初年，工部因营建内外工程，向户部"借过事故旗军及未到上班官军共支过二百九十三万四千七百余两"，到嘉靖十九年，工部因"帑银告匮"等缘故，"各处兴工无可支给"；想到"先年题借户部扣省通惠河脚价、两宫皇庄子粒及兵部团营子粒银共七十余万，俱未送到"，工部此时特上疏奏请这笔白银，世宗鉴于当时太仓库存银仅剩210万两，态度坚决地予以否决："太仓银以后不许动支"。④

嘉靖二十七年工部节慎库财政较为宽裕，节慎库存银140余万。因此，户部奏请工部归还此前借支太仓库的190万两白银。世宗拒绝："工部库银专备营建，其勿复取。"⑤

嘉靖三十七年，户部太仓库财政吃紧，世宗命"发工部节慎库银十八万两借充各边军饷"。⑥ 嘉靖四十一年，户部奉旨召集廷臣商讨理财事宜，并奏准此前由户部、工部并行的开纳事例的收入中，"（工部）在

---

① （明）刘麟：《清惠集》卷6《奏建节慎库疏》，《文渊阁四库全书》第1264册，第374页。

② 同上书，第373—376页。

③ 《明孝宗实录》卷198，弘治十六年四月丁未。

④ 按，该奏疏部分内容"先年题借户部扣省通惠河脚价、两宫皇庄子粒及兵部团营子粒银共七十余万，俱未送到"，见《明世宗实录》卷238，嘉靖十九年六月丙戌；其余内容参见（明）黄训编《名臣经济录》卷48《题钦奉敕谕事（蒋瑶）》，第402—403页。

⑤ 《明世宗实录》卷332，嘉靖二十七年正月壬寅。

⑥ 《明世宗实录》卷464，嘉靖三十七年九月辛巳。

外监生、吏、农等一十二条俱应停止，悉依户部推广事例，输部济边"。①

万历三十三年十一月，"户部奉旨会同工部议处大挑工费"，工部援引旧例，要求户部支付 1/3 的费用，户部亦援引旧例，只肯支付 1/4，即 40 万石，最终，神宗进行折中，"特命于四十万石之外所余七万，两部各认其半，毋复再执，致有妨误"。② 户部遵命，并随即措处了 3.5 万两白银，并细细叮嘱"如有余剩，照数归还，勿仍昔年分黄导淮，将本部多余银两，径自留用，致以四分之一执为三分之一也。"③ 就此事而言，无论三分之一，还是四分之一，银额都不大。户部与工部就此小额郑重地进行争执，这在明初是不可想象的。这从侧面证明，此时的工部与户部，都已面临山穷水尽的财政境地。

万历四十一年，户部太仓库"共欠京运银一百八十三万三千六百两有奇"，除兵部等其他部门外，仅从工部节慎库就借走 30 万两，南京工部借走 5 万两，以支付军饷。④ 万历四十二年，应兵部尚书王象乾覆请，神宗命"工部发银五十万两给发蓟饷"。⑤ 万历四十六年四月，辽警增兵，为筹措军饷，除内库、兵部太仆寺外，工部"于大工银动支"20 万两借给户部。⑥ 万历四十六年六月，为措处援兵粮饷，工部借 20 万两给户部。⑦ 万历四十七年，为招募精兵援辽，户部奏请由工部支付 16 万两的盔甲、器械、衣装银，但"节经移催，工部全不能应"，至该年十一月，工部仍有 10 万两欠发。⑧

---

① 《明世宗实录》卷 511，嘉靖四十一年七月癸巳。
② 《明神宗实录》卷 415，万历三十三年十一月辛未。
③ 《明神宗实录》卷 415，万历三十三年十一月庚辰。
④ 《明神宗实录》卷 516，万历四十二年正月丁丑。
⑤ 《明神宗实录》卷 517，万历四十二年二月壬子。
⑥ 《明神宗实录》卷 568，万历四十六年四月壬午。
⑦ 《明神宗实录》卷 571，万历四十六年六月辛酉。
⑧ 《明神宗实录》卷 588，万历四十七年十一月丁酉。

第七章 皇帝、官员与明代财政制度演变之间的互动关系

第一节 张居正当国时代的中央财政制度改革
——以太仓库为核心[①]

从嘉靖二十八年开始到崇祯十七年明朝灭亡的近一个世纪的时间内，太仓库基本处于收不抵支的财政赤字状态。这段时期，只有一个阶段是特殊的，那就是张居正担任首辅的十年——隆庆六年至万历十年（1572—1582年）。这十年内，太仓库财政状况一反常态，其白银库藏量不断提升，常年在400—700多万两。此外，户部太仓存储的粮食也足够未来七八年食用。[②] 中央财政税收征收及时得力，每岁常有盈余，万历七年"有司催征以时，逋负者少……边费省减……岁比丰登，故得仓库积贮，稍有盈余"，[③] 万历九年"正赋不亏，府库充实"，[④] 万历十年"公私积贮，颇有盈余"。[⑤] 张居正担任首辅的"数年之间，纪纲

[①] 按，本节为作者国家社科基金西部项目《太仓库与明代财政制度演变研究》（12XZS010）阶段性成果，发表于《古代文明》2013年第1期。

[②] （明）张居正：《张太岳先生文集》卷40《请择有司蠲逋赋以安民生疏》，续修四库全书，第1346册，第351页。

[③] （明）张居正：《张居正奏疏集》（下），潘林编著，华东师范大学出版社2014年版，第526页。

[④] 《明神宗实录》卷111，万历九年四月辛亥。

[⑤] （明）张居正：《张居正奏疏集》（下），潘林编著，第640页。

振举，百司奉职，海内之治，庶几小康"。① 万历十年六月，"大学士张居正卒"。② 第二年，户部太仓库即出现193万两财政赤字。由此，太仓库财政收支进入迅速恶化时期，不仅年年收不抵支，即使动用原来不能轻易动用的太仓老库银，借用兵、工部白银，边镇军饷仍有大量拖欠。万历四十四年、四十五年两年，各省直地方共逋欠太仓库银286万余两，明中央政府的征税能力出现严重问题。此后，虽明中央政府不断增加税收，但因征税能力日益衰弱，实际财政收入与实际财政需求之间的鸿沟日益增大。天启元年七月，辽东"守河之兵全无衣甲器械，惟有张空拳以当白刃"。③ 到明朝灭亡那一年，即1644年，户部"太仓银库不过千三百两，内府扫地不过四五十两。"④ 张居正秉政的十年，竟然成为明朝最后一百年内唯一一段户部财政充裕的时期。这自然会引起如下疑问：这十年中，以太仓库为核心的财政体系到底发生了哪些变革？这些变革对于太仓库收不抵支的长期财政赤字到底是什么影响？对于明代中央财政状况到底意味着什么？

　　张居正改革一直是学术界研究热点，且成果丰硕。⑤ 有关其财政改革方面的重点一般在清逋赋、严考成、清丈土地、推行一条鞭等内容，尚未有人对张居正当国时代中央财政制度的变革进行专门研究。故而，本节以太仓库为切入点，从张居正当国前太仓库财政状况及相关变革、当国时期太仓库增加收入的财政改革、减少支出的财政改革及他死后太仓库财政状况的迅速恶化4个方面展开实证研究，以期在明代官员与财政体制变革之间的关系方面得到更深入、具体的理解和认识。

---

① （明）张居正：《张居正奏疏集》（下），潘林编著，第480页。
② 《明神宗实录》卷125，万历十年六月丙午。
③ 《明熹宗实录》卷12，天启元年七月乙卯。
④ （明）李清：《三垣笔记》，顾思点校，中华书局1982年版，第82页。
⑤ 按，专项研究成果主要有朱东润：《张居正大传》，陕西师范大学出版社2009年版；南炳文、庞乃明主编：《"盛世"下的潜藏危机——张居正改革研究》，南开大学出版社2009年版；刘志琴：《张居正评传》，南京大学出版社2006年版；岩井茂树：《张居正的财政课题与方法》，载刘俊文主编《日本中青年学者论中国史》，上海古籍出版社1995年版。此外，由于张居正改革影响巨大，因此其他专题研究，甚至明代通史性研究对张居正改革亦多有涉及，在此不再一一列举。

一 张居正当国前太仓库财政状况及相关改革

太仓库于正统七年设立后，财政地位低微，长期不被重视。直到弘治末、正德初，太仓库财政地位才明显提升，成为应对紧急军情和突发灾情的后备资源存储库。嘉靖时期，通过对原有财政体系部分收入的重新调配，太仓库岁入款项和银额迅速扩增；相应地，除了原有的应对国家危急情况的"后备资源库"功能，每年为北边军镇提供部分常规军饷成为太仓库越来越重要的职责。到嘉靖二十八年，太仓库岁入白银已达395万余两，但其中额定正式白银岁入只有110余万两，其他都是为了应对战争东挪西凑而来，具有非常规、不稳定的特点。[①] 虽然太仓库岁入银额增长迅速，其岁支银额增长却更为迅猛，从嘉靖三十年到嘉靖三十四年，其岁支银额最高者为595万余两，最低者也有429万余两，[②] 收不抵支是嘉靖后期太仓库财政状态的主流。

为改变太仓库入不敷出的窘境，隆庆时期的中央政府积极采取各种改革措施增加太仓库岁入银额。第一，内库财政开支受到削减，部分财政收入被直接划归太仓库。比如，穆宗在即位诏书中宣布节省"内府各衙门供应钱粮"，并"查照弘治年间及嘉靖初年旧额酌量征派，其以后年分加添者，尽行革除"，而且"内府各监局库所收缎匹、军器、香蜡等项钱粮，户、工二部……将以后应派之数酌量折征银两，解部以济边用"；[③] 隆庆元年正月，户部覆准"南京供用库酒醋面局并光禄四署"米、谷、豆、麦等每三年中征折色银二年，"折色银两征解户部济边"；[④] 八月，户部奏准"自元年以后钱粮免进内库，皆留太仓以充边费"。[⑤] 第二，地方政府部分财政收入也被划归户部太仓库。隆庆元年六月，"福建每年额征盐折、屯折、粮剩仓折、盐粮料钞、鱼课、酒税并应解事例、扣减弓兵、驿递、寺租、科举、赃罚等银约二十五万"，

[①] （明）潘潢：《会议第一疏》，载陈子龙等编《明经世文编》卷198，第2050—2051页。

[②] （明）王樵：《方麓集》卷15，第412页。

[③] 《明穆宗实录》卷1，嘉靖四十五年十二月壬子。

[④] 《明穆宗实录》卷2，隆庆元年春正月丙寅。

[⑤] 《明穆宗实录》卷11，隆庆元年八月辛亥。

被命解往太仓库。① 第三，嘉靖末年归工部所有的赃罚银在隆庆元年也成为户部的财政收入："赃罚银两十分则留用二分，解户、工二部各四分，而工部营建今已诏罢，宜悉归户部，并僧道度牒、吏承班银，有司如期起解，不得怠缓。"② 第四，对太仓库正赋征收的监管也在隆庆朝得到加强，"天下来朝官员有无逋赋"要被核查，并"分别多寡住俸、降级如例"。③

同时，隆庆政府还积极采取措施减少太仓库财政开支。户部在财政管理方面进行改革，不仅"以钱粮文册定式颁行天下……凡起运京边钱粮完欠、起解、追征数目及贫民不能纳完者，备记册中……于来岁入觐送户部查考"，④ 还"遣御史四人，分行天下，奉敕行事，查盘各仓库所积多寡"。⑤ 此外，屯田、庄田等也得到认真、持续的整顿。⑥ 在边镇军饷需求总额一定的情况下，屯田等多供应边饷一分，太仓库便可少支出一分。最重要的是，明政府促成了隆庆五年俺达为首的北边游牧民族的封贡。⑦ 至此，嘉靖中期以来一直延续的北边战事暂告结束，这为太仓库大笔减省应对紧急军情的临时开支创造了条件。

然而，太仓库的财政状况却依然令人担忧，入不敷出的境况仍旧持续，隆庆元年太仓库"以出入较之共少（银）三百九十六万一千四百（两）有奇"；⑧ 隆庆二年、三年，太仓库"出已倍于入"，⑨ 隆庆四年，户部岁入230万两，岁出380万两；⑩ 隆庆五年，太仓库岁入310万两，岁出320万两。⑪ 面对此种状况，万历初年担任首辅的张居正只能继续进行财政改革。

---

① 《明穆宗实录》卷9，隆庆元年六月丙申。
② 《明穆宗实录》卷9，隆庆元年六月庚子。
③ 《明穆宗实录》卷53，隆庆五年正月己卯。
④ 《明穆宗实录》卷8，隆庆元年五月甲子。
⑤ 《明穆宗实录》卷8，隆庆元年五月壬申。
⑥ 《明穆宗实录》卷22，隆庆二年七月壬子；卷27，隆庆二年十二月丁酉。
⑦ 《明穆宗实录》卷58，隆庆五年六月甲寅。
⑧ 《明穆宗实录》卷12，隆庆元年九月丁卯。
⑨ 《明穆宗实录》卷48，隆庆四年八月辛丑。
⑩ 《明穆宗实录》卷48，隆庆四年八月辛丑。
⑪ 《明神宗实录》卷5，隆庆六年九月己丑。

二 张居正当国时期增加太仓库收入的财政改革

隆庆六年六月,神宗即位,张居正随即成为首辅。① 此后直至万历十年六月病逝,张居正一直稳居内阁首辅这一要职。其间,以张居正为核心的中央政府利用皇帝幼小、太后不掌朝政的有利局势,采取了一系列增加太仓库常规岁入和库储银额的改革措施。

首先,内库部分财政收入被划归太仓库,并成为常规化制度。铸钱方面,明初,在京铸钱属于内库收入,② 嘉靖六年,北京及南京工部被命一起补铸嘉靖制钱,并"俱送太仓银库交收"。③ 到万历前期,中央所铸制钱在太仓库和内库之间的分配比例确定下来,即"以六分为率,一分进内府司钥库,五分进太仓。"④ 钞关商税等收入方面,直到正德前期,临清、九江等处钞关收入仍为内库所有,⑤ 其后历经修改,⑥ 到万历前期,钞关收入在内库与户部太仓库之间的分配原则正式形成:临清、北新等7钞关"所榷本色钱、钞则归之内库备赏赐,折色银则解太仓备边饷,每岁或本、折轮收,或折色居七分之二。"⑦ 万历八年左右,太仓库岁入各钞关商税等银16.72万两,⑧ 到万历十年,该商税岁入银额增为24.897万两。⑨ "内府十库"收入方面,是太仓库与内库收入制度中变动最大的部分。"内府十库"是指内库中从外承运到甲字等十个库,明初之时归户部官员管辖,⑩ 其收入主要用于国家公共财政开

---

① 《明神宗实录》卷2,隆庆六年六月甲子,隆庆六年六月癸酉;卷4,隆庆六年八月丁巳。
② 《诸司职掌》,第754页。
③ (清)嵇璜等:《续通典》卷13《食货》,文渊阁四库全书,第639册,第166页。
④ 《明神宗实录》卷254,万历二十年十一月壬戌。按,司钥库最早见于洪武十七年,与内承运库一起构成皇室财政的核心,见《明太祖实录》卷161,洪武十七年四月癸未。
⑤ 《明武宗实录》卷28,正德二年七月丁巳;《明武宗实录》卷93,正德七年冬十月丁卯。
⑥ 《明武宗实录》卷148,正德十二年夏四月辛酉;张学颜等:《万历会计录》(下)卷42《钞关船料商税·沿革事例》,第1328页;《明世宗实录》卷481,嘉靖三十九年二月己未。
⑦ (明)张学颜等:《万历会计录》(下)卷42《钞关船料、商税》,第1330页。
⑧ (明)刘斯洁等:《太仓考》卷9之2《岁入》,第834—835页。
⑨ (明)张学颜等:《万历会计录》(上)卷1《旧额现额岁入岁出口数》,第19页。
⑩ 《明太祖实录》卷161,洪武十七年四月癸未;《诸司职掌》,第582页。

支。至嘉靖十一年，内库这部分收入在皇室财政与国家公共财政间的分配原则初步形成，即"各本色送内府各库，折色及扣剩扛解（银）送太仓完纳"。① 万历前期，内库实物折征白银解送太仓库的事例屡见不鲜：万历元年三月，内库中供用库黄、白蜡"二项折银俱解太仓库济边"；② 万历六年，户部奏准内库中丙字库"万历七年以后绵花……改折二年"；③ 万历八年，内库中甲字库部分棉布、苎布"共折银三万八千五百八十三两，俱解太仓银库"。④

其次，太仓库收入方面最重要的发展是将部分地方财政收入提交中央。比如万历前期，户部奏准将部分原本由地方政府直接征解至北方边镇的民运银改为解送太仓库，之后再由太仓库转发各相应军镇。这样做的好处是当各地方政府的民运银出现征解不及时等问题时，户部可以通过调配其他收入的方式使北边军镇获得必要的军饷资助。最重要的是，通过将部分民运银改征太仓库，户部获得了加强监管和控制地方赋税征收的权力，并在实际操作程序方面得到制度保障，从而确保太仓库财政岁入在嘉靖、隆庆时期的发展基础上，进一步集中化、常规化。

万历元年，山东、河南应纳往蓟州、永平、密云、昌平等镇的民运银改解太仓库转发：蓟州镇，"河南、山东民运银共伍万贰千捌百柒拾余两，行令征解太仓照数发边，本部覆准"；⑤ 永平镇，"万历元年阅视侍郎汪道昆题将山东、河南民运银尽数催解太仓转发该镇，尚书王国光覆准"；⑥ 密云镇，"万历元年又将河南、山东折银改解太仓转发"；⑦ 昌平镇，"山东、河南民运银壹拾壹万叁千柒百肆拾陆两伍钱零，万历元年改解太仓转发"；⑧ 万历六年，山东布政司与盐运司额解辽东的 14 万余两民运银改解太仓库转发；⑨ 万历八年，山东、河南应纳往易州镇

---

① 《明世宗实录》卷 142，嘉靖十一年九月辛未。
② 《明神宗实录》卷 11，万历元年三月癸未。
③ （明）刘斯洁等：《太仓考》卷 10 之 5《供应·丙字库》，第 859 页。
④ （明）刘斯洁等：《太仓考》卷 10 之 4《供应·甲字库》，第 858 页。
⑤ 张学颜等：《万历会计录》（下）卷 18《蓟州镇饷额》，第 696 页。
⑥ 张学颜等：《万历会计录》（下）卷 19《永平镇饷额》，第 729 页。
⑦ 张学颜等：《万历会计录》（下）卷 20《密云镇饷额》，第 741 页。
⑧ 张学颜等：《万历会计录》（下）卷 21《昌平镇饷额》，第 758 页。
⑨ 刘斯洁等：《太仓考》卷 7《边储》，第 804 页；又见张学颜等《万历会计录》（上）卷 17《辽东镇饷额》，第 699 页。

第七章　皇帝、官员与明代财政制度演变之间的互动关系 | 431

的民运银全部改解太仓库转发该镇；① 万历九年，畿府应交纳易州镇的钱粮全部改解太仓库转发该镇。② 这样，到万历十年左右，太仓库每年要接收 85 万余两的民运银。③ 这在太仓库的常规岁入中占据了相当重要的份额。

不仅如此，万历元年十二月，户部尚书王国光奏准，命各省将每年的岁出入及库存、盈余等上报户部，"臣等通融会计以后，专备本处各正项支用，其余剩者解送京库济边。"④ 万历初年，各省直地方岁财政盈余的一半要解纳户部，其余存留地方。若存留数额较多，户部可酌量取用。为此，万历四年，户部奏准"抚按官年终仍将积过余银造册送部，以便稽查"，但大部分省份对此规定的执行并不积极，仅有少数地方官员按照户部要求进行了奏报与解纳。⑤

再者，万历前期，太仓库余盐银收入发生较大增长。嘉靖十三年前后，"余盐银两虽称岁有百万或七八十万"，但由于余盐银"费用不可枚举，或未解已行奏讨，或解到随即转发"，所以该额"未尝尽解太仓"。⑥ 至嘉靖四十一年十一月，巡盐御史徐爌议准蠲除增添之额，"以后每年仍以六十万征解（太仓）"。⑦ 到万历六年，全国各盐运司及提举司"统计大小引目凡二百二十余万，解太仓银百万有奇"，⑧ 这一数额相对于嘉靖朝而言，增幅较大。

此外，万历初年，京、通仓存粮丰盈，因此漕粮改折成为太仓库一项重要收入。万历四年，"京、通仓米足支七八年而太仓银库所积尚少"，为此，张居正奏准"将万历五年漕粮量行改折十分之三"。⑨ 仅此一项，太仓库"得银九十万有奇，扣留运军行粮、料价等银复十余万"。⑩ 万历七年，户部覆准"以后每年支剩轻赍等银照例尽数类解太

---

① 张学颜等：《万历会计录》（下）卷 22《易州镇饷额》，第 782 页。
② 同上。
③ 张学颜等：《万历会计录》（上）卷 1《旧额现额岁入岁出总数》，第 22 页。
④ 《明神宗实录》卷 20，万历元年十二月己酉。
⑤ 《明神宗实录》卷 47，万历四年二月辛卯。
⑥ 章潢编：《图书编》卷 91《屯盐议》，文渊阁四库全书，第 971 册，第 767 页。
⑦ 《明世宗实录》卷 515，嘉靖四十一年十一月壬寅。
⑧ 张学颜等：《万历会计录》（下）卷 39《盐法》，第 1288 页。
⑨ 张居正：《张太岳先生文集》卷 40《请择有司蠲逋赋以安民生疏》，第 351 页。
⑩ 黄景昉：《国史唯疑》卷 9，续修四库全书，第 432 册，第 137 页。

仓银库"。① 这笔白银每年大约有 11.9088 万两,② 是太仓库一项比较可观的收入。此外,漕运折席银也交纳太仓库收贮:"总督仓场尚书汪宗伊疏……折席者因兑米二石该席一领,折银五分,交纳太仓库备用。今当另开类解,不许混入轻赍之内,以滋他弊……部覆奏如议。"③

与此同时,其他一些小额收入也逐步改为解纳太仓库。到万历八年左右,太仓库的岁入类项大致形成了比较固定的规模。本书第三章"万历八年太仓库岁入类项及其银额表"可以详见自正统七年太仓库成立以来其岁入类项演变的总结果。成书于万历十年的《万历会计录》对太仓库的收入种类也进行了详细记录,比较二者记载可以看出,太仓库收入种类没有太大变化,但常规的正式岁入银额增长较多,已达367.6182 万两。④ 由此可见,在万历前期,太仓库岁入仍呈逐步增长的主流态势。

三 张居正当国时期减少太仓库支出的财政改革

嘉靖以后,太仓库常规财政开支主要有两大项:京师军费、官俸、商价等行政、军事开支,简称京支;北边军镇的年例银。万历初期减少太仓库支出的举措首先涉及这两大方面。

第一,减少京支。关于太仓库京支种类及其银额的概述较早可见于隆庆初年。隆庆元年,"太仓见存银一百三十万四千六百五十二两,岁支[京]官俸银该一百三十五万有奇"。⑤ 隆庆三年,太仓库在京开支

---

① 刘斯洁等:《太仓考》卷 2 之 5《仓场》,北京图书馆古籍珍本丛刊本,第 733 页。
② 《明神宗实录》卷 91,万历七年九月辛酉。
③ 《明神宗实录》卷 92,万历七年十月己卯。按,日本学者岩井茂树认为,万历五年明政府曾"一举把四百万两的巨额银两从太仆寺转入太仓老库,并作出'永不动支'的决定",见岩井茂树《张居正的财政课题与方法》,载刘俊文主编《日本中青年学者论中国史》,第 398 页。今查实录,其原文为:"以太仆寺马价销多亏折,夺少卿陈联芳、寺丞葛昕俸半年,命该库银两以四百万别贮老库,永不动支",仅言"老库",未言"太仓",见《明神宗实录》卷 69,万历五年十一月戊寅。另,太仓库与太仆寺常盈库均有老库,"太仆寺之常盈库……嘉靖十三年建新库。自建新库,老库不开",见杨时乔《马政纪》卷 8《库藏》,文渊阁四库全书,第 663 册,第 591 页。由此,据上下文可知,万历五年太仆寺 400 万两白银是送入常盈库的老库,并不是送入太仓库的老库。
④ 张学颜等:《万历会计录》(上)卷 1《旧额现额岁入岁出总数》,第 18—19 页。
⑤ 《明穆宗实录》卷 15,隆庆元年十二月戊戌。

第七章　皇帝、官员与明代财政制度演变之间的互动关系 | 433

的银额稍有下降，"在京军粮、商价不下百万有奇"。① 而万历初期，太仓库京支银数明显低于隆庆时期。万历四年，太仓库京支银额总计仅42.766万两："岁出太仓钱粮数：……宣、大、山西一百万三千七十一两有奇；各衙门官员折俸布绢等银一十一万六千二百六十两有奇，各营料草、布花、杂役等银三十一万一千四百两有奇，总计银三百万四千余两。"② 万历六年，太仓库"在京百官、六军俸粮及营马料草、商价等项亦不下七八十万两"。③

第二，减少太仓库发放边镇年例银的数额。嘉靖四十五年，北边各主要军镇京运年例银的数额被明确固定下来，总计每年发放白银235.1万两。④ 虽然明政府规定"以后年分视此为准，不许额外加增"，⑤ 然而隆庆时期太仓库年例银一直呈上升趋势：隆庆元年，太仓库岁支年例银额为236万余两；⑥ 到隆庆三年，太仓银库"九边年例该发二百七十六万有奇"；⑦ 隆庆六年左右，"九边年例共计二百八十余万"。⑧

张居正柄权的万历初期，太仓库年例银的上升趋势被暂时遏制住。万历二年二月，边镇年例银额为270万两左右："户科都给事中贾三近题……通计各边年例……自嘉靖庚戌至今，渐加二百七十余万矣。"⑨ 万历四年，太仓库支放边镇主、客兵年例银约为257万两，具体而言，"辽东二十一万二千九百两有奇，延、宁、甘、固五十三万九千一百两有奇，蓟、永、密、昌、易八十一万二千二百两有奇，宣、大、山西一

---

①　《明穆宗实录》卷31，隆庆三年四月癸未。
②　王樵：《方麓集》卷15《国朝岁入之数》，文渊阁四库全书，第1285册，第411—412页。
③　《明神宗实录》卷73，万历六年三月甲子。
④　按，为节省篇幅，此处总额是据《万历会计录》卷17到卷29中嘉靖四十五年辽东到固原各镇京运银额相加而成，各边镇具体银额详见该书各卷。此外，由于北京图书馆古籍珍本丛刊本《万历会计录》部分页码缺失，辽东镇嘉靖四十五年京运银额系据续修四库全书本添补，见张学颜等《万历会计录》（上）卷17，续修四库全书，第832册，第201页；其余数据均采用北京图书馆古籍珍本丛刊本，若非特别注明，本书所用《万历会计录》均指该版本。
⑤　张学颜等：《万历会计录》（下）卷18《蓟州镇饷额》，第704页。
⑥　马森：《明会计以预远图疏》，载陈子龙等编《明经世文编》卷298，第3130页。
⑦　《明穆宗实录》卷31，隆庆三年四月癸未。
⑧　《明神宗实录》卷6，隆庆六年十月壬戌。
⑨　《明神宗实录》卷22，万历二年二月丁巳。

百万三千七十一两有奇。"① 万历六年，"太仓岁发各边主、客兵年例等银二百六十余万两。"②

这是太仓库发展史上唯一一段年例银没有呈现增长态势的时期。以张居正为核心的士大夫官僚集团之所以能够做到这一点，最主要的是采取了用事例、赃罚等其他收入补贴太仓库年例银的方法。《万历会计录》对大同镇京运年例银的发展记有这样一段话：大同镇"正统七年始有京运……至（嘉靖）四十五年始定经制，此后非遇蠲免及警急增兵马，不敢溢于常数之外。其以事例、赃罚、存留抵补，然后计数给发者，则自隆庆六年始也，今同之。"③ 具体说来，就是大同镇的京运年例银在隆庆六年的时候改由事例、赃罚银和太仓库银组成："（隆庆六年）又定以事例、赃罚抵补年例，待该镇奏到之日，方于太仓银库照数补发如经制之数。"到万历时期，这一规定又扩大至北边所有军镇："各边镇年例银两内除奏留、改解、赃罚、事例、商税等银扣抵外，余数太仓补发。"④《万历会计录》中的这句话，有在制度层面对太仓库支放京运年例银的财政职责进行确定的意味。本书第四章表4-12表明，万历初年，事例、赃罚等银在有些边镇的年例银中所占的份额是相当高的，其中份额最高的是万历六年的甘肃镇，其四川改解银、赃罚、商税等银共占据了该镇年例银的80.6%。因此，万历初年，赃罚、事例等银扣抵京运年例银的制度有效减少了太仓库支出京运年例银的数额。

然而，到万历十年左右，太仓库年例银增长势头再次出现。据该年编纂完成的《万历会计录》，北边14个军镇主兵、客兵京运年例银总计316.2349万两，这实际上是对北边京运年例银额的制度限定。由此可以看出，自隆庆六年以来开始直到万历六年都行之有效的事例等收入补贴太仓库年例银的做法，失去了阻止太仓库年例银增长态势的意义和作用。

第三，减少太仓库非常规的赈济地方灾荒的财政支出。前文讲过，到弘治、正德时期，太仓库担当起应对紧急军情和地方灾荒的财政职

---

① 王樵：《方麓集》卷15《国朝岁入之数》，第411—412页。
② 《明神宗实录》卷73，万历六年三月甲子。
③ 张学颜等：《万历会计录》（下）卷24《大同镇饷额》，第859页。
④ 张学颜等：《万历会计录》（上）卷1《旧额现额岁入岁出总数》，第21页。

第七章　皇帝、官员与明代财政制度演变之间的互动关系 | 435

责。这一财政职责，在嘉靖时期仍被频繁履行，篇幅所限，表6-2仅列举嘉靖元年到嘉靖十年太仓库赈济地方的情况。

表6-2　嘉靖前十年太仓库赈济省直地方支出银额

时间	赈济地点	太仓库支放银额
嘉靖元年	陕西	20万两①
嘉靖二年	陕西三边、山东	10万两②
	两畿、山东、河南、湖广、江西	20万两
	直隶江南、江北山东、河南、湖广	20万两③
嘉靖五年二月	顺天、保定、河间	不确④
嘉靖七年九月	四川、陕西、湖广、山西等	不确⑤
嘉靖七年十月	陕西、四川、湖广、山西	不确⑥
嘉靖八年正月	山西	7万两⑦
嘉靖九年正月	河南卫辉等府	2万—3万两⑧
嘉靖九年四月	延绥	不确⑨
嘉靖十年七月	陕西	30万两⑩
嘉靖十年十二月	顺天府	1.2万两⑪

从表6-2可以看出，嘉靖元年到嘉靖十年，太仓库发银赈济受灾地方12次，总银额至少在110万两以上，而万历元年到万历十年，《明神宗实录》中太仓库赈济受灾地方的记载却非常罕见。

第四，尽量保持边境和平，减少大幅军事开支。大规模的军事冲突

---

① 刘于义等监修，沈青崖等编纂：《陕西通志》卷84《德音2》，文渊阁四库全书，第556册，第95页。
② 《明世宗实录》卷21，嘉靖元年十二月戊寅。
③ 《明世宗实录》卷31，嘉靖二年九月甲午。
④ 《明世宗实录》卷61，嘉靖五年二月壬申。
⑤ 《明世宗实录》卷92，嘉靖七年九月甲申。
⑥ 《明世宗实录》卷93，嘉靖七年十月辛丑。
⑦ 《明世宗实录》卷97，嘉靖八年正月己亥。
⑧ 《明世宗实录》卷109，嘉靖九年正月庚戌。
⑨ 《明世宗实录》卷112，嘉靖九年四月丙戌。
⑩ 《明世宗实录》卷128，嘉靖十年七月癸丑。
⑪ 《明世宗实录》卷133，嘉靖十年十二月丁未。

会造成太仓库财政开支的暴涨，而这是万历初年的太仓库难以承受的，为此，张居正为核心的士大夫官僚集团通过羁縻政策达成"北人款贡"的和平局面，同时善用、重用一批有杰出军事才能的将领分守边镇，从而直接减少了太仓库大幅的、突发性的军事开支。有关这方面的研究，学术成果甚丰，本书不再一一赘述。

四 张居正死后太仓库财政状况的迅速恶化

然而，一个不容忽视的事实是，即使以张居正为核心的士大夫集团的政治权力达到这样的顶峰，即使有着自隆庆初年以来就一贯保持的一系列改革措施，即使隆庆六年以来北边一直处于较和平的状态，即使万历初年不断对边镇的军饷开支进行限制，太仓库的实际岁支银额还是在不断攀升，从万历元年的283万余两，升至万历五年的349万余两，再升至万历六年的388万余两且超过该年太仓库实际岁入银32万余两。这说明，自隆庆延续至张居正的一系列改革和整顿措施虽然极大地改善了太仓库的财政状况并使其实际岁出入实现短期盈余，但自嘉靖以来就出现的太仓库的根本财政问题——岁支不断上升、户部被迫多方拼凑增加太仓库收入以应对支出的狼狈局面——并未在张居正当国时代得到解决。

万历十年，"六月甲午，居正以疾再乞休，不允……丙午，大学士张居正卒"。[1] 由此，太仓库财政收支进入迅速恶化时期。

万历十一年，太仓库实际岁支银额达到593万余两，超出该年太仓库实际岁入银额193万两。这是张居正执政时期所从未有过的现象。万历十二年，因"太仓存积除老库外仅三百余两，不足当二年抵补之资"，户部奏准次年将京、通二仓150万石漕粮改征折色银以增加太仓库的收入。[2] 然而，即便多了此项收入，万历十二年还是出现118万两岁收支赤字。万历十五年，太仓库借用南京户部老库银，这说明，该年太仓库实际岁入仍不敷岁支之需。[3] 万历十六、十七两年太仓库的实际

---

[1] （清）谷应泰：《明史纪事本末》卷61，第957页。
[2] 《明神宗实录》卷144，万历十一年十二月甲子。
[3] 《明神宗实录》卷286，万历二十三年六月戊辰。

岁入仍然大大少于其岁支银额，因为这两年，户部总共动用窖房银175万两。①

从万历二十二年到万历四十八年，太仓库实际岁出入银额有较确切记载的年份只有为数不多的几个而已。不过，通过对这一期间太仓库在各年借用老库、窖房、太仆寺等衙门的银额及太仓库逋欠边镇年例银的情况，可以推断太仓库在这一期间的大部分年份中均处于实际岁入不足以供应岁出的财政亏损状态。据第五章表5-2可以看出，从万历二十七年到万历四十八年共22个年份内，太仓库实际岁入不足以供应岁支因而出现财政亏损的确切年份就有14个。据户部尚书赵世卿奏报，万历三十二年太仓库实际岁入银422万余两，实际岁支银额"如之"。这一年就其岁入银额而言，当是万历后期太仓库实际岁入银相当好的年份。不过，这一年太仓库为了发放边镇年例银，共借用太仓老库银以及太仆寺银50万两之多。据此可知，万历后期，边镇岁需银额增长幅度巨大。万历三十五年，虽然太仓库借支老库、太仆寺及京粮库银额总计约40万两，然而该年还是欠发边饷及商价164万两。这说明，万历三十五年时，太仓库自身的岁入、库存再加上从其他财政体系的挪借银两都无法满足京边的财政需求了。在此之前的大部分年份，虽然太仓库自身的岁入不敷岁出，但户部总可以通过借用其他财政体系的款项最终满足京边需求。万历四十年，太仓库逋欠边饷293万余两，万历四十一年，太仓库逋欠边饷183万余两。这说明，万历末年，除内库外，国家及地方的财政储蓄基本枯竭。万历三十七年，太仓库实际岁入银额只有263万两，逋欠银额达190万两；万历四十四、四十五两年，各省直地方共逋欠太仓库银286万余两，这说明户部对太仓库额定岁入的征收能力已经出现严重问题。就在这种财政恶况下，促使太仓库财政崩溃的最后一根稻草出现：万历四十六年四月，努尔哈赤率领部族攻陷抚顺，②辽东战事全面升级。明王朝的灭亡已成定局。

---

① 《明神宗实录》卷218，万历十七年十二月庚寅。
② 《明神宗实录》卷568，万历四十六年四月甲辰。

第二节　明朝万历时期内库与太仓库财政运行中的"公"与"私"①

明朝万历初期，内库与户部太仓库的财政界限在朝中大臣们观念里非常明确和具体，即内库主要负责皇帝私用，户部太仓库等负责国家公共财政。万历初年由户部编定的《万历会计录》指出："内库所掌金花、粟、帛、茶、蜡、颜料皆为上供之需"，而其"岁以百万为额"的金花银，则在"折放武俸之外皆为御用"。② 万历五年，户科给事中光懋指出："国家用财有制，一应上供取之内府……而太仓所储，则以供军国九边，非可滥费也。"③ 万历六年，"户部题：凡天下财赋贮之内库者，专备制作、赏赉之需，而宫中之用咸给之；其贮之太仓等库者，专备馈饷、征调之需，而国中之用咸给之。"④ 不过，在实际财政运行中，朝中大臣对这一制度的态度差异巨大，一方面，朝中大臣要求皇帝严格遵守内库与太仓库之间公私界限的呼声不断；另一方面，又有很多大臣频频恳请皇帝忽略这一界限，慷慨用内库财物接济国家公共财政。鉴于学术界尚未有人对这一现象进行专门研究，本书特对明万历时期皇帝和朝中官员在内库实际财政运行中表现出的公、私纠葛进行梳理，并在对比同一时期英、法等国皇室财政发展特点基础上，分析这些公、私纠葛所展现的历史意义和影响。

一　万历时期朝中大臣明确公、私的诉求

对于内库和太仓库的上述财政分工及公、私界限，神宗一直不肯严格遵守。首先，他利用皇权强行命令户部在百万金花银岁额之外，每季另添进5万两白银作买办之用。其次，他又不断以各种理由和借口从户

---

① 按，该节是作者国家社科基金项目《太仓库与明代财政制度演变研究》（12XZS010）阶段性成果，以《明万历时期内库财政运行中的公与私》为题，载于《故宫学刊》2015年第7期。
② （明）张学颜等：《万历会计录》（下）卷30，第1016页。
③ 《明神宗实录》卷60，万历五年三月戊子。
④ 《明神宗实录》卷73，万历六年三月甲子。

部太仓库挪取白银供已私用。为此，朝中官员不断以遵守祖宗旧制为由进行反对，要求皇帝遵循皇室内库和户部太仓库之间的私、公界限。

万历六年八月，神宗命户部在内库额定百余万两岁入银之外，每季另外添进五万两白银作买办之用，因此常被称作"买办银"。此事一出，立即遭到户科都给事中石应岳的强烈反对，他首先搬出祖宗旧制，指出原有制度中并没有买办银的正规税收来源，"金花银两实小民惟正之供，我祖宗量入度出，定为一百万两之制，户部额派解进仅有此数，原无剩余"，皇帝命令增添买办银，户部只能以借用太仓库银应对，但太仓之储，本有明确的公共用途，"各边主、客之粮饷取于斯，墩台、城堡之修筑取于斯，与夫召募、调遣、刍料诸费咸取足焉"，因此请求皇帝"愿思祖宗成宪之当遵……百凡费用只取足于（内库）一百万两之中，而太仓所储专以备军国重大之费"。① 万历九年十二月，神宗"命太仓、光禄寺各进银十万两，备宫中喜事赏赐""充皇女赏赉之用"，巡视太仓兵科给事中万象春等上疏反对，请求皇帝维护内库与太仓库之间的私、公界限，"国家内外帑藏供用，自有定规，如金花、子粒贮之内库，专供御前之用；京边钱粮贮之太仓，专备军国之需"。② 万历十三年四月，户部奏请恢复金花银100万两的旧额："太仓银库每岁加金花银二十万两，内操马三千匹岁加刍料银七万余两，此皆额外之数……请金花之银仍复旧额，内操之马散归京营"，神宗不允。③ 到万历十八年八月，户部官员温纯"查得自祖宗朝以来，止每岁例进金花银壹百万两，坐派苏、松、江浙、福建、广东、湖广等处，原无买办应用名色"，始自万历六年的买办银，"延至于今，计已壹拾贰年，进过银贰百余万"，因此上疏请神宗蠲免每季解进内库的买办银。④

其实，皇帝作为国家统治体系中的最高权力拥有者，在不触动国家根本利益的情况下，额外多取些国家公共财物用作私人目的，很难出现朝中官员普遍反对的局面。万历中期以后，户部太仓库财政收入日缩，

---

① 《明神宗实录》卷78，万历六年八月辛巳。
② 《明神宗实录》卷119，万历九年十二月丁酉。
③ 《明神宗实录》卷160，万历十三年四月乙丑。
④ （明）温纯：《温恭毅集》卷5《请停新增供应疏》，文渊阁四库全书，第1288册，第483—484页。

无法满足不断增长的军费开支需求，这直接关系到国家生存安危。只有在这种情况下，才出现了举朝官员反对皇帝攫取户部财物的现象。万历中期以后，朝中官员要求皇帝遵守旧制以及维护内库和太仓库之间私、公界限的要求，基本都是因为户部财政的入不敷出。

万历二十一年八月，户部"太仓银库揭报六月、七月收银二十五万三百余两，放银六十万七千四百余两，除老库外，实在银止一十七万八千一百余两。是帑藏之匮，未有甚于此时也，"面对如此窘境，总督仓场户部左侍郎褚鈇上疏指出，"（金花）银每年一百万两，系从来内供之数，诚不容已，"但"买办银二十万两，令甲原未开载……尚可年复一年因循而不止乎？（神宗）不允。①"

万历二十八年八月，户部"太仓殚竭"，欠有"边饷一百四十余万"未发，即便国家公共财政如此"万分绌乏"，内府承运库太监孙顺仍催取"该季（买办）银五万两"，户部恳乞神宗"遵先朝定例，毋瘠外腴内以妨边计"。②

万历中期以后，户部财政收入日益萎缩，但其太仓老库尚存有相当数量的白银，"非至紧迫，万无借动之理，即如九边饷银欠及一百四十余万，尚不敢借动老库"；然而，万历二十九年十月，神宗却"以上皇太后徽号，借用老库银"，户部不得不从，仍恳请神宗注意公、私界限，"今后典礼通令承运库办发，若一应军国需用，臣等殚力支撑，庶内、外均平，获免后艰。"③

万历二十九年十二月初六日，"因御用监把总张润泽催请婚礼钱粮之奏"，神宗命户部"上紧措办送监应用"，为此，户部尚书陈蕖上疏列举内库借用该部的白银总额，"臣部自万历二十七年至今，节次所进珠宝、金两，约费银二百五十万。银非别项额派，直于发边（军费）数内挪借耳"，"太仓既供折价，复办物料，安得不匮"，质问皇帝内库额定岁入银的用途，"又云买办应用，（内府）各库俱有额设银两，若买办于太仓，（内库）额银作何支用"，因此，他恳请皇帝，"圣明节财

---

① 《明神宗实录》卷263，万历二十一年八月乙巳。
② 《明神宗实录》卷350，万历二十八年八月甲戌。
③ （清）嵇璜等：《续文献通考》卷30《国用考》，文渊阁四库全书，第627册，第33—34页。

以定制，凡一应供办责之内库，其余军国正供，臣部不敢诿责。"①

万历三十年六月，"太仓如洗……九边之士枵腹告急；额内者之（军饷）支调尚难，额外者之（买办）严催又至"，户部尚书赵世卿为此"颜欲焦……心欲碎"，难以理解皇帝以公济私的做法，"外库之虚何如？而益以其虚求济其实，臣所未解也；既云买办，则珠宝不宜责之外廷；既买珠宝，则买办银不应收之内库又徵其物，又臣所未解也"。他只能祈请"暂将前项（买办）银两姑行停止，仍候军饷少充，别行凑补"。国家公共财政的困窘，神宗虽然明晓，"太仓空虚，边饷告急，卿部苦迫，朕岂不知"，但其皇室开支，亦捉襟见肘，"各宫进赐、赏赉，费用不赀，每年季进银两，内库撙节支用，尚且缺乏"，公、私两相衡量之下，神宗仍"令遵旨照数催解（买办）进用"。②

万历三十二年三月，户部尚书赵世卿"蒙谕补造中宫册宝冠服"，他表示，"臣等事皇上如父，事中宫如母，苟可承欢，敢不将顺？"然而，现实财政状况却不允许他顺从皇帝心愿，"频年以来，典礼相仍，挪边饷，开（太仓）老库，计无所之矣"，为此，他不得不再次上疏强调内库与外库的财政专责，并甘愿为此而被罢斥官职：

> 臣闻宫中、府中事属一体，外库、内库各有司存。祖宗以来，以军国之计责司农，不闻以买办为职；以珍宝之物储内库，正以待不时之需。历年滇南、东粤贡金采珠，尚积之无用；买办二十万之岁增，典礼二百余万之进入，或亦用之有余。前项册宝冠服，臣窃谓取诣内库便。

对此，神宗予以拒绝："频年典礼相仍，各宫年例、节令、进赐及各衙门关支钱粮，概非得已。令遵旨照数办进。"③

不过，虽然万历朝的大臣一直反对内库每年20万两买办银的增额，但神宗本人在连续取用后，竟然宣称"金花、买办银两，系是正供常

---

① 《明神宗实录》卷366，万历二十九年十二月乙亥。
② 《明神宗实录》卷373，万历三十年六月庚戌。
③ 《明神宗实录》卷394，万历三十二年三月丁巳。

例",这再次激起了户部尚书的反对,强烈要求免除此项额外之征:

> (臣)简历年旧案,其乞免买办(银)一节,业已力恳者九而得旨者四矣……乃停止无期,督责如昨……此项钱粮……从来所挪移者不过区区之太仓。今太仓无竟夕之储,而九边以年例逼矣,三营以支放逼矣,诸商以欠价逼矣,百派分波争涸,其源势未有不穷且尽者。即如正供金花,年来以扣抵之故,稽欠四十余万,臣局踦待罪,尚苦无策,而犹有余力以营无艺之征,其将能乎?大都内外贵于相须,名实求其两副,今急大盈之藏而倾外府之入,非所以为名也;图未获之数而亏有常之供,非所以为实也。伏乞慨赐蠲免,或暂停二三年,俾臣得专力金花而悉心于边计。①

万历三十四年,太仓库财政日困,其"外库随到随发,略无存留;而老库除十八万九千之外,又毫无余积……太仓之粟不足二年之用矣";为此,该年三月,仓场总督游应乾上疏,请求神宗明确内库与太仓库的财政开支范围,并将额外增添的20万两买办银彻底蠲免:

> 今为救弊止云樽节,顾臣等经年节省,不过锱铢,乃皇上一事开销,动至巨万,即不敢望尽发大内之藏,但当以军国大计责之司农,供用诸条取足内帑。至一百万之金花,固云岁额,而二十万之买办,断合从蠲。不然,年复一年,国非其国。愚臣并坐不言之罪,亦何益哉?②

到万历三十六年的时候,不但"宫中买办,岁进二十万",且"一切庆赏、礼仪等项故事取之该监者,今皆责之该(户)部""自矿税设立以来,各处正供多被侵削,盐课壅滞,关征减少,曾未十年,所亏损已四百六十万",户部尚书赵世卿愤怒至极,"杜门已久",大学士朱赓等不得不上疏要求皇帝收敛对国家公共财政的侵夺,"其买办、上供钱

---

① 《明神宗实录》卷415,万历三十三年十一月庚子。
② 《明神宗实录》卷419,万历三十四年三月丁亥。

粮，一概停止；税使即未能尽罢，亦当权其利害，如辽东、云南有事之处，先行撤回"。①

万历三十七年十二月，就连大学士也在票拟中题请停止解进内库的买办银两："上以户部疏，命辅臣票拟，内开金花银欠五十六万四千余两，买办银欠六十七万余两。辅臣以为，金花原有额派，当责令作速催解。买【办】起万历六年，原无额派，皆系该部设处挪借军饷等项以进，今部帑尽空，镇军无粮，应暂停缓以救该部之急。附奏上。"② 至此，始自万历六年的买办银终于停免。③

二 万历时期朝臣要求皇帝以私藏济公的事实与主张

上文可以看出，万历朝大臣们要求皇帝严格遵守公、私界限的呼声是很强烈的；另外，万历朝大臣僭越这一界限的事实也很多，要求皇帝打破这一界限、慷慨以私济公的呼声也同样高涨。

（一）万历前期内库财物用于国家公共财政的实例

首先，万历前期，内库仍承担一定国家公共财政开支。万历六年，因内府丙字库棉花"计之尚足六年支用"，户部奏准将其棉花"改折二年"解纳太仓。④ 万历八年，内库中甲字库部分棉布、苎布"共折银三万八千五百八十三两，俱解太仓银库"。⑤ 万历十三年，因上一年年终"岁出浮于岁入一百一十八万，国用不足"，户科给事中萧彦采议准"改折各省直万历十三年分起运……甲字库绵布一十万二千四百一十匹、承运库绢四万三千五百二十有二匹"，以济公用。⑥ 万历后期的户部官员曾说："皇上御极初年，一切利权尽归于计臣，故臣部老库所藏几二千万。"⑦ 由此可以推断，万历初期，主供御用的内库对国家公共财政做出了巨大贡献。

---

① 《明神宗实录》卷445，万历三十六年四月己未。
② 《明神宗实录》卷465，万历三十七年十二月乙卯。
③ （清）陈鼎：《东林列传》卷17《叶向高传》，文渊阁四库全书，第458册，第385页。
④ （明）刘斯洁等：《太仓考》卷10之5《供应·丙字库》，第859页。
⑤ （明）刘斯洁等：《太仓考》卷10之4《供应·甲字库》，第858页。
⑥ 《明神宗实录》卷159，万历十三年三月己卯。
⑦ 《明神宗实录》卷543，万历四十四年三月戊子。

（二）朝中官员改折内府十库之物料以接济边储的要求

虽然万历前期户部编撰的《万历会计录》就已经指出："内库所掌金花、粟、帛、茶、蜡、颜料皆为上供之需。"① 但万历中期以后，要求神宗将内库物料改征白银以便接济北边军饷等国家公共财政开支的大臣数量迅速增多。

万历十八年，陕西道御史冯应凤等请求将内库本色改折济公："各省直解内库黄白绢匹、漆、蜡、颜料皮胶等物，各监局俱有余积，渐至腐烂，宜逐为查简各监库积余若干、足备几年之用，暂停本色，改解折色，以济目前之急"，遭神宗拒绝。② 万历二十二年，为增加户部太仓库收入，户科都给事中杨恂等奏请折征，"内库所贮香、蜡、颜料、布、绢、羽毛、皮张之类，积剩盈余，浥烂蠹朽，员役通同解户，虚名实报，抵算易恶，宜逐一清理。委果不敷与仅足供用者，照征本色；其余俱征折色银两解部济边"，神宗不报。③

万历四十五年，"户科给事中官应震条上筹边济时暂计"，其一就是建议"将河南、山东漕粮、粟米，并十库物料，暂准改折，解部济边；二项行一二年，仍复旧制"。④ 万历四十六年闰四月，"巡视太仓户科给事中官应震以边需甚急、左藏悬罄"，奏请将部分内府供用库香、腊折银征收，以接济边饷：

> 香蜡之入，旧额甚约，世庙初岁止派黄蜡八万九千斤。我皇上御极《会计录》载，本色定为一十四万七千三百八十四斤，已溢旧数外。折色银六万五百七两零，原为太仓接济，遇蜡偶缺方行支买。今不问缺否，每遇新正定买五万斤，共价一万一千三百两。香自庄皇帝元帝至皇上御宇之四年，供用库内贮香一十一万有奇，则一岁不满二万也；今则每新正、端午、中秋共买六万五千四百五十斤，费价三万一千四百八十两，假令如当年每岁二万，则岁可省银

---

① （明）张学颜等：《万历会计录》（下）卷30《内库供应》，第1016页。
② 《明神宗实录》卷224，万历十八年六月丁酉。
③ 《明神宗实录》卷279，万历二十二年十一月乙亥。
④ 《明神宗实录》卷555，万历四十五年三月丁亥。

二万余两。伏望时加清核,以济急边。不报。①

万历四十六年,因太仓库"匮极而边饷拖欠数多",户部尚书李汝华奏请"改折十库物料。今查丁、甲二库实在颜料共六百四十六万一千五十八斤,充积腐耗,曷若改折一年,九百万金钱可立致也!"② 同年,南京山西道御史孙光裕疏请"内府之茶、蜡、颜料、朱漆、麻等项,查其有余,亦应改折二年",神宗不报。③

万历四十七年,督饷户部侍郎李长庚奏言:"臣于计曹为司属者一十三年,滥叨此任又数月矣,反复思维,惟有内外宫府之策可为通融而已。臣查《会计录》,每岁本、折所入,通计一千四百六十一万,入内府者六百万……其内府之六百万,如金花、子粒而外,余皆丝、绵、绢匹、蜡、茶、颜料之用,其节年所收,陈积红朽,何裨于用?若以应解内府本色,改折一年,发之外库,来岁仍解内库,是在内库支旧节新,不过通融于一岁之入,而在外库改本为折,亦可足用于数百万之支",虽然他又强调公、私无别的说法,"内库、外库总皇上之财,攘外安内,咸公家之用",神宗却不为所动,宣布内库"丝、绢、蜡、茶、织造等项钱粮,系上供赏赉之需,俱属紧要,时不可缺……着照旧如数解进应用"。④

(三)朝中官员用内库白银济公的要求

万历中期以后,国家公共财政日益收不抵支,只有内库存银相对宽裕,因此大臣们纷纷奏请神宗以私济公,用内库银接济边镇军饷。大臣们的公私观也逐步发生变化,由明初的公、私分明,渐变至公、私无别,到末期,将"私"变为"公"的想法已经成为举朝之公议,大臣们开始纷纷支持金花银原属于户部太仓库而非皇帝专用的主张。

万历二十七年十二月"丁亥,户部言:边饷告急,库藏罄悬,乞

---

① 《明神宗实录》卷569,万历四十六年闰四月丙寅。
② 《明神宗实录》卷571,万历四十六年六月戊寅。
③ 《明神宗实录》卷571,万历四十六年六月癸未。
④ 《明神宗实录》卷584,万历四十七年七月甲午;《海运摘钞》卷2,《丛书集成三编》,第22册,第43—44页。

发内帑以济燃眉。上责该部……计处速发，毋得恃内帑以误大计。"①

值得注意的是，万历三十五年前后，开始有少数大臣提出公、私无别的主张，"刑科左给事中曹于汴以岁终盘（京）库，存积空虚，疏言：……即金花一节，正统以前，南京原办何项？追后贮之内库，应办何项？内府、外府均为皇上之财；中许、边计，俱轸圣明之虑。何至并之太仓，使四顾无策？"② 万历三十七年六月，兵部上疏请发内库银："开原告急，增兵万人尚不过一时补辏之计。计臣虽明知辽之单弱，而无奈饷绌；虽明知饷之当处，而无奈计穷。以天下之火，仅太仓八万两，何惜捐大内朽蠹之财以安宗社？兵戎、钱谷孰非皇上家事而忍屑越之？不报。"③

万历三十六年五月，"户科都给事中孟成己等言，近接各督抚揭帖，在辽左去岁旧饷欠十四万，今岁杳然无期；在密、蓟、永、昌缺五十万，在宣大主客兵饷欠二十万。此时太仓若扫，囷藏空虚，催无可催，借无可借，欲救燃眉以保重地，舍借内帑诚计无复之也。不报。"④

万历三十七年四月，"兵部以边饷无策，请帑金二百万，半付计臣接济九边，半委戎臣专防辽左之变。不报。"⑤ 同年五月，"兵部尚书李化龙以辽东按臣熊廷弼言谓……今为患最大独在建奴……惟当速募有马壮军一万，委之能将，屯驻要害可为救急一着。其安家行粮、马匹、草料等项约费三十万，或发内帑，或责成户部计处……（神宗）不报"，⑥ 为此，户部上疏请发内库银："顷者兵部议募有马壮兵万人以备开原，约费三十万，责臣计处。臣部自老库八万之外，毫无所出，非恳求皇上发帑不可。"⑦ 万历三十七年十二月，因户部再次奏借内库银以给边饷，神宗命"北直、山东、河南、山西、陕西、福建、四川当年征在官听解内帑税银，准留以二分解部以充军饷"，其余军饷由兵部、工部

---

① 《明神宗实录》卷342，万历二十七年十二月丁亥。
② 《明神宗实录》卷441，万历三十五年十二月癸未。
③ 《明神宗实录》卷459，万历三十七年六月戊午。
④ 《明神宗实录》卷446，万历三十六年五月丁酉。
⑤ 《明神宗实录》卷457，万历三十七年四月己亥。
⑥ 《明神宗实录》卷458，万历三十七年五月丁酉。
⑦ 《明神宗实录》卷458，万历三十七年五月庚子。

第七章 皇帝、官员与明代财政制度演变之间的互动关系 | 447

解给。①

万历四十二年时，九边缺饷，士大夫纷纷奏请金花银以为接济，其中户科给事中官应震更是依据《大明会典》及嘉靖二十二年内库银借给边用的历史，要求将原本属于外库的金花银归属户部：

> 是时，九边缺饷，太仓如洗，会议诸臣多以借用金花银两为请。户科给事中官应震言之独悉，其略谓：库藏有内库、有外库。内虽多库，承运库为最；外则仅太仓也。承运贮银：一，三宫子粒银，每年共四万九千四百二十五两零；一，夏秋麦米共折金花银，每年一百一万二千七百二十九两七钱零。太仓四百万金钱，而专属边饷者三百八十九万有奇。然而内帑之即为外储也，子粒金花之原皆为边饷也。臣查《会典》，于内府库则云，各库所掌最大者金银花，即国初所折粮者，俱解南京供武臣俸禄，而各边或有缓急，间亦取足其中。正统元年始自南京改解内库，嗣后改折放武俸之外，皆为御用。由斯以言，是金花银在国初列祖常以济边，而正统后方为御用也。《会典》于太仓银则云，嘉靖二十二年题准，今后凡三宫子粒及各处京运钱粮，不拘金花、折粮等项，应解内府者一并催解贮库，悉备各边应用，不许别项那借。由斯为言，是世宗庙不但金花银贮太仓，即子粒银亦贮太仓并充兵饷，不知何年乃从太仓而敛之内也。夫三宫子粒银或应仍听三宫之用，若金花银则请照旧，以太仓故物还之太仓，逐年同京运钱粮俱隶外库，自国家有大典礼如婚封诸务而外，间为接济京运之用。不报。

万历四十三年三月，山东道御史金汝谐也依据嘉靖二十二年的特例奏请将金花银归还户部："查世宗朝，凡金花银两悉贮太仓以备各边应用。今老库仅存八万八千两有奇，何不以太仓故物还之太仓？每年起解金花银尽隶外库，则虽有羽书告急、水旱频仍，庶可恃以无恐。"②

万历四十三年十二月，山东"阖省饥民九十余万，盗贼烽起，抢

---

① 《明神宗实录》卷465，万历三十七年十二己巳。
② 《明神宗实录》卷530，万历四十三年三月庚申。

劫公行，"巡抚钱士完请发帑金二十万两，神宗不允："其请发内帑金一节，近该库具奏，户部节年拖欠至一百三十余万，圣母丧礼及各宫、各衙门年例钱粮，费用浩烦，挪凑不敷，以致内库空虚，无从措办。着户、兵二部会议，暂借太仆寺马价银数万两差官设法分赈。"①

万历四十四年三月，户部及大学士等官员疏请内库白银："九边告饷，急于风火，内帑所积，同于朽腐。乞将税课一年未入内帑者归之太仓，以补该省蠲免之数。辅臣亦言计臣苦心权宜之术，从其请。疏三上不报。"②

到万历四十四年，因"年来矿税繁兴，民穷财尽，正赋日逋，加以雨旸不时，水旱频仍，议蠲、议停，顿损边储二百余万，而太仓遂缺十之五六矣……至册立、封婚一切典礼，例取给于承运者，又皆括之外帑，更不下数百万，而太仓遂耗十之七八矣"，为此，户科给事中商周祚等"乞皇上简御前所积慨发数百万金以抵缺额，在昔年以额外之征致亏惟正之赋，而今即借额外之赐以抵正赋之穷。皇上岂有爱焉？不报。"③

之后不久，内阁阁臣等亦上疏奏请支放内库银，神宗才勉强同意支放30万两白银，其余数额则要户部、兵部议处："览卿等奏，宣镇军饷急缺，朕虽静摄宫中，未尝不轸念边疆为重。各边饷有常规，抚按等官宜尽心运筹，抚士安民，乃为称职。何故辄以请帑为口实？既军饷紧要，今将圣母累年积储括银三十万两发出，其余令户部会同兵部议借银八十万，速解赴镇，以称朕悯恤至意。"④

万历四十六年四月，女真族侵犯辽东边镇，为此兵部募兵、调兵达5万余人，除于户、兵及工部分别征用银两以供兵饷外，另"五十万（两）非内帑无所措也……上俱依议行。"⑤

万历四十六年闰四月，户科给事中官应震再次上疏要求将金花银改归太仓库："金花银每岁一百二十万有奇，正统前虽属左藏，然《会

---

① 《明神宗实录》卷540，万历四十三年十二月丙寅。
② 《明神宗实录》卷543，万历四十四年三月戊子。
③ 《明神宗实录》卷550，万历四十四年十月辛丑。
④ 《明神宗实录》卷550，万历四十四年十月丁未。
⑤ 《明神宗实录》卷568，万历四十六年四月戊午。

典》载各边缓急取足其中；嘉靖改隶太仓，专以济边不许别项挪用。皇上初年移入大内，遂致太仓缺额，兵饷日亏。若使在内者概从捐发，在外者概允归还，庶于边需有济。"①

万历四十六年五月，神宗"发帑金十万"，但"发者无几"，其数额远不够用，大学士方从哲不得不再次上疏："伏望再搜内库盈余，或俟金花税银之解到，陆续给发，以充前数"，这次，倒是神宗要求维护原有制度了："朕非不动念，但饷银已经发过，何得又有此奏？户部所进内廷金花银两，祖宗旧制每年进内承运库一百万，以备典礼及各节例进赐各宫与皇太子等，及赏用内外日费并各衙门奏讨、成造、军职俸银俱不得已之事……可传户部……不得借口请帑致误军机。"②

万历四十六年六月，神宗支发"内帑十万、太仆寺二十万、工部二十万"以作援兵粮饷；③ 不过，"户部尚书李汝华请以省直各处现在税银，暂留一年尽解太仓济边"，神宗未予理睬。④

万历四十七年三月，"兵科署科事给事中赵兴邦等言：辽师失利，国势益危。为目前计，莫若发帑、用人二事……试问太仓则若扫矣，虞衡冏寺则告匮矣，加派民间者又缓不及事，非速发内帑二百万，将何救于败亡之数乎"，但神宗不睬。⑤ 不过，应内阁请求，神宗于该月支放备赏银36万两用作辽饷："（朕）传著经管负役管事牌子人等细加搜括，有累年积畜预备赐各宫节令及赏赉各项银三十六万两，所有皇后并诸妃嫔等、皇太子及诸王、公主、内外各执事人等，进边饷银若干，给与户部，作速差官星夜解赴该镇，以作军饷等项支用，以济急需，以称朕悯恤至意。其余还着户、兵二部从长设处。"⑥

在这种国家存亡的危急时刻，神宗的态度使他与大臣们的矛盾迅速升级。"暂借金花银两"已经成为了"举朝之公议"；面对"辽抚、辽饷将绝"的局面，情急之下的户部尚书李汝华将"广东等司解到金花

---

① 《明神宗实录》卷569，万历四十六年闰四月戊寅。
② 《明神宗实录》卷570，万历四十六年五月甲寅。
③ 《明神宗实录》卷571，万历四十六年六月辛酉。
④ 《明神宗实录》卷571，万历四十六年六月壬戌。
⑤ 《明神宗实录》卷580，万历四十七年三月甲午。
⑥ 《明神宗实录》卷580，万历四十七年三月辛丑。

银十一万两，仓皇挪解"，神宗大怒，将李汝华"罚俸两月"、"司官鹿善继等夺俸一年……降一级，调外任用，不许朦胧推升。"①

为此，大学士方从哲首先上疏求情："夫以内廷供用之银，该部未奉明旨径自借留，似不能无罪，但其留也，果以充无益之费乎？抑以济紧急之需乎……且向来建议之臣，无不以留金花、留额税为计臣望者……故此一借在平时不可，而在今日似无不可，在平时无罪而在今日似不宜深罪也"，同时犀利地指出，神宗所谓金花银是内供正额的观点并不准确："况金花银两，在祖宗朝或解南京，或贮太仓银库，除武臣俸禄外，悉备各边缓急之用，见于科臣官应震之疏，历历可据，是圣谕所谓内供正额者且不尽然。而乃以数万之微细、一时之权宜，执以为部臣罪，无乃非帝王散财得民之意乎。"②

该年八月，吏科等给事中张延登、官应震、亓诗教、李奇珍等以及十三道御史卢谦等纷纷上疏求情，称户部尚书李汝华"迹虽似擅，心实可原也"，同时也表达了与大学士方从哲相同的观点："此项（金花银）原备边需，非专上供"，对此，神宗不报。③

万历四十七年九月，经过上述风波的户部等各衙门大臣万般无奈之下，再次奏请支发内库银以供辽饷，神宗不报：

> 户部等衙门、尚书等官李汝华等言：自有辽事以来，议加派加派尽矣，议那借那借尽矣，议搜括搜括尽矣，有法不设、有路不寻罪在户部，至于法已设尽、路已寻尽，再无银两，则户部亦付之无可奈何矣。千难万难，臣等只得相率恳请皇上将内帑蓄积银两，即日发出亿万存储太仓，听户部差官星夜赍发辽东急救辽阳，除此见钱、除此急着，再无别项处法，谨合词号泣，引领呼天。不报。④

万历四十八年七月，"发帑金一百万犒九边，奉遗旨也"，接着，

---

① 《明神宗实录》卷585，万历四十七年八月辛亥。
② 《明神宗实录》卷584，万历四十七年七月庚戌。
③ 《明神宗实录》卷585，万历四十七年八月辛亥。
④ 《明神宗实录》卷586，万历四十七年九月乙未。

该月"己亥,令旨再发帑银一百万两与户部充辽饷,命别部不得分用,并前犒赏二项共给脚价五千两,毋骚扰驿递,毋留滞太仓,差官即发。"① 这两笔钱,是万历一朝内库银直接接济边饷的最大数额,鉴于神宗的一贯态度,与其说是神宗遗愿,不如说是朝中大臣们的意见。

---

① 《明光宗实录》卷2,万历四十八年七月己亥。

第八章 结语

一 从内库制度看明代中央财政制度的演变

（一）洪武时期内库制度的演变特点及历史影响

洪武时期，内库负责存储皇室及户部、工部、兵部、刑部、礼部、都察院、五军都督府等中央各部门财政收入，国家公共财政职责占据非常突出和重要的地位。从收入看，洪武时期的内库具有以下特点和历史影响：

第一，内库中制度性的常规田赋岁入在全国田赋收入中所占份额极低；不过，全国丰裕的财政状况使得内库每年都有大量折成金、银、钞、布等财政收支盈余收入。明代中期以后，随着田赋征收率的逐步降低、税收逋欠问题的日益严重，田赋收入满足常规性的制度开支都已日渐困难，内库的这部分财政盈余收入自然也逐步枯竭。

第二，商税是洪武时期内库最重要的常规收入。如前所述，洪武前期，每年商税纸钞收入相当于1815万两白银，即使到纸钞大幅贬值的洪武三十年，也能折合180余万两白银。这一点也与明朝后期内库收入构成差异巨大。由于商税岁额以纸钞为计量标准，且实行定额税收，因此随着纸钞的不断贬值，其后的国家商税收入缩水幅度惊人，至万历初年，太仓库商税岁银额仅有16万余两（表3-15）。明代中后期，国内、海外商业贸易极其繁盛，然而，中央财政机构因此而得到的商税收入却与之极不相称。从制度渊源的角度看，洪武时期以宝钞确定商税岁额之方法的长期延续是造成这一反常现象的重要原因。明政府最高统治者对国内外商税的价值和地位缺乏正确认识，也是造成商税与商业规模极不相称的重要原因。

第三，洪武时期，国家制造的纸钞与铜钱都存储于内库，这是当时内库在国家公共事务中发挥显著作用的重要原因之一。明代中后期，纸钞极度贬值，市场流通困难，铜钱则滥铸现象愈演愈烈。这对内库的财政收入和财政地位无疑具有深刻影响，而其履行洪武时期所确立的财政职责的能力也必定会因此而大打折扣。

第四，洪武时期，皇室财政开支规模较小。明代中后期，当皇室财政开支大规模膨胀之际，内库收入却因国家财政盈余的骤减、纸钞与铜钱的贬值而大规模减少，其原有的制度性收入自然无法满足皇室实际的财政需求。于是，皇室便不断攫取内库中原属国家公共财政的部分收入，内库中皇室财政的份额由此迅速扩大。最终，内库金银及各种物料基本成为皇室私藏。明代内库财政的这种皇室化过程与洪武时期内库收入的结构组成有着极为密切的关系，其收入的不断萎缩以及皇室开支的不断膨胀则是造成这一皇室化过程的根本动因。同时，内库中皇室财政的不断扩大正是明代中后期户部太仓库财政地位不断攀升的重要原因之一。

从财政支出看，洪武时期的内库具有以下特点：

赏赐是洪武时期内库极为重要的一项财政支出。洪武时期的内库对国家行政及军事的常规财政开支并无多大支援。而明代中后期，北边军镇对中央库藏的财政支援要求却迅猛提升。这又使当时的财政体系出现了一个大矛盾：朝臣希望内库尽量分担边镇的财政支援请求，皇帝却不肯出血，两者之间因而就内库岁额、金花银及物料的归属问题斗争不断。就洪武后期外承运库及甲字等库归由户部官员管辖的情况看，明代中后期各朝臣要求将内库物料归还户部的奏疏是有制度依据的；而就皇帝这边而言，内库岁入相对于明初的巨幅骤减则是其无法言明的苦衷。二者之间就内库问题长久冲突的根本原因则在于明代国家岁入日益不抵岁支的财政窘境以及财政制度的巨大变迁。

洪武时期内库及整个国家财政体系的收支特点表明，朱元璋把太多财政收支的实际操作环节下放给中央财政机构以下的权力部门，这对中央的实际财政监控能力是巨大考验。明代中后期，户部太仓库收入类项的不断增多，其实就是在加强中央对部分赋税征收过程的管控弥补洪武时期的制度缺陷。

（二）明代中央财政收入存储机构的发展演变

洪武时期的内库收入，除了来自户部的田赋、工部制造的纸钞、铜钱外，工部每岁解纳内库的皮张、翎毛、军器、军装及铁等也各有定额，礼部的朝贡收入，户部、刑部、都察院与五军都督府的赃罚物等也都须解送内库。因此，当时的内库，是真正集皇室私人收入以及户部、兵部、工部、礼部、刑部、都察院及五军都督府等中央财政公共收入为一体的机构。

永乐迁都北京后，明代皇室财政存储机构和中央公共财政收入存储机构逐渐形成越来越明晰的界限。至弘治末年的时候，户部、刑部、都察院都各自创设存储银钱的衙门，他们各司其职、互不相压。到万历末年，除内库外，明代中央财政收入的重要存银机构包括户部太仓库、兵部太仆寺常盈库、工部节慎库、光禄寺银库及南京户部、工部、兵部银库等，明代中央财政收入存储机构及制度已与明初迥然不同。

（三）明代"内府十库"的制度演变

（1）"十库"是明成化以后才日益常见的一种称谓，包括北京内府承运库、甲字库、乙字库、丙字库、丁字库、戊字库、广盈库、广惠库、广积库、赃罚库，共计10个库，故简称"十库"。《明史·职官志》所列"十库"只有九库，这与明代南京户部所属的内府各库数量相符，但与明代北京内府十库的具体总额不符。

（2）内府"十库"一直是"内库"的一部分，内库的另外三大子库，即内承运、司钥、供用库，不属于"十库"范围。清修官史《明史·食货志》将"内承运库""承运库"混作同一个库，不准确；此外，它对"十库"库藏物料的记载没有充分考虑到明代内府各库的制度演变，亦不准确。

（3）明初，内府十库全部归户部管辖，负责国家公共财政开支。其后，内官逐步介入其管理。弘治、正德时期，这10个库至少在制度上仍全部隶属于户部。嘉靖十一年后，内府十库的实物收入归皇室，折银收入归户部。万历至泰昌时期，有关内府十库在户、兵、工三部的具体隶属情况，说法纷纭，清修《明史》所谓十库中"惟乙字库属兵部，戊字、广积、广盈库属工部"，其余"六库皆属户部"的观点只是其中之一，不一定准确。天启时期，熹宗正式将"十库"钱粮改归"上供"之用，各库实物收入在制度上彻底改归皇室。其后至明亡，内府十库的实物收入一直主供皇室专用。

（四）明代内库由负责国家公共财政为主向负责皇室财政为主的演变过程分析

（1）有明一代，内库财政呈现出明显的向皇室财政专属化演变的趋势。洪武十七年改革后，内库中的内承运库等3库由内官管理，主供御用；内库中的外承运、甲字等库则由文官管理，负责户部、工部等中央各部门的财政收支。因此，内库集皇室财政与国家公共财政为一体，且国家公共财政在内库财政中占据重要的核心地位。

正统以后，原来主供御用的内承运库陡增百万余两意在用于武俸和边镇紧急军情的金花银，原来由文官管理的甲字等十库则改为文官、宦官共同管理，内库中皇室财政与国家公共财政界限再次模糊化，为其财政向皇室财政专属化的演变大开方便之门。由此，内库中皇室财政所占份额逐步增多。

至嘉靖时期，不但内承运库岁入白银主供御用正式成为国家法规，而且其岁入银额也从正德时的50万两增至100余万两；此外，甲字等"内府十库"的实物收入也依据本色归内库、折色银归户部的原则进行了分配。内库财政向皇室财政专属化方向迈出了一大步。

万历末期，内库中内承运库白银及内府十库的实物收入都变为主供御用。内承运库虽仍残存几十万两白银的国家公共财政开支款项，但相对于内库900余万两岁入银额而言，显然微不足道，且这部分支出经常不予兑现。内库财政向皇室财政专属化演变的过程就此完成。其后，历经明末几位皇帝的重申，内库财政主供皇室的制度一直维持到明亡。

（2）从明初到明末，中央财政制度发生了巨大变化。明初，内库集皇室财政收入与户部、工部、礼部、兵部等中央公共财政收入为一体；经过长期复杂的演变发展，至明后期，内库收入演变成主供御用，户部、礼部、兵部、工部及南京户部都分别建立起自己的独立存储库，皇室财政与国家公共财政就此在制度层面形成较明确的界限。

不过，在实际运行中，制度层面的界限时常被逾越。一方面，正德以后，大部分皇帝在即位之初的几年，都会把部分内库收入暂归或暂借给户部等国家公共财政部门以给公用,嘉靖中期因军情危急甚至将金花银都借给户部以充边饷;它们的存在说明这一演变过程的复杂,但并未影响这一演变脉络的主体走向。另一方面,成化以后,历届皇帝都时常强令户部等国家公共财政部门将其管辖的白银一笔笔解送至内库供其私用。皇室财政与国家公共财政之间界限的日益明确在一定意义上正是皇帝不断强行攫取国家公共财政的结果。同时,内库的皇室财政专属化既没有完全满足皇室的支出需求,也没有限制住皇室对国家公共财政收入的继续掠夺。

(3) 促成内库向皇室财政专属化演变的核心原因,是明代中央财政收入的逐步大幅缩减。明初的内库中,其重要收入来源有3大项:田赋改折收入、商税收入、制造的纸钞收入,财政状态非常宽裕。不过,随着时间流逝,其财富的缩减非常惊人。首先,商税方面,洪武时期全国363万锭纸钞岁入相当于363万两白银岁入;但到万历中期,各钞关岁入纸钞、白银共折银32.55万两,还不及洪武时期的10/1。而且,其中折银收入已改归户部太仓库,归内库所有的商税纸钞收入已仅具有礼仪性的赏赐作用。其次,金花银的实际价值也因为白银的通货膨胀而大幅缩水。正统元年,400万石粮食按照银每石0.25两白银的比价折合成100万两左右的白银。但是,到嘉靖元年,每石漕粮可折银0.7两,100万两金花银只能购买到143万石米。由此可见,内库金花银的实际使用价值已经远不及明初。另外,到明代后期,中央政府财政收入的逋欠情况日益严重,岁入更远不及明中期的情况。就内库金花银而言,虽然万历时期已变为主要供皇帝使用,但依然出现征收不及时甚至逋欠的情况。仅崇祯六年、七年,金花银就逋欠89万两。由此可见,明末之时,中央财政的税收征收体系已然崩溃,内库收入自然也无法实现。最后,明代内库与户部、工部等部门之间财政收入重新分配,户部、兵部、工部及礼部等中央公共库藏体系的分工更加专业化和完善化,这些也都是内库财政由明初到明末逐步演变为皇室专属化的重要原因。

(4) 明清时期有关明代内库财政问题的记载彼此矛盾之处众多,不过,透过这些相互矛盾的记载,仍可看到明代内库财政制度演变的历史线索。首先,明代内库财政制度的复杂变化,正是相关记载参差不同的原因之一。其次，明代内库财政收入的归属在制度规定与现实之间存在差距和矛盾。另外，在内库财政制度的演变过程中，官僚士大夫与以皇帝为核心的皇室之间一直因为利益立场的不同而冲突不断，皇帝利用其皇权对内库中国家公共财政的侵夺很少得到士大夫的认可。随着国家公共财政状况的日益紧张，士大夫与皇帝之间就内库财政收入归属问题的冲突也日益激烈，从而造成明代史书有关内库财政归属问题记载的一些矛盾。对明清时期财政史料的使用，不但要注意鉴别其可靠性，更重要的是要注意该史料所能适用的时间段及出自哪一利益群体。

二 从太仓库管理制度和收入制度看明代财政制度的演变

（一）太仓库管理制度的演变

太仓库在正统七年设立后很久都一直默默无闻，史书鲜有对它的记载。明中期，尤其是嘉靖、隆庆至万历前期成为制定太仓库管理制度最多的时期；万历中期以后，这方面新增添的规定的数量和次数明显减少，太仓库旧库尤其明显。之所以如此，首先，嘉、隆、万时期是太仓库财政地位发生剧烈变化并从制度上得以确定的时期。其次，这一段时期里，国家官僚体系的政治权力相对较强，从而可以对太仓库实行一系列的制度变革。万历中期以后，士大夫官僚集团相对于皇权的政治力量受到极大削弱，长期怠政的万历皇帝要么对国家统治体系中的职位空缺置之不理，要么对大臣的奏疏搁置留中，这些自然都会直接影响到太仓库的管理。天启时期，政治局势动荡，宦官魏忠贤长期把持朝政，以致天启末期太监涂文辅等被任命管理太仓库等重要中央财政机构。另外，新库的绝对重要性也在客观上使太仓旧库的被关注度大为降低。

（二）从太仓库众多称谓的形成原因看明代国家财政制度的演变

明代太仓库有太仓、太仓银库、银库、老库、中库、窖房、旧库、新库等诸多总称和子库的不同称谓，这些称谓内涵有些相同，有些差异巨大。太仓库总称及其子库的众多称谓的形成原因，首先在于明代国家财政制度的不断变迁：从明初到明代中后期，内库由负责国家公共财政开支为主逐渐转变为负责皇室开支为主。同时，随着屯田、盐法、民运等制度的重大演变，中央财政的直接拨款对于北边军镇的军饷供应而言越来越具有重要性。为了适应这些变化，太仓库财政收支结构不断改变,在国家财政体系中所起作用不断增强,从而直接导致其称谓的不断变化。

其次,遵守祖制是明代国家的一条重要治国思想原则。在这一原则指导下,主动、大规模地废弃旧有制度,创建适合当时所需制度的财政改革根本不可能得到支持。与此同时,迫于社会现实,有些改革又不得不进行。于是,明人时常在保持原有制度称谓的基础上进行其实质内容的更改。这是太仓库既有称谓得以不断传承和应用的另一重要原因。

早在洪武六年,朱元璋即在其刊行天下的《祖训录》序言中强调:"凡我子孙,钦承朕命,无作聪明,乱我已成之法,一字不可改易。"① 明中期的穆宗,在临终时对顾命大臣的谆谆告诫就是"协心辅佐,遵守祖制,保固皇图"。② 明朝末年,国家财政制度与明初相比已然发生了翻天覆地的变化,而崇祯在其诏书中仍信誓旦旦地宣称"凡厥典章,必稽祖制"。③ 而且,这种对于祖制的尊崇,普遍被明代士大夫所接受。比如,隆庆至万历前期,面对已经影响到国家统治的各种时弊,张居正等官僚士大夫进行了包括财政在内的一系列"改革",太仓库财政状况因此得以迅速好转。但是,就是这位被当代学者普遍誉为"改革家"的张居正,在神宗首次平台召见时所提出的治国大略,却是"方今国家要务,惟在遵守祖宗旧制"。④ 对于这种看似矛盾的现象,张居正之子张懋修的总结说:"先公留心典故,在政府,凡大政事,非祖宗成法,不敢创一新政,惟率由旧章以实行之。"⑤ 而这也是明代士大夫在面对国家财政体制问题时的惯用解决方法。

如前文所述,明人好古,喜欢因袭旧称,因此,太仓库新的称谓形成之后,原有称谓并未就此失去生命力。于是,通过时代的累积,太仓库称谓不断增多。

(三)从太仓库的岁入看其财政地位和职责的演变

太仓库成立之初,仅被用于存储马草折银,需用马草时,再将这笔

---

① (明)朱元璋:《祖训录》,见张德信、毛佩琦编《洪武御制全书》,第362页。
② (明)黄光昇:《昭代典则》,第879页。
③ (明)孔贞运:《皇明诏制》,续修四库全书,第458册,第433页。
④ (明)张居正:《张太岳先生文集》,续修四库全书,第1346册,第309页。
⑤ (明)张居正:《张太岳先生文集》,第61页。

存银取出以换取实物。那时的太仓库,仅仅是个小额白银的暂时存储机构而已,在明代国家财政总体系中几乎没有什么重要性和地位可言。

至少到弘治末、正德初的时候,太仓库开始接纳中央财政体系中的岁盈余银。随着这类白银数额的逐步积攒,太仓库成了国家财政体系中的"财政储备"机构,其财政收入主要用于应对紧急突发事件的开支所需。这一时期的国家财政,正是明代士大夫所向往的理想财政,岁入足以供应岁支,同时还能够略有盈余以备将来。

嘉靖、隆庆时期,太仓库岁入类项迅速增长,财政地位也随之上升。万历中前期,太仓库收入款项基本固定、稳定下来,除了"财政储备"的功能外,还担当起负责北京和边镇常规开支的财政职责。太仓库的财政地位至此达到顶峰。万历中期以后,太仓库的"财政储备"功能日益减缩,到万历四十六年辽东战争爆发需要特别款项的额外资助时,太仓库不但无法提供支援,就连每年必发的边镇年例银尚欠数百万两。

新饷的加派从制度上再次提升了太仓库的财政地位,然而太仓库岁入逋欠问题的日益严重使得新旧饷的征收面临极大的问题,因此其实际财政地位不升反降。此后,一方面,太仓库的收入款项和数额在不断增多;另一方面,太仓库的实际财政地位却因税收逋欠的日益严重而逐步降低。至崇祯末年,户部将太仓库财政收入的征收和管理权力全部下放给地方政府和各军镇,太仓库成了一个虚设的空壳。

(四)太仓库岁入类项制度构成分析

正统七年以后,经过漫长的发展和演变,到万历初期,太仓库的岁入类项固定化、制度化。此后,太仓库岁入额定银数虽然因为加派新饷等原因发生巨大的变化,但是其岁入类项本身并没有相应的巨大变化。农业方面,明代的国家财政收入以田赋为主,而夏税、秋粮又是其核心。据本书表 3-15,在太仓库财政状况良好的时期,即万历初年,麦、米、绢、布及马草等各类田赋折银收入总计 141 万两,占太仓库总收入的 49.7%。初看起来,这似乎是个不小的份额,但是如果从全国田赋总收入的角度来看,则这个银额的重要性就会大大降低。据黄仁宇估算,万历前期田赋正额大约有 2100 万两白银[1],则太仓库 141 万田

---

[1] (美)黄仁宇:《十六世纪明代中国之财政与税收》,阿风等译,第 226 页。

赋折银收入仅占全国田赋银总数的6.7%。以这样比例的田赋收入担负国家最重要的财政开支——北边国防安全的重任，太仓库的长期入不敷出是理所当然的。

此外，盐政收入、民运改解银占据了太仓库总收入的50%，由于这两项收入原本就是用于边镇军饷的，因此，这两笔收入使太仓库与边镇军饷供应之间的财政关系更加直接和密切。明代后期部分士大夫要求将太仓库民运银的收缴权力下放给地方政府和军镇，正是想借此摆脱对边镇军饷的财政职责。

因此，太仓库岁入类项的制度构成天然地决定了它的财政能力极限。由于民运改解银与盐政收入的存在，太仓库对于边镇军饷供应有不可推卸的制度责任，但太仓库其他岁入类项，尤其是各类田赋折银岁入的份量决定了太仓库没有能力对边镇军饷提供大规模的财政支持。如果边镇军饷供应以依靠太仓库为主的话，那将是太仓库绝对无法承受的财政负担。

太仓库岁入类项的发展史表明，有明一代，其中央财政岁入的分配方式和征收方式发生了巨大改变。明初之时，除粮食以外的中央财政收入基本存储于内库中，内库集国家公共财政与皇室财政职责为一体，且以国家公共财政开支为主。随着皇室财政在内库财政中所占份额的逐步上升，内库铸钱、钞关商税、内府十库的收入、内承运库金花银等在皇室财政与户部太仓库之间在制度层面形成了不同的分配原则，但在实际操作层面又会因为时局的不同而产生若干不同变化。

开纳事例银归属太仓库是明政府迫于太仓库的财政开支压力而不得不实行的举措，虽然偶尔停止，但很快就会因为财政压力而不得不重新举行。天启时期，一方面，参加开纳事例的人数众多，另一方面，太仓库却没有真正收到多少白银收入；崇祯时期则出现了"日趋者稀"的现象。前者很有可能与整个管理体系的有效性的崩溃有关系，而后者则有可能与中央权力体系权威的降低有关系。

在地方财政与太仓库岁入类项方面的制度变化如下：一是地方财政盈余改为归属太仓库，这降低了地方财政的应急能力；二是原由地方政府直接解送边镇的民运银改为以解送太仓库后转发边镇为主要形式，这改变了中央财政对地方财政的监管力度，增加了中央财政的集权性；三是对全国田赋、关税、盐法等收入加派新饷,这直接改变了中央对地方的赋税征收额度。四,泰昌到崇祯时期,太仓库岁入类项发生反中央集权化的逆向运动,即户部逐步下放收上来的财政权力。至崇祯末年,所有赋税征收和解送的财政权力与财政职责都被下放给地方政府与军镇。这些说明,明代中后期,中央财政与地方财政的关系发生了巨大变化。

以太仓库为视角,明代盐法制度演变具有如下特点:首先,从明初到明末,盐法开中制一直存在,从未在国家制度层面被正式废除,这同有明一代强调遵守祖制的思想密切相关。不过,万历末年以降,开中制的实际财政意义迅速减弱,直至最后成为明代盐法体系中徒有其名的制度空壳。其次,从嘉靖到万历,各盐运司余盐银逐步成为太仓库的重要收入来源;其后直至崇祯,太仓库余盐银的岁入预算额一直呈由低到高的主流发展态势。随之,余盐制在明代中后期盐法体系中的地位逐步上升,成为国家整个盐法体系的核心部分。但是,从万历后期开始,虽然太仓库余盐等银的额定岁入仍在增长,但其实际收入则因逋欠等原因而逐步降低;至崇祯末期,太仓库余盐银的绝大部分都已无法征收上来。再者,嘉靖时期,在既要维持开中祖制又要解决它无法有效满足边镇军饷需求的情况下,正盐开中于边、余盐纳银解送户部太仓库的双轨并行的盐法制度最终形成。通过这种方式,户部将盐法收入中的大部分直接集中于太仓库,从而加强了对盐法的监管和控制。其后直至崇祯,虽时有反复,但这种双轨并行的制度一直是明代中后期盐法体制的主流。

(五)明代太仓库岁入类项发展原因分析

第一,太仓库岁入类项的逐步扩大是各类实物赋税改折征银的结果。明初的财政体系是一个以征收实物为主的财政体系,正统以后,各类赋税的折银趋势越来越普遍。由于实物与白银的存储条件和存储方式有很大的不同,因此改折征银后的赋税往往需要一个不同于以往的存储机构。太仓库于正统七年成立之时,最根本的用途就是用来存储马草折银的。此后,太仓库陆续增加了若干项此类改征白银的赋税款项。

第二,太仓库岁入类项的逐步扩大是户部的中央财政权力初步集权化的结果。随着内库逐步摆脱国家公共财政开支的职责而成为皇帝私人财物,户部日益需要加强自身的财政权力、明确彼此的财政界限,为此,户部不断采取措施增加太仓库的收入款项并努力使其制度化、规范化。太仓库这类收入中，最典型的就是民运银。

第三，太仓库岁入类项的逐步扩大是明初以来制定北边军饷供应财政制度，如屯田、民运、盐法等，逐步失效的结果，其中最典型的例证之一就是余盐银的收入。随着明初制定的纳粮于边的开中制的逐步失效，明政府不得不实行余盐纳银解部入太仓库进而转送北边军镇的制度，这是对原有盐法制度的改革，也是对现实变化的适应和调整。

第四，太仓库岁入类项的逐步扩大是其财政开支不断增加的结果。比如，嘉靖中后期是太仓库收入种类和白银数额急速扩增的时期，造成这一现象的主要原因在于北边军事费用的骤增，其次则在于皇室赏赐及斋殿营建等费用的扩增。隆庆时期因为财政开支的压力，户部也不得不多次增加太仓库的收入款项。虽然明代人崇尚量入为出的财政原则，但是在太仓库岁入类项发展中，"量出以制入"的情况越来越多。这有悖明代人的财政理念，是对现实财政困境的一种无奈回应。

三　从太仓库支出制度看明代财政制度的演变

（一）太仓库财政支出制度演变总述

太仓库的财政支出主要包括京支、地方赈济和军事开支三大项，现将其各项开支总结如下：

第一，太仓库的在京开支款项是经历了一个由少到多的发展过程的，大约到隆庆时期，太仓库的在京开支已经形成了一定的规模，到万历初期，太仓库的在京开支被制度化。自隆庆、万历以至崇祯，太仓库的在京开支岁额以万历朝为最低，但无论哪朝，太仓库的在京开支都没有对太仓库的财政开支形成明显不可承受的财政压力。

第二，太仓库对地方的财政赈济具有明显的阶段性特征。在成化到正德时期，太仓库对全国各省直地方的赈济时有举行，但频率并不是很高。嘉靖时期，太仓库对地方灾伤的赈济明显上升，是整个明代太仓库对地方赈济频率最高的时期，这显现出太仓库在国家财政体系中财政地位的突然增高。隆庆、万历前期，太仓库对边内地方的赈济骤然减少。万历中期以后直至明亡，由于太仓库自身的财政状况日渐窘迫，因此它对地方的财政赈济就难得一见了。

第三，太仓库发银到北边军镇的主要原因有四点：一为紧急军情的出现，二为防秋，三为对边镇的补贴性接济，四为年例银的发放。不过，万历中期以后，太仓库年例银的发放都不能及时、如额地完成，因此，其他几项开支就更难以兼顾。

第四，支放给北边军镇的太仓库银最重要的一项用途就是购买粮食或者草料等实物。通常，太仓库的这类开支都是提前给发，以便边镇挑选合适的时机购买实物。从成化到嘉靖末年，太仓库发银给北边军镇召买粮草的制度已经发展得比较完备，从太仓库发银时间、户部官员运银、当地管粮官召买、向户部奏缴册籍以及召买时间等都有比较细致的规定。太仓库发往北边军镇的白银的另一种重要用途是用作官军折色俸粮、月饷等。发往北边军镇的太仓库银的第三种用途是赏赐，第四项用途是修筑边墙、墩台等军事防御工程，抚夷银是其第五项用途，招募士兵则是其第六项用途。在这六种主要的用途中，都以嘉靖时期的记载频率为最高，隆庆、万历前期的记载频率明显降低。万历中期以后，关于发往边镇的太仓库银的用途的记载就很少见到了。

究其原因，首先很有可能是因为嘉靖朝是太仓库的财政地位迅速变化、提升的时期，发往边镇的太仓库银的诸种用途都具有新异性和非常规性的特点。万历前期，太仓库发往边镇的白银以年例银的形式制度化、常规化，这一方面将上述几种用途归入到了年例银中，从而使得发往边镇的太仓库银的用途不再具有新异性的特点；另一方面太仓库年例银发放制度的日趋完善也限定了太仓库银的用途。因此，这一时期，有关太仓库银具体用途的记载明显减少。万历中期以后，太仓库年例银的缺额问题日益严重，关于发往边镇的太仓库银的具体用途问题就更少关注和记载了。其次，万历中期以后，太仓库财政状况日益恶化，这迫使户部不得不尽可能地减少太仓库的开支种类，从而尽可能地保证年例银的发放。这是万历中期以后发往边镇的太仓库银用途减少的另一大原因。

第五，除了北边军镇的开支外，太仓库还要对平定地方叛乱等军事行动提供财政支持。不过，太仓库的这类开支与北边军镇对它所形成的财政压力以及它自身财政状况的好坏密切相关。正德时期，太仓库在这方面开支较大；嘉靖、隆庆时期，因为北边军事战争长久持续，太仓库很少对边内或沿海的军事冲突提供财政支援；万历中后期，借助于万历前期积攒下来的老库存银，太仓库对北边之外的军事战争提供了巨额财政支援，这也是万历中后期太仓库财政困窘的重要原因之一；天启以后直至崇祯，太仓库财政亏空巨大，收入逋欠日益严重，其基本的边镇年例银的职责都难以完成，对边镇以外的地方军事冲突的支援更是难以实行。

第六，从万历四十六年起通过加增田赋而征收的"新饷"是专门用于辽东地区的军事开支的，其首要用途就是支付辽东募兵、调兵等所需的安家费、行粮、月粮及器械、衣装等；第二大用途就是在各省直地方召买本色粮食、豆料等实物，同时支付将这些本色实物或者辽东所需的兵甲器械等运送至相应地区的运费。随着明朝国家财政体系的逐渐崩溃以及中央政府对地方统治力的日益削弱，原本专门为辽东战局而设的新饷开支逐步被挪作他用或者被地方政府题留。这严重削弱了户部对太仓库额定财政收入的控制力和分配权力，并与太仓库收入的严重逋欠一起解构了太仓库作为国家中央财政核心机构的地位。虽然新饷的加派数额一涨再涨，但其实际放支数额从未达到过其额定岁支数额，而其额定岁支数额又从未真正达到过辽东地区的实际需求额。新饷的财政从一开始就是入不敷出的。

第七，太仓库年例银起源于京运年例银，但不等同于京运年例银。在太仓库发展中前期，京运年例银与太仓库年例银并不是一对内涵等同的概念，而是包含与被包含的关系。北边军镇的京运年例银在正统年间就已经出现，在成化到弘治时期，太仓库年例银的发放是不规律的，时少时多。太仓库在这一时期并不负责北边所有军镇的年例银的发放职责，而且太仓库时常与其他财政收入一起共同负责个别边镇的年例银供应。弘治与嘉靖两朝是太仓库年例银发放频率较高的时期。嘉靖末、隆庆初，太仓库基本承担起了发放京运年例银的职责。万历前期，太仓库是京运年例银的主要承担者；同时，太仓库年例银的发放形成了比较稳定的制度，成了北边军镇维持日常运转所需的财政供应中的一部分，从而彻底融入其常规财政开支当中。其后直至崇祯朝，太仓库年例银与京运年例银逐步演变成内涵等同的概念。

第八，虽然关于太仓库发放年例银的记载在成化时期就可见到，但太仓库年例银岁支总额的记载到隆庆元年才出现。嘉靖朝，太仓库逐步演变成为京运年例银的重要发放机构，但是尚缺乏足够的史料来证明这一时期的京运年例银已经完全由太仓库承担起来了，太仓库年例银岁额尚不确定。太仓库年例银岁支总额在隆庆到万历前期基本保持较稳定的数额，前后相差不是很大；太仓库预算年例银额基本都能落实，额定年例银与太仓库实际发放的年例银额之间没有多大差距。从万历十五年到万历三十六年，太仓库年例银岁额上升较快，对太仓库形成了越来越大的财政压力，以至于户部不得不经常借支太仓老库、窖房、太仆寺马价银等机构的存银来进行贴补。另外，随着太仓库岁入逋欠的日益严重，太仓库实际支放年例银的数额不断下降。万历后期到崇祯朝，太仓库额定年例银岁支总数停止了上升的势头，较以前的银额稍有下降，并大致保持在了这一水平。但是太仓库旧库发往北边军镇的实际年例银岁额则下降幅度巨大，与其预算年例银岁额形成了越来越大的差距。

第九，在太仓库年例银岁额与北边军饷总额的比例关系方面，到隆庆末、万历初，太仓库年例银岁支总额在边镇军饷总额中所占的比重已经达到三分之一左右。一方面，同京运银岁额仅能够占边镇军饷总额的十分之一左右的弘治、正德时期相比，这一比例说明太仓库年例银在边镇军饷供应中已经占据了重要的财政地位。另一方面，这一比例也说明边镇军饷的供应又并非绝对依靠太仓库年例银，占边镇军饷总岁额三分之二左右的屯田、民运、盐引等收入仍然是边镇军饷供应的主要组成部分。

（二）从太仓库财政支出看其财政地位与财政职责的演变

太仓库发展到弘治末、正德初的时候，明政府对太仓库的财政职责已经有了非常明确的认识和规定，即专备紧急军情、自然灾害以及听征马匹草价、军士冬衣布匹的开支。此时的太仓库并没有为北边军镇的日常军事开支提供常规化、定额化的财政支援的职责。

嘉靖时期，太仓库的财政职责空前扩大。第一，它对边镇年例银的供应频率和数额都在不断扩大。第二，太仓库发放大量银钱以补贴个别边镇的财政困难。第三，嘉靖时期，太仓库对受灾地方的财政赈济频率也是有史以来的最高峰，其后也没有达到过这一水平。第四，太仓库发往边镇的白银的用途也以此朝为最多，如召买粮草、修边、筑墙、募兵、防秋、赏赐、抚夷等。不过，太仓库的这些各类开支都具有很大的非常规性、盲目性、被动性，甚至是开创性的特点，并没有得到制度上的统一规定和认可，缺乏全盘考虑、整体的一致性以及长久的可持续能力。在太仓库大量开支种类和开支频率的背后所显示的是嘉靖时期国家财政总体制的混乱和无序、调整和适应。

隆庆时期，太仓库在国家财政体系中的地位逐步稳定化：首先，太仓库在京开支款项与银额基本确定，同时它也基本承担起了发放京运年例银的财政职责。太仓库摆脱了弘治、正德时期专备兵、荒的财政地位，开始在京师与北边的日常财政开支中扮演重要角色。

万历初期，太仓库在嘉靖、隆庆时期所发展起来的财政地位和财政职责得到了进一步的制度上的规定和认可，并又有所提升。这时，太仓库实际能够担负的财政职能有两个：一是太仓外库每年的岁入用以供应边镇日常开支所需的部分军饷。二是老库及窖房存银用于预备紧急突发事件的财政所需。

万历中期以后，第一，"万历三大征"耗费掉了太仓老库的巨额存银。第二，北边军镇对太仓库年例银的需求额在不断上涨。第三，太仓库在其自身财政收入方面所遇到的逋欠问题越来越严重。第四，神宗不但拒绝发放内库银物以帮助太仓库缓解财政压力，还通过买办银，尤其是矿税之使加大了对国家财政以及太仓库财政收入的掠夺和损害。由此，万历后期的时候，不但太仓库老库、窖房的库存银被借用一空，同时它还欠发北边军镇数百万两的年例银。至此，太仓库担负边镇常规年例银及预备紧急军情、灾荒的能力骤然降低，这对其实际的财政地位自然会产生直接的不良影响。

早在万历二十年，户部就强调，太仓库银是专备九边年例的，这一态度和观点与弘治末、正德初年户部对太仓库财政职责的认识差别悬殊。万历四十六年，在太仓库急需"喘息"的时刻，辽东战事因努尔哈赤的进攻而突然升级。面对根本没有库存银钱应对紧急军情的太仓库，户部只能加派新饷。从表面上看，这本当是提升太仓库财政地位的重大举措。但是，新饷的实际支出银数从来也没有达到过其额定岁支银数，而其额定岁支银数又从来没有达到过辽东的实际需求的水平。新饷从一开始就面临严重的财政问题。

天启、崇祯时期，除了在京开支能够基本正常维持外，太仓库疲于应付、筹措九边年例银及辽东新饷的额定岁支银数,但其实际的岁支银额仍不断下降,与其额定岁支银数之间的差距也越来越大。一方面,通过不断地加派,从制度上看,太仓库的财政地位是在不断地提高。另一方面,因为其实际支出能力的不断下降,太仓库的实际财政地位和财政职责却在不断萎缩。天启、崇祯时期,太仓库几乎不再对各受灾地方进行财政赈济,对发生军情的各省直地方的接济也都是拆东墙、补西墙。在这一阶段,太仓库逐步失去了对边镇常规年例银以及为紧急军情、灾荒提供财政支出和救济的能力,其实际财政地位一跌再跌,直至崩溃。

(三) 明代北边军镇军饷供应中屯田、民运、盐法、京运岁额的演变

1. 屯田

永乐迁都北京后,全国田赋每年实际征收平均额3136万石;屯田方面,平均每年屯田粮实际岁入额为1132万石。这样,永乐时期田赋与屯粮二项相加,平均每年有4200余万石的粮食收入,此时的边镇军饷供应,屯田无疑是占据首位,且以供应粮食等实物为主。

正统时期,屯田实际岁入基本都为280万石左右,比永乐时期的岁入额减少了75%,比《明史》"自正统后,屯政稍弛,而屯粮犹存三之二"的说法更加严重。

嘉靖九年屯粮岁额只有111万石,相对于永乐时期屯田岁入额,减少了90%。嘉靖十八、十九年,屯田有一半岁额改为白银:屯田岁入粮55万石、银55万两。

万历九年,张居正当国时期,北边屯田岁入大为改善,不但岁入额较之嘉靖时期增加很多,且大部分为本色实物,具体而言,粮料139.8919万石,草667.4223万束,粮折布0.0105万匹,各类折色银14.1394万两(共合银126.49万两)。

2. 民运

成化时,各地税粮岁额进一步固定,河淮以北每年民运至边镇的粮食达800万石。民运取代屯田成为北边军镇首要供应来源。

嘉靖九年,民运粮岁额247石、银13万两,相对成化时期800万石岁额减少了62.5%。嘉靖十八九年,民运粮11万石、228万两,绝大部分岁额都改为白银的输纳形式。

隆庆元年，虽然从制度上看，北边民运粮岁额基本仍旧保持在 800 万石上下，但该年北边实际得到的民运银、粮共计仅 364.155 万两，较之成化时期的民运岁额减少了 54%（按一两银购买一石米价位计算）。

万历九年，北边民运粮 21.8844 万石，草 278.009 万束，银 322.2258 万两（大约合银 345 万两）。

万历二十九年，各省解送北边的民运银预算岁额达 320 万两，相对于成化 800 万石粮的民运岁额，减少了 60%。崇祯初期，总计民运北边军镇 267.4243 万两，较之成化 800 万石的岁额粮，减少了 66.5%。

3. 京运

弘治末、正德初，京运银每年预算岁额仅 40 万两白银，但实际岁额则远不止此数。嘉靖初年，京运年例银仅 45 万两。边镇军饷供应大幅缩减，尤其是屯田、民运粮食岁额大幅减少。

嘉靖中期以后，北边战争不断，在其白银供应份额日增的情况下，军饷每岁开支暴涨。为了遏制这一态势，嘉靖四十五年，明政府议定经制，将京运年例银岁额固定为 253.1 万两。虽然相对于弘治末、正德初 40 万两京运年例银而言，它增长 6 倍还多，但它既没有在白银供应总量上真正满足边镇的需求，更没有在实物供给份额上进行提升，因为这超越了明中央政府的实际供应能力。

隆庆元年，九边岁发主、客二兵年例银增至 236 万余两。隆庆六年，边镇京运年例银岁额 280 万两，占北边军镇军饷总额的 34.6%。万历九年，边镇京运年例银等岁额为 316.2349 万两。

京运预算岁额在万历中后期不断攀升。万历二十九年，北边十四镇主客兵饷预算岁额 720 万两，其中京运银 400 万两，民运银 320 万两，京运银占北边军饷预算岁额的 55.6%。崇祯元年，太仓库旧饷、新饷总计预算发放京运银 855.6824 万两；崇祯十四年，户部预算军饷岁额银 2065 万两，成为边镇军饷的首要财政来源。至此，中央财政的直接拨款成为北边军镇军饷供应的基本财政来源，且以白银为基本物质形态。但是，高达 85% 的税收逋欠率，使得户部完全没有真正支付这些款项的能力。明中央政府征税能力的逐步丧失，使得北边军饷供应在屯田、民运和盐法方面的收入逐步萎缩的同时越来越依赖京运银。万历中期以后至崇祯，京运银预算岁额一升再升，但实际支付银额则一再减少，并最终于崇祯末年崩溃。

4. 盐法

永乐时期田赋与屯粮二项相加，平均每年有 4200 余万石的粮食收入，盐引平均每年岁入额 132.4215 万引。嘉靖初年，盐法岁额仅 8 万两白银。嘉靖十八、十九年，盐引年例盐 7 万斤、银 60 万两（相对于永乐时期的盐引岁额减少了 28%）。

万历初年，盐法经过整顿而地位陡升。万历六年，各盐运司、岁派边镇盐引折合白银 74.14767 万两，此外还有 97.2143 万两银解送太仓库转发边镇。到万历八年左右，解往太仓库的余盐等银岁额增至 100.1664 万两。万历四十四年，盐法解纳太仓库及运送北边军镇的预算岁额共计 200 万两白银。崇祯初年，经过加派，各盐运司每岁交纳太仓库预算额共 220 万两。不过，北边实际得到的岁额则远远低于此数。

（四）不同时期边镇军饷供应结构组成的对比分析

明朝初年的边镇军饷供应，一开始就包括民运、盐法、屯田及京师赏赐（京运）等方式。洪武后期，粮食产量极高，税粮征收一般都达到 3000 余万石，税粮岁入最低的洪武十八年，也达到 2000 余万石。为保证京师之外 100 万官军的军饷，仍需民运、屯田、盐引、京师赏赐等体系相互补充。不过，此时的京运，主要以彰显皇恩为主，边镇军饷供应并不依赖于它。

永乐时期，每年 1100 余万石的屯田平均岁额即足以保证北边军饷供应。成化时，民运以 800 万石岁额取代屯田成为北边军镇首要供应来源。正统时期，屯田岁入较之永乐减少了 3/4，但由于屯田、盐法、民运、京运这几种供应系统相互补充，正统初年的边镇粮储仍旧十分丰足，多处存粮都够未来几年支用。

嘉靖初年边镇军饷主要由屯田、民运和京运三大部分组成，盐引在边镇军饷供应总额中所占份额已经非常低，边镇军饷供应总岁额大幅缩减，尤其是屯田、民运粮食岁额大幅减少。嘉靖十八九年边镇军饷供应中的屯田、民运、盐引进一步大幅减缩。

嘉靖十八九年，民运、盐法、屯田、京运分别占当时军饷总额的 50.3%、12.4%、24.9%、12.4%；到万历九年，民运、盐法、屯田、京运分别占该年军饷总额的 39.1%、7.8%、14.3%、38.8%，民运、盐法、屯田的重要性明显降低；嘉靖十八九年，民运是边镇军饷的最重要来源，到万历九年，京运份额大幅上升，达到342万两的岁额，地位与民运持平。考虑到万历九年的京运银额中，包括有解纳太仓库再转解边镇的85万两民运银，因此，当时边饷最重要的供给方式仍然是民运。所以，即使到万历初年，《明史》中所谓"边兵悉仰食太仓"的说法也是不成立的。万历九年，北边军饷总岁额银882.8809万两，屯田、民运、盐法在北边军饷供应总额中所占比重进一步减少，316万两的京运银占北边军镇军饷总岁入银数的36%左右。

（五）北边军饷供应中白银占比攀升及其影响

嘉靖十八、十九年，边镇军饷供应又发生一个重大变化，即粮食等各类实物供应大都改折为白银：9个边镇军饷岁额银402.5521万两、粮77.0979万石、草1142.6577万束，总计合银489.5734万两。其中，白银供给量占其军饷总额的82.2%，粮、草等实物供给只有17.8%。军饷供应中白银所占比例的大幅迅速提升，意味着军饷供应岁额的进一步大幅缩减。从理论上看，按照明政府财政体系内的米银比价，相对于嘉靖九年的军饷供应而言，嘉靖十八、十九年的军饷供应有增无减。但实际情况是，当大量税粮以折银形式送往边镇后，北边军镇士兵和战马赖以生存的粮食、料豆等实物，主要是通过市场购买的方式得到。而市场价格是随着供需变化而变化的。比如，按嘉靖十四年的北边市场价格，402万两白银岁额能买到309万石粮食，到嘉靖三十四年，则仅能买到128万石粮食。因此，北边军饷以白银为主的核心问题就是，白银供应越多，则市场粮价越贵，军队的白银供应永远无法追赶上市场的变化。军饷供应总量和粮草等实物供给比例的缩减，使得边镇官军人数骤减。弘治、正德时期，北边军镇的军队定额为89万人，已经比明初减少11%。到嘉靖十八、十九年，实在官军人数仅剩45万人，相对于明初减少了55%。

隆庆六年边镇军饷中，白银岁额占其总额的70.9%，粮草等实物供给占29.1%，总计合银808.1511万两，比嘉靖十八年增长了65%。万历九年，北边军饷总计883万两，其中白银供给率达到81.2%。万历二十九年，京运银首次成为北边军饷供应的首要来源。

（六）太仓库京运年例银的演变本质

明代中叶以后，边镇对京运年例银需求额的持续上涨，首要原因在于屯田、民运、盐法等供给岁额的不断减少，其次还在于北边军镇的军饷供应由粮草等各类实物为主逐步改为供应白银为主。这两点背后的根本原因又在于明中央政府税收体系征税能力与地方普通民众纳税能力的同时衰退。在这样的大背景下，明政府将余盐银、部分民运银、内库部分折银收入以及地方财政盈余等解送户部太仓库转发边镇的做法，本质上是通过加强中央对国家一小部分税收征收和解送体系控制力而保证岁入额。在嘉靖到万历初期以前，这些措施有一定成效，但未能解决北边军饷供应的根本问题——赋税折银导致的粮料等实物的缺乏。从嘉靖中期开始，随着80%左右的军饷改为供应白银，北边军镇严重陷入了这种白银供应越多则粮料价格越涨、粮料越长则北边对军饷总额需求越大的恶性循环。而万历中期以后，太仓库岁入逋欠率的不断提升表明，户部加强中央监管和控制力的诸多措施在渐渐失效，赋税普遍折银的让步之举也最终没能保证税收岁入预算额的完成。依赖京运银解决北边军饷问题从一开始就已注定是一场不可能打赢的"战争"。明代国家中央政府征税能力逐步丧失直至崩溃的根本原因，则有待于今后深入研究。

四　太仓库库存银额、实际岁出入、额定岁出入银额演变分析

（一）太仓库库存银额的演变

太仓库库存银额的特点有三：一是关于它的文字记载明显偏重于财政状况不佳的年份，到嘉靖三十三年太仓库月报出纳制度形成之后，这种情况稍有改观。二是太仓库库存银额，尤其是外库存银，并非相关年份的岁终财政盈余，而是用于下一年的财政开支。这一特点与太仓库支发边镇年例银的时间关系密切。在太仓库发展中前期，年例银时常会提前一年甚至数年发放给北边军镇，以便军镇在合适的时机采买实物。在其发展后期，太仓库库存枯竭，外解银随到随发，根本没有提前支放的可能性了。太仓库库存银额的第三大特点是老库、窖房非有紧急军情或皇帝诏书不能随便支发。太仓库库存银额之所以有上述特点，最根本的原因在于明代士大夫财政思想中存在量入为出的基本财政原则与重储蓄的理财观念，而太仓库以本年库存银额度支来年岁用的做法是这一思想

原则的具体实践。

明代太仓库库存银额的发展历史，基本可以分为四个时期：第一时期为成化至正德朝，第二时期为嘉靖朝，第三时期为隆庆至万历十年，第四时期为万历十一年至崇祯朝。在第一时期的大部分时间里，太仓库的财政收入渠道畅通，财政恢复能力较强，即使太仓库因为某一时期军事开支的猛增而发生短暂的财政紧张，也会很快因为新收入银两的到来以及军情的相对缓解而得到恢复。第二时期即嘉靖朝，这一时期的特色就是太仓库的库存银额从整体上明显高于第一时期。然而，太仓库财政状况的好坏却不能根据这些数额的高低进行简单判断，而是要结合相应年份的岁入、岁出情况进行具体分析后才能得出结论。嘉靖前期，即嘉靖十七年以前，太仓库财政状况良好。嘉靖中期的太仓库已经出现财政困难，虽然采取了一系列措施，但并没有真正使太仓库摆脱财政窘境。相对于嘉靖前期而言，太仓库库存银额明显减少，然而岁支银额却又大大超过了岁入和库存银额。太仓库的财政略现捉襟露肘之态。嘉靖后期，太仓外库存银总是远远不能满足居高不下的京边开支的实际财政需求，然而，嘉靖后期的户部财政一直没有恶化到非用尽老库银不可的窘境。即使是到连续承受了十几年战争之苦的嘉靖四十三年，户部仍能够在不动用老库银的情况下通过各种增加收入的方式勉强满足京边的岁支需求。这一点说明嘉靖后期的财政困难与万历后期的财政危机具有根本性差别。第三个时期即隆庆至万历十年，其间，太仓库的库存银额逐步递增。万历三年年终，太仓库存银 703 万余两，达到了有确切记载年份的太仓库库存银额的最高值。老库、窖房大量白银的存在使太仓库拥有了较强地应对紧急军情或者重大灾害的能力。万历十一年到崇祯朝是太仓库库存银额发展的第四个阶段。在这一时期，太仓库库存银额稳定地逐步降低，直至库藏匮竭、失去应对紧急军情或者灾荒的财政能力。

（二）太仓库实际岁出入的演变

明代太仓库实际岁出入银额的发展演变亦大致有四个时期。第一时期为嘉靖朝，其间，无论是中央还是地方，其财政储蓄都是比较充盈的，且包括太仓库在内的各财政体系的再生能力都很强，这说明赋税的征收率都保持了较高的水平。第二个时期是隆庆到万历十年。在这一时期，明中央政府采取了一系列改革措施，这些改革最终促成了万历前十年太仓库良好的财政状况。隆庆朝虽然仍有财政能力支付高额的岁支，但这是集合了国家各种财政资源后的结果，仅仅依靠太仓库自身的收入是远远不能满足京边的财政需求的。隆庆六年直至万历初期，北边一直处于较和平的状态，太仓库的实际岁支银额还是在不断攀升，太仓库长期以来的高额岁支并不仅仅是由于北边游牧民族入侵的缘故。自隆庆延续至张居正的一系列改革和整顿措施极大地改善了太仓库的财政状况并使太仓库的实际岁出入实现短期的盈余，但最终还是没有能够阻挡住北边军镇对京运饷银需求额的不断增长，也没有能够阻止太仓库再度陷入入不敷出的财政困境。万历十一年到崇祯末年，太仓库的实际岁入征收能力从整体上呈逐步下降的趋势，而其实际岁支银额也越来越不能满足京边的实际财政需求。在万历中期的时候，太仓库岁入不敷岁支的部分还可以通过借窖房或太仆寺等其他财政体系的白银来满足。从万历三十五年开始，太仓库欠发边镇的年例银只能任其逋欠，户部再也开发不出财源对其进行补充了。其间，每逢新即位的皇帝改元，太仓库的实际岁出入状况都会稍有好转，然而，这种好转都无法持续。新饷的加派虽然使太仓库实际岁出入的银额在短时期内得到增长，但并未改变太仓库的实际岁入不能满足其实际岁支、实际岁支又不能满足边镇的实际财政需求的总体格局。到此时明朝廷已经彻底失去了对地方财政的掌控能力，从而也完全丧失了对国家军费开支的财政供应能力。

（三）太仓库额定岁出入的演变

虽然从嘉靖朝到崇祯朝，太仓库的额定岁出入银数呈现出不断增长的主流发展趋势，然而，在期间的大多数年份里，太仓库的额定岁入银数都是少于额定岁支银数的。太仓库额定岁出入银数的发展历史，大致可以分成三个阶段：第一阶段为嘉靖、隆庆朝；第二阶段为万历、泰昌朝；第三阶段为天启、崇祯朝。

在第一阶段，其基本特点有二：一是太仓库的额定岁入银数基本保持200万余两的规模，太仓库的额定岁出银数则一直居高不下，其额定岁支银数远远高于额定岁入银数。从嘉靖中期以后，北边军镇与游牧民族的军事战争持续不断，边镇军费开支增长幅度巨大。由于太仓库一直具有负责边镇军储和紧急军情的财政费用的职责，因此太仓库必须为之筹措银钱。太仓库的额定开支是由边镇军费开支的实际需求而决定的。

然而，太仓库的额定岁入银数则是依据继承下来的传统、惯例及前例等而制定的，因此具有很大的稳定性。从嘉靖中期到隆庆五年，为了筹措到额定岁支所需银数，户部制定了一系列增加财政收入的措施。但可能这些收入款项具有太明显的临时性特点且银数不固定，它们并没有被算入太仓库的额定岁入之中。二是额定岁支与实际岁支基本一致。万历、泰昌朝是太仓库额定岁出入银数发展历史的第二阶段。万历朝，太仓库的额定岁入银数虽然从整体上亦呈现出了增长为主的发展态势，但是中间起落不断，具有多变的明显特征。万历前期，太仓库的实际岁支银额往往能够超出其额定岁支银额，说明太仓库完全有能力满足京边财政所需。万历中期，虽然太仓库的额定岁出入数经常能够达到财政平衡的状态，但是太仓库的实际岁出入银数已经明显少于其额定岁支银数。这不但说明这一时期太仓库的赋税征收能力出现了问题，而且说明即使是从窖房、太仆寺等处挪借白银也不能充分满足京边的财政需求了，国家财政储蓄开始逐步枯竭。万历三十五年以后，太仓库的额定岁出入银数以入不敷出的财政赤字为主，说明边镇、京师的岁需银额已经超出了太仓库财政收入体制所能负担的能力范围之外。在这样的情况之下，太仓库迎来了万历四十六年辽东军事冲突的大爆发。到万历四十八年，即泰昌时期，太仓库的实际岁入与太仓库的额定岁支、边镇的实际财政需求之间的鸿沟已经无法弥合，且仍在不断扩大。天启、崇祯是太仓库额定岁出入银数的第三个发展阶段。在这一阶段，太仓旧库的额定岁入银数经历了先降后升的变化，而新库的额定岁入则是先升、后降、再升的过程。纵观天启、崇祯两朝的额定岁出入数，除了天启元年和崇祯元年的额定岁出入数与其实际岁出入数之间还稍具可比性外，其他年份的额定岁出入无异于纸上谈兵，根本没有实现的可能。太仓库的财政收支已经走入穷途末路。

（四）收支原则

明代财政强调"量入为出"的基本原则，太仓库通常以本年岁入及库存预支下一年的岁支。然而，在嘉靖以后的大部分年份里，由于边镇巨额军费开支的压力，在岁入无法满足岁支需求的情形下，"量出以制入"的情况逐步增多，户部不得不采取各种措施增加岁入，扩大太仓库的岁入类项，其中许多类项由临时、应急性措施最终得到正式认可而成为太仓库的制度化收入。明代后期的大部分时间内,太仓库的岁支越来越超出岁入所能承受的范围,不但"量出"以制定增加的"岁入"不能实现,原有的岁入也面临日益严重的逋欠问题。太仓库的财政由此走向崩溃。

(五)财政盈亏

从本书表5-1与表5-2中可以很容易地看出,从嘉靖七年开始直到崇祯末年,太仓库岁入少于岁出的情况占据了有确切记载年份的绝大多数。问题是,太仓库长期财政亏损,明朝的整个国家财政又是如何得以维持了这样久的时间呢?我们该如何理解太仓库的长期亏损呢?

明代国家财政在太仓库长期财政亏损的情况下又维持了100余年的根本原因在于太仓库对于明代国家财政体系,尤其是对于明代北边军饷而言,其根本财政作用是补贴性的,而不是基础性的。如本书第四章"从北边军饷供应制度的演变看太仓库年例银的发展"所言,永乐时期,平均每年屯田粮岁入额为1132万石,此时的边镇军饷供应,以屯田为主体和核心,且以供应粮食等实物为主。随着屯田年产量的锐减,成化时,河淮以北每年民运至边镇的粮食达800万石,民运取代屯田成为北边军镇首要供应来源。到嘉靖九年,屯粮岁额减少至111万石,相对于永乐时期减少了90%;民运方面,粮食岁额247石、银13万两,相对成化时期800万石岁额减少了62.5%。到嘉靖十八九年,民运粮11万石、228万两,绝大部分岁额都改为白银的输纳形式。即便如此,直到万历初年,民运仍是北边军饷的首要来源。因此,虽然太仓库长期入不敷出,因为还有民运、屯田等军饷供应体系发挥主体作用,太仓库的财政赤字并未对国家安全产生毁灭性影响。到万历二十九年,北边十四镇主客兵饷预算岁额720万两,其中京运银400万两,民运银320万两,相对于成化800万石粮的民运岁额,减少了60%,就此,京运银占北边军饷预算岁额的55.6%,中央财政的直接拨款成为北边军镇军饷供应的首要财政来源,且以白银为基本物质形态。从这时开始,太仓库的财政赤字才开始对明政府的生存安危产生巨大影响。所以,明代中叶以后,边镇对太仓库年例银需求额的持续上涨,首要原因在于屯田、民运等供给岁额的不断减少,其次在于屯田、民运、盐引等边镇军饷体系由供应粮食等各类实物为主逐步改为供应白银为主,并由此导致军队生存所需的实物供应经常面临市场价格波动的影响，从而长期供应不足（本段数据来源及计算论证过程详见本书第四章第二节）。

　　针对这一问题，最直接的解决办法就是裁减军队人数。洪武后期，京师之外军队总数为100.5878万，弘治、正德年间，北边军镇额军89万，到嘉靖十八年至十九年时，北边实在军队人数仅剩45万人。隆庆六年，北边军队人数略有回升，功66万，但到万历后期，军饷的逋欠使得其实在军队人数又减为59万人。

　　第三大解决太仓库财政赤字的措施就是从兵部太仆寺、工部节慎库、礼部光禄寺银库以及南京各部银库借用银款，虽然名为借用，实则基本有借无还。

　　因此，虽然太仓库长期入不敷出，但是，借助屯田、民运、盐法的共同支撑，以及对中央对地方政府财政的榨取，明政府还是勉强能够维持生存。只是在万历后期以降，屯田、民运、盐法、南京各部以及地方财政都普遍难以为继之后，太仓库的财政赤字才真正到了无法解决的地步。虽然明政府一再通过新饷、剿饷、练饷等进行加派，但无法解决全国上下整体税源的枯竭问题，从而最终财政崩溃。

五　从太仓库与其他中央机构的财政关系看明代财政制度的演变

　　明代中前期，各财政收支机构基本可以各自负责自己的区域，彼此都无太大的财政问题。偶尔某一部门财政吃紧，也有借有还，能够做到各部门各司其职、两不相压。嘉靖中期以后，户部太仓库开始越来越频繁地借用其他各部财政款项（万历初年张居正当国十年例外）。因为同是为了应对紧急军情，所以太仓库与兵部的财政借款和纠纷最多。户部对其他各部的借款行为，在嘉靖、隆庆时期尚可有助于弥补财政赤字，缓解财政压力，然而到万历中后期，户部太仓库借款逐步增多，财政赤字却日益增大，并严重影响了其他各部正常财政职责的履行。比如，从万历十八年到三十二年这十几年间，户部就借用兵部太仆寺983万两白银，以至于万历三十五年的太仆寺常盈库老库仅存银24万两，再不复有库存千万两白银的盛况。由此可见，从中央其他各部借款已是太仓库满足其财政开支需求的一种重要手段。到万历末期，为应对辽东军情，户部借遍内库、兵部太仆寺、工部节慎库以及南京户部、南京兵部、南京工部存银。最关键的问题在于，这样倾全部国力支付军饷，不但太仓库收不抵支的财政困境未见缓解，其他各部的财政状况也日益困窘。可见，户部太仓库所面临的财政困难，不仅仅是户部一个部门的问题。到万历末期时，北京与南京的中央财政都面临着收不抵支的困境，国家税收已经开始全面衰退。这说明，明代中后期的财政制度虽然不断调整，但其有效性却在不断降低。

六　皇帝、官员与明代财政制度演变之间的互动关系分析

张居正当国时代以太仓库为核心的中央财政制度改革，是在屯田、盐法开中、民运等原有财政体系日渐无法满足北边军镇基本常规需求的情况下，在嘉靖、隆庆以来持续改革的基础上，为改变太仓库长期入不敷出的局面而进行的一系列努力，涉及皇室与国家公共财政的财源分割、中央与地方财政权力及关系的变更、中央各财政部门之间收支关系的变革、实物税收与折银税收的比例更改等诸多重要问题。太仓库在这一过程中的变革展现出强烈的财政中央集权化的倾向，反映出明政府加强财政征收与监管的突出意愿，太仓库在这一时期财政收支及库存状况说明这一愿望在一定程度上实现了，但其间太仓库收支渐增的趋势仍在，收不抵支的隐患仍存，北边军镇屯田等原有财政供应体系日渐失效的基本问题未能解决，因此张居正当国时代的中央财政制度改革仅仅是推延了明王朝财政崩溃的时间而已。

虽然表面看来，万历初期太仓库的若干财政改革与张居正并没有直接联系，但这些改革大多由他直接挑选的官员主持，并最终得到他的同意和认可。最重要的，这些改革明显触犯了皇室、权贵等团体的私人利益，因此阻力重重，正是借助张居正在当时政治权力体系中的特殊地位和权势，这些改革才能够得以实际施行。同时，恰恰因为他在万历初年太仓库财政制度改革中这种不可替代的重要作用，以及他的改革对皇室等私人利益集团的不利影响，才会出现相关改革在他去世次年即土崩瓦解的局面。

内库财政在运行过程中，皇帝这样一个个体，作为整个国家政治体制和财政体制中的最高权力拥有者，既负有管理国家公共财政权力的职责，又代表着他个人及其皇室的私人利益。当其私人利益受损或者原有

财政体系中额定分配给皇帝及皇室的收入不足以满足其私人开支欲望和需求时，皇室常常首先选择的是牺牲国家公共财政利益而满足其私利，即直接攫取原本属于国家公共财政的收入和存余。

明代中国的财政体制，其基本设想是通过最小程度地吸收社会财富（税收）而满足国家基本财政运行所需。在这一财政体系以及更广范围的政治权力体系中的皇帝和官僚士大夫，被赋予了极大的运用这种权力的自由：一方面，他们被希望从符合整个国家公共利益的角度运用这种权力；另一方面，他们又有运用这种体系所赋予他们的权力而谋取个人私利的巨大自由和空间，皇帝则是这种现象的最典型代表。内库财政运行过程中，皇帝为了满足其私利而攫取国家公共财政的频繁举动鲜明展现了皇帝所拥有的这种权力和自由；部分士大夫们为了维护国家公共财政利益，不惜自己个人利益、官位甚至生命而全力反对皇帝攫取国家财政的行为，基本都以失败告终。

明代不以严密细致的法律作为维护国家制度顺利运行的基本手段。相反，通过以儒家经典为核心考核内容的科举制度选拔出具有"天下为公"之基本理念和信仰的官员，并把他们放置在看似松散的国家体制内，才是国家制度得以有效运行的基本保障。这些被儒家思想所浸润的士大夫，从主体上讲，对于国家公共利益的追求，已经超越了对于其个人利益的追求。皇帝及其皇室成员与儒家士大夫的最根本区别，在于前者是通过天生的血缘关系而进入这一体制的，他们不必具有那种为了维护国家利益而牺牲个人利益的信仰和道德准则。因此，当国家公共利益和个人利益发生冲突时，他们往往选择维护个人利益，甚至不惜动摇国家统治的根基。从帝制中国到现代中国的历史演进过程中，最大的改进之一就是帝制的取消，个人丧失了凭借简单的血缘关系而拥有国家统治权力的合法途径；另外，现代中国面临的根本问题之一不是如何建立严密的法律制度，而是教育和选拔最具"天下为公"思想和信仰的权力拥有者。

七　明代财政史的一般特点

（一）明代财政制度的变化

对于明代的财政改革，黄仁宇认为："虽然洪武之后的几个皇帝持续有效地履行其立法权力,但一直到王朝结束,他们从来也没有进行过彻底的财政改革,这看起来是很奇特的事情……即使表面看起来很有作为的皇帝一般都很少对开国皇帝确立的财政法规进行修改,他们突破常规的办法是认可临时的特例……在这种方式下,一次大规模的改革最后完成可能要花费好几十年的时间。"①

明代人强调遵守祖制,"变乱成宪"被看作很不好的事情,因此,明代少有旗帜鲜明的、大规模的财政改革。但这并不意味着明代的财政制度因此而缺少改革。本书对太仓库及与其关系密切的其他财政部门和机构的研究表明,明代财政制度一直处于变革之中,只不过,这些改革一般都是在遵守祖制的名义和条件下逐步、缓慢地发生的;同时,明初所制定的基本财政制度很少被正式宣布废除。这样的实际结果就是,要么明初财政制度中的机构仍然存在,但其实际财政地位和职能已经发生了根本性的变化,比如内库由明初的集国家公共财政收支和皇室私人收支为一体的机构演变成为明中后期的以负责皇室私人收支为主要职责的机构;要么原有制度逐步"名存"而"实亡",并在实际运行中被新发展起的制度所替代,比如,有明一代,开中制一直存在,但是明代中后期,开中制对于北边军镇的实际财政意义却越来越弱,真正发挥重要作用的则是明代中期以后逐步确立起来的余盐制。

总之,明代的财政制度是有生命的,它随着时间的发展、随着相应而来的不同历史因素力量对比的变化而不断变化,且从来没有停止过。明代的财政制度从来都不是僵化不变的文字,它是生存在当下的。同时,它又是有始有终的,它因国家政治权力新体系的建立而诞生,又因这一体系的瓦解而消亡。它依托于国家统治机器的存在,在国家成立之初所制定的框架基础上以及不断变化的社会现实中,持续地发生着改变,有主动的一面,又有被迫适应的一面,有合理之处,又有明知不合理而不得不行之处,也有看似合理实则有大纰漏之处。明代财政史乃至中国古代制度史的研究应当关照实行该制度的共同体的整个生命历程,这样才能厘清它的来龙去脉、了解它的基本形态。

---

① 黄仁宇:《十六世纪明代中国之财政与税收》,阿风等译,第6页。

（二）皇权的限度

对于皇帝在明代国家财政体系中的权力，《十六世纪明代中国之财政与税收》有些夸大的倾向。比如，该书认为"在明代的政治体制下，除了皇帝以外，没有一个中枢机构来管理帝国的财政……内阁大学士从来没有法定的正式权力。户部尚书管理日常财政事务，但没有皇帝的同意，他们无法行事。皇帝是至高无上的，包括给事中、都御史、各部尚书以及郎中、主事等都要向其上奏……最后总是要由皇帝裁决"，[1]"在财政领域中，事无巨细都要皇帝处理"，"皇帝拥有不可分割的财政权力，而留给下层的只是财政责任。"[2]

本书的研究表明，除了皇帝外，户部实际握有相当程度的财政权力。虽然皇帝个人收支与国家公共财政收支在明初没有明确的界限，但随着时间的发展，内库日益成为主要负责皇室私人收支的机构，而户部的太仓库则越来越多地担当起国家公共财政收支的职责。有明一代，国家公共财政收支与皇帝个人收支呈明显的逐步分离的趋势，在这样的发展过程中，户部对其管辖的太仓库握有相当程度的财政权力。虽然有关太仓库的财政决定基本都要上奏皇帝，但不能因此就认为皇帝的财政权力不可分割或者皇帝以下的机构只有财政责任而无财政权力，否则就无法解释明代中后期长久持续的官僚士大夫与皇帝在国家财政收支问题上的矛盾与分歧。

（三）阶级斗争理论问题

以往用阶级斗争理论来进行的明代经济史研究，大多关注统治阶级与被统治阶级的矛盾。本书的研究表明，在统治阶层内部，更加注重国家整体利益的官僚士大夫和过分强调私人利益的、以皇帝为核心的利益团体之间存在长久而又深刻的矛盾与冲突。

（四）税收问题

明代税率的高低问题一直明代经济史研究中的一个较受关注的问题，本文关于太仓库的研究表明，明代税收方面的根本问题并不在于税率的高或低，而在于国家赋税征收能力的递减与实际财政岁需的递增之

---

[1] 黄仁宇：《十六世纪明代中国之财政与税收》，阿风等译，第4—5页。
[2] 同上书，第5、428页。

间的矛盾的逐步升级。

明代的财政制度是否是错误的、消极的、悲剧性的，其衡量标准应当是它是否符合初设的财政理念，是否与明代的价值观念相符。与强调个人利益之天然合法性的现代资本主义社会相比，生产能力有限的明代中国更注重当下的多数民众的生存状况。以这样的思想观念来衡量，追求稳定与最低经济活动水平的税收政策至少是可以理解的而非荒谬可笑的。

（五）商业、资本与国家发展道路之间的关系

万历时期的明代中国，在国际贸易中处于重要地位，美洲和日本的白银大量汇聚到中国境内，中国东南沿海一带，农业、手工业和贸易方面，都出现了与资本主义发展初期极为类似的演变和进步。这时的中国社会，是一个富庶的社会。然而，这时的明代国家政府，面对社会的繁盛状态，却无法通过正常税收体系而获取足以维护国家运行的基本财政收入；大批手中握有巨额财富的商人，与国家政治权力、财政权力之间，也没有广泛而直接的关联。于是，因地理大发现和美洲白银而迅猛扩增的国际贸易体系和随之日益富庶的明代社会与明代国家财政之间形成了巨大的脱节。明代国家政府，其财政体制虽也不断处于演变过程中，却完全赶不上明代社会所发生的巨大变化，商业带给中央政府的财政收入，不但没有随之猛涨，甚至连明初的水平都远远不及。传统中国社会向现代社会演变过程中的一个巨大进步就是逐步将因工业、商业、国际贸易乃至金融的发展而带来的巨大财富与国家税收体系有效结合，并形成可以长期运转的机制。21世纪初，延续几千年的农业税正式在中国全国范围内取消，是对这种机制有效性的最强证明。

这一现象与早期近代的英国和法国王室面对财政困境时的解决方案迥异。这既反映出中西方国家制度和理念的根本区别，又对其后的历史发展道路产生了重大影响。大约同一时期的英国和法国，国王的财政也长期处于窘境。为了应对不断增长的军费和各种皇室私人开支，他们共同的做法是以国家税收为核心担保、以国家特权和专卖垄断为诱饵，面向社会进行大量借款，商人，尤其那些从国际和国内商业活动中累积了

巨额资本的商人，由此有了进入国家财政乃至政治领域的机会。① 到 17 世纪 40 年代，由于各种原因，英国王室只能向那些被授予特权或者特别容易被施压的人或者辛迪加借款，随着后者日益不可缺少，他们对于特权的控制也越来越牢。② 这种现象发展下去就是现代资本主义国家的出现，"正是由于国家债务，现代财政才得以开始"。③ 奥地利学者 Rudon Goldscheid 认为，随着国家逐步日益依赖公共债务，公共债权人有了剥削国家的机会；在这种情况下，税收成为应对债务的工具，税收国家在财政层面对工人进行剥削，与此同时，私人经济则在资本层面对工人进行剥削。财政体系和资本主义之间的这种关系最终导致财政危机的出现。④ 换言之，资本通过王室债务渗透进入国家权力体系之中并最终取而代之，既是现代资本主义国家得以形成的关键，也是资本主义国家财政危机的主要成因。

20 世纪 70 年代以来，西方学者分别从贸易（商业）、工业、农业等角度寻求资本主义产生与发展的主要原因：沃勒斯坦（Immanuel Wallerstein）等学者认为，贸易在资本主义国家形成和发展中占有重要地位，Robert Brenner 为首的一批学者认为，农村经济是资本主义发展

---

① Julian Dent, *Crisis In Finance: Crown, Financiers and Society in Seventeenth - Century France*, New York: St. Marti's Press, 1973, pp. 44 - 91. 以及 Robert Ashton (1960), *The Crown And The Money Market* 1603 - 1640. Oxford: The Clarendon Press, 1960, pp. 79 - 112.

② Robert Ashton, *The Crown And The Money Market* 1603 - 1640, p. 191.

③ W. A. Shaw, "The Beginnings of the National Debt Robert Ashton", *The Crown And The Money Market* 1603 - 1640, p. 187.

④ Michael McLure, "Approaches to Fiscal Sociology." Jürgen G. Backhaus, ed. *Essays on Fiscal Sociology*, Frankfurt am Main: Peter Lang GmbH, 2005, pp. 41 - 42. 按，20 世纪 20 年代以后，奥地利学者 Rudon Goldscheid 和 Joseph Schumpeter 就以经济史、公共债务的发展后果和财政危机为核心进行过大量影响深远的研究。虽然这两位学者的研究距今已有近百年的历史，但其学术影响至今可见。首先，他们被认为对财政社会史的发展做出了开创性的贡献，20 世纪中后期，二位学者的研究成果 *A Sociological Approach to Problems of Public Finance* (Goldscheid 1967) 和 *Crisis of the Tax State* (Schumpeter 1954) 被翻译成英文，财政社会学这门学科才算在美洲站稳了脚跟，见 Michael McLure, "Approaches to Fiscal Sociology", Jürgen G. Backhaus, ed. *Essays on Fiscal Sociology*, pp. 40 - 41, P. 44。此外，在公共财政学领域，这两位作者的上述成果也被看作经典著作，见 Musgrave, R. A. and A. T Peacock, eds. *Classics in the Theory of Public Finance*, London: Macmillan, 1967, pp. 202 - 213 以及 Jürgen G. Backhaus, "Society, State, and Public Finance: Setting the Analytical State", Jürgen G. Backhaus and Richard E. Wagner, eds. *Handbook of Public Finance*, Massachusetts: Kluwer Academic Publishers, 2004, p. 4。

过程中的核心因素，Franklin Mendels 等学者则认为，乡村工业是从中世纪封建社会到现代资本主义世界的转变过程中最重要的核心因素之一。① 然而，万历时期的明代中国，其国际贸易、商业、农业、手工业的发展水平并没有明显低于资本主义发展初期的主要国家，因此从这几方面出发进行的研究不足以解释当时的中国为什么没有走上资本主义道路。由国际贸易所带来的巨大商业利润、资本是否能够影响国家财政和政治体系的运作，是明代中国与大约同一时期的英国和法国今后历史走向之不同的核心因素之一。

---

① Maarten Prak, "Early Modern Capitalism", Maarten Prak, ed. *Early Modern Capitalism—Economic and Social Change in Europe*, 1400 – 1800, Oxon: Routledge, 2001, pp. 3 – 14.

参考文献

1. （汉）贾谊：《新书校注》，阎振益、钟夏校注，中华书局 2000 年版。
2. （汉）司马迁：《史记》，中华书局 1973 年版。
3. （明）《诸司职掌》，续修四库全书本，上海古籍出版社 2006 年版。
4. （明）毕自严：《石隐园藏稿》，文渊阁四库全书本，台湾商务印书馆有限公司 1986 年版。
5. （明）毕自严：《度支奏议》，续修四库全书本，上海古籍出版社 2006 年版。
6. （明）陈洪谟：《继世纪闻》，中华书局 1985 年版。
7. （明）陈子龙等编：《明经世文编》，中华书局 1962 年版。
8. （明）陈于廷：《宝泉新牍》，续修四库全书本，上海古籍出版社 2006 年版。
9. （明）程开祜：《筹辽硕画》，收入《丛书集成续编》，册 243，台北新文丰出版公司 1989 年版。
10. （明）冯应京缉：《明经世实用编》，四库全书存目丛书本，齐鲁书社 1999 年版。
11. （明）韩邦奇：《苑洛集》，文渊阁四库全书本，台湾商务印书馆有限公司 1986 年版。
12. （明）胡我琨：《钱通》，文渊阁四库全书本，台湾商务印书馆有限公司 1986 年版。
13. （明）黄景昉：《国史唯疑》卷 9，续修四库全书本，上海古籍出版社 2006 年版。

14. （明）黄训编：《名臣经济录》，文渊阁四库全书本，台湾商务印书馆有限公司1986年版。
15. （明）焦弘：《玉堂丛语》，顾思点校，中华书局1981年版。
16. （明）李东阳：《怀麓堂集》，文渊阁四库全书本，台湾商务印书馆有限公司1986年版。
17. （明）李梦阳：《空同集》，文渊阁四库全书本，台湾商务印书馆有限公司1986年版。
18. （明）李清撰，顾思点校：《三垣笔记》，中华书局1982年版。
19. （明）李诩撰，魏连科点校：《戒庵老人漫笔》，中华书局1982年版。
20. （明）梁储：《郁洲遗稿》，文渊阁四库全书本，台湾商务印书馆有限公司1986年版。
21. （明）刘斯洁等：《太仓考》，北京图书馆古籍珍本丛刊本，书目文献出版社2000年版。
22. （明）卢象升：《忠肃集》，文渊阁四库全书本，台湾商务印书馆有限公司1986年版。
23. （明）吕毖：《明宫史》，文渊阁四库全书本，台湾商务印书馆有限公司1986年版。
24. （明）倪元璐：《倪文贞集》，文渊阁四库全书本，台湾商务印书馆有限公司1986年版。
25. （明）倪元璐：《倪文贞奏疏》，文渊阁四库全书本，台湾商务印书馆有限公司1986年版。
26. （明）申时行等：《明会典：万历朝重修本》，中华书局1989年版。
27. （明）沈德符：《万历野获编》，中华书局1980年版。
28. （明）孙传庭：《白谷集》，文渊阁四库全书本，台湾商务印书馆有限公司1986年版。
29. （明）陶承庆校正，叶时用增补：《大明一统文武诸司衙门官制》，续修四库全书本，上海古籍出版社2006年版。
30. （明）王圻：《续文献通考》，续修四库全书本，上海古籍出版社2006年版。
31. （明）王樵：《方麓集》，文渊阁四库全书本，台湾商务印书馆有限公司 1986 年版。

32. （明）王士性撰，吕景琳点校：《广志绎》，中华书局 1981 年版。
33. （明）王守仁：《王文成全书》，商务印书馆 1934 年版。
34. （明）王锡爵：《王文肃公全集》，四库全书存目丛书本，齐鲁书社 1999 年版。
35. （明）温纯：《温恭毅集》，文渊阁四库全书本，台湾商务印书馆有限公司 1986 年版。
36. （明）徐溥等：《明会典》，文渊阁四库全书本，台湾商务印书馆有限公司 1986 年版。
37. （明）薛应旂：《宪章录》，续修四库全书本，上海古籍出版社 2006 年版。
38. （明）杨时乔：《马政纪》，文渊阁四库全书本，台湾商务印书馆有限公司 1986 年版。
39. （明）杨嗣昌：《杨文弱先生集》，续修四库全书本，上海古籍出版社 2006 年版。
40. （明）佚名：《海运摘钞》，收入《丛书集成三编》册 22，台北新文丰出版公司 1997 年版。
41. （明）俞汝楫编：《礼部志稿》，文渊阁四库全书本，台湾商务印书馆有限公司 1986 年版。
42. （明）张居正：《张太岳集》，上海古籍出版社 1984 年版。
43. （明）张居正：《张太岳先生文集》，续修四库全书本，上海古籍出版社 2006 年版。
44. （明）张居正撰，潘林编著：《张居正奏疏集》，华东师范大学出版社 2014 年版。
45. （明）张学颜等：《万历会计录》，北京图书馆古籍珍本丛刊本，书目文献出版社 2000 年版。
46. （明）张永明：《张庄僖文集》，文渊阁四库全书本，台湾商务印书馆有限公司 1986 年版。
47. （明）章潢编：《图书编》，文渊阁四库全书本，台湾商务印书馆有限公司 1986 年版。
48. （明）赵世卿：《司农奏议》，续修四库全书本，上海古籍出版社

2006 年版。

49. （明）朱廷立：《盐政志》，北京图书馆古籍珍本丛刊本，书目文献出版社 2000 年版。

50. （明）郑晓：《吾学编》卷 65 下《皇明百官述》，续修四库全书本，上海古籍出版社 2006 年版。

51. （清）《御选明臣奏议》，文渊阁四库全书本，台湾商务印书馆有限公司 1986 年版。

52. （清）查继佐：《罪惟录》，北京图书馆出版社 2006 年版。

53. （清）陈鼎：《东林列传》，文渊阁四库全书本，台湾商务印书馆有限公司 1986 年版。

54. （清）傅维麟：《明书》，四库全书存目丛书本，齐鲁书社 1999 年版。

55. （清）谷应泰：《明史纪事本末》，中华书局 1977 年版。

56. （清）黄宗羲撰，沈芝盈点校：《明儒学案》，中华书局 1985 年版。

57. （清）嵇曾筠编：《浙江通志》，文渊阁四库全书本，台湾商务印书馆有限公司 1986 年版。

58. （清）嵇璜等：《续文献通考》，文渊阁四库全书本，台湾商务印书馆有限公司 1986 年版。

59. （清）嵇璜等：《续通典》，文渊阁四库全书本，台湾商务印书馆有限公司 1986 年版。

60. （清）嵇璜等：《续通志》，文渊阁四库全书本，台湾商务印书馆有限公司 1986 年版。

61. （清）觉罗石麟等监修，储大文等编撰：《山西通志》，文渊阁四库全书本，台湾商务印书馆有限公司 1986 年版。

62. （清）梁国治等：《国子监志》，文渊阁四库全书本，台湾商务印书馆有限公司 1986 年版。

63. （清）刘于义等监修，沈青崖等编纂：《陕西通志》，文渊阁四库全书本，台湾商务印书馆有限公司 1986 年版。

64. （清）龙文彬：《明会要》，续修四库全书本，上海古籍出版社 2006 年版。

65. （清）迈柱等监修，夏力恕等编纂：《湖广通志》，文渊阁四库全书本，台湾商务印书馆有限公司1986年版。
66. （清）孙承泽：《春明梦余录》，文渊阁四库全书本，台湾商务印书馆有限公司1986年版。
67. （清）王鸿绪：《明史稿》，文海出版社1962年版。
68. （清）夏燮：《明通鉴》，沈仲九标点，中华书局1959年版。
69. （清）永瑢、纪昀等：《历代职官表》，文渊阁四库全书本，台湾商务印书馆有限公司1986年版。
70. （清）张廷玉等：《明史》，中华书局1974年版。
71. （清）赵宏恩等监修，黄之隽等编纂：《江南通志》，文渊阁四库全书本，台湾商务印书馆有限公司1986年版。
72. 《崇祯实录》，台湾研究院历史语言研究所校印1962年版。
73. 《皇明祖训》，四库全书存目丛书本，齐鲁书社1999年版。
74. 《明光宗实录》，台湾研究院历史语言研究所校印1962年版。
75. 《明穆宗实录》，台湾研究院历史语言研究所校印1962年版。
76. 《明神宗实录》，台湾研究院历史语言研究所校印1962年版。
77. 《明实录·崇祯长编》，台湾研究院历史语言研究所校印1962年版。
78. 《明实录·明穆宗宝训》，台湾研究院历史语言研究所校印1962年版。
79. 《明实录·明仁宗宝训》，台湾研究院历史语言研究所校印1962年版。
80. 《明实录·明世宗宝训》，台湾研究院历史语言研究所校印1962年版。
81. 《明实录·明熹宗宝训》，台湾研究院历史语言研究所校印1962年版。
82. 《明实录·明熹宗七年都察院实录》，台湾研究院历史语言研究所校印1962年版。
83. 《明实录·明宪宗宝训》，台湾研究院历史语言研究所校印1962年版。
84. 《明世宗实录》，台湾研究院历史语言研究所校印1962年版。
85. 《明太宗实录》，台湾研究院历史语言研究所校印1962年版。

86. 《明太祖实录》，台湾研究院历史语言研究所校印1962年版。
87. 《明武宗实录》，台湾研究院历史语言研究所校印1962年版。
88. 《明熹宗实录》，台湾研究院历史语言研究所校印1962年版。
89. 《明宪宗实录》，台湾研究院历史语言研究所校印1962年版。
90. 《明孝宗实录》，台湾研究院历史语言研究所校印1962年版。
91. 《明宣宗实录》，台湾研究院历史语言研究所校印1962年版。
92. 《明英宗实录》，台湾研究院历史语言研究所校印1962年版。
93. 晁中辰：《明后期白银的大量内流及其影响》，《史学月刊》1993年第1期。
94. 陈伟明：《明清粤闽海商的海外贸易与经营》，《中国社会经济史研究》2001年第1期。
95. 成玉玲：《略论白银货币化的进程及其影响》，《前沿》2006年第8期。
96. 戴建兵：《中国近代银两史》，中国社会科学出版社2007年版。
97. 樊树志：《晚明史：1573—1644》，复旦大学出版社2003年版。
98. 范传南：《明代九边京运年例银及其经管研究》，博士学位论文，东北师范大学，2011年。
99. 范金民：《明清江南重赋问题述评》，《中国经济史研究》1996年第3期。
100. 范金民：《商帮探源述流》，《浙江学刊》2006年第2期。
101. 方志远：《明代国家权力结构及运行机制》，科学出版社2008年版。
102. 傅衣凌：《明清社会经济史论文集》，人民出版社1982年版。
103. 傅衣凌：《中国传统社会：多元的结构》，《中国社会经济史研究》1988年第3期。
104. 高寿仙：《明代京通二仓述略》，《中国史研究》2003年第1期。
105. 高寿仙：《明代农业经济与农村社会》，黄山书社2006年版。
106. 郭庆藩辑，王孝鱼整理：《庄子集释》，中华书局1978年版。
107. 郭松义：《明清时期的粮食生产与农民生活水平》，《中国社会科学院历史研究所学刊》第一集，2001年。
108. 韩大成：《明代城市研究》，中国人民大学出版社1991年版。

109. 韩大成：《明代的工商业管理》，《明清论丛》2001 年第 2 期。
110. 韩大成：《明代的官店与皇店》，《故宫博物院院刊》1985 年第 4 期。
111. 蒿峰：《明宫藏银之谜》，《故宫博物院院刊》1991 年第 3 期。
112. 何朝晖：《明代县政研究》，北京大学出版社 2006 年版。
113. 侯官响：《明代苏州府赋税研究》，中国社会科学出版社 2019 年版。
114. 侯且岸：《当代美国的"显学"——美国现代中国学研究》，人民出版社 1995 年版。
115. 胡克诚：《明代江南逋赋治理研究》，博士学位论文，东北师范大学，2011 年。
116. 胡克诚：《逋赋治理与明代江南财赋管理体制的变迁》，社会科学出版社 2019 年版。
117. 黄阿明：《明代户部机构及其运作：以 16 世纪为中心》，硕士学位论文，华东师范大学，2005 年。
118. 黄阿明：《明代货币白银化与国家制度变革研究》，广陵书社 2016 年版。
119. 赖建诚：《边镇粮饷：明代中后期的边防经费与国家财政危机（1531—1602）》，联经出版事业股份有限公司 2008 年版。
120. 李伯重：《多视角看江南经济史（1250—1850）》，生活·读书·新知三联书店 2003 年版。
121. 李伯重：《历史上的经济革命与经济史的研究方法》，《中国社会科学》2001 年第 6 期。
122. 李根蟠：《二十世纪的中国古代经济史研究》，《历史研究》1999 年第 3 期。
123. 李龙华：《明代的开中法》，《中国文化研究所学报》1971 年第 4 卷第 2 期。
124. 李龙潜：《试论明代社会经济发展的特点》，《中国社会经济史研究》2001 年第 4 期。
125. 李隆生：《明后期海外贸易的探讨》，博士学位论文，复旦大学，2004 年。

126. 李隆生：《明末白银存量的估计》，《中国钱币》2005 年第 1 期。
127. 李文治：《晚明民变》，中华书局 1948 年版。
128. 李宪堂：《白银在明清经济中生发的双重效应——兼评弗兰克与彭慕兰的"全球经济观"编造出的新神话》，《河北学刊》2005 年第 3 期。
129. 李义琼：《明王朝的国库——以京师银库为中心》，博士学位论文，中山大学，2014 年。
130. 李洵：《明清史》，人民出版社 1956 年版。
131. 李园：《明代内库与财政体制变迁研究》，社会科学出版社 2019 年版。
132. 梁方仲著、刘志伟编：《梁方仲文集》，中山大学出版社 2004 年版。
133. 梁方仲：《明代粮长制度》，上海人民出版社 2001 年版。
134. 梁科：《明代京通仓储制度研究》，硕士学位论文，北京大学，2005 年。
135. 梁淼泰：《明代"九边"饷中的折银与粮草市场》，《中国社会经济史研究》1996 年第 3 期。
136. 梁淼泰：《明代九边的饷数并估银》，《中国社会经济史研究》1994 年第 4 期。
137. 林枫：《明代中后期的市舶税》，《中国社会经济史研究》2001 年第 2 期。
138. 林枫：《明代中后期的盐税》，《中国经济史研究》2000 年第 2 期。
139. 林枫：《明代中后期商业发展水平的再认识》，《中国社会经济史研究》2003 年第 4 期。
140. 林枫：《试析明万历前期的营业税》，《厦门大学学报》2000 年第 3 期。
141. 林枫：《万历矿监税使原因再探》，《中国经济史研究》2002 年第 1 期。
142. 林延清：《明清史探究》，中国文史出版社 2005 年版。
143. 刘俊文主编：《日本学者研究中国史论著选译》（第六卷，明清），栾成显、南炳文译，中华书局 1993 年版。

144. 刘淼:《明代盐业经济研究》,汕头大学出版社 1996 年版。
145. 刘利平:《明代户部与中央财政管理体系研究》,博士学位论文,中国人民大学,2008 年。
146. 刘志琴:《张居正评传》,南京大学出版社 2006 年版。
147. 栾成显:《明代黄册研究》,中国社会科学出版社 2007 年版。
148. 南炳文、汤纲:《明史》,上海人民出版社 2003 年版。
149. 南炳文:《二十世纪的中国明史研究》,《历史研究》1999 年第 2 期。
150. 南炳文:《辉煌、曲折与启示:20 世纪中国明史研究回顾》,天津人民出版社 2001 年版。
151. 南炳文、庞乃明主编:《"盛世"下的潜藏危机——张居正改革研究》,南开大学出版社 2009 年版。
152. 牛建强:《明代人口流动与社会变迁》,河南大学出版社 1997 年版。
153. 全汉昇、李龙华:《明代中叶后太仓岁出银两的研究》,《中国文化研究所学报》1973 年第 6 卷第 1 期。
154. 全汉昇、李龙华:《明中叶后太仓岁入银两的研究》,《中国文化研究所学报》1972 年第 5 卷第 1 期。
155. 全汉昇:《中国经济史论丛》,稻香出版社 2003 年版。
156. 邱永志:《"白银时代"的落地——明代货币白银化与银钱并行格局的形成》,社会科学文献出版社 2018 年版。
157. 任均尚:《明朝货币政策研究》,《西南师范大学学报》2003 年第 5 期。
158. 史五一:《试析明后期财政危机的根源》,《安徽师范大学学报》2002 年第 9 期。
159. 孙晋浩:《"叶淇改制"辨疑》,《晋阳学刊》1997 年第 6 期。
160. 孙良玉:《试论明代的白银货币化》,硕士学位论文,郑州大学,2006 年。
161. 孙强:《晚明商业资本的筹集方式、经营机制及信用关系研究》,吉林大学出版社 2007 年版。
162. 唐文基:《明代赋役制度史》,社会科学出版社 1991 年版。

163. 万明主编：《晚明社会变迁问题和研究》，商务印书馆 2005 年版。
164. 万明：《明代白银货币化：中国与世界连接的新视角》，《河北学刊》2004 年第 5 期。
165. 万明：《明代白银货币化的初步考察》，《中国经济史研究》2003 年第 2 期。
166. 万明：《晚明社会变迁：研究视角的转换》，《中国文化研究》2004 年第 1 期。
167. 万明：《晚明史研究七十年之回眸与再认识》，《学术月刊》2006 年第 10 期。
168. 万明、徐英凯：《明代〈万历会计录〉整理与研究》，中国社会科学出版社 2015 年版。
169. 汪敬虞：《中国资本主义的发展与不发展：中国近代经济史中心线索问题研究》，中国财政经济出版社 2002 年版。
170. 王国斌：《18 世纪以来中国财政变迁及相关问题》，《史林》2006 年第 2 期。
171. 王欢：《明代白银货币化的过程与动因考察》，硕士学位论文，东北师范大学，2006 年。
172. 王天有：《明代国家机构研究》，北京大学出版社 1992 年版。
173. 王毓铨：《明代的军屯》，中华书局 1965 年版。
174. 王毓铨：《中国经济通史·明代经济卷》，经济日报出版社 2000 年版。
175. 王尊旺：《明代九边军费考论》，天津古籍出版社 2015 年版。
176. 吴承明：《经济史：历史观与方法论》，《中国经济史研究》2001 年第 3 期。
177. 吴承明：《经济史：历史观与方法论》，上海财经大学出版社 2006 年版。
178. 吴承明：《研究经济史的一些体会》，《近代史研究》1999 年第 2 期。
179. 吴缉华：《明代社会经济史论丛：睿斋论史存稿》，台湾学生书局 1970 年版。
180. 肖立军：《从财政角度看明朝的腐败与灭亡》，《历史教学》1994

年第 8 期。
181. 肖立军：《明代财政制度中的起运与存留》，《南开学报》1997 年第 4 期。
182. 肖立军：《明代中后期军事制度研究》，博士学位论文，南开大学，2005 年。
183. 萧清：《中国古代货币思想史》，人民出版社 1987 年版。
184. 徐泓：《明代初期的食盐运销制度》，《文史哲学报》1974 年第 10 期。
185. 徐泓：《明代的私盐》，《台湾大学历史学系报》1980 年第 7 期。
186. 徐泓：《明代前期的食盐生产组织》，《文史哲学报》1975 年第 10 期。
187. 项怀诚主编，陈光焱著：《中国财政通史：明代卷》，中国财政经济出版社 2006 年版。
188. 杨念群：《中层理论——东西方思想会通下的中国史研究》，江西教育出版社 2001 年版。
189. 杨艳秋：《明代边粮制度与沿革试探》，《文史》2000 年第 2 期。
190. 张德信：《明代宗室人口俸禄及其对社会经济的影响》，《东岳论丛》1988 年第 1 期。
191. 张德信、毛佩琦主编：《洪武御制全书》，黄山书社 1995 年版。
192. 张建民、周荣著，叶振鹏、陈锋、陈明光编：《中国财政通史：明代财政史》（第六卷），湖南人民出版社 2013 年版。
193. 张海英：《明中叶以后"士商渗透"的制度环境——以政府的政策变化为视角》，《中国经济史研究》2005 年第 4 期。
194. 张明富：《抑商与通商：明太祖朱元璋的商业政策》，《东北师大学报》2001 年第 1 期。
195. 张士尊：《明末辽东军食问题述论》，《山东师大学报》1996 年第 2 期。
196. 张松梅：《明代军队饷银供给演变探析》，硕士学位论文，曲阜师范大学，2005 年。
197. 张松梅：《明代军饷研究》，博士学位论文，南开大学，2008 年。
198. 仇来恩、夏维中：《外国白银与明帝国的崩溃（关于明末外国白银的输入及其作用的重新检讨)》,《中国社会经济史研究》1990 年第 3 期。

199. 赵克生:《明代宫廷礼仪与财政》,《东北师大学报》2012 年第 4 期。

200. 赵现海:《明代九边军镇体制研究》,博士学位论文,东北师范大学,2005 年。

201. 赵轶峰:《论明末财政危机》,硕士学位论文,东北师范大学,1984 年。

202. 赵轶峰:《明代的变迁》,生活·读书·新知三联书店 2008 年版。

203. 赵轶峰:《明代国家宗教管理制度与政策研究》,中国社会科学出版社 2008 年版。

204. 赵轶峰:《明代中国历史趋势:帝制农商社会》,《东北师大学报》2007 年第 1 期。

205. 赵轶峰:《试论明代货币制度的演变及其历史影响》,《东北师大学报》1985 年第 4 期。

206. 赵轶峰:《试论明末财政危机的历史根源及其时代特征》,《中国史研究》1986 年第 4 期。

207. 赵轶峰:《学史丛录》,中华书局 2005 年版。

208. 赵毅:《明清史抉微》,吉林人民出版社 2008 年版。

209. 赵毅:《铺户、商役与明代城市经济》,《东北师大学报》1985 年第 4 期。

210. 赵中男:《明代物料征收研究》,博士学位论文,北京大学,2005 年。

211. 钟兴瑜:《中国经济史研究现状与出路》,《河北学刊》2001 年第 1 期。

212. 周伯棣:《中国财政史》,上海人民出版社 1981 年版。

213. 朱东润:《张居正大传》,陕西师范大学出版社 2009 年版。

214. 朱彝尊:《钦定日下旧闻考》,文渊阁四库全书本,台湾商务印书馆有限公司 1986 年版。

215. 朱元璋:《皇明祖训》,载张德信、毛佩琦《洪武御制全书》,黄山书社 1995 年版。

216. 曾美芳：《晚明户部的战时财政运作——以己巳之变为中心》，博士学位论文，台湾暨南国际大学，2013 年。

217. ［德］贡德·弗兰克：《白银资本——重视经济全球化中的东方》，刘北成译，中央编译出版社 2000 年版。

218. ［韩］刘宝全：《壬辰倭乱时期朝·明关系史研究》，博士学位论文，（首尔）成均馆大学，2003 年。

219. ［美］德·希·珀金斯著，伍丹戈校：《中国农业的发展（1368—1968）》，宋海文等译，上海译文出版社 1984 年版。

220. ［美］何炳棣：《明初以降人口及其相关问题（1368—1953）》，葛剑雄译，生活·读书·新知三联书店 2000 年版。

221. ［美］黄仁宇：《十六世纪明代中国之财政与税收》，阿风等译，生活·读书·新知三联书店 2001 年版。

222. ［美］黄仁宇：《明代的漕运》，新星出版社 2005 年版。

223. ［美］黄宗智主编：《中国研究的范式问题讨论》，社会科学文献出版社 2003 年版。

224. ［美］黄宗智：《长江三角洲小农家庭与乡村发展》，中华书局 1992 年版。

225. ［美］黄宗智：《华北的小农经济与社会变迁》，中华书局 1986 年版。

226. ［美］彭慕兰：《大分流：欧洲、中国及现代世界经济的发展》，史建云译，江苏人民出版社 2003 年版。

227. ［美］王国斌：《转变的中国——历史变迁与欧洲经验的局限》，李伯重、连玲玲译，江苏人民出版社 1998 年版。

228. ［日］山根幸夫：《明清华北定期市の研究》，汲古書院 1995 年版。

229. ［日］寺田隆信：《山西商人の研究》，张正明、道丰、孙耀等译，山西人民出版社 1986 年版。

230. ［日］岩井茂树：《中国近世财政史の研究》，京都大学学术出版会 2004 年版。

231. ［日］岩井茂树：《张居正的财政课题与方法》，载刘俊文主编《日本中青年学者论中国史》，上海古籍出版社 1995 年版。

232. ［英］安格斯·麦迪森：《中国经济的长期表现（公元960—2030年）》，伍晓鹰、马德斌译，上海人民出版社2008年版。
233. ［英］崔瑞德、［美］牟复礼编：《剑桥中国明代史（1368—1644)》，杨品泉等译，中国社会科学出版社2006年版。
234. ［日］田口宏二郎：《畿辅矿税初探——帝室财政、户部财政、州县财政》，《中国社会经济史研究》2002年第1期。
235. ［日］藤井宏：《明代盐商的一考察——边商、内商、水商的研究》，见刘淼编译《徽州社会经济史研究译文集》，黄山书社1988年版。
236. Julian Dent, *Crisis In Finance: Crown, Financiers and Society in Seventeenth-Century France*, New York: St. Marti's Press, 1973.
237. Maarten Prak, "Early Modern Capitalism", Maarten Prak, ed. *Early Modern Capitalism—Economic and Social Change in Europe*, 1400-1800, Oxon: Routledge, 2001.
238. Michael McLure, "Approaches to Fiscal Sociology", Jürgen G. Backhaus, ed. *Essays on Fiscal Sociology*, Frankfurt am Main: Peter Lang GmbH, 2005.
239. W. A. Shaw, "The Beginnings of the National Debt", Robert Ashton, *The Crown And The Money Market* 1603-1640, Oxford: The Clarendon Press, 1960.